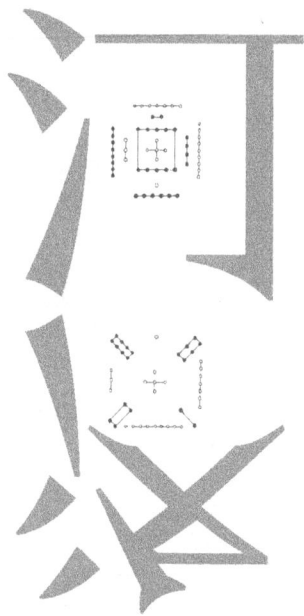

河洛文化研究丛书

河洛文化与殷商文明

陈义初　主编

河南人民出版社

图书在版编目（ＣＩＰ）数据

河洛文化与殷商文明／陈义初主编． — 郑州：河南
人民出版社，2018.2
（河洛文化研究丛书）
ISBN 978 - 7 - 215 - 11345 - 9

Ⅰ．①河… Ⅱ．①陈… Ⅲ．①考古学文化—河南
—文集 ②商文化(考古学)—文集 Ⅳ．①K872.614 - 53
②K871.34 - 53

中国版本图书馆 CIP 数据核字(2018)第 027225 号

河南人民出版社出版发行
（地址：郑州市经五路 66 号　邮政编码：450002　电话：65788063）
新华书店经销　　北京虎彩文化传播有限公司印刷
开本 710 毫米×1000 毫米　　1/16　　印张 45.75
字数 600 千字
2018 年 2 月第 1 版　　2018 年 2 月第 1 次印刷

定价：319.00 元

目 录

台湾方言的故乡在中原

张克辉

今天上午,台北的同窗好友张哲生来电话,为《彰商人》(台湾省立彰化商校校友刊物)约稿。正好,前天我接待了三十多位台湾妇女精英联盟、《前瞻趋势月刊》主办的海峡两岸第一届妇女访问团,该团服装顾问是母校的校友蔡孟夏。她一见面就自我介绍自己是 1960 年毕业的"彰商人",她丈夫刘先生也是"彰商人"。文雅的蔡同学是个艺术家,访问团秀丽的服装是她设计的。与我交谈的来自故乡的女士们相信"三分长相,七分装扮"。从团长、顾问到团员都得意地自诩为"美人团",使人不得不承认有道理。在美人们中不善打扮的我相形见绌,但我的台湾国语却使她们感到格外亲切,说在北京难得听到乡音。

于是,我在欢迎宴会上致词说了如下一段话:"记得几年前,来厦门访问的台湾教授在早上散步回来,紧张地用地道的台湾话对我说:'老乡,不得了!厦门人都在讲我们台湾话,台湾在大陆的影响太大了'。我告诉他,台湾话就是福建南部即闽南方言,他才恍然大悟。"

其实,我也有同样的经历。1948 年到厦门大学念书的我,在黑暗的小街上听到哀怨感伤的故乡歌仔哭调时,不禁柔肠寸断。一问才知道歌仔戏的源头在闽南,哭调充分反映彼时两岸人民痛苦的心声,高尚清雅的南管(南音)也是从闽南传去的。我曾听厦门一些语言学者用闽南方言吟诵唐人的诗歌,比用普通话(国语)吟诵更上口。难怪学者们说:闽南口音与唐人口语相去不远。

那一天宴会设在北海仿膳厅。欢迎词太长不得人心,会影响美人们品尝皇宫料理(菜)。

回来之后,我感到有进一步论述的必要。

中国文化自北而南。西晋南北朝时期,由于战乱,塞外少数民族南进,迫使大批汉人不得不自中原地带向遥远的南方迁移。唐朝武则天时大批汉人随陈元光征闽(福建的简称),落籍于福建南部漳州。唐垂拱四年(688)陈元光首任漳州刺史。公元906年,唐末唐昭宗封王审知为琅琊王,后梁封为闽王。真是无巧不成书,前后来福建的陈元光、王审知均是河南光州人,随他们而来闽南的汉人很自然地把古代汉语和中原当时的先进文化带来。如陈元光到漳州,重垦荒、兴水利,推广中原先进农业技术,改变刀耕火种耕作法,使漳州地区日见繁荣,后来被尊为开漳圣王。王审知不仅鼓励垦荒、倡修水利,还兴办学校,积极发展海外贸易,颇有功绩,被后世誉称为"开闽王"。

闽南人大多数来自中原河南东南部,称为河洛人。河洛是黄河与洛水地名。台湾多数人是从闽南去的,所以在台湾,称闽南话为河洛话或福佬话。

讲闽南方言系统的有:福建中南部、台湾、浙江的南部、广东的潮州、汕头以及海南。在东南亚华侨、华人中讲闽南话的人均占其总数的一半。据估计,讲闽南方言的有5 000万人。

在台湾讲闽南话的约有1 400万人,讲客家话的约有450万人。把在台湾讲的闽南话称为台湾话,而不把客家话称为台湾话是不合理、不公道的。

客家也是从中原南下广东、福建,然后移居台湾的,据保守的估计,全世界的客家人有4 500万至5 000万。他们分布在广东、江西、广西、福建以及湖南、四川等地。在东南亚华侨、华人中客家人占1/3。

由于闽南人和客家人的祖先都是从中原来的,所以他们的语言保存许多汉族的古汉语成分。我认定台湾方言包括闽南方言、客家方言的故乡在中原。对此,有的人存疑,问道:为何现在中原已不再使用闽南方言与客家方言?为何闽南方言与客家方言不相同?

主要的原因是,语言的发展是随着历史文化的演变而变化的。从历史上看,中国的政治中心从元朝开始一直在北京,逐渐形成以北方方言为基础的中国语言主流。加上1 000年来,许多文学作品都是用北方话写成的,办事交际也都使用北方话,从而代替了其他方言,现在北方方言的使用人口达7亿以上。

闽南方言与客家方言不相同的原因在历史文化演变的时间差。客家人大批向南迁徙是从南宋(1127～1279)开始,直到明朝中叶,始稍停歇。也就是说,讲闽南方言的中原人和讲客家方言的中原人南移的时间相隔500年。在这漫长的时间里,辽朝、金朝、元朝统治过中原,各种文化、语言自然而然地发生分化。但是,本着发生学的观点,根据历史比较的方法,闽南方言与客家方言的两种方言是同根生,相去并不远。

也许有人还要问,为什么中原的古汉语能基本上被保存在南方? 这完全是可能的。我在1995年到新疆,访问了察布查尔锡伯自治县。该县有锡伯族20 000人。占全国(主要分布在东北地区)锡伯族160 000人的1/8。锡伯族使用锡伯语,属阿尔泰语系满语支。在230年前,清朝为巩固西北防务,从盛京(沈阳)调集好骑善射、骠悍骁勇的锡伯族和其家属共5 000多人西迁驻防。他们走了一年时间来到新疆察布查尔(锡伯语是“粮仓”之意),屯垦戍边,繁衍生息。他们早就远离祖居地,但其后代至今还通用锡伯语言和文字,而他们祖居地东北地区的同民族已基本上无法通用锡伯语言、文字,全由北方方言、文字代替。如故宫档案里的锡伯文要请新疆锡伯同胞去翻译。现在,该自治县的锡伯族干部认为,虽然政府继续鼓励学习本民族语言,但由于进入信息社会,所用的锡伯语言已慢慢被普通话代替。这是不以人的意志为转移的。

我还听说,使用汉语西南方言的四川省境内,长期以来在个别很小的地区,竞争存在着闽南方言与客家方言。这些都是语言学上所称的“方言岛”现象。

前年在厦门大学召开“海峡两岸闽南方言研讨会”时,有的学者提出把台湾话(指闽南方言)文字化,书面化,不少学者表示不同意见。理由是方言虽是地方文化的突出特征,但不等于就是文化的全部。再说,有的闽南方言“有声无字”,需要花许多时间来制造“文字”,还要教会民众,特别是不懂闽南方言的上百万人识别这些“文字”。加上台湾青少年对闽南方言越来越生疏,写出书来,有多少人看?

继续流传方言对发展地方文化有好处,所以我们要加强闽南方言、客家方言的研究传播,但为了弘扬中华文化和全面提高台湾的文化水平、工作效益,应促使闽南方言、客家方言向普通话靠拢。这早在日据时期新文学运动中,有台湾的中文作家就提过这种主张。

(作者为全国政协第10届委员会副主席。2002年10月15日至17日,全国侨联、河南省侨联、河南大学、河南博物院在郑州联合召开了“河洛文化与台湾”学术研讨会,此为作者向大会提供的演讲稿)

论河图洛书的哲学思维

王永宽

　　河图洛书是我国远古时期的一个著名的传说,是河洛文化中一项具有标志性的重要文化成果。由于儒家经典著作《尚书》、《易经》等书记述了河图洛书,历代许多学者都对河图洛书问题进行阐释并加以附会,产生了大量的文献著作。河图洛书的原始传说和后代学者的推演,共同显示出中国传统文化方方面面的内容,反映了古代中国人在天文、地理、哲学、数学、历法、音律、医学等领域里的知识,以及相关的思想观念。其中最主要的和最根本的思想在哲学方面。历代学者关于河图洛书的文字解说和图像分析,表现了深刻而丰富的哲学思维。根据当代哲学的概念,思维是人类所特有的认识能力,是人的意识掌握客观事物的高级形式。在河图洛书问题上显示的思维规律,表现了中国古代哲学的基本观点,是对哲学上一些重要问题的简明图解和形象表述。本文拟在三个主要问题上略加探析,即时空论、形质论、知行论。

一、时空论:方位与次序

　　时空问题是哲学的基本问题之一。空间与时间是物质固有的存在形式。空间是物质客体的广延性和并存的秩序,时间是物质客体的持续性和接续的秩序。能够感知空间与时间,这是人的生命意识的基本属性。一个人从幼年智力刚刚开化时起就必然能够感知周围物质客体的大小、形状、方向、距离,也感知各种事件发生的先后、快慢、久暂等。空间、时间与物质不可分离,空间与时间也不可分离。离开物质的空间与时间是无意义的,离开时间的空间和离开空间的时间也都是不存在的。人们离开对于空间与时间的知觉就不可能感知物质客体及其运动,也就无从进行任何有目的的活动。

中国古代哲学对于时空问题早有理性的认识。《庄子·让王》记善卷语云"余立于宇宙之中……日出而作,日入而息,逍遥于天地之间而心意自得",所表述的即是对于身处宇宙之中的空间意识和一天天度日的时间意识。关于"宇宙"一词,本意是指屋檐和房梁,《淮南子·览冥训》云:"凤凰之翔,至德也……而燕雀佼之,以为不能与之争于宇宙之间。"这里的"宇宙"指房舍檐梁之间的狭小范围,其引申意义则指天地太空广阔无际的领域和从远古至今后无始无终的时间。《淮南子·齐俗训》云:"故天之圆也不得规,地之方也不得矩,往古来今谓之宙,四方上下谓之宇。"《尸子》亦云:"天地四方曰宇,往古来今曰宙。"从哲学的意义上来看,"宇"即是空间的概念,"宙"即是时间的概念。

河图洛书在先秦时期的传说中未知实物形状,也未见图形,后来到了北宋初陈抟绘制出河图洛书的图像(图1、图2)。这两幅图成为后世学者研讨河图洛书的根据,也是我们今天讨论河图洛书的哲学思维问题的基础。为了叙述的方便,本文以下提及河图和洛书 即是指这两幅图。关于河图与洛书的图像含义,前人已有不少解说,如果用当代的哲学话语进行表述,此二图可以说是对于时空

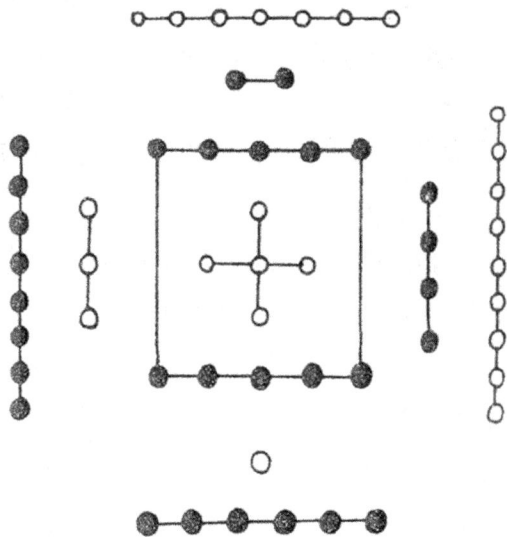

图1　河图

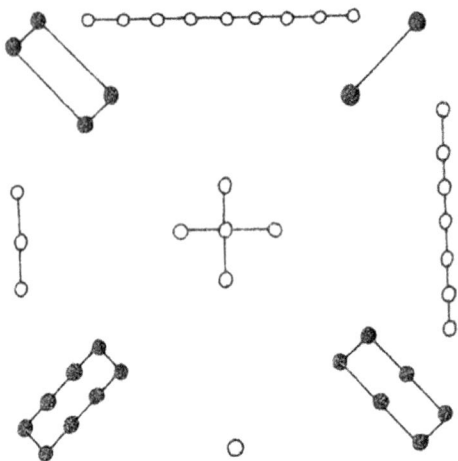

图 2　洛书

问题的简明扼要的图解。从总体来看,二图皆呈方形,表示着天地四方;黑点与白圈表示物质,黑与白分别为阴阳,表示物质之间的对立统一关系;圈点之间的短线表示物质之间的联系,构成一个数字的一组圈或点则表示一个物质系统或一个事件组合;图中的数字次序则表示物质演变或事件发展的时间顺序。

陈抟关于河图洛书的学说,据说是经李子才、穆修传给了邵雍,后来又由朱熹继承并加以发挥。这一派的观点是以一至十的排列为河图,以一至九的排列为洛书。陈抟学说的另一分支,据说是经许坚、范谔昌传至刘牧,这一派的观点是以一至九的排列为河图,以一至十的排列为洛书。尽管两派观点不同,但他们都是以此二图表示方位和次序,即表示空间和时间的概念。元代以后,刘牧等人的观点很少再有人赞同,明清两代的有关著作论及河图洛书大都沿袭邵雍、朱熹之说,在河图洛书表示方位和次序问题上的认识渐趋一致。

河图中数字的排列,按照朱熹的解说是"一与六共宗而居乎北,二与七为朋而居乎南,三与八同道而居乎东,四与九为友而居乎西,五与十相守而居乎中"①。这些数字,是具有方位和次序的多重含义的。《易经·系辞上》云:"天一地二,天三地四,天五地六,天七地八,天九地十。天数五,地数五,五位相得而

---

① 胡方平:《易学启蒙通释》卷上,《四库全书·经部易类》。

各有合。"东汉郑玄的《乾坤凿度》、北魏《关氏易传》和唐代孔颖达《尚书正义》中《洪范》篇疏文都对《易经》的这一数字表述作了进一步解释,大意是说,《易经》所云一三五七九为天数,二四六八十为地数,又说一二三四五为生数,六七八九十为成数;并且把数字和阴阳五行的理论体系结合起来,认为天数为阳,地数为阴,天一生水,地二生火,天三生木,地四生金,天五生土,地六成水,天七成火,地八成木,天九成金,地十成土。宋代以后研究《易经》的学者即采用上述观点来具体解释河图洛书,认为在河图中,东西南北中五方各有一奇一偶两个数,即一个天数一个地数,亦即一个生数一个成数。每一方位两数的关系是:在北方,天以一生水,地以六成之;在南方,地以二生火,天以七成之;在东方,天以三生木,地以八成之;在西方,地以四生金,天以九成之;在中央,天以五生土,地以十成之。河图中的数字代表着天地之间的万事万物,它们的分布对应着东西南北中五方,而位置和方向的意识是空间概念的重要因素,因此,方形的河图即是空间意义的"宇"的缩影。按照中国古代的阴阳五行理论,世间万物都是阴阳二气化生并由金木水火土构成的,河图中的数字和阴阳五行相对应,即表示物质的存在形式及物质生成过程。因此,河图所表示的空间概念是和物质紧密联系在一起的,体现了空间和物质的不可分离性。而且,古代的五行理论中,四方和四季是对应的,即如扬雄所云三八为木,为东方,为春;四九为金,为西方,为秋;二七为火,为南方,为夏;一六为水,为北方,为冬①。春夏秋冬是一年四季的时序,四季的循环即表示岁月的延续,因此,河图表示的空间概念也是和时间概念紧密联系在一起的,体现了空间与时间的不可分离性。

洛书中的数字排列,按照北周甄鸾的表述是"二四为肩,六八为足,左三右七,戴九履一,五居中央"②。如图2所示,洛书中天数三九七一居于四边,分别表示东南西北四个方位;地数二四六八居于四隅,分别表示西南、东南、西北、东北四个方位;五居于中表示中央。这样的分布同只表示五方的河图相比,所表现的空间概念更完整、更确切。洛书中生数一居北为水,生数三居东为木,这是同河图一致的;但是其成数六和八却偏于右方一隅(面对中心来看)。洛书中成数

---

① 扬雄:《太玄经》卷八"玄数第十一",《四库全书·子部术数类》。

② 见徐岳:《数术记遗》甄鸾注,《四库全书·子部天文算法类》。

九表示南方,成数七表示西方,而其生数四、二亦偏于右方一隅(面对中心来看)。若把洛书中的二与七、四与九各作为一方来看,那么这两个方位同河图相比正好对调了一下,即河图中火为南、金为西,洛书中金为南、火为西。为什么会有这样的不同呢? 前人解释说,河图表示的是五行相生关系,洛书表示的是五行相克关系,即胡一桂所云"河图主左旋相生,洛书主右旋相克"①。具体来说,河图中从一与六的位置左转,即北方一六水生东方三八木,木生南方二七火,火生中央五十土,土生西方四九金,金生北方一六水。洛书中从一的位置右转,即北方一六水克西方二七火,火克南方四九金,金克东方三八木,木克中央五土,土克北方一六水。在两图中,左转或右转都不是规则的环形,而是在运转过程中绕弯而经过中央的土,这说明土虽居中央,却是五行相生相克程序中必不可少的环节。根据这样的解说,河图与洛书在表示空间与时间概念的同时,也表示出在空间与时间的框架之内物质的相互作用,以及在物质相互作用过程中"土"的核心地位。

《易经》中的八卦是表示方位和次序的,也是对于空间与时间概念的图解。据邵雍的解说,伏羲所创八卦为先天八卦,其方位是乾南、坤北、离东、坎西、震东北、兑东南、巽西南、艮西北,次序是乾一、兑二、离三、震四、巽五、坎六、艮七、坤八;文王所创八卦为后天八卦,其方位是离南、坎北、震东、兑西、艮东北、巽东南、坤西南、乾西北,次序是震一、巽二、离三、坤四、兑五、乾六、坎七、艮八。先天八卦和后天八卦所表示的方位和次序为什么有明显不同呢? 前人的研究试图揭示其中的奥秘。南宋郑樵指出:"河图之位,合乎先天,洛书之位,合乎后天。"②胡方平的说法正好相反,认为洛书合乎先天八卦,河图合乎后天八卦,并在《易学启蒙通释》中具体地绘出"先天八卦合洛书数图"和"后天八卦合河图数图"。清代李光地著《周易折中》,又进一步把河图洛书的象与数分开,分别与先天、后天八卦配合,绘出"先天卦配河图之象图"、"后天卦配河图之象图"、"先天卦配洛书之数图"、"后天卦配洛书之数图"③。这些说法尽管不同,但是却反映了一个

① 见胡一桂:《周易启蒙翼传》上篇,《四库全书·经部易类》。章潢《图书编》卷一"河图洛书总论"、"生克合论"等节亦有叙述,《四库全书·子部类书类》。
② 郑樵:《六经奥论》卷一"河图洛书辨",《四库全书·经部五经总义类》。
③ 李光地:《周易折中》卷二一"启蒙附论",《四库全书·经部易类》。

重要事实,即河图洛书和八卦在表示空间与时间的问题上具有一致性,二者共同构成一套完整的体系。

河图和洛书的图形都是没有边框的,所表示的空间与时间概念是开放的,没有域限的。河图中一至十的排列,洛书中一至九的排列,表示的是一个空间范围和时间过程,既可理解为一个相对空间范围、相对时间过程,也可理解为一个绝对空间范围、绝对时间过程。如果理解为一个相对空间范围、相对时间过程,即一个局部的范围、一个事件的过程,那么这一个范围的无限展延、一个过程的周而复始以至无穷也就是一个绝对空间范围和绝对时间过程了。从这个意义上来看,河图洛书的图像体现了空间与时间的无限性。

二、形质论:象数与义理

形质问题指形式与内容问题,也指现象与本质问题,这也是哲学上的基本问题。在古希腊哲学中,亚里士多德提出形式和质料问题,即是形与质的问题。英国哲学家培根对此又有发挥,认为形式是物质的结构,形式与事物的性质不可分离,他说:"当我讲到形式的时候,我所指的不是别的,正是支配和构造简单性质的那些绝对现实的规律和规定性。"[①]马克思主义的辩证唯物主义哲学对于形与质的问题有系统论述,其基本观点是:在内容与形式问题上,内容是事物内在诸要素的总和,形式是内容的存在方式,是内容的结构和组织;内容和形式是辩证的统一,没有无形式的内容,也没有无内容的形式;内容决定形式,形式依赖于内容,并随着内容的发展而改变,而且形式也会反作用于内容、影响内容。在本质与现象问题上,本质是事物的内部联系,它由事物的内在矛盾所构成,反映着事物比较深刻的一贯和稳定的方面;现象则是事物本质在各方面的外部表现,是人的感官能够直接感觉到的方面;人们对事物的认识过程,即如列宁所说,是"从现象到本质、从不甚深刻的本质到更深刻的本质的深化的无限过程"[②]。

古代在《易》学和河图洛书的研究中所提出的象数与义理问题,即是中国古代哲学中关于形与质的问题。《易经》的原文中尚未明确提出象数,但是,《易

---

① 培根:《解释自然和人的王国的箴言》,见《十六—十八世纪欧洲各国哲学》,商务印书馆1975年版,56页。

② 列宁:《黑格尔"逻辑学"一书摘要》,《列宁全集》第38卷,人民出版社1959年版,239页。

经》中的八卦即是象,经文中的"初九"、"九二"、"上九"等即是数。春秋早期的政治、军事及其他社会活动中,就已经利用《易》卦显示的象数进行占卜。《左传·僖公十五年》记韩简对晋惠公说:"龟,象也;筮,数也。物生而后有象,象而后有滋,滋而后有数。先君之败德,及可数乎?"这是古代典籍中最早提出象与数的概念并且对二者关系进行议论的记述。

鲁僖公十五年即公元前 645 年,百余年后,孔子著《十翼》解析《易》理,在"系辞"部分对于象与数有较多的阐释。《系辞上》云:"是故《易》有太极,是生两仪,两仪生四象,四象生八卦。"又说:"是故夫象,圣人有以见天下之之赜,而拟诸形容,象其物宜,是故谓之象。"还说:"极其数,以定天下之象。"这些地方所谓"象",是指《易》卦显示的图形,所谓"数",指《易》卦表现出来的数字特征。象与数都是一种象征,可以由此推测事物的内在本质与变化规律,判知吉凶祸福。《系辞下》云"象也者,像此也","象"即是象征之意。《说卦传》中又具体指明各种卦象所象征的物类,说乾为天、为君、为父,坤为地、为母,震为雷、为龙,巽为木、为风,坎为水,离为火,艮为山,兑为泽。这样的定位,为后来《易》学研究的象数之学提供了基础。

象数之学在汉代有较大的发展。西汉兴起的今文《易》学即非常重视象数,西汉孟喜及东汉郑玄等把《易》卦同天时、历纪、气候联系起来,推算天象变化和吉凶祸福,创立纳甲、飞伏、爻辰、纳音等理论,形成一整套象数体系。此后经魏晋南北朝各代,象数之学又有新的发展,其中三国时吴国的虞翻、北魏时关朗都提出了比较系统的见解。晋代王弼研究《易》学排斥象数而重义理,开创了《易》学研究的"义理"一派,此后象数派和义理派并存为《易》学研究的两股潮流。象数派重在对易卦图像及数字关系的解析,义理一派重在对于《易经》经文本义的研讨;象数派重在依据《易》卦爻象对现实事件进行推测,义理派重在寻绎《易经》揭示的事物内部规律及其原理;象数派重在实际应用,义理派重在理性思考。在古代的《易》学研究中,象数与义理两派各有优长,也各有成就。实际上,象数派并非不顾《易经》经文本义,义理派也并非完全不顾《易》卦象数,只是对于象数与义理各有侧重而已。至北宋初陈抟绘出河图洛书的图像之后,象数之学大兴,称为"先天象数之学"。同时,宋代义理一派也有不少著作,如周敦颐的《太极图说》、程颐的《易传》、司马光的《易说》等,其中周敦颐虽然是义理派的代表性学者,但他的《太极图说》本是义理与象数并重的。朱熹承继陈抟、邵雍的图书一派,其所著《易学启蒙》用理学的观点阐释《易经》及河图洛书,丰富了象数之学的理论体系,而他的《易本义》十二卷即是从义理方面研究《易经》的著作。元代学者胡一桂说:"愚观前宋一代之《易》学,自分为三节:希夷先天一图开象数之门,至邵氏《经世书》而硕大光明。周子太极一图洪义理之源,至程子《易》而浩博肆然⋯⋯朱夫子于《易》学亦可谓金声玉振、集大成者矣。"①这里,胡氏对宋代《易》学研究的象数与义理两派都给予了高度评价。而且,胡一桂本人所著《周易启蒙翼传》是阐释朱熹《易学启蒙》的专著,当是象数派的重要著作,而他的《易附录纂注》十五卷则明显具有义理派的特征。明清两代的《易》学研究,仍然是义理派、象数派并存,而就某一个学者而论,他对于象数与义理或者是有所侧重,或者是皆有关注。如黄宗羲的《易学象数论》专论象数,而胡煦的《周易函书》则对于义理与象数皆有全面论述。

在《易》学研究史上,无论象数派还是义理派,其著作中都不回避河图洛书。象数派的著作把《易》卦卦象和河图洛书图形作为研究的重要依据。义理派阐释《易经》文本原义,因《系辞》中有"河出图,洛出书,圣人则之"一语,也必须对河图洛书作出解说。传说伏羲据河图而创八卦,当是河图洛书的出现先于八卦;但是,河图洛书的图形在北宋初才由陈抟绘出,因此在宋以后的学者看来是河图洛书的出现晚于八卦。二者孰早孰晚实难深究,而陈抟以后的学者基本上都认定八卦和河图洛书的同源性和一体性,在探讨《易》卦象数时自然把二者并论。其实,《易》卦和河图洛书所显示的象与数,表现的是事物的形式和现象,而隐含的义理是事物的内容和本质;象与数表现事物的存在状态,而隐含的义理是事物的属性及内在规律;象与数是人的感官可以感知的东西,而隐含的义理是理性的思考才能领悟的道理。简言之,象数是"形",而隐含的义理是"质"。从哲学的角度来看,《易》卦和河图洛书既展示象数,又深含义理,这是关于形式与内容、现象与本质问题的形象表述。

象数与义理应是对立统一关系,象数是第一性的,义理是第二性的。由象数而解析义理,即由事物的外在形式认识其内容,由事物的表面现象认识其本质,

---

① 胡一桂:《周易启蒙翼传》中篇,《四库全书·经部易类》。

由事物的存在状态认识其属性,这是哲学上一个基本思维规律。《易》卦与河图洛书所显示的象数关系及其内涵,即反映了这样的思维规律。现在人们一谈到《易》学,会立即同占卜、打卦等联系在一起,认为《易经》本身带有迷信色彩,而河图洛书因为和《易》卦的密切关系也被认为非常玄奥而具有迷信的成分。其实,这是长期以来关于《易》学的一个认识上的误区。如果从这样的误区走出,而用科学的眼光进行考察,应该肯定《易》卦和河图洛书非常符合今天所说的信息论原理。《易》卦和河图洛书中的象和数,所表示的是各种信息要素,即客观事物能够给人的感官提供的直观认识,人们可以由此出发进而认识未知的领域。《易经·系辞下》云"八卦成列,象在其中矣",即可以理解为八卦所提供的各种信息。这些象的内容是非常丰富的,象对于所反映的未知领域是有迹可寻的。《系辞上》云:"圣人设卦观象,系辞焉而明吉凶,刚柔相推而生变化。是故吉凶者,失得之象也;悔吝者,忧虞之象也;变化者,进退之象也。"这里所说的设卦观象的推理过程,即是从已知到未知的认识过程。黄宗羲《易学象数论》卷三"原象"云:"圣人以象示人,有八卦之象,六画之象,象形之象,反对之象,方位之象,互体之象,七则而象穷矣。"这里又提出"七象",比《易经》中的"四象"的内容更丰富,表现了了对于象数之学的新见。从已知领域至未知领域的认识有两个方向。一是从空间的意义上看,是从近知认识远知,从直观视野进而认识微观视野及宏观视野。二是从时间的意义上来看,是从既然认识未然,从当前现状进而认识既往历史及未来发展。《易》卦和河图洛书以及相关的占卜、策数、揲蓍等法,即是在这两个方向进行推测的。用当代科学的观点来看,这可以称为预测学。因此,对于《易》卦和河图洛书在认识论方面所表现的思维规律,应当承认它具有可贵的科学性。

三、知行论:典则与通变

知行问题即知识与应用问题,或者是理论与实践问题,这是哲学的又一个基本问题。辩证唯物主义哲学认为,人的认识来源于人的实践活动,认识是一个由此及彼、由表及里、由个别到一般、由实践经验逐步上升为理论的过程;人们取得知识的目的全在于应用,认识世界是为了改造世界;理论来源于实践,又转过来为实践服务,并在实践中得到检验。这些道理,如今已是尽人皆知的哲学常识。

中国古代哲学中的一个重要观点是主张知行并重，历代许多文人学者对这个问题多有论述并有精辟见解。《易经》中关于典则与通变的内容，即是对于知与行问题的论述。所谓典则，是指人们已经认知的自然界固有的法则，即人们已认可的客观真理或重要结论；所谓通变，是指人们在实践中对于已有知识或真理的实际运用。古代传说中的河图洛书，是当时人们认为的一种天赐的典则。《易经·系辞上》云："是故天生神物，圣人则之；天地变化，圣人效之；天垂象，见吉凶，圣人象之；河出图，洛出书，圣人则之。"这里说上天赐予的神物及所显示的预兆，是圣人效法的依据，河图洛书即是圣人借以参照遵行的神物。关于通变，《易经·系辞》中有较多的论述，如：

> 参伍以变，错综其数。通其变，遂成天下之文；极其数，遂定天下之象。
>
> 是故阖户谓之坤，辟户谓之乾；一阖一辟谓之变，往来不穷谓之通。
>
> 是故形而上者谓之道，形而下者谓之器，化而裁之谓之变，推而行之谓之通。
>
> 变通者，趣时者也。
>
> 《易》穷则变，变则通，通则久。

从这些论断，可以理会其中所谓通变的含义。大意是说，人们对于天地法则要在运用和实行过程中根据实际情况予以变化，八卦之象即是显示变化规律的，"化而裁之"、"推而行之"是通变的基本要点，"趣时"就是要为现实服务。可见，孔子撰作《系辞》阐释《易经》义理，特别强调其中体现的通变的精神。前人论述《易经》，还曾指出"易"字本义为"更易"，就是"变"的意思，如宋代耿南仲《周易新讲义原序》云："《易》之为言，变也……而言象之间化而裁之，推而行之，而其变无穷焉。是故特以变称，而命之曰《易》也。"这里指出"变"是《易经》的基本特色，是《易经》书名的缘起。

孔子所谓"河出图，洛出书，圣人则之"，是指传说伏羲据河图而创立了八卦，大禹据洛书而创立了《九畴》。这种说法是体现《易经》通变精神的典型例证。《九畴》是《尚书·洪范》篇中箕子回答周武王时所讲述的大禹治理国家的九类根本大法。汉代孔安国为《尚书》作传云："天与禹洛出书，神龟负文而出，列于背,禹遂因而第之,以成九类常道,所以次序。"这是最早把洛书和《九畴》联系在一起的说法。《汉书·五行志》引刘歆语云:"伏羲氏继天而王,受河图,则而画之,八卦是也。禹治洪水,赐洛书,法而陈之,《洪范》是也。"这里甚至认为八卦即是河图、《九畴》即是洛书,三国时魏国王肃和唐代孔颖达也有同样的议论。宋代及其后的图书派学者也有不少人附和此说,如朱熹云:"熹窃以《大传》之文详之,河图洛书盖皆圣人所取以为八卦者,而《九畴》皆并出焉。"①这段话肯定了据河图而创八卦、据洛书而创《九畴》的说法。明清两代研究河图洛书的著作中,也有的学者对这样的说法提出怀疑,但是却不否定河图与八卦、洛书与《九畴》的逻辑联系。

实际上,《易经·系辞上》已经解释了伏羲创立八卦取法的依据:"古者包牺氏之王天下也,仰者观象于天,俯者观法于地,观鸟兽之文,与地之宜,近取诸身,远取诸物,于是始作八卦,以通神明之德,以类万物之情。"可知伏羲是在仰观俯察万事万物之后,获得了大量的知识和实践经验,才有始作八卦的行为。这里未明言取法河图,但联系后文"河出图,洛出书,圣人则之"一语,当是包括河图在内的。伏羲所取法象,即是典则;所作八卦,即是"化而裁之,推而行之"的通变。八卦的创立需要多方面的知识,仰观俯察是圣人的主观认识过程,即知的过程;作八卦是新的创造过程,即行的过程。如果认定宋代陈抟所绘河图图形即是本来的河图,那么八卦同河图虽有联系但毕竟不是河图的简单复制,而是"通变"之后的衍生物,是在遵依原有典则的基础上创立的新的理论成果。

同样道理,传说大禹创立《九畴》,也当是通过仰观俯察万事万物这样的知的过程,才得以完成创立《九畴》这样的行的过程,洛书只是大禹所依据的典则之一。如果认定陈抟所绘洛书图形即是本来的洛书,那么《九畴》同洛书相比显然有很大差别。《洪范》篇中《九畴》原文是:"初一曰五行,次二曰敬用五事,次三曰农用八政,次四曰协用五纪,次五曰建用皇极,次六曰乂用三德,次七曰明用稽疑,次八曰念用庶征,次九曰飨用五福,威用六极。"关于《九畴》和洛书的联系,班固《汉书·五行志》中解释说,从"初一曰五行"至"威用六极"共65个字,是洛书原文,即传说神龟从洛水中出来时列于龟背者;孔安国认为从"初一曰"

---

① 朱熹:《与郭冲晦》,《晦庵集》卷三七,《四库全书·子部别集类》。

至"次九曰"每句的头三字共27字是大禹"因而第之"所添加的,其余38字是列于龟背上的洛书原文;刘歆说这38字中从第二句起每句的"敬用"、"农用"、"协用"、"建用"、"乂用"、"明用"、"念用"、"飨用"、"威用"这18字也是大禹添加的,其余只有20个字是龟背上的原文。这些说法已经被后人否定,因为神龟背上所显示的只是表示九个数字的坼文或点画,不可能是现成的文字;如果龟背原有现成文字,那么后来所绘的黑点白圈之图又如何解释?因此,明代王祎《洛书辨》云:"以本文为禹之所叙则可,以为龟之所负而列于背者则不可。夫既有是六十五字,则《九畴》之理与其次序亦已烂然明白矣,岂复有白文二十五、黑文二十而为戴履左右肩足之形乎?"①由此看来,洛书和《九畴》的联系只剩下一点,即洛书之数为九,而《九畴》之款为九,在数字"九"上是相同的。根据这样的分析,可知《九畴》也不是对于洛书的简单复制,而是大禹遵依有关典则并进行通变的新成果。

从哲学的角度来认识,关于伏羲据河图而创八卦、大禹据洛书而创《九畴》的传说,正是体现了《易经》的通变精神,体现了中国古代哲学中知行统一的思想。河图洛书是原有典则,伏羲、大禹对河图洛书的发现和掌握是第一层次的认知;创立八卦、《九畴》的过程是对所掌握知识的应用;而八卦、《九畴》是把河图洛书的普遍真理和当时社会政治、生产活动的具体实践相结合而创立的新的理论体系。这种从知到行再到新知的过程,正是当代哲学所谓的认识——实践——再认识的过程,是从理论到实践再到新的理论的飞跃。

《易经》所谓的通变以及伏羲据图画卦、大禹据书作《九畴》的实例,对于后世的《易》学研究和后世哲学思想的发展有很大影响。周敦颐的《易》学研究著作即名之为《易通》,后更名为《通书》。这是《太极图说》的姊妹篇,《太极图说》主要是据《易经》而谈天道,《通书》则是据《易经》而谈人事。周敦颐提出"通微"的重要观点,所谓微当是指事物的深层本质和内部规律,而通则是在行的过程中去发现和掌握。在通微的过程中,更强调"思"的重要性,他说:"不思则不能通微,不睿则不能无不通。是则无不通生于通微,通微生于思。"②这里认为人的智慧与聪明是实现通微的必要条件,是知与行的基础,议论相当深刻。张载著

---

① 王祎:《洛书辨》,见唐顺之《荆川稗编》卷二,《四库全书·子部类书类》。

② 周敦颐:《通书·思第九章》,见《周元公集》,《四库全书·集部别集类》。

《横渠易说》，对于通变亦有新论。他提出"变言其著，化言其渐"的观点，又说："变则化，由粗入精也；化而裁之谓之变，以著显微也。"①即是认为通变是一个时间过程，是一个循序渐进的过程，缓则称为渐化，疾则称为著变（或谓突变）。这样的认识意在表述通变的规律，具有独到见解。

清初哲学家方以智又由《易经》的通变而提出"通几"、"质测"的概念。他在《物理小识自序》中说："寂感其蕴深，究其所自来，是曰通几……类其性情，征其好恶，推其常变，是曰质测，质测即藏通几者也。"②他的另一部书即名为《通雅》，也强调一个"通"字，他说："象数、律历、声音、医药之说，皆质之通者也，皆物理也；专言治教则宰理也；专言通几则所以为物之至理也，皆以通而通其质者也。"方以智所谓的"通"是贯通之意，"几"即"几微"，即内部蕴涵的深奥道理与规律，而质测即是在实践中通观天地万物，由已知的知识进行推测而认识未知的领域。所谓"通几"与周敦颐的"通微"的含义是一致的。他的观点，既涉及认识与实践问题，也涉及现象与本质问题，在中国哲学史研究领域受到当代学术界重视。同时，他也非常重视河图洛书的价值，认为："河洛卦策，征其端几，物理毕矣。"③方以智的思想是有渊源的。他的曾祖父即方大镇，明万历十七年（1589）进士，精于《易》理，著有《易意》四卷；其祖父即方孔炤，万历四十四年（1616）进士，研究《易》学更有成就，著有《周易时论合编》十五卷、《图像几表》四卷，其中论及河图洛书时即提出效法天地通变致用问题，他说："旧说图法天，故五行顺序；书法地，故五行逆施。实则天因地偶而立体，地因天奇而致用，图又法地、书又法天也。"④这里概括河图洛书二者的顺逆、体用关系，比较简要而精辟。方以智却不像曾祖父、祖父那样以研究《易》学为主，而在哲学思想上有更大的成就。方氏四代人的学术发展是耐人寻味的，这一事实本身似乎说明一个道理，《易经》的象数、义理与河图洛书同中国古代哲学之间也存在着密切的血缘关系。

（作者为河南省社会科学院研究员）

---

① 张载：《横渠易说》卷一"乾"卦、卷三"系辞"释文，《四库全书·经部易类》。
② 方以智：《物理小识》，《四库全书·子部杂家类》。
③ 引文见《通雅》卷首三"文章薪火"、卷首二"读书类略提语"，《四库全书·子部杂家类》。
④ 方孔炤：《周易时论合编》卷一"河图洛书旧说"，《四库全书存目丛书·经部易类》。

试论殷商文明与河洛文化之关系

——兼论商周时期的王权文明是河洛文化的核心内涵

徐心希

　　众所周知,判断早期中国文明的主要标准是宫殿、文字、青铜器和礼制的出现。这四种文明的基本因素均是围绕王权的产生和发展而不断完善的,因而可以统称为王权文明。我们以为,商周文明的核心应当就是日益巩固和加强的王权政治文明。河洛文化的形成和发展与商周时期王权政治的迭兴息息相关。殷商时期神权发展到了鼎盛的阶段,与此同时王权加强的嬗变与神权的不断上扬出现了既统一又矛盾的局面。在殷商晚期至西周初年王权和神权实现了融合,互通有无。东周时,尤其是春秋后叶,随着国家理论的增强以及对自然界认识的加深,中央王权的旁落所形成的真空被日益膨胀的诸侯王权所填补。与此同步的天命观也发生了裂变,神鬼的地位逐渐下移,因此这一时期王权与神权的关系也起了微妙的变化。战国伊始,神权又成为各诸侯实现统一天下、取得至高无上王权的辅助手段。这个从量变发展到质变的过程,也就是河洛文化不断发展与完善的进程。河洛文化在这个演变进程中逐步充实了自己的底蕴和内涵。因此我们可以说河洛文化的核心就是王权文明。

　　以下就从神权与王权发展的各个主要阶段及其与河洛文化的复杂关系分期进行论述。

一、神权的形成与鼎盛时期——夏末至殷商中期

　　夏代,随着氏族制度的衰落和奴隶制度的确立,"夏王率遏众力,率割夏邑,有众率怠弗协"。有时王也称"后","《夏书》有之曰:'众非无后,何载? 后非众,天与守邦'"。启是夏王朝的第一位君主。古书上记曰:"启乃淫溢康乐","启九辩与九歌兮,夏康娱以自纵",这是对启荒淫无度生活的谴责,这也说明了启已真正成为阶级社会的帝王了。同时那些由氏族贵族蜕化而来的奴隶主贵族,为了维护奴隶主的统治,开始垄断神权。"大战于甘,乃召六卿。王曰:'嗟! 六事之人,予誓告汝:有扈氏威侮五行,怠弃三正,天用剿绝其命,今予惟恭行天之罚。左不攻于左,汝不恭命;右不攻于右,汝不恭命;御非其马之正,汝不恭命。用命,赏于祖;弗用命,戮于社,予则孥戮汝。'"说明神权处于初始阶段。殷商前期,神权发展到了鼎盛。殷人建立起了一整套较为完备的神权体系。其一,殷人最重要的神事活动就是祭祀典礼,祭祀鬼神已成为一种制度并指导着国家所有的日常活动。其二,殷人崇拜天帝,祭祀祖先,认为任何事情都要受到神的支配。因此,上至国家人事,下至帝王贵族们的私人生活,诸如战争、祭祀、农业、祸福、凶吉、田猎、疾病、生育……都要求神问卜。因此,神职人员即当时的贞人,作为可以与神沟通的使者,在祭祀与问卜上的重要地位可想而知。"汝则有大疑,谋及乃心,谋及卿士,谋及庶人,谋及卜筮。汝则从,龟从,筮从,卿士从,庶民从,是之谓大同。身其康疆,子孙其逢吉。汝则从,龟从,噬从,卿士逆,庶民逆,吉。卿士从,龟从,筮从,汝则逆,庶民逆,吉。庶民从,龟从,筮从,汝则逆,卿士逆,吉。汝则从,龟从,筮逆,卿士逆,庶民逆,作内吉,作外凶。龟筮共逆于人,用静吉,用作凶。"文中提及,殷商的前期,占卜是由贞人和商王共同执掌的。王有发布决断的权力。但在国君、卿士、庶人、卜、筮五方面因素中,最重要的还是卜、筮的意见,国君、卿士、庶人的意见只是起参考作用,而卜、筮的结果却具备最终决定权,这也可以说明殷商前期神权的鼎盛。神职人员,即贞人作为神权的体现者,其地位十分显赫。此时王权还无法达到后期那种绝对和无限的的权力。这是因为,殷商的形成实际上是许多部族不断汇合的结果,商能得以灭夏,很大程度上是得益于这些部族的支持。贞人,往往是这些部族的首领,作为诸部族势力在王朝中的代表,他们力图通过掌握神权来左右殷商的国家人事。因此神权基本上代表了族权。商王与这些部族的关系也并不是完全的上下隶属,商王尚未确立专制独裁的地位,"帝小甲崩,弟雍己立,是为帝雍己。殷道衰,诸侯或不至"。因此,殷前期的卜辞大多为非王卜辞。如一条卜辞中记载很经典:"丙寅卜占,王告取若。彀占曰:若,往。"占卜多以贞人的名义来进行,而且占卜的内容也多由贞人来选定,乃至决断、发布占卜的结果。占卜的范围也涉及到了国家管理和人民生活的诸多方面。以上这些都表示了在殷商前期,神权在以族权为后盾的支持下占卜,远远凌驾于王权之上,二者以相互斗争为主,"帝太甲既立三年,不明,暴虐,不尊汤法,乱德,于是伊尹放之于桐宫"。

二、王权与神权的整合、神化王权的时期——商晚期、西周初年

殷商中期开始,商王开始选派王室成员来担任贞人,甚至有时自己也亲自卜贞,力图打破部族对神权的垄断;并开始打击族权,削弱部族的影响。如武丁时的贞人韦,卜辞称"子韦";祖甲时的贞人洋,又称"子洋"。这些贞人都是与商王关系较近的王室成员。到商代晚期,神权与王权经历了长时间的斗争与融合。随着王权的加强,商王剥夺了神职人员的权力,逐渐掌握了神权,将占卜权垄断于自己手中,族权与神权才逐渐分离,王权与神权才逐渐合而为一。商纣时,"百姓怨望而诸侯有畔者,于是纣乃重刑辟,有炮烙之法"。这说明,到晚商王的权力已大大超越了诸侯,诸侯已不再拥有至上的神权与商王相对抗,而神权成为商王神化王权、实现对国家的统治和管理的一种工具。因此,商后期的卜辞中贞人的名字少见,多为王卜辞或王授意贞人进行的占卜,而且占卜的内容不少是王的例行记录。这一时期的贞人其权势与地位已大不如前,逐渐变为王的记录史臣。此外,商王名号的变化也反映出商后期王权的提高以及王权与神权的融合。商初商王的称谓与诸侯的并无区别,如汤、太甲、小甲等;后期,商王的名号开始冠上了美称,如文武丁;商末,商王的名号更是与上帝相联系,如文武帝。西周初年,天王合一的思想仍然在统治集团内部占有一定的地位。周王既是宗族的"人宗",又是天下的共主,中央机构的首领。周王自称天子,奉天命而行事,借助神权来维护其王权的统治。古书上记载:"皇天震怒,命我文考,肃将天威,大勋未集。""天监在卜,寿命既集,文王初载,天作之合……有命自天,命此文王,于周于京。""文王去商在程。正月既生魄,太姒梦见商之庭产棘,太子发取周庭之梓,树于阙间,化为松柏棫柞。寤惊以告文王,文王曰:'慎勿言。'乃召太子发,占之于明堂。王及太子发并拜。"

"吉梦,受商之大命于皇天上帝。"这些记载都是为了说明天将最高权力赋

予了周王,因此只有周王才能承受天命、为王为后的。因此,周王行使政治、经济、军事、宗教祭祀等一切权力,具有至高无上的权威。"天下有道,礼乐征伐自天子出。"而且"五岳视三公,四渎视诸侯",可见西周时,周天子已经将神当做是自己的大臣,王权的地位远远居于神权之上。

此外,西周洛邑王城位于今河南洛阳,遗址已荡然无存,但根据《考工记》载:"匠人营国,方九里,旁三门,城中九经九纬,经途九轨,左祖右社,前朝后市,市朝一夫。"宫殿位于王城中央最重要的位置,将太庙和社稷挟于左右,这说明西周时王权已凌驾于族权、神权之上。但此时天王合一的思想已有所动摇,周王在继续利用神权来神化王权,加强统治的同时,也吸取了殷王朝灭亡的教训,将德治引入了王权中,不再像商代中后期那样单纯地用神权来维护其王权统治。周王宣扬"以德配天"和"敬德保民"的思想,提出"天命靡常"的观念。"至于武王,昭前之光明而加之以慈和,事神保民,莫弗欣喜。商王帝辛,大恶于民。庶民不忍,欣戴武王,以致戎于商牧。是先王非务武也,勤恤民隐而除其害也。"可见,神权不再是王权实现统治的唯一工具。

但必须指明的是,纵西周一朝,虽然神权的力量已经无法与殷商时期相比,然而由于周人认为他们的先祖是可以配天受祭的,"惟先王建邦启土,公刘克笃前烈,至于大王,肇基王迹"。因此这一时期周人将对祖神的祀拜作为自己生活中的人事,"祠,自蒿于周"。这就使得神权在西周的政治生活中仍然占有一定的分量。"古者明君,爵有德而禄有功,必赐爵禄于人庙,示不敢专也",表明了神事与王权的同一性。相应地,由于西周祭祀等神事活动的频繁,神职人员的数量也占据了周官的大部,而且每一位神职人员有着其各自的分工与职责,"大宗伯之职,掌建邦之天神、人鬼、地示之礼,以佐王建保邦国","小宗伯之职,掌建国之神位,右社稷,左宗庙","大祝掌六祝之辞,以事鬼神示,祈福祥,求永贞","小祝掌小祭祀将事、侯、禳、祷、祠之祝号,以祈福祥,顺丰年,逆时雨,宁风旱,弥灾兵,远辠疾",等等,从而构成了西周时期完善、齐备的神权体系。

因此,西周一代,神权与王权的关系表现出互惠互利的现象,相对殷商时期而言,二者的关系结合得更为紧密,"国之大事,在祀与戎",正是这二者关系密切的反映。

三、王权与神权的共同衰落，二者关系开始貌合神离的春秋时期

西周末年，"自周克殷后十四世，世益衰，礼乐废，诸侯恣行"。进入春秋后"周室衰微"，"礼崩乐坏"，诸侯争霸。西周灭亡，平王东迁后，周王室实际管辖的范围缩小到只有今河南西部一隅之地，也包括河洛文化的中心地区。王权下移，周王的地位骤然下降，周王室不再拥有过去政治中心的地位，各诸侯国几乎都成了独立的政权。"十三年，伐郑，郑射伤桓王，桓王去归。"此一役，天子的威严扫地。诸侯也不再向王室朝贡，王室失去了贡赋收入，渐渐地，周王室沦为了诸侯国的附庸，周天子王权旁落。相应地，神事活动失去了其强大的经济基础，王室的神职人员制度开始遭到破坏，至春秋晚期，神职人员的职位更加不稳定。

但是，由于神职人员职位的不稳定，使得其他社会集团的成员开始进入到神职人员的集团中，也在客观上使神权与王权的关系疏远，并带来了一股无神论的思潮，对天命神权思想形成了强大的冲击波。一些思想家和政治家，开始对天神的权威产生怀疑。春秋初年，季梁提出了"夫民，神之主也。是以圣王先成民而后致力于神"。随后，史嚣发展了这一观点，进一步指出："国将兴，听于民；将亡，听于神。神，聪明正直而壹者也，依人而言。"史嚣把"听于神"与国亡联系在一起，这极大地贬抑了神的权威，同时又强调神意要以民意为转移，这是对人的作用的进一步重视，从而动摇了天命神权论的统治地位。

春秋末年，道家创始人老子提出"道"来说明宇宙万物产生的根源及其运动变化的规律性问题，用"道"来代替传统神的"天"，剥夺了神至高无上的权威，使神失去了其往日的神秘色彩，也使天命神权失去了其理论基础。同时，儒家创始人孔子在面对当时社会的巨大变革，开始动摇了其心目中的"天"的权威地位，而且他虽然不否定鬼神的存在，但对鬼神采取回避或怀疑的态度，"子不语怪、力、乱、神"，"敬鬼神而远之"，"未能事人，焉能事鬼"，"未知生，焉知死"。这些社会精英向神权政治发出或者直接、或者间接的诘问，其目的显而易见是要维护王权的绝对权威。

因此，春秋时期，随着周王室的衰微，周天子王权的旁落，被王权利用来神化其统治的神权思想也随之动摇，王权与神权都不复其西周时期的风采。但必须指出的是，各诸侯国在兼并战争中往往仍会利用传统的神权思想来促进其霸业

的建立。"其后十四年,秦缪公立,病卧五日不寤;寤,乃言梦见上帝,上帝命缪公平晋乱。"可见神权的阴影仍然无处不在。

四、争夺王权,神权成为利用品的时期——战国

经过春秋时期的兼并战争,到战国时期就形成了七大国争雄的局面。尽管这一时期周王室依然存在,但不过是保有洛阳(即河洛地区的中心地带)附近的一小块地方,王权非但无法号令天下,连周天子的名号也只不过是徒有虚名,东周已名存实亡。战国中期,各大国陆续称王,周天子已失去了名义上的意义。我们应当把这种历史现象看做是王权政治在另一种方式下的膨胀。公元前256年,秦灭了东周,周赧王死去,象征着周王室的彻底灭亡。中央王权画上了句号,而诸侯王权则刚刚登上历史舞台,继续演绎着王权与神权交相辉映的历史进程。

与此同时,这一时期也是新兴地主阶级为争夺统治权而不断进行改革和扩张的时期。各国都想由自己来完成结束割据,实现全国统一的事业,因此各国都对内进行改革,发展自己的实力,"小饥则发小孰之所敛,中饥则发中孰之所敛,大饥则发大孰之所敛,而粜之。故虽遇饥馑水旱,籴不贵而民不散,取有馀以补不足也";对外扩张,以图建立起自己的霸业,"西攻秦,至郑而还,筑雒阴、合阳",借此统一国家,取得中央王权。

这一时期的神权思想在战国社会变革时代的影响下,也出现了一些新的内容。墨子否定了天命,却无法摆脱尊天事鬼的宗教外衣,"尚贤者,天、鬼、百姓之利而政事之本也"。认为上天是为了百姓的利益的一种最高权威力量,"天下之百姓皆上同于天子,而不上同于天,则灾犹未去也"。今若天飘风苦雨,溱溱而至者,此天之所以罚百姓之不上同于天者也。是故子墨子言曰:"古者圣王为五刑,请以治其民。譬若丝缕之有纪,罔罟之有纲,所以连收天下之百姓,不尚同其上者也。"因此,尽管这时候争夺王权的战争不断,但是各国祭祀等神事活动仍然时有举行,庙堂的钟声和祷文仍然此起彼伏。

因而在经历了春秋时期与王权的疏离,伴随着战国时期新兴地主阶级争夺政权的战争,神权并没有因此而沉寂下去,反而重新被各国所利用而被作为争夺王权的一种特殊方式。典型的有如史书所载秦王以五行之说挥戈东向,执坚攻锐,"五十二年,周民东亡,其器九鼎入秦"。

从上述商周王权政治的衍变进程,特别是王权与神权的交替上扬,给我们展开了一幅绚丽多彩的政治文明画卷。由此我们可以引导出下列结论。

首先,商周神权政治的指导思想是一元多神的带有强烈政治色彩的宗教信仰思维。一方面,它沿袭了原始宗教的自然崇拜、图腾崇拜和祖先崇拜;另一方面,它创造了具有时代特征的至上神"日神"崇拜。所谓"一元",是指信仰中的世界是由至上神即上帝(亦即日神)统治的一统天下,上帝是中心,它不但是自然万物(包括人类)的创造者,而且是社会秩序的主宰者。所谓"多神",是指虽然日神是全能的至上神,但它并未排除其他神灵的共存,如祖先神、自然神,等等。如同现实世界中王——诸侯——大夫的关系一样,信仰的世界中同样也形成了上帝——祖先神、上帝——自然神这样一种"结构"。虽然各个部族都信仰祖先神,但祖先神是上帝的"臣",听从上帝的命令。所以"一元"与"多神"的信仰结构,决定了商周神权系统已经比较严密体系化了。商周神权系统有一个突出的特点,即人们虽然把日神摆到了至高无上的地位,但在日常生活中,人们更依赖于祖先神,人们把祖先神作为祈祷的主要对象。在我们今天看来,这令人感到困惑。过去,有的学者说殷商时期是"祖宗一元神"崇拜,也有学者说商周是上帝和祖先"二元神"崇拜,正是上述特点造成的认识上的分歧。宗教情感与一定历史时代的特定的信仰对象相关,最依赖的神灵未必是最高的神灵。认识"一元"与"多神"这样一种信仰结构,是把握商周宗教的关键。商周宗教没有"圣经"。如果说应该有"教义"的话,宗教领袖的诰命、对祖先的赞美诗本身就具有一定的教义上的规范。

其次,商周神权政治的组织形式,是利用了自原始社会末期父系氏族组织发展而来的宗族组织,并以此为基础,形成了半天然的宗教组织和准宗教组织。与后来的宗教不同,商周宗教没有专门的宗教组织,或者说不存在独立于社会行政组织之外的宗教组织。商周时期普遍存在"族"组织,如商代的"王族"、"多子族",周代的"公族"、"士族"等。在周代,各级贵族生活于各级"族"组织之中,各级"族"组织都必须尊祖敬宗,而"祖"正是商周信仰的重要内容,是上帝信仰的一个环节。每一级"族"组织不但要尊祖,还必须承担相应的宗教义务,如助祭等。周代的庶民虽不生活在"族"组织中,但他们的人身并不自由,是一种依附性人群。从主流看,他们中的多数是从"族"组织中排斥出来的已经失去贵族身份的人。即便如此,他们仍然依附于贵族和贵族组织。从宗教关系看,庶族对贵族具有宗教义务,为贵族耕种"公田"(具有宗教含义),修缮宫庙等。所以,庶人虽不在"族"组织内,但具有一定程度的"族"的属性,故我们把庶民的社会组织称为"准宗教组织"。无论贵族还是庶族,人们都不能摆脱"族"的束缚,因而都是商周神权政治组织的附庸人员。

再次,商周神权政治组织的各级领袖,就是各级"族"组织的宗主,他们的身份地位由血缘而定,是一身二任的君主。对于一个部族、家族内部的人们来说,当时的宗教几乎可以说就是"祖宗"宗教,各级宗主是祖先的嫡系子孙,是天生的宗主。对祖宗的祭祀活动要由这些宗主主持,其他人没有这一权利;另一方面,族众又必须尊祖,为了表达他们的宗教愿望,他们要担当宗教上的某些义务。因此,商周宗教的领袖与后世专门化宗教组织的领袖不同。各级族长是祖先神在人间的代理人,对族人和庶民的统治具有神权的性质。各级族长虽是宗教领袖,但并不是专门的祭司,他们任命了一批专门人员担任祭司职务,如祝、宗、卜、史等。专职的祭司人员是由宗教领袖任命的,他们可能随时被免职。所以,商周神权政治组织中的祭司人员不可能发展成为政治上的异己力量。

最后,商周神权政治的礼仪活动,既体现其原始的特点,也有突出的等级特征。一方面,当时的宗教活动丰富多彩,如占卜、草筮、占梦、星象、巫术等等;另一方面,形成了等级化的宗教礼仪,如郊祀、祖祀、社祀。与后世的拜神祭祖不同,商周神权政治的某些宗教活动是某些宗主的特权,贵族的等级身份不同,采用的礼仪规模不同。对广大的庶民信徒来说,他们的宗教身份最低,宗教活动最简单。总之,等级化的"礼"是商周宗教活动的总特征。

由此可见,商代已初建神权政治的基础;至周代神权政治体系得到充分的构建。这主要表现在宗教祭祀尤其是对天神、地祇、人鬼的祭祀和占卜官员的组成、祭祀内涵的强化。那么,这一系列的王权与神权的交替上扬与演进,主要是在什么地域文化的范畴中进行呢?

五、商周时期的王权文明成为河洛文化的核心内涵

这个地域文化就是辗转传承和绵延发展达数千年之久的河洛文化。

河洛文化的发展时期,从时间上来说主要是商周阶段。此时河洛文化主要

凝聚在以豫北平原为中心的黄河中下游地区,这个地区也可以说是河洛文化的文明起源中心。在广袤的华北大地上,河洛地区文化本来就处于古老黄河文明的腹地。正如一些学者所言,河洛地区大体包括黄河与洛河交汇的内夹角洲、外夹角洲以及黄河北岸的晋南和豫北。河洛文化圈向西可伸入关中,向东可以延伸至淮阳。在河洛文化圈内,不仅有五帝传说和遗迹,还有夏商周三代王朝的国都。考古发现了属于王朝性质的都城有登封王城岗、新密新寨古城、偃师二里头城址、郑州商城、偃师尸乡沟商城、安阳殷墟和近年发现的洹北商城以及在关中和洛阳发现的西周、东周都城遗迹,夏商周三代都城主要分布于河洛地区。因此,河洛文化不仅是一个地区性文化,而且是延续约2 000年的王都文化,是黄河文明的主要载体。其特征是出现了父死子继家天下的政体,形成了比较成熟的国家机构,制定了比较完善的礼乐制度,出现了比较规范的文字。尤其是划时代的青铜文化亘古未闻。在河洛文化周围出现雨后春笋般的巴蜀文化、吴越文化、楚文化、闽越文化、燕赵文化和齐鲁文化等,犹如百花盛开,争奇斗艳。在这一时期,出现了《诗经》和《易经》等许多不朽之作。影响中国几千年的儒、墨、道、法、兵、名诸家在此地争奇斗艳,迎来百家争鸣的黄金时代。河洛文化与商周王权文明息息相关。如《易·乾凿度》:"帝王始兴,各起河洛。"《史记·封禅书》:"昔三代之居,皆在河洛之间。"河洛地区"天下之中"的中央理念,在进入文明时代以后,被统治者引申为"中天下而立以经营四方"的建国方针,因此,河洛地区自然成为中国古代的政治、经济和文化中心。逾时千年的夏商周三代,其统治中心均在河洛地区。可以说,是河洛文化根基成就了商周文明;而商周文明在河洛地区的发展则奠定了河洛文化成为中华民族文化之根的地位。

作为区域文化典型的河洛文化,其第一特征表现在王权政治中心文明经久不衰。譬如史前期就有黄帝都有熊,颛顼都帝丘,尧都平阳,舜都蒲坂;夏商周时期,夏都阳城、阳翟、斟鄩、老丘,商都亳、隞、相、殷,周都丰镐、洛邑;封建社会上升时期的西汉至北宋一直建都在西安、洛阳和开封。上述都城基本都在河洛文化圈内。3 000年的政治中心,形成了极具影响的王权政治中心文化。这也是河洛文化辗转传承绵延不绝的要害所在。其第二特征是文化结构严密与博大,有许多文明可以溯源于此。近年启动的文明探源工程所确定的临汾的陶寺,郑州的古城寨、新寨和王城岗也属于河洛文化范畴。诸如"河图"、"洛书"和《周易》

等实乃商周王权文明的经典之作。由于历史上各种原因,中原人口大量向四方播迁,甚至播迁到海外。其第三特征则表现在河洛文化的精神核心是大一统理念,这本身也成为民族传统的文化基因。兼容并蓄、广采博收的河洛文化体现了中华民族与生俱来的博大胸怀。

从探讨商周王权文明与河洛文化关系的基本点出发,我们以为主要可以从礼乐制度与文化中心这两个方面来展开论述。

1. 商周礼乐典章制度的确立促进了河洛文化的发展

前面我们已经说过,判断文明的标志,尤其是中国,十分重要的一点即礼乐典章制度的建立。作为河洛文化的完整体系,它包括物质生产、礼乐制度、价值规范和政治运作各个层面,这些因素与王权文明均有密不可分的内在关系。其中,礼乐制度是其重要的一个方面。礼乐文化方面的古代文献记载很多有关伏羲氏、黄帝、炎帝时代的制度和发明,实际上都属于礼乐文化的范畴。如伏羲制嫁娶,作八卦,制末耜、教民耕作等;黄帝筑作宫室,上栋下宇,作律历,定八音之制等,这些都是河洛文化在进入文明时代以后,迅速形成的基础。这些文献记载,越来越多地被考古资料所证明。如在河南舞阳贾湖遗址发现的裴李岗文化时期的骨笛,这种当时用来娱神的工具,经测试已具备有七声音阶。在郑州西山发现有仰韶文化时期的古代城址。在濮阳西水坡发现有仰韶文化时期的蚌塑龙虎随葬墓。河南发现多处龙山文化时期的古代城址,尤其是在新密古城寨发现的龙山文化晚期城址,面积达 17 万多平方米,并在城内东北部发现一组类似宫殿的大规模的建筑基址群。所有这些,都是礼乐文化从原始逐步向前递进的代表之作。在三代时期,尽管有所谓的三代“革命”,出现了政权的交替,有汤伐桀和武王伐纣,但一脉相承的礼乐文化在河洛地区并未中止,反而是在另一个高度的全面更新。譬如“殷因于夏礼”、“周因于殷礼”,礼乐文明在河洛地区得到深层次的充实和演进。到了周代,礼乐制度走向成熟和完备。尤其是在春秋时期,出现专门记载、讲述和指导礼仪活动的礼书,这就是所谓的三礼即《周礼》、《仪礼》和《礼记》。实际上除三礼之外,《易》、《诗》、《书》、《春秋》、《乐》都与当时的礼乐文化有关。可以看出,一个以礼为核心的自成体系的文化传统已经形成。关键在于,上述这一切均是围绕王权文明的深化而展开的。虽然说在春秋以后,“礼崩乐坏”局面的出现表明商周古礼面临挑战,但它的影响却是根深蒂固的。

2.围绕王权文明在政治、经济和文化领域的迅速发展使河洛文化成为诸多文明的中心

商周政治文明中心在河洛文化区域的确立,最突出的表现是"三代之居"的地位在千年之中几乎没有改变。早期河洛文化中心区域即在今以嵩山地区为中心的河洛地区。在这个中心区域的偃师二里头遗址,还发现了大型的宫殿基址,宏大的规模和丰富的内涵表明确系王都无疑。商汤灭夏后迁都西亳,其后仲丁迁隞,盘庚迁殷,商王朝的活动仍然不出河洛之地。考古发现的偃师商城、郑州商城、安阳殷墟表明商朝国都在该地区的迁徙轨迹。西周之初,王朝定都镐京,但基于洛阳的重要地位,武王在克商之后不久就想在有夏之居的伊、洛地区建立国都。到平王迁都洛邑,这里又成了东周的国都。河洛地区有各方诸侯的进贡,又能够牢牢控制全国的资源,所以又成为经济的中心。文字、文献、文化机构以及其他的文化相关活动集中在这个地区,从而也成为众人仰慕、众望所归的文化交流中心。

综上所述,纵观商周历史,王权与神权的关系随着社会的变革和历史的进步,也在不断发展与变化中,并呈现出了多元化的特点,反映了河洛地区社会文化发展的客观规律。

其一,王权与神权自身的发展都受到了社会经济的左右。夏商之际,社会生产力极其低下,神的力量成为人对日常生活中无法解释的现象最好的诠释,况且在国家性质上还是一个奴隶主贵族联盟,王权的发展需要得到族权的支持,因此以族权为后盾的神权自然而然地在王权发展的初期凌驾于王权之上。西周时期,经济进一步发展,王权已经不需要再依靠族权来维护其统治,掌握在奴隶主贵族手中的神权随着族权的衰落而失去了以前的显赫,开始成为君王手中的工具。春秋战国时期,随着各诸侯国经济的发展,实力的壮大,王权无法再与诸侯相比,与王权休戚相关的神权也随之没落。

其二,王权与神权的关系一定程度上反映了当时君王与诸侯的关系。夏商时期,王朝基本上是由各部族汇集而成的,君王与诸侯的地位几乎是平等的,君王只是部族联盟的首领,这时期的王权需要族权的支持,因此这一时期以族权为后盾的神权凌驾于王权之上。进入西周后,君王的实力大大加强,诸侯各国无法与王权相抗衡,相应地神权不再是诸侯与王权抗衡的工具,反而成为了王权维护

统治的工具。

　　总之,商周时期的神权与王权是与河洛地区政治、经济、文化紧密联系、同步发展的。其间关系也随着当时的政治更新、经济变化、文化进步而有所衍变。总体上,商周时期的神权与王权的关系发展表现出以下这样的趋势:远古以来,神权占据了统治地位,但随着夏朝的建立,王权加强的要求开始与神权出现了矛盾,王权与神权开始相互斗争,商末时王权取得了胜利,神权成为了王权维护统治的工具,随着奴隶制社会的衰落,王权开始没落,已经与王权休戚相关的神权也随之没落。这个过程在河洛地区得到了完整的体现,河洛文化就是商周王权文明在该地区的折射。王权政治文明就是贯串河洛文化始终的核心精髓。

参考资料:

加拿大明义士收藏甲骨第 574 片。

转引自晁福林:《试论殷代的王权与神权》,《社会科学战线》1984 年第 4 期。

周原甲骨 H11,详见王宇信:《西周甲骨研究》,中华书局 1984 年版。

郭沫若:《先秦大道观之进展》,《郭沫若全集》(历史篇)第 1 卷,人民出版社 1982 年版。

徐心希:《商周时期神权发展的三个阶段》,《福建师范大学学报:哲社版》,1990 年第 1 期。

陈士强:《殷周时期的神权及其特点》,《复旦学报:社科版》,1980 年第 5 期。

孙晓春:《商周时期不是神权时代》,《吉林大学社会科学学报》,1987 年第 2 期。

李光霁:《商朝政制中的神权、族权与王权》,《历史教学》,1986 年第 2 期。

晁福林:《试论殷代的王权与神权》,《社会科学战线》,1984 年第 4 期。

张荣明:《论殷周神权政治的特点》,《烟台大学学报:哲社版》,1990 年第 4 期。

晁福林:《论殷代神权》,《中国社会科学》,1990 年第 1 期。

李向平:《周代的祖宗崇拜与王权的历史特征》,《社会科学战线》,1991 年第 3 期。

杨升南:《商代的王权和对王权的神化》,《中国史研究》,1997 年第 4 期。

徐进:《德在西周政治中的运用与神权法的衰落》,《法制与社会发展》,1997 年第 5 期。

郭吴奎:《从〈尚书〉看周公的神权思想》,《内蒙古工学院学报:社科版》,1993 年第 2 期。

洪煜:《先秦秦汉天命观对王权的影响》,《史学月刊》,1993 年第 5 期。

孙树方、王淑润:《〈尚书〉及其神权政治》,《泰安师专学报》,1996 年第 1 期。

吴锐:《从〈尚书〉看中国的神权政治》,《管子学刊》,1997 年第 3 期。

于逸生:《夏、商、周三代神权法思想嬗变》,《求是学刊》,1997 年第 1 期。

王晖、吴海:《论周代神权崇拜的演变与天人合一观》,《陕西师范大学学报(哲学社会科学版)》,1998 年第 4 期。

王奇伟:《论商代的神权政治——兼论商代的国家政体》,《殷都学刊》,1998 年第 3 期。

王定璋:《从敬天保民到敬德保民——〈尚书〉中神权政治的嬗变》,《天府新论》,1999 年第 6 期。

马卫东:《夏、商神权法说》,《史学集刊》,2000 年第 3 期。

王顺达:《论商周神权政治的嬗变》,《成都大学学报(社会科学版)》,2002 年第 1 期。

赵满海:《商代神权政治的再认识——兼论文化的多样性与学科借鉴问题》,《史学集刊》,2003 年第 3 期。

张宏斌:《论商代神佑王权政治下的复古观念》,《南开学报(哲学社会科学版)》2002 年第 6 期。

鲍新山:《浅析商周时期统治思想的转变》,《青海师范大学学报(哲学社会科学版)》,2000 年第 4 期。

高专诚:《甲骨文、金文所见殷周之际道德观念的嬗变——兼论西周初期德治思想的产生》,《河北师范大学学报(哲学社会科学版)》,2003 年第 2 期。

连劭名:《商代的神主》,《殷都学刊》,1998 年第 3 期。

王晖:《殷商为神本时代说》,《殷都学刊》,2000 年第 2 期。

侯宏堂:《"天人合一"观早期发生历程》,《安庆师范学院学报:社科版》,2000 年第 5 期。

《夏、商、周政治制度及其特点》,http://www.pzzx.net/2004/10-17/15341047993.htm l。

徐心希:《试论商周时期神权政治的构建与整合》,《殷都学刊》,2006 年第 1 期。

张得水、赵唯唯:《河洛文化的源头及早期发展》;张文军:《河洛文化的融合性》;刘庆柱:《河洛文化与黄河文明》;刘庆柱:《河洛文化是中华民族的核心文化》;李学勤:《河洛文化研究的重要意义》;杨海中:《河洛文化主流地位的成因》。详见河南省博物院网站、河南省社科院网站、河洛文化网站。

(作者为福建师大社会历史学院教授)

河洛文化是中华民族的源头文化

（香港）汤恩佳

中华民族有两个圣地，一是产生炎黄二帝及华夏远古文明的河洛地区，另一处则是诞生先师圣人孔子的曲阜。每当来到这两个地方，我都怀有一种朝圣的心情。中华民族的生存和发展，离不开自己的血缘之根和文化之根。我们弘扬河洛文化，意在"反本开新"，以华夏传统文明为基础，建设当代文化。我希望河洛文化国际研讨会能长期办下去，这是弘扬中华传统文化的一项重大工程。

仅仅靠血缘关系和地缘关系，无法形成地域广大、人口众多的中华民族。中华民族的重要标志，就是以河洛文化为根的儒家文化。雍正皇帝在《大义觉迷录》中说道："本朝之为满洲，犹中国之有籍贯，舜为东夷之人，文王为西夷之人，曾何损于圣德乎？"原先不具有华夏血统的周边部落，不断涌入河洛地区，在接受河洛文化之后，就成了华夏民族的一员。上古时期，黄帝族、炎帝族与蚩尤族的融合；春秋战国时期，东夷、西戎、南蛮、北狄与华夏民族的融合；魏晋南北朝时期，有匈奴、鲜卑、羯、氐、羌，同华夏民族的融合；五代十国宋辽金元时期，有沙陀、契丹、女真和蒙古人同华夏民族的融合。龙作为中华民族的图腾，实际上就是七八千年前北方许多部族的图腾拼凑而成的，龙的"角似鹿，头似驼，眼似龟，项似蛇，腹似蜃，鳞似鱼，爪似鹰，掌似虎，耳似牛"。河洛地区的人民大量南迁，向南部带去了先进的河洛文化，接受了河洛文化的地区，也自然就融入了中华民族大家庭。

河洛文化即是产生在河洛地区的区域性文化，是历史上生活在这一区域的人民所创造的文化。由于河洛地区特殊的自然条件，在中华文明历史上具有独特的地位，河洛文化成为中国历史上得到广泛传播、产生深远影响的一种古老文化。河洛地区是古代中国的交通中枢,居"天下之中"(《史记·周本纪》),被称为"中国"(西周《何尊铭文》)。该地区土质疏松,气候温和,雨量适中,适宜于农业生产,适宜于人类的生存与发展。李先登先生的《河洛文化与中国古代文明》,说明了河洛地区的文明形成,经历了几十万年的漫长岁月。在旧石器时代,河洛地区已有人类居住。在三门峡市会兴镇会兴沟及水沟(水磨沟)发现了砍斫器、大尖状器、石球、砾石石核及石片等旧石器,属于旧石器时代初期,距今四五十万年。到了新石器时代,距今约8 000年前,河洛地区已分布有裴李岗文化。这时农业已经产生,出现石斧、石铲、锯齿刃石镰、下有四个矮足的石磨盘及石磨棒等农业生产工具,陶器已成为主要的日用器皿。到了新石器时代晚期,河洛地区出现仰韶文化及庙底沟二期文化。

《易·系辞上》说"河出图,洛出书,圣人则之",所指的是:上古伏羲氏时,洛阳东北孟津县境内的黄河中浮出龙马,背负"河图",献给伏羲,伏羲依此而演成八卦;大禹时,洛阳境内洛河中浮出神龟,背驮"洛书",献给大禹。河图与洛书是中国古代流传下来的两幅神秘图案,凝结着中国古代人民超凡的智能,被认为是河洛文化的滥觞,是儒家经典《周易》的来源,也是儒家气学理论的根本依据。《易》为中华民族传统文化之总根、总源,因此,以"告诸往而知来者"(《论语·学而》)为己任的孔子,必然十分重视这个中华民族传统文化之根,并加以发扬光大。司马迁说:"孔子晚而喜《易》、《序》、《彖》、《系》、《象》、《说卦》、《文言》。读《易》,韦编三绝。曰:'假我数年,若是,我于《易》则彬彬矣。'"(《史记·孔子世家》)又说:"孔子传《易》于瞿,瞿传楚人馯臂子弘,弘传江东人矫子庸疵,疵传燕人周子家竖,竖传谆于人光子乘羽,羽传齐人田子庄何,何传东武人王子中同,同传菑川人杨何,何元朔中以治《易》为汉中大夫。"(《史记·仲尼弟子列传》)照这两处记载,孔子不但学过《易》,而且还作过《易传》;不但向弟子传授过《易》,而且弟子以后的师承关系也是历历可数。1973年,湖南长沙马王堆汉墓出土的帛书中有一部《周易》,卷后附有佚书《要》等两篇,记录着孔子与其弟子研讨《易》理的问答。

中华民族的先祖,受到崇拜和称颂的首推炎帝和黄帝,中华民族自称为"炎黄子孙",河洛地区孕育了伟大的华夏文明,是炎黄二帝的主要活动区域。《史记·五帝本纪》说"黄帝者,少典之子",《国语·晋语》中记载:"昔少典娶于有蟜氏,生黄帝、炎帝。"黄帝、炎帝两个氏族都是少典氏族的后裔,而少典是有熊

（今河南郑州新郑）的国君，故《帝王世纪》有"黄帝受国于有熊"之说。据《世本》记载：黄帝、炎帝、颛顼、帝喾、尧、舜、禹、契等族的后代，占据 152 个属地，组成 152 个方国，包括 875 个氏。现在社会上存在的姓，90% 以上包括在这 800 多个氏以内。因此，可以说，所有的中国人包括台湾同胞和海外华人也都是炎黄子孙，都根植于河洛大地。先秦时代，河洛地区在政治、军事、经济、文化诸多领域中诞生了一大批精英，如夏禹、伊尹、傅说、姜尚、周公、老子、庄子、墨子、商鞅、子产、申不害、吴起、鬼谷子、苏秦、邓析、公孙衍等，形成了儒、道、法、兵、墨、名、纵横等诸多文化流派，并产生了一大批典籍。

周公姬旦，是周文王之子、武王之弟，协助武王伐纣，建立周王朝。周王朝建立后，周公在洛阳依据华夏文明的成果，制礼作乐，礼的主要内容有宗法制、封诸侯、五服制、爵位、谥法、官制、刑法以及吉、凶、军、宾、嘉五礼等，并且，为配合上述典礼仪式，周公制定了相应的乐舞。周公礼乐的价值是："礼所以经国家、定社稷、利人民；乐所以移风易俗，荡人之邪，存人之正性。"

孔子曾说"郁郁乎文哉，吾从周"，他不远千里来到洛阳，考察、学习周公制定的礼乐，把"克己复礼"作为终生奋斗目标。周公庙位于今洛阳市老城西关外定鼎南路东侧。"孔子入周问礼碑"立于洛阳市老城东大街北侧的古文庙前，刻着"孔子入周问礼至此"几个大字。后世将"周孔"并称，周公、孔子、孟子一脉相承，周公为"元圣"、孔子为"文圣"、孟子为"亚圣"。孔子正是依据周公制定的礼乐，适应时代的变化，有所损益，建立了规范中国人行为、建立社会道德秩序的礼教。孔子通过问礼河洛，大量吸收周文化的智能。孔子率弟子游学于河洛各地，为河洛文化的发展提供了新的文化因子，提升了河洛文化的品质。

在北宋时代，身居洛阳的程颢、程颐兄弟建立的洛学，也是河洛文化的一个重要组成部分。洛学以儒学为核心，吸取了佛家与道家的部分思想，论证"天理"与"人欲"之间的关系，规范人的行为，维护社会秩序，洛学奠定了宋明理学的基础，在中国哲学史上有重要地位。洛学有以下几个重要理论：一是其入世精神与社会的关怀。儒家的重要特点是积极入世，努力治世，以天下为己任。二程不论从政或未从政，都关心社会，"视民为伤"，多次提出解救社会矛盾的方案。二是主张对百姓施仁与教化。二程本着孔子"仁者爱人"的思想，希望帝王做尧舜之君，当政者对百姓施行仁政德治，保证人民最起码的生存条件，然后对人民进行教育,提高素质,达到一个高层次。三是二程强调每个人的学习与人格修养。孔子尊敬人,希望人人做个"君子",孟子要人发扬善性,荀子要人克服恶性,二程更主张"为己之学",学习不仅为增长知识,也为提高自己的素质。

司马迁《史记·货殖列传》说:"昔唐人都河东,殷人都河内,周人都河南。夫三河在天下之中。若鼎足,王者所更居也,建国各数百千岁。"洛阳具有优越的地理位置和高度的战略价值,是最早建立国都的地方,也是历代政权在此建都时间最长的地方,总计有1 100年以上,曾为13个王朝的国都。夏王朝有太康、孔甲、帝皋和夏桀四个帝王在洛阳建都;商汤灭夏后,又在洛阳建都;西周初年,周公继承武王遗志,营建洛邑并让周成王迁都洛阳。东周、东汉、曹魏、西晋、北魏、隋、唐(含武周)、后梁、后唐、后晋诸朝定都洛阳。

由于河洛地区长期以来是政治中心,在政治力量的推动下,河洛地区又成为文化中心。为了巩固政权、维护统一,政府将河洛文化作为官方文化,以政治力量向全国推行,要求朝野奉行。周公在洛阳的"制礼作乐",把传统的河洛文化规范化、法制化,从而奠定了河洛文化作为官方文化的基础。周朝建立之后,不断把大批在河洛地区成长并深谙周礼的人分封到全国各地,这些人带去了先进的河洛文化。周公东征获胜后,其子伯禽被周封为鲁公,伯禽就国鲁地后很快就着手"变其俗,革其礼"。孔子在河洛文化的基础上创立儒家文化,在汉代以后获得了至高无上的地位。河洛文化在中华文明发展史上长期处于核心地位。早期的河洛文化具有正统性,成了中华大地上其他地区文化的重要源头。在河洛文化的辐射和影响下,"东夷"、"西戎"、"苗蛮"接受了河洛文化。河洛文化东进而产生齐鲁文化,河洛文化南移而产生楚湘文化。

河洛成为经学的中心。气势宏伟的熹平石经,是东汉时期尊崇儒学的象征。熹平石经作为我国历史上最早的儒家经典石刻本,对校对版本、规范文字起到了重要的作用。汉灵帝熹平四年(175),经皇帝批准,蔡邕、张训等选定《周易》、《尚书》、《诗经》、《礼记》、《春秋》、《公羊传》、《论语》七种经典正本,订正文字,刻于46座石碑上,全部碑文约20万字,立于当时都城洛阳城南太学门外,这是我国第一部官定石刻经本。几经战乱和人为破坏,现在我们只能在博物馆看到为数不多的珍贵的残石拓片。

洛阳也是儒家文化教育中心。洛阳的东汉太学,最多时拥有太学生3万人,东汉明帝亲到太学讲经。东观殿为我国古代最大的国家图书馆,藏书达 7 000 余车。王充游学于洛阳,博览群书,完成了《论衡》;阮籍、嵇康、向秀等人云集洛阳,创立魏晋玄学;唐代河洛人韩愈首倡古文运动,提出"道统"之说。北宋邵雍,居洛 30 载,推演八卦象数义理,创"先天象数"之学。北宋洛阳程颢、程颐援佛、道入儒,形成洛学一派。

河洛文化对于维护中国的统一具有特殊的意义。占台湾总人口 2% 的原住民是大陆百越先民的后裔。占台湾总人口 98% 以上的汉族人都是从闽粤移民台湾的闽南人和客家人。而闽南人和客家人指秦汉以后历经唐宋元明清,因不堪战乱灾疫从北方中原河洛地区移往闽粤的人民;台湾的姓氏大多源于中原河洛地区;台湾人的衣食住行、语言文字、家族制度、节庆活动均与大陆一脉相承。台湾供奉的神明如妈祖、观世音菩萨、圣关帝君、福德正神等都来自于中原的儒释道三教。研究和弘扬河洛文化,可以不断增强台湾同胞的民族认同感。

苏联瓦解的历史教训,值得我们反思。苏联的瓦解,有多种原因,其中比较重要的因素是,仅仅以政治观念作为维护国家统一的精神力量,而不是以传统宗教信仰为维护国家统一的力量,一旦政治观念上发生冲突和动摇,国家就会走向四分五裂。现在的俄罗斯已充分吸取了历史的经验教训,普京总统极力倡导恢复东正教的信仰,把列宁格勒复名为圣彼得堡,国家正走向复兴之路。非常庆幸,中国有孔夫子可以作为我们国家民族的精神轴心,所以我们不会被分裂。其实,在世界上没有一个国家主动打倒自己民族文化信仰的,相反,面对外来文化信仰的入侵,我们应该用自己民族文化信仰去抗衡才是。

社会上有儒学、儒教、儒官、儒将、儒商、儒医等各个类别的儒家,他们散布在社会的各个阶层,按照孔子儒家思想,在自己的岗位上敬业乐业,同时,又身体力行,共同把儒家文化发扬光大。

本人坚信孔子儒家思想有六大主要功能:

(1)能促进世界和平;

(2)能提升全人类道德素质;

(3)能与世界多元文化共存共荣;

(4)是中国 56 个民族、13 亿人民的精神轴心;

(5)能促进中国统一;

（6）能达致与世界各宗教文化平起平坐。

香港孔教学院致力于孔子学说的研究和推广，现在及将来要做的重点工作是：

（1）建孔子纪念堂，以此作为宣传孔教儒学的基地。

（2）建中国孔教总会，推动全国的孔教事业。

（3）已编写好《香港小学儒家德育课程》以及《中学儒家德育及公民教育课程》，现极力向中小学推广，以孔子儒家思想培养青少年的道德修养。

（4）向特区政府申请定万世师表孔圣诞日（夏历八月廿七日）为孔圣诞公众假期。

孔子学说博大精深，我们诚恳地希望与各方人士通力合作，弘扬光大，同时也衷心地期望得到大家的大力支持与帮助！

（作者为香港孔教学院院长）

河洛文化与现代科学

（台湾）杨祥麟

一、河洛文化影响并推进现代科技

河洛先民在未能凿井取水之前，逐水而生。大河、洛水两岸成为先民繁衍生息的聚集之地，河洛地区是上古中国政治、经济中心，为上古中国开基之地。河洛古民在生产生活中，为了适应自然，谋求生存，创造和发展出最原始的"河洛文化"，经夏、商、周三代，以后河洛文化有了很大发展，在哲学、伦理、政治、文史、经济、军事、文艺等诸多方面都有了很大进步，河洛文化是中国最古老的历史文化，它不但对中华文化影响至深，而且世界文化也有一定的影响。河洛文化是中华文化的根源。虽然河洛文化很古，而其影响力一直延伸到现代科技。

《易经》是河洛文化之精髓，是河洛文化中最古老的哲学经典。《易经》中最基本的符号阴（－－）阳（——）是二进位数学的基础，《易经》的基本数量，为近代数学和电脑提供了原始依据，并渗透于天文学、物理学、生物学、医学、化学等诸多学术领域，发挥了重大作用。鬼谷子学术源于《易经》，综合研究天道、地道、人道，研究一切事物发生、发展、发能、发效的法则和计算一切演变过程中的实数、实理、实象、实势，推知一切成败、兴亡，治乱、得失的哲理，从而指出处世为人之正道。鬼谷子学术有极高的实用价值，实用于军事、政治、经济、外交诸多领域，有重大作用。

河洛文化是中国最古老的文化，其精深的哲理、论数，提高和发展了中华文化，并对推动和影响现代科技有重大作用，河洛地区是中华文化向世界传播的丝绸之路的源头。

二、水务

阳光、空气、水、食物是人类生存所必需的基本物质,上古先民在未能凿井取水之前,逐水而居,大河、洛水中下游区域,地势平坦,气候温和,土壤疏松,适宜生活,是古先民生息繁衍聚居之地。为取水用水便利,先民多沿河洛两岸逐水而居。伏、秋季节,河水突涨,危及先民之安全,必须设法防止洪水侵犯,因而,用水和防水成为河洛古先民最早的水文化。进入初级农业社会以后,河水更成为河洛先民农业生产的主要依靠,大河涨水时所携带的泥土,水退后落于农田是很好的肥料,同时水分也是农作物生长的必需养料,这时农田水利建设和灌溉技术已开始起步。后来人口增加,而大河沿岸土地有限,到伏秋汛期,河水暴涨,淹没大片土地,先民居住生存条件受到威胁,因此,原来所遵循的不与水争地,水来人退的原则已不适用,部落领袖为了保护土地和居民,想出了水来土屯、修堤挡水的办法。到春秋战国时期,诸侯割据一方,为保一己之利,纷纷修筑堤防,此时,筑堤技术已略有基础,堤防断面定为大其下,小其上,横截面呈梯形。施工季节要求在春三月,天地干燥……战国时期魏惠王为称霸中原,开凿运河(鸿沟)引黄河水,经开封南下顺颍水注入淮河,沟通了黄淮两水系,是一大型水利工程。以上史实足以说明河洛先民用水治水的水文化逐步发展。

上古时期,河道未经治理,任其泛流。大河出峡谷后流速减小,泥沙淤积,河床宽乱,形成一片汪洋。夏朝大禹总结其父鲧的治水失败原因,改堵塞为疏导,顺水之性,依据地势高下,疏导高地川流积水,疏九河,经十余年之治理,颇有成效,使肥沃的平原减少洪灾,原来集中在高地之先民,迁居于平原,耕种肥沃之土地,养物丰民,社会生产力大为提高。

河洛先民在长期用水、治水斗争中所积累的宝贵经验和治理策略、理念,至今在水利技术和治河方略上仍然有一定的影响和指导作用。

三、农业

中国是世界上农业发生最早的国家,而中国农业起源于河洛。炎帝生于烈山,居于陈,活动于黄河中下游地区时值三代之前,时河洛先民多赖渔猎为生。

因人口逐渐增多,鱼兽已不足为生,饥饱生死,不可预测,随时随地处于忧食危险之中。炎帝教民种植五谷,因天之时,分地之利,以振兴农业,故炎帝又称神农氏。据考古资料,在这个时期,河洛地区已形成以原始农业为主,以家畜饲养和渔猎为辅的综合经济。并且农业技术也有一定发展,如择良种种植法,把野草、树叶沤烂作为绿肥施用,把野草烧成灰作灰肥,使用田间间作,混种套种的种植技术,锄草保墒,改刀耕为锄耕、犁耕,再到牛耕等,河洛先民在长期劳动生产中积累的丰富经验和知识是农业发展史上的宝贵财富,对后世的农业生产影响重大,至今仍具有重要意义。

河洛先民用丝织布做衣代替兽皮、树叶遮体要比棉纱织布做衣遮体早得多。黄帝的后妃嫘祖发现桑树上蚕所吐之丝柔软细长,可用它织布做衣遮体御寒,她教民种桑养蚕,缫丝织绸,制作衣服,从此,养蚕业成为农业的一个组成部分。后来桑蚕技术逐步传到朝鲜、日本、印度、阿拉伯、西班牙、意大利,到 15 世纪又传到了法国。这条通向世界的传播中国文化的丝绸之路,其起点就是河洛地区,说明河洛文化对现代科技有着一定的影响。

四、天文历法

约在 5 000 年前新石器时代的郑州大河村遗址,出土一批带有太阳纹、月牙纹、星座纹等陶片,这些图案是河洛先民观察天象的记录。从这些天象纹彩图案可推断,早在原始社会,河洛先民已掌握一定的天文知识,并用于生产、生活中。夏朝,我国最早的一本天文书籍《夏小正》问世,说明在我国夏代天文学已具有相当水准,河洛先民此时就对一些天文现象有了较准确的认识。

商代继承了前人观测天象的经验和成果,用阴阳合历,调整年与月之间的矛盾,因月亮圆缺变化周期是 29 天半,太阳变化周期为 365 天多。用甲骨卜辞算出两个月共 59 天,大月 30 天,小月 29 天。阴阳合历法在我国一直沿用几千年,是河洛先民长期观察天体运行规律的结果。

周代又进一步发展了商代的天文学成就,通过恒星观测,在赤道带和黄道带两侧确定 28 个星座作为标志,称为二十八宿,再根据这些星座,确定天体的位置和日食、月食发生的位置等。并且从太阳在二十八宿中的位置,可知一年的季节。此外西周初期,用圭表测日影的方法确定节气和"朔日"。战国时期对天文学又有进一步的研究,出现了《天文星占》8 卷和《天文》8 卷。他们观测了金、木、水、火、土五个行星的运行,并发现了其运行规律,公元 132 年张衡首创世界第一架地震仪——地动仪,并成功地记录了甘肃发生的一次强地震。以上河洛先民在天文学方面的成就,奠定了我国天文学的基础,推动我国天文学的提高和发展,并对世界天文学起到一定的影响。

五、医药

上古时期生活在河洛地区的先民,不知植物的性味,不晓得哪些能吃,哪些有毒,盲目填腹充饥,因误食有毒植物,引发呕吐、腹泻,甚至昏迷死亡等情况。在经历多次尝试后,逐渐认识哪些植物有益身体,哪些植物有毒不能食用。神农氏教民耕稼,振兴农业,然民有疾病,皆不知药石,夭折之患,无可避免。神农氏尝百草之味,考其寒温平热之性,视察水泉之甘苦,令民知所避就。于是作方书,兴医道,采草制药,为民解病毒之患。我国中医脉学的创始人扁鹊,在总结前人经验的基础上提出望、闻、问、切"四诊法",给中医治病总结出行之有效的诊断步骤和方法,一直流传至今,仍广为沿用。神医华佗创造外科麻醉术,在当时世界医学史上称为奇迹,比西方国家发明麻醉药早一千多年。我国明代伟大医学家李时珍,经多年努力,编写出 52 卷的医药学巨著《本草纲目》,为我国和世界医药学的杰出著作,有很大的实用价值,至今仍被广为运用。河洛先民在烤火取暖时发现烧热的砂石用树叶包裹放在身体某些部位,可消除或减轻因受风寒而引起的腹痛和关节痛病,形成了原始的"热熨疗法"。又经反复实践改进,将干草点燃进行局部温热刺激,能治疗更多的疾病,此即灸法的初始。河南郑州商代遗址出土的玉质砭石,是我国刀术针术的发端,是一种用针刺治疗的工具,相当于今日的针灸。当今中国的针刺治疗和针灸麻醉术,不但在中国广为运用,并且传播到欧美诸国,外国人称中华医学包括中医和针灸等是深奥莫测的当世瑰宝。中国医药之起源,在河洛地区。

结语

河洛文化这一棵古老苗壮的大树,绽发出众多茂繁的分支,现代科技就是从河洛文化分发出的一个灿烂靓丽的分支。虽然现代科技这支繁荣异丽的分支已经成长壮大,枝繁叶盛,但它是受河洛文化的滋润而成长的,永远离不开河洛文化这棵古老茁壮的大树。

（作者为台湾河南运台古物监护委员会副理事长）

现代河洛文化转型问题刍论

阳信生　饶怀民

河洛文化不仅仅是一种区域的历史文化、古代文化或传统文化,而且还是一种在全国乃至在全世界都具有一定影响的现代文化。它的形成发展演变经历了史前时期、古代、近现代等各个时期。史前是河洛文化的起源期、夏商周三代是河洛文化的形成期、先秦至南宋是河洛文化的发展期和繁荣期、元明清到近代是河洛文化的衰落期、现代是河洛文化的复兴期等。① 而河洛文化在不同的时期地位和影响力各有不同,也呈现出各自不同的特点。随着南宋以来我国政治、经济、文化中心的转移,河洛文化逐渐褪去了其固有的光彩,其地位和重要性不断下降。② 到近现代,河洛文化的雄风不再,并已经大大落伍了。直至今天,由于受地理条件的影响,以及政治、经济、社会发展状况的制约,现代河洛文化的复兴进程比较迟缓,河洛文化固有的文化品质和文化魅力没有得到充分展现,并反过来制约了河洛地区经济、社会的发展。虽然河洛地区在文化上中心地位逐渐丧失,但河洛文化脉络未断,河洛文化之根泽惠后世,影响深远。如何发挥河洛文化的内在魅力,使之推陈出新,推动现代河洛文化的转型,重振河洛文化的雄风,发挥河洛文化母体持久的生命力和影响力,对推动河洛地区(即狭义的中原,即今河南省)经济社会的发展,实现中华文化的伟大复兴具有重要作用。

---

① 阳信生、饶怀民:《湖湘文化与河洛文化关系考略》,河南省河洛文化研究中心编《河洛文化与汉民族散论》,河南人民出版社 2006 年版,第 273 页。

② 戴逸先生在《关于河洛文化的四个问题》一文中也指出,由于水耕农业代替了旱耕农业,南方经济获得长足发展,经济重心南移也导致文化重心南移,北宋以后河洛文化衰落了。(《寻根》1994 年第 1 期,第 20 页)

一、现代河洛文化审视

众所周知,古代河洛地区是夏商周三代建都之地,号称中华民族的摇篮,是中国古代政治、经济、文化的中心,被称为华夏的中心、"天下之中"。《易·系辞》云:"河出图,洛出书,圣人则之。""河图"、"洛书"的出现,是中国文字的肇始,也是中国文明的开端。古代河洛文化作为中华民族文明的源头和主脉,以其独特的正统、兼容、连续性,在中华文明史上占有了很重要的位置;而且,河洛文化的发展也长期处于领先地位,在我国古代文化中具有非常独特的地位,推动了中华文化的繁荣和发展。有研究者认为,古代河洛文化具有源发性、正统性、兼容性、奇异性等特征,魅力无穷。[①] 有论者更是指出,河洛文化是中华传统文化的精华和主流。河洛文化对中国历史的发展起着重要的核心的作用,表现出中国正统文化的特色。河洛文化以"河图"、"洛书"为标志,体现了中华传统文化的根源性;以夏商周三代文化为主干,体现了中华传统文化的传承性;以洛阳古都所凝聚的文化精华为核心,体现了中华传统文化的厚重性;以"河洛郎"南迁为途径,把这一优秀文化传播到海内外,体现了中华传统文化的辐射性。[②]

但是,一种先进的文化并不一定永远先进,文化的发展受到了地理条件、政治条件、经济条件等巨大影响,在不同阶段也会呈现出不同的特点。进入现代,由于地处中原腹地,加上经济水平的制约,古代河洛文化本身的特点和精华没有得到充分发挥和弘扬,古代河洛文化的某些负面和糟粕未能真正剔除,现代河洛文化承载了比较沉重的历史负荷,文化的封闭性较浓,文化的优越性难以体现,文化创新缺乏积极动力。现代河洛文化发展遭遇了多重困境,河洛文化的现代自新之路比较艰难。虽然现代河洛文化中有很多积极和精华的东西,但是其消极方面也是不容否定的。对现代河洛文化的某些劣质性需要认真分析和思考,并使之成为河洛文化创新的起点。笔者认为,现代河洛文化中具有如下消极因素:

其一,官本位色彩浓郁,文化的政治化色彩明显。古代河洛地区是夏商周三

---

① 韩石萍:《河洛文化的特征》,《寻根》2004 年第 5 期,第 15 ~ 18 页。

② 罗豪才:《弘扬传统文化 推进文化创新》,《人民政协报》2006 - 2 - 27,C2 版。

代建都之地,属于中华文明的发源地,特别是与政治文化联系紧密。后来,东汉、曹魏、西晋、北魏相继以洛阳为国都。唐以洛阳为东都。梁、晋、汉、周、北宋以开封为国都。传统河洛文化明显带有古代的帝都文化、王朝文化、帝王文化、正统文化的特点。其长期延续和发展进程,也鲜明地反映出河洛文化的这一独特性。正是这种深厚的政治和社会土壤的影响,河洛文化明显具有一定的政治价值取向,这在现代河洛文化也有明显的体现。我们不难发现,现代河洛文化的官本位色彩很浓,行政权力的介入和影响很深。曹锦清在《黄河边的中国——一位学者对乡村社会的观察与思考》一书对此多有叙述,其实,这也是很多具有反省精神的河南人对河南社会和文化心理的观察与判断。现代河南社会"学而优则仕"的传统积习较深,有不少知识分子热衷于当官,在仕途经济中奔忙。有人指出"河南教界、学界,亦以官为本位。官阶之高低,是衡量个人社会地位、甚至是学术水平高低的基本标准。在高等学府,求官心情十分急切。小小的科长、处长也成为明争暗斗的争抢目标。"①对河南政界,有人甚至认为"唯上,好吹,可以说是中国官场的一般特征,但以河南为甚,且成为强大的传统。"②有人更是明确指出"河南最大的问题,确实就是对行政权力的迷信。"③虽然这一现象与经济发展状况有一定关系,但背后的文化基因值得反思。也就是说,现代河洛文化本身具有一定的官本位色彩。

其二,文化的封闭性和保守性较强,文化的惰性较大。现代河洛文化并未发挥出河洛文化固有的积极和进步元素,相反,由于文化所依托的政治环境、经济环境的变化,河洛文化更趋于内向和保守。现代河洛地区(主要是指河南省,可称为中原地区)地处中原腹地,地理位置相对偏僻、与其他地区相比,与外界的经济、文化等方面的交流相对比较少;而且,该地区长期以农业生产为主,河南被成为我国典型的农业大省,河洛文化也具有某种乡土文化、农耕文化的特点,形成了一种"安土重迁"的文化观念,以及因循守旧,压抑内向、忍字当头的思想观念,这都造成现代河洛文化封闭性、内向性和保守性的特点。现代河洛文化没有

---

① 曹锦清:《黄河边的中国——一位学者对乡村社会的观察与思考》,上海文艺出版社 2000 年版,第 79 页。
② 曹锦清:《黄河边的中国——一位学者对乡村社会的观察与思考》,第 708～709 页。
③ 曹锦清:《黄河边的中国——一位学者对乡村社会的观察与思考》,第 641 页。

很好将河洛文化固有的光彩发扬光大,亦未能有效摆脱传统文化的某些消极影响,文化的惯性仍然在起作用,难以走出文化发展的困局,河洛文化的辐射性、兼容性、开放性无法体现。现代河洛文化中沉重的传统负荷,已经成为制约河洛文化走向全国、走向世界的障碍和阴影。

其三,一定的尚礼尚虚的特点。现代河洛文化中求真务实之品质尚未真正确立,前述河南官场之好吹即是一例。有人甚至将河南官场的特点概括为两条:一是唯上,二是好吹。上有所好,下必甚焉。值得一提的是,从某种意义上说,现代河洛文化的现实功能较淡,对现实的回应性差。如重义轻利、轻视工商的思想观念,亦在河洛文化的骨子里头有所体现。而且,这一特点在外在的礼仪和礼数上也体现出来了。周公所创制的周礼在河洛地区一直有强大的生命力,礼无疑是维护正统维护秩序的一种手段,更多带有统治工具的特性。而现代河洛文化并未与时俱进,在许多方面,包括在日常生活中,繁文缛节较多,虚耗甚重。如河南餐桌上颇具特色的酒文化、酒德、酒风,无疑是一大体现。有学者观察到,中原人士待客,依然十分讲究礼节,一律按尊卑长幼排座,上菜敬酒,概以客为中心。河南酒文化、鱼文化很是讲究,借鱼劝酒,有"头三、尾四、肚五、背六"之说,但这道菜,客人就得喝上 18 杯小白酒。① "直到今天,无论村落农舍,还是官场、学界,都大喝白酒,谈酒文化,劝酒的技艺,可谓出神入化。"②

除此之外,当代河洛文化中还有过于讲感情,讲交情,凡事讲内外有别。河洛地区的企业家族式企业比较多。有的管理者信奉感情管理学,"以情治为主,法治为辅"③。应该说与这一文化基因有一定的联系。

二、现代河洛文化的转型

现代河洛文化如何走出困境、走向复兴,是一个艰巨的现实课题。笔者认为,现代河洛文化必须继承和弘扬传统河洛文化的精髓,克服消极和负面的因素,将传统河洛文化所塑造的吃苦耐劳、勤俭节约、坚韧不拔、自强不息、纯朴自然、团结互助、诚实守信的精神和品质发扬光大,并与新的时代同步,与新的时代

---

① 曹锦清:《黄河边的中国———一位学者对乡村社会的观察与思考》,第 7 页。
② 曹锦清:《黄河边的中国———一位学者对乡村社会的观察与思考》,第 561 页。
③ 曹锦清:《黄河边的中国———一位学者对乡村社会的观察与思考》,第 433 页。

精神相契合,进行文化的转型和创新,重现河洛文化的瑰宝,培育当代河洛文化奇葩,实现河洛文化的真正复兴,并成为中华文化现代复兴的起点和重要支撑。具体而言,河洛文化的转型应从如下几个方面入手:

其一,开放型文化风貌的形成

古代河洛文化无疑是一种极具开放精神和品质的文化,其兼容并包,广泛吸收各种区域文化的精华,进而推陈出新,体现出其博大的胸襟和宽宏的气魄;同时,古代河洛文化独步一时,其对其他地区的辐射力相当之强。当代河洛文化必须强健自己的文化骨骼,丰富自己的文化内容,以经济实力为后盾,以开放的姿态面对世界,成为当今中华文化大家庭中异彩纷呈、特色鲜明的地域文化。特别是由于历史与现实的原因,中原腹地的发展属于后发生型现代化的地区,必须有更加开放的心态、更加积极的姿态,以更加有力的步伐,才能在当今时代找到自己的最佳位置。因此,形成一种聚合型开放型包容性强的文化,打造一种团结、整合、包容性的现代文化,是当代河洛文化转型的基础,也是当代河洛地区加快发展的重要保证。

其二,务实型文化品质的形铸

理论是灰色的,而生命之树常青。文化从来就不是空洞的存在,文化是有现实功用的,是经世致用的。文化的生命力在于扎根现实的土地,并于现实社会有所裨益。当代河洛文化也必须面向现实、面向市场经济、面向经济、政治一体化的世界背景,为解决现实的物质文明、精神文明等方面建设所存在问题提供有力的文化支持和智力保障。文化不是虚的,文化的发展也绝对不是背对现实的,不是孤芳自赏。当代河洛文化必须摆脱空疏的文化框架,回归到文化本真本源中来,用求真求实的文化品质,延续并发展河洛文化的现实生命力。特别是河洛文化的发展,必然要有经济支持,没有经济的支持,文化的发展和繁荣是难以想象的。因此,河洛文化作为一种独具特色的精神文化现象,必须与经济发展形成一种共生的关系,互相促进,共同发展。

其三,创新型文化基因的成长

创新是文化的生命和灵魂。古代河洛文化对构建整个中华文明体系发挥了筚路蓝缕的开创作用,已成为人们的共识。《易经》、《道德经》等中蕴涵的刚健有为、自强不息的人生哲学,以及"日新"变革精神和奋发有为的进取精神,极大地影响了中国人的民族性格和民族文化心理,至今仍散发独有的魅力。弘扬河洛文化中英勇无畏精神,以及冒险进取和开拓创业精神,实现创新型文化的成长,这是现代河洛文化发展的必由之路。因此,必须从社会现实出发,大胆标新立异,大胆试验,树立理论创新意识和开拓创业意识,推动现代河洛文化的变革;同时,现代河洛文化的创新必须通过与其他区域文化接触、碰撞、交融来实现,相互取长补短,以推动现代河洛文化的复兴。我们不难发现,走出故土的"河洛郎",接受海洋文化的影响,积极进取,创造了一个又一个创业的传奇。现代河洛文化绝对不能故步自封,必须不断接触、接纳异域先进文化,以求得自新。

其四,厚德型文化的孕育

现代河洛文化的丰富内涵和精神实质应体现在道德层面,并外化为人们的行为准则。在这一方面,中原地区具有深厚的道德积淀和文化积淀,传统河洛文化具有相当多的优质资源。"富贵不能淫,贫贱不能移,威武不能屈"是古代河洛文化中所展现的圣人之德、英雄之德;中原人的古道热肠、诚实守信,以及奉献、正直、朴实、率性等道德品质,也是可贵的文化养分和人文追求;传统河洛文化所倡扬的"忠、孝、仁、节、义",也具有深厚的道德价值。今天,应赋予礼义廉耻、仁爱忠信等河洛文化的核心价值观以新的时代内容,使之焕发新的光彩,特别是河洛文化中重名节、重孝悌、重信义应与社会主义市场经济结合起来,孕育出现代的道德文化,并使"厚德"成为现代河洛文化的一大道德表征和河洛文化的一大标志,使河洛文化底蕴深厚、历久弥新。

其五,豪气、大气型文化品位的张扬

古代河洛地区在华夏早期文明中具有独特的地位,有"王者之里"、河洛乃"天下之中"等说法,河洛文化在当时就是人们追求、信仰的象征。同时,得中原者得天下之说也相当盛行,这无疑充分体现了河洛地区的重要性和河洛文化的独特魅力。河洛文化从根本上说是一种大气文化,具有开阔胸襟和不俗胆识,有王者之风、王者之气、霸者之气,现代河洛文化必须不断弘扬博大的文化胸襟,显示河洛文化的不凡气魄,让河洛地区人民发挥敢想敢干,办大事业的豪迈气概,在更高起点、更广层面推动当地经济、社会的发展。

河洛文化在很长时期内都是当时最先进文化的代表,具有巨大的魅力。但南宋以来,传统文化根基没有与时代一起成长,渐渐失去了往日的光彩。进入现代以后,发掘古代河洛文化的资源,推进河洛文化的现代转型,复兴河洛文化成为广大河洛地区人民的共同愿望。由于文化的内在传承性以及河洛文化影响的持久性,如果能立足现实,对传统河洛文化取其精华,剔其糟粕的继承和扬弃,推动文化的现代转型与创新,河洛文化将是生机勃勃、前途无量的,现代河洛文化也一定迎来新的发展时期,并赢得持久和蓬勃的生命力。对此,河南省委书记徐光春2007年1月在"中原文化香港行和2007年豫港贸易洽谈会"上指出:"历史上的河南之所以能够长期成为中国政治经济文化中心,成为中华崛起的高地,与根深叶茂的繁荣文化是分不开的。当历史的车轮进入21世纪后,我们要实现中原崛起,很重要的一个方面,就是要开发我们的文化,发展我们的文化,创新我们的文化,要把我们丰富的文化资源变为强大的文化力量,促进又好又快发展,推动中原崛起。"并提出:"我们将坚持先进文化的前进方向,大力发展先进文化与和谐文化,坚持用科学理论引领中原崛起,用人文精神凝聚中原崛起,以文化产业支撑中原崛起,以人才智力支持中原崛起,以创新文化推动中原崛起,全面提升中原文化的引领能力、服务能力和创新能力,为实现中原崛起提供强大的精神支持、智力支持和不竭动力。"①我们完全有理由相信,本着继承、发展、创新的原则,大力推动现代河洛文化的转型和发展,河洛文化的复兴、中原地区大发展的新时代,一定会早日到来。

(阳信生为湖南商学院公共管理系教授,饶怀民为湖南师范大学历史文化学院教授)

①　徐光春:《中原文化与中原崛起》,华夏经纬网2007 – 04 – 18。

河洛文化、闽南文化和台湾文化

胡沧泽

　　河洛文化、闽南文化、台湾文化各自产生于我国的河洛地区、闽南地区、台湾地区。河洛与闽南地域相距遥远,闽南与台湾有浩瀚的大海阻隔。产生地域相隔遥远、完全不同的河洛文化、闽南文化和台湾文化,从表面上看似乎没有必然的联系,然而,只要我们深入进去探讨,就会发现,这三种文化之间的关系密切得很。河洛文化、闽南文化和台湾文化这三者之间的关系到底如何,这是本文要探讨的。

一

　　河洛文化,顾名思义,就是产生于河洛地区的文化。根据全国政协罗豪才副主席的说法:“河洛文化是以洛阳为中心的古代黄河和洛水交汇地区的物质与精神文化的总和,是中原文化的核心,也是中华传统文化的精华和主流。”这里明确指出河洛文化的地域、地位和价值。河洛文化虽然只是河洛地区的文化,然而由于河洛地处中原的中央,所谓居“天下之中”,河洛历来又成为中原王朝的政治、经济和文化中心,故河洛文化自有其特殊的地位,以至于成为中原文化的核心,中华传统文化的核心和主流。

　　河洛文化的一个重要的特点,就是它的巨大的辐射性。河洛地处黄河中游,黄河是中华民族的摇篮,河洛正是这个摇篮的中心地带,自远古以来,这里就产生了十分发达的古代文明。河洛又是中国古代的王畿所在,夏、商、周、汉、魏、晋、隋、唐、后梁、后唐、后晋等十多个朝代都在洛阳建都。天下之中的地理位置,四通八达的交通条件,几千年长期积淀形成的政治、经济和文化中心地位,有利于它将自己先进的文化向周边乃至遥远的边陲之地传播,在河洛文化辐射、传播的过程中,福建成了一个很理想的地方。

福建地处我国东南,远离中原,从今河南省到福建,要经过安徽、江西、浙江数省。汉唐时期,洛阳是我国的都城,人口众多,文明程度很高,安徽、江西、浙江等长江流域地带也得到很大的开发,只有东南海隅的福建还处于相对落后的状态。因此,只要是中原动乱、战争频起,便有大量的北方汉人聚族南迁,到福建安家落户。

福建自然条件优越,这里气候温暖,四季常青,冬无严寒,夏无酷暑,且山岭挺秀,溪流纵横,河谷盆地交错,沿海一带又有渔盐之利,适于人类生存。因此,无论是这里的原住民闽越族,还是南下的北方汉人,都能在福建获得起码的生存条件。所以,晋唐时期,福建可以容纳下很多的北方移民,而且,尽管福建有大批移民,但还是地广人稀,土地对人口的承载力并未超负荷。

闽南地处福建南部,原住民主要为闽越族,汉武帝时,闽越王反叛被讨平,大量闽越人被迁徙到江淮,闽越国旧境包括闽南一带人口锐减。从晋开始,便有大批中原汉人南迁到闽南,主要成员有避乱入闽者、逃户、仕宦入闽者、道士、和尚、农民起义军余部、流放者及罪犯等等,以避乱入闽者和随军入闽者为主要成分。根据福建南安丰州和晋江池店霞福出土的东晋南朝墓葬,可知魏晋南朝时期,在晋江下游的北、南两岸,已有大量的汉人居住,他们有的姓陈,有的姓王,有的占有大量土地,还拥有部曲,并设"部曲将"来管理,出土的纪年砖有东晋咸和六年(331)、永和元年(345)的,南朝齐隆昌元年(494)的,等等。

隋唐时期,闽南的九龙江流域得到进一步的开发,唐高宗总章二年(669),光州固始(今河南省固始县)人陈政奉朝廷之命,以岭南行军总管的身份率领大批将士和眷属到闽南驻防屯垦,陈政病故后,其子陈元光代父统众。为了加强对闽南的开发和管理,垂拱二年(686),陈元光向朝廷建议增置漳州郡获得批准,并担任首任漳州刺史。漳州郡的设置,陈政、陈元光所率河南光州军民在闽南一带传播中原文化,对闽南文化的形成产生重大的影响。可以说,这是河洛文化又一次大规模播迁闽南的重大事件。

唐末五代,光州固始(今河南省固始县)人王潮、王审邽、王审知三兄弟随王绪所率数万北方军民南下福建,光启二年(886),王潮率部攻占泉州,杀掉贪暴的泉州刺史廖彦若,得到民众的拥护,王潮后被荐举为泉州刺史,在王潮兄弟的治理下,泉州的各项生产事业迅速恢复和发展。这是河洛文化再一次大规模播迁闽南的重大事件。

到五代南唐时,清源军节度使留从效据有漳、泉,被封晋江王。割据闽南的清源军实际上是一个独立王国,它对闽南文化的形成起了关键性的作用。由于中原汉人长时期南下闽南输入河洛文化,因此,我们可以说,闽南文化是由晋朝及其以后中原人南下所传的河洛文化与闽南原住民文化经过长期的交流、融合而形成的,河洛文化与闽南文化的关系是源和流的关系,这可以从语言、文字、风俗、习惯等多方面获得证明。闽南文化既脱胎于河洛文化,又比河洛有许多新的发展和创新,比如它既"崇儒",又重商,既"守成",又富于开拓精神,特别是向海洋的开拓,向海外的开拓等等。

二

闽南文化,由于它富有开拓精神,特别是向海洋的开拓,向海岛的开拓,台湾、澎湖便首先进入它的视野。

根据我国史书《三国志》、《隋书》等记载,三国吴黄龙二年(230),孙权曾派将军卫温、诸葛直率甲士万人航海到达台湾;隋大业三年(607),隋炀帝曾派武贲郎将陈稜率兵万人航海到达台湾。这两次航海,密切了大陆与台湾的联系。南宋时,据赵汝适《诸蕃志》记载,澎湖隶属晋江。南宋乾道七年(公元1171),知泉州汪大猷在澎湖建造房屋,留屯水军。然而,台湾的大开发,台湾文化的形成,却是在明清闽南人大规模到达以后。

明天启年间,称霸海上的以福建南安人郑芝龙为首的海商集团在台湾筑寨定居,并招其弟芝彪、芝虎、芝豹及晋江、南安沿海居民3 000多人迁台。崇祯元年(1628),郑芝龙降明,又招沿海饥民数万人,"人给银三两,三人给牛一头,用船舶载至台湾,令其芟舍开垦荒土为田"。这些移民主要是漳、泉两府饥荒灾区的民众。他们是最早的大规模的闽南移民,从这时开始,闽南人就成为大陆向台湾移民的主体。

清顺治十八年(1661),郑成功带了水陆官兵眷口三万多到台湾,郑成功的部属多为漳、泉二府人。以后郑成功又派人到漳泉等地"招沿海居之不愿内徙者数十万人东渡,以实台地",这时,台湾的人口至少在20万左右,且多数为闽南人。

康熙二十三年(1684)，清朝在台湾设一府三县，隶属福建省，又置台厦兵备道，直至光绪十一年(1885)，台湾才独立建省，长达200年的闽台合治为福建人特别是闽南人迁居台湾提供了方便。如雍正年间，清廷允许经官府批准可携眷入台，便有大批福建人尤其是闽南人举家迁台，没有经官府批准的偷渡现象更是数不胜数。

经过明清时期闽南人长期不断的大、小规模迁入台湾，闽南人已成了台湾居民的主要成分。据1928年台湾总督府所作的《台湾在籍汉民族乡贯别调查》，在375.2万的台湾汉人中，83%来自福建，16%来自广东，1%来自其余各省。占总额83%的福建人中，45%来自泉州府，35%来自漳州府，闽南的漳、泉二府占了福建人的80%以上。

闽南人既然占了台湾人口的80%以上，由闽南人带入的闽南文化便自然而然地成了台湾文化的主要组成部分。在台湾，通行的语言是闽南话，盛行的民俗是闽南民俗，生活习惯主要是闽南的一套。难怪直到今天，很多闽南人到台湾旅游，台湾人到闽南祭祖参观，都深深感到闽南和台湾两地没有什么大的差别，特别是语言和民风几乎完全一致。

仅就风俗习惯而言，据清道光年间到台湾考察的丁绍仪在《东瀛识略》中记载："台民皆徙自闽之漳州、泉州，粤之潮州、嘉应州，其起居、服食、祭祀、婚丧，悉本土风，与内地无甚殊异。"台湾的传统节日，如农历正月十五元宵闹花灯，清明祭祖扫墓，七月"普渡"，腊月十六备礼敬神做"尾牙"，二月初二祭拜福德正神称"头牙"等等，都与闽南地区没有两样。台湾人敬祀关公、妈祖、保生大帝、清水祖师、广泽尊王等神灵，这些神灵信仰几乎都来自闽南地区。台湾现有数千座大大小小的各种庙宇，很多庙宇的祖庙都在闽南。如保生大帝的祖庙在龙海，妈祖的祖庙在湄州岛。台湾人很重视祖庙和神灵的来历。人们称从湄州分灵出去的妈祖为"湄州妈"，从同安请去的妈祖为"银同妈"(同安古称银同)，从泉州请去的妈祖为"温陵妈"(泉州古称温陵)。

就地名而言，现在台湾的很多地名就是直接从闽南祖籍地"搬"过去的。如泉州厝、安溪寮、同安村、安平镇等等，在这些厝、寮、村、镇里，居民的主体就是从闽南原乡迁移去的人。

台湾人的祖籍地主要在闽南,台湾文化是以闽南文化为主体,兼采其他地域和异国文化而逐渐形成的。当今的台湾文化与原先的闽南文化已有不小的差异,但台湾文化的主体是由闽南文化组成的这一事实却是谁也改变不了的。

三

既然我们已经明白了河洛文化与闽南文化的关系是源和流的关系,闽南文化是台湾文化的主要组成部分,那么,河洛文化和台湾文化的关系是什么,那就不言自明了。

闽南文化有很多河洛文化的因子,闽南文化移植到台湾后,成为台湾文化的主体,在台湾文化中,尽管由于年代的久远和空间的遥远,但我们还是可以看到河洛文化的很多因素。

从族谱所传递的信息来看,根据《台湾通志·人民志·氏族篇》记载,1953年台湾省作户籍统计,共有民户83万,姓氏737个,其中500户以上的大姓100个。这100个大姓中,有63个姓氏的族谱记载其先祖由河南迁至福建,再由福建迁入台湾。这63姓的总户数为67万,人口为台湾总人口的81%。

从语言的角度,现在的所谓"台语"即台湾话,台湾人也称之为"河洛话",其实就是闽南话。现在台湾的闽南话中,保留着很多古代河南洛阳地区的语言。如台湾话保有平、上、去、入分阴阳的"四声八调",而这四声八调则是古代河南洛阳地区人们所使用的语言的特色,即古汉语的特色。现代普通话虽然发源于古汉语,但已有很大的变化,比如丧失了阴入、阳上、阳去、阳入四声。因此,人们在用普通话诵读《诗经》、《楚辞》、汉赋、唐诗、宋词时,常感到有些地方不押韵,但如果用台湾话即闽南话来诵读,则全都押韵。可见台湾话即闽南话在某种程度上也可以说是古代河洛语言的"活化石"。台湾语言与河洛语言的关系可谓深矣。

此外,我们还可以从风俗、习惯、信仰、祖根意识等很多方面证明台湾文化直接或间接来源于河洛文化。当然,台湾文化主要来源于闽南文化,直接或间接来源于河洛文化,但是,它比闽南文化、河洛文化又有新的发展,比如,它在跟西方文化接触之后,汲取了荷兰、西班牙、美国、日本文化的某些精华,使得台湾文化具有很强的活力。当然,这丝毫也改变不了台湾文化主要来自闽南文化、根在河洛文化的本质。

因此,我们说,河洛文化与闽南文化的关系是源和流的关系,闽南文化移植到台湾,形成台湾文化的主体。台湾文化是以闽南文化为主体,并融合各地域文化和各国文化的精髓而形成的。河洛文化、闽南文化、台湾文化各具特色,优点突出,都是中华文化大家庭中优秀的子文化。它们博采众长,争奇斗艳,都是中华文化百花园中的奇葩。

参考资料:

1. 罗豪才:《弘扬传统文化推进文化创新》,《人民政协报》2006 年 2 月 27 日 C2 版。

2. 胡沧泽:《福建古代经济史》第二编第一章第二节"魏晋南朝时期北方汉人入闽",福建教育出版社 1995 年版。

3. 胡沧泽:《河洛文化与闽南文化》,载《河洛文化与汉民族散论》第 234 页,河南人民出版社 2006 年版。

4. 周必大:《文忠集》卷六七《汪大猷神道碑》。

5. 黄宗羲:《赐姓始末》。

6. 连横:《台湾通史》卷二。

7. 陈绍馨:《台湾的人口变迁与社会变迁》,台北联经出版事业公司 1972 年版,第 498 页。

8. 丁绍仪:《东瀛识略·习尚》。

（作者为福建师范大学历史系教授）

古代河洛话的入闽及其向外传播

黄英湖

语言是文化的重要载体。其产生、发展和传播,又和政治、经济和社会等外在环境有着密切的关系。作为都城洛阳和京畿中州文化结晶的河洛话,就是由于京城政治中心的动乱而被南迁的中州移民传播到闽地的。在融合闽越等土语而衍变成福建方言后,又随着闽地的向外移民,而被传播到海内外各地。这是一个比较有趣的语言发展和传播历程,其中折射出一些值得思考的问题。

一、中州移民的入闽和河洛话的南传

福建原是西汉王朝藩属闽越国的领地,居住着东南诸越中的闽越族。汉武帝元封元年(前110),统治闽越的余善起兵反汉失败后,汉武帝以"东越狭多阻,闽越悍,数反复,诏军吏皆将其民徒处江淮间,东越地遂虚"。闽越国的灭亡及其族人的北迁,使福建腾出一个新的生存空间。于是,逐渐有一些北方汉人从浙江、江西进入福建,其中比较成规模、大批量的是中州三次大移民。

1. 晋代中州移民的入闽和河洛话在闽北的传播

西晋末期,中州发生"永嘉之乱",导致兵祸战乱连年不断,民不聊生,许多门阀士族纷纷携部曲南迁。这些流民大多定居在大江南北的苏、浙、皖、鄂、湘、赣等省,但也有一些人翻越武夷山脉,进入当时尚地广人稀的福建。乾隆《福州府志·外记》中引路振的《九国志》说:"晋永嘉二年(308),中州板荡,衣冠始入闽者八族:林、黄、陈、郑、詹、邱、何、胡是也。以中原多事,畏难怀居,无复北向,故六朝间仕宦名迹,鲜有闻者。"

尽管有人对这个记载持否定态度,可是,唐代林蕴在为《林氏族谱》作的序中也说:"汉武帝以闽数反,命迁其民于江淮,久空其地。今诸姓入闽,自永嘉始也。"宋代陈振孙的《直斋书录解题》所引的唐代林谞《闽中记》也说:"永嘉之乱,中原士族,林、黄、陈、郑四姓先入闽。"林蕴和林谞都生活在唐代,上距"永嘉之乱"为时并不远,他们所讲述的事情,应该是可信的。当时被迫背井离乡南迁的中原流民多达90万,在江浙一带的平原沃土被先到的上层大士族和其他移民占据后,那些较后离开中州的小士族和普通老百姓只好退而求其次,来到当时还很空旷的福建。所以,不论是八姓还是四姓,也不论人数有多少,在当时大量外迁的中州流民中,肯定会有一些人辗转进入福建的。民国《建瓯县志·礼俗记》中也说:"晋永嘉末,中原丧乱,士大夫多携家避难入闽。建为闽上游,大率流寓者居多。时危京刺建州,亦率其乡族来避兵,遂以占籍。"这是又一批为避乱而南下入闽的北方移民,不过,他们不在八姓或四姓之列。这些史料都与路振的《九国志》记载互相吻合,佐证了"八姓入闽"之说。另外,"五胡乱华"之后,福建的人口增加了一倍,也是这方面的又一例证。

这些南迁边远闽地的中州移民,因为怀念北方故地的晋朝,就把泉州境内最大的"南安江"改名为"晋江"。今泉州市洛江区与惠安县交界处的一条江,也被他们命名为"洛阳江"。与中州洛河之北称"洛阳"一样,他们也把洛阳江北渡口所在的集镇称为"洛阳"。这些都是那些被迫逃难入闽、心境凄凉悲伤的中州移民,用来寄托对北方故土的留恋和不舍感情的表现。

"永嘉之乱"后南下入闽的中州移民,大多是通过闽浙、闽赣交界的山口进入闽北,在闽浙赣三省交界的闽江上游定居下来。因此,闽北是入闽汉人最早开发,当时人口最多的地区,福建差不多半数的县和人口都集中在那里。随着这些中州移民的南迁,古代中州的河洛话也被南传到福建北部地区,并和当地的闽越族以及先期入闽的其他汉族语言交汇融合,形成福建的闽北方言。李如龙先生的《福建方言》书中认为:"闽北方言是福建境内最早形成的方言。应该说它在六朝时期就形成了。"

2. 唐初陈政率军入闽和河洛话在闽南的传播

唐高宗总章二年(669),今漳州和潮州地区的"蛮獠啸聚",颍川固始人陈政被朝廷任命为岭南行军总管,统领军队3 600人入闽平叛。以后,由于兵力不足,陈政的母亲和兄弟又率领 58 姓军校南下增援。九年后陈政病逝,其子陈元光继续父业,安定了闽南。为了加强对这个地区的统治,陈元光上书朝廷,建议在泉州和潮州之间增设一个州。武则天垂拱二年(686),朝廷准奏设立漳州,陈元光被任命为刺史。以后,陈元光的儿子、孙子又先后接任刺史,陈家四代接连镇守漳州历百年之久。陈家父子带到福建的中州老乡,也都在福建安家落户了。因此,福建闽南地区的陈姓人家,都自认是来自河南光州,他们都要在自家大门的门楣上,嵌上一块写有"颍川衍派"或"颍川传芳"的匾额,以示不忘自己的祖籍。

陈政父子两次从中州带入福建的军队及其眷属,总数有 8 000 人左右。这些军队在闽南定居后,也必然会把家乡的河洛话传到那里,并和那里原有的语言交汇融合,形成闽南方言。专家认为,闽南方言就是在这个时期定型的,因为记录五代时期泉州禅宗和尚语录的《祖堂集》中,一些用词和句型和现在的闽南话基本相同。如:师云:"谁人缚汝?"对曰:"无人缚。"师云:"既无人缚汝,即是解脱,何须更求解脱?"师云:"吃饭也未?"对曰:"吃饭了也。"僧问:"五逆之子还爱父的也无?"师云:"看汝不是这个脚手(角色)。"师云:"忽遇道伴相借问,作摩生向伊逆?"其中的"谁人"、"缚"、"汝"这些用词,还有"无人缚"、"解脱"、"也未"、"了也"、"也无"、"脚手"、"相借问"这些说法,和现在闽南话是完全相同的。由此可见,唐代闽南方言定型后一直流传至今,并没有太大的改变。

3.唐末王审知义军的入闽和河洛话在闽东的传播

唐朝末年,河南光州固始县的王潮、王审邽、王审知三兄弟,跟随王绪率领的光、寿两州农民义军一路南下,辗转征战来到福建。王潮兄弟在泉州南安县设计杀掉不得人心的王绪,取而代之成为义军的首领。其后,王氏兄弟先打下泉州,再攻陷福州,进而占据福建全省。因此,唐昭宗封王潮为福建观察使,后又升为威武军节度使。王潮死后,由其弟王审知继任节度使。后梁开平三年(909),王审知被梁太祖朱晃封为闽王,在福建建立地方割据政权闽国。王氏兄弟带领入闽的 6 000 多农民义军,也都在福建安下家来。由于王审知在福建立国当家,有权有势,他的许多河南老乡也纷纷南下投奔依附,从而形成中州向福建的又一次大移民。客家研究专家罗香林在《客家研究导论》中说:"颍淮汝三水间留余未徙的东晋遗民,至是亦渡江南下,至汀漳依王潮兄弟。"

随着王审知的军队的入闽,河洛话也在福州为中心的闽东地区传播,并和当地原有的语言结合,形成闽东方言。专家认为:"这次移民时间短、批量大,主要定居地是福州一带。现在的闽东方言显然就是在那个时候形成的。"唐朝末年,顾况曾在一首以《囝》为题的诗中,描写福建官吏为朝廷置办阉宦,买卖人口之事:"囝生闽方,闽吏得知,乃绝其阳。为臧为获,致金满屋;为髡为钳,如视草木。……郎罢别囝:'吾悔生汝!及汝既生,人劝不举。不从人言,果获是苦。'囝别郎罢,心摧血下:'隔天绝地,及至黄泉,不得在郎罢前。'"此诗所用方言,与今福州话几乎完全一样,如"郎罢"就是父亲,"囝"就是儿子,"汝"就是你。由此可见,以福州为代表的闽东方言形成后,自唐至今,并无大的变化。

4. 福建方言中的河洛话成分

随着中州汉人的三次入闽,福建先后形成闽北、闽东和闽南三种方言。宋代从泉州分置兴化军后,莆仙方言从闽南方言中分化出来。而闽中方言则是元、明以后才从闽北方言分化出来的。这五种方言是福建方言中的次方言,而福建方言又是我国的六大方言之一。

福建方言形成于何时?现在比较一致的看法是在唐、五代。李如龙的《福建方言》中说:"中原汉人三次入闽之后,闽方言便定型了。"由此可见,中州人入闽所带来的河洛话,对福建方言产生了很大的影响。这是因为从东汉到曹魏、西晋,数百年来洛阳一直是首都,京畿中州成为国家的中心地区,那里的河洛话也必然成为当时的官话。因此,入闽中州移民所带来的河洛话,是一种具有较大优越性的强势语言。而且,这些中州移民接连在福建掌权当家,他们也必然会借助政权的力量,在所创办的学校里推行河洛话这种古代的"普通话",并把它作为官方往来的语言。于是,由中州移民所带来的河洛话,就顺理成章地在福建各地传播开来,成为福建方言的重要组成部分。"中原汉人入闽显然带来了比原住民及吴楚人更高的文化,正是这种文化上的优势,使得中原的汉语成了闽方言的主要成分,而原来的闽越人的语言以及古吴语和古楚语都退属次要成分了。"

从六朝到唐、五代,是上古汉语发展为中古汉语的转变期,中州移民所带来的河洛话就是转变后的中古汉语。这种中古汉语对福建方言的影响,首先表现在语音上。专家认为:"中古音见系声母不论与何种韵母相拼均读为 k、kh、h,今闽方言各点均无例外。高、交、桥、晓、囝、陷、壳、雄"是也。还有,"中古音鱼虞二韵读音有别,今普通话与多数方言已经不分,各地闽方言尚有一些常用字读为不同韵母。例如:苎、去、梳、初、柱、树、住、厨",等等。

古代河洛话对福建方言的影响还表现在词汇上。如闽南话现在还在使用的"教示"两字,是教导训示的意思,而在唐代元稹的《估客行中》,就有"父兄相教示,求利不求名"。《敦煌变文集·不知名变文》中有"初定之时无衫裤,大归娘子没沿房",其中的"衫裤"两字是衣服的意思。闽南话至今仍在使用中。闽南话称床为"眠床",而在唐代李延寿的《南史·鱼弘传》中,就有"有眠床一张,皆是蹩柏"。闽南泉州称客人为"人客",而在杜甫的《感怀》中,也有"问知人客姓,诵得老夫诗"。白居易的《酬周从事》中,也有"腰痛拜迎人客久"之句。闽南话和莆仙话都称儿媳妇为"新妇",儿女亲家等亲戚为"亲情",在《唐语林》卷四中,唐文宗要为庄恪太子选妃,对宰相说:"朕欲为太子求汝郑间衣冠子女为新妇","朝臣皆不愿与胖做亲情,何也?"类似这样的例子还有很多,不一一列举。

中古汉语的一些虚词,也保存在现在的福建方言中。如"底"在中古汉语中是疑问指代词,相当于"哪"、"何"的意思。白居易的《早出晚归》中有:"若抛风景常闲坐,自问东京作底来。"韩愈的《泷吏》中有:"湖州底处所,有罪乃窜流。侬幸无负犯,何由到而知。"而泉州方言把何处说为"底处",何人说为"底侬"。福州方言则说何处为"底呢",何人为"底侬"。

"底"在闽方言中还有"里面"的意思,在闽南话里就有"里底"、"厝底"、"本底"、"桶底"等说法。而在唐诗里,杜甫的《哀王孙》里就有:"长安城头头白鸟,夜飞延秋门上呼。又向人家啄大屋,屋底达官走避胡。"他的《昼梦》中也有:"故乡门巷荆棘底,中原君臣豺虎边。"其中的"门巷"这个词,在今天的闽南话中还在使用。

"无"是唐代才出现的语气词,朱庆馀的《闺意献张水部》中,有"画眉深浅入时无"。白居易的《问刘十九》中,也有"能饮一杯无"。今天的闽南话里,也仍有很多这种用法,如:"汝有去无?"意为:你有没有去?"他有食无?"意为:"他有没有吃饭?"

另外,在福建方言中,"着"有"在"、"应该"、"需要"的意思,如"着厝里","着去做代志(事情)"。"斗"有"竞相"、"拼合"的意思,闽南话里有"斗相精(争)"、"斗阵"的说法。这些都能在唐诗里找到用意相同的句子,所以,用福建方言来读唐诗,有时会更押韵,更琅琅上口,也更能理解其中的含意,由此可见中州语言对福建方言的影响之深远。

二、福建方言的向外传播

带有许多古代河洛话成分的福建方言,在形成后的数百年间,又随着福建人的向外移民,而向周边省份乃至海外的东南亚等地传播。不过,由于福建的向外移民以闽南人为多,所以,在福建的几种方言中,向外传播最多而且最远的也是闽南话。

1. 福建方言向台湾的传播

和福建的情况一样,台湾原来也是少数民族高山族的居住地。明朝期间,已有一些大陆出海打鱼的渔民因为避风,或者补充淡水等需要而登上台湾本岛,并逐渐形成一些村庄。明朝天启年间(1621～1627),以泉州人颜思齐和郑芝龙为首的、被称为“海寇”的海上武装集团曾以台湾为据点,纵横海上十几年,随之到台湾的泉州人也日渐增多。明崇祯元年(1628)前后闽南大旱,已被招安的郑芝龙经朝廷允准后,召闽南数万饥民至台湾垦荒造田,以避灾年。

明朝灭亡以后,郑芝龙的儿子郑成功以闽南为根据地,坚持抗清斗争十多年。顺治十八年(1661年),郑成功东渡台湾,赶走窃据该岛的荷兰殖民统治者。随郑成功到台湾的军队、官吏和眷属,以及前往投附的民众,数量多达12万至15万人。和郑芝龙向台湾的移民一样,郑氏政权的官兵也基本上是闽南人,这就奠定了今天闽南人在台湾人口中居多数的地位。据上世纪30年代日本殖民当局统计,在台湾的人口中,闽南人大约占80%以上的比例。

随着大量闽南人跨海入台,福建的主要方言闽南话也被传播到台湾,并通行于岛上大部分地方。这些移居台湾的闽南人分属泉州和漳州两个府,他们所说的是闽南话中泉州话和漳州话两个支系。这两种闽南话在台湾交汇融合后,形成一种介于泉州话和漳州话之间的台湾话。台湾的这种语言交融情况和厦门一样。厦门在地理上介于泉、漳两府之间,从两地移民入岛的居民,也使泉、漳两种语言在厦门交融形成厦门话。所以,厦门话和台湾话的腔调基本一样,发音都比较轻,比较好听。

2. 福建方言向周边省份的传播

在福建的周边省份,最大的福建方言区是古代广东潮州府辖区。潮州府处于福建漳州府的南面,两者在地理上紧密相邻。秦、汉时期两地同属闽越国疆域,唐代潮州还曾归属福建管辖,唐大历七年(772年)才又划归广东。唐初漳、潮两地的"蛮獠"一起反叛,陈政父子南下平叛后,其部属就在当地驻扎下来。两地"蛮獠"所讲的土著语言,与陈政父子所带来的中州军民所讲的河洛话融合,形成闽南方言。所以,潮州话与漳州话基本相通,而与同属闽南话的泉州话有些差别。南宋人王象之的《舆地纪胜》卷一〇〇中说:"初入五岭首称一潮,土俗熙熙,有广南、福建之语……实望南粤,虽境土有闽广之异,而风俗无漳潮之分。"漳、潮州两地风俗语言相通的情况,一直延续到现在。

除了潮州,福建方言还继续向南传播。地处广东的雷州半岛,还有海南岛上,也有许多讲闽南方言的,他们也都是福建南迁移民的后裔。周去非的《岭南代答》书中说:"海南有黎母山,内为生黎……外为熟黎……熟黎多湖、广、福建之奸民。"这些南迁的福建人中,有的是因为家乡人多地少难以生存,而主动向南移民的;有的则是被迫定居在那里的。因为这两个地方都地处福建前往东南亚的航道上,古代福建人乘船下南洋时,经常发生海难事件。那些侥幸生还的人逃上岸后,北望故乡,海天阻隔,路途遥远,回归无望的他们只好在当地定居下来。宋朝人范成大的《桂海虞衡志》中,就有对这种事情的记述。随着福建人聚居区的形成,福建方言也在那里传播开来。不过,南传雷州、琼州的闽南话,因为又和当地的畲族、黎族等原住民语言交融,已与本土有较大的差别,难以相通。

我国的移民基本是从北向南滚动的,可福建的向外移民却有一个特例,就是逆向朝北面的浙江移动。在浙江的温州市,其下属的苍南县大部和平阳县约半数以上的居民,还有温岭、玉环、洞头、瑞安等县以及舟山群岛的一部分居民,都是闽南移民的后裔。据说他们是闽南沿海的渔民,在北上舟山打鱼时,途中在浙南温州沿海一带停靠。开始是季节性居住,以后就逐渐定居下来。随着这些移民的北上,闽南方言也被带到温州,在苍南、平阳等地传播,使那里出现一个闽南话方言区。这些闽南人是明、清时期前往那里去的,移民的时间不太长,所以,那里的闽南话与本土还可勉强相通。以后,他们中的一些人又移居到江苏宜兴县,并把闽南话带到那里,形成一个9乡、22村范围的闽南方言区。

另外,在江西上饶、兴国县和湖南的一些地方,甚至更远的四川金堂、新都、广汉、什邡、中江、灌县及重庆大足县,也有一些讲闽南方言的乡镇或者村庄。使用这种方言的人们,也都是福建移民的后裔。在浙江南部的泰顺、庆元等与福建交界的几个县,则有一些居民是讲闽东方言,他们是福建闽东语系移民的后裔。

3. 福建方言向海外的传播

(1)福建方言在华侨中的传播

福建人是一些善于航海,勇于向海外开拓发展的群体,带有很强的海洋性特征。从晋代开始,福建的泉州港就与海外产生频繁的贸易往来关系。宋、元时代,这种对外贸易更是达到了鼎盛。从宋代开始,东南亚等地就出现一些定居当地的闽籍华侨。

随着福建人的向外移民,带有许多古代河洛话成分的福建方言,也被传播到东南亚等地。而这些走出国门的福建方言,是首先在华侨中得到传播的。在东南亚的菲律宾、新加坡、马来西亚、印尼、缅甸和文莱这六个国家,闽籍华侨在华侨人口中都占40%以上的多数地位。在菲律宾,这种比例甚至高达80%以上。根据1955年福建省华侨事务委员会编印的《本省华侨分布情况》统计,这些国家华侨中闽籍华侨所占的比例分别是:印尼50%,新加坡和马来亚(当时还都是英国的殖民地,尚未独立和分开)40%,缅甸50%,菲律宾82%。

所以,在这些国家的槟榔屿、新加坡、马尼拉等地,由于闽籍华侨在华侨中居多数地位,其他籍贯的华侨为了生活所需,也都学会了福建话(即闽南话),使福建话成为那里侨界的通用语言。现在,在这些城市的大街上,只要你用福建话随便问一下华人(在新加坡、马来西亚的三大民族里,马来人和印度人的肤色都较黑,而华人较白,一般可以从外观上分辨出来),不论他是广东人、客家人还是海南人,他们一般都听得懂,并能用福建话回答你。笔者在槟榔屿和新加坡期间,曾多次有意对这个问题进行实验,并且都得到了证实。在新加坡一次乘坐出租车时,笔者也趁机用闽南话和司机聊了起来。原来他是第三代华裔,祖籍是福建莆田。莆田人是讲莆仙话的,可他却会讲闽南话。

更为有趣的是,当地一些其他民族的人在与福建人长期相处后,也都学会了福建话。笔者在槟榔屿期间,一天晚饭后漫步街头,到一报摊前买一份当地出版的《光明日报》。在买报过程中,笔者用福建话和卖报的小贩聊起了天。其中有这么一段对话,笔者问:"你的祖籍是啥所在(什么地方)?"报贩:"啥祖籍?",笔者:"就是你祖公是按(从)中国啥所在搬来的?"报贩:"我不是中国人。"笔者诧异:"那你是哆落(哪里)人?"报贩:"我是印度人。"笔者定睛一看,肤色果然比较黑,再问:"那你酱个(怎么)会说福建话?"报贩:"这里的人都讲这种话,我当然也会了。"

闽南话之外,在东南亚的一些地方,还有其他福建方言的传播。如在马来西亚的沙捞越,1900 年以后,闽清人黄乃裳多次率侯官、闽县、闽清、古田等县同讲闽东语系福州话的数千同乡到诗巫垦殖,在那里形成一个福州人定居区,通行福州话,被称为"新福州"。1949 年,那里的人口就已达 5 万多人。1912 年,福州人林清美也招募乡亲到马来亚的吡叻州实天县垦殖。1970 年,那里的福州人也有 5 万多人,占全县人口总数的 80%。

(2)福建方言在东南亚其他民族中的传播

由华侨传播到海外的福建方言,还被东南亚其他民族的语言所吸收,融合成其语言的一部分。马来西亚和印尼的土著民族在种族上同属马来人种,都讲马来话。与福建华侨的长期交往,使他们的语言中吸收了一些闽南话词汇,如食品类的有"豆腐"、"豆芽"、"豆乳"、"米粉"、"面线"、"扁食"、"冬瓜"、"白菜"、"茶"、"荔枝"、"润饼"(春卷儿)、"虾米"、"粿"等;生活用品类的有"柴屐"(木拖鞋)、"茶鼓"(茶壶)、"烘炉"(火炉)、"鸡毛笼"(鸡毛掸)、"薰吹"(旱烟筒)等;有关住所的有"楼顶"(楼上)、"巷廊"、"寮"等。因为这两个国家原来并没有这些东西,闽籍华侨在把它们传入的同时,也把这些东西的闽南话称谓带入,并被马来话所引用。另外,闽南人的一些称呼,如"先生"(中医)、"头家"(老板)、"引公"(爷爷)、"引姆"(叔母)等;还有闽南话一些特有的词汇,如"布袋戏"(掌中木偶)、"膏药"、"红薰"(旱烟)、"十五冥"(元宵)、"拳头"(拳术)、"讲古"(讲故事)、"咹怎"(怎样)、"佛公"(菩萨)、"行行"(走一走)也被当地语言所吸收。不同的学者在对各种马来语典中检索统计后,都认为马来语中的闽南话借词有 400 多个。在菲律宾的他加禄语中,同样也可以找到许多泉州方言的借词。如称呼上的"姑爷"、"二哥";食品中的"乌糕"、"米粉"、"菜脯"(萝卜干);另外,还有"打嚏嚏"等生活用语,也都被借用成当地语言。

不仅是东南亚,福建方言还沿海岸线北上,传播到东北亚的朝鲜半岛。上世纪80年代,时任香港镜报杂志社社长的徐四民先生到韩国后,就很惊讶地发现,韩国话中的一些字和词,发音竟和福建方言中的闽南话相同或相似。回港后,他还写一篇文章发表在《镜报》上,专门谈及这个问题。其实,这种情况的出现也是有其历史渊源的。唐哀帝天祐四年(907)朱全忠篡唐后,在朝廷为官的闽南人林八及就举家到新罗国避难。其子孙至今已历39代,总人口达120万。五代时,闽国一个叫王彦英的官员因为与王审知产生矛盾,也举家投奔到新罗,并受到国王的重用,父子两人相继在那里当大官。到宋代时,还有一些泉州商人到那里进行商贸活动。以后,也有一些泉州的医生或其他专业人士到达那里。朝鲜国王十分喜爱这些中国去的各种人才,就挑选他们中的一些人在朝廷担任重要的职务,他们也因此在那里定居下来。这些北上朝鲜半岛、尤其是在朝为官的福建人,也必然会把福建方言带入朝鲜。所以,朝鲜话中出现与闽南话相同或相似的语词,也就不足为奇了。

琉球是我国的近邻,从明朝开始,琉球国就一直向我国纳贡,其历代国王也都接受我国的册封。据陈侃的《使琉球录》书中记载,为了加强双方的往来,明太祖朱元璋"特赐以闽人善操舟者三十有六姓,使之便往来,时朝贡"。另外,福建还和琉球有通商贸易往来。明朝初年,朝廷就在福建设立市舶司,专门管理对琉球的商贸事务。此后,双方人员互有往来,也有人长期居留下来。一些福建方言也随着这些人员往来,而被传播到琉球。所以,至今在琉球方言里,还能找到一些福建方言的成分。如琉球方言中的闽东方言借词,就有"猫囝"、"索面"(面线)、"金瓜"(南瓜)、"天河"(银河)、"神妈"(巫婆)、"篷"(帆)等等。闽南方言的借词有:"番薯"(红薯)、"阿母"(母亲)、"外家"(娘家)、"嬷"(祖母)、"面桶"(洗脸盆)等等。

参考资料:

1. 司马迁:《史记·东越列传》。

2.《林氏两湘支谱》卷一《序闽》。

3. 陈碧笙:《台湾地方史》,中国社会科学出版社1982年版。

4.《福建省志·华侨志》,福建人民出版社1992年版。

5. 林华东:《泉州方言文化》,福建人民出版社 1998 年版。

6. 简博士:《漳州话概况》,海风出版社 2005 年版。

（作者为福建省社会科学院研究员）

河洛文化与闽台文化

——以台湾的传统音乐与戏曲为例

（台湾）赵广晖

一、引言

先民所创造的历史，乃世世代代后人所倚重之借鉴，诸多地理志书中均曾显示："河洛"位于我国北方地区的两道河川，它们流经中原，曾为我中华民族最早建国的夏朝立都的所在区，也是夏商周三代活动与主要经营的根据地，那是我先民成长之摇篮，是我华夏文明之发祥地，实可说亦即中华传统文化之源头。数千年来诸朝代之更替，影响着历史的变化无常，战乱与天灾或为了生活上的利益，造成了人民的迁徙，但历史如何变幻，人民之无论移往何地，后代子孙们的血缘不会改变，传统文化之光彩也不会因而退色或消失。闽台人士大多来自中原，其传统文化之基素血脉相连，此乃本文所要论述之关键。

二、河洛文化释义

什么是"河洛文化"？若依照字面上来看，它是一个具体的名词，它显示着是所谓河洛地区的文化，若要站在学术研究之角度而就历史眼光来看，这个名词实可一分为二，一个是指"河洛地区"的地理名词，一个则是指为"文化"的抽象名词，若要再进一步分析，河洛又可分开来看，它是两条不同源而汇流的河川名称，而文化所指则可说是历代文明累积的化合。

首先来看河洛，"河"所指的就是我国第二大川的黄河，它发源于青海，自西至东，其主流弯弯曲曲经过了四川、甘肃、宁夏、内蒙古、陕西、山西、河南、山东等省区,注入渤海①。而"洛"所指的就是"洛水"(今称洛河),它发源于陕西洛南县的冢岭山,流经潼关进入河南三门峡市一带,再东行经洛阳贯穿偃师而在巩义境内与黄河汇流,这一带地区也正是我国历史上夏代的所在地,更是夏、商、周以迄于秦汉及隋唐历代王朝建都及所主要经营的区域。河洛在我国历史中可说占有了极其重要的地位,这是任何人都无可否认的。

其次再来谈文化,文化一词包罗万象,很难予以定义。许多人对它有各种不同的解释,它的内容涵盖了人类在生活进行中所需要与表现的一切物质与精神事项,如有形的衣、食、住、行、育、乐等需求,和无形的习俗与宗教信仰以及历代官方之典章制度等。但这一切又会随着时光而改进,或因地域与族群而各有异同。如人类之由野蛮进入文明,由蒙昧进入开化。故依个人的看法则认为:"文化乃历代文明的汇集与化合,其连绵不断的即所谓传统文化,其历史所传承的一贯步骤就是启(开创文明)——承(继承文明)——转(再创文明)——合(融化汇合而成传统文化)",它随着日月的运转是生生不息的。这是个人的一些浅见,希大家有所共识。

总之,河洛文化乃我中华民族传统文化之本源,凡为炎黄世胄,无论到何时或是到何处,他的基因在这个族群中是不会改变的。

三、闽台与河洛地区的历史与文化关系

台湾是一个移民社会,大部分居民来自闽粤,在当前形成了所谓四大族群:一是当地土著的"原住民"②,一是于明末清初先后由福建的漳、泉二州移入的所谓"闽南人",一是于清代由广东潮州移入的所谓"客家人",再一个就是于当代在抗战胜利后,台湾光复时赴台的接收人员等以及在1949年随国民党撤退台湾的军政人员及眷属,台湾当地所称的"外省人"。

在这四大族群中占绝大多数的要算自福建漳、泉二州移入的所谓闽南人,其次是广东移入的客家人,再其次则是于当代自各省移入的外省人。据台湾官方

---

① 中国有两条大川,第一大川为长江,与黄河同源于青海,长江的主流乃自青海流经西藏、四川、重庆、湖南、湖北、江西、安徽、江苏、上海等省(区、市),注入于东海。

② 原住民为台湾本岛之土著民族,在台湾光复前日本人称为"高砂族",光复后称"高山族",1994年正名为"原住民"之称谓。

1985 年户口普查的统计,闽南人约占 74.50%,客家人约占 13.19%,外省人约占 9.85%,原住民约占 2.37%,而外国人占 0.09%①。

在台湾年长一辈的闽南人多自称是"河洛人"②,客家人则自称"唐山"③,而这两大族群的祖先则大多来自中原。谈到闽粤人士迁台的经过,难免要追溯到他们祖先在历史上南迁东渡的艰辛过程,人们的迁徙主要是为了讨生活而求生存,其主要原因乃基于为了躲避天灾或战乱。中原人民因战乱而南迁的历史记载,其最重要的约有五次:

秦灭六国之后,为防范南蛮再度北侵而被派赴粤北未归的戍守人员。

东晋五胡乱华时,众多中原人士为逃难而南迁。

唐代南诏入侵以及唐末黄巢起义,为避战乱而有大批中原人之南迁。

宋高宗南渡,随行及逃难的北方人民之南迁。

明末农民大起义,加之清兵入侵,而酿成又一批北方人民的南迁。

这几次皆因战乱而南迁的人民,多来自黄河中下游之两岸,咸为中原人士,也都和河洛息息相关。然而这数度南迁经江西、浙江或其他各地而后又辗转逃难到了闽粤地区的这些人士又形成两大不同的情况,一批先到的多居平地,日久因与当地土著民族生活相结合或因互婚而成为所谓的"闽南人",这一批多居于福建,另一批后到的因平地生产面积所限而被迫进入山区,这批人就是所谓的客家人,他们多来自广东,而在四百年前,也就是明末清初之际,自此闽、粤两地移民台湾的这些人士,就自然形成了"闽南"与"客家"两大族群。

客家人之被称为"客家"有两种说法:一说是北方各地人逃到了该地被视为客居,故当地人称他们为客家,久而久之便形成了"客家人"这个称谓。另一说则谓宋朝之后,广东与福建沿海地区汉畲杂处,当政的官方为了管理方便,遂分原居畲猺之民为主籍,而自北方后来迁入者为客籍,因而形成了客家人之称谓④。此二说听起来均有道理,但无论如何,客家族群既已形成而遍居世界各地,他们有独特的族群语言与文化,尤其在台湾四大族群中具有特色,也占有重

---

① 见戴国辉:《台湾总体验》,台湾远流出版社 1995 年 6 月第二版,26 页。
② 见许常惠:《台湾音乐史》(初稿),台湾全音乐谱出版社 1991 年 9 月初版,119 页。
③ 台湾客家族群中流行一首人人都会唱的歌《客家本色》其开首即谓:"唐山过台湾",其意味着他们的祖先乃经唐朝末年"黄巢之乱"南迁赣(江西)、粤(广东)后,又漂洋过海迁到了台湾。
④ 见雨青:《客家人寻根》,台湾武陵出版社 1996 年 5 月四版,27 页。

要地位,是值得特予论述的。

由以上各点来看,在当前居住于台湾的移民同胞,绝大部分来自中国大陆东南之闽粤地区,但考其祖先在更早期则是来自河洛地区之中原。闽台关系看起来是这么密切,而闽台与河洛关系与文化之相承又是血脉相连而戚戚相关,这是值得提出来探讨的。

四、台湾的传统音乐与戏曲

音乐与戏曲,同为人们日常生活中不可或缺的精神食粮,因为它发抒于自然而不拘于任何人或任何时空,它不仅是个人间的情感抒发或交流,也更是借以融合众人情感或族群团结的一股强大力量①。在当前新的文化层借音乐会或戏剧演出来调节生活情趣或提升艺术文化品质,但旧的文化层或年长一辈的社会人士,则着重于借音乐与戏曲之演出以加强节庆或某项特有活动的气氛,更期望以这类活动而凝聚族群或彼此间之情感,可知此种力量是不容忽视的,它能激发参与者思古之幽情,更能因而加强融合彼此相互间之情感交流。

一般而言,音乐与戏曲同属时间性的表演艺术,若要再予细分,则可说:纯为乐器演奏的表演通常称之为演奏会,而以乐器做伴奏为歌唱表演的演出,一般称之为演唱会,若要以故事情节配合唱奏的表演通常则称之为某出戏曲的公演。台湾音乐与戏曲的表演,诚然也不外乎这三种基本形式。

台湾传统的音乐与戏曲,除祭孔专用的所谓"圣乐"之外,一般主要的当属南北管乐曲与闽南语系惯演之布袋戏与客家语系惯演之采茶戏。歌仔戏虽说是近百年来新兴而历史尚不久的剧种,但探索其本源,仍是由来自闽南地区的固有曲艺演变而成,若再往前推却仍脱离不了中原古风与河洛文化之血缘。

至于南管与北管其所异之点大致可分为三项:

第一,乃在于打击乐器之使用,南管仅使用管弦,而北管则除管弦外还加入了打击乐器。如此听起来南管雅柔细腻,而北管则有些热闹奔放。

第二,演唱方式之不同,南管曲艺在数十年前有依剧情扮妆登台演出者,然

---

① 早期乡民们聚会并没有什么会场或活动中心,多利用庙宇这种场地,而音乐与戏曲之练习与演出也正利用此地,故借此聚会或节庆演出实为融合族群情感之一大助力。

在最近多年以来南管之演员可坐台而不加行头(不着戏装)亦不跑场,演唱时多采用少数之曲牌,固定的旋律,仅填词故事之变换,且演唱者仅为一人,其他有四至八人伴奏(清代进京御前演出亦多为此种方式)。北管音乐则包罗广泛,唱腔多样,有四评、乱弹、弋阳腔、梆子腔等。清初刘廷玑《在园杂志》中谓"新奇迭出"①,其演出则有着装或跑场,但近时已不多见。

第三,乃是发源地与唱词所使用语言之不同,南管又名"管弦"或"南乐",据说发源于江南盛行的泉州与厦门,其唱词则用闽南语②。北管发源于闽南语系以北的北方,唱词乃用北方官话(近似北京话)来演唱。二者之发源地很难界定,也都是自福建传入台湾,其较明显之区分则在于唱词所用语言,南管是用闽南话,北管则是用北方官话。

台湾南北管之概况已如上述,然站在音乐立场来看二者所使用之乐器及乐谱,其乐器可说均为中国传统中八音之类(均非西洋乐器)③,而乐谱则均为中古以来的工尺谱。再来站在史学立场看它的曲目或戏目,尤其是北管其戏目则多为我国古代之传统故事,如蟠桃会、醉八仙、关公巡城、千里送京娘等④,这些都不能说与中原之河洛文化无关。

我国在清代以前,乐曲、戏曲或戏剧,这三者是很难做明确之分野的,如《论语·阳货》云:"子之武城,闻弦歌之声。夫子莞尔而笑,曰:'割鸡焉用牛刀'"其中之"弦"所指的即是琴曲,而弦歌之声即是有弹琴有歌唱,再者如"元曲"、"昆曲"等尽是如此,可用固定之曲牌自由加入任何词曲而演唱。20世纪之初,自从沈心工、李叔同等由日本带进了西洋乐歌,再有北大音乐传习所以至于上海音乐院之成立,乐曲、戏曲与戏剧才算有了明确的分野。前面本文所谈南北管音乐之概况,正是如此。下面我们来谈台湾的传统戏曲与戏剧。

首先我们来谈闽南乐系的布袋戏与歌仔戏。

布袋戏:

又名掌中戏,由于其扮演各种人物之道具乃以小布袋缝制,故名。此戏因类

---

① 见王振义:《台湾的北管》,台湾百科化事业公司1982年9月版,5页。
② 见吕锤宽:《台湾的南管》,乐韵出版社1986年2月版,11页。
③ 古八音为金、石、丝、竹、匏、土、革、木。南北管虽没有全部使用,但其吹管拉弦弹弦与打击乐器之使用,均不离此八音之范围。
④ 见王振义:《台湾的北管》,台湾百科化事业公司,1982年9月第11、52页。

似一般民间以往在乡间或街巷演出之木偶戏或傀儡戏,都是用手掌操弄,故亦名掌中戏。

此种曲艺可说是由过往之皮影戏、木偶戏、傀儡戏等曲艺综合演变而成。在台湾虽说仅有三百多年历史,然究其源,可说在我国周朝即出现此一戏种。《列子》中曾有记载云:"周穆王西巡狩越昆仑不至弇,反还未及中国,道有献工人名偃师者……所造能倡者……其颐,则歌合律,捧其手则舞应节……"①这可说就是布袋戏之前身。观其源这种艺术早在先秦时代的周朝就已出现,可说与河洛文化之关系又是戚戚相关。

歌仔戏:

歌仔戏是台湾本土新兴的一个剧种,它发源于台湾东北部的宜兰县,时间距今约有一百年的历史。据《台湾省通志》记载:

> 歌仔戏,乃本省产生之唯一民间歌剧……民国初年,有员山结头份人歌仔助者,不详其姓,以善歌得名,暇时常以山歌佐以大壳弦自拉自唱以自消遣……后来歌仔助将山歌改编为有剧情之歌词,传授门下试为演出,博得佳评,遂有人出而组织剧团,名之曰歌仔戏。②

经研究查考,记载中所云之"山歌"乃闽南一带地方普遍演唱之"锦歌"。所谓锦歌者,乃福建省的曲艺剧种,在说唱音乐中属于杂曲类,早在明末即已随着移民传入台湾,它糅合了南曲及民间小戏与一般歌谣,内容丰富,谈歌仔助的山歌,它与福建的锦歌脱离不了关系,谈福建的锦歌,却又与北方移民与中原的河洛文化也一样脱离不了关系。

采茶戏:

采茶戏流行于台湾客家族群中,乃以"客家山歌"与"平板"为基调,演唱时填加有趣味之歌词并编排情节而演出,它源出于江西、福建、广西与湖北等地,尤以江西最为盛行,而江西乃客家族群南迁后的大本营,此与北方移民又是脱离不

---

① 见《列子》卷五《汤问》。
② 见《台湾省通志》卷六《学艺志·艺术篇》,台湾省文献委员会 1971 年 6 月 30 日出版。

了关系,再予推论,又与河洛文化何尝无关,由其使用我国传统之八音乐器及演员穿着中原之古代服装即可窥知。

五、结束语

人类讲求血统,文化讲求道统,世代如何相传,其遗传基因是不会改变的,社会如何改变,其文化传承之色彩都会存在的,台湾社会有族群之分,显示着这些族群是来自不同的地方,但无论历经多少年的代代相传,历史中都会留下记录,根据这些史料记录查考,可知台湾大多数移民来自闽粤,而闽粤早期的一些移民则来自中原,河洛文化是中原文化之精髓,其传播之广遍及全球,有华人的社会就有中华文化,有华裔移民的各地就会有河洛文化,这是不容置疑的。

台湾传统音乐与戏曲,从表相之服饰装扮来看也好,从本质上来看音乐之曲体结构与演奏时使用的乐器也好,再者是从乐曲或戏曲之曲目与内容来看也好,都脱离不了中原古风,由此可知,中原文化历史相传久远,更可知河洛文化传播之广泛。这些都值得我们重视,且值得大家怀念。

(作者为台湾"中国文化大学"史研所博士、教授)

论闽台文化与河洛文化之亲缘关系

陈子华

以黄河中游、洛河流域为中心的河洛地区是华夏文明的诞生地,在这一地区形成的河洛文化是华夏文明的核心文化,河洛文化以其强大的力量辐射和影响着周边文化,其中包括闽台文化。闽台文化区域范围包括福建和台湾,历史上闽台共处一个文化圈,两地人民相依相望,共同营造出源远流长的文化体系。本文就在血缘、地缘关系上以及民间习俗、民间信仰等方面论述河洛文化与闽台文化的亲缘关系,旨在揭示两岸文化同根同祖,这是海峡两岸从分离走向统一的坚实文化基础。

一

历史上的"河洛"不仅仅指洛水与黄河交汇形成的夹角地带,而是泛指以嵩山、洛阳为中心的"河南"、"河内"、"河东"等广大地区。从传说时期到三代期间,河洛地区在政治、经济、文化等诸多领域都领先于中国其他地方。被尊为中华民族祖先的黄帝就诞生和活动于河洛地区,《国语·晋语四》载:"昔少典娶于有蟜氏,生黄帝炎帝。"少典是有熊(今河南新郑)的国君,后传位于黄帝。由于经济的发达,河洛地区率先进入奴隶制社会,建立了中国最早的国家——夏,此后,又出现了商、周。司马迁《史记·货殖列传》说:"昔唐人都河东,殷人都河内,周人都河南。夫三河在天下之中。若鼎足,王者所更居也,建国各数百千岁。"《史记·封禅书》又说:"昔三代之居,皆在河洛之间。"由第一届"河洛文化"学术研讨会的材料表明:河洛地区最早出现城址;青铜器最发达;最早建立国家;旱地农业最先发展;与其他地区如齐鲁、巴蜀、吴越等区域文化比较,较早地完成了历史的进化进程,而进入奴隶社会。直至封建社会早、中期,这一地区一直是政治中心。可见,产生于夏商、成熟于周、发达于汉魏唐宋的河洛文化其最突出的特点是它的正统性、源头性,同时它又是国都文化、政治文化,从而成为中华民族的核心文化。

河洛文化对闽台文化的影响源于河洛地区的南下移民。从汉代末年开始,由于战争、动乱和灾荒等原因,河洛人不断南迁,其中迁居福建人数最多的是河南固始县,据《固始县志》记载,固始县历史上有四次人口大迁徙,而目的地都是福建。这四次人口大迁徙是:

1.西晋永嘉衣冠南渡

西晋期间,由于北方战乱,促使众多汉人辗转入闽。《闽中记》载:"永嘉之乱,中原士族林、黄、陈、郑四族先入闽。今闽人皆称固始人。"由于这四族先入闽,为以后固始人入闽奠定基础,后面越来越多的固始人纷纷迁移福建,"永嘉之乱,衣冠南渡时,如闽者八族"。另据乾隆《福州府志》引宋人路振《九国志》:"晋永嘉二年,中州板荡,衣冠始入闽者八族:林、黄、陈、郑、詹、丘、何、胡是也。以中原多事,畏难怀居,无复北向,故六朝间仕宦名迹,鲜有闻者。"明代黄凤翔在《金墩黄氏族谱序》中说:"晋永嘉中,中州板荡,衣冠入闽,而我黄迁自光州之固始,居于侯官。"这些入闽的固始人散居在福建各个地方,晋江《吴氏族谱》称:"中原衣冠之族自东晋五胡之乱,多避地入闽,晋江所由名也。"民国《建瓯县志·礼俗志》即云:"晋永嘉末,中原丧乱,士大夫多携家避难入闽。建为闽上游,大率流寓者居多。时危京刺建州,亦率其乡族来避兵,遂以占籍。"《闽县乡土志·版籍类·大姓》载:"自永嘉不竟,中原板荡,江左衣冠右族林、陈、黄、郑、詹、邱、何、胡八姓迁入闽中。"实际上,当时汉人入闽并非仅仅八姓,入闽者也并非文献所说,均为望族。福建近年出土的晋代墓葬,相当部分是地位低下的平民,因为随葬品极少,甚至连纪年砖铭也没有。据《台湾省通志·人民志·氏族篇》统计:晋代从中原入闽者:林、黄、张、刘、杨、郑、邱、何、詹、梁、钟、温、巫,共十三姓。这些河洛地区移民拥有先进的农耕技术和文化知识,在与福建闽越族先民的融合过程中,对福建的经济、文化的发展起到了积极作用。

2.唐初陈元光入闽

唐初陈政、陈元光入闽是一次大规模的固始人入闽。高宗总章二年(669),

闽广交界地区发生"蛮獠啸乱",朝廷命陈政为朝议大夫、岭南行军总管,率领府兵 3 600 人,战将 123 人入闽,这些人均为固始人,后因寡不敌众,退守九龙山。朝廷又命陈政的哥哥陈敏、陈敷率领军校 58 姓约 5 800 人组成援兵前去救援。随军的有陈政母亲魏氏及子陈元光。途中,陈敏、陈敷卒,魏氏多智,带领其众入闽。仪凤二年(677)四月,陈政卒,二十岁的陈元光代父领兵,经过九年平叛战争,于垂拱二年(686)报请朝廷批准,设置了漳州郡。陈元光"率众辟地置屯,招徕流亡,营农积粟,通商惠工",从而使漳州一带"方数千里无桴鼓之警"。陈元光统率的河南光州固始 58 姓军校及其士兵,开辟漳州,繁衍子孙,对闽南的影响是十分深远的。闽南和台湾同胞都尊奉陈元光为"开漳圣王"。据《漳州府志》记载,漳州和漳江的命名,还与陈元光的祖母魏氏有关。魏氏"指江水谓父老曰'此水如上党之清漳'"。这就说明,今天福建的漳州和漳江是根据太行山的漳水命名的。据现在统计,当时随陈政入闽的固始籍将士共 9 000 多人,其姓氏有:陈、张、李、王、吴、蔡、杨、许、郑、郭、周、廖、徐、庄、苏、江、何、萧、罗、高、沈、施、柯、卢、佘、潘、魏、颜、赵、方、孙、钟、戴、宋、曹、蒋、姚、唐、石、汤、欧、邹、丁、钱、柳、薛、谢、耿、金、邵、麦、阴、名、弘、甘、韦、尹、尤、卜、邱、韩、涂、陆、冯、宁、曾、胡、叶、詹、欧阳、司马、令狐、司空、上官等 80 多姓。

3. 唐末王审知入闽

从安史之乱(755 年)至五代末年(960 年),北方战乱频繁,大量民众纷纷移民南下,一部分越过江南,进入福建。其中最著名的是光州刺史王绪"悉举光寿兵五千人,驱吏民渡江"。关于这次移民的数量,《新五代史·闽世家》记载,王绪入闽时"有众数万",元和年间闽中仅 7 万多户,而王绪率众入闽,即达数万人,若以一户五口为计,唐末光寿移民约占福建人口的五分之一!后来,王绪部下王潮、王审知兄弟建立了闽国政权,民国《莆田县志》说"王氏据闽……建招贤之馆,浮光士族多依之",王氏对移民的态度,导致光州固始一带移民更多地进入闽中。北人南渡,使得福建人口激增。漳、汀、泉、福、建五州最为典型。据《元和郡县图志》(卷三六)记载,唐元和年间,上述五地人口户数分别为 1 343、2 618、35 571、19 455 和 15 410 户。据《太平寰宇记》(卷一〇〇)所记,至宋太平兴国年间,分别增长至 24 007、24 007、76 581、94 475 和 90 492 户。从中可以看出,最高增长 16.9 倍,最少增长 1.1 倍。这些来自河南固始一带的移民定居福建,必然把河洛地区的文化、风俗和"乡音"传到福建。据新编《固始县志》记载：随王审知兄弟入闽的有王、陈、张、李、吴、蔡、杨、郑、谢、郭、曾、周、廖、庄、苏、何、高、詹、沈、施、卢、孙、傅、马、董、薛、林、骆、蒋、黄、包、袁、赖、韩等约34姓。

4.北宋末诸姓入闽

北宋靖康元年(1126)，由于金兵大举南侵，开封陷落，战火蔓延至江淮，北方人口再次南迁避乱。福建远离中原，社会相对安定，又紧邻南宋首都临安(今杭州)。大量移民涌入福建，使福建人口迅速增加，据《三山志·版籍类·人口》记载，南宋淳熙九年(1182)福州路户数已从北宋太平兴国年间(976～984)的94 475户增加到321 284户，200年内增加226 809户，净增2.4倍；其中主户211 500户、客户(移民)109 692户，客户占主户的近半数；在永福(永泰)县的27 644人中主户11 276人，客户16 368人，客户竟比主户多5 092人，这说明了当时向山区移民的趋势。据《宋史·地理志》记载："福建土地迫狭，生籍繁夥，虽硗确之地，耕耨殆尽"，福建在南宋时是人稠地狭最严重的路。沿海地带人口已接近饱和，促使福建人口开始由沿海向省外及山区迁移。这就是台湾省以及东南亚等有众多福建人的最主要原因。

二

福建与台湾仅一水之隔，据考古发现证明新石器时代的闽台文化同属于海洋贝丘文化类型，闽台之间交往历史悠久。当福建沿海人口饱和时，自然就有大量福建人迁移至台湾、澎湖等地。南宋淳祐年间的《清源志》记载，至少在南宋时福建人已定居澎湖岛上，他们在那里搭盖房屋，"散食山谷间"。此外，福建的族谱中也明确记载，如德化县浔中乡宝美村的《德化使星坊南市族谱》序言云：苏氏一族于南宋绍兴年间，"分支仙游南门、兴化涵江、泉州晋江、同安、南安塔口、永春、尤溪、台湾、散居各处"。这些文献记载在台湾的考古发现中也得到印证，在台湾特别是澎湖一带发现有大量的宋代瓷片和铜钱。在陶瓷中，大多为不上釉或施少量釉的瓮罐以及器形特殊的高瓶等，以高瓶出土的数量最多，这种高瓶与福建沿海一带出土的高瓶，在形制上一样。连横在《台湾通史》中指出："历更五代，终及两宋，中原板荡，战争未息，漳泉边民，渐来台湾，而以北港为互市之上，故台湾旧志，有台湾亦名北港之语。"福建移民台湾在明清时期达到了高峰，特别是在郑氏时代。

南明永历十五年(1661)郑成功率领大军东渡台湾海峡,驱逐荷兰殖民者,收复台湾岛,从此进入了郑氏移民时代。郑氏时期移民以福建人为主体,最初是跟随郑成功到台湾的军队和眷属,其人数在施琅《尽陈所见疏》中记载,"自查故明时,原住澎湖百姓有五、六千人,原住台湾者有二、三万,具系耕鱼为生,至顺治十八年,郑成功带去水路伪官兵并眷口共计三万有奇,为伍操戈者不满二万,又康熙三年间郑经复带去伪官兵并眷口约六、七千,为伍操戈者不过四千,此数年,彼此不服水土,病故及伤亡者五、六千……"除了军队和眷属外,当时还有一部分福建沿海居民为反抗清朝的迁界令而逃亡台湾。当时移居台湾的具体数字难以精确统计,但是据沈云《台湾郑氏始末》说:"夏五月,改赤嵌城为承天府,杨朝栋为府尹,置天兴、万年二县,以祝敬、庄文烈为知县,黄安、颜望忠等率师继进,授安为右虎卫,招沿海居民之不愿内徙者数十万人东渡,以实台地。"郑氏时代以后,福建沿海移居台湾成为一种潮流,成千上万的沿海人通过各种途径向台湾移居。光绪十二年(1886)台湾建省,官吏多为福建委派过去的。

据新刊《台湾省通志》卷二《人民志·民族篇》第三章"本省之居民"第二节"河洛与客家"中指出:"本省人,系行政上之一种名词。其实均为明清以来之大陆闽粤移民之苗裔。"又据1928年日台总督府官民调查课《台湾在籍汉民族乡贯别调查表》材料所得结论:所列本省人中,祖籍福建省者最多,广东省次之,其他省份又次之。其中,"出身福建省者,约为出身广东省者之五倍半,为出身其它省份者之六十三倍之众。出身福建省者,以泉州、漳州二府占最多数"。

在福建迁往台湾的移民中,来自河洛地区的占绝大多数。据1953年台湾的户籍统计,户数在五百户以上的100个大姓中,有63姓的族谱均记载其祖来自河南光州固始。这63姓共有670 512户,占全省总户数(828 804户)的80.9%。在台湾省陈、黄、丘、宋、林等18部大姓族谱上都记载着"其先祖为光州固始人"。《闽台关系族谱资料选编》上篇"移民资料"中提到先祖来自河南固始的族谱也有16部之多,分布于晋江、泉州、南安、安溪、永春、漳州、龙海、诏安、仙游、长乐等地。因此,闽台一些宗庙祠堂里镌刻着"宗由固始,将军及泽"。以下列举一些姓氏族谱的记载,说明闽台地区与河洛地区之间的亲缘关系。

陈:在台湾省所占人口最多,陈氏族谱明确记载着"入台始祖"是跟随郑成功收复台湾的陈永华、陈泽。而陈氏"入闽始祖"就是河南固始的陈政、陈元光父子。

黄：台湾的第三大姓。根据台湾《紫云黄氏历代世系表》记载，我国南方和台湾各地的黄姓家族，绝大多数属于"紫云黄氏"，其先祖黄守恭是唐高宗总章年间随陈元光入闽的黄氏开基始祖。他"卜居泉州，开辟荒地，遂成巨富"，后来，他捐地兴建泉州开元寺，传说常见紫云盖顶，故黄姓后人称其为"紫云黄氏"先祖。他的五个儿子分居南安、惠安、安溪、同安、诏安，号称"五安公"，子孙繁衍，人多势众，发展到今天，成为台湾和闽南的第三大姓。

丘、邱：闽台两地所供奉的南迁始祖，是宋朝时由河南固始入闽，到达福建兴化府莆田县岩头乡开基的丘杰秀。台湾的丘姓，是郑成功在台湾反清复明时，他的部属中，有一位官拜宣毅左镇的大将邱辉，于永历三十四年渡台。自从康熙领有台湾之后，丘姓大陆移民大量出现。目前，丘姓已经是台湾的第十八个大姓。

宋：闽台宋姓人家，都供奉唐朝名相宋璟为始祖，其祖籍也是河南光州固始。唐懿宗咸通年间，宋璟的孙子宋易担任福建的观察推官，带着孙子宋骈入闽，寓居于福建莆田。宋骈，便是其后福建莆田宋氏所奉的一世祖。宋骈的弟弟宋臻在唐末天下大乱时，避乱南迁，到福建侯官镜江落籍定居，成为宋氏镜江派的开基之祖。

林：台北县《虎丘林氏族谱》："先祖固始人，祖有林一朗者仕唐，唐光启年间迁福建永春……至明分居安溪之虎丘。"

张：台北县《张氏族谱》："世居光州固始，唐末有张延齐等兄弟三人，随王潮入闽，居泉州之惠安、安溪等地，支派甚威。"

李：台南县《李氏族谱》："先世光州固始人，唐末随王潮入闽。"

吴：台湾《吴氏族谱·祭公家传》："其祖有吴祭公者，固始县青云乡井兜人也。唐僖宗中和四年，兄弟一行二十余人，住福州侯官县，王审知据入闽之地，乃避地福、泉之间，遂为闽人。"

蔡：台北新庄镇《鸿儒蔡氏族谱》："先世居光州固始，唐武后垂拱二年，从陈元光入闽。"

杨：台湾《杨姓大族谱》："始祖君胄公，随陈元光入闽开漳，盖唐垂拱二年也。"

庄：台北县《新庄镇庄氏族谱》："唐末有庄森者，居河南光州固始，于僖宗光启元年随王潮入闽。"

何:台北县土城乡《何氏族谱》:"世居光州固始,唐高宗仪凤中,何嗣韩从陈元光公经略全闽,因家焉。"

詹:台北县《泉州佛耳山詹氏族谱》:"先世居光州固始,始祖詹贤,仕唐,官至金紫光禄大夫占检使,从王潮入闽。"

谢:《清溪永安谢氏族谱》:"祖为光州固始人,从审知入闽。"

曾:《清源曾氏族谱考》:"唐僖宗光启间,王潮由光州固始入闽,……曾姓亦随迁于漳、泉、福、兴之间。晋江之曾,始祖延世,光州刺史也。"

周:《武功周氏族谱》:"系苏姓之后,先世居光州固始。唐末有苏益者,避黄巢之乱,于僖宗广明中,随王潮入闽。"

叶:《古濑叶氏族谱》:"始祖叶谌,世居雍州,五季之乱,举族流徙莫定。至宋,卜居光州固始。若祖有叶炎会者,随宋南渡,卜居仙游之古濑。"

郑:台湾《马巷郑氏族谱序》:"唐垂拱间,陈将军趋闽,大臣郑时中随之,郑氏遂星布闽粤。"台湾商务印书馆新出版的黄典权著《郑成功史事研究》云:"郑氏在唐僖宗光启间由河南光州固始县入闽。"

以上资料说明,台湾同胞的祖根三百年前在福建,一千年前在河洛地区。据前些年统计,福建省人口有汉族人 2 958 万,占全省总人口的 98.45%,其中祖籍在河南固始的就有 1 000 多万,加上客家人 500 多万和河南其他地区的入闽人口,河南籍后裔已占福建人口一半以上。在台湾,汉族人占 83% 左右,其中,80% 是闽南移民,他们都自称自己是"河洛郎"。

三

河洛地区的移民带来了先进的农业、手工业技术和悠久而深厚的文化传统,如语言、习俗、宗亲、教育、伦理、礼仪等等,这些文化在闽台地区生根和传播。

在语言方面,闽台方言中至今还保留有河洛地区的中原古音,所以,闽台方言又称"河洛话"。现在固始一带的某些方言读音与闽台方言有着惊人的相似之处,如笔,闽台方言和固始方言都念 béi;白,闽台方言和固始方言都念 bè;药,闽台方言和固始方言都念 yǒ;足,闽台方言和固始方言都念 jú;等等。在日常用语方面,闽台与固始两地也有相似之处,如:起床,闽台方言和固始方言都叫"爬起来";老头子,闽台方言和固始方言都叫"老货";太阳,闽台方言和固始方言都叫"日头";等等。据黄典诚教授研究,闽台方言的语音系统与隋朝陆法言《切韵》一书基本一致,保留着河洛故国之音,在很多经史子集中可以找到痕迹,如:毛,固始称"无"为"毛得",闽台称"无"为"毛"。《尔雅》:"毛,无也。"《佩觿集》:"河朔谓无曰毛。"打扮,固始和闽台均称女子收拾干净漂亮为打扮,《广韵》注:扮,中原雅音,今俗以人之装饰为打扮。适意,遂心合意曰适意,固始和闽台方言均同。《淮南子》:"居君臣女子之间,竞载骄主而适其意",等等。总之,闽台方言无论读音、语音还是词解,与河洛地区有着密切的渊源关系。

民间风俗,是各社会群体在长期共处及各类活动中逐渐形成的风尚、习俗。它具体反映在居住、服饰、饮食、待客、生产、婚姻、节日、文娱、丧葬、禁忌等多方面。由于闽台居民很多祖根在河洛地区,所以民间习俗也多保持着河洛古风。河南固始一带"男女婚嫁,养生送死,质而有节","丧祭婚姻,率渐于礼",而"台湾人文礼俗源于中土,相袭入闽,举凡信神拜佛、敬天祭祀、婚丧喜庆、衣冠礼乐、四时年节,以及习俗人情,皆是祖宗流传而来的"。如:在旧式婚姻程序方面,闽台地区与固始一带有着同样七个环节,即问名、纳彩、完聘、冠礼、迎娶、闹房、回门。这些环节中的礼节也都一样,冠礼,固始和闽台俗语均叫"上头",是婚期的前晚,男女双方同时举行。除了结婚程序以外,其他相类似的婚姻习俗还有:成婚后,新郎新娘要"上喜坟",参拜死去的长辈。第一个上元节,新妇不能"回门"(即回娘家),名之曰"躲灯"。除了婚姻习俗外,在丧事俗例、生子俗例等方面,闽台与固始也是相类似的。在节仪方面,闽台与固始两地基本相同,从元旦、上元节、清明、五月节、八月节,直至祭灶,其他地区一般是腊月二十三,固始与闽台皆在腊月二十四。当晚,家家贡饴糖,取"胶牙"之意,贡粉团,期灶神上天言好事、下界保平安。因而,在灶神像上均有"一家之主"的横联。除夕子夜时,家家焚表、上香、放鞭炮,迎接灶神回府。

闽台地区在民间信仰方面与河洛地区也有诸多相似之处,刻印着河洛文化的烙痕。河洛文化为农耕文化,由于农耕文化中对神的崇敬与畏惧,源于弱质农业受制于各种自然灾害,因而农耕者渴望神的呵护与保佑,形成了河洛文化中的民间信仰泛神现象,诸如水神、火神、山神、土地神、灶神、财神以及马王爷、牛王爷、药王爷、阎王爷、送子娘娘等。在闽台地区,民间信仰的神灵也众多,据《八闽通志·祠庙》所载,八闽大地有民间神祇 119 种,除了信仰上述诸神外,还由于海洋文化及商业的影响,而敬祀妈祖、关公、保生大帝等。

此外,在饮食方面,闽台地区与河洛地区也有着许多共同之处,例如:固始一带的糍粑、挂面、鱼丸等是著名的小吃,这些小吃也随历史上的移民传到闽台地区,成为这一地区不可缺少的食品。

综上所述,由于历史上的移民,闽台地区与河洛地区在血缘、亲缘关系上是一脉相承的,因而,在文化上无论是语言、习俗、民间信仰、饮食等,闽台文化与河洛文化有着不可分割的渊源关系。闽台文化与河洛文化同根同系,这是维系两岸中华儿女的强大精神文化纽带,也是实现民族团结、两岸统一的认同基础。

参考资料:

1. 梁克家、陈傅良:《淳熙三山志》卷一〇《版籍·户口》,海风出版社 2000 年版。

2. 转引自陈支平:《福建族谱》,福建人民出版社 1996 年版,第 125 页。

3.《漳州府志》。

4.《资治通鉴》卷二五六,第 8320 页。

5. 庄为玑、王连茂:《闽台关系族谱资料选编》,福建人民出版社 1984 年版。

6. 连横:《台湾通史》。

7. (元) 马祖常:《儒学记录》。

8. 明朝嘉靖《固始县志》。

9. 高绪观:《台湾人的根——八闽全鉴》。

（作者为福州市博物馆副馆长、副研究员）

河洛文化与闽台

（台湾）葛建业

前言

"河洛"为黄河与洛水之统称。"昔三代之君,皆在河洛之间。"(《史记·封禅书》)这是"河洛"并称之始。

"河洛"之地理位置:(1)"黄河",源出于青海省的巴颜喀拉山北麓,向东流经四川、甘肃、宁夏、内蒙古、陕西、山西、河南、山东诸省及自治区,于山东省流入渤海,全长5 464公里。(2)"洛水"则有两条:一为"伊洛"之洛,古作"雒",源出于陕西省雒南县冢家岭山、东南流入河南省,经卢氏、洛宁、巩义等地而流入黄河;二为"渭洛"之洛,又称北洛河,源出于陕西省定边县白于山,东南流经保安、甘泉等县,至朝邑县流入渭水。

因"河洛"地缘位置在中国的中心区域,且是平原,故称为"中原",而其所蕴涵之文化,就称为"中原文化",亦即是我中华民族之一汉族的发祥之地也。

至于"河洛文化"一词,最早是何人在何种状况下提出的,因历史久远,如今已难以查证了。不过,"闽台"人士因怀念他们的"故土"是在河洛之间,故自称为"河洛人",而其所讲的方言(闽南语)就称为"河洛话",以及其生活习惯,所信奉的神明等等,又与他们的"原乡"(河洛)一脉相承,概称为"河洛文化",确是不争的事实!

为此,本文之撰写,就从历史的角度切入,探讨"河洛人"几次重要的南迁,对中国南方百越诸族,特别是闽越族的影响,及其汉化的过程;以及"河洛文化"在闽台地区的确立与保存现况;进而分析台湾因与大陆有一水之隔,又在外力不断地影响与教唆下,台湾会否逐渐疏离"河洛文化"(在"去中国化"的压力下),最终走向"独立";并针对两岸文化之再整合与国家再统一之契机,提出个人的期待与建言,供诸君参考。

一、历史上河洛人几次重要的南迁及其影响

据相关历史记载,先秦时期,中国南方就分布着"百越"民族,经过时间的磨合与社会的演变,到了战国时期,百越之间,又分成"扬越、干越、瓯越、闽越、南越、雒越"等部族。而闽台地区就是"闽越族"的主要活动范围。

公元前334年楚灭越,《史记·越王句践世家》载:"越以此散,诸侯之子争立,或为王,或为君,滨于江南海上,朝服于楚",此亦包括澎湖与台湾。连横以此推断:"或曰楚灭越,越之子孙迁于闽,流落海上或居于澎湖"。公元前210年,秦始皇南巡会稽,为防止越人抗秦,遂实施移民政策,即如《越绝书》卷八所记载:"是时徙大越民置余杭,伊攻□攻障,因徙天下有罪适吏民,置海南故大越处,以备东海外越,乃更名大越曰山阴。"

公元前135年,闽越攻击南越,汉武帝发兵救之。迫于强大的军事压力,闽越王郢之弟余善与宗族谋划:"王以擅发兵攻击南越,不请,故天子兵来诛。今汉兵众强,今即胜之,后来益多,终灭族而止。今杀王以谢天子,天子听,罢兵,固一国完;不听乃力战,不胜,即亡入海。"可见当时所称之"外越"或"东海外越",即台湾之住民,就是闽越人的支系,余善等闽越王国之贵族,还与他们保持着往来。否则,即如《左传》所说"非我族类,其心必异",那么余善等人断不敢投奔台湾而自取灭亡吧!

上面这段历史说明,曾建在今称"福建省"的"闽越王国"是在汉高祖五年(前202)受封建国,至汉武帝元封元年(前110)因闽越王郢叛乱(攻击南越)而遭除国后,即成为中原汉人(河洛人)因平乱而向南迁徙的处所,亦是河洛人的首次有组织的南迁。

直至东汉初年,许多北方汉族人因为躲避中原地区之战乱,而纷纷入闽,汉越杂处,共同开发"闽"(今福建省之简称)地方经济,于是汉族与闽越族,不仅在文化上、生产技术上互通,进而在通婚上,又将血统逐渐融合在一起(汉化)。今在福建省武夷山市"闽越王城遗址"出土的陶器上即可得到证实。如在板瓦、筒

瓦上的戳印或拍印中即呈现许多汉人的姓氏。如"胡、林、马、经、赞、居、里、会、真、气、邓、莫、修、封、诘、佑、作、由、屋、卢、根、钱、赖、皋、眉、周、卒、蓝、侍、良、五、唐、徐、最、卑、寿、从、驭、乐、横、夫唐、日利、气结、胥须、狼、木、辕、黄"。其中有相当部分是来自中原的姓氏,而四个复姓及狼、气等则为闽越土著工匠的姓氏。

至三国时,割据江东的孙吴政权再度使用武力压服闽越族后裔"山越人"的反抗,山越人便从江南、闽北、闽东,逐渐散居到福建省各地,而与汉族人杂处融合了。

两晋期间,因"八王之乱"而使黄河流域的人民惨遭浩劫,加剧了汉民族向南方的迁徙。"永嘉之乱"衣冠南渡时,入闽者虽仅八族,但他们都具有较高的文化水平,较高的生产技术,对于改造闽越族落后的面貌发挥了巨大的作用。因而后人为感谢他们,称他们为"福老"(有福气的老前辈们或老师傅)!这些"福老"真正对闽越族的后裔起到了教导的作用,也促进了他们汉化的速度,说不定今称的"福建省"还与这些福老有关联哩!后来竟有人把"福老"的老加上人字旁,变成"福佬"(有贬抑的意思),真是让人啼笑皆非!

唐初,高宗总章二年(669),朝廷命陈政、陈元光父子入闽剿抚泉、漳、潮一带的啸乱,进入福建的有三千多名将兵及援兵共五十八姓氏。陈元光后来又率众"辟地置屯,招徕流亡,营餐稸粟,通商惠工"等。作为闽越族一支的畲族,也受到来自河南光州的士兵与民众所带来的汉族文化的熏陶。

唐末至五代时,王潮、王审知率中原三万多汉族官兵入闽,随之者又有三十六姓氏。这些单身官兵留闽后与畲族女子结婚,更加速了闽越族汉化的过程。

总之,福建地区的闽越族(含山越人)经汉化,至唐末五代时王审知又采取了许多促进汉化的政策,起了很大的作用!往后,闽越族(含山越人)基本上说已经消失了!

二、河洛文化在闽台地区的确立与保存

台湾陆地曾是大陆前缘凸向太平洋的部分,在遭到菲律宾板块挤压后使内缘成盆,涨裂下陷,渐成海峡,形成了尔后岛弧的构造,成为今大陆岛的格局。台湾最后一次与大陆成一水之隔,约距今六千年至七千年。估计闽越族到台湾的

时间可能是在台湾海峡水进期以前就来了。

中国最早记载并描述闽越族与台湾渊源的书叫做《临海水土志》,是三国时沈莹所写的,亦即在孙权东征夷洲(台湾)之后,约距闽越王国除国后三百余年,按当时夷洲居民的记忆所写,数据十分宝贵,极有参考价值!

至于汉人向台湾的迁徙,可追溯到盛唐时期。1991 年台湾考古专家们曾在台北县八里发掘的"十三行唐代遗址"中,出土大量钱币、金银器皿、铁器、玻璃饰物及玉环等,从大量"开元通宝"钱币推断,该遗址应属盛唐时期。尤其在"十三行遗址"中发现汉代的"五铢钱",更可表明汉人抵台活动的历史可能更早。

另据文献记载,明末曾游历台湾的普陀山僧人华佑说,他曾在"刘"(即里脑,今宜兰县冬山乡蟆城村)见过唐代石碑,上书有"开元"二字,且分明可辨为唐碑。

唐末五代,随着中原汉人的大量南下,福建开发已日臻完成,同时闽粤一带的航海贸易也逐渐兴盛,这些都为大陆汉人迁徙台湾提供了条件。到了北宋末期,已有较多汉人渡海来到澎湖从事打鱼、捞贝、耕种。到了元代,前往澎湖捕捞鱼虾的汉人更多,他们还在澎湖诸岛上种植胡麻、绿豆,放牧山羊,建茅舍,过起定居的生活等。此时,也有大批汉人以澎湖为中点站,到台湾开垦发展,与台湾西南平埔族贸易往来。元朝还曾在澎湖设巡检司,隶属晋江县管辖。

延至明代永乐年间,在闽(福建)人口激增及逃避赋税沉重的双重压力下,闽南一带汉人冲破海障,加快向澎湖与台湾移动,并在北港附近海岸平原上建立起村庄,又因商贩关系,汉人便深入西南平埔族住地,渐与其打成一片。明朝嘉靖年间开始,中国东南沿海又崛起一批海上武装力量,他们出没于台湾各地。1625 年,郑芝龙继承了颜思齐的武装班底,到台湾建立根据地,设官分司,对北港一带居民进行管理。他们还趁福建连年大旱之际,用钱米救济过灾民,也吸引了大批汉人来台湾。1628 年,已就抚于明朝政权的郑芝龙经福建巡抚熊灿的批准,从闽南征募了数万人到台湾屯垦。这是中国历史上第一次有组织向台湾移民的活动,也为"河洛文化"由闽移台奠立基础。

荷兰殖民主义者侵占部分台湾土地只为了经济上的掠夺,他们也曾大力招徕大陆汉人来台从事米盐糖等生产;特别是在 1644 年清兵入关后,福建沿海战乱不已,灾害频繁,迫使大陆大批饥民乘船东渡来台,因此这一时期台湾汉人增加更快。

1661年,郑成功收复台湾后,台湾又迎来一次汉人移民的高潮,到郑氏末期,台湾的汉族人口已超过12万。

1683年,康熙统一台湾后的第二年便开放了海禁,凡农工士商到台湾来去自如。台湾地方官员也多以招徕大陆移民为能事。当时因平台有功而晋封靖海侯、靖海将军兼福建水师提督的施琅,就殚精竭虑地招徕之。台湾于是出现"流民归户者如市,内地入籍者伙众"的现象。招徕之初,东渡的汉人基本上是来自闽南的泉州与漳州。康熙四十年(1701)以后,广东惠州与潮州籍汉人也相继涌入。尽管清廷曾在1718年又颁布禁海令,防止偷渡台湾,但闽粤人士咸认大陆地少人多,台湾又有大批荒地待垦,仍汇聚成一股潮流,不可遏止。依据清廷档案所记载,乾隆二十八年(1763),台湾汉民人口已有660 040人。到了乾隆四十七年(1782),台湾汉民人口已增至912 920人。再到了嘉庆十六年(1811),台湾汉民人口更增至1 901 833人。可见台湾汉族人口增加迅速,自乾隆时代起台湾俨然已形成了一个典型的汉人(河洛人)的社会了。

至于原留在台湾(古称夷洲)的闽越族支系,因长时间的交通阻隔,到了明清期间,他们又分成了十个小族(汉人称他们都是高山族),分别是平埔族、泰雅族、赛夏族、布农族、曹族、排湾族、卑南族、鲁凯族、阿美族、雅美族等。他们的祖先均是南亚蒙人,与闽越族同根,还有过共同的历史与经历。另外台湾还出现过矮黑人(尼格利佗人),他们的起源,也与大陆东南沿海关系十分密切,现已经绝迹了(请参阅拙著《建业诗词》第二、三集,有较详细的说明,此不赘述)。

闽粤汉人移民台湾有一个共同点就是"恋旧"、"不忘本"。"纵然此处风光好,还有思乡一片心",最能表达他们的心境,尤其是人来了也把家乡的"风俗习惯,人情世故,信奉神明"等都带来了。例如:

台湾很多"村镇县市地方"之名称都是以闽(福建)府县市之名而起的,如泉州厝、潮州厝、漳州里、同安寮、南靖寮、兴化厝、诏安厝、饶平厝、漳浦寮、海丰庄等;还有以闽省小地名命名的,如大溪镇、凤山市、圆山、东石、田心、田中等。

台湾的很多庙宇也是仿闽粤建称的。如"保仪尊王与保仪大夫庙"就是祭拜死守睢阳的河南人张巡和许远的;"清水祖师庙"就是祭拜文天祥麾下忠武将军河南人陈昭应的;"开漳圣王庙"就是祭拜河南光州人陈元光的,他随父陈政赴闽平乱,又将"中原文化"(河洛文化)移植漳州有功,被奉为"开漳圣王"。另外还有一段因庙宇而识人的故事,就是凡到一个台湾村庄,先看庙宇供的什么神明就可判定他们是哪里人。例如:漳州人供奉开漳圣王;同安人供奉保生大帝;安溪人供奉清水祖师;南安人供奉广泽尊王;惠安人供奉灵安尊王;粤东客家人供奉三山国王等。

另广为闽粤民众所信奉的海上保护神"妈祖",在台湾也有深厚的信仰基础。如吴子光在其《台湾纪事》中写道:"奉祀妈祖的天妃庙(清末改称天后宫或庙),无市无之,几合闽台为一家焉。"

根据清末《安平县杂记》所载,台湾汉人隶泉漳籍者占十分之七八;隶嘉应与潮州籍者占十分之二;其他府州及别省籍者占十分之一。走笔至此"河洛文化"已在闽台地区确立且保存完整。

三、台湾与大陆因有一水之隔会否逐渐疏离河洛文化而远去

(一)日本侵华史

光绪二十一年(1895)在中日甲午战争中,清廷惨败,派李鸿章到日本去议和,结果李鸿章签下丧权辱国割地赔款的《马关条约》,将台湾、澎湖及辽东半岛割让给日本,激起全国同胞的愤慨!其中最具代表性者,有谭嗣同针对清廷签下《马关条约》后写道:"四万万人齐下泪,天涯何处是神州";丘逢甲更是愤笔疾书:"四万万人同一哭,去年今日割台湾",又在其《愁云》一诗中写道:"梦里陈书仍痛哭,纵横残泪枕痕深";爱国诗人连横在其《闻歌》一诗中写道:"满腔热血忍消磨,壮志犹有夜枕戈";台湾抗日作家钟肇政借用他作品中人物口述:"吾儿,你晓得你的祖国吗?它不是日本,而是中国!我们的祖先都是从中国来的,我们的血液都是中国人的血液,骨头也是中国人的骨头!"每个字都铿锵有力,掷地有声!这些悲恸的留言,嵌在我们每一个中国人的心上,却能让中国获得再生!相信台湾也不会离我们太久!台湾会再受到"河洛文化"的拥抱!

1945年抗战胜利后,中国则依据《开罗宣言》之宗旨:"同盟国之目的,在于要剥夺日本在1914年第一次世界大战以后在太平洋区域所夺取或占领之一切岛屿,以及将日本向中国所盗取的满洲、台湾、澎湖列岛等一切地域归还中国",以及中、美、英三国领袖在《波茨坦宣言》,光复了台湾与澎湖等,举国欢腾!并

于同年 10 月 25 日举行交接仪式。

以上所写都是台湾正面的历史，史书上都找得到，但不够全面！必须配合以负面的历史，才算完整！才能据以判断今日台湾问题的所在，"河洛文化"在台湾未来的兴衰！

（二）日本窃据台湾后所采取的措施

1894 年，日本首相伊滕博文提出"直冲威海卫并攻略台湾的方略"后，日本前首相松方正义也认为"台湾之于日本，正如南门之锁钥，如欲向南方发展，以扩大日本帝国之版图，非闯过此一门户不可"，二人一唱一和下，于是就在 1895 年 2 月，日军即开始攻占了威海卫，直逼京津，清廷被迫求和，日本即提出割让台湾等要求，结果自然得逞。之后，伊滕即派人先调查台湾人的民性。获得回报的则是，台湾人"爱钱、怕死、大头"（大头即是奴性的意思）。于是伊滕攻占台湾时即采取"高压及杀戮政策"。果然在 1895 至 1898 年的三年中，台湾人口就有三分之一的被蒸发掉了（杀掉了）。以后几年（1898 至 1902）还发生了"云林大屠杀"，又杀掉了 11 900 余台湾人（资料来源系取自中日历史书刊），真是惨绝人寰啊！后来还发布公告说："以后凡有台湾人反抗者一律处死刑！"

奇怪的是，当日本人进攻台北时不得其门而入，竟有一名台湾人甘愿当汉奸引领日本人攻入台北，杀害自己的同胞。台湾人"大头"至此，真是可悲复可笑！也羞死人也！此人就是辜显荣，事成后自然获得日本人的重赏，如今他的后代还是"台独"的大佬，孙子辈均是台湾的首富哩！

根据光复台湾后的人口统计数据显示，日本殖民台湾 50 年间台湾人口的增幅不大，若与光复后台湾每年人口增长率相比简直不成比例，若与光复后 50 年相比则更有天壤之别。这也证明日本对待台湾同胞曾极其残暴啊！

（三）日本人播下台湾不安的种子

说明一：日本在占领台湾时，就采取了"高压及杀戮政策"。日占期间也曾遭到台湾民间的反抗，据日本史料记载，他们在占领台湾时曾丧失了数千日本军人，而他们杀死的反抗的台湾青壮男子连他们自己都说无法计其数啊，推论是十分可观！遂造成台湾女多于男的大失衡！而这些青壮女子为了活命哪敢反抗，只有任由日本人摆布支配，其中有些青壮而又美貌的女子还可获得日本人的赏赐暂时获得温饱，更有些家庭因惧怕日本人的杀戮，甘愿将自己的女儿推出去供日本人享乐以示好,也有以当日本人下女的方式侍候日本人的(当然也包括性服务在内)。久而久之,台湾就出生了一大批私生子(李登辉也是后来的其中的一个)!初期日本政府还同意他们认祖归宗,后来见数量太庞大了,担心会引起日本家庭的纠纷,干脆就不管了,任其留在台湾自生自灭。这些日本私生子在台湾能找到生父的,可以冠父姓,得到生父的加持,长大了还可享受特权,称为"日本系的台湾人",但不能与真日本人平起平坐(如李登辉虽冠父姓叫岩里正男但不能就读于当时台湾唯一的"帝国大学",即现在台大);找不到日本生父的,只有冠母姓,外表和台湾人一样,但他们心中知道,他们的母亲也会告诉他们是日本种,这些孩子长大之后,心中有优越感但又不能享受日本人特权,故常会结社闹事,台湾人则称他们是"日本浪人"(如徐渊涛写过一本书叫《日本浪人李登辉》就是对李有贬抑的用意)。这些私生子对日本战败很失望,所以也最恨中国人,在"二二八"事件打头阵、首先杀害许多中国人(见穿中山装的就杀,听讲普通话的就杀)的就是这批人。这段历史是 1949 年 2 月,一位住在凤山三民路的老者对笔者口述的,也是千真万确的事实。

另外,传说中"台湾人笑贫不笑娼"与"台湾人很少批评日本人"等,也可在这段历史中找到答案。

说明二:蒋经国找"日本系的台湾人"当接班人是大错特错。蒋经国过世后,李登辉接大位不久,日本就派出司马辽太郎与中嶋岭雄等与其接触,结果让他们大感意外,李登辉的日本人使命感非常强烈,他的无原则的配合与他的背叛性格令日本人感觉难以想象的好!据许介鳞教授(曾任李登辉的外交智囊,也是日本通)事后为文说:"司马辽太郎坦承,他关心台湾是为日本国的立场及利益。而依照日本国的利益,最好的状况就是'台湾独立',最糟的是海峡两岸统一,台湾海峡变成中国的内海,从而扼住对海路依存度极高的日本国的生命线。"另戴国辉教授(也曾是李登辉外交智囊之一,也是日本通)说:"李登辉自豪他是'日本系的台湾人'。"言下之意,台湾人往后都应该听他的!

说明三:"二二八"事件成了"独派"选票的提款机与反中的象征。

"二二八"事件后终结报告称:事件三起因,一为"日本浪人";二为"失意政客";三为"外力串谋"(当时是指台共与日本)等的闹事。如今调查统计结果:台湾人死亡 681 人,失踪 177 人;外省人死亡人数则无法统计,因当时还包括生意人、公务员与教师等，均是单身又尚未立户口之故。

但在李登辉执政时与台北市长陈水扁一唱一和下，将已结案多年的"二二八"事件又挑起清算，并将"台北新公园"改名为"二二八和平公园"，从此台湾就不和平了！每年算一次账，现在已燃烧到老蒋了！

说明四：民进党前"立委"，新系大佬沈富雄于2007年2月8日在报上发表《台独议题的真与假》一文，很值得玩味，兹摘录其要点供欲了解台湾不安的现状者参考：

根据陆委会最近一次民调，主张"尽快宣布独立"的民众有16.8%，主张"永久维持现状"的有16.9%，主张"维持现状，以后走向独立"的有17.5%，三项加起来超过五成。如果再纳入主张"维持现状，看情形再决定独立或统一"的有38.6%，则台湾有八成以上的民众，也就是绝对的多数，都认同"台湾主体意识"（即可能是"台独"的支持者）。

在"泛绿"内部，所谓"李登辉路线"和"基本教义派"对于"台独"的认知有所不同。前者强调现状的"实质独立"（de facto）的可贵，目前要做的"国家正常化"；后者追求的"法理台独"（de jure）的实践，包括催生"新宪法"，更改"新国名"、"进入联合国"等。在推动时程与方法上，前者审时度势，后者急步躁进。此外，对外力因素，前者强调必须评估最有利的时间点，并避免两岸冲突的引爆；后者则认为要早面对。平心而论，"李登辉路线"和"基本教义派"之间的差异实很小。

对于一个受制于外力，而无法一蹴而就达到的目标，竟可以在选举期间夸大己方的能耐，抹红对手的立场，向人民激情地喊话，滥开明知无法兑现的空头支票，却于就职演说时立即改口"四不一没有"，怯于向人民说出真相与表达歉意，这对一个"真议题"、"严肃使命"是不负责任的卑劣操弄。

结语

台湾目前的"去中国化"，即是要去除"河洛人的历史与河洛人的文化"，"河洛文化"一旦在台湾断流，台湾人将一无所有，只是满足台湾政客向"日本人要台湾独立"的交心。

"去中国化"是李登辉所有黑心政治论述中最黑的一个。俗语云："要消灭一个民族,首先要消灭它的历史文化!"李登辉的分裂论述都有日本人的影子。例如:"走出去"就是丰臣秀吉至德川家康一致的说法。吊诡的是"日本人走出去是要走进中国走进南洋统治全世界"(所谓"八纮一宇策略");而"李登辉走出去是要台湾人走出中国再走进日本"(消灭"河洛文化"策略)。这就是我们必须时刻反对和警惕的。

（作者为台湾中华综合发展研究院研究教授）

试论河洛、晋江、台湾传统民俗之特性

吕清玉

晋江、台湾属于同一个文化区。河洛是中华民族发祥地,也是晋、台民俗的发源地。笔者曾到郑州、洛阳等地调研,大量资料证明河洛、晋台、客家民俗大同小异。只是中原民俗内容更加丰富多彩,传说、民谣更加动人心弦。

一、中原移民将传统民俗带至闽南

历史上中原汉人南迁频繁,三国时期已成闽地主体。唐末,中原移民迁闽已上百万,大多分布在晋江、闽江流域。唐高宗总章二年(669)陈政带府兵 5 600人 58 姓入闽,其母又率万人增援。陈元光开发漳州,被尊为"开漳王"。唐开元年间,有 29 690 户人家入闽。安史之乱后又有大批汉人入闽,到宁化石壁的有26 姓。唐光启元年(885)王绪、王审知率 3 万余人 36 姓入闽,他信仰道教,名人王琰、杨沂、徐寅、韩偓等迁南依他。晋江地区灯俗即于唐初由中原传入,元宵况盛,闻名全国。宋代是中原汉人迁闽最多时期。如宁化人口由唐开元年间5 000人至宋宝祐年间暴增至 11 万人。名士张浚、辛弃疾、叶梦得、胡铨、叶适等涌入。南下官员、名士与平民一起将民俗带来,并融进当地风俗,后传入台湾。

北宋时晋江地区人稠地瘠、经济落后,当地人纷纷出国或东渡台湾谋生。连横《台湾通史》曰:"……漳泉边民渐来台湾,而以北港为互市之口。"明嘉靖年间,安海颜龙湖到台湾拓荒。明永乐年间安海龚补伯等人随从郑和下西洋时留在台湾开发。晋江人为开发台湾作出巨大贡献。晋台有"五缘"关系。1926 年,台湾汉人375.1 万余人,晋江地区等占 44.8%。1945 年台湾人口中汉人占 96.

4%,闽人占83.8%,漳泉人占大部分。1956年台湾8 379 920人中闽籍占82.5%,有691.363万人。1985年台北市区人口中泉州人占68.13%,漳州人占24.8%,据统计,至2005年,台湾80%多的人讲闽南话,其中汉人占98%。台湾有460万客家人,其俗也来自闽地和中原。

据考证,高山族祖先是原闽地古越人,晋、台方言、生活习俗、岁时节俗、民间信仰、地名等极其相似,其中许多是基本一样的。因而河洛、晋台、客家民俗都是河洛文化的一部分,只是因为地理、历史等因,小有差异。

二、晋江、台湾、客家传统民俗之根在中原

笔者从河南收集的材料与晋江、台湾、客家民俗相比,发现有许多惊人的相似之处,甚至有一模一样的,比如送灶神、扫尘、过除夕、庆初一、闹元宵等。河南是大省,人口有近一亿,东西南北有所区别,多姿多彩,闽台民俗乃其中主要部分,其中最能反映民族文化特色的岁时节令之俗特别相似。如春节有开正月拜年大礼;元宵节吃元宵闹花灯;清明节上祖坟拜祭;端午节吃粽子、划龙舟;中秋节大团圆,吃月饼;重阳节登高致远,慰问老人;除夕全家团圆吃年夜饭、发压岁钱,围炉守岁熬年等。

笔者将河洛、晋江、台湾之民俗从名称、时间、形式、内容等方面加以比较后表明,其或完全一样,或基本相同。这再一次说明,闽台民俗,根在中原。

1. 传统节日名称一样,过节时间基本一样。

2. 平时衣着一般,过年穿新衣,注重仪表。

3. 节日食俗一样,如过年吃年糕、年夜饭等。端午节吃粽子,中秋节吃月饼等。

4. 搞住房卫生,布置厅堂,上红(贴对联等)。

5. 户外活动一样,拜年、回娘家、踏青等。

6. 禁忌一样,初一不扫地,不讲不吉利的话,不动刀剪,不打人、不骂人。

7. 着重礼仪、讲礼貌、礼尚往来、尊老爱幼,讲究节日仪式等。

8. 活动时间安排有序。如除夕发红包、守岁,初一拜年,元宵点灯,清明上祖坟等。

9. 用语、贺词一样,如恭喜、新年好、恭喜发财、步步高升、万事如意,对联形

式一样,内容都是吉祥、平安、祈福。

10.文艺活动一样,如过年舞狮舞龙、走高跷、赶旱船、下棋、看电视电影、赴庙会、逛公园、看热闹等。

11.目的与愿望一样,为了全家团圆、欢聚一堂,健康平安,升官发财,崇祖敬宗、念祖怀乡,传宗接代,改善生活,劳逸结合。祈求大自然祖师爷、名人贵贤保佑等。

12.精神实质一样。表达自己的意愿要求,寻求安慰与寄托,提供精神支柱,传承文化传统,参与社会教化,联络亲友感情,凝聚宗族,弘扬民族精神等。

13.追求效益一致,如平等互利、礼尚往来。庙会集市做生意赚钱,重视经济效益和社会效益,图谋精神愉快,在欢度佳节中实现自己的目的等。

14.寓意一样,目的性明确,如吃年糕,意为年年高升,吃笋意为生活节节高,吃葱意为更加聪明,吃蒜意为会打算,吃鱼意为年年有余等。

15.思想观念一致。如浓厚的宗族观念,崇拜大自然的宇宙观,升官发财的人生观,礼尚往来的社交观基本相同。

16.健康向上的生活观,为了改善生活,为了健康长寿,为了平安稳定,为了团结友好,为了美好的明天等等。

三、从"过年"看中原、晋台、客家民俗的大同

过年是全年最大、内容最丰富、时间最长、最具代表性的节日,由此可见中原、晋、台、客家民俗的共同点。特列表比较如下:

中原、晋江、台湾、客家过年活动比较简表

农历日期	中　原	晋　江	台　湾	客　家	备　注
十二月二十三日	祭灶官	送灶神	十六日做尾牙、年兜时节开始	十五日扫尘	闽台都有客家人
二十四日	扫房子	采尘	祭灶神	开炸	送灶神时:官三民四
二十五日	磨豆腐	春栖	青(手旁)驰	送灶神、年假日	

农历日期	中 原	晋 江	台 湾	客 家	备 注
二十六日	去刘肉（蒸馒头）	做糕果（米旁）	做糕饼等	杀猪、炸煎丸等	
二十七日	杀只鸡（剃精细儿）	做新衣、办年货	做新衣、办年货	布置房子	
二十八日	蒸枣花（去买花、剃憨瓜）	备年货	备年货	蒸甜、上红	
二十九日	去打酒（装香炉）	上红（贴对联等）	上红	蒸年糕	
三十日	捏算儿（包饺子、贴花门儿）	年兜（守发）	围炉、跳火囤	吃年饭、烧猪牯火堆	客家点年光至初五
初一	撅着屁股作揖儿(拜年)初一场	初一场（开正）	初一早（开正）	年头日（开门）	
初二	走亲戚（新娘回娘家）	初二场（女儿日）	初二娇（回娘家）	转外家（回娘家）	
初三	追远拜节	初三元资娘（赤狗日）	老鼠新娘（初砖三困惑饱）	送穷日（破日）	
初四	新妇归宁	神落天	神落天（顿顿饱）	游艺	
初五	破五（泼污）节	隔开	隔开（过气）	出年卦（界）	
初六	大开市	挹肥	挹(推)肥	开工日	
初七	人日	七元（人日）	七元（人生日）	人生日	
初八	走亲访友	团圆（完全）	团圆	走亲友	
初九	拜天公	天公生	天公生日	天公生日	

续表

农历日期	中　原	晋　江	台　湾	客　家	备　注
初十	走亲访友	人乡食牲	有吃食	看打狮、去庙会	
十一	走亲访友	请女婿	请子婿	做灯笼	
十二	走亲访友	返去拜	查某仔回来拜	探亲访友	
十二	结灯棚	食饮糜配芥菜	食清糜配芥菜	准备灯节活动	
十四	试灯	结灯棚	结灯棚（人点灯）	结灯棚	
十五	正灯（杂剧）	上元暝	上元暝	正月半（灯节）	
十六	续灯	地妈生	续灯	续灯	
十七	收灯	那怎生（过去了）	落灯	续灯	
十八				续灯	
十九				续灯	
二十				落灯	

从中可以看出，河洛、晋江、台湾因地理不同其中一些具体做法也略有不同，各具特色，这是很自然的，但总的内容和基本观念则是一致的。总之，河洛民俗是闽台民俗之源，河洛文化是我们的祖地文化。中原、闽台是一家人。

四、各自的特色

河洛、晋江、台湾地处不同的地理位置，又历经千年变迁、民族交融和外来文化的各种影响，因而三地民俗各具特色。现试说明如下。

河洛民俗——具有祖地文化之特色

1. 创造性。

河洛先民富有创造性。活动于新郑的黄帝族群创造了车船、文字、音律、算术、医学等。夏、商、周时创立了岁时节俗、人生习俗、民间信仰等。

2. 崇农性。

河洛民俗主要特征是与农事相关,充满着农耕文化色彩。如祭祀的多为天公、土地公、五谷神等。节日也多在农闲时,以使休息、娱乐、改善生活和社交有较多的时间。

3. 神秘性。

"尊神事鬼"成为人们在节日中祈福禳灾的重要活动。农民靠天吃饭,为了风调雨顺,有拜天帝、雷公、龙王等习。许多人认为祖先的神灵是保佑本族的神秘力量,因而十分信赖崇拜祖宗。

4. 古老性。

距今 60 万年前,河南"南召猿人"制造出了劳动工具,学会了用火煮食。7 000 多年前裴李岗文化时期产生了原始的农业、畜牧业、制陶业等。从夏至北宋,中原都是政治、经济、文化中心。2007 年 1 月 25 月《三明日报》转载《人民日报》海外版消息:历时五年的"中华文明探源工程"于去年年底获得成果:"多元起源的文明火种在公元前 2500 年到公元前 500 年之间会聚中原,成为中华文明长盛不衰的母体。"

5. 尚礼性。

周公在洛阳制礼作乐,孔子到中原游学,到洛阳学习礼乐。中原是礼乐、理学诞生地,河洛人淳朴尚礼,文明往来,敬老爱幼,讲究尊卑。

6. 包容性。

河洛文明有强大包容力,如北方原只种粟,河洛人吸收了外地小麦种植技术,并使之在中原发展到鼎盛。

7. 正统性。

古代朝廷封敕神明为正统,并使民俗具有合法性。河洛曾为 23 朝天子所在地,因而那里的民俗是正统的。如正月十五汉文帝出宫与民同乐,将此日定为元宵节。汉明帝为表示对佛的尊敬,敕令在元宵节点灯,从此成习。洛阳龙门石窟、白马寺、嵩山少林寺等均为官方所建,因而也是正统的。

8. 稳固性。

河洛民俗传承五千年至今,根基非常稳固。比如春节、元宵有十几亿人参加活动。婚嫁"六礼"、葬俗等也历千年不衰。

9. 辐射性。

河洛居天下之中,交通便利,历经多次民族交融和文化融合,千万移民外徙播迁,传统民俗辐射到了全国各地,今天,河洛文化研究形成国际性的活动就是明证。

10. 实用性。

河南人务实,平时朴素,过节讲究仪表,穿好吃好,阖族欢聚一堂,共享欢乐。民间对神灵也讲实用,常"严祈禳"与"抗争"结合,如遇到大旱时,举行"晒龙王"、"晒关公"等祭祀活动,表达"求中含恨,抗中藏忧"的情感。

根在中原的晋江民俗——异彩多姿

水有源,树有根,木有本,人有祖。中国人不忘本,晋江人爱追根溯源,寻根谒祖。"从西晋南北朝到唐末,中原大批移民辗转入闽,带来先进文化和生产技术。"(《福建省志·人口志》)河洛民俗传到晋江后经过千年变迁,其特性不仅突出,而且丰富多彩。

1. 多源性。

晋江民俗主要来自中原,又有闽越族"好巫尚鬼"的习俗,当代受港、澳、台影响,因而更加丰富多彩。

2. 区域性。

晋江有沿海习俗,如妈祖信仰、水葬、浮尸土葬,水上捉鸭、船上贴春联,做"海醮"插黑旗,放洋,祭祀好兄弟,船上发红包等。还有送顺风,拜公鸡,三回头,姑嫂望归,螟蛉子,引水魂归故里,新娘提水,公鸡娶亲等。安海有"走佛",嫁女送腰骨饼给娘家。一些地方尚有出嫁女头遮竹笠与哭嫁。

3. 群体性。

晋江民俗是整个社区、宗族行为,过年过节欢聚一堂,如同拜祖祠、游园、闹元宵、划龙舟等,参与者众多。

4. 可塑性。

晋江人因地制宜、因人而异,灵活对待一些习俗。如婚嫁"六礼",富者十分隆重,贫者则简。"生在苏杭,死在闽南",虽盛行厚葬,也有节俭者。

5. 中转性。

河洛民俗传到晋江后又传到台湾与海外,辐射面很广。因而逢年过节与台湾同胞、海外华侨华人联系较多,通过联系加深了感情促进了交流。

6. 娱乐性。

不仅在神诞、婚嫁、寿庆等伴歌舞,送葬也有乐队、高跷戏、舞狮、拍胸队等。七月半普渡时燃放鞭炮、烟火,演奏南音,演梨园戏、木偶戏、高甲戏等,还宴请亲友,热闹非凡。

与河洛、晋江同根的台湾民俗——大同小异

闽人将民俗传到台湾,该地对外来往频繁,受海外影响较多,但总体上是在与闽晋相同的基础上,另有一些鲜明的特性。

1. 同源性。

原住民、闽粤人、外省人的民俗属于中华民族民俗的一部分。闽、台关系有"五缘"关系。民俗之源均在河洛,闽南人自称河洛人,闽南话又叫河洛话。

2. 迟发性。

台湾开发较迟,明代进入开发期,郑成功时期迈入封建制门槛。台湾各地慈善活动较多,此与内地不同。

3. 多元性。

台湾有土著、闽粤、中原、吴越、客家的民俗,又有美、日等国的影响,因而不少人习惯过圣诞节、复活节、情人节,婚礼在教堂举行等。

4. 海洋性。

台湾渔民甚众,有其海上生活的特习,因而有1 000多万人信仰妈祖。妈祖信仰从闽传到台湾后,妈祖是台湾人信仰最多的神。不少人克服困难和阻挠,驾船直达福建进香已有多年。闽地妈祖金身抵台时,万众朝拜,盛况空前。

6. 奇特性。

台湾一些民俗独树一帜,富有寓意。如除夕"跳火盆"、"避债戏"、"讨债灯"等。另外,元宵节有未婚少女偷葱菜,已婚女偷喂猪盆与竹子,钻灯脚,清明节改为农历三月初三,端午节不吃粽子而吃煎堆等。春节有鞭炮轰打"好汉"的游艺节目:威风的"好汉"站在车上逛街,众人向其投放鞭炮。"好汉"傲然不惧,满面笑容,接受沿途人的炮轰之礼。

7. 享乐性。

台湾人过年过节吃得好，穿高档衣服，乘飞机探亲旅游，2007 年春节有 10 773 台胞包机往返两岸。台南盐水镇于元宵夜燃放"蜂炮"花几千万台币。小孩买灯笼动辄几百元。一些大佬还在公开场合发红包。

8. 反射性。

20 多年来，海峡两岸交流频繁，一些台湾民俗也反射到晋江等地。如内地"琼瑶热"、"邓丽君热"、"校园歌曲热"、"流行歌曲热"、"古龙热"等，台商在大陆经营，台湾民俗也伴随而至，如"康师傅"碗面，到处在卖。

总之，通过三地民俗比较，不仅可以看到闽台民俗根在中原，而且可以看到，由民俗连接的同胞亲情、敬祖意识、返本观念、寻根心理、乐观主义、拼搏精神等，是伟大中华民族文化的重要组成部分，是永远激励炎黄子孙奋进的宝贵财富。

（作者单位为福建省三明市地方史志办公室）

闽台婚姻与河洛

张玉霖

小时候乡愁是一枚小小的邮票我在这头母亲在那头；

长大后乡愁是一张窄窄的船票我在这头新娘在那头；

后来啊乡愁是一方矮矮的坟墓我在外头母亲在里头；

而现在乡愁是一湾浅浅的海峡我在这头大陆在那头。

这是祖籍闽南永春的台湾著名诗人余光中所写的一首诗,诗里除了表达思乡之情外,也是海峡两岸同胞血浓于水的真实写照。

婚姻,妇之父为婚,婿之父为姻。男女结婚成为夫妻,两家结为姻亲。从历史上看,通婚是地区、民族之间,国家之间友好与融合的重要形式和重要标志。如果说昭君远嫁匈奴的单于、文成公主与吐蕃的松赞干布结成连理,是国家"和亲政策"的需要,那么闽台婚姻是两岸同胞基于同文同宗同种,自发形成的。这个"文"和"宗"究竟从何而来,与河洛有何联系?

闽台关系有"六亲"(地、血、史、香火、物、俗亲)、"八缘"(地、姻、血、神、文、俗、语、商缘)之说。

1. 地缘是海峡两岸同胞通婚的前提条件。台湾岛与福建省仅一水之隔,同属一大陆架,后因地壳运动发生海侵出现台湾海峡而被隔开。台湾海峡最窄处只有 130 公里,一半以上的水域深度在 50 米左右,最深处不超过 100 米。根据地质学和地球物理学的研究,台湾与大陆原为连体,其东海岸才是大陆的边缘。另外,考古文物证实,福州闽侯县石山新石器时代文化遗址与高雄县园林乡凤鼻头文化遗址非常相似,同为素面和刻纹黑陶文化。

2. 血缘是海峡两岸同胞通婚的基础。闽台之间的血缘关系主要是通过移民和通婚形成的。人口的迁徙是中国古代社会发展与进步的一个重要因素。从汉代末年开始,由于战争、动乱和灾荒等原因,中原汉人不断向南方播迁,其中最有影响的有四次:西晋的"永嘉之乱"时期、唐代的"安史之乱"和"黄巢起义"时期、北宋的"靖康之变"时期以及明末至清的郑成功、康熙朝收复台湾时期。《九国志》说"永嘉二年(308),中州板荡,衣冠始入闽者八族,林、黄、陈、郑、詹、邱、何、胡是也"。史称"衣冠南渡,八姓入闽"。《晋书·王导传》:"洛京倾覆,中州仕女避乱江左者十六七。"长达一百多年的中原战乱,导致中国历史上最著名的大规模中原人民南迁。

唐中叶"安史之乱"前后共历 8 年,战祸几乎遍及整个黄河中下游地区,致使北方人民又遭受一场空前浩劫。李白在其诗中说:"三川北虏乱如麻,四海南奔似永嘉。"中原人民再次大规模南迁。

"黄巢起义"战火燃及十数省区,长达十年之久。起义军所到之处,"衣冠旧族,多流落闾阎间,没而不振",或"爵命中绝,而世系无所考"。"中原人民为避战乱,再次大规模南迁"。

"靖康之变"。1126 年,金兵攻破东京(今河南开封),北宋灭亡。朱熹曾说:"靖康之乱,中原涂炭,衣冠人物,萃于东南。"中原汉人南迁的路线基本上是皖、苏、赣、闽等地,使得福建人口成倍增加。福建与台湾特殊的地理位置,为福建向台湾大规模移民提供便利。历史上主要有三次,分别为:第一次是明天启年间,时福建大旱,海盗颜思齐、郑芝龙组织的海上武装集团,招引福建沿海居民到台垦荒救饥;第二次,是 1661 年郑成功收复台湾的大军 2.5 万余人,以及施琅率军征台时进驻人员也超过了 2 万;第三次是清统一台湾后,为开垦经营台湾,出现了大规模的移民热潮。据 1926 年统计资料,台湾汉族移民人口 375 万人,其中闽籍达 310 余万人。据 1953 年台湾的户口统计资料,当时台湾户籍总数为828 804 户。其中,户数在 500 户以上的 100 个姓氏中,有 63 个姓氏的族谱材料说明其先祖是在晋末、唐初、唐末从河南迁入福建落籍的。据前些年统计,福建省汉族人 2 958 万,占全省总人口的 98.45%,其中祖籍在河南固始的就有 1 000多万,加上客家人 500 多万和河南其他地区的入闽人口,河南籍后裔已占福建人口一半以上。这 63 个姓氏计 670 515 户,占台湾总户数的 80.9%。而 63 个姓氏又有43个姓的族谱记载,其先祖是随陈政、陈元光父子入闽的。在台湾,80%是闽南、客家移民;而陈、林、黄、郑四大姓又占总人口的一半以上,故有"陈林半天下","郑黄排满街"之谚语流行。在这些大姓的族谱上,都明白无误地标明其祖先为河洛人,他们都称自己是"河洛郎"。

中原汉人的大量南迁,给当地带来先进的技术和生产力,促进经济快速发展。在开发南方中,陈元光、王审知影响最为巨大和久远。唐高宗时,福建南部蛮獠叛乱,光州固始人陈政、陈元光父子奉朝廷之命前往镇抚,后又率中原58姓数千军校开发漳州。唐末五代,中原再次动荡,出现藩镇割据局面。固始人王审知与其兄王潮随军入闽。不论是陈政、陈元光父子还是王审知,都采取保境安民等一系列有利发展生产的政策,使得福建政治、经济、文化得到了进一步的发展,陈元光死后被当地人尊为"开漳圣王"、王审知被称为"闽王",各地建祠纪念。很多闽人迁台后仍十分崇拜他们,也纷纷立祠敬拜。

3. 文缘是海峡两岸同胞婚姻的核心。河洛文化是华夏文明的核心文化,是客家文化及闽台文化的根,是维系海峡两岸同胞婚姻基础的强大精神文化纽带。产生于夏商,成熟于汉魏、唐宋,传承于其后历代的河洛文化,不仅包括了农耕经济为中心的物质文明,也包括由此产生的政治、经济、文化、习俗、心理等政治文明和精神文明,它的正统性、源头性与传承不衰,毋庸置疑,对中华民族的大一统的形成和文明发展作了最早、最大、最积极、最卓越的贡献。

福建是大批中原汉人南迁聚集地之一,是多种文化并存的地方,客家文化、闽南文化、福州文化占据主导地位。这些人不仅从河洛地区带来先进的农业、手工业技术而且把悠久而浓厚的文化传统,如语言、习俗、宗亲、教育、伦理、礼仪等等,也带到所在地,有的已历千载而至今沿袭如初。

福建是多山的地方,交通不便。迁居到福建等地的中原汉人与外界交往甚少,他们所讲的语言中保存了许多古代汉语的词汇、语言和语法,如无齿唇音,无翘舌音,单音节比较多。闽台方言,又称"福佬话"、"河洛话",它的语言系统与隋朝陆法言《切韵》一书基本一致,保留着中古时期河洛故国之音,因而被语言学家称为古代汉语和中原音韵的"活化石"。客家人、闽南人、福州人都称妻子为"老婆",称太阳为"日头",因而闽台两地人都很自豪地称他们所讲的方言为"河洛话"。

现在福州、闽南称男子为"唐部人"、"唐部",称女子为"诸娘人"、"诸部",就是由于当时"开漳圣王"陈元光对闽南的开发以及唐末五代"闽王"王审知治闽,大批军队入闽与闽越女子通婚的结果,从一个侧面反映了血缘是海峡两岸同胞通婚的基础。

当今,闽台通婚是闽台交融的结果,也是闽台交融的动力,对进一步促进两岸"三通",实现祖国完全统一无疑具有非常重要的意义。

（作者为福州市博物馆副馆长）

客家人形成于何时

任崇岳

　　客家人是中原汉人多次南迁形成的一个特殊民系,他们人口众多,分布广泛,有人说:"有太阳的地方就有中国人,有中国人的地方就有客家人。"1994 年12 月份在广东梅州召开的世界客属第十二次恳亲大会上公布的客家人口分布情况是:"目前客家人主要分布于世界 85 个国家和地区,人口总数 6 561 万。其中,中国内地 5 512 万人,港澳台地区 595 万人,海外各国 454 万。"根据世界客属总会估算,全世界客家人约有 1 亿。2003 年在郑州召开了世界客属第十八届恳亲大会,大会编写的《乡情报告》称,仅印度尼西亚客家人就有 1 000 万,全世界则更多。

　　为什么会有"客家人"的称呼? 已故的北京大学教授王力在《汉语音韵学》一书中说:"客家是客或外人的意思,因此,客家就是外来的人,他们的语言、风俗、谱系都足以证明。也有人说,客者,别乎主而称之也。"宋代人写的《太平寰宇记》、《元丰九域志》已经有了主、客的记载,时至今日,当年的客籍人已经变成土著,为何还有"客家"这一称呼? 有的学者说:"客之所能同化者,户籍也,而其不能同化者,礼俗、语言也。"[①]客家人多居住于闽、粤、湘、赣等省交界地区,《辞海》客家条说:"汉末建安至西晋永嘉间,中原战乱频繁,居民南徙,宋末又大批南移,定居于粤、湘、闽、赣等省交界地区,尤以粤省为多,本地居民称之为客家。"有人给客家民系下的定义是:"客家民系是中华民族中汉族的一个支系,即

---

① 转引自刘南彪:《客家及客家源流考释》,载《石壁之光》一书第 2 页,厦门大学出版社 1993 年版。

闽、粤、赣系,它是由南迁汉人与当地畲、瑶等土著融合而成,具有区别于汉族及其他民系的独特的方言、文化和特性的一个汉族民系。它以汉人为主体,同时包含经融合而客化的畲、瑶等少数民族。客家民系是具有独特方言、民居、民俗、民性等文化特性的一个汉族民系,是当今世界上分布范围最广、影响最深远的民系之一。"①这个概括还是很恰当的。

要形成一个民系,必须具备两个条件:"一是地域条件。民系是特定时空的生成物。空间即生存地域,是形成民系的自然前提。二是方言。方言就是地方话,是语言的地域性变体,既具地域性,也具群体性。方言是民系文化的载体,是识别和区划民系的第一要素。"②有了共同地域,南迁的中原汉人才有安身立命之地,有了方言,才能使客家民系与其他民系相区别,因此,生存地域与方言是形成客家民系的必要前提。当然,除了地域和方言这两个基本条件外,南迁的中原汉人还受地理环境、历史传统、民族融合以及迁居地的经济生活等诸多因素的影响,客家民系的形成有一个过程,不是一下子就形成的。

那么,客家民系也即客家人形成于何时呢? 目前学术界尚有争论,大体说来有以下几种说法:

一、宋代说

这种说法以著名客家研究专家罗香林为代表。他在《客家源流考》中说:"客家系统的形成,大体已晚在五代至宋初。"陈运栋先生写有《客家人》一书,他说:"经过五代纷争,及宋太祖的统一中国,客家民系才由其他民系演化而自成一系;所谓'客家'的名称,也就在这个时候宣告确立。"华东师范大学吴泽先生在论述客家人的历史时说:"如果从他们的先人南迁算起,至今已有二千多年的历史,如果从这个民系的形成时期五代至赵宋年间算起,也有近千年的历史。"③吴福文在《试论客家民系的形成》一文中也说:"客家民系形成于唐末至北宋这一历史时期。"他的根据是:"唐末至北宋迁徙的客家先民规模具备了形成客家

---

① 冯秀珍:《客家文化大观》上册第5页,经济日报出版社2003年版。
② 孔永松:《〈客家学研究〉中的几个问题》,《客家》1997年第3期。
③ 吴泽:《建立客家学刍议》,转引自《宁化石壁与客家世界学术研讨会论文集》,中国华侨出版社1998年版。

民系的势力;以其分布情况看,已基本开始占据今日的闽粤赣边区;一些重要的
文化事象已经开始形成,他们已在心里开始安于立足闽粤赣边区。"①这几则论
述都是从历史的角度探讨问题的,这只是事情的一个方面,未从方言的角度去论
述,显得不够完整。1997 年 10 月在福建宁化石壁与客家世界学术研讨会上,有
学者从语言学角度证明客家方言形成于宋代:中原西部流人从赣北、赣中大量进
入到赣南、闽西是在两宋时期。由于这个地区交通不便,远离战乱,又有较为优
越的生态环境,使得北来流人在此垦荒,定居下来,并且还同化了一部分土著。
从这时候起,客、赣语开始分离,最后形成了有别于赣语的客家方言。客、赣语之
间现在明显地存在许多差异之处。这些相异的部分都是从宋开始各自分别发展
的。

　　历史、方言两个方面都说到了,倒也能自圆其说。但问题是,如果把客家民
系的形成定位为五代末至宋初,那么,北宋灭亡后大批从中原南下的汉人以及金
朝灭亡后南下的汉人算不算客家人呢? 如果不算,他们又该归入哪个民系呢?
更何况《太平寰宇记》、《元丰九域志》中所说的"客户"与"客家人"并非同一概
念,此客非彼客,客户与客家人不能划等号。因此,把客家民系的形成定在北宋
初是不妥当的。

　　还有的学者把客家民系的形成定在南宋,理由是:客家先民第一次大迁徙时
分布很广,东至安徽当涂,西至江西九江,先头部队到达福建、广东,中原还有不
少人是在第二次大迁徙时才动身的。当时他们栖息在比较发达的地区,但那里
早有汉民聚居,且已形成民系,后到的移民属于少数,形不成气候,无法形成新的
民系。到了唐末以后,来自中原的两批移民到达闽赣结合部的福建宁化石壁,这
里土著很少,且是山区,先到的汉人也不多,"再加上封闭式的地理、经济、文化,
客家先民以其优势的力量,在此既稳定,而又杂处,相互掺和,相互影响的环境
里,经过数百年的孕育,产生了一种新的形态——客家特征,便宣告客家民系的
成立。当然,在北宋,客家民系的各种特征不是很丰满、完全的,但到了南宋,公
认的客家民系已形成了"②。这一说法也不很恰当。这是因为,在南宋时客家民

_____

①　转引自刘善群:《关于客家民系形成的中心地域探讨》,载《石壁之光》一书第 99 页,厦门大学出
　　版社 1993 年版。
②　刘善群:《关于客家民系形成的中心地域探讨》,《石壁之光》一书第 118 页。

系的各种特征虽已具备,但一方面是大规模的中原南下移民活动尚未结束,另一方面"客家"的名称也未出现,不能说客家民系就已形成。比如汉族是在汉朝形成的,汉族之名在汉朝才出现,假如说汉族形成于秦朝,那岂不是笑话!

二、宋元之交说

金灭北宋,宋高宗南渡,迁入皖南、赣东南、闽西南及粤东北边界的中原移民,再次大规模迁至岭南,主要集中在广东北部与江西交界的南雄,在那里开始了新的生活。到了南宋末年,朝政腐败,国势衰弱,蒙古人的军队以摧枯拉朽之势大举侵宋。德祐二年(1276)临安陷落,恭帝投降,陈宜中等拥立益王赵昰于福州,元兵跟踪而至,大将吕师夔等率兵进入梅岭。景炎三年(1278)端宗赵昰病死,由8岁的赵昺继位,改元祥兴。陈宜中见宋王朝已不可能中兴,微服逃跑,文天祥、陆秀夫、张世杰等在闽粤边界与元兵苦战,力图挽狂澜于既倒,保住宋朝社稷。据《崇正同人系谱》载:"宋景炎年间,有江西赣州之宁都尉谢新,随文信国(按:即文天祥)勤王,收复梅州,任梅州令尉,时景炎二年(1277)三月也。新长子天佑……遂家于梅州之洪福乡。"此为谢姓入粤之始。由于闽粤赣交界地区是宋元双方厮杀的战场,居住在这里的土著多辗转逃亡,形成了一大片无人区,客家的先民便先后聚居于此。诚如《客家史料汇编》所说,宋元易代之际,"元兵残暴,所过成墟,粤之土人,亦争向海滨各县逃避。其闽、赣、湘、粤边境,毗连千数百里之地,常有数十里无人烟者,于是客家遂相率迁居该地焉。西起大庾,东至闽汀,纵横蜿蜒,山之南,山之北,皆属之……所居既定,各就其地,各治其事,披荆斩棘,筑室垦田,种之植之,耕之获之,兴利除害,休养生息,曾几何时,遂别成一种风气矣。粤之土人,称该地之人为客,该地之人亦自称为客人"[①]。该书认为,从这时起,居住在闽、粤、赣交界地区的客家人,走上了独特的发展道路。因此有人说:"客家民系形成于宋末元初。"[②]

客人名称的出现是客家民系形成的前奏,这时的客家民系已接近形成,只是还没有正式用"客家"的名称而已。有的学者认为,"客家"名称的出现滞后于客

---

① 孔永松:《客家学研究中的几个问题》,《客家》1997年第3期。
② 孔永松:《客家学研究中的几个问题》,《客家》1997年第3期。

家民系的形成,也就是说,客家民系形成于先,"客家"之称出现于后。我个人认为,客家民系的形成与"客家"名称的出现应是同步的。仍以汉族的形成为例。汉族形成于汉朝,汉族的名称也出现于汉朝。不可能想象,汉族形成于汉朝,但汉族的名称却出现在魏晋南北朝时期。宋元之交时,只出现了"客人"之称而无"客家"之名,这说明离客家民系的形成只差一步之遥了。

三、明代万历说

持这一观点的学者认为:"明万历年间,交界地的居民成批向归善(今广东惠阳县东北)、博罗(今属广东)等地移居,当代居民日益感受到了移民在经济上的竞争和潜在威胁,双方发生摩擦、冲突渐至械斗,'客家'作为与当地人相区别的移民代称,大约就在这个时期。"①这种说法值得商兑。按照一般人的理解,客家先民与当地土著应是和平共处,互相帮助,共谋发展的关系,因此当地土著才称外来的中原汉人为"客家",倘若双方势同水火,视若寇仇,土著还能称外来人为"客家"吗? 若按万芳珍、刘纶鑫的解释,"客家"是土著与外来人双方发生摩擦、冲突乃至械斗中产生的名词,客家人形成乃至发展的历史岂不就成了外来人与当地土著的仇杀史?

四、元末明初说

冯秀珍在《客家文化大观》中说:"我们可以界定客家民系的最终形成时间约在元末明初。"②理由是:第一,客家民系在宋元之际有了生活的共同地域,部分中原人经长江流域直接进入赣闽粤区,而居于赣闽交界地区的客家先民因这里成为宋元交战之地而纷纷逃离,进入粤东、粤东北地区。至此,客家大本营基本形成,客家先民大规模的迁徙运动结束。共同地域是民系形成的前提条件,但非民系形成的标志。第二,客家方言在明朝之前形成。客家方言是客家民系区别于其他民系的最基本标志,明嘉靖年间编修的《惠州府志》和《兴宁县志》提及了客家形成时期。因此元末明初可被看做客家民系的基本形成时期。第三是基

---

① 万芳珍、刘纶鑫:《客家正名》,载正权政主编《中国客家民系研究》一书第11页,中国工人出版社1992年版。

② 冯秀珍:《客家文化大观》上册第62页,经济日报出版社2003年版。

本民俗文化事象及由此事象所反映出来的精神意识和价值取向,如生产方式、生活方式、宗教信仰等已在明代中叶趋于一致,但因文化事象发生的时间与正史记载有时差,因此可以判定,客家民系的最终形成是在明初。

与此观点相近的是华东师范大学的王东。他也认为最早提到客家方言的应是明代的《惠州府志》。"也正是从明代中后期开始,广东境内的居民开始从方言的角度把客家人和非客家人相区别。"又说:"客家方言的产生,不可能早于 14 世纪,但也不会晚于 17 世纪。因此,客家方言的产生,当在 15 世纪至 16 世纪之间,即相当于明朝的中期。"[①]既然客家方言产生于明代中叶,而这种方言又是形成客家民系不可或缺的条件,因此,客家民系形成于明初至中叶这一时期才比较客观、真实。

五、明末清初说

长期从事客家学研究的刘佐泉先生认为:"客家这个名词是 17 世纪才出现的,以前的地方志上没有提到这个名词。"[②]与此观点相近的是陈支平先生。他说:"自明末清初以来,为了适应外移过程中所发生的与其他民系的矛盾冲突的需要,他们自身团结和族群凝集的意识空前高涨。他们利用当时逐渐俗成的名词,自称'客家',从此以后,'客家'这一名词才逐渐见诸各种文献记载,客家人的群体也从这一时期开始形成。"[③]如前所述,明代中叶纂修的《惠州府志》即已有了客家方言的记载,清人阮元《广东通志·舆地略》在论述当时长宁(今新丰)居民时,引用明代文献说:"相传建邑时人自福建来此者为客家,自江左来者为水源。"既然明代文献中已现出了"客家"这一说法,证明客家民系的形成应是在清初之前。

六、客家主体为古越族说

持此说者不多。房学嘉在《客家源流探奥》中说:"历史上并不存在客家人中原南迁史,历史上确曾有过一批南迁客家地区的中原流人,但与当地人相比,

---

① 王东:《从方言看客家民系之形成》,载《宁化石壁与客家世界学术研讨会论文集》。
② 刘佐泉:《客家历史与传统文化》一书第 138 页,河南大学出版社 1991 年版。
③ 陈支平:《福建族谱》第 278 页,福建人民出版社 1998 年版。

其数量任何时候都属少数,客家共同体在形成过程中,其主体应是生于斯长于斯的本地人。"又说:"客家共同体,是南迁中原人与闽粤赣三角地区的古越族遗民混化以后产生的共同体,其主体是生活在这片土地上的古越族人民,而不是少数流落于这一地区的中原人。"①中原人多次大规模南迁,都有史籍可稽,正是这些南迁的中原流人成了客家先民,并最终形成为客家民系,没有南迁的中原流民,便不可能有客家人,如果本地人是形成客家民系的主体,怎么能叫客家呢?另外,南迁人的数量与整个南方人相比虽是少数,但在一些特定的区域,中原南下的汉人却是多数,他们才是形成客家民系的主体,而不是古越族。这是绝大多数学者的共识。

本人认为第四种说法理由最充足,因而赞同客家民系形成于元末明初这一说法。

(河南省社科院历史研究所)

---

① 转引自《客家学研究中的几个问题》,载《客家》1997 年第 3 期。

论河洛文化的根性特征
及客家文化的根性精神

廖开顺

客家是中原汉族迁徙南方以后形成的一支特殊的汉族民系。"客家精神是客家人在长期的迁徙过程中和历史进程中凝练出来的客家文化的深刻内涵,是客家人生生不息的力量源泉。它的形成与客家人的迁徙过程、迁入地的社会条件、自然环境、生存方式是密不可分的。客家精神,一方面是对中原优秀文化的继承和发扬,一方面又吸取了入居地的文化因素;它寓于中华民族精神之中,与中华民族精神是个性与共性的关系。因而,客家人在具备中华民族精神的同时,又彰显出自己鲜明的精神个性。"究竟什么是客家精神?我们可以从客家文化的"根性"来追溯。客家的血缘、地缘和文化的"根"在中原河洛地带,本文就河洛文化的根性特征和客家文化所蕴涵的河洛文化"根性"作一些探讨。

一、河洛文化是中华文化的"根性文化"

（一）河洛文化的根性文化特征及其根性文化的形成

所谓河洛文化,最一般的理解是指古代黄河中游洛河流域或者泛指洛河、黄河中游地区的人们的物质文明或精神文明创造活动成果的总和。由此看来,河洛文化是中华古老的历史文化,也是一种地域文化。对某一文化,我们可以从多个角度去看待它,对于河洛文化,仅仅从地域文化和历史文化的视角还不足以认识它在中华文化中的重要地位,而更应该从"根性文化"的视角来研究它,所以,我们应该重视对河洛文化根性文化特征的研究。我们认为,根性文化具有这样的特质:其一,它既是某一民族文化的内核,又是该民族文化的源头文化,因而它必然是地域文化和历史文化,它在适合某一民族先民生存与繁衍的地理环境、物质生产活动和社会结构中产生、衍化。其二,根性文化不但包括某一民族早期的物质文化,更对该民族思维方式、价值观念、道德规范、审美趣味、宗教信仰等精神文化的形成起先导作用,从某一民族原初的口传精神文化体系到书面文化原典的创造都产生先导作用或直接创造,并且被民族成员共同认可和接受。其三,根性文化具有很强的兼容、衍播、涵化等功能,通过“根”繁衍分支,源远流长。并且,根性文化所衍化、发展的文化在流传、扩展、变异或衰弱的过程中,民族成员可能重新寻找和吸收源头的“根性”,因而根性文化具有很强的再生功能和超越时空的延续性。由此来看,并不是任何地域文化、历史文化都具有根性文化特质,至今活跃着的地域文化也许并不具有“根性”,某些衰弱了甚至消亡了的地域文化和历史文化,如古希腊文化,其根性仍然具有很强的生命力。毫无疑问,河洛文化是典型的根性文化,它对中华跨入文明时代以及中华文化形成的作用为其他地域文化、历史文化所不及。

河洛文化作为中华文化的根性文化,又是借助文化交流、传播的优势以及制度文化的保障而得以形成的。首先,中原地带的地理环境优势与黄河流域城市的最早兴起为文化的输出、交流、融合提供了条件。左思说“河洛为王者之里”(《三都赋》),意谓河洛地区有文化与地理优势。“文化”的第一意义是“文”,许慎《说文解字》对“文”的解释是各种线条的交叉、各种色彩的共存。《易·系辞下》云:“物相杂,故曰文。”由此可以将“文”的意义延伸为“在一个统一体中不同事物、不同力量之间的相互交错与兼容”。河洛文化成为中华文化根性文化的过程也是其内涵“文”的过程——它借助地理优势不断地兼容更多的其他地域文化。如,在司马迁的《史记·货殖列传》中,就对河洛地区商业活动的宽泛性作了详尽的描写,如,洛阳商人“东贾齐鲁,南贾梁楚”等。其次,在河洛地区建立的中华最早的国家及制度文化对河洛文化的根性文化地位的形成起重要作用。“文化”的第二意义是“化”。《易·贲》象词曰:“刚柔交错,天文也。文明以止,人文也。观乎天文以察时变,观乎人文以化成天下。”《荀子·不苟》指出:“化,迁善也。”“化”的过程也是“文”的推行、传播过程,国家和制度为河洛根性文化的推及与传播提供了保障机制,因为“国家是文明的概括”,国家是制度文化的创造者,更是文化的推及和传播者。庞朴先生认为,文化有"物质的——制度的——心理的"三个层次,制度文化对文化体系起构建和推及于社会的作用,如,儒家文化之所以能够在中国文化中占主导地位,与从周代起到后来的封建社会的礼制制度有关。河洛地区是中华最早的国家的诞生地,国家借助河洛根性文化、中华文化原典的文化力量,建立了适应民族心理和统治者意志的中华主流文化体系,同时,也为河洛文化的根性文化地位的确立提供了条件。

(二)河洛文化的根性文化特征

1. 河洛文化中的物质文化对中华文化的开创奠定基础。

河洛地域具备孕育、产生和衍化中华根性文化的特殊地理环境(包括自然地理和人文地理环境)、经济条件和社会结构。任何古老民族文化的产生和发展都需要这样一个相对稳定的文化产生和衍化的"三维空间"。黄河流域和长江流域是中国原始农业的两大起源区。两大流域在更新世末期受到冰期影响而萌发种植,并在全新世来临以后进行早期农耕。广义的"河洛"是以洛阳为中心的宽泛的"河洛"地区,其气候、湿度、植被都适合农耕和畜牧业的发展,这为河洛文化的产生提供了自然条件。诚然,迄今已经发现的 5 000 年前的最重要的文化遗址除了黄河流域的仰韶文化以外,也有长江流域的河姆渡文化、辽河流域的红山文化等,因而学术界提出了中国文化发生地的"多元论"观点。的确,在幅员广阔的中华大地,文化的发生确实是多元的,但是,产生于中原大地的河洛文化,更拥有中华文化的根性文化优势。从物质文明的发展看,黄河流域的农业文明出现较早,并且广泛地向中华大地的北部传播(长江流域的原始农业产生也较早,因而,黄河流域的农业文明主要是向中华北部地区传播),并对北方广阔地区进入牧业的驯养和畜牧以及农耕产生较大影响。北方广阔的平原与草原所具备的畜牧业条件是长江流域所不及的,冰期以后,靠近黄河流域的北方地区的气候比较适应驯养和畜牧,河洛农业文明向这些地区传播,对这些地区生产方式的转变产生影响,形成游牧与农耕融合的生产活动特点。在向半牧半农甚至完全农耕活动的转化中,生存环境、血缘、性格等都得到改善,也增长了寿命,这是中华物质文明的发展。同时,在国家发展史的意义上,由于人口的逐渐积聚,生产资源短缺的压力也不断增大,因而,黄河流域平原部落兼并和争夺资源的战争持续不断,对国家的产生起推动作用。黄河流域平原的战争史可以追溯到传说中的炎、黄两个部落联盟与蚩尤部落联盟的战争,黄帝部落联盟与炎帝部落联盟的战争。之后的河洛地区战争频繁,《古本竹书纪年》中说周"穆王东征天下二亿二千五百里,西征亿有九万里,南征亿有七百三里,北征二亿七里"。这虽然不足以全信,但反映了古代河洛地区战争频繁的状况。需要科学地看待上古的部落联盟战争以及后来的其他兼并战争,它既危及一部分群体的生存,破坏了既有的经济、社会、政治等秩序,又建立了新的秩序。在黄河流域平原,以黄帝部落联盟的胜利确立了黄帝为代表的华夏集团的地位,这为建立新的经济、政治秩序奠定了基础,从而影响人的心理秩序。心理秩序对新的精神文化的产生具有极其重要的作用,中华民族的文明史从此拉开序幕。夏商周三代国家的建立,中华神本文化向人本文化的转变都发生在黄河流域。显然,地处黄河流域中心地带的河洛地区,拥有孕育、产生中华文化根性文化的"三维空间"优势。

2. 河洛文化对中华文化原典的产生起先导作用。

在得天独厚的河洛地区,产生过黄帝、夏禹、姜尚、周公、老子、庄子、墨子、商鞅等众多包括传说人物在内的杰出人物和文化流派,为中华文化原典的创造起先导作用,或者直接创造了文化原典,这更决定了河洛文化的根性文化地位。传说中的河图、洛书代表了中华先民古老的社会与道德理想以及中华式的智慧。如《论语·子罕》:"子曰:'凤鸟不至,河不出图,吾已矣夫。'"《易·系辞上》说:"河出图,洛出书,圣人则之。"到汉朝时,则以"河图洛书"来解释《周易》的八卦和《尚书·洪范》的五行。汤一介先生认为,"这大概都是说的'天'赐祥瑞问题","传说,凤凰是一种神鸟,祥瑞的象征,它出现就表示天下太平。黄河出现图像,就表示有圣人受命","河图洛书虽是据之传说,且有某种神话的成分,但它却表现着一种追求'天下太平'的理想","'八卦'属《周易》系统,讲'阴阳';'九畴'属《洪范》系统,讲'五行'。至汉'阴阳'、'五行'合,而有'阴阳五行'学说,此成为中国古代哲学、天文学、历算学、医学的重要组成部分。就此,我们可以看到,黄河与洛水实为我国古代文化发源地。"河洛文化主要形成于夏商周三代,该时期的史官文化、周公所制作的礼乐制度等,都对中华原典的产生起先导作用。中华文化原典的"六经"——《诗》、《书》、《易》、《礼》、《乐》(亡佚)、《春秋》以及《论》、《孟子》、《老子》、《庄子》,或原创于河洛地区,或与河洛文化有密切关系。作为中国文化三大支柱的儒、道、佛,都与河洛文化有渊源关系。儒学渊源于河洛三代时期的礼乐文化,河洛地区产生了老庄哲学,洛阳白马寺是中国佛教第一寺。一个民族的文化原典是该民族思想文化的结晶,是古老的原创性历史文献,它以宏观的视野、深邃的哲理思考宇宙、社会、人生与人性最具普遍性的问题,对本民族的思维方式、价值观念、行为模式、审美情趣、道德体系等产生超越时空的影响,并且后人可以从中不断吸取思想源泉,它在民族文化心理中具有不可动摇的地位。

文化原典是根性文化的一部分。当文化原典与根性文化被统治阶级借助,附加自己的意志,甚至扭曲它的原创精神,借助政治制度推及于社会,成为社会"主流文化"、"正统文化",强制社会成员普遍接受的时候,社会成员接受的有可能不都是文化原典的原本精神。文化原典原本是民族智慧的结晶,它关怀社会、关怀民生、关怀人的生命,激励生命价值,给人以生存与生活智慧等。原始儒家、老庄哲学原典就是这样的。为此,我们必须将"根性文化"与"正统文化"、"主流文化"相区别。当"正统文化"、"主流文化"造成了民族的文化惰性,甚至与文化原典的精神相背离的时候,民族文化精英往往对其进行正本清源,并启发民族成员重新认识自己文化的原本意义。在商品经济的负效应扭曲人性,人际之间的情感日渐疏远,环境与资源遭受摧毁性的破坏的今天,我们民族成员兴起了"寻根"的热潮,这实际上是在寻找自己的根性文化。二十多年以来,中国的文化"热"此起彼伏,而今寻找到了河洛文化这个源头。这显示包括文化原典精神在内的河洛根性文化的顽强生命力和内在活力。我们应发掘河洛文化与一般地域文化、历史文化甚至后来的"主流文化"、"正统文化"所不同的根性特质。

二、探讨客家文化中的河洛文化"根性"精神的意义

河洛文化是对中华文化的形成起最重要作用的"根性文化",这一根性文化在其发展过程中既融合了其他地域文化,也被历代统治阶级运用,并注入代表其意志的思想文化,如封建伦理纲常等,发展为中国主流文化、正统文化体系,但是,河洛文化这个根性文化及其所蕴涵的原初文化精神却没有消失,仍然作为中华文化的核心存在。客家文化是中华文化的一个支系,而且客家来自以河洛地区为核心的中原地带,与河洛文化有天然的渊源关系。客家文化内涵丰富,我们认为,激励客家民系顽强生存并不断开拓前行的文化之根、核心精神是河洛文化

的原初文化精神。近几年,河洛文化成为中国文化研究的热点,对客家文化的研究也逐渐深入到它与中原文化特别是河洛文化的渊源关系上。这一研究态势表明,对客家文化渊源的研究已经从比较宽泛的客家文化与中华传统文化的继承关系深入到客家文化与中原文化以及更深入的与河洛文化的关系上来。

"中原文化"与"河洛文化"这两个概念之间的关系既简单又复杂。如果简单地看,可将河洛文化作为中原文化的种概念看待,也可以将河洛文化视为中原文化的代名词。这样的视角不无道理,因为广义的河洛地区即以河洛为核心的中原地区,而且,文化的发生、传播和发展很难在地理与时间上作出精确的界定。复杂地看,可以将河洛文化与中原文化作为既密切联系而又有不同的内涵与外延的两个概念,作这样的区分,可以将河洛文化与中原文化的研究特别是对中华文化发源的研究深入到文化的源头,作出更科学而深入的分析与实证。近几年的研究态势正是这样的,概念的范围虽然缩小,学术的视角则更深入。这其实是对中华文化的根性文化、文化之源的研究。在客家方面,很多客家人从来就称自身为河洛人,如一副长联所云:"客系何来? 本黄裔后胄,三代遗民,世居河洛,自晋初、战乱兵凶,衣冠南下,经唐灾、历宋劫,籍寄遐荒,荜路蓝缕创四业,溯渊源,千年称客实非客;家乡哪处? 数远祖先贤,中原旧族,转徙粤闽,从宋末、居安业定,驻足梅州,复明播、继清迁,群分边郡,瓜瓞绵延遍五洲,同根柢,四海为家就是家。"虽然,"客系何来? 本黄裔汉胄,三代遗民,世居河洛",但是,客家民系渊源和来源的构成极其复杂,客家先民的故乡广及黄河流域以南、长江流域以北、淮河流域以西、汉水流域以东等中原旧地,包括并州、司州、豫州一带,乃至黄河以北的赵、魏之地,但是,它的核心地带是在河洛。然而,客家自身称河洛人后裔,无论其地缘与血缘关系确实与否,都反映了一种强烈的"寻根"意识,反映客家人从文化之源吸取母体文化营养的强烈欲望,而并非都是要寻找到血缘之初的地域。因此,研究客家文化中的河洛文化原初根性精神对滋润客家文化之"根"有特别重要的意义。

三、客家文化中的河洛文化"根性"精神

(一)强烈的血缘和地缘意识、寻根意识

人类血缘意识的觉醒是生命意识的觉醒,并且,"血缘家族是第一个'社会

组织形式'"。原始时代的氏族社会是由父系家长制为核心的血缘组织演变过来的。中华民族的先祖在迈进文明时代门槛的时候,并没有剪断血缘脐带,摆脱血缘组织的羁绊。为了更好地组织生产,战胜其他氏族部落联盟对资源的争夺,他们继续以血缘关系组合氏族来组织生产活动。如大禹治水(水利对农耕有极其重要的作用)即以各氏族首领为自己的"股肱心膂"(《国语·周语》),"按氏族分布的地域来确定版图,调剂劳力,按照权力高下来分配治水斗争的胜利成果。这样,把原来维护灌溉的共同利益的机构,演变成我国第一个奴隶制国家政权"。随着社会的发展,以血缘为基础的原始氏族制向宗法制发展,到了周代,宗法制基本成熟,并一直延续到整个封建社会时期。氏族制末期产生的祖先崇拜观念也被物化为宗庙、祠堂等具体的仪式场所,并形成了系统的宗法制度以及与这种制度相适应的理论体系。孔子创立的原始儒家学说即以血缘构成的"家"为基础,以"孝悌"为最基本的伦理道德,进而扩展到全社会。"地缘"则是血缘的扩大,所谓"乡亲"即隐含血缘意识。因而,由注重血缘而推及到注重地缘是中华文化最重要的根性特征。河洛文化孕育、产生于夏商周三代时期,河洛地带农业先进,最早建立宗法制国家,因此,血缘意识是河洛文化的重要根性,也是中华文化之根。客家比汉族其他民系更顽强地继承了这一根性。客家民系成熟于宋元时期,这一时期中原汉族大规模南迁,虽然中原地区已经进入相当发达的封建社会,但是,客家先民聚居的赣闽粤交界地区还保持着相当的原始性,这使他们固有的血缘根性意识萌发并进一步强化。客家依赖血缘关系组织生产,开拓生存环境,进行社会斗争。其浓厚的血缘意识物化为生产组织、家族祠堂、祭奠祖先的仪式、聚族而居的围屋等等。早期的客家还实行带有原始文化特征的"二次葬",不因迁徙而舍弃亲人遗骨。但是,客家血缘意识所显现的形态又与当地土著有明显的区别,如,客家特别重视编修谱牒,看重郡望堂号等,这都与中原文化一脉相承,体现了中原文化"慎终追远"、"崇本报先,启裕后昆"的文化观。近代以来大量的客家迁徙海外,他们在海外同样面临新的生存困境,为此,他们继续依赖血缘和地缘关系,以求得生存和发展。如,海外客家和其他华裔建立了"唐人街"、"华侨城"、"中国城"等,上个世纪中叶的东亚客家、华人普遍兴办以血缘关系为纽带的家族式企业,以及中国改革开放以来海外客属频繁回大陆寻根问祖,都是根深蒂固的血缘根性意识的显现,表现了中华根性文化的顽强生命力。

（二）中华始祖的开拓精神

诞生于河洛的中华民族始祖创造了灿烂的中华早期的物质文化成果，中华从此迈进了文明时代的门槛，中华始祖的顽强开拓精神是河洛文化的原初精神，它一直激励着后人，成为中华民族精神的核心。神话是民族精神的源头，在河洛文化中的神话传说、历史典籍中记载了这些精神，它成为河洛文化的主要内核。原始农业的产生离不开中华始祖的开拓，在河洛的神话传说中，伏羲氏"观鸟兽之习性"，"作绳而为网罟，以佃以渔"，神农氏发明了原始农业，尝遍百草，选择和培植作物，"斫木为耜，揉木为耒，耒耨之利以教天下"，改进农耕工具，提高农耕技术，黄河流域的原始农业达到了当时最先进程度。大禹继承父亲鲧的遗志，以精卫填海的精神制服洪水，十五年中三过家门而不入，既是开拓精神的典范，又是崇高道德的典范。中华始祖的顽强开拓精神在《周易大传》中以一句话概括："天行健，君子以自强不息。"自强不息的开拓精神是河洛根性文化的重要特征，也是客家文化的精粹。客家民系的全部历史就是不断开拓进取的历史，其迁徙的艰难和创业的艰辛为汉族任何民系所不及，所取得的成就更是举世瞩目。对这一根性精神，客家自己引为自豪，称之为"硬脖子精神"。需要强调的是，客家文化不是一个思想文化体系，而是一种实践型的世俗文化。客家民系没有产生自己的思想家，也没有创造自己的思想文化体系，而是在实践中顽强地继承母体文化的根性精神。对于母体文化中的精深理论，大多数客家普通百姓或许"日用而不知"，但是他们顽强地继承了中华始祖和民系先民、先祖的精神。其实，中华始祖在开创文明时代过程中的艰难开拓，也没有精深的理论指导，他们只是为了生存这一人类的基本需求而不畏艰难地开拓，他们也许是从"天"等自然物周而复始、生生不息的运行中得到"自强不息"的启示。而我们在研究客家文化的时候，往往是从文化典籍，从后来的历史文化教喻中寻找客家精神的渊源，这是方法上的拘囿。研究客家文化中的河洛文化根性，寻找渗透在客家心理深处的文化基因，更能找到文化的真正源头。

（三）重文重德的河洛文化根性传统

客家文化既有原初文化的浓厚血缘意识、中华始祖的开拓精神，是实践型的世俗文化，同时，客家又极其崇文重德，注重诗书传家，耕与读从不偏废。有客家民谚曰：“有子不读书，不如养大猪。”客家人认为“耕田、做工，只是卖死力”，而“读书才能识理、明志，才能有出息”。客家爱国忠君，讲究仁、信、礼、智，忠、孝、节、义，乐善好施，其道德价值观念与中原汉族无异。为此，一些研究者往往只看到客家对封建时代正统的儒家文化的继承与发扬，关注南宋闽学对客家的影响，等等。不可否认，对客家“崇文重德”思想产生最直接和最重要影响的是封建时代的儒家文化。儒家文化是中国文化的主导文化，客家先民来自于中华腹地，深受儒家文化熏陶，而所迁居的福建地区闽学盛行，其文化必然直接影响客家。但是，如果从文化的渊源来研究客家精神，仍然可以追溯到河洛文化渊源。中华文化的重文重德渊源于河洛文化。对文化中的“文”可以理解为精神文化的创造，中华文化中的精神文化源头多在河洛。诸如，神话传说中的“河图洛书”，伏羲氏的“近取诸身，远取诸物，仰观天文，俯察地理”，关于苍颉造字的“古文出于黄帝之世，苍颉本鸟迹为字”的传说，以及河洛的诸多文化流派，文化典籍的创造，都是中华文化的源头。对文化之“化”则可以理解为教育与教化。“周公居摄六年，制礼作乐，天下和”，河洛开“化”的先河，后来的洛阳太学的学生达到 3 万人规模，洛阳长期为中国古代文化教育中心。“化”的目的是实现“德”，包括人性、人伦、社会之德。中国神本文化从周代开始向人本文化转型，周代开始以“德”治国，天子受命于“天”，“天”授命于有“德”之人，天子“以德王天下”，趋善求治的伦理政治型文化开始形成并一直延续到整个封建时代，“德”成为中华文化最重要的内涵。《周易大传》的另一句名言代表了发源于河洛文化的这一文化根性精神：“地势坤，君子以厚德载物。”客家的崇文重教重德，既有封建文化观，其与“有子不读书，不如养大猪”、“万般皆下品，惟有读书高”同义，但是，不能把重文视为封建文化的糟粕，重文是人类理性的自觉，是人类进步的标志，它作为中华文化的根性文化之一，是中华始祖在艰难的生存条件下进行物质文化创造时所感悟和升华的理性。客家聚居的边缘地域，生产力远比中原落后，他们需要以文化求发展。客家文化是移民文化，不断面临新的创业，既需要原始的开拓精神，更需要文化，海外客家所取得的业绩充分证明了重文的作用。因此，客家的重文重德不仅仅是传承封建文化与道德，也包含着对中华根性文化中的文化意义的认识，是中华文化原典人文精神的发扬，客家以“德”齐家、睦邻、义友，以德来维系生存群体与民系，与其他民族友好相处。为此，我们将客家的重文重德作为对河洛文化根性的继承来看待。

参考资料：

1. 林多贤:《客家精神代代传(序言)》,罗勇:《客家文化特质与客家精神研究》,黑龙江人民出版社,2006 年版。

2. 恩格斯:《家庭、私有制和国家的起源》,《马克思恩格斯选集(第四卷)》,人民出版社,1972 年版。

3. 李宗桂:《中国文化概论》,中山大学出版社,1988 年版。

4. 冯天瑜:《中华文化史(上编)》,上海人民出版社,1990 年版。

5. 转引自:薛瑞泽:《试论河洛文化特点》,张素怀:《河洛文化研究》,解放军音像出版社,2005 年版。

6. 汤一介:《河洛文化小议》,《光明日报》,2004 年版。

7. 刘佐泉:《客家历史与传统文化》,河南大学出版社,1991 年版。

8. 刘佐泉:《客家"根"在河洛考(二)》,《中华全国台湾同胞联盟会网》,http://203.192.15.114/web/webportal/W2001256/A2044877. htm l2001 - 04 - 13.

9. 马克思·路易斯·亨·摩尔根:《古代社会》一书摘要,《马克思古代社会史笔记》,人民出版社,1996 年版。

10. 李宗桂:《中国文化概论》,中山大学出版社,1988 年版。

(作者为福建三明学院客家文化研究所所长、教授)

客家栖居文化的中原文化渊源

——以客家土楼为例

鄢祥英

　　海德格尔认为,人是作为"暂留者"存在于大地之上的,是一种"栖居",因为与天、地、神相比,人是非永恒的。有栖居就会产生栖居文化,不同的栖居文化中有不同的文化渊源和文化个性,客家最具有代表性的栖居场所是"土楼",它集中体现了客家的栖居文化观,而中原文化则是客家栖居文化的基因和渊源。

一、栖居文化的城堡意识与建筑技术

（一）客家栖居的城堡意识源于中原

　　栖居离不开"场所","场所"英语为 place,本义是"地方",但栖居意义上的"场所"不是"地方",任何"地方"都是先天存在的,人与地方发生栖居关系,有了栖居文化,如神圣事物的设立等,才会产生"场所"的文化意义。场所第一要适应生存需要,在马斯洛关于人的需要的五个层次的表述中,将生理需要和安全需要作为最基本的第一、二个层次,人类早期的穴居与巢居都是在当时生产力条件下防御自然物袭击的栖居场所,而城堡则是人类建筑技术和社会经济、政治、文化发展到一定时期所创造的防御人类自身异己武装进攻的场所,并且,它的聚居功能促进了古代城市的发展。客家最具有代表性的栖居场所是土楼,而客家土楼以福建省永定县的土楼最具有代表性。永定客家先民来自中原,其栖居场所经历了由简陋的"堡"、"寨"到"土楼"的过程。"永定土楼就是在这些'堡、寨'的基础上发展起来的。从中国移民和建筑史的大背景中追寻永定土楼的建

筑的脉络,显而易见,永定土楼之根源于中原建筑文化。"土楼具有城堡的功能。

诚然,中国建筑主要是以木头为建筑材料,以砖石为辅材,古代中国没有像欧洲那样主要以石材为建筑材料并具有城邦功能的城堡,但是,并非中国就没有城堡,城堡是战争的产物,有战争就会有城堡。战争既破坏文明也催生新的文明,中华民族在长期的战争历史中依据自己的自然地理、建筑材料资源、建筑技术和防御的需要创造了自己的城堡。据现有考古资料,中国最早的城堡产生于中原地带和更北方的内蒙古南部地区。中原地带是中华民族形成的最主要区域,是中华文化的发源地,也是中华各部落联盟之间、各民族之间战争最激烈和最持久的战场,还是中国古代最早产生城市和城市群的地区。据考古调查,距今约5 000~4 000年之间,即考古学上所称的"龙山时代",中国北方和中原地带开始出现以防御为主要功能的聚落建筑,即中国最早的城堡。根据建筑城堡所使用的材料的不同,可以将城堡区分为北方城堡和中原南方系统城堡两大系统。北方系统城堡以内蒙古中南部的石砌围墙类为代表,中原南方系统以黄河中下游和长江中游的夯土城墙为代表。"到目前为止,中原南方系统的城堡共发现14处。山东省4处:章丘龙山城子崖、寿光边线王、临淄桐林、邹平丁公;河南省5处:安阳后冈、登封王城岗、淮阳平粮台、郾城郝家台和辉县孟庄;湖北省4处:天门石家河、荆门马家垸、江陵阴湘城、石首走马岭;湖南省1处:澧县南岳城头山。"客家先民来自中原,其先祖离开中原的时期可以追溯至秦始皇发兵50万征服岭南时期,而真正的中原汉族的大移民潮则是两晋末年的永嘉之乱时期,唐末时期,北宋、南宋末时期的三波大移民潮。躲避战乱是中原汉族进行长途而艰难迁徙的直接动机,迁徙的目的地是适应生存的栖居场所。在中原战乱中的生存与防御需要城堡,到了赣闽粤边地以后,也需要城堡保护栖居地,可见,从中原到赣闽粤边,客家始终保持防御意识。赣闽粤边地是偏远而闭塞的大山区,虽然远离了中原的战乱,但是缺乏中原那样大片的田园,需要重新开垦蛮荒之地。在这里栖居,既要防御自然界野兽的攻击,更由于"荒田无人耕,耕了有人争",出现了与土著族群的摩擦、甚至有械斗,还有兵匪之患,因此,建筑具有聚居功能和防御功能的准城堡——土楼,对于客家的生存具有特别重要的意义。

福建至今保存着大量的土楼,"福建土楼以目前的最新统计总共有1 193座,其中内通廊式圆楼近八百座,单元式圆楼三百多座"。可见土楼建筑之普遍,而最有代表性的土楼,即以生土夯墙的土楼,则集中在闽赣边的福建省永定县境内东部各镇。土楼的外形常见的是方形、圆形,也有其他变通的外形,如椭圆形、环形、八卦形、多边形等。作为准城堡式建筑,土楼最重要的建筑标志是它厚实而坚固的外墙。土楼楼层一般为 3 ~ 5 层,外墙高达 13 ~ 17 米,其厚度可达 1 ~ 3 米,墙脚用卵石或坚硬条石垒砌,石缝以三合土严密黏合,围墙一、二层不开窗,三层以上只开小窗洞。土楼的大门也以坚硬条石为框,用厚实木板做门,门后加固,具有很强的抵御冷兵器、械斗器物进攻的功能。外墙还广设枪眼,进行积极防御。土楼的第二大建筑标志是它特别宏大的聚居功能。一般土楼直径为 30 ~ 50 米,可聚居二三百人,而较大的土楼,如,被称为"圆楼之王"的永定"承启楼",可聚居 80 多户、600 多人。土楼内生活设施完备,大的圆形土楼中还设置一至三环的小圆楼,形成环内套环的格局。这种城堡式的民居是客家的独创,在中原并无先例,也非南方一般的"堡"、"寨"可比,但是,它又是客家先民在中原战乱中形成的城堡意识的物质化显现。

(二)客家土楼的建筑技术源于中原

"当今所谓'土楼',通常指称用生土夯筑墙体以承重的楼房,有的著述包括平房,有的则仅限于三层及三层以上的大型楼房。"本文所谓土楼也是指用生土夯筑墙体的土楼。土楼筑墙的建筑原料是原生土,但不是单纯的红壤土,而是"三合土","三合土"由红壤土、田岬泥、老墙泥(瓦砾土)合成。其中需要量最大的是红壤土,必须是山体表层除去腐殖质之后的生土层。田岬泥即耕地下层未被翻犁过来的新土。这三种土一般都不单独使用,而是按一定比例混合在一起使之发酵成熟后才使用。在已经发酵成熟的湿夯三合土做细后,以红糖、蛋清水及糯米汤水代替水加入三合土中,翻锄和匀。单独使用这种三合土进行夯筑的土墙为普通夯土墙,比普通夯土更高级的还有干夯、湿夯与特殊配方湿夯三种。土楼墙体以竹片、木条作筋骨,以舂、压及"大墙板"技术夯筑,这样的土墙坚如磐石。由此看,土楼建筑的核心技术是夯土筑墙技术,客家根据当地的建筑材料资源进行了夯土筑墙的技术创新,但是,夯土筑墙的原初技术源于中原。早在商代,河南郑州一带的夯土筑墙技术已经相当成熟,在商代二里岗下层土城与上层盘龙城的发掘中,已见板筑夯土的印迹,在河南考古发掘的 50 多处宫室房屋的基础,全部用夯土筑成。春秋战国时代,筑城、筑堤坝和建房广泛使用夯土,此后经秦、汉、唐、五代到北宋,发源于原始社会的夯土技术得到进一步的改进,并出现李诫编撰的《营造法式》、陈振孙编撰的《筑城法式》两部建筑工程技术专著。

明代以来,采用夯土墙的民居,在中国各地普遍出现,从西北到东南,从甘肃、陕西到闽、粤、云、贵、川、湘各省,均可见夯土墙民居。至今中原黄土高原地区的屋墙、台基营建等一直袭用板筑夯土技术,而以打夯号子为主要内容的"打夯文化"也产生于中原。客家对板筑夯土技术的沿用,无疑是对中原历代夯筑技术的继承。在古代中国的西南、华南、东南地区的山区,由于木材和竹子资源丰富,民居多为"干栏式"建筑。如,6 000年前的浙江河姆渡遗址的建筑特点就是用木材或竹为构架,底层架空,楼上住人,称为"干栏"。当今中国西南、华南山区的"吊脚楼"民居即干栏式。采用"干栏式"民居的原因一是南方木材、竹子资源丰富;二是防御野兽攻击和隔离瘴气的需要;三是便于依据高低不平的地势,依山或傍水建筑简便民居。然而,客家不取干栏式建筑,以土楼栖居,既说明客家强烈的聚居与防御意识,也说明客家对中原文化的固守意识。

二、以《周易》阴阳观统领栖居文化

(一)《周易》等文化原典对构建客家文化的意义

了解一个民族的文化需要了解其文化原典。文化原典是一个民族思想文化的结晶,是古老的原创性历史文献,它以宏观的视野、深邃的哲理思考宇宙、社会、人生与人性最具普遍性的问题,对本民族的思维方式、价值观念、行为模式、审美情趣、道德体系等产生超越时空的影响,并且后人可以从中不断吸取思想源泉,它在民族文化心理中具有不可动摇的地位。在中华文化中,堪称"原典"的是《易》、《诗》、《书》、《礼》、《乐》、《春秋》等"六经"(因《乐》亡佚,现存的中华原典实为"五经"),与之相关的《论语》、《孟子》、《老子》、《庄子》等典籍也具有原典性质。所谓"原典精神",是指一个民族的文化原典所集中体现的原创性精神。"由'五经'等典籍组成的中华原典内涵丰富,鲜明地显示出中华文化的特性,诸如一天人、合知行、同真善、兼内外的融通精神,祖述尧舜、型仪先王的重史传统,革故鼎新的社会演化观,以'文'化被天下的普世主义,夷夏之防、用夏变夷的民族观,广大高明不离乎日用的实用理性,以德化为中心的重教主义,重民、

恤民的民本思想,经世风格与忧患意识等等。"

中华原典多产生于中原,对客家先民具有文化原型意义。客家先民远离了中原故土,对母体文化的依恋远甚于汉族其他民系。文化原典,特别是"六经"之首的《周易》具有超越时空的文化哲学功能,它提出的"太极"、"太和"概念,"一阴一阳之谓道"的命题,阴阳消长、转化的辩证思维,奠定了中华文化的宇宙观和哲学思维体系的基础。其"道"为天道、地道、人道,对世界作整体观照,提出天地、人生的大道理,以及通变、适变的法则,虽然极其抽象,但可以万世致用。为此,客家始终以它为自己文化构建的指导,无论是不畏艰难险阻的长途迁徙,还是以天下为栖居之所的开基创业,以及与南方迁徙地土著、国外异民族文化融合中的变通精神,其文化源头都可以追溯到《周易》的原典精神。客家民系形成于漫长的战乱时期,他们的先民流离失所,不断寻找新的栖居地。栖居地攸关生存,一旦在闽赣粤边地栖居下来,所有的秩序需要重建,唯有从中华文化原典寻找法则,构建自己的栖居文化。以《周易》的阴阳观统领栖居文化,使物质和精神的栖居都找到了理想、途径和法则。

(二)追求"天人合一"的栖居理想

"天人合一"概念虽非《周易》提出,但是,《周易》的天道、地道和人道之理为后来的中国哲学家提供了灵感的源泉,逐步形成了中国"天人合一"的文化哲学观。北宋著名哲学家张载提出"天人合一"命题,他认为,人和自然都要遵循统一的规律,即阴阳二气相互作用,"聚散相荡,升降相求"的对立统一规律,体现自然界和人的共同的"性命之理"(《正蒙·参两》),他认为性天相通,道德原则和自然规律是一致的,性与天道,具有同样的变易属性,所谓"性与天道云者,易而已矣"(《正蒙·太和》)。在中国文化中,"天人合一"是极高的理想境界,客家栖居也追求这样的境界。栖居"场所"是提供给"人"居住的,那么,就必须适应于"天"与"地",因为栖居"场所"必须有"神圣事物的设立",达到人、鬼、神三界的和谐,于是,风水理论成为规范客家栖居"场所",决定客家建筑思维和行为方式的重要理论依据。客家秉承了传说由黄帝撰写的《宅经》的教训:"人之居宅,大须慎择。"《宅经》称:"宅以形势为身体,以泉水为血脉,以土坡为皮肉,以草木为毛发,以屋舍为衣服,以门户为冠带。"客家饱经离乱之苦,他们对《宅经》以及整个风水理论的信仰与追求程度甚至超过中原地区的汉族。如,客家尊奉堪舆家杨筠松,尊其为"杨公先师",凡有建筑行为,必供奉牌位。

在众多客家土楼建筑中,无不体现风水意识,如,在中原汉族地区早已消失或淡化了的具有"八卦"寓意的建筑,却在客家聚居地区产生。客家以对栖居地的山水崇拜、地形崇拜、方向崇拜和对优美环境的选择与建设,创造"诗意栖居"的意境。《风水辩》将"风水"定义为:"所谓风者,取其山势之藏纳……不冲冒四面之风;所谓水者,取其地势之高燥,无使水近夫亲肤而已,若水势屈曲而环向之,又其第二义也。"《青鸟先生葬经》曰:"内气萌生,外气成形,内外相乘,风水自成。"风水理论与中国诗学的意境理论多有相通之处,"天人合一"则是它们共同的文化哲学内涵。"场所"从纯自然状态中分离出来,成为人的栖居之所后,自然与人文就并处于一个共生体系中,成了文明与宇宙对话的领域。从建筑物本身来看,客家土楼以圆形、方形为主,是"天圆地方"的隐喻。在《周易》中,乾为天,乾宫为元亨利贞,表示对一切事物顺利通达,而"天行健,君子以自强不息"则是人与天相合的不息奋斗。"坤"为地,"坤厚载物,德合无疆,含弘光大,品物咸亨",地静顺天,承载万物生养并且生生不息,人要有大地的深厚品德,才能身负重任,达到天地人的合道。"天人合一"是客家先民在历经战乱和迁徙之苦以后,构建栖居文化的理想追求。

(三)重构客家栖居秩序

人类对世界的认识经历了从混沌到有序的过程。《周易》是中华民族走出混沌世界以后所创造的文化原典,显示了对世界秩序的总体认识,它为儒家构建封建伦理纲常秩序奠定了基础。《易·系辞上》:"君子所居而安者,易之序地。""列贵贱者,存简位。齐大小者,存乎卦。""贵贱决定六爻的位置,阳大阴小在八卦中各有相应的位置,意思是中高低俯仰,应比,承乖的布局,无不是借助阴阳关系构成整体的秩序。"客家栖居秩序包括两个层面:

1. 土楼建筑的物质秩序。《周易》对中国古代建筑文化有深刻的影响,为此,中国古代建筑文化又称易学堪舆文化,它对建筑最大的影响是"秩序",即天、地、人的关系与秩序,要求天、地、人和谐,从而达到吉祥目的。《经》认为:"阳宅更招东方北方,阴宅更招西方南方。"客家土楼根据风水理论的吉祥观建造,其中,特别注重屋场的"方向",依据自然地形、地势、山水大势而定住宅方向,基本是面朝南(面南、东南)或东,现存的客家土楼大多具有坐北朝南、坐高向低、背风向阳、靠山面水、沿路边桥头而建的方向特点。"背风向阳"蕴涵阴阳相生相克和相互依存，"面山靠水"蕴涵避凶聚气，"沿路边桥头"含四通八达、财源广进之意，这些都来自于风水理论。

对于移民的客家来说，要选择符合风水理论的场所是比较困难的，南方山区没有中原那样的自然地理条件，但是，现存的大量客家土楼基本都符合《宅书》"屋场"选择条件，除了充分利用客观条件以外，不能说不是客家对风水理论坚持的执著。在客家地区还建有独特的"八卦楼"，严格按照"八卦"的规则布局。闽粤边的福建省漳州市诏安县官陂乡大边村的"再田楼"就是一座典型的"八卦楼"，全楼主体分八大部分，以合八卦，每一部分又分为八开间，共六十四开间，以合《周易》六十四卦。每个部分和开间都是均分，严格遵循八卦的秩序与法则。在一般土楼的内部建筑中，也严格坚持"秩序"，如，固守"中轴"的地位，以中轴为建筑秩序的基本点和核心。即使建筑圆形土楼，也以中轴为祖堂，内部一切建筑围绕中轴分布，达到了内部建筑的井然有序。客家土楼虽然具有城堡功能，但它更是民居，为了天、地、人的合"道"，客家土楼远比南方一般"堡"、"寨"更讲究建筑秩序。那些"堡"、"寨"以单纯的军事防御为功能，以服从防御为法则，"据险以守"，不像客家土楼那样讲究建筑秩序。因而，客家土楼是一般"堡"、"寨"无可比拟的栖居场所，其防御追求和平中的防御。

2. 栖居的伦理秩序。中国古代社会是宗法制的农业社会，它由原始氏族血缘关系发展而来，形成了一整套家庭与社会相统一的伦理规范，如君惠臣忠、父慈子孝，兄友弟悌等。儒家以血缘关系为基础建立封建伦常体系，客家栖居坚持了这样的法则和秩序。如，在客家栖居文化中，族人敬奉祖先，讲究长幼有序、尊卑有别，族长享有家族首领的权威，族人必须遵守族规家规，承担家族、家庭责任。这种伦理秩序与严谨的建筑秩序保持了一致。客家先民饱受战乱、流离、迁徙之苦，血缘、家族是他们举家、举族迁徙的根本，更是他们在新的栖居地生存与发展的基础，在新的栖居场所重建栖居伦理秩序，增添了家族的凝聚力，家族也成为客家民系形成的基本细胞。

（四）客家栖居文化的兼容并蓄

兼容并蓄是中华文化的重要特点之一，中华民族因兼容并蓄而得以发展壮大，繁衍至今。兼容并蓄须有变易、变通思维。在《周易》、《老子》等中华文化原典中,阴阳转化,矛盾双方不是僵死、绝对的对立,而是可以在互相补充、互相渗透、互为条件的前提下,经矛盾主动方面对被动方面的作用,构成新的均衡稳定、动态和谐的矛盾统一体。《周易》由一阴一阳构成了复杂的六十四卦,三百八十四爻,以阴阳交叠、相互包容和矛盾转化而达到和谐。客家始终在纷繁、复杂的社会矛盾中生活,缺乏兼容并蓄这个群体难以生存。其栖居文化中的兼容并蓄主要表现在:

1. 在栖居地融合土著族群,最终形成以中原汉族为主体,兼容当地土著的客家民系,在兼容的过程中,不仅仅是不同民族的结合,更是不同文化的融合与涵化。

2. 宗教信仰的兼容并蓄。在栖居"场所"必须有"神"的地位。《说文解字》曰:"场,祭神道也。"有了"神"的存在,栖居才有精神寄托。客家栖居也离不开"神"。客家广容多神,包括自然神、神化的祖先、道教与佛教诸神、神化的孔子与关公、地域性的各类杂神。其中,客家对自己的开山祖先有特别的信仰和情感,将之神化。在客家,人与神之间没有明显的界限,秉承了中原人本文化传统。

3. 宗法制下的平等与和谐。作为移民,客家面临重重生存危机,需要借助家族和群体的凝聚力以重新开基创业。其凝聚因素,一是"硬"性的宗法制度;二是平等、和谐的"软"性的力量。为此,在客家的栖居文化中,不乏宗法制下的平等与和谐。如,在聚族而居的大圆楼中,各户开间相等,无明显朝向差别,无贵贱等级之分,这对中原望族府第等级森严的建筑布局以及严格按辈分分配住居的方式有很大的变通。一家有客或一家有困难也是相与接待和相与帮助。各小家庭拥有自己的独立财产,但家族成员又共同拥有诸多不可分割的公有财产。血缘、聚居、地缘、土地、栖居,以及一定的平等促进了家族、群体的协作与和谐,也从另一方面强化了家族伦理秩序。

三、客家栖居文化中的实践精神

知与行的统一是中华文化特别重视的问题,古代哲学家提倡践行尽性,履行实践,言行一致,知行统一,在实践中达到自身知识与道德的完善,社会的完美。客家文化是一种实践型的世俗文化,它以母体文化的思想理论体系为指导,注重实践,积极进取,从而创造了客家民系自身和光辉的物质与文化成果。

（一）开基创业，奠定栖居的物质基础

客家以耕读传家，在客家土楼，不仅仅可以看到"读"，更有"耕"的浓厚农家特点。"土楼的诸多建筑属于生产的一部分。家家有猪圈、鸡鸭寮、兔子笼子等。碓子、磨石、风车及随处可见的犁、耙、锄头、畚箕、蓑衣、斗笠等，都是生产、生活的工具和用具。更多的细枝末节的安排也与生产有关，柱子上钉的一枚枚竹钉，是用来挂菜子、豆种的；厨房前檐下的'泥坑'，是浇肥的小地窖。"显然，土楼这种大型民宅与中原汉族的大家族府第截然不同，带有明显的农家色彩。客家在新的家园辛勤耕作，其稻作文化相当成熟，从播种到收获，从主食到小吃，以及围绕稻作的各类民俗，虽无不带有明显的中原文化痕迹，却又有很多的创造，形成了客家独特的稻作文化。而这一切都是在偏远山区重新开基创业而形成的，是他们继承中华始祖开拓精神的伟大成果。

中华文化的原初精神之一是不畏艰难的开拓创业，中华始祖早期的物质生产奠定了中华迈进文明时代的基础。在神话传说和历史典籍中，伏羲氏"作绳而为网罟，以佃以渔"；神农氏发明原始农业，尝遍百草以选择和培植作物，"斫木为耜，揉木为耒，耒耨之利以教天下"；大禹以精卫填海的精神制服洪水，十五年中三过家门而不入。《周易大传》中的"天行健，君子以自强不息"是对中华文化原初精神的高度概括，被客家世世代代传承下来，无论是在偏远的赣闽粤边地开荒垦岭，重建家园，还是漂洋过海创业异域，客家人以天下为栖居之所，人才辈出，事业辉煌。客家栖居文化是以物质生产实践为基础，以中华始祖不畏艰难的开拓精神为内核，和谐生活，不断实现自身价值的文化。

（二）崇文重教与道德实践

中华文化重文重德，客家继承了母体文化的优良传统。在客家聚居地区，儒家古训男女老幼耳熟能详。在土楼，处处可见道德教义的传播，诸如，"礼门通义路，智水近仁山"，"读圣贤书立修齐志，行仁义事存忠孝心"，"一本所生，亲疏无多，何须待分你我；共楼居住，出入相见，最宜注重人伦"，"振作哪有闲时，少时壮时老年时，时时须努力；成名原非易事，家事国事天下事，事事要关心"之类的楹联随处可见。客家鼓励以圣贤为楷模，修身养性，胸怀天下，报效家国。在行为规范上崇尚勤劳、朴实、和谐。这无不得力于客家崇文重教的实践。最典型的人物是客家先贤温革（1006～1076），江西石城堂下村人，在科场失意后，他一心兴办教育,培育客家后代,他尽捐家资,兴办义学,成为北宋著名的民间教育家和图书收藏家,被誉为一代大儒,受到朝廷表彰。

在客家地区,普遍崇文重教,耕与读从不偏废。正如一副土楼对联所教喻的:"教子读书,纵不超群也脱俗;督农耕稼,虽无余积省求人"。在福建永定县,"明清时,大多乡村几乎都有书院学堂,小的村落也有私塾","除了乡村中的书院,规模比较大的土楼几乎楼楼有书斋"。客家崇文重教丰富了自身的文化内涵,并且人才辈出。在客家人聚居的福建永定这样的山区,据明汀州府志记载:"取士登科者不乏,读书传世者恒多。"由于崇文重教,客家土楼与其他民居充满诗情画意,"几乎拥有一切艺术门类的因素——作为空间静态艺术的书法、绘画、雕刻、以及盆景雕塑,作为语言艺术的诗词文学,作为动态时间性的音乐、戏曲等等,它们相互包容,相互补充,相互生发,构建了客家土楼集萃式的综合艺术王国"。客家的栖居是海德格尔所说的"诗意的栖居",尽管这样的"诗意"充满苦难和艰难。

参考资料:

1. [德]M. 海德格尔:《建筑·居住·思想》,文化艺术出版社 1991 年版。

2. 苏志强:《永定土楼是客家文化的结晶》,林仁芳主编:《客家文化论坛》第一集,客家文化论坛组织、客家文化研究会 2004 年编印,内部资料。

3. 肖燕:《论龙山时代城堡的性质》,中国长城网 2005 年 1 月 12 日。

4. 李建华:《土楼的渊源与由来》,四川师范大学中华移民文化网,2006 年 3 月 8 日。

5. 张泓昌:《再论土楼与土楼文化》,林仁芳主编:《客家文化论坛》第一集,客家文化论坛组织、客家文化研究会 2004 年编印,内部资料。

6. 参见李建华:《土楼的渊源与由来》,四川师范大学中华移民文化网,2006 年 3 月 8 日。

7. 李建华:《土楼的渊源与由来》,四川师范大学中华移民文化网,2006 年 3 月 8 日。

8. 冯天瑜:《辛亥革命对原典精神的发扬》,《湖北大学学报》1991 年第 6 期。

9.《宅经》(卷上),文渊阁,四库全书(本),转引自程爱勤:《论"风水学说"对客家的影响》,《广西民族学院学报·哲学社会科学版》2002 年第 3 期。

10. 亢亮、亢羽:《风水与建筑》,百花文艺出版社 1999 年版。

11. 陈天欣:《土楼建筑中的阴阳思维》,《科技探索》2000 年第 5 期。

12.《宅经》(卷上),文渊阁,四库全书(本),转引自程爱勤:《论"风水学说"对客家的影响》,《广西民族学院学报·哲学社会科学版》2002 年第 3 期。

13. 苏志强:《永定土楼是客家文化的结晶》,林仁芳主编:《客家文化论坛》第一集,客家文化论坛组织、客家文化研究会 2004 年编印,内部资料。

14. 苏志强:《永定土楼是客家文化的结晶》,林仁芳主编:《客家文化论坛》第一集,客家文化论坛组织、客家文化研究会 2004 年编印,内部资料。

15. 李志文:《土楼物质性建构和精神性建构序》,《闽西职业大学学报》2003 年第 1 期。

（作者为福建三明学院客家研究所教授）

河洛文化在江西客家
社会中的传承与演变

施由明

　　江西的客家先民来自中原,且大多来自河洛地区,这已是众多学者通过研究之后的共识。客家先民来到了赣南之后,代代相传,传承着河洛地区的文化,又代代在演变河洛地区的文化,这种演变是一种创造,一种在特定生存环境下秉承河洛文化精神而在文化内容、文化形态上的创造。江西客家是如何传承和如何演变河洛文化及创造新的地域文化的? 本文试图作一探讨。

一、江西客家传承了已成为中华民族核心文化的河洛文化

　　河洛文化的原始形态是一种和全国其他地区原始文化一样富有地域特色的文化,从裴李岗文化、仰韶文化到龙山文化,都是富有地域特色的文化。而河洛文化之所以发展成为了中华民族的核心文化,首先在于它的地理位置居“天下之中”,其次是河洛地区的自然环境适宜于人类生存,因而河洛地区成为了中国最早的几个王朝的都城所在地,这就是司马迁在《史记·货殖列传》中所说:“昔唐人都河东,殷人都河内,周人都河南,夫三河在天下之中。”正因为河洛地区为中国最早的几个王朝都城所在地,从而奠定了河洛地区的文化成为中国传统文化中的核心文化的基础,如礼制、儒家学说都是中国传统文化中的核心文化,便产生于三代宫廷,如孔子所说,“殷因于夏礼,周因于殷礼”,“周监于二代,郁郁乎文哉”。而孔子的儒家学说则源于周公在雒邑“制礼作乐”。同样,对中国社会和中国国民影响深远的道家思想也源于周王室,因为老子是周王室的守藏史,

他的思想来源与周王室的文化积累是分不开的。因此,早在上古的夏商周时期,河洛地区就在孕育着中华民族文化中的核心文化。

东汉、三国魏、西晋、北魏时期洛阳为国都所在,中华民族文化中的核心文化伴随着国家教育的发展在河洛地区进一步发展。阐释儒家经典学说的古文经学和今文经学产生于河洛,讲授和传播儒家经典的太学产生于河洛,大批文化名家(如古文经学大师)产生于河洛地区,大量的文化典籍积存在河洛地区。魏晋时期,糅合老庄思想于儒家经典的玄学产生于河洛地区。中国的佛教也是从河洛地区孕育、播衍的,洛阳的白马寺是中国最早翻译佛经、传播佛教的中心。

学界所公认的客家民系或客家社会的形成源自于西晋末年的北方战乱,即所谓"五胡乱华",中原士族大举渡江南迁,其中有少部分进入了赣南山区居住,由此开始孕育客家民系。而晋末南迁的中原士民所承载的河洛文化已经不是仅具地域特色的文化,而是已成为中华民族核心文化的河洛文化,这就是以儒释道为主干的中国传统文化。

中原地区(即广义的河洛地区)的人口第二次大规模的南迁是在唐中叶及唐末和五代十国动荡时期。唐中叶即安史之乱时期,中原士民大规模南迁,不少进入了赣南地区定居生活。同样,唐末黄巢大起义和五代十国动乱时期,大量的中原士民南迁,有相当数量进入到了赣南地区,如周红兵在《赣南客家源流考》一文中,通过对宁都县456个姓氏中的116个姓氏的迁徙考证,确定有25个姓氏是唐至五代迁入宁都定居的;该文还对石城县114个姓氏的迁徙情况加以考证,认定有43姓是唐至五代迁入石城定居的。由此可说明,唐代中叶和唐末有相当一部分中原移民进入了赣南生活。

唐代是中国文化辉煌灿烂的一个时代,同样也是河洛文化的鼎盛时代,最为突出的文化现象是一批唐代诗人中的重要的诗人产生于河洛地区,如刘禹锡、李贺、杜甫、元稹、贾岛等人,还有许多河洛地区之外的文人终老洛阳,留下了许多不朽名篇。实际上不仅是文学,儒释道三家在唐代的河洛地区都得到了很大的发展。此外,龙门石窟的雕凿、唐三彩艺术、园林建筑等都是当时中国辉煌文化的代表。因而,唐中叶和唐末五代中原士民承载了充分发展的中国传统文化中的核心文化,到南方以后弘扬和传播了中华民族的核心文化,即儒释道的文化。

北宋后期是北方人口第三次大迁徙的时期,金兵的南侵,使大量的中原汉人不得不举家南迁,进入赣南地区的中原士民较前两次多得多。正是北宋末年的中原人口大规模南迁,促成了客家民系在赣南地区的形成。而北宋末年的中原移民们同样承载了经过再一次发展的中国正统思想文化,这就是理学的思想观念,由程颢、程颐兄弟创立的伊洛理学,后经过南宋朱熹的发展,成为塑造中国国民的重要思想。

由上可知,中原士民的南迁带来和传播了中国最为正统、最为核心的思想文化,这就是已成为中华民族核心文化的河洛文化,所传承的主要是一种思想文化和精神文化,即儒释道的思想理念。

二、传承与演变

江西客家在特定的生存环境中传承河洛文化核心精神的同时,在文化内容和文化形态上演变与创新了河洛文化。

在中国,富有明显地域特色的文化有燕赵文化、秦晋文化、齐鲁文化、湖湘文化、吴越文化、楚文化、巴蜀文化、岭南文化、客家文化等,河洛文化自东汉起已基本上等同于中国的正统文化。中国各地域文化在原始形态时都极富地域特色,在秦始皇统一中国以后,特别是汉代大一统的背景下,国家权力伸展到了全国各地,以儒释道为主干的中国正统文化的影响伴随着国家权力和国家教育的伸展而扩展到中国的大部分地域,从而成为了中国汉文化圈内各地域的文化的思想灵魂。

赣南不同于赣北和赣中,从赣中到赣北是一个向着鄱阳湖开口的巨大盆地,地势坦荡,容易接受到中原地区的影响,而赣南则处于闽粤赣三省交界地带,所谓"其地抚闽粤之背,扼章贡之吭,层峦叠嶂,气势磅礴";或谓"赣之为郡,处江右上游,地大山深,疆隔绣错,握闽楚之枢纽,扼百粤之咽喉,汉唐以前,率以荒服视之";或谓"赣郡江湖枢键,岭峤咽喉,又十二邑多崇山幽谷,为奸民逋逃之薮,昔称难治"。赣南的山地面积占21.89%,多系海拔500米以上的中低山,山岭间大小50多个盆地及赣南中部绵延的丘陵适合农耕。但直到宋代赣南山区仍未被开发,北宋王安石在治平年间曾谈到当时虔州(今赣州)的状况:"虔州江南地最旷,大山长谷,荒翳险阻,交广闽越,铜盐之贩道所出入,椎盗夺鼓铸之奸,视天下为多。"南宋初年,曾任江西制置大使的李纲描述赣南的状况:"然虔之诸县,多是烟瘴之地,盗贼出没不常,朝廷初无赏格,士大夫之有材者,多不肯就,又难强之使。"直到明代中期以前,赣南的状况是:"赣为郡,居江右上游,所治十邑皆僻远,民少而散处山溪间,或数十里不见民居。里胥持公牒征召,或行数日不底其舍,而岩壑深邃,瘴烟毒雾,不习而冒之,辄病而死者常什七八。"

从晋末始,迁入赣南的中原移民,就是在这样的地域环境中开拓、生存,并和当地的畲、瑶土著不断融合,在传承河洛文化精神及不断汉化畲民和瑶民的同时,在吸收畲、瑶民族文化的过程中,演变河洛文化和创造新的地域文化。这种演变和创造伴随着社会的变动而经历了自晋末到唐与北宋的孕育与发展,到南宋的初步形成,明清的整合、定型而形成了今天我们所看到的江西客家文化。这种文化的特点就是,在传承河洛文化的同时,在文化内容和形态上演变了河洛文化和创造了新的地域文化。

1. 语言文化

语言是一个族群或一个民系的重要标志和重要特点。客家之所以成为客家,一个重要的标志就在于它的语言,既保持了唐宋中原的古韵,又在闽粤赣特定的生存环境中吸收当地畲瑶民族的语言因素而形成独具特色的客家话,成为中国的七大方言(官话、吴语、湘语、赣语、闽语、粤语、客语)之一,这是对河洛文化的传承,又是特定地域生存环境的创造。

2. 宗教与民间信仰

宗教与民间信仰是一个民族或民系文化的重要组成部分,在一定程度上反映着一个民族或民系的民性。江西客家有着多神信仰的特点,从自然崇拜、祖先崇拜、神灵崇拜到佛、道、巫觋、术数、风水等信仰,既多且杂。从对河洛文化的传承来看,信佛信道是明显的河洛文化传承,当然,也是汉民族共同的文化传承。

赣南客家对佛道的信仰也有明显的地方的特色,不仅在赣南有相当数量的宋代佛塔,有相当数量的道观、寺庙,最突出的是一般百姓遇有丧事,都请僧人或天师、斋嬷做法事,或请佛道共同超度灵魂。清同治十二年刊本的《赣州府志》卷二〇《风俗》中说:"亲死,延浮屠作佛事,有力之家则请乡绅题主。行家奠,不尽用文公礼。"

赣南客家的民间信仰中最具地域特色或者说是特定地域的文化创造,是"巫觋迷信"和"风水"信仰。

"巫"是女性,"觋"是男性,"巫觋"指的是看不见的鬼神,在赣南客地及闽粤客地至今很迷信请巫觋消灾避祸,俗谓"跳神",须歌舞请神。崇信鬼巫虽说是楚地的习俗,但从远古以来,中国许多地方都如此,在殷周时期,中原一带也都崇鬼信巫,四库本《河南通志》卷二八《风俗》转引《汉书·地理志》说:"好祭祀,用史巫。"即说明河洛地区上古时代特别信巫。然而,赣南客地,从古至今民间都特别崇信鬼巫。清同治十二年刊本的《赣州府志》卷二十《风俗》中说:"赣俗信巫,婚则用以押嫁,葬则用以押丧,有巫师角术之患,士君子以礼传家则不用。"清同治七年刊本的《南安府志》卷二《风俗》则说:"乃犹波靡楚俗,崇鬼信巫。"赣南各县志也有相类似的记载,如道光九年刊本的《定南厅志》卷六《风俗》中说定南俗"崇尚鬼巫"。

赣南客地的巫觋还很有地域特点,民间很迷信"仙姑嬷"、"撮箕神"一类的巫觋活动。

赣南客地之所以特别迷信巫觋,这和赣南特定的生存环境有关,山岭重重的封闭环境中,中原移民与当地畲瑶民族融合的过程中保存了当地土著的原始信仰,山岭重叠的生活环境有着崇鬼信巫的氛围。

赣南客家(实际上闽粤客家亦然)特别崇信风水,选房基地和坟地都要请风水先生勘测,并由风水先生选好吉日方可动工。因为客家人认为坟地、房基地选择得好坏,对后代的兴旺发达至关重要。

风水术是河洛文化的传承,又是赣南客家在特定地域环境下对河洛文化的演变与特定地域的文化创造。

据林忠礼、罗勇先生的研究,早在殷周时期,殷人和周人就已重视风水实践,殷墟出土的甲骨文中就有大量关于建筑的卜辞,如作邑、作案、作宗庙、作宫室、作墉等。周人的几次迁都和营建新邑,都经过反复卜问和勘察,《诗经·大雅·公刘》曾记载周人祖先公刘率众由邰迁豳勘察宅茔:"既景乃冈,相其阴阳,观其流泉。"这都说明殷周时期风水术已在河洛地区孕育。而到春秋战国时期,《考工记》、《管子》、周礼等则为风水术的形成奠定了理论与实践的基础,这些书总结了城市建设的经验,制订和提出了建国都与城市选址的理论。秦汉时期已出现了一批风水术专著,如《堪舆金匮》、《宫宅地形》、《周公卜宅经》、《图宅术》、《大衍元基》、《葬历》等。

客家先民将风水术从黄河流域带到赣南以后,赣南山水丘陵重叠的自然环境,为风水术的发展提供了新的背景,因为赣南潮湿,地形复杂,建屋、造坟都特别需要因形选择,需要根据地表、地势、地场、地气、土壤等进行选择。因而唐末的杨筠松将风水术带到赣南后,根据赣南的地理特点,创立了适合赣南自然环境的风水术,这就是江西的形势派(实乃赣南派),其理论特点是因地制宜、因形选择,即根据地势、地形的来龙去脉,强调龙、穴、砂、水的配合,尽管有很多迷信的内容,但实际上是一门生态环境学说,是客家人求生存和开发山区的需要。

3. 山歌与采茶戏

客家山歌是典型的富有地域特色的文化,在某种程度上也是河洛文化的传承,传承了《诗经》那种以诗和歌的形式反映生活的文化模式,然而,在内容上完全是地域文化的创造。客家山歌是以客家人的生活、思想为题材,运用客家方言来表达情感的,如:

> 泥塑神河问唔声,两行横屋妹无厅。
>
> 哑子取妻么话讲,雪打灯草芯滑冷。

这首山歌的方言词有:唔(无)、么(无)、讲(说)、滑冷(冰冷);谐语双关语有:厅(听)、芯(心);谚语:哑子取妻么话讲。如果不懂客家话就理解不了这类山歌;如果懂得客家话,了解客家生活,就会感到客家山歌是那么富有生活情趣和生活气息,情真意切地反映了客家地域的生活情感和价值观念与人格追求,是客家地域的文化创造。

同样,作为客家艺术中一朵绚丽奇葩的赣南采茶戏,明中叶开始流行于民间。研究者一般认为,赣南采茶戏是由赣南的安远、于都、赣县、信丰、石城等地的茶歌、马灯、龙灯、摆字灯等民间歌舞与粤东的采茶灯结合发展而成,富有浓厚的赣南客家乡土气息和鲜明的地域特色。

赣南采茶戏的表演艺术特点,据黄玉英的研究,可归纳为"三奇三绝":没有宫廷和才子佳人戏和舞,全是下层劳动人民的爱情与劳动生活;大量的表演身段模仿动物的动作,并以动物命名;歌舞戏相伴相随;此乃三奇。矮子步、单袖筒、扇子花,此乃三绝。而这"三奇三绝"正是赣南客家人长期生存于严峻生态环境中的产物,如矮子步,乃因为客家人生活在大山中,出门爬山,弯腰屈膝,负重必蹲,高人也成了矮子,而客家人却让矮子步成了舞蹈的基本步,这确是特定地理环境下的艺术创造。

4. 建筑文化

建筑学家们称赣南的围屋是民居建筑史上的奇葩。据有关统计,在赣南的龙南、全南、定南三县全境及信丰、安远两县的南部和寻乌的个别地方,分布着总数五六百座的客家围屋,这些客家围屋是否传承了汉魏北方的坞堡建筑形式已难肯定,然而,是赣南特定地域的文化创造已毫无疑问。饶伟新对赣南乡村围寨的研究认为:赣南客家围屋的形成乃"自明中叶以迄清代,由于险恶的地理生态环境和长期的社会动荡,赣南乡村居民自发地构筑大量用于军事防卫的乡村围寨,于是形成广泛而持续的筑寨运动。伴随着乡村围寨的构筑和乡族武装力量的崛起,乡族势力尤其是宗族的力量得到不断的发展,并且日益军事化和割据化,逐渐成乡村社会中非常成熟的支配力量。乡村宗族构筑围寨,'聚族自保',直接地导致'聚族而居聚落的形成,聚居宗族也得以强化'"。

然而,尽管赣南围屋的构筑是特定地域与特定历史背景下的需要,但构筑围屋的核心精神还是传承了河洛文化中的家族宗法观,并且在赣南的特定地域中强化了这种观念。清同治十二年刊本的《赣州府志》卷二〇《风俗》中说:"诸邑大姓聚族而居,族有祠,祠有祭。祭或以二分(春分和秋分日——笔者),或以清明,或以冬至。长幼毕集,亲疏秩然,反本追远之意油然而生。"因而,赣南客家围屋既是河洛精神文化的传承,又是特定地域的文化创造。

5. 民俗文化

在赣南的民俗文化中,有许多是河洛文化的传承,如春节贴春联、舞狮舞龙灯;端午节插艾叶、包粽子、赛龙舟;男子成年后行冠礼,女子成年后行笄礼;婚娶时"必择家世相当者,问名而后纳彩,行聘,多辞不受财,止受服饰而已,嫁女择婿首重儒生,尚合古人治家用之训";将嫁时"有纳彩问名,俗曰传红,士大夫则曰传庚礼;有纳币,俗曰茶礼,士大夫则曰过聘礼;有纳吉请期,俗曰报日礼;有亲迎,俗曰接亲礼;有合卺,俗曰交杯礼;有庙见及见于舅姑,俗曰拜堂。名虽异而近古"。这些民俗和汉民族的一般习俗都是相同的。然而,在赣南特定的地理环境和社会环境中,又产生了一些富有地域特色的民俗,这便是特定地域的文化创造,如"九狮拜象"和"竹篙火龙节"等。

6. 饮食文化

赣南客家的饮食文化同样有着河洛文化的传承,如客家菜中的代表菜酿豆腐、扣肉、盐焗鸡等便是传承了中原古饮食文化。然而,客家菜更多的是南方山区生活环境的创造,如客家人喜吃酸、辣、腌,这便与湿热和多山的环境有关。再如客家人喜吃蛇,这是接受了古越族人的饮食习惯;而擂茶毫无疑问是山区生活的一种饮食文化创造:将茶叶、芝麻、甘草放入擂钵中,将茶叶、芝麻、甘草研成泥,捞出后放入茶罐,冲入滚烫的沸水,一罐又甜又香又辣又苦的擂茶便成了,既有营养又香辣可口,喝后通体舒泰,微汗轻发。此外,客家菜系中许多都是地域饮食的产物,如荷包扎(肉)、捶鱼丝、腌板鸭等。

7. 精神特质与民性

如前所述,无论是晋末、唐后期、宋后期移民南方的中原士民,所承载的河洛文化都是已成为中国正统的、以儒释道为主干的核心思想文化,所富有的民性都是经过了儒释道塑造的民性,背负着三纲五常、忠孝节义、仁信礼智、老庄思想、佛教信仰等来到南方。到南方后聚族而居,这些以儒家思想为主干的正统思想传承的途径之一便是家族教育。赣南客家的家规族法一般都有这些规定:尊祖敬宗、忠信孝悌、睦家人、和乡邻、勤俭持家、各立其业、重教育、讲品行等。家族教育对塑造基层国民性起了重要作用。

以儒家思想为主干的正统思想传承的途径之二便是府州县学校、书院、私塾组成的正统教育网络。

唐以前,赣南号称"风气未开,文教阒如也"。而赣南风气之开、文教之兴,以北宋周敦颐讲学赣南为标志,所谓"宋儒周子虔州,二程子从之游,始以理学过化此,邦人知向学,而风气为之一变"。周敦颐创办了赣南书院。"书院之所由设,与其作人之师表者周子也。尊所闻,行所知者二程子也。前为之推,后为挽者苏文忠、王文成也。诸生鼓箧其中,行宜日高,文宜日茂。"书院的作用是"礼先贤所以示敬也,启后秀所以劝俗也"。

在书院创办之前,官办的学校已创立,南安军学创建于宋太宗淳化二年(991),赣州府学创建于宋庆历年间(1041~1048),此后各县在宋代相继创立县学,苏轼经过赣南时曾称誉"南安之学甲江西"。

宋代,赣南已形成了官办的府县学和私办的书院、私塾与家族教育并行的教育体系,这套教育体系传承和弘扬正统的、源自中原的儒家文化,保证了赣南客家传承汉民族的民性,这套教育体系延至清末,特别是明后期王阳明在镇压了赣南农民起义后,在赣州创建了濂溪书院,聚徒讲学,四方学者汇聚赣南,带动了赣南书院的发展,赣南在明代所建的座座书院,大多是盛极一时的讲学风气带动的。清代的讲学之风尽管衰退了,但赣南的学风仍然兴盛,地方官员为教化社会风气,为使士人仍然潜心理学,也使赣南这个理学名区不没落,修复了明末废坏的书院,同时创办了 20 座书院。

因而,源自中原的正统的儒家文化不仅在赣南客家社会得到传承,还得到了很大的弘扬,从宋至明,赣南出了一批理学名家,使赣南成为理学名区。

赣南客家(明清时期从赣南迁入赣西、赣西北、赣东北的客家亦然)的精神特质,首先是显现中原正统文化塑造出的精神特质,如重伦理、讲礼节、敬祖先、睦亲族、尚忠义、隆师道等汉民族的精神特质和民性。然而,客家人在特定的山区艰苦的生活环境中,又强化和突显了原本也是汉民族正统精神特质的一些方面,如刻苦耐劳、开拓进取、勇于冒险、艰苦奋斗、勤劳俭仆、热情好客、诚朴率直等。

由上可知,江西客家在精神特质和民性方面,同样是传承了河洛文化,同时,也有特定地域的创造。

三、简短结语

客家之所以成为汉民族中的一个民系或汉民族中的一个族群,而没有成为别的民族,正因为这个民系或族群的文化和民性主要传承了中原汉民族的文化和民性,但在特定地域的生存环境中又有富有地域特色的文化创造和民性突显,因而使得客家既是汉民族又有别于汉民族的其他民系,而使客家成为客家。

参考资料:

1. 关于赣南客家的人口来源可参见罗勇:《赣南客家姓氏渊源研究》,《赣南师范学院学报》2003 年 5 期;周红兵:《赣南客家源流考》、邱常松:《宁都客家姓氏迁徙及人口分布》、朱祖振：《石城客家人口流迁概况》，载《赣南师范学院学报》1992 年《赣南客家研究》专辑。

2. 同治十二年刊本《赣州府志·序》之《江西分巡吉南赣宁兵备道湘乡文翼序》。

3. 同治十二年刊本《赣州府志·序》之《顺治十七年庚子分守岭北道睢阳汤斌序》。

4. 同治十二年刊本《赣州府志·序》之《康熙五十三年甲午季春分巡赣南道三韩陈良弼序》。

5. 王安石：《临川文集》卷八二，《虔州学记》四库全书本。

6. 李心传：《建炎以来系年要录》卷一〇一，广雅书局丛刊本。

7. 同治十二年刊本《赣州府志》卷六六，《艺文·明文》，杨士奇：《送张鸣玉序》。

8. 其过程可参见刘丽川：《论客家多神信仰及其文化源头》，《中山大学学报》2002 年 2 期。

9. 林忠礼、罗勇：《客家与风水术》，《赣南师范学院学报》1997 年 4 期。

10. 道光四年刊本的《宁都直隶州志》卷二六，《方伎志》载："杨益，字筠松，窦州人，言金紫光禄大夫，掌灵台地理事。黄巢破京城，益窃秘方中禁术，与仆都监自长安奔虔化怀德乡。爱其山水，遂家焉。以其术授曾文、刘广东（实乃刘江东——笔者）诸徒，世称救贫仙人。卒葬于都寒信峡药口若悬河坝，今呼为杨公坝，著有《青囊》、《疑龙撼龙》、《穴法》、《倒杖》诸书传世。"

11. 参见钟俊昆：《论客家山歌的文化语境》，《赣南师范学院学报》1995 年 2 期。

12、14. 参见罗勇：《关于赣南客家文化研究和利用的几个问题》，《赣南师范学院学报》2000 年 4 期。

13. 参见黄玉英：《与歌唱结合的赣南民俗活动》，《江西社会科学》2005 年 12 期。

15. 参见饶伟新：《明清时期华南地区乡村聚落的宗族化与军事化——以赣南乡村围寨为中心》，《史学月刊》2003 年 12 期。

16. 清同治十二年刊本《赣州府志》卷二〇《风俗》。

17. 关于"九狮拜象"和"竹篙火龙节"可参见罗勇：《关于赣南客家文化研究和利用的几个问题》，《赣南师范学院学报》2000 年 4 期；林晓平：《赣南宁都县洛口乡南岭村的卢氏源流与火龙节》，《赣南师范学院学报》1996 年 1 期。

18. 同治十二年刊本《赣州府志》卷二六，《书院》，王潘：《重建阳明书院记》。

19. 同治十二年刊本《赣州府志》卷二六，《书院》，幸启泰：《修洋濂溪书院记》。

20. 赣南最早的书院道源书院始建于宋乾道元年(1165)。

21. 同治七年刊本《南安府志》卷二〇，《艺文》，苏轼：《南安军学记》。

22. 参见施由明：《试论理学与赣南的书院教育》，《赣南师范学院学报》1999 年 1 期。

23. 关于南宋和明中叶赣南农民起义的情况可参见谢重光:《温床与中枢:南宋与明中叶赣南在客家民系的地位》,《赣南师范学院学报》2005 年 2 期;李坚、宋三平:《试论南宋高宗初年赣闽粤交界地区的动乱》,《南昌大学学报》2005 年 6 期。

（作者为江西省社会科学院历史所研究员）

赣闽粤客家传统社会风水
信仰民俗的心理解读

王院成

一、问题的提出

风水是中国传统文化的重要组成部分,它作为一种独具特色而蕴涵意象丰富的民俗文化,在广大民众千百年来的社会生活中,意义非同寻常,影响甚为深远。在民间,每逢婚丧嫁娶,修宅建房,打井筑灶,乃至修坟建陵,人们无不求助于风水师,观天文,察地理,择吉日,此民俗历经千年仍兴盛不衰。古往今来,国人对风水是科学还是迷信一直争论不休,莫衷一是。王充在《论衡·论气篇》中指出,人死则气散、形消、魂灭,所谓的"祸福荫应说"是站不住脚的;吕才等人批判风水中的所谓厚葬、择日避煞及游年相宅等一系列繁琐的习俗与方法;黄宗羲等人则严厉批驳葬地风水中的"三元白法";理学大师程颐、朱熹等人则从宣扬儒家孝道的目的出发,力倡风水之学;张居正等人承认阳宅风水的必要性,但反对阴宅风水。然而,风水在民间乃至上层社会依然"风景依旧"。民间的风水事例难以尽数,比如江南地区许多村庄直到现在还有大量保存完好而形式各异的风水塔,它们或因镇水口而修,或因昌文运而建;还有为藏风聚气而栽植的大片大片的风水林。

由于风水是一种比较奇特的文化现象,国内外学者对此兴趣浓厚,有关风水的研究也成果斐然。在国外,关于风水的研究由来已久,英国尹特尔《风水:古代中国神圣的景观科学》、韩国尹弘基《韩国风水·文化与自然》、日本郭中端《中国人街》等,他们主要从建筑学、生态学的角度给风水以高度评价,日本的渡边欣雄从人类学的角度出发认为风水是一种民间宗教。在国内,大体来说,主要有何晓昕《风水探源》、王其亨《风水理论研究》、刘沛林《风水:中国人的环境观》、亢羽和亢亮《风水与建筑》、褚良才《易经·风水·建筑》、程建军《藏风得水——风水与建筑》等。他们主要认为风水是古人因择居需要而建立的融建筑学、生态学、规划学、美学等为一体的综合性学科。周耀明从民俗学的角度出发认为风水是一种择居民俗文化等。由于风水是多种成分杂糅而成的文化复合体,所以要全面系统地揭开此文化之谜,必须对其进行多层次、多角度的研究。笔者认为世俗民众的风水信仰既是风水的特殊表现形式之一,也是我们揭开其神秘面纱的切入点。

由于风水信仰不仅与客家民系的形成和发展休戚相关,而且也是客家地区重要民俗事象之一。在赣闽粤客家地区,自杨筠松在唐末开创了"形势派"风水理论以后,这里不但风水术士名流辈出,而且有的曾闻达于京师,如风水大师"廖均卿与曾从政于明永乐五年(1407年)共同相定皇陵(今称'明十三陵')有功,同授钦天监灵台博士"。所以本文即以赣闽粤客家传统社会为例,从广大俗众的心理层面对风水信仰民俗作一解读,以求教于学辈同人。

二、赣闽粤客家传统社会风水信仰民俗的成因

风水在我国很早以前就已产生,据现有资料推测,相地法大约源于原始聚落的营建。有书可考的记载最早见于《尚书·召诰》:"太保朝至于洛,卜宅,厥既得卜,则经营。"春秋战国以来,风水理论著作数不胜数,比如秦汉时的《堪舆金匮》,魏晋时的《葬经》,南北朝的《黄帝宅经》,唐代的《撼龙经》,金代的《青乌先生葬经》,明代的《地理人子须知》等等。据这些大量散布于民间的风水理论著作,我们可推测风水在传统社会有着相当广泛的市场。那么赣闽粤客家传统社会风水信仰民俗形成的原因是什么呢?笔者认为可以从以下三方面来认识:

1. 神秘玄奥的风水理论风水亦称"堪舆",《四库全书总目提要》将其归为方术类别,称:"术数之兴,多在秦、汉以后。要其旨,不出乎阴阳五行、生克制化,实皆《易》之支派,傅以杂说耳。"其实,风水是以天文、地理、八卦、阴阳五行为基础,杂糅儒道佛思想,并融合部分巫术而形成的方术,其最重要的特征就是宣扬社会与人事的变化和发展具有可预测性,并认为个人命运前程和家族盛衰沉浮由居址环境主宰。这种思想广泛散布于以往的风水理论著作之中。《黄帝宅经》开篇就写道："夫宅者,乃是阴阳之枢纽,人伦之轨模……凡人所居,无不在宅……故宅者人之本,人以宅为家,居家安,即家代昌吉,若不安,则家族衰微。"《三元经》亦称："地善即苗茂,宅吉即人荣。"《阳宅十书》也指出："宅东流水势无穷,宅西大道主亨通。"所有这些论说无不使世俗民众感到宅址与个人和家族关系非同小可,这首先给他们信奉风水的心理天平加上了一个重重的砝码。

然而,风水理论有更为玄虚之处,譬如风水师是风水理论的操纵者和实践者,他们出于生存的需要,故意将其职业神圣化,引相应的巫术于风水之中。例如赣闽粤客家地区广泛流传的杨救贫"移山霸水口"、"移山烧石灰"、"掘热水净身洗物"的神话故事就带有明显的巫术成分,这使得用于相宅的风水理论变得玄之又玄,也进一步加深了客家民众对风水的依赖心理。

2. 传统社会胼手胝足于土中求食的世俗民众的生命力是比较脆弱的。这在"八山一水一分田"的赣闽粤客家地区显得尤为突出。这里不但"深山穷谷,时有瘴气染",而且野兽虫蛇时常隐现。客家先民迁徙到此,既要避开瘴气疾疫的侵害,又要对付野兽虫蛇的袭击,宅址的选择极其重要,用于相宅的风水理论就不可或缺。宅址确定之后,就要开发山区,建设家园,可是这里"山大谷长,荒翳险阻"。风水又成了客家民众开发山区的一种重要手段。譬如赣闽粤客家地区就广泛流传着江西"形势派"风水祖师杨筠松有"赶山鞭、赶山术,既可以把山赶走,也可以把石头赶走。他寻龙跟脉,遍察赣闽边区。发现哪里有山障碍交通,与民不便,他就把山赶走;哪里有流水为患,他就把圆滚滚的石头像赶猪婆仔一样赶去堵塞,或者把石头赶至河中间拦坝蓄水以灌溉农田"。从中,我们可窥探出这其中隐含着客家民众在深山巨谷之中开发山区的艰难与无奈,以及祈求超自然力量来协助自己摆脱生活困厄的心境,而风水就成了他们化解对自然的认知困惑和解除生存困境的一种有效手段。

3. 落魄而聪慧的风水师风水理论的神秘玄奥,客家世俗民众生命力的脆弱还不足以使他们对风水深信不疑,风水广泛盛行于赣闽粤客家地区,与此地区为数众多的风水师密不可分。据史书记载,风水传入赣闽粤客家地区起于杨筠松,清道光《宁都直隶州志》卷二六《方伎志》曾载:"杨益,字筠松,窦州人,官金紫光禄大夫,掌灵台地理事。黄巢破京城,益窃秘方中禁术,与仆都监自长安奔虔化怀德乡。爱其山水,遂家焉。以其术授曾文迪,刘广山(一说刘江东),世称救贫仙人。"杨筠松不但开创了"江西形势派"风水理论之先河,有《青囊经》、《疑龙经》、《撼龙经》等著作传世,而且广收门徒,亲自操风水术于客家山水之中。风水也就以此为契机在赣闽粤客家地区播迁开来。风水能够播迁于整个赣闽粤客家地区也与此地区大批科场失意而转行于风水的文人有关。这些科场失意者迫于生计而转行于风水,使得风水师的数量大为增加。风水理论著作大多诘奥难懂,"非博物明贤"者不能深察其奥妙所在,风水师恰恰充当了客家民众和风水理论的中介与桥梁。在风水理论向客家民众濡化的过程中,以杨筠松为首的大批风水师用通俗易懂的语言、便捷实用的操作方式使之简约化、浅显化,从而易于为客家民众所接受。

总之,赣闽粤客家传统社会风水信仰民俗的成因是比较复杂的,但最主要的原因是客家世俗民众社会生活的需要,同时风水师在风水理论向客家民众濡化过程中,对其进行简约化的宣扬也起了重要作用。

三、赣闽粤客家传统社会民众风水信仰的心理解读

美国著名的人本主义心理学家马斯洛在《动机与人格》一书中将人的心理需要由低到高分为生理需要、安全需要、爱和归宿的需要、尊重需要、自我实现的需要。在此,笔者仅用安全需要和自我实现需要对赣闽粤客家地区传统社会的一些风水事例加以分析,来解读风水信仰中客家世俗民众的真实心态,以及风水对他们的价值和意义。

1. 安全需要——威严的狮子

马斯洛在《动机与人格》中称:安全需要是人继生理需要之后的最基本的心理需要,而且是不可或缺的基本需要之一。众所周知,客家先民主要聚居于赣闽粤山区,生活环境相对比较恶劣。然而,相对于远古时代古猿人的生存环境,客家先民的生活环境已有很大改善,可是安全需要依然是最基本的。客家民居建筑中威严的狮子就是他们出于安全需要而为之的结果。江西赣县白鹭古村官宦人家的祠堂之间,于"风水"有碍的巷道路口的墙头或屋顶,都高悬一块兽头装饰的"泰山石敢当"的石碑,或一尊张牙舞爪的小石狮,借以镇妖驱邪。广东惠阳市镇隆镇崇林世居的"工艺品有狮子驮墩,这些安装在卷棚梁与檐口挑檐梁

上的木雕狮子,不仅起着托垫的作用,而且还有'镇邪'的作用"。实质上,客家民众层层设置种类繁多的辟邪物件,正是为了建构一个心灵或精神的防范体系,一旦在他们与周围的环境不相协调时,希望这些辟邪的镇物发挥作用,使他们不安全的、骚动的心理世界重新建立起秩序来。

2. 自我实现需要——风水补救法

马斯洛认为:低层次需要是高层次需要的基础,高层次需要是低层次需要满足之后的必然要求。同样,在传统社会中,人们吃、穿、住等基本需要稍微得以满足之后,高层次需要——自我实现需要就会凸显。

在传统社会中,科举出仕是人们的多种自我实现需要之一。依风水理论所言,其先决条件之一就是拥有"风水宝地"。然而现实生活中"风水宝地"少之又少,生计尚难维持的世俗民众经济相当拮据,为了达到两全其美的效果,只好采取不得已而求其次的办法——风水补救法,即对形势欠佳的山川进行人工修补等。明清赣南客家地区大量的风水塔就采用了风水补救法。在当时社会历史条件下,科举出仕是改变自己乃至整个家族命运前程的不二法门,所以各地无不希望文运昌盛。明代科举达到登峰造极的地步,本来就"崇文重教"的赣南客家地区为了文运更昌、科举更振而兴起了修建文峰塔的风潮。瑞金一县就修建文峰塔达 3 座之多。其中"龙珠塔"与"巽塔"遥相呼应,瑞邑人士对二塔寄予厚望:"巽辛二塔对峙,屹然凌霄,后日必有人文振起,秀甲寰区者矣。"依现代的眼光来看,世俗民众不惜物力财力去寻求"风水宝地"来达到昌文运、振科举的行为显得有点荒唐,然而在当时的社会条件下,客家世俗民众通过风水补救法兴科举、昌文运,是因为他们的自我实现需要——科举出仕因社会历史条件所限而陷入两难的境地。于是,他们就借助于风水的"神秘力量"使自我实现需要从主观心理上得到补偿。

任何社会行为都是行为者心理行为的外化。同样,客家民众的上述行为也是他们风水信仰心理的产物,这与马斯洛的由低层到高层的心理发展需要理论也是相吻合的。当我们再仔细深究一下,就可以发现问题的症结所在。如果从风水能够满足客家民众择居、开发山区等实际生活需要这一角度来解释他们崇信风水的话,那显然是顺理成章之事。然而,问题在于他们把风水解决不了的实际生活问题也用风水来加以解决。比如用威严的狮子来解决他们的实际生活安全需要,修建大量的文峰塔昌文运、振科举。这表明风水对客家民众还蕴涵特殊的价值和意义,即客家世俗民众在现实社会生活中自身需要无法得到满足时,他们就借助风水的"超自然神秘力量"从主观心理上得到某种补偿。

在此,风水以其特有的功效使客家民众找到了精神的寄托、灵魂的家园,抚慰了他们焦虑、骚动、不安的心灵。在此意义上,文化人类学大师马凌诺斯基所言极是:"无论有多少知识和科学能帮助人满足他的需要,它们总是有限度的。人事中有一片广大的领域,非科学所能用武之地。它不能消除疾病和朽腐,它不能抵抗死亡,它不能有效地增加人和环境的和谐,它更不能确立人与人间的良好关系。这个领域永久是在科学支配之外,它是属于宗教的范围。"风水对客家世俗民众确实具有类似于宗教性质的人文主义关怀功能,它有效地化解了客家世俗民众所面临的人生困厄,满足了他们祈求幸福生活的美好愿望。

四、结语

由此可见,风水是中国传统社会的一种奇特民俗文化景观,也是一种比较复杂的文化现象。赣闽粤客家传统社会世俗风水信仰民俗既是风水的奇特表现形式之一,也是赣闽粤客家传统社会世俗民众的一种精神信仰、一种心理行为。它在赣闽粤客家地区之所以能够经久不衰,一方面是因为风水在当时的历史条件下能够解决赣闽粤客家传统社会世俗民众的选宅、择居等实际生活需要,另一方面是因为风水对困苦劳顿的赣闽粤客家传统社会世俗民众来说具有类似于宗教性质的人文主义关怀功能。

参考资料:

1. (英)伊特尔:风水:《古代中国神圣的景观科学》,1883 年版。

2. (韩国)尹弘基:《韩国风水·文化与自然》,东方文化出版社,1976。

3. (日本)郭中端:《中国人街》,相横书房,1955。

4. (日本)渡边欣雄著,周星译:《汉族的民俗宗教》,天津出版社 1998。

5. 何晓昕:《风水探源》,东南大学出版社,1990。

6. 王其亨:《风水理论研究》,天津大学出版社,1992。

7. 刘沛林：风水：《中国人的环境观》，三联书店，1995。

8. 亢亮、亢羽：《风水与建筑》，百花文艺出版社，2001。

9. 褚良才：《易经·风水·建筑》，学林出版社，2003。

10. 程建军：《藏风得水——风水与建筑》，中国电影出版社，2005。

11. 周耀明：《传统风水文化的民俗学分析》，《广西民族学院学报》，2004，（3）：123。

12. 清·道光：《宁都直隶州志》卷二六，《方伎志》。

13. 清·同治：《宁都直隶州志》卷一，《星野志》。

14. 王安石：《虔州学记》，引自《古今图书集成》，方舆汇编职方典卷九二三，《赣州府部艺文一》。

15. 罗勇：《客家赣州》，江西人民出版社，2004.114。

16. （美）马斯洛著，许金声译：《动机与人格》，华夏出版社，1987。

17. 谭伟伦主编：《粤东三州的地方社会之宗族、民间信仰与民俗》，（劳格文主编．客家传统社会丛书．国际客家学会、海外华人研究中心、法国远东学院，2002。）。

18. 清·乾隆：《瑞金县志》卷三，《建设志·台塔》。

19. （英）马凌诺斯基著，费孝通译：《文化论》，华夏出版社，2002.53。

（作者单位为赣南师范学院客家研究中心）

闽豫文化的渊源关系

刘玉珍　杨国庆

河南地处中原腹地,有"居天下之中"的独特的地理位置和丰富的自然资源,是我国最早进入文明社会的地区,古代文化博大精深,素有文明摇篮之称。特别是长期以来,它作为我国政治、经济、文化和军事中心,具有特殊的历史地位,可以说它的历史是我国历史的缩影,而中原古代文化是我国古代文化的浓缩。大量的考古资料证明,几十万年以前原始人类就在中原地区居住和生活。考古工作者在河南南召县云阳镇杏花山发现了"南召猿人"的一颗牙齿化石,其年代与北京猿人(直立人)相近,距今约五十至六十万年。此外,在河南淅川、卢氏等地也有古人类化石出土。在河南三门峡、河南安阳小南海等地发现了较多的旧石器时代早期、中期、晚期不同发展阶段的文化遗存。在河南新郑发现了大量的新石器时代前期文化—裴里岗文化遗址,这一遗址的年代距今9000—7200年。这些充分证明,早在7000多年以前,中原地区就已经建立起拥有农业和手工业的氏族社会,在全国居于领先地位,在世界文化史上也居于前列。距今7000—4800年的仰韶文化在河南也有大量的遗存。这一文化时代的彩绘陶器,精美绝伦,令人赞叹。农业、家畜饲养业和手工业比裴里岗文化时期更为发达。继承仰韶文化的龙山文化,分布河南全境。这一时期,被称为三大文明因素的城市、青铜器和文字在中原地区集中出现。截至目前,在河南境内发现的龙山古城已达6座之多,很多发现是其他城址中绝无仅有的。农业和手工业又有新发展,冶铜和铜器使用迹象有较多的发展。特别是制陶技术有飞跃的发展,已经开始使用慢轮制作,模印技术也已出现。

夏代是我国第一个奴隶制王朝，是文明进代的开端。以嵩山为中心的中原地区，是古代夏族活动的中心地区。考古发掘证实，二里头文化就是夏文化。位于偃师二里头的二里头遗址规模宏大，内涵丰富，这里有巍峨壮观的大型宫殿，有形式多样的居民住房，有铸造青铜器具、制造骨器和烧作陶器的作坊，有数量众多盛储食物和器具的大小窖穴，还有大量贫富悬殊的大、中、小型墓葬。尤其是大型宫殿基址，是国家政权的象征。二里头文化已步入青铜时代，这一时期青铜的种类已可以包括容器、兵器、工具、装饰器四大类，在铸造艺术上，有了多合范的整体浇铸，也有采用分铸和接铸法的，体现了当时中原地区在青铜冶铸技术上首屈一指的地位。商汤灭夏以后，都西亳，西亳就在河南的偃师；之后仲丁迁隞，就在郑州附近；盘庚迁殷，在河南安阳。所以说中原地区又是商王朝的活动中心。商朝在河南建都，郑州二里冈文化是继承夏文化而来的，青铜制造技术，已达到了炉火纯青的地步，尤其是商代青铜礼器，其数量之多，造型之精美，花纹之繁缛，体形之巨大，使人叹为观止。中原青铜礼器象征着中华和东方青铜文明的辉煌。武王灭商以后，为了巩固周人在东方的统治，迁都洛邑，西周时期的洛邑（洛阳）成为当时全国的政治、经济、文化、中心。汉代，河南洛阳作为全国的政治、经济、文化中心，历时千年之久。唐代的洛阳，作为东都，同样具有重要的历史地位。以致于在北宋时期，东都开封，西京洛阳，中原地区仍不失为我国的文化中心。所以说，中原地区不仅在早期作为三代之居而辉煌，而且在秦汉以后，基于丰厚的文化积淀，中原地区不断吸收我国其他地区甚至外国的文化因素，日益发展壮大，成为华夏文化的核心。

也正是基于中原地区特殊的地理位置和重要的历史地位，使全国的钱财和人才汇集中原，促使当地的经济发达、科技先进、文化繁荣。中原人创造的物质文化中，有不少可以夸耀于国人、享誉世界。

由于福建和河南两省不可分割的史缘、血缘和地缘，闽文化与豫文化渊源已久，两地文化的发展有着密不可分的联系，闽文化虽然有着自己的特色，但始终带有中原文化的烙印。厦门大学杨国桢教授说："闽、台与中原古代语言相通"；陈友平教授说："闽台文化与中原文化本质相同"。福建，有我们中原南迁的大量移民，也即是今天的客家人。福建人民出版社 1984 年出版的《闽台关系族谱资料选编》在"移民资料"中介绍，先祖来自河南固始的族谱有 16 部之多，分布于福建晋江、泉州、南安、安溪、永春、漳州、龙海、仙游、长乐、诏安等地。客家人,经过长期的艰苦发展,形成了独特的民族风格,他们继承了华夏和汉族文明,勤劳勇敢、坚韧不拔、团结开拓、富有高度的文化素质。是一个富有新兴气象、特殊精神又极其活跃的民族群体。在当地的建设和发展中做出了卓越的贡献。同时,客家人还用优秀的文化和优良的品质培养出了许多优秀儿女,如民族英雄郑成功等,他们是客家人的骄傲,也是中原人民的骄傲。如今在改革开放的社会大潮中,客家人与无数在福建的河南人和无数在河南的福建人一样,仍在继续为两地的经济建设和精神文明建设做着默默无闻的奉献,他们在继续传递着新时期两文化的信息,续写着两地一家亲的新篇章。

　　闽文化的重要组成部分客家文化,是联系两地文化的重要纽带,而客家源流则是研究客家历史文化、民情、风俗、民系精神和未来走向的学术基础。他们是什么时候迁至中国南部的? 他们又是怎样的一个群体? 他们的过去和现在又如何? 他们与中原有什么样的联系? 等等,都被人们所注意,客家源流和文化的研究已成为世界性的热门课题,座谈会、研讨会、恳亲会时有召开。人所共知,客家人不是中国南部固有的民系,而是汉族里头一个系统分明的支派。“客家”,顾名思义是“即客又家”的意思。有关专家经过深入的调查和研究,认为客家民系的形成是一个历史过程,是以中原南迁的汉族为主体,同时吸收本地少数民族的血统与文化融合而形成的,是与汉民族的发展壮大相伴随的。

　　自东汉以后,中国北方的少数民族,由于各种原因,引起了向内地迁徙的运动,到晋初,内迁人口日益增多。这些少数民族在与汉民相处之中,由于语言、习俗和民族特性的差异,不断发生民族冲突,积时一久,便生怨愤。不久,晋室的八王之乱,使得中央政府丧失了控制地方的能力,民族矛盾激化,北方战乱不休。晋怀帝永嘉五年,匈奴攻陷洛阳,汉族人惨遭外族蹂躏,流离失所,在无奈之下便相继向南迁徙。一些仕宦人家,大都避难大江南北,被称作“渡江”,或称作“衣冠避难”;而贫民则成群奔窜,称作“流人”。这次迁徙是历史上的第一次大迁徙,主要由中原迁至河南与湖北交界处以及皖赣沿长江南北两岸。这是中国民族大变化的关键,也是客家民系形成的先期。第二次南迁在唐朝末年(公元880年),受黄巢事变影响,中原局势动荡,居民流离转徙。第一次逃难后的客家先民的居地,也是黄巢事变冲击的主要地方,为了求生,客家人再一次向别的地方逃难。而当时全国战乱，民无宁居，仅福建西南部、广东东部和东南部、江西东南部等地较为稳定，所以他们只好迁往上述几个地方。第三次南迁是南宋受金人南下入主(公元1127年)的影响，中原人民大量随宋室南迁，部分进入福建。第四次迁移则是明末清初受满洲人南下入主和内地人口膨胀的影响。第五次迁移是清同治年间(公元1867年以后)，受广东西路事件和太平天国事件的影响。总的来说，中原人的南迁，除了逃避战乱，还有饥荒和自然灾害等原因。

汉民族是由夏代的华夏族，经过商、周、春秋战国至秦汉不断的民族大融合最后形成的，由于政治、经济、军事和思想文化力量的强大，一直是我国的主体民族和主要统治民族。客家人在迁徙过程中，带来了中原华夏民族的先进生产技术和文化。其民系在形成和发展的长期实践中，也吸收了当地少数民族文化，但仍然保留了汉民族文化的鲜明特征。其族谱、语言、风俗习惯和居住特点等都较好地保留和发展了汉族的文化传统。以下从几个方面将两地文化加以对比。

客家人特别崇拜祖先，他们不仅有宗庙，而且在居住的土楼和围屋里，大都建有祖公堂，是陈放祖公牌和祭祀祖公的地方，并且一定是在上堂屋，这个地方，被他们视为最神圣的地方。祖公堂设有木雕精致的神龛，里面按祖先的辈分自上而下陈列祖公牌位，其位置不能错乱。逢年过节，客家人到宗庙或上堂祭祖，仪式十分的隆重，不仅要摆放猪肉、鸡、鱼"三牲"，还要摆上各式糕点和水果。穿戴整齐的子孙们排列有序进入祖公堂。然后恭敬虔诚地进行烧香、点烛、读祭文，行跪拜礼。门口贴对联、放鞭炮。整个祭拜过程都显示了客家人对祖先的崇拜和敬仰。此外，每年阴历正月十五的元宵节或生孩子，客家人都要到祖公堂上"上灯"，以告慰祖公。这一习俗与中原古代的民俗相同。

客家人的婚礼，也都遵循中原古代礼制的传统。客家人传统的婚俗，是"媒妁之言，父母之命"，定亲仪式复杂而繁琐。迎娶新娘的时候，新娘坐花轿、盖盖头，锣鼓乐器一路吹打相伴。新娘娶进大门之后，要到上堂拜堂，新郎新娘同拜天地、拜高堂、夫妻对拜，然后才入洞房。这些婚姻仪式，完全符合中原的风俗。

客家人的丧葬活动也与中原相同。客家人死了人用棺材成殓，出殡时扬幡，土葬。孝子们身穿白色孝服，手抚哀杖，披麻戴孝，脚穿草鞋等，和中原古代丧葬礼制一脉相承。

客家人还注重尊崇孔子仁义道德的正统思想，将"耕读为本"，"学而优则仕"作为行为准则。客家人所挂的堂联,更是凝聚着他们的行为思想和客家文化的精华,可以说是客家人教育子孙的随时可以看得见、摸得着的宣传标语,为子孙创造了一种处身立事的文化氛围。这些堂联,内容十分丰富,主要培养后生尊祖、孝悌、勤俭持家、读书为本的思想,始终贯穿着中原华夏传统文化儒家思想,这也是客家人与中原汉族文化认同的重要标志,也是客家人与中原汉族文化认同的重要标志。

另外客家人的很多节日活动,都热闹非凡,其形式和内容同样继承了中原文化传统。如过春节,要祭祖拜年、玩龙舞狮,元宵节放灯,清明节扫墓,端午节吃粽子、划龙船,中秋节吃月饼,重阳节登高,冬至吃饺子等,这些节日文化习俗,都沿袭了文化的共性。

客家人来自中原,除了史书、祖谱、民俗、地方志、考古资料的记载,客家人居住的土楼也是有力的证明。客家人南迁以后,背井离乡,面临的穷山恶水的自然环境,也面临着陌生的民族,为了生存和安全,客家人必须建设便于聚族而居,而且防御性极强的居所,也即是大围屋,在闽西地区,客家人居住的是土楼。这些围屋多为夯土、三合土或土坯建筑,无论是圆形还是方形,都有高大的围墙、围楼和碉楼。碉楼上开有枪眼、门上镶着铁皮、门前装着门杠、门后装着栅栏,等等,这一切都充分显示着客家人极强的防范意识。而这些建筑形式,均源于中原地区,在中原史前的仰韶文化、龙山文化遗址中可以见到它的雏形。商周以后中原一带夯筑和泥砖建筑、三合土地板开始出现,并在以后的时间里得以发展。在中原地区东汉的墓葬中,常发现带碉堡的围屋模型,这是东汉大封建庄园经济发展的象征。客家人民在迁徙过程中,为了适应自然、防御来犯、保证衣食,带来了中原的先进技术和文化,这其中就包括了居住的建筑技术,并且聚族而居,从而巩固和强化了以姓氏为中心的宗族血缘关系,用建筑的躯壳把血族成员严严实实地包裹起来,赖以生存和发展,这也是客家围长期存在的社会基础,是华夏传统文明的结晶。更为可贵的是,中原地区因为历史和社会原因早已失传和淡化了的文化内涵,都可以在客家围中找到。有专家说,客家人的居所,是一部"夯土的史书",也是一座中原传统文化的宝库。

中原先民的多次南迁,除了带去了先进的文化和生产技术,同时也将源于中原的姓氏播植于南方各地。据《闽书》记载:"永嘉二年,中原板荡,衣冠驶入闽者八族,所谓林、黄、陈、郑、詹、丘、何、胡,是也。"《台湾省通志》则说:晋代从中原入闽者有林、黄、张、刘、杨、郑、丘、何、詹、梁、钟、温、巫等13姓。具体来说,如李姓,据《李氏族谱》记载,福建客家的李姓,是在唐代大量迁居福建的,大部分来自河南;而张姓,则是在晋代、唐代由河南光州固始迁入的。刘姓,早在晋朝刘氏就有迁入福建的,唐代迁入福建的就更多。又如陈氏,唐高宗总章二年(669)朝廷曾派陈政为岭南行军总管,带3 600名府兵入闽。陈政死后,其子陈元光代父领兵,平定叛乱,屯兵戍边,兴修水利,发展生产,后人尊为"开漳圣王",其子孙成为闽、粤、台及南洋诸岛陈姓的主要一支。这样的例子不胜枚举,从姓氏源流上足可以看出豫闽两地深远的文化关系。

从以上几个方面来看,豫闽文化的渊源已久,血脉相承,密不可分。两地虽然居住遥远,但却共同谱写着华夏传统文明的光辉历史。由于两地不可分割的血缘关系,同样的先祖、同样的信仰、同样的理想,使两地的文化拥有相同的特点。历史上两省文化交流也时有发生,改革开放以来,两省的经济、文化交流更加频繁,有效地促进了两省的各项建设。在文化交流中,福建文化中的精华给河南带来了启示和帮助,促进了河南文化的繁荣。当前,河南人民正在认真学习贯彻落实江泽民总书记"七一"讲话精神,决心以"讲话"为指针,抓住机遇,内强精神,外树形象,建设21世纪有中国特色的先进文化。这就更需要加强两地文化的交流,以便优势互补,相互促进,更好地发展我们的华夏文明,使古老灿烂的华夏文明得到进一步发扬光大,辉煌永远。同时也真诚地希望福建的朋友常回家看看,也真诚地希望你能为家乡献计献策,贡献自己聪明才智。

(作者为河南博物院副研究员)

"心灵镜像"

——客家的巫信仰与民间禁忌

蔡登秋

　　客家人主体是从中原南迁到闽粤赣三角边地的汉民族一个民系,由于移民来源相对复杂,同时又与当地土著民杂糅和融合,形成了文化多元化的固守与重构特性。就信仰方面来说,也相应呈现出复杂性和兼容性,这种存在状态是建立于保留中原汉人的基础上,又与侨居地及当地土著民的信仰相结合而形成的。也就是说,在客家民系形成和发展过程中,既保留了中原汉人对各种神灵的信仰习俗,又汲取了楚湘和当地"巫"的信仰,通过自身的不断演化,逐渐生成出新的信仰方式,从而形成了一个庞杂的信仰体系。

　　多成分先民来源的因素是客家人的多民间信仰形成原因之一,另一个原因是客家先民南迁过程中"无根化"的重要表现。由于客家先民远离故土来到偏远的莽荒南国,辗转定居之后,天灾人祸、兽害疾病常常威胁着他们,除了对祖先的怀念之外,其他各种神祇只要是能带来精神安慰的都把它请进来,即使不信也不去得罪它,或是对他人信仰的神也不去得罪,只要大家相安无事就好,或是宁可信其有也决不信其无,这种兼收并蓄的信仰方式最终导致了信仰的复杂性特征。客家人民间信仰的形成,当地土著民的信仰要素和当地生活条件是分不开的,有些信仰是客家先民在生活生产中形成的,如招魂术的信仰是客家先民受到楚湘地区信仰的影响;又如巫蛊信仰是当地土著民的信仰,据说南方少数民族土著善于用蛊,客家人也把它保留下来。基于客家人信仰体系,笔者撇开其他信仰不论,这里只从巫术与禁忌方面进行探讨。

一、客家人的巫信仰

"巫术"（witchcraft）至今尚未有普遍统一的定义，有的把"巫术"定义为一种宗教，即法术（magic）的宗教，以自然信仰为基础，是最古老的宗教之一，普见于每个文化之中。所有的法术都包括意志和想象（visualization），在技术上亦强调此两者，个人化的性质较高。一般而言，在进行巫术时，会先将空间神圣化，此空间即 magic circle。英国人类学家 J. G. 弗雷泽（J. G. Frazer）把巫术划分为理论巫术和应用巫术。理论巫术，就是指巫术意识。弗雷泽认为巫术意识可分为两类：一类是相信"同类相生"，"把彼此相似的东西看成是同一个东西"；另一类是相信"物体一经互相接触，在中断实体接触后还会继续远距离地互相作用"。"前者可称之为'相似律'，后者可称作'接触律'或'触染律'。"按照这两条巫术定律所实施的巫术行为，弗雷泽称之为"应用巫术"。应用巫术又分为"积极的巫术或法术"和"消极的巫术或禁忌"，"积极的巫术或法术"表现为"这样做就会发生什么什么事"；"消极的巫术或禁忌"表现为"别这样做，以免发生什么什么事"。巫是人类社会中最早出现的一种民间信仰方式，《说文》中述："觋，能斋肃事神明也。在男曰觋，在女曰巫。"一般来说巫术有两种：一种是感致巫术，根据同能致同的原理，如用湛泥木等制成敌人的形象，损其某一部位，敌人就损哪一部位。另一种是染触巫术，根据接触的原理，凡接触的东西，其必影响其人，如把敌人的毛发取下，损害其毛发就必损其身。另一种区分法是把巫术分为：白巫术（吉巫术）和黑巫术（凶巫术）。巫觋一般被认为能通鬼神，有两种方式：一是请神附体，神附后巫术体现神，代神言行，此时巫为昏迷状态。另一种是灵魂出走，巫觋的灵魂可以离开肉体，到鬼神所在的地方，接受神鬼的指示，并传达于人。巫术按施术的预期结果可分为：预知、预制和预防三种，其实是通过对未来之事的占断、测兆、施术、化吉等手段来化解生活中的苦难和灾祸。

巫术的主要职能是：一是预测有生的命运好坏，也就是祈求功能（指人们以一定方式，祈求自然力或鬼神来帮助自己实现某种目的）。人的命运是由神灵主宰着，请巫觋或术士卜筮可以预知前途好坏，并采取一定的行动策略。二是主持祭祀活动。古代民间的大型的活动都由巫觋来主持，如古代的"七祭"，即祭祀、文星神、土地、城门、道路、厉鬼、户神和灶神，皆由巫觋主持。三是驱疫求吉施巫。民间的一些善神的祭祀,恶鬼的驱逐,还有求雨、驱疫都是由巫觋来主持。四是主持人生礼仪。人生几大礼仪,如诞生礼、成年礼、婚礼、丧葬礼都由巫觋来主持。五是主持神判,处理纠纷。民间有些纠纷不用法律裁判,只好交给神判,请神下凡,求得妥善解决,但往往是不公平的。

巫术在宁化客家地区的主要表现有:一是驱疫术,也可称为驱鬼术。其实是对恶鬼神魔的驱逐。当灾难来临时,人们首先想到是恶鬼的作怪,因此可以让巫觋用某种方式把恶鬼驱走。客家人叫法不一,如"讲童",或称"跳神"。讲童的职能是驱鬼、问亡、寻物和人、为人治病等。"民间有人患病,医药治疗无效时,人们就把'童子'(即巫师)请到家中'讲童'。童子自称神鬼附体,有的教人采药疗病,有的则教人禳解的办法。如果病好了,就说是'童子'的灵验,要送钱物以示感谢;如果病人未好或病亡,就说是病人前世冤孽深重,鬼邪缠身难以化解。"二是招魂术。招魂巫术是古人认为人有灵魂的存在,人死了,其灵魂出走,可以把它唤回;当小孩生病了,认为小孩的灵魂暂时出走,失魂就会生病,只要把灵魂招回,病就能好;另一种方式是每当祭祖时,要把祖魂招来享祭,祭毕再把它送走。宁化客家人把招魂称为"曰魂"或"曰吓",其招的魂主要是被惊或被野鬼摄走而生病的人的魂魄。采取的方式是:"傍晚时分,在家门口用一杆长竹竿,顶端绑一簇点燃的香火,系一件病人穿的衣服、挂一面镜子,然后放一挂小鞭炮,烧若干纸钱,而后,由病者母亲或口齿流利的妇人手扶竹竿缓缓摇动,口中高声呼唤:×××(病人的名字)……转来啊,上山斫樵被野兽吓了也转来唷;过河时滑一脚摔倒了也转来唷;读书时被人背后大喊一声吓了也转来唷……东边吓来东边转;西边吓来西边转;南边吓来南边转;北边吓来北边转,东南西北吓了都要转啊。×××——快回转啊,转来屋下啊。在'曰魂'过程中,要把病人近期到过的地方和耳闻目睹的事情都念及。结束后,要把绑在竹竿上的衣服取下,在香火上绕三圈,然后径送到病人怀中,意为魂魄归来附体了。"三是盘花术与剥花术。"盘"是指盘查之意,"剥"是指换之意。盘花指盘查妇女是否带荷花或红花,带有荷花就能生子嗣,否则就不能,剥花就是指用树木之花来换取人之"花"。在客家地区如果有妇女不育,就可以找"童子"或其他巫师(客家人称之为神仙)来盘查是否带有"花",如果没有,就请巫师为其换花,神仙遂选择开花之树(此树一定是开白花或红花之树,开白花求男,开红花求女),并选择时日,进行剥花,剥花大致情况是"童子"或巫师私下为求子的妇女实施,此前需与其议定酬金,等到生子后兑现。由此观之,客家人受到传统意识"不孝有三,无后为大"的影响,过去在客家地区此类现象很普遍,但随着文明的进步也变得稀少了。

以上列举的几种巫术基本上都属于白巫术(吉巫术),是为了满足客家人生活需要所实施的巫术,并且都是出于个人意愿,白巫术还有很多,此不俱举。

在客家地区,过去存在着大量的黑巫术(凶巫术),这里列举较普遍或广为流传的黑巫术。一是施蛊术。施蛊术是用施蛊方式害人,是巫术里头最恶毒的行为。高贤治、张祖基编著的《客家旧礼俗》载:"'家鬼'又名金蚕鬼、金蚕蛊。取金蚕的法系在端阳节,捉倒各样的恶虫,瓦罐封紧它,使它自残食,过开年打开来看,独独生意剩倒一条虫,形状像蚕虫金黄色,摘倒枫树叶来养它,以后捡到虫屎暗中放落食物内去,唔知侪食倒就会中毒,肚痛来死,其的魂魄就同他做功夫,因此养金蚕的就会发财。"这种巫蛊的行为不止客家有,福建的其他地方也一样存在。明代医学著作《本草纲目》载:"造蛊者,以百虫置皿中,俾相啖食,取其存者为蛊。"这种巫蛊是药蛊,与之相类的还有疥蛊、癫蛊、泥鳅蛊、肿蛊、石头蛊、蛇蛊等等。二是"施物"巫术。这也是一种黑巫术。汉代的时候就"木人"的巫蛊术,把仇人制成木人,利用"同能致同"的原理,通过对"木人"的施害(如埋葬)和念咒令仇家身死;也有用仇人的身体的某一物,如对毛发等东西施害,也同样能达令仇人致死的目的。在宁化客家人住区,有一种"魇镇"巫术,就工匠用某种手段害人,如通过把主人的某些东西压于建筑物某处,主人就可能会生病或受灾。以上所列的黑巫术在过去普遍流行于客家地区,当然南方其他地区也流行此类黑巫术。

二、客家人的禁忌信仰

"禁忌"在国际学术界称为"塔布",源自于太平洋波利尼西亚群岛土语,从"Taboo"或"Tabu"音译而来,德国文化哲学家恩斯特·卡西尔(Ernst Cassirer)在其著作《人论》中说:"禁忌体系尽管有一切明显的缺点,但却是迄今所发现的唯一的社会约束和义务的体系。它是整个社会秩序的基石。社会体系中没有哪个方面不是靠特殊的禁忌来调节和管理的。统治者和臣民的关系,政治生活、性生活、家庭生活。甚至连财产在一开始似乎也是一种禁忌制度,占有一个物或人——占有一片土地或同一个女人结婚——的最初方法,就是靠禁忌号来标志他们。"如果说礼仪告诉你"应当怎样做"的话,那么禁忌习俗将告诉你"不可做什么"。正如《礼记》所云:"入境而问禁,入国而问俗,入门而问讳。"客家地区民间禁忌名目众多而且繁杂,渗透到社会生产和生活、经济活动、文化意识等领域,规约着人们的日常行为和思想活动。以宁化为例,归类大致如下:

饮食类:年初一、三、五、九日忌煮新饭,谓五谷丰登,一禾生九穗,兆新年丰收;敬灶神要虔诚,灶台要保持洁净,饭后要将灶洗刷干净;忌将双脚翘向灶前;忌在灶前杀生;逢年过节要向灶神敬拜,忌在灶前胡言乱语或啼哭。吃饭,忌用筷子、调羹敲打盘碗,谓"敲碗敲碟无吃无挪";未出年假,忌吃蛋,谓吃蛋有完蛋之意;吃饭时,忌将筷子插在饭碗或菜碟之中,因为此举为"供筷";忌将筷子放在碗盘上,此举为"封碗",若是主人封碗,则表示对客人不欢迎,即没有留饭的意思;若是客人"封碗",则表示吃不饱,对主人的招待不满意,有"讨饭吃"之意;忌将筷子交叉摆放一起,否则预示有人要吵(打)架;若是筷子不小心掉一根于地上,则认为是不吉利现象,凡事要小心对待,不宜出门,并且要立即将失落的筷子换掉,才能消灾免难。

起居类:年初一忌扫地,谓扫地是扫财出门;逢年过节,忌摔破家用器皿,谓不吉利,以祈一年好运;夜间忌照镜,谓吓死人;睡觉时忌乱放鞋,谓人的魂灵外出游玩,找不着鞋就认不得路,魂灵无法回归;忌用扫帚指天,谓不敬天会降下灾难;忌用扫把、鞋底打人,谓被打者会背时;忌穿孝服、佩孝纱进入别人家中,谓不吉利;女人的衣裤忌与男人的衣服一处浸洗并忌放在男人的衣物之上或晾在有人走过之路的上空,以防使人在无意中从女人裤胯下钻过而沾上晦气;家中刀架上有好几把刀的,忌将刀口相向插放,易致家中口角多;忌将刀口对人,谓对人不敬。

孕妇类:忌食团鱼,承袭中原;团鱼,俗称老鳖,因其头伸伸缩缩,孕妇吃了团鱼,生产时孩子会把头缩回去,造成难产,故禁吃。忌坐水桶,易流产。忌跨牛绳,因牛是农家之宝,否则胎儿要在母体中多呆两个月,此俗亦源自中原。忌坐木马,有"孕妇坐木马,生下来的孩子将没有屁股眼"之说,也因为木马是木匠盖房建屋的工具之一,孕妇不可轻易碰之。忌抱小孩,防止孩子身上之灵气被胎儿所吸取而失去灵魂。忌孕妇同坐同睡,防止孕妇之间互相调换胎气(男女互换)。忌钉钉子,防止将胎儿钉死。忌属虎的,孕妇一旦将孩子生下来后,要在房门上贴一块红布,挂上一块猪肉,防止属虎之人闯入,即便是丈夫也无例外,12天之后才能去看孩子,之前要先吃几块猪肉,问其"吃饱了吗",答"吃饱了"方可进屋。

礼仪类:与人交往中,讲究礼貌、热情外,在语言表达上有许多禁忌,如与不相识者相见,若是与自己年龄相仿者,男性称"老伯哥"、"老伯"或"老弟"、"老朋友"、"朋友";女性则称"大嫂"、"老大嫂";若是未婚者,则称"老妹"、"老大姐";若是年长于自己的,男性称"老叔公"、"老叔哩"、"叔哩",女性称"婶婆哩"、"老婶婆";若是小孩辈,称为"老弟仔"或"老妹仔",否则视为没有礼貌,没有修养。亲戚相称,自己要自降辈分以示尊敬,如称姐夫为姑丈,若是女儿出嫁生小孩前,男女双方父母互称亲家公(母),生小孩后,男方称女方亲家为公公、婆婆,女方则称男方亲家为公公、妈妈。逢年过节,双方见面互道"高升"、"发财";一家做擂茶,互邀邻居品尝;一家有客人来,主人往往要招待"洗汤"(洗热水澡),邻居则会提擂茶、端酒酿一起招呼!探望病人,忌在午后,避免病人有日落西山之想;丧事人家忌出门访友,正月期间更不许去串门。招待客人喝酒,主人筛完酒后,忌将壶嘴对着客人,否则失礼;猜拳指法为"上不出三,下不出四",即出三个手指时,不能大拇指、食指、中指一块出;出四个手指时,不能小指、无名指、中指、食指一块出;出一时,大拇指不能高高竖起,应侧向一边;出二时,大拇指、食指不能指向对方,否则不礼貌。

生产类:农事活动中,忌在鼠日、四绝日、无取日下(播)种,自浸种之日起,每日焚香,播种时还要在田边点烛放炮,以祈农事顺利;分龙日(立夏后的第一个"辰日")忌挑粪便,忌清理猪栏,以免触怒天公导致旱灾;水稻扬花灌浆后,稻田禁放鸡鸭,还须派人鸣锣通知。林业生产活动中,忌伐"水口树"、"风水树",凡在村口、墓地、祠堂、庙宇周围砍伐树木者必受责罚;忌在房前栽棕,有"风吹棕叶如拍掌声者败"之说;亦不种桃树,以免桃树开花引邪,惹得女人不安生。伐木规矩中,吃早饭时,伙夫要叫三声:"吃饭啦",多一声少一声都犯忌;盛饭时饭勺子要始终直立在饭甑中间,忌放倒,否则出工不平安;进餐时忌说不吉利话,尤其忌说带有"红、血、肉"等字眼,若有人掉筷子或弄倒饭勺、打破饭碗等,则为不祥之兆,全厂当天不出工,而一切开支由肇事者担负;进山伐木途中不说忌语闲话,伐第一棵树时,忌直呼人名,要用暗语叫。造纸生产活动中,早晨起来忌说不吉利的话,吃饭时不能说话,忌将筷子直插饭里或横架碗上,以祈顺顺当当、平平安安。焙笋烧炭,窑工烧窑时要几天几夜守在窑前,忌说不吉利的话,吃饭时忌打破碗,出窑时还得拜谢神灵,置酒肉谢师傅。行船规矩中,船工开航前,忌吃蛋类和螺类食品,以免将秽气的东西带到船上触霉头;开航时忌讲不吉利的话,船上喝水,忌边舀边喝;船上的饭瓢水瓢等饮具皆不能翻置,意忌翻船,若烧坏、打坏饮具则不开航,休息一天;行船中还忌讳遇到乌鸦叫或落水狗横渡,一遇此种情况,马上停船不开航,等次日再走。

婚姻类:议婚"排八字"时,忌男女双方生辰八字相克,否则即是门当户对、男才女貌都免谈;忌生肖相冲,如"龙虎两相斗"、"鸡狗必相争"、"猪猴不到头"、"白马畏青牛"、"蛇与虎"、"虎与猪"、"羊与鼠"等,若要婚配,则需将男女双方"八字"或向祖宗祈求同意,或向菩萨祷告,通过"跌笅"来决定;忌同姓婚配,禁止氏族内部通婚,谓会给整个氏族带来厄运。石壁一带,由于张姓氏族的人丁兴旺,历史上曾遇到婚嫁上的困难,有"新打酒壶背罗驼,姑婆大姐做老婆"之谚,面对祖宗"同姓不婚"古训及现实困难,采取了划分地界、各立祠堂、五服以外可以通婚的方法,终于妥善地解决了长期困扰人们的"同姓不婚"难题。此外,还有许多禁忌,如庚帖忌用白纸书写,否则不吉利;聘金礼仪忌用单数,谓好事成双;新娘入门,忌翁媳相见,以防相冲;贺礼红包忌封口,有不让受礼人使用之嫌;嫁女的花轿,忌从村子的"龙脑"(即村子的后龙山)上经过。

丧葬类:凡老人去世,忌言"死了",有幸灾乐祸、大不敬之意,而应说"过生"、"走了"、"去了"、"福满了"、"去做菩萨了"等;出丧时,忌"重殇日",即正月、七月的庚、甲日,二月、八月的乙、辛日,五月、十一月的丁、癸日,四月、十月的丙、壬日,三月、六月、九月、十二月的戊、己日,俗以为犯了"重殇",将会有悲剧再次发生,会造成两副灵柩出门的惨剧,故此日须杀一只公鸡,并在大门侧悬挂一面镜子,出殡时,由镜中反照出灵柩出门的影像,其意已够一双,不会再死人了;出殡的棺材,忌从村子的"龙头"上经过、停柩,谓影响全村人的共同兴旺、吉利平安,违者受重裁;妊娠妇丧,忌放声嚎哭,需于当夜草草办完丧事;客死他乡,忌尸体入村,只能停放村外荒地;"做七"忌"撞满七",即从老人去世之日算起,逢七祭祀,若此日恰逢初七、十七、二十七日,谓"撞某七",逢此日,家人要躲避开来,以免碰到鬼魂,否则不吉利,石壁一带骂人来得不是时候,常谓"死人撞七一般";阴宅(坟茔)的选择,有"十条禁忌",即"十不葬":"一不葬粗岩怪石,二不葬急水滩头,三不葬深沟绝谷,四不葬孤山断头,五不葬庵前庙后,六不葬左右禁囚,七不葬乱山攒拥,八不葬山水悲愁,九不葬低下坐矮,十不葬龙虎尖头"。

经商类:新年开市忌四绝日、无取日,以求一年中生意兴隆;商人在口语表达时,"四"不称 si,而称"舍"或称"红数",如"四块钱"称"红数块钱","四季发财"称"舍季发财"等;早晨开市,顾客买东西缺货时,回答忌说无;打烊关门,忌说"关店门",谓不吉利;遇初一、十五日,商店忌赊欠,只能现金交易;酒店早市,忌人入店买醋;理发店初一、十五日,忌理癫痫头。

基于上述可见,客家人的禁忌大致与中原一带的禁忌雷同,其中可以窥出中原的根性所在,但有一些禁忌是客家人所独有的,随着时间的推移和社会文明的演进,一些不合时代需求或意识状态的禁忌已逐渐被淘汰或消亡。但大多数禁忌存留于人们的潜意识中,如数字禁忌中的"四"字、颜色禁忌中的"白、蓝、黑"皆为"凶色"等等,都是约定俗成,潜移默化之使然,但无论如何,这些例子整体上能够反映出客家人生存所持的愿望和诉求。

三、客家人禁忌与巫术信仰状态

从客家的巫术与禁忌来看,巫术与禁忌大多带有很强的目的性,是为了达到某种诉求而进行的。客家作为南迁汉民族支系,固守了中原先民文化意识形态,同时也有侨迁地及客家聚居地的当地人(土著人)的文化意识形态。由于客家先民来自中原的广大地区,又经过多次的辗转迁徙,经受了各种各样的磨难,辗转定居闽越赣三角边地之后,天灾人祸、兽害疾病等对自身生存有着最普遍的、经常性的威胁。千百年来,他们有更加强烈的祈祷老少平安、百事呈祥、婚姻良缘、四季发财的心理需要。因此客家先民的来源复杂是客家人信仰构成复杂的重要原因,也就是说,这种复杂的移民和多成分民系构成状态必然造就一个事实,就是生活坎坷和人生境遇的艰难。为了生存,在思想意识领域中自然生成了对各种能为其生存带来好处的信仰。在信仰领域中,凡是能带来某种需求满足的,不管是巫术也好,或禁忌也好,都一一盲从。在某种意义说,是对信仰普泛化和目的性强所造成的模糊化,所以不像西方宗教信仰那种单一的集中化。当然宗教信仰与巫术和禁忌信仰有所不同,正如弗雷泽所说:"虽然在许多世纪里和许多国土上巫术与宗教相融合、相混淆,但是我们仍然有理由认为这种融合并非自始即有,曾有一个时期人们为满足他们那些超越一般动物需求的愿望而只相信巫术。"巫术"对待神灵的方式实际上是和它对待无生物完全一样的,也就是说,是强迫或压制这些神灵,而不是像宗教那样去取悦或讨好它们"。客家人也有宗教信仰,但大多数不是纯粹的宗教徒,他们的巫术与禁忌信仰和其他信仰一样都按照现实的功利的目的性诉求去实施,甚至是那些黑巫术亦然。

　　客家人的巫术与禁忌信仰的另一个特征是表现出交织和相承的关系,同时又附有抚慰民众焦虑情绪和平衡人的心理的作用。巫术是通过超自然的力量(客家人所言通过神仙的力量)对自然加于控制和改变,达到人们所追求的愿望,也就说通过"做什么来获取什么",人的主动性居主导地位。禁忌是避开某种自然力量或"神的力量",避免不吉利事项的出现,从而获得美好的愿望。也就是通过"不做什么来获取什么"。禁忌或犯禁的情况下,就得通过巫术来补救,如客家人的小孩在结婚日或某些特定的时日中"犯冲"了,有时也叫"受惊",那么就要请"童子"做法事,破解"冲数",使小孩平安无事。因此其二者之间相承性是明显的。巫术与禁忌对客家人来说,其实是一种心理抚慰。他们是从中原南迁而来的民系,又因闽粤赣三角边地生活和生产条件较差,甚至居无定所,生活中不稳定因素相对较多,因此其信仰是复杂而含混的,所以各种神祇只要能为客家人带来精神安慰,都可以把它请进来,即使不信也不去得罪它,或是他人所信仰的对象也不会去得罪它,对于巫术与禁忌当然也不例外了。如客家人的巫觋信仰,它与生活有千丝万缕的联系,生病了就得请巫觋来治疗,运气不好要请巫觋来消灾等。又如其他各种神偶,各有用途,求财要请财神,求子要吉祥大佛的赐嗣,求丰收要有游老佛、二佛打醮"保禾苗",求平安要讨好灶神等。只要能够带来心理慰藉的不管是什么信仰都兼容并蓄,一并用之。

　　总体观之,客家人对巫术和禁忌的信仰是一种复杂和混融状态,以生存为前提,它们与其他信仰一样都在客家人现实生活诉求的框架下,共同构建了客家人信仰体系。与此同时,客家人信仰体系与其他文化要素一样,具有兼容性和重构性,既承传了中原文化特质,又兼有南方各族土著文化因子,共同建构了独特的客家文化。

参考文献：

1.（英）J. G. 弗雷泽：《金枝》，中国民间文艺出版社，1987 年版。

2. 李根水、罗华荣：《宁化客家民俗》，中国华侨出版社，2000 年版。

3. 汪毅夫：《客家民间信仰》，福建教育出版社，1995 年版。

4.（德）恩斯特·卡西尔（Ernst Cassirer）：《人论》，甘阳译，上海译文出版社，1985 年版。

5. 福建省宁化客家研究会编：《论石壁》，海风出版社，2003 年版。

6.（英）J. G. 弗雷泽：《金枝》，中国民间文艺出版社，1987 年版。

（作者为福建三明学院客家文化研究所教授）

漓江流域客家文化个案探析

——毛村田野调查

廖　江

一、概况

毛村原名茅村,地处漓江中游大圩河段北岸 3 公里,西邻桂林市七星区;村址位于田畴之中,村北群山屏列,秋陂江从西北至东南绕村而过汇入漓江。村境平坦开阔,土地肥沃,属漓江冲积平原东部南沿。

毛村在民国时期属临桂县大圩区万正乡辖,为乡治所。1961 年随大圩公社划属灵川县,今属灵川县大圩镇廖家村委会辖。140 户,700 余人,皆黄姓。建村历史达 400 余年。

二、源流

毛村黄氏族人为"江夏堂"后裔,公认福建邵武黄峭山为其开基始祖。

据《江夏黄研究》(黄雄强、黄赞著,暨南大学出版社 1996 年版)云:"据邵武市博物馆史料及闽、粤、赣、台、港、澳地区的黄氏族谱记载:黄峭山,黄锡之长子,讳岳,字仁静,号青岗,又名黄峭,号峭山,唐懿宗咸通十二年(871)辛卯四月十五日戌时生于邵武和平乡(当时叫昼锦)和平里。""乾宁三年(896)25 岁中进士。曾封为千户侯,统管江浙两广军务、兼任军务总首,后又嘉升为工部侍郎。""他三妻 21 子,生 155 个孙子、13 个孙女,还有 334 个曾孙和 116 个曾孙女。""黄峭山于 953 年 82 岁时无病而终,即卒于后周太祖广顺三年癸丑十月初十日,葬于鹤薮黄家村。立有碑横文:后唐工部侍郎。……此墓于 1986 年由居邵武的

后裔筹款重修,碑文照原来的。列为邵武市一级文物保护单位。"自峭山公遣
"十八子下江南"、"三十二房拓南疆"之后,其大夫人生的第六子黄龟从福建迁
广东。子孙繁衍,辗转迁徙,其中一支迁毛村建村居住至今。

至于江夏黄氏的产生、兴起,《江夏黄研究》中说:"正史缺载,族谱则有多种
说法。经查考,江夏黄氏产生于周朝,兴起于战国时期。早在周灵王时,黄姓23
世祖黄渊,已从河南潢川迁居湖北江夏之城西。""黄国被灭300多年之后……
原来逃散的'黄国子孙',聚在湖北省武昌府之江夏县……便将黄姓的堂名定为
'江夏堂'。这就是今天'江夏黄'的由来。"有"受封于黄","江夏复聚"的说法。

毛村黄氏启祖黄冬进。据毛村的几部《黄氏族谱》资料,"我祖自大明来粤
西(约在明朝天启(1621～1627)略前),遂入籍焉"。"原籍广东省广州府三水县
(今广州三水市)人氏,自往广西桂林临桂东乡富家庄马山崴,居于网山之下。
因民乱兵伐(适逢清初"三藩之乱"),逃至茅菵洲(南距毛村500余米的牛河之
滨)。所生二子,长子居平乐府恭城县白洋江山背,土名黄瑶河;次子随父生子
在茅菵洲,改地名茅村。捕鱼为业。子嗣森森,分作四房……"据毛村籍人黄仁
忠(现任灵川县林业局高级工程师)说,至今的第18代已有20岁,按史家以20
年为一代,当有近400年历史了。

黄冬进及其次子在茅村拓荒垦殖,繁衍生息,发展迅速。"子嗣森森,分作
四房",今居毛村祖地的人口达700余人,以二房人口最多,占全村总人口的
33%,大房、三房次之,各占24%,四房(也叫子兑房)占19%。

由于毛村人口膨胀,地不敷耕,各房子弟均向外扩展,操祖业捕鱼谋生。大
房人居茶江河(恭城县境),二房居漓江,三房居马岭河(恭城县境),四房居荔江
河;后又拓展到良丰河、桂柳运河(临桂县境)、洛清江(永福、鹿寨县境)和柳江
一带。数百年开拓发展,浮舟漂泊,捕鱼水运,沿岸建村,生生不息。据2004年
不完全统计,毛村黄氏族人(包括本村和外地族裔)共达5万余人(一说近10万
人)。其中以漓江流域(含桂江)居多,据毛村籍人黄四九(航运世家,下文另有
记述)称,从桂林至昭平(县)的水上船民,黄姓占80%以上。柳江次之,据黄嘉猷
(原柳州地区地方志办公室主任,客家人,离休后从事客家研究,曾到毛村考察过)
提供的资料,毛村黄氏族人仅分布在柳州市区1000余人(柳州市航运公司的干部
职工中,许多都是毛村黄氏后裔)、鹿寨600余人、融水县500余人、象州县300余

人、武宣县 300 余人,共计近 3 000 人。其中大房、二房、三房、四房的族裔都有,最早的有 10 代,最晚的也有 5 代人了。毛村黄氏族人形成了以毛村为根系,以漓江为主干,以桂北、桂东南、桂中的诸多河流为支系的"树状"分布格局。

三、经济

毛村经济发展大体分为 3 个时期:创业时期(明末至清代后期)、兴盛时期(清同、光年间至民国中期)、振兴发展时期(20 世纪 80 年代改革开放之后)。其从事的主要社会职业是:渔业、农业、航运业。

渔业。"世业捕鱼",水上居家,终年漂泊,下无寸土,上无片瓦。据传,冬进公在漓江斗鸡潭(桂林斗鸡山下的漓江河段)捕鱼时,曾搭救崧皇(即指南明福皇朱由崧,时值南明弘光一年,亦即清顺治元年,公元 1644 年)有功,封官不就,乃准其所求:要四条江河(指漓江、茶江、荔江、马岭河)捕鱼,并敕龙碑一道:逢水打鱼,遇河泊船,河岸 3 丈之内均是晒网之地,竹木准允砍伐。御旨龙碑于咸丰年间因"兵伐乱世"而遗失。今存清顺治六年(1649)七月初七日立的一块碑记,记载着临桂县正堂"右票"发给黄冬进、周道二、廖受七等 9 人的"批示"。"批示"中说:"取结编号,印烙验船给票,以杜假冒……渔民给票,逢河捕鱼……上至兴安观音堰,下到梧州獭水地界,承领粮税。"并循例承当行船差务,"例在桂林、平乐、梧州三府地界,倘有滇铜贡使过境,陡因风雨不测,船外沉水,或捞或觅;并督宪来粤,官兵轿马之船,均系三户所办,不敢推委贻误。……"对于各户操用的渔具也有规定:"黄、周二姓祖传同用器具,以鸬鸟(即鸬鹚,又称鱼鹰)竹簿为业,铅脚大网、夜晚照火装筒下钓、罩网、晒网、浮网、捞绞、铲十一种为额;廖姓祖传器具,用船刮网、抬罾为业……九件为额。"后来还有《禁革鱼税碑》,均记述详细。毛村黄氏族人堪称渔业"正规军"。但因鱼税"革"而不"禁",渔民税赋沉重,鱼价低贱,"四斤鱼仔一斤米(还要破净)","没有鱼仔不吃饭"(意即鱼贱米贵,没有米吃),生活十分艰苦。

新中国成立后,成立渔业社(队),生活逐步改善。近年由于人工饲养鱼业的发展,和漓江生态环境保护的日益加强等原因,传统渔业日渐式微。

农业。今为毛村居民主业。自毛村黄氏先民登陆建村之后,筚路蓝缕,拓荒垦殖,逐步发展。同时不断产生两极分化,土改时毛村有地主 4 户,许多农民沦为佃农。今黄仁忠收藏清光绪年间的一张"佃田契约"（棉纸墨书，纸宽 1 市尺，高 1.2 尺，纸面完整，字迹清晰），其文曰：

> 立写佃字人系毛村黄芝贵，今因家中缺少粮田耕种，托请中人问到本村船上黄洪吉应言有清明祭祀粮田发批，坐落土名……共田五坵，共计谷亩拾玖称（应为"秤"，指田亩产量计量单位，1 秤为 120 市斤）。三面（方）当面言定，每年租谷六百二十五斤净，丰年不加，旱年不减，限至秋收之日送到田主家中，其谷务宜车净晒干，不得生湿有，亦不得短少拖欠。倘有此情，任从田主拉猪、牛作算扣足，起田另批别人耕种，佃者不敢阻滞。今欲有有，特立佃字契一张，交与田主收存为据，是实。
>
> 中人黄清遥
>
> 代笔黄金亮
>
> 光绪拾玖年岁次癸巳正月二十三日立

今毛村全村有水田 800 余亩，实行家庭联产承包责任制。传统种植水稻，近年蔬菜种植发展甚快，全年种植（复种）四季豆、西红柿、八棱瓜、杂交芥菜等四时蔬菜共计 1 500 亩，利用旱地种植水果 100 余亩。为桂林"菜篮子工程"种植基地之一。青壮年多利用农事间隙去桂林打工，也有常年去广州、深圳、东莞务工者。全村人均年收入 5 000 余元。

水运。鸦片战争之后，梧州门户被迫开放，桂江水运业兴起。毛村人发挥水上优势，许多人"渔转运"，从事水运，称水面行。

一是船运。采用内河木帆船，货船运输量在 10 吨~20 吨。有货船 200 余艘、客船 100 余艘和货客搭运。以大圩为集散地，"逆水行舟上桂林，扬帆顺流下梧州"。主要运出大米、白果、荸荠、桐油、茶油、花生油、药材、油麸类、豆类、香菇、棕皮、木柴、油粘米、黄糖、花生、红瓜子、沙田柚、板栗、湘纸、茶叶、玉兰片（笋干）等农副土特产品；又从梧州、香港回运食盐、布匹、火油、日用百货等工业品，转销桂北、湘南各地。从桂林至梧州单程需时 7~10 天。大圩码头泊船高峰期多达 300 余艘，帆樯如林，江面为之堵塞。

从事水运的"主力部队"是毛村人。俗称"毛村船"。另有龙门船、石家渡船、桂局船等。据大圩籍人、退休干部廖明志提供的资料:毛村船占 70% ~ 80% ,以黄德财船、黄德金船为其代表。由于船多财大,毛村船占据大圩河港的黄金地段:鼓楼码头和秦聚利码头(大圩共有 13 座码头,比桂林还多 5 个码头)。两座码头位于中段、河面相邻,其河街为大圩"四大家"、"八中家"著名商号聚集区。如水面行的黄源顺、玉和昌、周巨丰、锦华源等(共 10 家),棉布行的广昌钧、罗财和、刘荣昌等(共 10 家),杂货糕饼行的钧成栈、信诚栈、广昌荣等(共 11 家),共计 30 余家富商均聚集于此地段。船帮多择主而侍,有相对固定的货主,商家船家,一荣俱荣。据民国 22 年《广西年鉴·第一回》统计资料,大圩年出口货值 18.27 万元。毛村人黄秋波(商号黄源顺业主)原在家种田,后到大圩蒸包子卖。随着漓江水运兴起,他先帮人撑船,后发展为经营水面行,生意做到梧州、香港,成为大圩"八大家"之首,有"桂林东乡第一家"之称。

一是竹木簰。桂北盛产竹、木,漓江上游的兴安县、灵川县为竹木主产区,将竹木扎簰从漓江水运至桂林集散。毛村人黄洪吉(乳名佛有,号庆川),卒于清光绪二十一年(1895),终生经营竹木运销。他拥有 3 艘大木船作住家用,常年停泊桂林象鼻山下桃花江与漓江汇合处;常年雇请扎簰工人 30 ~ 40 人(均住船上),将在桂林收购的竹木簰改扎成大簰(桂林以下的漓江水面较宽,可航行大簰),再雇放簰工运销梧州。从桂林至梧州设有 48 个码头,每个码头都设有代理处,并利用黄氏"印章簿"(每户(处)用 1 张棉纸登记造册,有如户籍簿,共有 1 寸多厚,"文革"中被毁),建立"代办",另设专人(洪吉之子名叫三弟)定期沿河结账,在梧州设"坐庄"(经理)。生意畅达,时为"漓江首富"。此业从同、光年间至 1960 年代(因漓江水运为陆运所取代),长达 100 年历史。

一为旅游航运。改革开放之后,桂林旅游业勃兴。据《桂林市交通志》(桂林市交通局编,2002 年,漓江出版社)资料,2002 年,漓江上共有豪华空调旅游船 190 艘,15 780 客位,年接待能力 500 万人次;另船舶修造、航标守护、旅游导游、餐饭服务等,都活跃着众多的黄氏子弟,有"无黄不开船"之说。更有成为漓江旅游航运业之佼佼者。如黄四九,中共党员。现为桂林旅游航运股份有限公司漓江旅游公司 35 号游船船长。1999 年获全国内河"明星船长称号",广西旅游行业"最佳驾驶员"。2000 年,被评为桂林市劳动模范,获全国旅游车船系统"五一"劳动奖章。他祖籍毛村,曾祖以下 4 代从事航运(撑船),为漓江航运世家。

他 1946 年出生于梧州(船上),在船上长大;1963 年参加航运公司工作,在 44 年中,担任船长 36 年。大风,雷雨,触礁,搁浅,碰撞,火烧(火灾),抢漏,都能化险为夷;为了行船安全,他坚持从不喝酒;在一次抢救漏水游船时,挺身而出,奋力排险,发挥了共产党员先锋模范作用。

四、文化

毛村黄氏族人有着自具特色的物质文化、精神文化和社会文化。传承儒学家风,尤具理学色彩。正如钟文典《广西客家·前言》中所说:"(客家)一支生活在多民族地区的民系","它有一部漫长艰辛的迁徙史"。"它坚守民族的传统文化,并在生产生活中得到发展"。

1. 水文化。是毛村人的母体文化,是草根文化。启祖黄冬进"世业捕鱼",其后裔 400 年来"耕江"(渔业、航运)不辍,子子孙孙,"吃水上饭",为开发江河资源作出巨大贡献。虽然经过长期的登陆垦殖,其文化主体特征仍与传统农耕文化不同。主要表现在下列四个方面:

一曰崇拜妈祖。这是海洋文化的重要特征。圣母、天后(妈祖)是渔民的保护神。而毛村黄氏族人建立的总祠即命名为圣母宫,其石匾高嵌于大门门额;后殿名"天后宫"。据传,同治年间重修圣母宫时,漓江、桂江的黄氏后裔慷慨捐助,捐资之巨需要雇请 11 个人挑运(银元)。届时集众祭祀,祭典十分隆重。同时,圣母宫又是黄氏族人的总宗祠,各房另建有 4 个宗祠,至今保存完好。把妈祖文化与宗祠文化融为一体。

一曰"方言网"。中国汉民族学会副会长、广西大学袁少芬教授提出了"孤岛文化现象"、"方言岛"(《汉民族的历史与发展·汉族孤岛文化现象探析》,岳麓书社 1998 年版)。但是毛村方言是一张"网"。是一张特殊的"方言网"。毛村人其语言自称为"毛村话",人称"船上人话"。既不同于周边村民的"大圩方言",也不同于"客家话"。但本村居民与船民、渔民则不论阳朔、平乐、梧州、永福、鹿寨、柳州都语言相同,称为"船上人话"。如"吃饭"叫"切反","吃肉"叫"切榨"。从外地回毛村寻根认祖的黄氏族裔,一律讲"船上人话"。除了能背出"认祖诗"、谱牒字派以外,还要能说出毛村的"十八桥",甚至桥上的石级数。"船上人话"成为毛村黄氏族人的"认祖语言"。而"船上人话"的分布不呈"孤岛"状,而是以毛村为"纲",撒向诸多江河、跨地域的"方言网"。这个"方言网"有极强的凝聚力,具有鲜明的水文化特色。

一曰团结互助。对于船民来说,"同舟共济"不仅是一句口头的成语,而且是长期生产、生活所熔铸成的一种文化心态。船民内部分工,一般是男桨女舵(顺流行船),上水则男篙女纤(拉纤),齐心协力,配合默契。船帮则互助成习,视为己任。从桂林至梧州共有360条半滩(桂林解放桥至象鼻山算半条滩),一船遇难,众人相帮;上滩时则齐集若干只船"打背工",先后递进。

一曰船歌。船民在生产、生活中创作了大量歌谣。例如,《拉纤歌》:"咳!嗨!咳!嗨!你不拉它啊,它就拉你哟!咳哟嗨嗨!"《镝篙歌》以"竹"抒情(镝篙均为竹制):"想当初——绿鬓婆娑,自归郎手——青少黄多;历尽——几多风波,受尽——几多折磨,莫提起(与施篙双关)——!提起来——泪洒江河!"其形象情真,音调浑厚,代代相传,是一种原生态水文化,当属于"非物质文化遗产"。

2. 建筑文化。毛村村庄择地而建,讲究地理风水。村址位于一片田野之中,坐北朝南。有麒麟山、凤凰山、象山、麻雀岭护卫于北,南朝漓江之滨的祖居地网山(形如鱼网,故名);秋陂江从西北的灵田乡纵贯南下,至村西折而东南汇入漓江。峰列屏障,田畴四围,阡陌辐辏,清流环抱,风光秀丽。

村内民居建筑多系明清风格,布局合理,结构严谨。有一塘(龙汉塘)、二井、四溪(分别引牛河水——秋陂江下段称牛河而横贯村中)、十八桥。村前有料石拱砌门楼,门额镶嵌石匾,上书"高容幡旗"4个大字,落款:道光孟冬庚子(1840)立。四房居民多依祠而建,如三房子弟的居屋挨着三房宗祠而建的称"上户",其余为"下户"。又仿见客家先民"围屋而居"的流风遗韵。

圣母宫邻村而建,位于村庄前端。凡三进,二天井,两侧建有庑厦。其主体建物为大门楼、宫厅、神龛、祭台、戏台等;大门额石匾镌刻"圣母宫"3个大字。其核心部分为第三进寝宫,其神龛额刻"天后宫";供立三祖婆像(即黄峭山的3位夫人,村人称为"祖婆"):(上)官氏夫人(字妙秀)、吴氏夫人(字妙香)、郑氏夫人(字妙季);整块白色大理石饰面祭台、石雕香钵等。圣母宫整体建筑为粤式风格,聘请广东师傅施工修建。砖墙、石柱、石磴、石匾、龙脊(琉璃瓦)、石浮雕、木浮雕、墙画、塑像等,所用彩色釉陶为广东佛山制品,有"同治十三年佛山吴玉奇店造"字样。

圣母宫始建于明末清初,乾隆三十五年重建,同治十三年"革故鼎新","楹桷巍然,垩墙焕然,善哉! 奕奕也"。保留至今。其间曾为民国临桂县大圩区万正乡治所及小学校址。"文革"中遭到破坏,1988 年维修过 1 次,现基本完好。宫内现存碑刻 32 面(函),据传福王朱由崧敕"龙碑"已遗失。计有顺治六年"碑记",乾隆三拾三年《重修圣母宫碑记》、乾隆三拾七年《新雕圣母像碑记》,以及管水、修堰、香田、渔税、渔具、义学、禁约、纠纷判决等内容的碑记,大凡毛村重大史事多有碑记。清朝十代仅咸丰年间无碑(可能与太平军北上经此有关)。

圣母宫前为一宽阔土坪。两侧选种重阳木(重阳木为吉祥树,高大,树龄可达千年,树叶可食,多为中国古代名寺名宅所种植),现存 3 株,枝叶婆娑,苍苍浓荫,具有象征意义。宫前田畴平旷,视野宏阔。

圣母宫是毛村客家文化的主要载体,集古代建筑文化之大成。其建筑规模之大,工艺之精,历史之久,影响之深远,为漓江流域诸地所仅见。广西师大中文系教授、客家文化研究所副所长彭会资说:"从文化美学角度看,毛村的价值不能低估。"

3. 红色文化。毛村黄氏族人重视教育,于清光绪年间始办"义学"。并顺应时代潮流,与时俱进。据新编《灵川县志》(灵川县地方志编纂委员会编,广西人民出版社 1997 年版)载,毛村人黄志雄(女,又名黄剑),在桂林女子师范读书时,接受马列主义,加入中国共产党组织,成为早期在桂林活动的中共党员之一。并于 1928 年和周待之在毛村先后发展中共组织。奉命在毛村建立中共桂林县东乡区委会,黄居仁(黄志雄的胞兄)任书记,下辖毛村、朱家两个党支部。其中毛村党支部下分 3 个党小组,党员 12 名,成为灵川县最早建立的中共地方组织。钟文典在《广西客家》第 252 页写道:"和桂南、桂中各地的农民运动相呼应,桂林之东的临桂大圩,在中共桂林县委东乡区委会的领导下,以客家聚族而居的毛村为据点,由黄居仁、黄志雄兄妹等组成的毛村(党)支部具体负责,也积极发动农民,建立农会,组织农民武装,开展反对土豪劣绅的斗争,准备举行千人的农民武装暴动。终因缺乏武器,且形势逆转而罢。"中共东乡区委活动旧址已拨款修缮,列为大圩镇革命传统教育基地。又据《中共桂林市党史资料专题研究集(新民主主义革命时期)》(中共桂林市党史办公室编著,广西教育出版社 1991 年版)载:"1939年2月……成立了新旅(即新安旅行团的简称,是党直接领导下的儿童团体)西南工作队,到西南各地开展农村工作。……新旅的孩子们在万正乡……举行游艺晚会3次,群众到会1 000余人,他们还分头到军属家中进行慰问,帮军属扫地、挑水、写信……由于新旅孩子们的努力,万正乡被评为临桂县的模范乡。""孩子们还在万正乡……组织了儿童救亡团体,将抗日的火种留在当地。""在万正乡,村民召开了招待会,热情招待新旅的小朋友……"据廖明志调查资料,万正乡抗日自卫队在大宅江、大村对日军作战2次,共毙伤敌10人,缴获机枪1挺、步枪10支,自卫队阵亡5人。

4. 习俗文化。毛村黄氏族人除汉族的传统习俗以外,有其独特的习俗文化。

祭祀。毛村黄氏族人的宗亲意识强烈。圣母宫为其祭祀主要场所,称"祖庙"。对其始祖峭山公的功德,代代谱续口传,对峭山《训子诗》尚能背诵(或部分):"信马登程往异方,任寻胜地振纲常。足离此境非吾境,身在他乡即故乡。朝暮莫忘亲嘱咐,春秋须荐祖蒸尝。漫云富贵由天定,三七男儿(即21子)当自强。"《训子诗》与峭山公另一首七律,俗称为"内八句"、"外八句"。圣后宫内楹联多出自此诗。《黄氏族谱》上写有客家同一规定的楹联:"江水源流远,夏山世泽长",取"江夏"两字提头。祭祖尤以清明节为重,届时四房族裔从各居地回毛村寻根拜祖,并捐资修庙(如天后宫的大理石祭台即为"光绪三年岁次丁丑吉旦沐恩子弟家义堂(三房堂号)仝建送"),或赠送锦旗,上书:"报恩思源"、"旋归敬祖"等。1990年应福建黄氏宗亲邀请,毛村曾派黄宗林、黄成才、黄仁保和桂林市訾洲街代表,同去邵武市祭拜峭山公墓。2004年3月9日毛村黄氏子弟恳亲会,参加者有来自桂林市区、灵川、阳朔、荔浦、柳州市、鹿寨、中渡、武宣、来宾、象州等地的代表104人。除祭祀如仪以外,还议决了保护、扩修圣母宫和修建通村公路(连接桂磨一级公路,约2公里),以加快发展毛村经济文化,并进行筹备工作。

"姐妹会"为祭祀"三祖婆"的独特形式。以农历三月二十八日(大祖婆生日)为会期,届时全村男女和外嫁的女子,都携儿带女齐集圣母宫"认亲拜祖",焚香许愿,祈求人丁兴旺,家运隆昌。用作供品的鸡,供大祖婆的鸡要砍成碎块,供二祖婆用整鸡,供三祖婆的鸡尾要留鸡毛,其寓意不明。小年(农历十二月二十三日)至除夕期间,抬三祖婆(原为木雕像)游村,先由庙祝用柚子叶烧水沐洗像身,更换新衣,银簪金环(均为裔孙自愿捐献),然后端坐"像轿"(专制品),由青壮年村民抬游村巷,各家均以鸣炮揖拜迎送,热闹非凡。

婚姻。毛村人遵守"同姓不通婚"的"族规",而船民可以同姓结婚,但要五服以外且为异地的男女方可。这主要是因为:水运劳动技术性强、风险大。如与岸上人结婚,至少要两年以上方能适应,而一般的船家是无力养活"闲人"的。同姓结婚的比例为20%～30%,其中又以渔民为多,因为岸上姑娘可以卖鱼、补网。实为水上的生产、生活环境使然。

丧葬。毛村黄氏族裔(包括船民、渔民)过世后,可回毛村安葬,并无偿给予墓地,吊丧如仪。黄洪吉卒于桂林,生前遗嘱:葬回毛村。后人迷信风水先生,葬于临桂二塘人头山。由于种种原因,直至其曾孙才相地择吉将遗骨移葬祖籍毛村。

还太平愿。船上人于农历十二月二十八日还太平愿,比过春节还要隆重。据74岁的黄仁双说:"听我爸爸讲,还太平愿是为了感谢祖宗神灵保佑当年水路平安,所以,当天全家一定要吃'团圆饭'。剩菜留作过除夕,初一全家吃汤圆,预祝来年平安,午饭可喝酒。寓意'团团圆圆'、'甜甜满满'。"

划龙舟。逢"丁"年毛村与邻村共划龙舟,重在联谊,是为毛村黄氏族人"村际外交"之一例。85岁的黄健豪说,他只见过两次划龙舟。

五、结语

毛村,为单一家族客家村落。也是家族隐居村和家族开发村。毛村黄氏启祖迁自三水(广东),三水迁自邵武(福建),邵武迁自江夏(湖北),江夏迁自潢川(河南),根在河洛。"知吾祖分自光州(河南潢川),今为绥城旧族……而中城鹤薮竹粟坎头,皆吾一脉之亲。"(黄峭山《新修家乘》)

毛村客家文化与河洛文化一脉相承,以黄峭山为其重要的传播载体。峭山辞官归乡40年,弃武兴文,创办宋时闽北最高学府——和平书院。以儒家"人文精神"授徒训子,言传身教。遣"十八子下江南"、"三十二房垦南疆",影响深远。

毛村客家文化突出一个"变"字。知变、应变、适变。遵循"天人合一"大法则,在继承与发展中创造出灿烂的文化。它具有勤劳刻苦、团结互助、开拓进取、开放包容、爱国爱乡的文化品性;并能"与时俱进":农耕文化与水文化相结合、妈祖文化与宗祠文化相结合、社会文化与红色文化相结合、传统文化与现代文化相结合。诸多优秀的文化元素融为一体,层次多样,内涵深厚。广西师大历史学教授、客家文化研究所副所长熊守清说:"从客家文化研究角度看,毛村有很大的学术研究价值。"钟文典教授更从建设"文化广西"、"文化桂林"的高度,对毛村客家文化资源的保护、规划和开发提出了建设性意见。

毛村区位优越。它位于漓江旅游黄金水道之滨,在桂林市铁山园规划区之内。据《桂林晚报》2007 年 6 月 26 日 26 版云:"这里将建成桂磨高科技产业发展带、东二环商业经济带、山水景观带、漓江堤园旅游休闲观光带、绕城高速生态带。"毛村极具开发魅力。

毛村客家文化是漓江流域文化生态中的一个新亮点。毛村拟定为县级重点文物保护单位(待公布)。但调研工作尚须不断深化,正如钟文典《广西客家·前言》中指出:"广西客家——一个仍待深入探讨的课题。"本文权作引玉之砖,以求教于领导和方家。

参考资料:

1. 黄赞强、黄雄:《江夏黄研究》,暨南大学出版社,1995 年版。

2. 钟文典:《广西客家》,广西师范大学出版社,2006 年版。

3. 钟文典、王建周、熊守清:《广西客家综论》,广西师范大学出版社,2005 年版。

4. 何光岳:《汉族的历史与发展》,岳麓书社,1998 年版。

5. 袁少芬:《汉族地域文化研究》,广西人民出版社,1999 年版。

6. 任崇岳:《中原移民简史》,河南人民出版社,2006 年版。

7. 陈义初、高秀昌、杨海中、程有为:《河洛文化与汉民族散论》,《河南省河洛文化研究中心》,河南人民出版社,2006 年版。

8. 张素环、刘道文:《河洛文化研究》,解放军外语音像出版社,2006 年版。

9. 灵川县地方志编纂委员会:《灵川县志》,广西人民出版社,1997 年版。

10. 黄家诚:《桂林市交通志》,《桂林市交通局》,漓江出版社,2002 年版。

11. 黄绍亮、邓友铭、韦文华、彭源重、秦丽华、高榕、廖建斌:《中共桂林市党史资料专题研究集——新民主主义革命时期》,中共桂林市委员会党史办公室。广西教育出版社,1991年版。

12. 吴晋:《桂林掌故》,漓江出版社,1995 年版。

13. 乌丙安:《中国民俗学》,辽宁大学出版社,1985 年版。

（作者单位为广西灵川县地方志办公室）

论客家山歌起源

李寿彝

一

客家山歌是中华民族民歌之一,它产生于劳动人民的社会实践,是一种最能反映客家特色文化的标志。关于客家山歌的起源问题,社会上学术界历来就有"中原说"、"土著说"和"汉土融合说"等多种说法,弄清客家山歌的"源"与"流",研究与探索客家山歌的真正起源,对于发展客家山歌,弘扬客家优秀文化,都有其重要的价值及现实意义。

客家山歌根植于客家民众之中,客家民系与客家山歌属于主从关系。因此,了解客家民系的源流,才能把握客家山歌的起源、形成及流变。客家人是汉民族独特而稳定的民系之一,客家人的祖先是中原汉族人。中原,它包括现在河南省全部以及鲁、冀、晋、陕、陇、皖等省部分地区,地处黄河流域的中原是中华文明最早的发祥地。客家先民自中原南迁的历史原因、迁徙过程、移民规模、人口分布、转迁途径、客家人由原乡向外移民的历史阶段及全球化过程等问题,许多专家学者都曾进行了多方位多角度深入的探讨,虽有许多不同的观点及争论,但大多数人都认为,客家人始自我国中原一带南迁次于江淮,然后经过长江水系进入闽、粤、赣三省边区,形成客家。在客家各姓氏的族谱中,几乎每地每姓都把最早迁抵闽西的先祖尊为南方始祖,把闽西作为客家先民在文化里程中告别中原的终点和成为客家的起点。例如:《广东五华锡坑李氏源流志》一书的序中记载道:"李之为姓,始于皋陶,继出老聃,其后赵有李牧,汉有李广……溯太祖炳公,封邑陇西,高祖渊公,太宗世民……至唐始称盛矣。唐衰则子孙流亡,遂散住于秦晋楚猗豫吴越闽蜀之间,我祖奇公,被难于倾覆流离之际,脱身于金戈铁马之余,始浙江,继南京,后迁汀州,建业于宁化县,筑室于石壁村……祖火德公,因乱而迁居上杭县胜里官田村,创业于风浪冈,然子孙众多,或为官游或为商出,则有去闽而就粤者,或嘉应州、潮州、惠州、广州、南雄、肇庆,各府州县,迄今五百有余年,族于此而极盛矣。"此外,梅县《丘氏族谱》、嘉应《刘氏族谱》、兴宁《廖氏族谱》、平远《姚氏族谱》都记述了唐宋时期经过宁化石壁的迁徙历史。这也说明客家民系在这一时期已经形成。笔者赞同大学者罗香林先生的"客家人五次大迁徙"的说法,即从西晋末年始至元明之间的三次大迁徙,在赣江、汀江、梅江流域的山区形成了"客家大本营",第四次大迁徙,约在明末清初,因大本营人口激增,加上清朝奖励人口定向迁移,客家人从"大本营"向周边迁移,形成客家分布全国的格局。第五次迁徙,约19世纪中叶及其以后,原因是太平天国农民运动(1851至1864年),因失败株连到客家人,此外,又因受到广东西部土客械斗的影响,导致客家人再次迁徙,一部分客家人迁往南洋各国走向世界。

从文化层面看,客家文化的核心就是华夏正统文化,即中原文化。而中原文化与近年来提出的"河洛文化"是同一的,因为黄河、洛水实为我国古代文化的发源地。我们可以从客家民居的堂联中印证客家人来自中原地区。如:李姓出于陇西,陈姓出于颖川,黄姓出于江夏,王姓出于太原或琅玡,郑姓出于荥阳,丘姓出于河南等等。在客家人心中都以来自中原望族为荣,当然从中也可以看到客家人在继承着中原文化崇文重教的优良传统。

综观客家民系形成的迁徙史,充分证明一点,即客家人的根在中原,客家山歌的起源也在中原。如果没有中原移民的南迁,就不可能有别具一格的客家山歌,而这种移民的音乐文化,它是由中原移民南迁时带到客地的音乐与当地原住民音乐融合杂交而成的,从这个角度说,客家山歌是中原移民的文化产物。

二

客家山歌是用客家方言来唱的歌,而大量的例子说明客家方言与中原古音有着渊源的关系。今天客家人分布在全国各地及世界许多国家,但讲客家话是一个共同点,而客家话与古汉语很相似。从客家话发音和用韵看,至今还保存了古汉语的特点,有阴平、阳平、上声、去声之分。如:"飞"读成"卑","分"读成"奔"。音韵大师章太炎在《客方言·字》中说:"广东称客籍,以嘉应诸县为宗,大抵本之很南,其声音亦与岭北相似。"又在《新方言·岭外三州语》中写道:"广东惠、嘉应二州,潮之大埔、丰顺,其民自东晋末逾岭,宅于海滨,言语敦古……余尝问其邦人,雅训旧音,往往而在。"我们还可以从客家话与中原古汉语对比中感受二者的同一性。试看以下各组词语(按:前者为客家话,后者为中原古汉语):

1. 吾,我;2. 汝、你;3. 厥,他;4. 日头,日;5. 天弓,虹;6. 火蛇,闪电;7. 粥,稀饭;8. 靓,漂亮;9. 肥,胖;10. 索,绳子;11. 斫蔗,砍甘蔗;12. 落水,下雨;13. 好矣,好了;14. 后尾,后面;15. 做脉计,做什么。

三

我们还可以从客家山歌与中原古代民歌、唐代竹枝词在表现形式、表现手法及修辞风格比较中来探索客家山歌的起源。大量的例子表明,中原古代民歌中的《诗经》"十五国风"和"乐府民歌"以及唐诗中的竹枝词,在表现形式、表现手法、修辞风格上,与客家山歌基本上是一致的。如客家山歌:

　　入山看见藤缠树,出山看见树缠藤,树死藤生缠到死,树生藤死死也缠。
　　哥摸狗来死哥摸,唔吠贼古吠亲哥,同涯亲哥吠呀走,一杓沸水死过多。

从上面两首客家山歌看,可以概括出三点:第一,表现形式上是每首山歌四句,每句七字,一、二、四句押韵;第二,使用了双关、比喻的手法;语言通俗,朗朗上口;第三,描写男女之间爱情,在客家山歌中,情歌占了极大比重。我们再看《诗经·卫风·木瓜》:

　　投我以木瓜,报之以琼琚,匪报也,永为好也。

意思是:你送给我木瓜,我回赠你玉佩,这不是物质的报答,是为了结永久的情谊。

上述例子用了比喻来表达男女之间的爱情。又比如《诗经·邶风·静女》:

　　静女其姝,于城隅。爱而不见,搔首踟蹰。

意思是:美丽的姑娘啊,约好在城墙角等我,我来了你又故意躲藏,害得我搔头徘徊难过。这是民歌的"赋"体,它直抒胸臆,语言直白通俗,这与客家山歌常用的表现手法是一致的。又例如《诗经·周南·关雎》:

关关雎鸠,在河之洲。窈窕淑女,君子好逑。

意思是:一对对啾啾叫着的雎鸠,活跃在河上的沙洲,好像那幽娴美丽的姑娘,引起年轻小伙子的追求。这又是一首描写男女之情的民歌,表现手法上用了"比兴",借物托起,触景生情,先言他物,然后引起所咏之物。这一手法在客家山歌中也是常见的。例如:

麻竹搭桥两头空,两人相好莫露风。燕子衔泥嘴爱稳,蜘蛛牵丝在肚中。

应该指出,在实践中"赋"、"比"、"兴"三者是不能截然分开的,这里仅是为了举例说明。又比如《诗经·魏风·硕鼠》:

硕鼠硕鼠,无食我黍。三岁贯女,莫我肯顾。
逝将去女,适彼乐土。乐土乐土,爰得我所。

它的意思是:大老鼠啊大老鼠,不要食我的米谷。多年侍弄养肥了你,你却对我一点也不怜惜照顾。我发誓要离开你,到那愉快的乐土。乐土啊乐土,哪里才能得到我们安居的处所?!这首诗"赋"、"比"、"兴"兼而有之,又是"叠句体"。当然,这样的例子还很多。我们再比较客家山歌:

日头一出照四方,唐山隔番路头长,鸳鸯枕上矛双对,日里挂念夜思量。
鸭子细细敢落塘,鲤鱼细细敢漂江,蜜蜂细细恋花树,妹子细细恋情郎。

从上可见,客家山歌与《诗经》"十五国风"在修辞手法、艺术风格上基本一致,不同的地方在于这些流传在中原地区的古代民歌用的是文言古语,而客家山歌用的是白话俗语;前者多为四言体,后者多为七言体。

但是,我们必须用发展的观点和运动的观点去考察、研究客家山歌的起源,在探索其起源之时必须考察其发展和变化。

唐代是中国诗歌发展的高峰时期,民歌"竹枝词"盛行,比如刘禹锡的《竹枝词》:

　　山桃红花满上头,蜀江春水拍山流。花红易衰似郎意,水流无限似侬愁。

　　杨柳青青江水平,闻郎江上踏歌声。东边日出西边雨,道是无情却有情。

上述竹枝词七言体民歌在晚唐时期在中原汉民中已很流行,随客家先民第二次大迁徙,中原这一体裁的民歌被带到南方来也是很自然的事。晚清时期,著名爱国诗人黄遵宪是梅县人,他很注意收集当地客家山歌并加以创新,《人境庐诗草》中就有山歌九首,如:

　　买梨莫买蜂咬梨,心中有病矛人知。因为分离故亲切,谁知亲切转伤离。催人出门鸡乱啼,送人出门水东西。挽水西流想矛法,从今唔养五更鸡。

这些山歌的韵律与声调、双关及直抒胸臆的表现手法、七言体形式等和唐诗、竹枝词民歌都极为相似,和传统客家山歌也很近似。如:

　　柑子跌落古井心,一半浮来一半沉。
　　你爱沉来沉到底,切莫浮起动人心。

在这里,我们可见到客家山歌已发展,成为七言体的能熟练运用如双关、比喻等修辞手法及民间群众通俗语言的口头文学形式。当然客家山歌在发展过程中也受到了南方民歌的影响,我们不妨把传统客家山歌与南方民歌作一比较,从中了解两者的异同。明冯梦龙编辑的十卷《山歌》中就有:

> 郎有心来姐有心,二人相似线和针,针儿何曾离了线,线儿何曾离了针。

传统客家山歌中有:

> 郎有心来妹有心,铁棍磨成绣花针,郎系针来妹系线,针行三步妹来寻。

冯梦龙的《山歌》中有:

> 郎有心来姐有心,唔怕人多屋又深,人多那有十只眼,屋深那有千重门。

传统客家山歌中有:

> 郎有心来妹有心,唔怕山高水又深,山高自有人开路,水深自有撑渡人。

从上述例子中,可以看出传统客家山歌已经糅合了南方民歌的许多元素和风格。

四

客家山歌的形成与发展与中原移民是同步进行的。客家山歌一方面与移民的源头中原地区的民歌有纵向的渊源关系;另一方面,又与客家新居地原住民畲族民歌有横向的交融关系。因此,在客家山歌中既能看到中原地区民歌的影子,又能找到原住民畲族民歌的因素。

闽、粤、赣三省交界地区,今日是客家人的"大本营",而历史上是土著少数民族的聚居地。人们通常说的"反客为主",就是说移民后来居上,把"主人"原来的家园变成了"客人"的新领地。客家山歌也是这样,在中原移民人数较多,当地土著力量较为薄弱的情况下,客家山歌音乐文化就在新居地扩展开来,把土著音乐大部分同化,成为新型的独特的既区别于中原民歌又区别于原住民歌的客家山歌。畲族的"畲"为刀耕火种的意思,他们又自称"山哈","哈"的汉译为"客人",即指居住在山里的客户。畲族人民喜爱唱山歌,因此流传下来许多传统山歌。如:《高皇歌》、《古老歌》、《封山歌》等。畲族人与中原汉族移民对唱山歌的爱好是相同的,当主、客杂居在一起时,自然会以歌代言,以歌抒怀。山歌成了移民与土著交流心声的媒介。彼此吸收对方歌唱的长处,久而久之,就形成了各自独特的山歌。客家山歌与畲族山歌从表现形式、表现手法上都极为相似,都有"比"、"兴"、"赋",从旋律到演唱也达到了高度的"杂交"。例如福建宁德畲族山歌《生产建设日日新》:

生产建设日日新,喂——妇女文化大翻身,放落孙子学技术,保证亩产上千斤。

广东大埔西河客家山歌《乌乌赤赤还较甜》:

白白嫩嫩涯唔贪噢,乌乌赤赤涯唔嫌噢,老妹好比当梨样哎,乌口赤赤还较甜噢。

这两首山歌各自个性较突出,但又保持了一定的联系。流传在福建宁德县的畲族山歌是"1235"四声音阶。而广东大埔县西河客家山歌是"123"三声音阶。尽管都强调了调式主音,但音列及旋律起伏是不同的。"形似"之处在于均为宫调式;都采用混合节拍(2/4 拍与 3/4 拍);都为四句头山歌结构。然而在韵律上却那么"神似"。可见,客家山歌与畲族山歌相互影响同时相互融合,形成了自己的特色。客家山歌在调式上宫、商、角、徵、羽五种调式都有,而以徵调与羽调为主,曲调平稳流畅,起伏不大,古朴宛转,音域较窄,用 4 至 5 个音的最多,而且节奏自由,节拍多样,常见混合拍。既不像西北高原民歌高亢激越,又不像江南民歌充满水乡秀色,甜美细腻,同时又与畲族以及其他少数民族民歌区别开来。

"歌随人走",经过千余年漫长的时间逐步形成和发展起来的客家民系和客家山歌,经历了中原移民文化与土著文化交流融合的艰难历程。我们应分清楚它的"源"和"流",就像流水一样,一开始,其源头只是叮咚作响的泉水,汇聚成涓涓细流,继而汇成滔滔河水,汹涌澎湃最后奔入浩浩大海。

客家山歌是中原移民的文化产物。她是中原移民南迁时带到客家地区并与原住民山歌音乐融合杂交而成,是具有质朴爽朗,节奏自由艺术风格,享有"天籁之音"美誉,深受广大群众喜爱的艺术形式。从上述诸问题的探讨中,我们可以得出一个结论:客家山歌起源于中原古代民歌。从探索其起源的过程中,我们清楚地看到,客家山歌是汉民族与其他民族智慧结合的结晶,是中华民族传统文化宝库的一大瑰宝。今天,我们应该认真去挖掘它发展它,使它成为鼓舞人奋发进取的战斗号角,成为滋润人们心田的春雨,成为人们长期喜爱的精神食粮。

参考文献:

1. 丘菊贤著:《客家综论》,香港天马图书有限公司 1999 年 8 月版。

2. 黄顺炘等主编:《客家风情》,中国社会科学出版社 1993 年 3 月版。

3. 梅州市地方志编委会:《梅州客家风俗》,暨南大学出版社 1992 年版。

4. 张卫东等主编:《客家研究》第一集,同济大学出版社 1989 年 1 月版。

5. 王耀华:《客家艺能文化》,福建教育出版社 1995 年 9 月版。

6. 冯光钰著:《客家音乐传播》,中国文联出版社 2001 年 1 月版。

7. 李寿粦著:《山歌野谭》,文化艺术出版社 2002 年 4 月版。

8. 族谱编辑小组:《广东五华锡坑李氏源流志》,香港 1993 年孟春。

（作者为广东梅州嘉应学院副教授）

浅析受楚文化影响的
客家文化的鬼神观念

黄　莹

河洛地处中原腹地,历史上是我国经济、政治、文化的中心,所以古有"居天下之中"的说法。河洛地区古代文化博大精深,据传,龙马负图出于河,神龟背书出于洛。在黄河与洛河交汇的流域,古代先民创造了灿烂的物质与精神文明,形成了华夏文明源头之一的河洛文化。

河洛文化圈涵盖当今的中原地区,周边与齐鲁文化圈、楚文化圈、秦晋文化圈和燕赵文化圈相衔接。河洛文化的内容包括原始的彩陶文化(仰韶文化)和黑陶文化(龙山文化)、炎黄始祖文化、河图、洛书与《周易》、夏商周三代文化、东周文化、秦统一后至唐代的封建正统文化、宋代洛学及理学等。内容涉及政治、经济、军事、伦理、哲学、史学、文学、教育、宗教、科技、艺术、民族、民俗等。河洛文化辐射到周边的地域,并派生出诸多文化体系,如客家文化等。

客家先民作为河洛文化的传人,其文化形态中保留了较多河洛礼仪文化传统。但作为一支历史悠久的民系,在长期漫长的往南方迁徙的过程中,其文化形态中也受到了南楚故地的原始巫术观念的较多影响。客家文化以河洛文化为主体,吸收了楚文化、百越文化、畲瑶文化,加上当地土著崇尚巫鬼习俗的影响,使巫术观念和巫术活动在客家人中愈加普遍和活跃,并形成糅合了河洛礼仪文化和南方巫文化特征,有成熟的巫术理念、系统的巫术仪式和专职巫师的客家巫文化。了解根植于客家人心理深处的巫术意识,能揭示客家人独特的世界观和价值观,从而把握客家文化的基本精神。

一、楚地风俗

楚地风俗崇火尚凤、亲鬼好巫、天人合一、力求浪漫,与河洛文化尚土崇龙、敬鬼远神、天人相分、力主现实形成鲜明对照。先秦时代,楚国历经八百余年的发展,由僻处丹阳一隅,到拥有中国半壁河山;从跋涉山林以事天子,到问鼎中原,饮马黄河,不断地发展壮大,成为“天下强国”,而且创造了特色鲜明、内涵丰富的楚文化。楚文化因楚国和楚人而得名,“巫、俗、蛮乃是过去,现在及将来研究楚文化之奥秘之所在”。“在丰富绚烂的中华文化里面,楚文化素以奇诡瑰丽、似断实续、影响深远、独树一帜的面貌而蜚声于世。”①楚人在生产力低下的开创时期面临的艰难,使他们对自然产生了强烈的畏惧和崇拜,而荆楚繁茂的丛林、纵横的江河、广袤的原野以及与蛮夷杂处的神秘的生态环境,孕育出楚地先民崇尚自然、敬畏鬼神的传统意念。楚先民“民神杂糅,家为巫史”(《国语·楚语》),《列子·说符》中云:“楚人鬼”;《汉书·地理志》记载,在楚国,从宫廷到民间,历来“信巫鬼,重淫祀”。《淮南子·人间》曰:“荆人畏鬼”,王逸在《九歌序》中也说过“昔楚南郢之邑,沅湘之间,其俗信鬼而好祠。其祠必作歌乐鼓舞以乐诸神”。王国维《宋元戏曲史》谓:“周礼既废,巫见大兴;楚越之间,其风尤盛。”先儒、时贤认为楚国巫风尚行已久,有的学者更将楚国文化断为“巫官文化”。正如李泽厚认为的:“当理性精神在北方中国节节胜利,从孔子到荀子,从儒家到法家,从铜器到建筑,从诗歌到散文,都逐步摆脱巫术宗教的束缚,突破礼仪旧制的时候,南中国由于原始氏族社会结构有更多的保留和残存,便依旧强有力地保持和发展着绚烂艳丽的远古传统。”②这一片区域正是客家人一步一步慢慢从中原河洛地区迁徙的路程。在当时恶劣的生存条件下,这种源自对神灵的坚定的信仰,能够培养出达观的人生态度和对生死的超脱认识。客家人从信仰中获得了力量,这种力量也容易使他们形成乐观的文化心理。

二、鬼神一体

相信鬼神等超自然力量的存在,是巫术存在的前提。客家巫术观念中的神

---

①　巫瑞书:《南方民俗与楚文化·自序》,岳麓书社1997年版。
②　李泽厚:《美的历程》,文物出版社1981年版。

鬼意识有两个显著特征:其一,神鬼不分,神鬼糅杂;其二,泛灵观念,神系庞大而又职责不分。"鬼"和"神"的概念,在中原文化中经历了由"鬼神合一"到"鬼神分家"两个发展阶段。原始时代神鬼是一个概念,《说文》将"神"字写成"鬼申",训为"神也,从鬼,申声",说明"神"的概念源于鬼。神为何物?《说文》:"神也,七月阴气成体自申束。"说明神就是一团由阴气凝聚而成的东西。《说文》:"鬼,阴气。"《广雅·释天》:"物神谓之鬼。"从上面对神鬼的解释中可以看出,最初神鬼是一个概念:都指一团阴气,也符合客家民间对鬼神的解释——人为阳气,鬼为阴气。鬼神分家是人类进入阶级社会,特别是等级制度形成以后,统治者为标榜自己的神圣地位,而有意将虚拟的神鬼世界等级化。秦汉以后,中原文化就将神鬼信仰分为神信仰和鬼信仰两个系统,并采取截然不同的态度:将神视为美好、吉祥的象征而加以祭祀,君主称神主,帝都称神都;将鬼当成邪恶、恐怖的代表而加以驱逐,《说文》中的"醜鬼"字从鬼,释义:"可恶也。"但在南方楚巫文化中,神鬼始终是一个概念,楚人称神为鬼,楚辞中可找到许多这样的例证:《九歌》是祭神的歌,沅湘古音读"鬼"为"九",九歌即鬼歌。而且所祭者都是鬼,没有一个神。《山鬼》应是一位山神形象,却称"鬼"而不称神。至今沅湘地区民间称神为鬼:湘西土家族祭祀山神的仪式称为"大推大解","推"即"鬼",即"大鬼大解";湘南民间称统领神鬼世界的神为"五猖鬼"。同样,属于巴楚文化圈的西南少数民族地区,也将神鬼统称为鬼:云南景颇族民间传说称第一代男性始祖为"木代",意即"最大的鬼"。《宋史·蛮夷传》记载着西南边境的彝族部落首领称"鬼主",小部落首领称"小鬼主",大部落首领称"大鬼主",部落联盟首领称"都鬼主"——即最大的鬼主。这些例子说明,在楚文化中,神鬼是一个概念。同样,客家人将神鬼统称为"神道"。这个概念含义宽泛而模糊,它既用来称呼中原神系信仰中的正神如土地、灶王、祖先,也用来称呼飘荡无依、为祸人间的孤魂野鬼。从赣南客家的一些民间用语可以看出这个概念的模糊性:客家人认为,人突然得病,是遇到了鬼,但不称遇鬼,客家的说法是"遇到了神道",为此请仙娘祈神驱鬼,却说"请神道"。所以整个说法就是"病人遇到了神道,所以请仙娘做法请神道来家里驱神道"。这句话显得有些可笑而矛盾,其实正是神鬼不分的结果。而所谓的仙娘,就是附近会巫术的神婆。这和楚地的"民神杂糅,家为巫史"风俗极为相似。

很多时候,神鬼的身份是可以转换的。例如:客家人崇拜祖宗,将祖宗视为神灵,每年的清明、中元、冬至、春节都要举行祭祀仪式。但在巫术观念中,祖宗又是家鬼——客家人称"白虎鬼",是导致亲人患病、家道不兴的祸害,因而在这几个节日之外的时间,自家的祖宗作为鬼的化身是遭到驱逐的。类似的情况还有社神:在中原文化中,社神是一位享受祭祀的正神。客家人也祀社神,称"社公",认为它能保佑农业生产风调雨顺,五谷丰登。

可见,客家人的"神道"概念是神鬼糅杂的,它同时包含了神的美好和鬼的丑恶。将客家神鬼观念与中原和楚地神鬼观念对比,可以看出自称"三代遗民"的客家人在神鬼观念特别是神灵观念上,还保留了中原神鬼观念的原始形态,南迁后又接受了楚地神鬼观的影响。

三、泛灵观念

泛灵观念是南北文化共有的现象,但各有特色。楚地的地貌奇峻诡秘,使楚人产生惧怕,相信冥冥之中有神在主宰。于是就萌发对自然神的崇拜,所有山、川、风、云、天、地、日、月等自然现象均在崇敬奉祀之列。中原的神信仰中,神系清楚,等级分明,俨然一个世俗化、等级化的神仙世界;楚地的巫鬼信仰,神鬼虽众,但互不统属,而且职责分明,各司其职。如楚辞中的《九歌》是一组巫歌,其目的是降神娱神,依着所祭的不同鬼神,歌曲名称亦不同。如《东皇太一》为祭太阳神颛顼之歌;《云中君》为祭雷神之歌;《东君》为祭月神之歌;《山鬼》为祭山神之歌;《河伯》为祭黄河神之歌等等。这些神灵,无论是神是鬼,都没有等级秩序。

客家巫文化中的神系,特点是庞大而杂乱:即无大小等级之分,又无明确的职责分工。客家神系包括了道教神系、佛教神系、巫教神系,甚至还有一些传说中的人物如哪吒、姜太公、托塔李天王等等。这么多神,又无明确分工,故导致在巫术实施中,该请哪一位神,完全凭一时的意念,请神仪式表现出极大的随意性、散漫性。这正是客家人的务实精神在观念世界的反映:客家人并不关心神们的出身世系,只要能为生人提供保佑和福祉,就顶礼膜拜。但在表面芜杂的客家神系中,有一个基本的信仰元素,即"天神"信仰。客家人称天神为"老天爷",其神通广大,法力无边,能赐福、降祸、洞察人间善恶是非,主持最后的审判等等,老天爷是个概念神,没有具体神格,通常雷电和太阳被视为老天爷的化身,因而客家人对雷电和太阳心怀敬畏,有种种禁忌。其中最重要的一条禁忌,是不能对着太阳咒骂老天(其罪孽远远大于咒骂祖宗)。客家称这种人是"无天无日的人",那是一定要遭报应的。楚人的祖先即是日神祝融,《九歌》中的第一、二位神分别是"东皇太一"和"云中君",恰好是太阳和雷电,楚人对最有力的神灵的崇拜在客家人身上得到了体现。

由于天神信仰是客家神灵信仰中的元信仰,显然,这是客家人在继承河洛正统等级观念的同时,杂糅了南方巫文化的自然崇拜的结果。这种由天神和诸灵构成的信仰体系带来的好处是显而易见的:其一,天神作为元信仰,可以包容一切神灵,一切神灵都是天神的化身和使者,因而使客家神系具有巨大的包容性和扩张性。其二,天神信仰作为最初的出发点和最后的归宿,解决了庞杂神系带来的信仰复杂化问题,客家人可以用最简单的方式操作最复杂的神系,大大增强了客家巫术的应用性。这也是客家巫术活动成为一种群众性活动的主因。

四、信巫

在氏族社会里,巫一向是具有很高地位的。周人入主中原河洛地区后,高度发展的农业文明使巫术的理论基础动摇,民族融合的步伐加快使得人间的实际事务增多,周王朝开始"尊礼尚施,事鬼敬神而远之,近人而忠焉"[1],周公制定了一套维护人间统治秩序的礼乐制度,将祭祀鬼神作为统治国家和稳定社会的一种重要手段。于是,从前兼有史官之职的巫官,也因周王朝重视总结国家兴亡的历史经验而发生分化或转化。从巫官中独立出来的史官逐渐取代了巫官的地位,巫官文化也渐渐向史官文化过渡。儒家文化继承了起源于河洛地区的周代的礼乐制度,从此,正统的中原文化"事鬼神而远之",以礼制的名义保留了一些形式。有识之士大多"不语怪、力、乱、神"[2],西门豹废除"为河伯娶妇"之陋习一事,正反映了以河洛地区为中心的中原巫风遭到扫荡的真实状况。由于源远流长的巫文化传统的巨大影响和地形复杂、族居分散而造成的文化交流不便,南方楚地在很大程度上一直是巫风笼罩的神秘世界。这种巫官文化也波及湘、沅、

①　《礼记·表记》。
②　《论语·述而》。

岭南等南半个中国,使得客家人在居住过程中不自觉地受到影响。

　　巫文化的产生是生产力十分低下的原始人类对物质世界和精神世界的一种认识途径和控制方式。施用巫术的目的就是通过与神明的直接交通来祈福和禳灾。一般说来,先秦巫觋的职司范围为占筮、天官、医药、赛祷、祈雨、禳灾、祓禊、娱神、降神、诅咒、设蛊、算命、相面、发布预言和表演巫术性歌舞等①。《荆州岁时记》中,楚人所祀之神很多,天地人鬼百物神祇都在内。主要有:土地神、庄稼神(稷神)——五谷神、山林神、路神、门神、灶神、傩神,以及祖先神等等。其中以土地神、祖先神、傩神、灶神最为突出②。

　　客家地区也受到这种自然泛灵论的影响,直到清朝,仍然“乃犹波楚俗”③而尚巫。如同治《赣州府志》卷二〇《舆地志·风俗》载:“赣俗信巫。婚则用以押嫁,葬则用以押丧,有巫师角术之患。”道光《宁都直隶志》卷一一《风俗志·宁都州》载:“俗信巫,颇沿用古礼而皆失其意。邱维屏曰:其执红巾于手,则道布也。其帕袜,则蒙皮也,衣加以裙,则元衣朱裳也。鸾刀而践牲,则守瘗之遗也。夜呼伤亡而祭,则授号旁招也。奶娘舞,则女巫歌哭请大灾也。岁终和神,则按冬堂赠春招眊,而于岁会要其期也。”康熙《程乡县志》卷之一《舆地志·风俗》载:“疾病不刀圭信巫灸艾。”光绪《嘉应州志》卷八《礼俗》载:“郡俗信巫尚鬼。”乾隆《镇平县志》卷二《赋役志·风俗》云:“元旦舞狮逐鬼亦傩遗意。”张仁藩、张桃《石碧客家习俗风情》说:“信巫”。“宁化盛行的有‘降童’、‘降乩’等。”巫术文化作为人类认识文化进程的重要阶段,对后世文化产生过巨大而深远的影响,因而成为民族文化和民俗形态的母源。客家人作为河洛文化的传人,楚越故地的“客人”,其巫术文化吸收了河洛礼仪文化和南方楚巫文化的营养,并加以改造,形成了独特的客家巫术文化,并对客家人的世界观、价值观产生了深远的影响。

　　综上所述,客家人的鬼神观基本上是吸收了南方楚地巫术的营养,并加以改造,使之成为客家文化的一部分,并形成为颇具特色的客家鬼神观。

　　　　　　　　　　　　　　　　(作者单位为湖北省社会科学院楚史研究所)

---

①　宋公文、张君:《楚国风俗志》,湖北教育出版社,1995。

②　《礼记·表记》。

③　同治《南安府志·历代沿革志》。

源和流——论河洛文化对客家文化和日本文化的不同影响

周菲菲

　　我们在对中原河洛文化对中国文化以及东亚文化产生的影响进行研究的时候,发现了一个令人深思的文化现象:中国东南客家地域的文化深深地打上了河洛文化的烙印,而与中国一衣带水的日本,其文化内质和文化事象,也深受河洛文化的影响;但因客家地域与日本地域不同,原生文化背景有异,其对河洛文化的接受也就有所差别:东南客家文化对河洛文化的接受更多的是承继和弘扬,而日本文化对河洛文化的接受则更多的是在接受中创新。但不管是客家文化还是日本文化,相对河洛文化而言,归根到底,都是源和流的关系,是同根、同本、共源的文化,只不过在传播和接受过程中,因其传播流程、传播路径、传播方式、传播时间、原生文化背景、地域文化基因、民族和民性特质等诸多因素的影响,产生了流变,表现出其不同的承继内质和表现方式。

一、河洛文化的内涵及其在中国思想文化史上的意义

　　司马迁《史记·货殖列传》说:“昔唐人都河东,殷人都河内,周人都河南。夫三河在天下之中。若鼎足,王者所更居也,建国各数百千岁。”《史记·封禅书》中又云:“昔三代之居,皆在河洛之间。”“河洛”作为一个文化概念,既有地域上的意义,又有人文上的内涵。在地域概念上,历史上的“河洛”不仅仅指洛水与黄河交汇形成的夹角地带,还泛指以洛阳、嵩山为中心的“河南”、“河内”、“河东”等广大地区。这片广袤的沃土是中华先民最早的繁衍生息之地,更是中华

文明诞生的源头之地。

朱绍侯先生在《河洛文化与河洛人、客家人》一文中说:"简言之,河洛文化应是产生于河洛地区的,包括原始社会的彩陶文化(仰韶文化)和河南黑陶文化以及神秘而代表河洛人智能的《河图》、《洛书》;应包括夏商周三代的史官文化,及集夏商周文化大成的周公制礼作乐的礼乐制度;还应包括综合儒、道、法、兵、农、阴阳五行各家学说而形成的汉代经学、魏晋玄学、宋明理学以及与儒、道思想互相融合的佛教文化等等,以上各种文化的总合就是河洛文化。"这样看来,河洛地区孕育了华夏文明,它是中华民族的核心文化,既代表了中华文化,更代表了中原文化。发祥于河洛地区的洛学后来与朱熹之学结合,并称"程朱理学",曾作为正统官方哲学长达数百年之久。这些都说明,河洛文化对中华民族大一统的形成和中华文明发展作出了卓越贡献。

二、客家文化对河洛文化的承继和弘扬

1. 客家人来自于以河洛为中心的黄河流域

从汉代末年开始,由于战争、动乱和灾荒等原因,中原汉人不断向南方播迁,较大规模的就有七八次之多。其中最有影响的有四次:西晋的"永嘉之乱时期",唐代的"安史之乱"和黄巢举义时期,北宋的"靖康之变"时期以及明末至清的郑成功、康熙朝收复台湾时期。大批南迁的中原人民,为中国南方的开发做出了巨大贡献。南迁的中原人民主要居住在长江中下游地区,其中一部分人寓居于赣南、闽西、岭南,形成了一个特殊群体——客家民系。客家人从河洛地区带来了先进的农业、手工业技术和悠久而深厚的文化传统,如语言、习俗、宗亲、教育、伦理、礼仪等等。明末清初流向台湾的汉人大多是闽、粤沿海一带人,但移民中之大部分是由原河洛地区南迁的客家人。一项调查表明,闽南、台湾汉人中陈、林、黄、郑四大姓占总人口的一半以上,故有"陈林半天下,郑黄排满街"之谚语流行。而且在这些大姓的族谱上,都明白无误地标明其祖先为河洛人。因此,国学大师章太炎在《客方言序》中肯定地说:"客家大抵来自河南。"

2. 客家民俗中的河洛文化基因

所谓客家文化,就是以汉民族传统文化为主体,融合了古越族和畲族、瑶族等少数民族文化而形成的一种多元的新文化,是从河洛文化母体中衍生出来的一种亚文化,其核心、精髓和根底,还是河洛文化。客家先民进入闽粤赣客家大本营地区之后,吸纳了不少当地土著畲族的习俗,如吃生鱼片、擂茶以及广东博罗、归善等地客家以槟榔作为婚聘之物等习俗,但从整体而言,客家民俗仍然鲜明地保存了中原河洛文化古风的根基。

客家人重礼,这是指重视礼制、礼仪。客家人的岁时、婚嫁、丧葬和喜庆等各种习俗活动,大部分是从中原古礼沿袭下来的,也可以在《周礼》、《仪礼》、《礼记》中找到根据。古礼可分为吉礼、凶礼、军礼、宾礼、嘉礼等五礼。婚丧节庆习俗中的陈规,主要来自吉礼、凶礼、宾礼和嘉礼。而岁时习俗中的祀典等等,则都在古"吉礼"之中。

严酷的地理、社会环境,使客家人聚族而居。客家民居集实用与审美于一体,形成了独特的民俗文化景观,而民居中的门榜则是这种文化内涵的标志。以上犹县客家民居的门榜为例,主要分为四类,从不同角度反映客家人对其祖先的崇拜。第一类,姓氏来源。如"冰清流芳",采于中稍凌氏,意为冰凌清纯的美名传扬。据《百家姓考略》,卫公子仕于周为凌人。凌人,即为王室储藏冰块的官员,后裔以此职官为氏,即凌氏。第二类,源于祖先的人物传说或典型史实。如钟姓的"知音遗范"、田姓的"紫荆荣茂"、廖姓的"万石流芳"等。第三类,源于本族先祖名人的字号或官职。如陶姓的"五柳高风"、李姓的"青莲遗风"、钟姓的"越国世第"、周姓的"濂溪世第"等。第四类,门榜更趋向于对祖先的文化方面的推崇,它们一般源于祖先名人学者的文章或者著作。如孔姓的"圣裔仁居"、张姓的"金鉴流芳"、戴姓的"礼经世泽"、周姓的"爱莲遗风"等等。门榜,作为祖先崇拜的特殊的文化载体的同时,又成为客家人崇文重教的一种缩影。

3. 客家文化对河洛文化的反哺

"二程"是洛阳人,是洛学的创始者,其后又较长时间在河洛地区传播理学思想,但追根溯源,他们的思想启蒙是在赣南客家地域。从这个意义上说,客家文化对河洛文化有反哺之功。

南安地处江西南部,属赣南的一部分。北宋庆历五年(1045),28岁的周敦颐由分宁主簿调任南安军(军治在大庾县,即今大余县)司理。周在这里创立了《太极图说》。第二年(1046),兴国县令程珦(大中)调任南安军通判。程大中系河南洛阳人,对儒学也有一定的研究,他让他的两个儿子——程颢、程颐拜周为师。周敦颐要"二程"兄弟去寻找颜回和孔子为何能在艰难困苦中保持恒常的精神愉悦的缘故,即关于"孔颜乐处"的命题。

这是宋明理学的核心问题之一。"二程"强调"学至涵养其所得而至于乐,则清明高远矣"。程颢又说:"自再见周茂叔,吟风弄月以归,有'吾与点也'之意。"于是,古南安府内的后花园建起了周敦颐教二程之"吟风弄月台"。

周敦颐在教学方法上,注重讨论和辩难。两年多工夫,二子便学业大进,把老师教导的学问发挥得有声有色,慕名求学者也日益增多,学馆也扩充规模,改为书院;南安府的儒学也因此兴盛起来。"二程"步入了理学殿堂,并成为一代宗师。

南宋淳祐二年(1242年),南安知军林寿公在当年周、程传习的地方创建"周程书院"。淳祐元年(1241),宋理宗赵昀亲书"道源书院"四字,赐予南安。宋乾道年间,南安教授郭见义修建祀周敦颐与"二程"的"三先生祠",并作记云:"人心可亡则先生之道亦可忘也,天理可灭则先生之道亦可灭也。苟人心天理无容亡灭,则学者修其祠,明其道,百世以俟圣人可矣。"这说明,大余是"道学之源"的称谓,早在宋代,朝野就已经认同了。

4. 客家文化对河洛文化在继承中的变异及地域适应

客家文化不光传承了中原文化中的儒家传统,客家人千百年来经历的苦难和流移转徙的艰苦生活境遇,更强化了儒家的人文精神,如重视教育、固守伦理、提倡孝道。客家人还固守着道德自治原则,孔子主张"见利思义",反对"见利忘义"。这也是客家人一贯遵循的原则,他们在远走海外、发家致富之后,都乐意捐钱捐物扶助贫困和捐资办学。客家人的团队意识很强,个体服从整体,凡遇外敌来侵,客家人均能奋起抗击,一致对外。这是河洛先民勇敢顽强和讲求合作的精神、气质激励着客家人。这种精神、气质的直接产物,就是客家人义无反顾的革命精神。在中国近现代史上,影响中国革命进程的决策人物,有许多是客家人。洪秀全所领导的太平天国运动,其将领几乎全是客家人。孙中山先生领导了辛亥革命,除他本人是客家人的后裔外,其主要助手也是客家人,如廖仲恺、宋庆龄等。

尽管客家文化固守着河洛文化的基本要素,但另一方面,也吸收了许多当地文化,最终形成以河洛文化或者说传统文化为主干,以其他类型文化为枝叶的客家文化。由于客家人在历史上有着跟其他民系所不同的长期迁徙经历,这使他们能够更为广泛地接触外界的文化。"情愿在外讨饭吃,不愿在家掌灶炉"。客家男子年龄稍长,就会有出门创业的念头。这种敢于冒险进取的精神,也来自河洛先民的拓荒勇气和敢于拼搏的血性。

在进入近代以后,客家文化意识已经在传统结构的基础上发生了新的变化。在客家文化意识中那种既带有浓厚的理想主义色彩,又富于求实的精神,以及重名节、薄功利,重孝悌、薄强权,重文教、薄无知,重信义、薄小人等为人处世的道德价值观念,都足以表现为近代客家文化意识的基本特征。

在思想信仰方面,客家人的传统是多神崇拜,不主一尊,只要认为有利于自己、可作为精神慰藉的灵主、物主等,就都不排斥。这种信仰观念的形成,既与客家先民南迁后的居处环境有关,也与时代的社会大背景有关。在极其艰苦的社会环境下,企盼多种神灵佑护的心理是正常的现象,集儒、佛、道三家学说于一身的理学在客家地域获得的广泛传播和积极接受,也体现了这一点。

社会学家认为,看一个民系的特点与个性,要先看其妇女群体的德行。在客家民系中,妇女在家庭生活及后代教育方面,发挥着举足轻重的作用。客家社会也没有缠小脚的基础,客家人对"三寸金莲"深恶痛绝,妇女不缠脚,身轻手快。近代太平军有女营,以妇女为主,其司令洪宣娇(洪秀全之妹)便是妇女中的佼佼者。这一特点与客家特殊的居处环境及家族构成有直接关系,因为男子大多出外闯荡,女子则既要耕织持家,还要担负起培育后代的任务。客家妇女在家庭中具有突出的地位和作用,这正是河洛先民南迁后所发生的变异,是居处环境变化使然。客家妇女的形象,与中国传统家族普通妇女的形象是有所差异的,也不是其南下先民初始妇女的形象。客家妇女作为家庭的主角,表现出不同寻常、独树一帜的风采。

三、日本文化对河洛文化的接受和创新

1. 早期河洛文化对日本文化的影响

在公元5世纪以前,日本处于物质生产力极其低下的神话时代。公元5世纪初的日本应神天皇十六年,百济大王仁携《论语》把中国儒学带入了日本。在奈良、平安时代,日本的早期儒学得到了一定发展,这主要是受到了中国原始儒

学和汉唐经学的影响;而汉唐经学的主要产生地,无疑是河洛地区。在传入初期,儒教对社会生活的影响仅仅局限在人们对儒家经典的信仰上,教义伦理还没有渗入社会道德生活之中。到了7世纪初,圣德太子为了给大化改新准备思想条件,派留学生到中国学习,直接引入了儒学思想。他继承了日本民族固有的道德精神,以儒家教义思想基础,颁布了《17条宪法》,为贵族制定了以儒学的"和"、"信"、"义"、"礼"等为主要内容的政治道德,这标志着日本道德观念已经从把生命秩序与善恶混为一体的古朴道德上升到了凭理性进行善恶反思的政治道德的高度。从此,日本伦理思想的发展进入了一个新的时代,即从神道教出发吸收儒家思想。

2. 日本文化对于洛学的选择性接受

洛学,一般说来是专指北宋儒家学者程颢、程颐开创的理学学派,旧时也有学者把邵雍之学归在洛学之中的。二程的"洛学"也称作"伊洛之学"。程颢和程颐之学称为"洛学",这是就地域而论的,因为二程兄弟是河南洛阳人,又长期在洛阳从事讲学活动。如果从"洛学"的内涵而言,它属于宋明理学中"理本论"的一个哲学学派,也称作"理学"(狭义的),后来与朱熹之学结合则称作"程朱理学"。

日本大化革新以后,通过其自身的社会经济条件和社会内部的各种阶级斗争而接受了中国哲学尤其是宋学的影响。第一时期是12世纪镰仓时代至16世纪室町时代,当时武士以好禅僧而接受禅学与宋儒之学。第二时期是17世纪的德川时代,日本封建社会再编组,统一的"幕藩制度"建立了起来。幕府为了维持封建社会组织——一个军事专制的帝国,需要有一种统制的力量,以适应封建社会要求的武力和文化。在这个关键的时代,中国传来的儒教,尤其是朱子学说,成为官学。在意识形态领域占主导地位,开始了儒学一统天下的局面,这种情况一直延续到明治维新。清黄遵宪《日本国志》载:

> 自藤原肃始为程朱学(肃,字敛夫,号惺窝,播磨人。初削发入释,后归于儒。时海内丧乱,日寻干戈,文教扫地,而惺窝独唱道学之说。先是,讲宋学者以僧元惠为始,而其学不振,自惺窝专奉朱说,林罗山、那波活所皆出其门,于是乎朱学大兴……),师其说者凡百五十人,尤著者曰林信胜、林春

胜、林信笃、木下贞干、新井君美……

为阳明之学者凡六人,中江原为之首(原字惟命,号藤树,近江人。年甫十一,一日读《大学》至"壹是皆以修身为本",慨然曰:"圣人岂不可学而至乎?"初治程、朱学,既而喜阳明王氏之说,教会弟子以勿泥格套,去胶柱之见,以体认本心。又以《孝经》为标旨,揭出"爱"、"敬"二字。……一时称为近江圣人),其徒之善者曰熊泽伯继。又有伊藤维桢,不甚喜宋儒,而讲学自树一帜。其徒七十人,尤者曰伊藤长允。物茂卿之学,由《史》、《汉》以上求经典,学识颇富,近宰纯、服部元乔、龟井鲁、帆足万里。

在江户时代的 265 年中,日本封建社会达到顶峰。从实践的角度看,朱子学从上层社会深入到民间,广泛而深刻地渗入社会的各个阶层,封建主义道德思想更加成熟、巩固,等级身份秩序更加严格。特别是武士、町人阶层的出现和发展,在价值观念上深受朱子思想影响,在实践的层次上发扬了日本儒学的实践主义特点,受朱子学的影响,武士道德更加理论化、系统化,以朱子学为代表的儒家思想成为武士的指导思想,武士道精神就是在实践上完全接受和实行以朱子之学为内核的儒家思想。

日本儒学不是中国儒学照相式的翻版,而是经日本文化改造的变形物。德川政权对儒家及其朱子学的接受不是系统性的,而是根据政治的现实需要进行择取并进行功用的解释。对于儒学的政治功用性的解读和利用,使得朱子学很快被意识形态化了。日本的知识阶层对于朱子学的理,不像中国的理学家那样,将其视为宇宙和人的终极本体,而是像儒学的举大蠹者林罗山那样"作为应当接受的外在规范而强调其实在性"。在他的理论系统中,神道思想是根本性的,是日本民族的精神本体。他在《神道传授》反复强调:"此神道即王道也。心之外无别神,无别理。心清明者神之光。……政行者神之德也。国治者神之力也。是由天照大神相传。神武以来,代代帝王御一人所治也。"显然,林罗山以"神道"为王道,在心之理中求取神之本体,而朱子学则是体现神道的外在理论工具。可以说,儒学在日本的历史,实质上是"神体儒用"的发展史。

3. 洛学在日本近代史上显示的传统性与现代性

第一,洛学在日本近代哲学发展史上的意义——以日本哲学家西周为例。

　　至19世纪,儒学已成为日本传统思想中的有机组成组分。在西学东渐的热潮和走向现代化的过程中,如何对待既存的儒学、建设日本的近代文化,成了日本近现代思想史上一道风景线。这时候,出现了一位"日本近代哲学之父"、"日本近代文化的建设者"西周(1829~1897)。

　　早年,西周曾接受过较为系统的儒学教育,在早期的家庭启蒙、学校教育和后来任儒学教官时期,西周阅读了自先秦儒学至宋代理学的大量著作,从而奠定了深厚的儒学思想基础。后来,西周又受到了西方近代文化的滋润。他28岁开始学习英文,后任"藩书调所"助教,接触到较多的西方自然科学与社会科学知识。1862年,西周作为日本幕府派遣的首批留学生赴荷兰莱顿大学留学。三年后,从荷兰归国后的西周从新时代的高度和世界文化史的广度重新审视了东方的儒学。一方面,他指出儒学有着严重的弊端,如儒学"对政(政治学、法学)、教(道德学)的思考的确混乱"。另一方面,西周又充分肯定了儒学思想中的合理性。基于以上深刻的认识和深厚的东西方文化素养,西周自觉地以儒学为媒介来系统传播西方哲学思想和创建日本近代新文化。他的传播和创建工作主要通过下列形式进行:

　　一是借用"易学"的表述方式来传播西方的自然科学和社会科学知识。以有机体和无机体等近代自然科学知识为基础,为以"易学"为代表的"阴阳"学说注入了时代的新内容,在旧形式下透露了新的思想。

　　二是借用儒学的"知行"学说来介绍西方近代的知识论。西周认真考察了西方近代"学术"一词的词源,并借用儒学的"知行"观来通俗地说明西方的"学术"思想及其形成基础。在儒学中,一般来说,"知"指认识、知识;"行"指行动、行为、实行。孔子说:"生而知之者上也,学而知之者次也。"荀子说,"知之不若行之",强调实行的重要。程颐认为,知先行后,知难行也难。朱熹提倡知行相须,不可偏废,认为:"知之愈明,则行之愈笃;行之愈笃,则知之愈明。"由于他以儒学范畴作媒介来介绍西方的近代思想,从而降低了人们对异质文化理解的难度。

　　三是借用宋明理学的思想来创译西方哲学的新范畴。比如"哲学"范畴和"理性"范畴。"理性"原词产生于西方哲学,一般指概念、判断、推理等思维形式或思维活动。西方理性主义的共同特征是,只承认理性认识的可靠性,否认理性认识依赖于感性认识。西周在《开题门》一书中说："宋儒和理性主义二者在说法上虽有不同,然也有酷似之处。"中国的宋儒们非常重视理性,如程颐主张至于物而穷其理,但不能逐物,必须"反躬";朱熹提出"即物穷理"的系统方法;陆九渊强调"反观",认为心即是理;王守仁提出"致良知"说,认为格物致知就是致吾心之良知于事事物物。中西两派虽说法有异,但在只承认理性认识是最可靠这点上确有共同之处。

西周主要以儒学为媒介来介绍西方近代哲学思想,创建日本近代哲学,这不仅是他个人的文化素养所致,也是日本明治时期哲学发展的历史选择。日本的国情决定了日本近代哲学不可能是西方哲学的翻版,而必须是东西方思想融会的产物。日本传统思想文化主要由神道、国学、佛教和儒学所构成。神道和佛教都是宗教信仰,主旨与当时日本近代化所需的立足科学、看重现实、改造社会的西方近代哲学文化格格不入。而儒学一方面注重现实、注重政治,是"积极入世"之学,另一方面经过漫长时期的发展,形式上组成了一套严密的概念、范畴体系,内容上涉及自然观、认识论、辩证法、伦理观、历史观等广阔领域,理论上达到了古代哲学的最高水平,是明治初期日本传统思想文化中与西方近代哲学思想最相契合的部分。正如日本著名哲学家下村寅太郎所指出:"接受时代的学者全部以汉学为文化基础,理解西洋哲学只有将此作为道路才有可能。""哲学用语的翻译就证明了此点。如'悟性'、'理性'类今天均在使用的概念多半是亏了这些人们,尤其是西周。"并且,这些西周吸收儒学而创译的西方哲学重要范畴,今天仍在日本、中国等东亚国家频繁使用,为沟通东西哲学的交流、促进东方哲学的发展作出了积极贡献。

第二,洛学思想与日本近代自由民权思想的关系——以日本近代思想家植木枝盛为例。

植木枝盛(1857～1892年)是日本自由民权运动的主要理论家与活动家。他活跃地投入了自由民权运动第一线的政治活动,既是自由民权运动的重要政治组织立志社的领导成员,又是其思想库和主要的宣传鼓动家。虽然他曾抨击儒学所维护的父家长制家族制度和男尊女卑道德,但从其自由民权思想的形成过程与内容考察,儒学的"民本"思想是他走向民主主义的桥梁,带有主观唯心主义色彩的"心学"是其人类至上主义哲学的重要依据。

植木枝盛的自由民权政治思想的基点是"民为国本"观念。对此,他在1879年出版的代表作《民权自由论》中这样表述:"民为国本",从国家结构论上说,"所谓国乃是人民集合而成者"。从国家发生论上说,国家"决非由政府而成,亦非恁君而立"。其历史证据是"自古以来,纵使没有国王,有民也能形成国。但有王无民而有国的地方却不存在,也根本没有无民而自始便称王者"。其理论依据则是:"《尚书》云'民惟邦本',《帝范》亦有'民者邦之先',且孟子亦云'民为贵,社稷次之,君为轻'。"而正因为"民是本,国因民而成",所以"国无论何时均应恁民、重民、尊民"。植木枝盛的"民为国本"观念来自儒家的民本思想。但他同时也批判了中国古代的专制独裁政治,通过将民本思想之精华分解出来,从而走向了现代民主思想。

植木枝盛"民为国本"这一基点出发的自由民权政治思想的哲学依据是其"人类至上主义"。而他的人类至上主义哲学的主要论据则来自中、日两国儒学的"心学"一派。"心学"理论源于程颐,后由陆九渊继承而成为"心学大师",然后由王阳明继承发扬,再传到日本。植木枝盛否认神的存在,认为人才是天地宇宙间至高无上的存在。他在1878年写成的未定稿《尊人说》中说:"夫寰宇之里,何为最大乎? 曰人为最大也。乾坤之间,那为最重乎? 曰人为最重。"在文中,他列举了《尚书·泰誓》、《孟子》、《孝经》、张载、陆象山等的论述,还引证中国元代儒者欧阳起鸣的大段文章,如"夫天地万物至大者,身尤大也"。

在天地万物中,为何唯独人具有创造"天地世界"和"邦国文明"的主体能动力呢? 植木枝盛认为这是由于人的"心"即主观精神的作用。在《尊人说》中,他指出:"若彼之为万般事物之发明,起文明开化之进步,皆莫不关于心思。"还引程颐的"事外无心,心外无事"和朱熹的"心之虚灵无有限量,如六合之外,思之即至。千万里之远,千百世之上,千百世之夏,才发念,便到那里",以证明他所谓的"身以形质自有所限域,心以虚灵更无所境界"。他又引王阳明的"虚灵不昧,众理具而万事出,心外无理,心外无事"以证明他所谓的"心之力无所不至"。他还引陆象山的"心之灵,自有其仁,自有其志,自有其勇",以证明人是道德自主自律的主体,具有普遍的、先验的道德意识。如上所述,植木枝盛如同中、日两国儒学的"心学"派,是通过确立"心"的本体与主宰地位,来高扬人的主体性和至上性的。植木枝盛的理论体系虽然有其理论弱点,但从社会功能来看,它在当时的自由民权运动中发挥着实际指导作用的思想力量。

王阳明的"心学"虽然有其维持伦理纲常的一面,但因其强调"心"的作用,以"吾心良知"为判断是非的基准,也有其"荡秩礼法"、"蔑视伦常"的一面,因而中国和日本历史上一些进步思想家都曾取法阳明学而生反体制精神,在日本还成为明治维新的精神动力之一,从而发挥了积极的社会功能。

第三,洛学伦理与日本资本主义经济的关系——以涩泽荣一为例。

涩泽荣一(1840~1931),日本明治时代的企业家,日本"株式会社"企业组织方式的创立人。在日本近代思想史上,涩泽荣一以"《论语》算盘说",力证儒教道德与资本主义经济的一致而闻名。涩泽坚持儒教的基本立场,虽然他也承认朱熹是历史上最伟大的儒学理论家,但他对朱熹的天理说嗤之以鼻,而坚持行王道是孔子之志,其真正的用意是把孔子之学改造成经世济民之学。而选择《论语》作"可以恪循的规矩准绳",则是因为"我不把儒教作为宗教来信仰,只把它作为论说人在实际的修身处世时,人之为人所当守的规矩准绳之教来循守"(涩泽)。《论语》中一以贯之的理念,便是"实学","学问不出人道之外",学说来源于实际生活,以人类的共存共荣为目的,而人道必须在实践躬行中学得,即"知行合一"。就此,《论语》中的孔子之道,被其论证为经济的道德依据。

在此,可以看出日本儒学的功用性定位不仅没有成为现代转型的障碍,反而保持了传统与现代的高度连贯性。一方面,作为维持等级秩序的儒家"忠"、"孝"观,在变革过程中,也继续为新的政治结构和社会关系提供支持。由此可见,洛学伦理为日本资本主义经济的发展提供了精神动力。

参考资料:

1. 崔灿、刘合生主编:《客家与中原文化国际学术研讨会论文集》,中州古籍出版社,2003年版。

2. 崔灿、刘合生编:《客家与中原文化》,中州古籍出版社,2003年版。

3. 谢万陆著:《客家学概论》,江西高校出版社,1995年版。

4. 谭元亨著:《客家圣典》,海天出版社,1997年版。

5. 徐良高著:《中国民族文化源新探》,社会科学出版社,1999年版。

6. 漆侠著:《宋学的发展和演变》,河北出版社,2002 年版。

7. 蔡仁厚著:《宋明理学》、《王阳明哲学》、《儒学的常与变》等。

8. 周建华著:《王阳明南赣活动研究》,中国文联出版社,2002 年版。

9. 周建华著:《周敦颐南赣理学与文学研究》,中国文联出版社,2003 年版。

10. (清)黄遵宪著:吴振清、徐勇、王家祥点校整理,《日本国志·下卷》,天津人民出版社,2005 年版。

11. 朱谦之著:《日本哲学史》,人民出版社,2002 年版。

12. 刘岳兵主编:《明治儒学与近代日本》,上海古籍出版社,2005 年版。

13. 王健著:《"神体儒用"的辨析:儒学在日本历史上的文化命运》,大象出版社,2002 年版。

14. 王家骅著:《儒家思想与日本文化》,浙江人民出版社,1990 年版。

（作者单位为北京大学外国语学院日语系）

河洛文化在新加坡华人
宗乡团体中的作用

（新加坡）王永炳

前言

1819 年，英国莱佛士登陆新加坡这个荒芜的弹丸小岛时，人口不过 150 人，华人占 30 人。但自英殖民地政府宣布开辟新加坡埠后，华南移民便不畏艰难险阻地纷纷南来谋生。1836 年，华人人口已达13 749人，第一次超越马来人人口（12 487 人）。鸦片战争（1840～1842）以后至 20 世纪初，华南移民更是蜂拥而来。

当初移民可分两类：一是契约劳工（俗称猪仔），这些劳工等于是卖身给雇主，饱受熬煎，苦不堪言，因此病死累死者众多。19 世纪 60 至 70 年代，是猪仔买卖的鼎盛时期。另一类是自由移民。他们自费前来，行动自由，不受限制。20 世纪初移民多属自由移民。移民之中，以方言群分，主要有漳州、泉州及永春等地的闽南人、潮州人、广府人、客家人与海南人以及马来亚土生华人。

这些不同方言群的族人，都秉承着源远流长的河洛传统文化，如"重道义、好学问、尚教育、讲伦理、尊妇道、敦亲族、敬祖先"，守望相助地创立了各种宗乡、宗亲、姓氏等大小会馆（新加坡有个宗乡总会，联系着各个大小会馆），创立的目的有如延陵吴氏总会宗旨所云："联络从中国南来星洲谋生的吴姓族人，并向面遇困境的族人伸出援手。"大致相同，其他姓氏、宗亲、宗乡等会馆的创立宗旨都离不开帮助需要帮助的族人，让他们在人地生疏的海外安顿下来。甚至对于客死异乡的族人，也本着狐死必首丘的思想观念，帮助他们的家属把棺柩运回老家入土为安。但是,当时交通极为不便,必须配合船期,于是他们便建了所谓的华山亭、福山亭、义山亭、碧山亭等,让棺柩暂时停放等候船期。后来,因为移民人数众多,这些族群团体便买下土地,就地安葬客死异地的乡亲。

宗乡组织不仅为乡人排忧解难,同时更把百年树人当做任务中最重要的一环。他们各自兴办了小学、中学,同时也设立奖、助学金部,让贫穷子弟有同样受教育机会。上世纪50年代,陈六使等鉴于新加坡华文教育急需一所大学以造就受华文教育人才,便登高一呼兴建南洋大学。福建会馆慷慨捐献裕廊大片土地,一时富商巨贾、市井小民,有钱出钱,有力出力,热情空前高涨。南洋大学终于在众志成城下成立于1955年,此后造福了无数东南亚华人子弟。这是新加坡教育史上一件值得大书特书的盛事。换言之,新加坡之所以成为东南亚华文教育的重镇,华人的宗乡组织对于教育事业的热爱与无私奉献,无疑是一个极其重要因素。

时移事变和与时俱进

新加坡自1965年独立建国后,民办的中小学校教育都逐渐纳入国家教育体系中,学校的一切发展经费由政府资助,从此不愁财务匮缺。进入80年代,新加坡经济发展突飞猛进,人民居者有其屋,业者有其店,已逐步发展成为亚洲的小康社会。

新加坡向来是个移民社会,但是,今昔移民,性质迥然不同。今日的新移民,具备了高深学识、科技才能、创意思维等条件。他们大可东家不打打西家,不像早年移民为了生存,受尽凌侮欺压,咬紧牙关度日如年。

世纪交替之际,随着以迅雷不及掩耳的速度席卷全球的全球化进程,新事物不断涌现,新价值观接踵而来,传统的河洛文化遭受前所未有的冲击,而凭借传统文化组建发展的宗乡会馆面临重大考验。在过去,向有困难的乡亲伸出援手的宗旨,今天已经变得不是那么至关重要了。半个世纪前的宗乡领导人不是物故凋零就是垂垂老矣,绝大多数的宗乡组织面临后继无人之虞。有些宗乡会馆由于管理不当,族人结党营私,屡次遭受诉讼之累,情况令人扼腕叹息。因此,有不少宗乡会馆中的有识之士,审时度势,积极提倡传统文化,着手改革,重新整顿,为迎合新时代需求而改变组织宗旨与活动项目,并招收年轻新秀与栽培接班人,以及容纳延揽外来人才。

海外华人各宗乡团体肯定有存在的价值,但必须与时俱进。譬如新加坡的学校教育已纳入国家教育正轨,宗乡过去为族人教育所发挥的无私奉献精神,可以转移到积极传承与发扬华人传统文化价值观方面。最近,海南会馆、福建会馆、客属总会等推动不同族群传统文化节,节目丰富多彩,令人耳目一新,同时也掀起了族人参与其盛的热潮。可见,与时俱进的改革更新是会馆生存发展的正确途径。

河洛文化对宗乡团体的作用

与时俱进固然是一个团体生存发展不可或缺的条件,但是组织上的团队精神更为重要。曾经在组建各宗乡团体工程中发挥关键性作用的河洛文化,在全球化进程中,遭受了无比严峻的冲击与考验,岌岌可危。宗乡团体当今的生存与发展之道,便是承继与发扬河洛文化。

谈起河洛文化,实难一言以蔽之。平心而论,现行于世的儒家、道家文化,都形成于洛阳。归纳而言,儒家、道家文化属于河洛文化范畴,这是毋庸置疑的。其中超越时空的儒道文化思想精华,确能为日渐式微的各宗乡团体注入活跃的生命力。

近年来,有些宗乡团体在新领导层选举中闹了风波,甚至诉讼于公堂之上。例如创立已有 153 年历史的海南会馆,在 2005 年的一次选举中,海南会馆天后宫前主席伪造文件冒签投票委托书被控,罪名成立,罚款 5 600 元,致使民主选举染上污点,选举结果的合法性遭受质疑。该会馆在 1999 年董事会选举,也曾发生风波,落选者质疑选举结果,采取法律行动,让法院仲裁。后来双方达成庭外和解。不过,2005 年董事会选举所发生的事端较为严重,而且还有后续发展。掌管财务的琼州天后宫,认为海南会馆董事会主办海南文化节 8 万元开支费的申请不合程序,不肯付款。这又引起新的争端。

这争端引起华社与政府当局的关注,都认为事情应有个了结。结果在海南会馆的会务顾问即新加坡国家发展部长马宝山出面调解下,争执双方总算达致和解,并听取马部长的劝告:摒弃前嫌,抛弃个人成见,积极为海南社群谋福利。

综观华人宗乡团体近年来不时发生的领导层更换纠纷、财务管理不当、搞帮派活动等等丑闻,皆因全球化快速发展过程中,人们专注于钻营名利,忽略传统文化价值观的运作,而这中流砥柱的传统文化价值观正是组建宗乡团体的精神支柱。因此，为确保将来宗乡团体合作无间地谋求族群的福利而努力，儒、道传统文化价值观实应不断强调并身体力行。

宗乡团体组织的领导层必须通过众会员投票选出，绝对不能造假、因私害公，他们应根据"选贤与能"、"举贤才"的原则选出有才干的人担任宗乡团体要职。这种任人唯贤原则能促进"群而不党"风气的作用，同时防止结党营私、党同伐异的不良倾向。反观当今有些成员被选为宗乡团体领导人，并非根据任人唯贤原则，而是因为他们事业有成、资财雄厚，未必是个理想领导者，以至导致见利忘义、以权谋私、排除异己等现象发生，有的甚至以身试法，例如操纵选票、私吞公款等案件，但"天网恢恢，疏而不漏"，最后落得身败名裂下场。

宗乡团体是个群体互助非谋利组织，成员们对于会务肯定有不同意见和看法，难免会有争执，这是正常现象。因此，宗乡团体除了务必选出贤能领导者外，各成员也应达成共识，恪守"和而不同"、"和为贵"准则行事，避免因不同意见而恶言相向，甚至反目成仇。

这里必须郑重指出，光讲"和而不同"、"和为贵"，有时流于空谈，不管用。所谓"知和而和，不以礼节之，亦不行也"，意思是说只知道为和而和，而不能用礼法制度条规去节制约束，也就行不通了。这道理对于各种大小事全都可派上用场。事实上，过去所发生的纠纷争端，仅靠庭外和解或权威人物居中调停，而暂告一个段落，但过了一段时日争执又起，主要原因是出在"知和而和，不以礼节之，亦不行也"上。海南会馆1999年与2005年的选举风波正可说明这点。

老子说："和大怨，必有余怨。安可以为善？是以，圣人执左契，而不责于人。故有德司契。"大意是说靠"和解"、"调停"等办法解决事端是不行的，因为和解了大怨，必定留下小怨等隐患，问题还是没有彻底解决，这不是好办法。因此，圣人拿着"契"（契约，法律条文）来处理问题，当事人与对方都不会互相指责，而"怨"也就会顺利地得到彻底的解决。所以，有德者执行大家所遵循的法律规范条文去防止或解决争端，肯定有完满的结局。

在处理大小事务上，儒道圣贤看法何其一致，和当今法制观念其实大致相合，但更胜一筹。因为儒道圣贤都以和谐为目的，一切的法律条文只是行事手段。只有善用手段，方能达到和谐的目的。

结语

人类社会进入全球化的今天,科技以惊人速度发展,新事物新思维不断涌现,使人类面临着以往社会从未经验过的新问题。可以这么说,全球化除了可以使各国的政治经济文化发生变化之外,也带来了种种严峻的挑战与冲突。种种迹象显示,人们在面对全球化的激烈竞争下,往往经不起欲求和占有的诱惑而耗尽心力,以至弊病丛生。

华人族群离乡背井到海外谋生,秉承着自强不息、"己欲立而立人,己欲达而达人"、损有余而补不足的河洛文化价值观,成立各种宗乡团体,对宗乡族群及国家做出积极贡献。但如今却因忙于应对全球化而忽略河洛文化价值观的实践,结果产生了弊端。因此,我们实应反省检讨,重新倡导发扬河洛文化。

河洛文化博大精深,源远流长,不仅经得起时空考验,甚且历久弥新。我们不论经历何种冲击与挑战,都可以不变应万变的方式以河洛文化加以应对。唯有如此,我们的宗乡团体才能获得源源不断的生命力,继续为族群的福利以及社会的安定做出贡献。

参考资料:

1.《道德经》,新加坡:《德教太和观》,2007 年。

2. 张素环、刘道义主编:《河洛文化研究》,解放军外语音像出版社,2006 年版。

3. 王志民主编:《齐鲁文化研究》,山东文艺出版社,2005 年版。

4. 蔡希勤译著:《论语》,华语教学出版社,1994 年版。

5. 张岱年主编:《孔子大辞典》,上海辞书出版社,1993 年版。

(作者为新加坡南洋理工大学国立教育学院教授)

刍论客家文化研究

梁德新

目前,全世界有两种人是专家学者研究的热门,一是以色列的犹太人,二是中国汉民族南迁形成的支系"客家人"。

而今客家人在全世界约有一亿人,客家方言是中国汉民族中的八大方言之一,客家人的主要特征是:讲客家方言,有其独特的民俗,包括客家文化在内的客家精神。从西晋末年的"五胡乱华"起,一千多年来,客家人因历史上的诸多原因,而被迫远离家园数次迁徙,到异地他乡艰苦创建新家;客家人以开拓进取吃苦耐劳的精神,崇文重教英才辈出,而闻名于世。为此,有人说客家人是"东方的犹太人",《美国国际百科全书》说:"客家是中华民族最优秀的民族之一",美国耶鲁大学教授韩廷敦氏在《种族的品性》一书里说:"客家人的历史,很值得研究"。

什么是"客家学"?客家学是我国人文学科中的一颗明珠。它是一个新兴的民系学,涉及众多的人文学科。诸如历史、语言、民俗、经济、文化、人类学、移民学的综合学科。它是运用科学的观点和方法去研究客家民系的历史、现状和未来,并揭示其形成发展规律的学问。1990 年国家把客家研究列为历史二级学科立项研究。客家学是一门博大精深的学问,由于客家研究涉及领域太多,要求真正达到学术上的飞跃突破,绝非易事。

根据专家学者考证。在历史上的正史和方志中没有"客家"这一词汇,客家一词最早见于文字是在清朝嘉庆年间。1808 年,广东惠州的一位举人徐旭曾在他的《丰湖杂记》里首次提出:"今日之客人,其先乃宋之中原衣冠旧族,忠义之后也……"的约千字的记述。

由19世纪50年代起客家人登上了中国历史舞台。道光末年(1851),太平天国起义。这场遍及大半中国,历时14年,动摇清朝廷统治的农民运动,其领导核心与基本力量是广东和广西的客家人。时隔不久,即1856年开始,在广东西部,客家人与广府系人发生械斗,持续12年,双方死伤散失人数超过50万人。为此,在舆论界、学术界掀起了一场风波,启动了客家源流问题的讨论。从1851~1904年,先后有30多位中外人士撰文论述客家历史、方言与习俗等。如林达泉的《客说》、钟同和的《主客源流考》、黄遵宪的《梅水诗传序》、英国学者爱德尔著《客家人种志略》(1867年出版)、温仲和总纂的《光绪嘉应州志》(1988年刊行)都增设了"方言卷",论及客家。

学术界已经论战了近百年,至今有几个问题还在争论。

如客家人的根在哪里?

有些学者说:"客家人的根在北方中原,是南流汉人同化了南方的古越族人。"

有些学者说:"客家主体是古越族,客家人之根在南方的客家山区,是古越族人同化了南下的中原流人(汉人)"。

客家民系何时形成? 有人说是南宋,有人说是明末,有人说是清初。关于客家话呢,有人说客家话是南宋时都城临安(杭州)的普通话,但证据不足。至今还在争论。

清末以来客家学者就作了许多文章,为客家人正名,20世纪初客家问题曾引起"三次风波"。

第一次是1905年,因广东学人黄节编撰《广东乡土历史》一书中,引用西方列强御用文人写的《中国地舆志》的材料,把客家人说成不是"汉种"也不是"粤种",且否认客家是汉族的一个分支,极力贬低客家人的地位。此书发行后,引起广州、嘉应州、潮州、惠州、韶关等地客家乡亲的愤慨,纷纷集会、散发传单表示抗议并成立客家研究会,有理有据地讲解"客家"的由来,驳斥黄节的奇谈怪论。参加这次抗议活动的有清末杰出的外交家黄遵宪和祖籍嘉应州的台湾抗日义军领袖丘逢甲等客家先贤。最后,迫使广州的提学使(主管教育官员)出面道歉。

第二次是由殖民主义者雇用文痞编写的由包揽中、小学用书的上海商务印书馆 1920 年出版的《世界地理》，书中介绍客家人由来时，说客家是野蛮的"部落"、"退化"的人种等等。此说一出，立刻引起广州、上海的客属学生、工商、华侨各界人士纷纷集会，表示抗议，还推举代表与该馆交涉，迫使其停止发行此书，重新编印，新版书改称"客家"为"中国进步的汉族民系"。

第三次是 1930 年，国民政府广东省建设厅主办《建设周报》（7 月出版）上有一篇文章，说客家人"不甚开化"、客家分"大种、小种"等侮辱言词。对这种轻视和污蔑，客家各界如前次一样，展开争辩，特别是海外客属侨领和华侨团体，纷纷来函、来电表示声援。最后广东省政府命令建设厅公开道歉、更正，作者任某受到了降职处分。

后来，研究客家问题的学者甚多。如广东兴宁人罗香林教授，集客家研究之大成。1933 年在清华大学历史系任教的年轻教师罗香林发表 20 多万言的《客家研究导论》，运用大量的谱牒、史书等资料并到各地考察，证实徐旭曾之说，详细论述客家之源为"中原衣冠旧族"，有"五次大迁移"的立论。至今，客家问题的研究基本沿袭此说。罗香林教授对客家问题著述之丰，是客家学研究的一代宗师。

罗香林《客家研究导论》发表之后，客家已被公认为归属汉族，"杂种"、"蛮族"等胡言谬语销声灭迹了，客籍学者也因之扬眉吐气了。

20 世纪 30 年代至 80 年代我国因战乱和极左路线等诸多原因，大陆的专家学者研究客家文化的极少。相反，台湾和香港及外国的汉学家有人在研究客家文化，并有论著问世。如台湾陈运栋的《客家先人的渡台》，联希文的《客家垦台湾地区考略》，庄金德的《清廷对台湾实施海禁政策的经纬》。日本山口百造的《客家与中国革命》，中川学的《华人社会与客家史研究的现代课题》。20 世纪 80 年代是我国改革开放初期，文艺界迎来了科学的春天，沉寂了五十年的客家研究在大陆兴起，外国也有一些学者参与研究考证。

近 20 年来，客家学的研究掀起了前所未有的热潮，各地相继建立了客家学研究机构，有些大学成立了客家文化研究所，培养客家文化硕士生。如今台湾的中央大学和交通大学成立了客家学院，厦门大学正筹办客家学院。并先后在新加坡、台湾、香港、北京、上海、成都、郑州、广州、龙岩、梅州、赣州等地和一些大学召开了国际性的客家学术研讨会，共约二十多次。

客家人的界定？

随着客家热的兴起,对关于客家人的界定也引起了争论。目前学术界对客家人的界定有"纯客论"、"泛客论"、"冯氏论"(冯秀珍著《客家文化大观》书做的观点)。

根据目前有关统计资料表明客家人主要分布在世界 85 个国家和国内 17 个省 200 个县市,约有一亿人。全国纯客家话县有 42 个,最多人口是广东的五华县 119.5 万人,兴宁县 113 万人,英德县 107 万人,广西博白 108 万,其余各县均不足 90 万人。

"纯客论"的观点是:客家民系的形成越来越前,客家血统越来越纯;在客家地方居住的客家的后裔,会讲客家话的人,才是客家人。因为"纯客论"对界定客家人的范围受局限,所以有些学者提出异议。

"泛客论"的观点是凡是客家人后裔,不管居住在何地方,不会讲客家话,没有客家文化素质,也称为客家人。为此,曾有些书中把说湖南话的毛泽东也说成是"客家人",他们的依据是毛泽东祖宗是客家人。"泛客论"在学术界支持者少。

"冯氏论"是著名客家学专家北京科技大学教授冯秀珍对客家人的界定提出的新观点。她的观点是:凡具有客家血统,客家文化素质和客家认同意识三项要求中任何两项的人,都可确认为客家人。"冯氏论"对客家人的界定被较多人认可。

有些是纯客家话县的地方,有非客家血统的人也认同自己是客家人。如兴宁(纯客家县)有 1 000 多人是蒙古人的后裔,"明天顺四年(1460)龙川沙市(蒙古族)移居兴宁",繁衍至今已千人,其后裔已全部汉化,他们认同是客家人。

客家人李火德的第 14 世孙李明山于清康熙年间九年(1670)由福建上杭迁广东潮州,传至李嘉诚为 23 世。李嘉诚在潮汕文化氛围中生长,没有"客家文化素质"也没有"客家认同意识",尽管他不否认是"火德公"的裔孙,不否认上杭是他的祖居地,但大家都知道他是潮州人。

而今,不是纯客家话县的地方,在如何界定客家人有争议。

笔者 2006 年 5 月曾考察广西博白县的客家人文。在博白的客家研究学者陈钊、刘斯等人的帮助下,我考察几个村庄,采访了几位文化人士,查阅有关地方人文资料。

博白县内的旺茂、亚山、那林、顿谷夹在讲地佬话和讲客家话之间,很多人具有客家文化素质和客家认同意识,很多人是可以界定为客家人的。同时,该县讲地佬话的人和讲客家话的人是可以通婚的,经过一代又一代的衍生,这几个乡镇很多讲地佬话的人具有客家血统。讲地佬话和客家话的人的祖先都是发源于中原,随着中原汉人的广泛南迁到福建或江西或广东,然后迁到博白。与客家历史的五次向南迁徙相一致,相对博白的原土著人而言,地佬话和新民人(本地人称客家人为"新民人")都是"客"。如语言学家王力在博白的始祖叫王茂显,祖籍福建省汀州,明初先居王村,后居略塘,其后代迁至岐山坡村,是讲地佬话的,但王力、秦似均认为自己是客家人。博白县人口约155万人讲客家话的人口约108万人,讲地佬话的人口约47万人。统计博白客家人只统计22个讲客家话乡镇的人数,像江宁、那林、顿谷、旺茂、来、亚山等乡镇讲客家话的就没有完全统计,而这几个乡镇有人口约26万左右。几十年来,特别是改革开放以后,从博白走出去的人很多,招工、招干、水库移民、考入大中专学校、出外谋生的已经不在我县统计,这些人及他们后代,人数应该在30~40万之间(保守估计)。根据"冯氏论"的界定,博白的客家人口应在130~140万左右,完全可以号称世界第一大客家人聚居县。

2003年12月19至21日,"客家文化与全球化国际学术研讨会"在广东梅州嘉应学院举行,就"客家文化与全球化"等11个主题展开讨论。来自美国哥伦比亚大学、美国斯坦福大学、日本东京大学、韩国大田大学、新加坡国立大学、香港中文大学、澳门大学、台湾中央大学、清华大学以及北京大学、中山大学、浙江大学、复旦大学等国际国内知名学府的专家学者,10多个国家和地区的专家、学者130多人出席会议,并发表交流学术论文97篇。

2006年10月世界客属第20届恳亲大会期间,为期2天的"移民与客家文化"国际学术研讨会于10月13日在成都京川宾馆国际会议厅举行。国内外130多名专家学者前来参加这次研讨会,他们是来自全国12个省、市和法国、日本、香港、台湾地区等的专家学者。这次研讨会的主题是:深入考证客家源流,发掘客家文化精髓,并创新客家学的理论构建。与会学者认为,从一定意义上讲,客家人的历史是一部氏族群体迁徙史,中原汉人迁徙到江南闽粤赣和内地省区再迁徙海外。在研讨会上香港中文大学副教授刘义章的《香港与世界客家运动》，江西师范大学教授许怀林的《走进客家——"南迁说"质疑》，福建龙岩学院李逢蕊的《客家研究的回顾与前瞻》，梅州嘉应学院吴永章的《客家传统社会论略》等论文是这次研讨会的重要论文，引起参会专家的关注。许怀林教授的论文观点是"客家本地说"，是会议讨论时的热门话题。

而今继承罗香林教授学说的客家研究学者众多。目前国内有谭元亨、罗永、李蓬蕊、谢重光、丘菊贤、刘佐泉、崔璨、罗可群、冯秀珍等人。冯秀珍的专著《客家文化大观》在罗香林客家"五徙说"上提出了"六徙说"，她用切实的资料进一步阐述了罗香林教授的学说，得到众多专家学者的认同。

坚持"客家本地说"学说的，至今还有人在。他们的观点取得少部分国内外学者的认同，但遭到大多数学者的反对，并对其展开论战。有些学者是客家人的子孙，也坚持"客家本地说"，并著有书，撰写有论文。如1994年广东省高等教育出版社出版了房学嘉著的《客家渊流探奥》，江西师范大学历史系许怀林教授论文《走进客家——"南迁说"质疑》是众多客家本地说论文的代表作。

广东梅州被称为是世界客都，有着丰富的客家人文资源，是研究客家历史与文化的宝地。1990年梅州嘉应大学正式建立客家研究所，对客家文化进行较为系统的研究。梅州市也有一个客家研究会，该会有50多人，这些人中有的是退休大学教授，有的是在职地方文史工作者和部分中学文科教师。现在国内的大学里参与客家研究的梅州籍的专家学者甚多。至今为止梅州籍的专家学者编著了反映客家文化的书达百部、论文千篇。而今有众多的专家学者在"客家学"这块园地里耕耘。他们有的是客家人，有的不是客家人，还有外国人。

学者们考证来考证去，众说纷纭，至今似乎还没有一个真正令人完全信服的结论。"客家"如何得名？客家人的界定？客家人的来路，也就是源头，归于何处？还是一个谜。看来还得继续讨论下去。

客家学既然是一个新兴科学，研究就须"百家争鸣"，应该重视不同意见，欢迎提出新观点。在专家学者们的辛勤耕耘下，总有一天"客家学"会达到学术上的突破，臻于完善。

参考资料：

1. 刘佐泉:《客家与传统文化》,河南大学出版社,1990 年。

2. 丘菊贤:《客家综论》,香港天马图书公司,2001 年。

3. 冯秀珍:《客家文化大观》,科技出版社,2003 年。

4. 梁德新:《百家争鸣话客家》,广州《客家风情》,2003 年第 2 期。

5. 梁德新:《广西博白客家人的界定》,广西博白《广西博白客家精英论坛参会论文》,2006 年 10 月。

再论徽州文化之根在中原

赵华富　谢申生

在第五届河洛文化国际研讨会上,我们提交的论文是《徽州文化之根在中原》。文章阐述的是俗文化。所谓俗文化就是宗族文化。本文要论述的是雅文化,或曰精英文化。所谓雅文化就是儒家文化。而儒家文化的主体是经学,因此,雅文化也可以说就是经学。

众所周知,中原大地是经学的摇篮,经学在中原发扬光大。本文要阐述的是,中原的经学是怎样传入徽州的,中原经学在徽州的传播和徽州经学的发展。

一、中原衣冠入主徽州

据历史文献记载,徽州地区最早的土著居民是山越人。秦汉时期,他们还处在原始社会末期。"俗不好学,嫁娶礼仪,衰于中国。"群居"深林远薮","椎髻鸟语"。

从汉代以来,中原衣冠陆续迁徙徽州。据徽州世家大族谱牒和《新安名族志》记载,明代徽州著名的族姓有80多个,其中绝大多数名族的始迁祖(或曰始祖)都是来自中原地区。有的是直接迁入,有的是再迁,有的是三迁、四迁。

中原衣冠为什么要入主徽州呢? 重要原因是看中徽州的自然地理环境。1."万山回环,郡称四塞"的自然地理环境,使徽州地区成为一个"无兵燹之虞"的"战争罕及之地"。每当"天下大乱"时,中原衣冠就将徽州视为"世外桃源",理想的避难所和徙居地。2. 峰峦叠翠、烟云缭绕的大好山水,使徽州地区成为一个人间仙境。所以,一些中原衣冠宦游徽州,"有爱其山水幽奇,遂解印终身不返;亦有乐其高山万仞,爰弃官以家其间者矣"。

中原衣冠迁徙徽州的具体原因是什么呢? 1. 逃避战乱;2. 出仕宦游;3. 喜爱山水;4. 隐居幽处。现在,据《新安名族志》记载,按迁入年代举例如下。

需要说明的是,除了序号外,依次的内容分别为:"年代"、"宗族"、"始祖"、"祖籍或原籍"和"迁徙原因"。

1. 汉代,歙县问政方氏,方纮,河南,避王莽篡乱;

2. 汉代,歙县唐模汪氏,汪文和,平泹,避中原之乱;

3. 晋代,歙县草市俞氏,俞纵,河间,避永嘉之乱;

4. 晋代,歙县棠樾鲍氏,鲍弘,青州,在新安为官;

5. 晋代,歙县黄墩程氏,程元谭,广平,在新安为官;

6. 晋代,歙县潜川詹氏,詹敬,南阳,在新安为官;

7. 晋代,绩溪龙川胡氏,胡焱,青州,在新安为官;

8. 晋代,黟县横冈胡氏,胡育,青州,在新安为官;

9. 南北朝,休宁万安任氏,任昉,博昌,在新安为官;

10. 隋唐,歙县谢村谢氏,谢杰,陈留,在歙州为官;

11. 隋唐,歙县西门查氏,查师诣,河内,避黄巢起义;

12. 隋唐,休宁南街叶氏,叶续,南阳,原因不明;

13. 隋唐,歙县长陔毕氏,毕师远,偃师,避黄巢起义;

14. 隋唐,休宁凤湖刘氏,刘依林,彭城,在歙州为官;

15. 隋唐,歙县岑川曹氏,曹尚贤,青州避黄巢起义;

16. 隋唐,祁门康村康氏,康先,京兆,避黄巢起义;

17. 隋唐,婺源武口王氏,王翔,太原避黄巢起义;

18. 隋唐,祁门高塘王氏,王璧,琅邪,避黄巢起义;

19. 隋唐,休宁龙源赵氏,赵思,陇西,避黄巢起义;

20. 隋唐,休宁小贺姚氏,姚,陕西,避黄巢起义;

21. 隋唐,绩溪冯村冯氏,冯繁,青州,在歙州为官;

22. 隋唐,歙县岩镇孙氏,孙万登,青州,喜徽州山水;

23. 隋唐,休宁博村范氏,范传正,邓州,在宣歙为官;

24. 隋唐,歙县峻街江氏,江祯,兰陵,避黄巢起义;

25. 隋唐,婺县官源洪氏,洪经伦,敦煌,在歙州为官;

26. 隋唐,歙县向杲吕氏,吕渭,河东,在歙州为官;

27. 隋唐,婺源考水胡氏,胡昌翼,陇西,避朱温篡乱。

中原文化是中华民族传统文化的核心。在古代和中世纪,在多元的中华文化丛林之中,中原文化是一种最先进、最优秀的文化。所以在中原衣冠入主徽州的过程之中,徽州土著的山越文化逐渐被中原文化所同化。唐代末期,不仅山越文化完全消失,就连山越人也被中原衣冠全部同化。徽州地区成为中原衣冠的一统天下。所以,罗愿在《新安志》卷一《风俗》中说:"黄巢之乱,中原衣冠避地保于此,后或去或留,俗益向文雅,宋兴则名辈出。"

二、经学在徽州的传播

中原衣冠大都是"经学传家"。他们入主徽州以后,仍然保持这个传统。婺源考水(又曰考川)明经胡氏宗族是一个突出的典型代表。据胡朝贺《始祖明经公传》记载,婺源考川明经胡氏宗族始祖胡昌翼本是唐昭宗之子,出生之时,大唐帝国正处朱温篡权。昭宗与何皇后将幼儿弃于民间,被宦游陕西的婺源考水人胡三(又名胡清)带回家乡,义养为子,遂从胡姓,取大得覆翼之义,名曰昌翼。后唐同光三年(925),以明经登第。昌翼"倡明经学,为世儒宗,尤邃于《易》"。著《周易传注》三卷,《周易解微》三卷,《易传摘疑》一卷,人称"明经翁"。后裔以经学传家,署其族曰"明经胡氏"。宋元时期,明经胡氏宗族先后出了7位经学名家——胡伸,号环谷;胡方平,号玉斋;胡斗元,号勉斋;胡次焱,号梅岩;胡一桂,号双湖;胡炳文,号云峰;胡默,号石邱,世称"七哲名家"。

徽州世家大族——中原衣冠后裔——认为,为了亢宗亢族,必须重教崇文。所以,他们纷纷大办教育,出现"十户之村,不废诵读"的社会现象。除了星罗棋布的私塾、书屋以外,书院开始迅速发展。据历史文献记载,宋代徽州共计创办书院19所(有书院之实,而无书院之名者不计)。这些书院是:

1. 桂枝书院,北宋景德四年(1007),绩溪胡忠建,"以教乡族子弟,群一族之英,兴一族儒学之昌",地处宅坦胡氏宗祠右。

2. 龙川书院,北宋天禧年间(1017~1021),张舜臣建,地处婺源龙川。元代胡炳文等著述于此。

3. 秀山书院，北宋崇宁年间（1102～1106），休宁汪若楫建，地处藏溪南山之阳。

4. 乐山书院，北宋政和年间（1111～1117），绩溪许润建，"讲道其中"，"名声甚著"，地处沉山。

5. 西山书院，南宋绍兴年间（1131～1162），休宁程大昌建，"以淑学者"，地处会里。

6. 柳溪书院，原处休宁县城西门外柳溪，元末汪洗自柳溪迁邑南汉川。明代，汪尚和"讲学于此"。

7. 槐溪书院，南宋淳熙年间（1174～1189），绩溪戴季仁建，地处县东。后毁，裔孙戴祥重建。汪元锡记。

8. 紫阳书院，南宋淳祐五年（1245），州守韩补建，理宗赐额曰"紫阳书院"，地处郡治南门外。后多次迁徙。明弘治十四年（1501），知府彭泽重修。

9. 心远书院，祀婺源乡贤俞皋。明永乐间（1403～1424），诏祀"明经著述者"。

10. 秘阁书院，宋歙县直秘阁汪叔詹、汪若海建，地处二十三都西溪。

11. 万山书院，宋婺源程傅宸建，地处九都金竺。

12. 山屋书院，婺源许月卿藏书处，地处许村。

13. 东麓书院，宋靖康元年（1126），绩溪城西胡氏宗族支丁胡舜陟建。

14. 翠岩书院，南宋，休宁五城黄氏宗族七世子弟黄发，"举明经不就，筑翠岩书院"。地处五城。

15. 翰林书院，宋代，休宁方塘汪氏宗族子弟汪龙孙，为"宋学士，尝建翰林书院于方塘中村"。

16. 横绿书院，宋代，休宁方塘汪氏宗族子弟汪洽为"省元，尝建横绿书院，学者云集"。地处方塘。

17. 剑潭书院，宋代，休宁剑潭程氏宗族子弟程师长"业儒，建剑潭书院，有《剑潭赋》"。

18. 西畴书院，南宋末年歙县鲍寿孙建，元曹泾、方回讲学其中。地处棠樾。清嘉庆八年（1803），鲍漱芳重建。

19. 易安书院，宋末，歙县呈坎后罗氏宗族建，地处呈坎村。

除了紫阳书院为官办以外,其他18所皆为徽州世家大族及其子弟创立。宋代,徽州是全国书院最发达的地区之一。由于教育和文化的繁荣,后来徽州被人们称为"东南邹鲁"。

三、宋代徽州经学的发展和繁荣

众所周知,朱熹是二程洛学的继承人,又是宋代理学的集大成者。他继承了二程洛学,创立了朱子学,史称"程朱理学"。理学是经学发展新的里程碑。

朱熹是徽州婺源人。婺源是"朱子阙里"。因此,朱熹理学对徽州的影响特别大,特别深。赵汸在《商山书院学田记》中说:

> 自井邑田野,以至远山深谷,居民之处,莫不有学有师,有书史之藏。其学所本,则一以郡先师朱子为归。凡《六经》传注,诸子百家之书,非经朱子论定者,父兄不以为教,子弟不以为学也。是以朱子之学虽行天下,而讲之熟,说之详,守之固,则惟新安之士为然。

吴翟在休宁《茗洲吴氏家典》中说:

> 我新安为朱子桑梓之邦,则宜读朱子之书,服朱子之教,秉朱子之礼,以邹鲁之风自待,而以邹鲁之风传之子若孙也。

因此,朱子学在徽州得到迅速发展,并且形成了一个学派——新安理学。除了朱熹以外,著名的新安理学家有程大昌、吴儆、江莘、程若庸、胡方平等人。

程大昌,字泰之,休宁人。其人"慷慨笃学,于古今事靡不考究,论著追配古作"。新安理学著有:《易原》、《易考通言》、《尚书谱》、《演繁录》、《考古编》、《禹贡论》等14种。吴儆,字益恭,休宁人。"读《易》自广,凡韬钤诸书,靡不究习。……朱子深重之。"新安理学程若庸,字达原,休宁人。"从饶双峰、沈毅斋游,得闻朱子之学。"新安理学其人先后任湖州安定书院、抚州临汝书院、建州武夷书院山长。"累主师席,及门之士最盛"。元代著名理学家吴澄、程钜夫、范启、金若洙、吴锡畴,"皆其高弟"。胡方平,字师鲁,婺源人。其人为朱熹三传弟子。"精研《易》旨,沉潜反复二十余年"。新安理学著有:《外易》、《易学启蒙通释》、《易余散记》等书。

宋代徽州经学的繁荣主要表现在哪里呢?一个是人才济济,另一个是著述充栋。

从徽州一府六县地方志来看,除了著名经学家以外,最引人注目的是经学有相当根底者人数之众。据道光《徽州府志·选举志》和新编原徽州府六县县志记载,宋代歙县科举中式进士138人,休宁155人,婺源334人,祁门94人,黟县93人,绩溪46人,总计860人。

由于徽州世家大族恪守中原衣冠经学传家的历史文化传统,因而科第蝉联者比比皆是。例如,婺源严田李氏宗族子弟中式进士共22人。其中,绍熙五年甲寅榜中式李大端和李楫2人;嘉定四年辛未榜中式李尚和李升之2人;嘉定七年甲戌榜中式李登和李步豹2人;绍定二年己丑榜中式李玘和李震宗2人;宝祐四年丙辰榜中式李桃、李雷雨、李应奎、李沇4人。歙县草市俞氏宗族中式进士9人。他们是:俞献可、俞献卿、俞希甫、俞希元、俞希孟、俞叔良、俞希旦、俞师锡、俞正图等。其中,俞献可及其子孙一门5人,俞献卿及其子孙一门4人。选举志婺源横槎黄氏宗族子弟中式进士9人。他们是:黄巽、黄元庆、黄遵、黄彦直、黄时伸、黄澈、黄时亨、黄湘、黄居敬等。婺源考川明经胡氏宗族出现"父子四进士",中云王氏宗族出现"三代四进士"。徽州汪氏宗族统宗联合(有的学者称"宗族联盟")共计中式进士127人。其中歙县14人,休宁20人,婺源48人,祁门10人,黟县21人,绩溪14人。

据历史文献记载,宋代共举行过118届科举考试,录取进士约42 000人,其中徽州一府六县进士多达860人,占全国进士总数的2.04%。

许多"老儒宿彦,自童蒙读书,老死未尝暂释,著述充栋"。著书立说者众多,著作浩如烟海。所以,林翰在弘治《徽州府志》序之中开宗明义曰:"徽素为文献之邦。"明天顺年间(1457~1464),徽州知府孙遇在《新安文粹》序一文中,对徽州的人才之盛和文献之多,作了言简意赅的精辟阐述。其文曰:

　　古称新安大好山水,故山水之秀钟,而为人多能文章,若休阳苏大景元所选可见矣。

　　景元以郡人所著诗文,起唐宋及国朝,披沙拣金,去十百而取一二,名曰《新安文粹》,盖以侈是邦人物之盛,然非夸美,皆实录也。予由地官属四知新安,几十六年,土风民习,颇知其详。政务之暇,观民风,出郊垌,循行阡陌,虽穷乡僻壤,亦闻读书声。……尝观六经子史,其间注释发明奥旨者,自周、程、张子以下,新安人物过半。……文献之传,显于唐,盛于宋;迨文公朱夫子出,阐明圣学,折中群言,而斯郡文风遂大显于天下。自是而后,有潜心经学者,大率宗朱子而羽翼之。如陈定宇《四书发明》、胡云峰《四书通》、倪士毅《四书辑释》、陈复心《四书章图》、汪克宽《春秋纂疏》、鲍云龙《天原发微》、胡一桂《周易纂疏》、郑师山《春秋阙疑》、朱枫林《六经旁注》、赵东山《春秋属辞》……其他名公巨卿及遁山林、栖草野,雄文大作,音韵铿訇,足以追配古作者尤多。

结束语

　　从三代至唐宋,中原大地一直是中华民族的政治、文化中心。中原文化不仅影响全国,而且还传播到世界许多国家和地区。不论徽州的俗文化,还是徽州的雅文化,其根都在中原。历史文献记载证明,徽州文化是中原文化在向四周辐射过程之中,产生的一枝最瑰丽的花朵。徽州的世家大族——中原衣冠的后裔——所创造的徽州文化,最引人注目的是:内容极其丰富;成就异常辉煌;现象独具一格;影响长江中下游广大地区。它不仅引起国人的极大关注,而且受到全人类的喜爱。

参考资料:

1. 范晔:《后汉书》,中华书局 1956 年版。

2. 戴尧天:《休宁戴氏族谱》,明崇祯五年刻本。

3. 黄文明:《(休宁)古林黄氏重修族谱》,明崇祯十六年刻本。

4. (康熙)《徽州府志》,康熙三十八年万青阁刊本。

5. 程尚宽:《新安名族志》,日本东洋文库藏明嘉靖三十年刻本。

6. 罗愿:《新安志》,四库全书本。

7. 胡朝贺:《胡藤圃杂著》,清刻本。

8. 胡朝贺:《明经胡氏七哲集传》,清咸丰十五年胡氏刊本。

9. (嘉靖)《婺源县志》,明嘉靖十八年刻本。

10. 胡宣铎:(绩溪)《明经胡氏龙井派宗谱》,民国十年木活字本。

11. (民国)《重修婺源县志》,民国十四年刻本。

12. (弘治)《徽州府志》,天一阁藏明代方志选刊本,上海古籍书店,1982 年版。

13. (嘉庆)《绩溪县志》,清嘉庆十五年刊本。

14. 胡成业:《绩溪书院考略》,98 国际徽学学术讨论会论文集,安徽大学出版社,2000 年版。

15. (道光)《徽州府志》,清道光七年刊本。

16.《传家命脉图》,抄本。

17. (道光)《休宁县志》,清道光三年刊本。

18. 吴翟:(休宁)《茗洲吴氏家典》,清雍正十三年刻本。

19. 赵吉士:《寄园寄所寄》,清康熙刊本。

20. (新编)《婺源县志》,档案出版社,1993 年版。

21. 赵华富:《徽州文化的崛起和繁荣昌盛》,两驿集,黄山书社,1999 年版。

（作者为安徽大学历史系、徽文化研究中心教授）

河洛文化风化九州郡县

许竞成

　　河洛文化,是夏商周三代帝都王畿以及汉唐时代京畿的风教文化。它继承炎黄时代文化,吸收与融合三代以前的氏族部落区域文化。河洛文化自产生即有风行疆域的功能,风行帝王统治的诸方,以期诸方文明进程随与中土河洛。夏商周三代,河洛文化风行九州区域,九州文化皆有河洛风韵。汉与唐代,帝都京畿仍然在河洛地区,河洛文化风行于郡国、州县。其间三国、东晋与南北朝,竞相争立正统,竞相风行河洛文化之王制、礼乐典章。五代、宋元与辽金,江河南北互置朝廷,沿袭汉唐旧制,风行河洛文化,互立华夏之中心,中心京畿超越了"河洛"地区,河洛文化升华为"中华文化"。明、清时代,随户籍人口日繁,聚居处所日密,州县广置三代时期的九州海内,夏禹九州之域皆称"中华"。虽是山陬漠边,三代遗民族裔风俗各异,形式斑斓古朴,但都带有上古河洛遗风;与经汉代风教民裔习俗,虽有形调殊异,但其骨质、精神仍然相同。三代风行的王道、礼教、法制等河洛文化,代代相传,其仁爱思想、忠孝礼仪情操,成为汉至明清封建社会的道德规范,成为五千年社会文明的优良传统。

一、河洛文化风化九州

　　夏商周三代有九州区划建置,有州牧,有王制教化风行。夏代,出自河洛王城教化的天文、地理、礼仪已备,并以五服之制向九州风行。源出昆仑的长江、黄河流域区划,夏书《禹贡》制为九州。夏都阳城,地在豫州河洛区域,夏禹王承宣尧、舜文治,教化风行九州。征收九牧之金铸造九鼎,象征九州,为国家一统的礼器。颁布"夏时",以定正春、夏、秋、冬四季。夏代,继承与丰富尧舜时代的天文、地理、王道、礼仪等文化,并配置相应的物器,以"五服"(《史记·周本纪》)之制向九州风行传播,九州之民不同程度地接受王制礼仪风教,创造出各具地方特色的物质与精神财富,也是文化。

夏代九州,冀、兖、青、徐、扬、荆、豫、梁、雍。九州之地,王城之外使行五服之制,每服五百里,五服疆至"方五千里"(《史记·五帝本纪》),东渐于海,西被流沙,南北五千里所及。荒服之区人烟稀少,彼时多是没有徼外界线。后世《帝王世纪》考称:"四海之内东西二万八千里,南北二万六千里。"

商代九州,《尔雅·释地》解释:商制九州有冀、豫、徐、雍、荆、扬、幽、兖、营。无夏制青、梁二州之名,而有幽、营二州之置。商王成汤,除夏桀暴虐,初都建于亳(今河南商丘之地),王道修德,以民生状况鉴识施政得失,倡导九州诸侯德政于民(《史记·殷本纪》)。

周代九州,《周礼·职方氏》记周制九州有:扬、荆、豫、青、兖、雍、幽、冀、并,无商代徐、营二州之名,而有青、并二州之置。周祖于殷纣失德时积德行义,礼让施仁;文王礼贤下士,敬老慈少;武王则祖之法,除纣暴虐、淫乱,复循禹、汤礼乐之章,兴王道礼仪之风,布行九州之域。周初,行公、侯、伯、子、男五等爵位之封,分封诸侯藩国八百,使之为周王"扶德施化"(《史记·三王世家》)。

夏商周三代一千八百多年,河洛文化风行九州,近王畿者得风教之先,风盛气浓;远荒僻者,风微力弱。自周穆王(前976～前922)征"犬戎",荒服者不朝奉,荒服之区越是荒疏。九州又有山川环境差异,风化不齐,因地而殊。然九州受河洛文化的风化,只有风格形式的不同,没有道德礼仪的本质区别。三代,九州四海皆有天地人神的观念,和忠诚敬恭的礼仪意识,这都是由河洛帝都王道礼仪风化所致。三代的政教王风,《史记·高祖本纪》太史公有述,其意:"夏之政忠",教人以善,对人竭诚尽心。"忠之敝",庶人无礼节,因此"殷人承之以敬",对人尽心恭顺,谨慎从事。"敬之敝",庶人则狡猾,"故周人承之以文",讲诚信,讲规矩,讲品行端正。"文之敝",庶人则轻薄、虚谎。救轻薄、虚谎之风,"莫若以忠"。因此,三王之道像这样循环,"终而复始"。由此可知三代王政教化,以忠、敬、诚,交替进行。

从各地出土的一些商周时期的青铜器来看,都具有三代河洛文化的本质内涵。湖北崇阳出土商代晚期的礼乐器"神人纹双鸟铜鼓",上饰"神"、"人"、"鸟";江西新干县出土的礼器"铜鼎",上饰"虎";重庆古巴国的乐器"虎纽錞于"、湖北礼陵出土的礼器"青铜象尊",饰虎,饰龙。由龙、虎饰纹,自然联想到河南濮阳西水坡出土的"中华第一龙",古墓葬有以仰韶文化时期的蚌壳排塑的龙与虎造形,表现对龙虎的崇拜。鸟是东夷族人的图腾。湖南宁乡出土的"禾大人面纹方鼎",有与殷墟甲骨文一致的"禾大"方块字。四川三星堆大力人像服饰纹,也有类似西周人的服饰图案。各地出土的青铜器,反映出中华河洛文化向九州的风化。

二、河洛文化风化郡县

1. 秦汉风化郡县

秦汉,河洛文化风行于区划建置郡县。秦始皇灭六国,统一九州,建都咸阳,废除三代帝裔分封诸侯藩国制,结束九州疆域分割的局面。代之实行郡县制,职任官吏行使中央权力。郡县之制,是风行河洛文化的进步,本身就是河洛文化。

秦代置郡,广及三代九州区域。《汉书·地理志》记载:秦以京师为内史,职管京师都城;置三十六郡,记如:河东、太原、上党、三川、东郡、颍川、南阳、南郡、九江、泗水、巨鹿、齐郡、琅玡、会稽、汉中、蜀郡、巴郡、陇西、北地、上郡、九原、云中、雁门、代郡、上谷、渔阳、右北平、辽西、辽东、南海、桂林、象郡、邯郸、砀郡、薛郡、长沙等郡。《后汉书·郡国志》记载:秦置郡还有武陵郡、鄣郡。新《辞源》引王国维《观堂集林秦郡考》:"始皇二十六年以前为三十六郡,后增十二郡。"秦始皇置四十多郡,其疆域在夏商周三代九州四海之内,东至东海,西有陇西,北及大漠,南及南海。西之陇西、蜀郡,地及三代荒服之区;北之云中郡(治在今内蒙古克托克县北)、九原郡(治在今内蒙古五原县),地及大漠;东北有辽西郡、辽东郡(治在今辽宁省辽阳市北),属商、周之幽州域。秦代郡县人口,皇甫谧《帝王世纪》推考:"当千余万。"秦始皇实行中央集权制,于中央设职丞相、太尉、御史大夫、九卿等,分管行政、军事、监察等。地方郡置守、尉监,县置令、丞、尉,治民。河洛帝都文化,通过中央与地方官吏风行到郡县,至于庶民百姓。秦代郡县通行朝廷统一的政令、法规、货币、度量、文字等文化。

湘西土家族自治州里耶镇称"古井里的秦朝",出土了 3 600 枚秦代简版,其文字是秦始皇统一的文字,小篆隶书。里耶镇,战国时为楚国的里耶邑,秦置迁陵县,属武陵郡。统一规范的文字,本属河洛文化;小篆隶书在(里耶)迁陵县行用,表明河洛文化由京都咸阳风行到数千里之外的江南。简版上的文字记载,表现中央政令公文送达地方的严格要求,表明中央文化风行郡县的力度。

两汉置十三部(州),领郡县。西汉,《汉书·地理》记载:平帝元始(1~5)年间,有郡、国103,县、邑、道、侯国1 587。疆域东西9 302里,南北13 368里。人口59 594 978。东汉,《后汉书·郡国志》记载:顺帝年间(126~144),有郡、国105,县、邑、道、侯国1 180,人口49 150 220。汉代郡级区划比秦代多60多个,多者有些是因秦郡大而汉析置,有些则因汉代人口繁衍于山海边地而新置。置县,东汉比西汉少约400个,其原因是东汉光武帝撤小并大,小县并合。汉代置县在山陬或边远地区,有些则称之为"道"。高帝置广汉(治今四川梓潼县),武帝置犍为(今四川宜宾)、越嶲(今四川西昌)、零陵(治今广西全县)、益州(治滇池,今云南晋宁县东)、武都(治今甘肃成县西)、天水、陇西等郡都置有道。道之区划,为少数民族聚居之县。西汉除郡县建置外,武帝为安远,于雍州之西轮台(今新疆乌鲁木齐北米泉县)、渠犁(今新疆策云南)等地,置校尉领护,领护军兵屯田、徙民营田。以宗室女公主嫁与乌孙(今新疆伊犁河流域)王昆弥。至宣帝神爵三年(前59),于乌垒(今新疆库尔勒)置西域都护,督护西域,诸地为藩国,臣属于汉。西域诸国(今新疆维吾尔自治区),其族民多为三代戎狄族裔,常处荒服之区而散衍;可分别上溯西羌、月氏、匈奴、鲜卑等族,同属炎黄氏族之裔。其后都护,时置时废。三国魏文帝黄初三年(222),西域鄯善(今若羌)、龟兹(今阿克苏)、于阗(今和田)诸国,各遣史内属,西域又置戊己校卫,河洛文化仍行西域。

汉代,朝廷以儒教文化教化郡县。春秋时期,孔子、孟子在鲁地总结的三代河洛帝都文化,斥恶扬善,阐释仁义道德,透析礼乐治国安民的道理,成为治世经典。两汉诸帝推行三代治国经典,通过大臣、守令,将儒教文化由河洛帝都风行到郡、县、道,风行到西域都护。《汉书·西域传》记载:宣帝元康元年(前65),龟兹王喜欢"汉衣服、制度,归其国,治宫室,作徼道周卫,出入传呼,撞钟鼓,如汉家仪"。《后汉书·礼乐志》记载:成帝(前32~前7)时,犍为郡于水滨得古磬十六枚,以为吉祥。刘向对成帝说:"宜兴辟雍,设庠序,陈礼乐,隆雅颂之声,盛揖让之容,以化天下。"于是,长安城南立。

2. 隋唐风化郡县

隋唐复统,众望所归。唐太宗,一代明君,继秦皇汉武、东汉光武,为以道德文化风化疆土的又著者。太宗贞观元年,以山川地形便利,分疆域为关内、河南、河东、河北、山南、陇右、淮南、江南、剑南、岭南十道。十道以开元二十八年(740)户部帐记,领郡、府328,县1 573;有户8 412 871,口48 143 690。其时疆至,《新唐书·地理》记载:"东至安东,西至安西,南至日南,北至单于府。盖南北如汉之盛,东不及而西过之。"东西9 511里,南北16 918里。郡国比东汉多223,县多393。郡县增多,是因风化僻荒所致。

唐代臣服吐蕃。吐蕃,地在长江黄河之源,夏制九州梁雍之三危之地。其地古居三苗西戎,《史记·五帝本纪》所记帝尧时,三苗部族在江淮、荆州间为乱,"迁三苗于三危,以变西戎"。西戎出自姜姓,为炎帝族裔,夏商周三代至秦汉,历为荒服,新旧唐书皆著为汉代西羌之地。东晋十六国(317~420)时,有发羌、唐旄等五十个部落,由鹘提勃悉野总其部落,号曰吐蕃。至东晋末,鲜卑部族所立南凉国灭,其将樊尼率部西渡黄河逾积石而南,遂领西戎诸羌,黄帝族裔与炎帝族裔在西羌地融合,仍号吐蕃,君长称为赞普。"地直京师西八千里","多霆、电、风、雹、积雪"。樊尼传七世至弃宗弄赞,慷慨雄才。唐太宗怀柔,于贞观十五年(641)应弄赞(松赞干布)婚请,以宗女文成公主嫁与。朝廷于吐蕃南部置拱卫,以护其归化。弄赞立宫室,为公主所居。公主不喜吐蕃族人以赤色染面,弄赞破俗禁止。弄赞慕华风,弃毡裘,著纨绮。遣贵族子弟入国学,习《诗》、《书》;请儒生为其司作文书,请纸、墨、酒、碾、硙(磨)等制作工匠,并引蚕种。雪域高原吹进了河洛文化风。吐蕃军兵听太宗调征。高宗即位,擢弄赞为驸马都尉、西海郡王。永徽初年,弄赞卒。后世赞普与相臣寻衅隙,时常犯唐置羁縻州县。中宗李显,再度应请,以金城公主嫁与弃隶蹜赞普。唐中期以后,吐蕃赞普或部落首领时有叛乱,至五代世乱阻隔,至宋复臣属。

三、河洛文化升华为中华文化

五代继唐,五十余年政权更代迭起,十国纷争,教化有伤于混乱。十国即平,宋与辽金分治九州。北宋有三代之荆、豫、青、兖、冀、扬数州之地。宋史地志以神宗元丰元年(1078)记疆域:"东南际海,西尽巴僰,东西6 485 里,南北11 620里。"户口以徽宗大观四年(1110)记,有20 088 258 户,46 734 784 口。辽有三代幽、并、营州之地。辽史地志以圣宗(982～1031)时期记疆域:"东至于海,西至金山,暨于流沙,北至胪朐河,南至白沟,幅员万里。"

北宋,都汴京开封,南宋都临安杭州;辽,都上京临潢府(今内蒙古巴林左旗);金,初都会宁府(今黑龙江阿城县),海陵王贞元元年(1153)都燕京(今北京)。宋与辽金,都城不尽在三代河洛区域,而皆循三代河洛王风;以中华代河洛,皆续中华风教,河洛文化升华为中华文化。北宋营造汴京都城,"广皇城东北隅,命有司画洛阳宫殿,按图修之"。太祖、太宗当朝,以仁慈布德,礼乐风化郡县。其后政衰,南宋继业,帝有恢复之负,而无收土之力,风化郡县则著于南疆。《宋史·地理志》记载:两浙路、淮南路郡县有所增改;川峡之成都府路、潼川府路、利州路、夔州路,四路属《禹贡》梁、雍、荆三州之地,仍置有羁縻州,有的羁縻州进而改为属州郡县,并增置些新县,西南山区疆土进一步受到中华文化风化。古雍州之吐蕃对宋,朝贡不绝。巴、蜀及闽越,中华风愈浓。《宋史·地理志》记载:巴、蜀郡县声教所及,"文学之士,彬彬辈出"。福建路郡县,也"多向学,喜讲诵,好文辞,登科第者尤多"。

辽、金循古制,以汉、唐文化风化幽、营、并州域。幽、营,殷太师箕子避居之地,箕子以礼教化民,其地有夏、殷河洛礼教遗风。《隋书·东夷》记载:辽东其地,"或衣服参冠冕之容,或饮食有俎豆之器,好尚经术,爱乐文史,游学于京都者,往来继路,或亡没不归。非先哲之遗风,其孰能致于斯也?"辽太祖耶律阿保机营建宫室,以"开皇、安德、五鸾"名殿,流溢中华文韵。太宗耶律德光,诏令诸部"并依汉制"。循礼、行仪、尚乐。辽、金与宋风,虽形表有地殊时宜,然骨质精神本同无二。《辽史·礼乐志》陈述:辽朝风教,自三代至汉唐,袭承一脉。金袭辽制,又参照宋籍。《金史·礼志》记载:金人入汴,悉收宋制典章礼乐国籍,朝事照诸行礼仪。辽及金,皆徙中土庶民,以充实边县,规劝农耕。金熙宗皇统元年(1141)二月祭孔庙,谓侍臣曰:"孔子虽无位,其道可尊,使万世景仰。太凡为善,不可不勉。"熙宗完颜亶也颇读《尚书》《论语》。宋与辽金,在《禹贡》九州之地争统,皆风行中华文化。

四、祖国疆土尽中华

元与明、清，《禹贡》九州之域归属一统，各族祖先赖以生存的土地归属中央统一治理，完成了文明始祖、炎黄族祖"和协万邦"的志向，完成了河洛、中华文化的整体风化。中国不但狭指三代及汉唐千里京畿河洛之地，而是广指中华文化风行到的九州郡县；中国、中华，是指各民族祖先生活范围内的所有土地。

元太祖铁木真，完成了统一祖国领土大业。《元史·地理志》载，至元七年(1270)版图疆至：北逾阴山，西极流沙，东尽辽左，南越海表。域治区划，设行省、路、府、州359、军4、安抚司15、县1 127(县数比唐少，是因一些县域境大)。唐代时期的羁縻州，元代"皆赋役之，比于内地"。朝政袭汉制，用儒士，以中华传统文化风教州县。元代统一祖国疆域的功业，突出之处还在于将祖德仁爱布化于吐蕃，于河州置吐蕃宣慰司都元帅府，于四川徼外置碉门、鱼通、黎雅、长河、西宁等处置宣抚司。世祖忽必烈至元(1264～1294)时期，于云南徼外置乌思藏(卫)，"郡县其地"。乌思藏城，今拉萨。元代，河洛文化之黄河探到了源头。青藏高原巴颜喀拉山阴，土蕃朵甘思西鄙，"有泉百泓，沮洳散涣"，"履高山下瞰，灿若列星"。此"星宿海"，黄河之源也！巴颜喀拉山阳，是有江源。万里江河，源流一体。

明代朝政袭汉唐之制，以儒教为主导文化，宣扬、倡导忠、孝、节、义。并在两湖、两广、四川、云南、贵州等省少数民族羌番、苗、猺、爨、僰聚居地，承元制分封各部族酋领官职，置宣尉、宣抚、安抚、长官、千户等司，武职属兵部；置知府、同知、知州、州判等，文职属吏部。世袭其职，是为土司，土官。任官使其风行中华文化，以教化边鄙山陬庶民。

清太祖努尔哈赤，姓爱新觉罗氏，出自女真部族，其先为金之遗部，可溯至三代肃慎部族，系共工氏族北徙，为炎帝氏族苗裔。宣宗旻宁(道光)之世，全国区划置直隶、奉天、吉林、黑龙江、江苏、安徽、山西、山东、河南、陕西、甘肃、浙江、江西、湖北、湖南、四川、福建、台湾、广东、广西、云南、贵州、新疆、内蒙古、外蒙古、青海、西藏、察哈尔二十八行省，江河湖海同沐中华皇风，仁爱德布九州大地。

清代，甘肃、四川、云南、贵州、广西、湖北、湖南等省，往代土司世袭土官，自康熙至道光年间，屡行"改土归流"，将宣慰、宣抚、安抚等司，改制称县，罢世袭土官，县令由吏部派任。改土归流，以利深山幽谷与平川广原，同享一制，朝廷政令畅行,以利中华文化风行少数民族地区。

台湾风化。台湾,本三代扬州荒服岛屿。明代,琉球王姓尚氏,于洪武初即臣属于朝。洪武帝赐册封、金银印,以儒士为其相,"赐衣巾靴袜并夏衣一袭"。琉球王遣世子与寨官子弟上京入"国学"习华文。朝廷赐闽中舟工三十六户,以便过海往来。中华文化,风化海岛。万历末年,琉球北部鸡笼山,故名北港,有中国渔舟往来,开始贸易,建阛阓市井,名为台湾,遂全岛也名台湾。台湾,"北自鸡笼,南至浪峤,可一千余里,东自多罗满,西至王城,可九百余里"。天启四年(1624),荷兰人侵占台湾。明清之际,明将郑成功收复台湾,置府县。康熙二十二年(1683),清廷统一台湾,置台湾府,领三县,隶属福建省。雍正十三年户部题准,"福建省台湾府生番百九十九名汇入彰化县籍","以兴教化","番民衣冠言语与其地民人无异,亦有读书应考者"。光绪十三年(1887),台湾府改置台湾省,领府3,州1,厅3,县11。时人口增至300多万,80%多为明清之际迁入的闽、粤籍民。《清史稿·食货·户口》记载:"福建、广东民人徙居台湾者尤众"。徙台之民,其唐代先祖多是河洛地区光州固始人。台湾省,中华人文风化的海岛。

结语:河洛文化是中华传统文化,随时间进展,不断发展丰富,不断吸收与风化地方文化。河洛文化是中国不断进步的道理经典。中国,先为三代帝都王畿河洛之区,其后渐封域地,渐置区划,渐广、渐远,凡炎黄世帝和协万邦、尧舜禹汤周王区划九州之域、汉唐所建郡县,皆传河洛、中华文化。九州之域,古先部族,炎黄部落氏族,封疆融合姓氏氏族,其生活繁衍区域,皆传中华文化,皆称中华、中国。

(作者为固始县地方史志办副编审)

携河洛文化破"三重门"

——基于两性和谐追求的文化开掘

陈思敏

一、"三重门"

本文"三重门"是笔者对阻碍两性和谐部分因素的概括。阻碍两性和谐的因素繁多且错综复杂。学者韩东屏在《论两性和谐》中将造成两性不和谐的原因归结为传统观念、政策盲区、社会规则和生育分工等四个方面。并在此基础上提出化解的途径,如观念纠偏和制度纠偏等。因此,在促进两性和谐的举措中观念纠偏至关重要。要消解性别刻板印象对两性和谐的阻碍,关键不在于让人们意识到"观念纠偏"的必要性与重要性,而在于如何破除形成于封建社会的传统观念对两性和谐所造成的负面影响。要消除负面影响就必须弄清传统文化观念在男性个体思维与女性个体思维中,在社会公共思维中所产生的影响的形成机理。这一形成机理表现为这样一个过程:封建社会的小农经济形态构成根源;在小农经济这一基础上形成了封建主义形态的价值观念和文化观念,在现代社会中延续、变异,构成阻碍两性和谐的屏障;而封建主义形态的价值观念和文化形态在男性个体和女性个体的人格养成中制造的思维桎梏,阻碍两性和谐。这种思维桎梏存在于男性个体对女性以及两性关系的认知中,存在于女性个体对男性以及两性关系的认知中,存在于部分社会公共政策思维中。笔者将此归纳为"三重门"。

所谓"三重门",指的是面对异性和两性关系时的男性个体的"男权主义"思维、女性个体的"自怨"、"自抑"的思维囚笼,以及社会公共部门在性别政策制定和执行过程中背离两性和谐价值导向的行动思维。

　　具体说来,"三重门"是在中国古代传统的政治思维的演变中逐渐形成并厚实起来的。在炎黄时代,人们的性别意识还没有受"男权主义"思维的钳制。《山海经·中次十一经》说"巫山神女"死后变成一株"瑶草"(据说是一种用来催发情欲的药草)。这反映了在一个生殖力为标记的母系氏族社会里,"淫荡"就是最高美德。这种对女性的定位体现出了与封建社会(男权社会)不同的特点。春秋战国时代,女性对男性的"冲犯"已渐渐不可容忍。秦昭王的母亲宣的母亲太后和秦始皇太后在后宫的生存状况就折射出了这个时期的性别意识开始出现"男权主义"思维倾向。三国的甄后牺牲于战乱时期的政治权谋,唐朝的杨贵妃遭遇"红颜祸水"之说的非议。诸如此类的史实均说明,男性群体在经济和政治权利上的优势地位确立后,社会对女性的压抑的性质开始慢慢发生变化,即从起初那种出于社会控制需要的限制,向无视人性的极端压抑演变。随着社会演变,"男尊女卑"的价值观念、"三从四德"的伦理架构和道德行为规范逐渐成为正统。"三重门"便伴随这一过程产生。"门"之一是男性主体把持的。男性以统治者、荣耀者自居,站在"男权主义"思维立场,自觉不自觉地掩起了其潜在的尊重女性的"人本"思维,压抑着女性。"门"之二存在于女性主体中。女性缺乏独立、自尊的人格,其精神世界同经济、政治地位一样从属于男性。"门"之三存在于社会性别政策的制定和执行的具有主体性质的部门中。性别政策的制定和执行时常不自觉地背离公平、正义,背离两性和谐的价值追求。

　　"三重门"在现代社会延续并且发生变异。随着社会生产方式的演变以及妇女运动的发展,在现代社会中"三重门"延续了传统社会形态中的内涵,也发生变异。所谓"官员腐败源自缺乏贤内助"、"情妇祸水"的论调等都是封建主义意识形态的残余在发生作用。与此同时,又新增了存在于女性主体中的"女权主义"这又一种非理性的极端思维走向。女性主义批评家戴锦华教授说:"一边是血缘、性别、命运间的深刻认同,一边是同性别命运的不公欲觉悟而拒绝认同的张力。……制造痛苦的不光是下意识地对父子秩序的仿同:权力、控制、代沟与反抗;而且更多的,是不再'归属'于男人的女性深刻的自疑与自危感的盲目转移。"这里所谓的"女性深刻的自疑与自危感的盲目转移"指的就是女性主体在封建传统与现代进步的夹缝中,常常自觉或不自觉地陷入非理性的囚笼而难以自拔,无视两性之间客观差异而走向"女权主义"的极端。这构成两性平等对话的又一种屏障。

综合以上分析,"三重门"囊括了男性个体的"男权主义"思维和女性个体的"女权主义"思维,女性个体的"自怨"、"自抑"的思维囚笼,以及社会公共政策制定执行部门背逆两性和谐发展之规律的思维模式和对两性以及两性关系的错误认知。

二、"三重门"阻碍现代话语背景下的两性和谐

何谓现代话语背景下的两性和谐? 两性和谐在不同的社会历史时期有不同的表现形态。在现代话语背景下追求的两性和谐则是"自由的和谐"。有学者对"自由的和谐"做了这样的描绘:"在二者统一的基础上建立起来的……既保证了人的自由个性的实现,又不使两性之间产生压制、对立和冲突。它是一种既超越他物也超越自身,经过中介走向更高存在状态的'本质的统一性'和'否定的统一性'关系。"由此可见,现代话语背景下的两性和谐状态应当包括以下几个要素:女性主体的个性自由、男性主体的个性自由、以差别和对立甚至否定为内容的统一、以类为主体和本位的两性的自由、自觉和自为的存在状态。

而"三重门"阻碍了现代话语背景下的两性和谐的实现。如前文所述,"三重门"囊括了男性主体的"男权主义"思维和女性主体的"女权主义"思维,女性主体的"自怨"、"自抑"的思维囚笼,以及社会公共政策制定执行部门背逆两性和谐发展之规律的思维模式和对两性以及两性关系的错误认知。其中"男权主义"思维阻碍男性主体自身摆脱封建主义意识形态中对两性关系的错误认知,也使男性仍然承受着巨大的压力,这影响着男性主体达成现代话语背景中两性和谐所内蕴的个性自由;"女权主义"思维阻碍女性主体人格的完善,也对男性主体的解放构成一种不好的氛围;女性主体的"自怨"、"自抑"式的思维则阻碍女性养成独立的人格,并消解大量潜在的女性人力资源,从而阻碍两性平等对话格局形成的根本基础,即女性主体的经济独立,与我们追求的现代话语背景下的两性和谐中女性主体的个性自由相违背;社会性别政策制定和执行中的偏离则阻碍两性主体精神解放和平等对话的良性环境的形成。这些均不利于促成两性真正的平等对话,从而难以实现两性之间以差别和对立甚至否定为内容的统一,

也难以实现两性主体对两性和谐的一种自由、自觉和自为的追求。

具体说来,首先,"男权"思维对男性本身也是不公平的,不利于当代男性群体走出封建意识形态的束缚。随着人们生产生活方式的改变,社会文明的进一步发展与深化,男性群体也面临着一种矛盾及其造成的精神徘徊的困境。这种矛盾就是封建主义意识形态掌控下的男权主义意识与随着女性解放的潮流而萌生的两性平等的价值观念之间的矛盾。而由其造成的精神徘徊存在于家庭生活、社会工作等领域中的各个角落。其实,男性只有面对与其自身趋近平等的女性,才可能真正做到平等地对待女性;对于社会而言,也只有在这样的基础上,才能使诸种促进两性平等与和谐的公共政策得以切实有序的贯彻,从而促使两性和谐的关系得到巩固。封建主义的意识形态将男性塑造成"超人","修身"、"齐家"、"治国"、"平天下"等价值观念,强化了男性的强者形象,使其面临巨大的社会心理压力,"背负无限的重担,承担过多的历史的和现实的责任,充当过多的社会角色,而使男性的存在显现出不同于女性存在的另一种意义上的沉重,给男性的生存图景涂上痛苦的色彩"。这阻碍了现代话语背景下两性和谐关系要素中男性主体个性自由的实现。

"女权主义"思维则是女性在觉醒、解放的过程中自觉不自觉地产生的非理性的极端思维。诚如戴锦华所指出的:"在20世纪终结之际,解放了的中国女性在对'自我'的认知清理过程中,从寻夫——杀夫,寻母——弑母诸种场景一一呈现。孜孜以求的结果是,女性自我意识的进一步增强。……经历和完成了女性走向独立和获救的过程。"但出现了"女性深刻的自疑与自危感的盲目转移。"这是女性觉醒与解放过程中精神体验的真实写照。可女性的解放一定要"杀夫"、"弑母"才能实现吗? 实际上,这种"杀夫"、"弑母"的思维陷入了非理性的囚笼。女性个体因此在精神层面上往往被锁得更加严实了。这并非其走出"自疑"和"自危感"的真正出口,不利于女性主体实现真正的个性自由。有些女性在抛开"男尊女卑"封建主义价值观念束缚的同时,把自己作为社会角色一员和家庭角色一员该有的于和谐而言极为重要的一些合理的伦常理念也抛开了。此类因素的滋长、蔓延都会影响到两性的和谐。

女性主体的"自怨"、"自抑"的思维囚笼不利于女性自身"自尊、自信、自立、自强"人格的养成,阻碍女性人力资源开发。女性的经济独立是自身解放的基础,人格独立是自身解放的根本和归宿。"自怨"、"自抑"的思维囚笼却阻碍了女性在思想上更大程度地解放自己,塑造自身"自尊、自信、自立、自强"的人格。此外,女性是一支重要的社会人力资源,其聪明才智是推动社会发展的力量源泉。"自怨"、"自抑"的思维囚笼压抑了女性潜能,造成女性人力资源开发受限制,阻碍女性主体在更大范围内实现经济的独立,从而走向人格独立,也就阻碍了现代话语背景下两性和谐要素中女性主体个性自由的实现。

社会性别政策制定和执行中的错误认知则阻碍两性主体精神解放和平等对话的良性环境的形成。例如,由于大学生就业市场上存在的性别歧视,相当多的女性面临更大的就业压力。在这种环境的驱动下,许多女大学生形成"干得好不如嫁得好"的违背独立人格的人生价值观。此外,在制定和执行性别政策或性别舆论的公共思维中,我们必须辩证地看待古之"男女有别"之说。封建社会"男女有别"是男权话语权导向的"男尊女卑"的价值取向,阻碍了两性的平等。两性确实有"别",也确应有"别",只是这种"别"应是区别、差异,而不是"男尊女卑"式的思维所制造的"差别"。在和谐社会里实现两性和谐,必须正视"男女有别"这一客观事实。

如果男性、女性以及社会公共政策制定执行部门这三类主体破除了这三道无形的"门",则有利于促进两性和谐。反之,倘若三类主体自身无法破除并走出"三重门",则不利于促进两性和谐,也不利于两性之间平等对话、和谐发展方面既有成果的巩固与可持续改进。因此,破除存在于男性、女性以及性别政策制定和执行部门这三类主体思维中的"三重门"是促进两性和谐所必经的途径。笔者认为要促进两性和谐,必须从男性、女性和社会公共领域中同时寻找动力。而这其中政策或制度层面的努力虽是必要的选择,但显得被动。而设法发挥男性和女性以及社会公共思维中文化纠偏的主体性自觉才是更为主动且有效的途径。那么这种旨在促进两性和谐的主体性自觉该如何唤醒呢? 笔者认为,要改变人们的观念和行动思维有赖于文化的陶养和文化中内蕴的价值观的内化。在两性的平等对话中尤其需要"和谐"价值观的引导。在当前环境下应通过建构两性和谐文化家园来促进两性和谐。而两性和谐文化家园的建构离不开文化资源的整合。河洛文化作为一种文化资源对构建两性和谐文化家园的体与用就具有客观价值。因此,笔者基于两性和谐这一价值导引,对河洛文化资源进行开掘。

三、基于两性和谐追求的河洛文化开掘

两性和谐精神文化家园的建设面临"体"与"用"的问题。"体"即这种文化建构的哲学基础;"用"即在"体"的指导下延伸出的措施。河洛文化中蕴涵着对这种"体"与"用"的建构的启发性因素。首先,从河洛文化的内核出发,发扬老子的和谐观,克服两性话题领域的思维误区,指导两性平等精神文化家园之哲学基础的建构;其次,从《老子》"道为用,德为体"的哲学思维出发,创新"德"为用,建设两性和谐的精神文化家园。

河洛文化的内核对两性平等文化家园哲学基础具有建构性的意义。

有关学者的研究成果显示:河洛文化的主流文化是易文化。老子则在继承古代易学的基础上,发展出"道为本,德为用"的哲学思想。道与德则建构了河洛文化的内核。其中,"道"的思想尤其以上承《易经》,下启《易传》的《老子》为典型。《老子》宣称一种"可以为天下母"之道,强调"万物互阴而抱阳",认为相互对应或对立的两方面的和谐是事物存在的最佳状态。此"道"强调"和而不同"、"求同存异"的哲学思维。笔者认为,这种"道"之认识论和道之价值观可以作为两性平等的精神文化家园建构的哲学基础。在这种哲学基础上建构起来的两性文化才有利于两性主体共同领悟"物极必反、过犹不及",并在互相尊重的基础上达成共识,在正视性别差异的基础上平等对话,从而摆脱在两个极端中被动地弹来弹去,走不出精神困境的状态。

在河洛文化中,还存在于两性和谐精神文化家园里的新"德"有启发性意义的因素,值得两性和公共政策制定部门共同关注。

第一,老子强调"和而不同"、"求同存异"。这些观念可以促进女性和男性的平等对话。孔子主张和谐地处理人际关系时要把握四点:"毋意,毋必,毋固,毋我。"(《论语·子罕》)这是说在与人交往时,不要主观臆断,不要自以为是,不要固步自封,不要以自我为中心。这一人际交往的法则在两性话语领域中也十分重要,有利于引导男性群体和女性群体形成在正视性别差异的基础上观照异性,促成理解、和谐的思维习惯。

第二,《礼记》中的"夫义"要求男子做一个修身齐家的"大丈夫";"妇听"要

求妇女做一个柔顺的好妻子。实际上,在传统社会里,演化出了"妇从"而"夫不义"的状态。《礼记》中的"夫义"与"妇从"本身实际上是很美好的,只是在当代伦理重构过程中有必要补充新的内容,使"妇从"、"夫义"并行。

第三,在河洛悠久的历史长河中极具代表性的有"一身聪灵,威风凛凛"的武则天、"替父从军,勇赴战场"的花木兰。她们的行为表明,封建糟粕对人的束缚是否起作用,还取决于主体自身的行为选择。因此,女子自立、自强、自尊、自爱是需要敏于实践的。

第四,刘向《列女传》中记载的娥皇和女英,帮助舜摆脱弟弟"象"的百般迫害,成功地登上王位,事后鼓励舜以德报怨,宽容和善待死敌。她们的美德受到民众的称颂。她们既是"妇从"的,又是具有高尚的独立人格的。我们要倡导男女平等,但又必须认同"男女有别"。可见,女子不能忽视"克以己"、"复以礼",必须勤于自我修德,要对自己正确定位,主动克服自身弱点,发挥自身优势,成为不在"男权阴影"笼罩下的"模范"妻子。

第五,当代两性关系发展处于转型时期,我们有必要重视以两性和谐为价值取向的性别教育。《周易》中《家人》的象辞中对女子教育思想有所体现。教育内容包括:女子出嫁后要"主中馈",料理一家大小的生活饮食起居,并且负责家庭教育;加强对贵族女子的教育,使她们能够主持家政。这些教育思想所体现出的性别教育的具体内容虽然不是现代社会应当提倡的,但这种教育模式值得沿用并加以发挥。

参考资料:

1. 曾海田:《论性别角色观念和男女平等》,《西华大学学报》,哲学社会科学版,2005 年版。

2. 戴锦华、陈染:《个人和女性的书写》,《当代作家评论》,1996 年版。

3. 胡晓红:《两性和谐的哲学理解》,《妇女研究论丛》,2005 年版。

4. 李凤兰:《夏洛蒂·勃朗特小说中的双性和谐思想》,《湘潭大学社会科学学报》,2003 年版。

5. [美]迈克尔·沃尔泽:《正义诸领域——为多元主义与平等一辩》,译林出版社,2005 年版。

6. 孟宪范：《转型社会中的中国妇女》，中国社会科学出版社，2004 年版。

7. 荒林、王红旗：《中国女性文化》，中国文联出版社，2001 年版。

8. 李小江：《史学与性别》，江苏人民出版社，2002 年版。

9. 何红梅：《人的现代化与人的情感需要——转型期两性情感现状的理性思考》，《安徽农业大学学报》（社会科学版），2004 年版。

10. 马锦华：《性别刻板印象与性别教育》，《教育评论》，2000 年版。

11. 乌尼日、赵秀娥：《社会性别教育进入高校课堂的点滴思考》，《广西大学学报（哲学社会科学版）》，2005 年版。

12. 肖扬：《论妇女人力资本积累与可持续发展》，《妇女研究论丛》，2003 年版。

13. 胡传言：《薛蟠寓言——中国旧男人性别危机的暗示》，《红楼梦学刊》，2003 年版。

14. 韩东屏：《论两性和谐》，《湖南社会科学》，2006 年版。

15. 杨作龙：《河洛文化导扬——试论河洛文化建构特征》，《洛阳师范学院学报》，2004 年版。

16. 张素环、刘道文（主编）：《河洛文化研究》，解放军外语音像出版社，2006 年版。

17. 陈义初（主编）：《河洛文化与汉民族散论》，河南人民出版社，2006 年版。

18. 王泽应：《道家道德伦理精粹（中国传统伦理道德文化丛书）》，2003 年版。

（作者单位为福建师范大学公共管理学院）

河洛文化与构建和谐社会

董丽燕

　　司马光云:"若问古今兴废事,请君只看洛阳城。"洛阳是中国建都时间最长、建都朝代最多、建都历史最长的世界名都。作为中华传统文化的源头和主流的河洛文化即发端于此。

　　河洛文化是以洛阳为中心的古代黄河与洛水交汇地区的物质与精神文化的总和,是中原文化的核心,也是中华传统文化的精华和主流。河洛文化以"河图"、"洛书"为标志,体现了中华传统文化的根源性;以洛阳古都所凝聚的文化精华为核心,体现了中华传统文化的厚重性;以"河洛郎"南迁为途径,把这一优秀文化传播到海内外,体现了中华传统文化的厚重性;以夏商周三代文化为主干,体现了中华传统文化的传承性。河洛文化诞生在中原,繁荣在中原,并由此传播到全国各地和海外,影响历史发展数千年。研究河洛文化对弘扬中华优秀传统文化,构建和谐社会,推动文化创新,具有重要意义。

一、河洛文化是中华传统文化的源头和主流

　　1. 河洛文化以"河图"、"洛书"为标志,体现了中华传统文化的根源性。

　　中华传统文化的源头就是河洛文化。河洛文化之所以形成一个独特的文化概念,最主要的标志是产生在洛阳的河图和洛书。《周易·系辞》:"河出图,洛出书,圣人则之。"河图、洛书的传说表明,儒家学说、儒家文化的起源地在黄河、洛水流域,也就是黄河、洛水交汇的洛阳地区为中心的黄河中游地域,包括河南、山西南部、陕西西部,也就是历史上的中原之地,中心是河南。中原是中国的发

源地、腹心地,而儒学是中华传统文化的核心、主流。从这个意义上说,河洛文化是中华文化的源头。西周初期,周公在洛邑"制礼作乐",后有"孔子入周问礼乐",故洛阳成为儒学渊源之地。

此外,道家文化,是东周王室的藏书室之史老子在河洛地区创立的,老子长期生活在洛邑,饱览王室藏书,写出了《道德经》。佛家文化,是东汉时期由印度传入的,东汉王朝在洛阳修建中国历史上第一座寺庙白马寺,被后世誉为"祖庭"、"释源",成为中国佛教早期的活动和传播中心。魏晋玄学的兴盛也始于洛阳。北宋理学是由河洛人程颢、程颐创立的。他们是河洛地区伊河人,他们所创立的理学派别也因此被称为"洛学"。可以说对中华民族和中国人的思想、意识和品格产生重要影响的儒学、道学、佛学、玄学、理学均产生于河洛地区,这些史实都说明了河洛文化是中华文化的源头。

2. 以洛阳古都所凝聚的文化精华为核心,体现了中华传统文化的厚重性。

河洛地区古代长期是中国的统治中心。从中国历史上第一个王朝夏开始,至汉唐盛世,其间除少数王朝外,中国的统治中心始终在洛阳,所以洛阳有"九朝古都"(夏、商、东周、东汉、曹魏、西晋、北魏、隋、唐)之称或"十三朝古都"(夏、商、西周、东周、东汉、曹魏、西晋、北魏、隋、唐、后梁、后唐、后晋)之称。

河洛文化作为中央文化、都城文化、帝王文化,一直在中国思想文化发展中占据主导主流地位。作为主流文化,河洛文化从容大气,具有兼容并蓄、海纳百川的胸怀;它承源上古,缘启三代,蕴接后世,裔播内外;它重视与各个区域文化的交流,不断吸纳、融入其他区域先进思想文化,丰富发展提高自己的质量,因而长期处于主导、领先地位。河洛地区作为全国的中心,不仅有国内其他区域文化的交流融入,而且作为都城和国际性大都市,周边国家的文化如印度佛教文化也不断融入,经过加工、改造、创新发展,有的还成为中国文化的重要组成部分,反过来又影响、辐射到全国和周边地区。河洛文化在五千年发展历程中,秉承了中华民族和世界上其他民族最优秀的文化传统,完整地吸收了古代劳动人民的智慧和思想,成为推动中国社会发展进步的动力。

3. 以"河洛郎"南迁为途径,把这一优秀文化传播到海内外,体现了中华传统文化的辐射性。

在生产力落后的情况下,由于传播手段的限制,河洛文化的推广、辐射作用主要是通过人口迁徙和民族融合来实现的。正是依靠河洛地区先民的一次又一次的大规模南迁,河洛地区的先进文化跨越长江,深入闽越,并最终登陆宝岛台湾。在中国历史上,河洛人的大规模南迁有三次。第一次,魏晋南北朝时期。当时剧烈的内乱与外患引发了中原士民的大规模南迁,大多迁到数千里外的闽中,带去了先进的技术,对当地经济发展起着显著的促进作用。第二次,从唐高宗开始到唐朝末年黄巢起义。前有陈元光入闽,后又有王潮、王审知兄弟拥兵福建。唐朝南迁的主体均来自河南固始,固始遂成为河洛地区历史上南迁人口最为集中的输出地。这些南迁的河洛人为福建带来了河洛官话,直到今天,闽南话仍保留了河洛话的特色。第三次,金、蒙古南下以至于南宋灭亡,中原士民向东南与岭南大规模南迁。玄学、理学也随移民跨越长江来到福建,滋养了江南民众,遂使这里成为文章锦绣之乡。河洛人到达福建后,并没有终止迁徙的脚步,而是继续向外传播河洛文化。"中原向闽地移民,促进了闽地经济文化的发展,使这里出现了急剧的人口增殖,人多地少的矛盾逐渐突出出来,中原移民的后代有向他处迁移、拓展新的生存区域的任务,于是就展开了闽地向台湾移民的过程,中原文化以闽地为中介辗转迁徙到台湾。"

这些南迁的中原人及其后裔,不忘故土,怀恋祖先。他们来到异域他乡,艰难创业,更需要团结一心,凝聚一气。他们把自己称为"河洛郎",保留着中原的域名、姓氏、语言、习俗、传统,保留着中原的文化。他们聚族而居,有的被称为"客家人",形成为有亿万之众的汉民族中最大的民系。

4. 以夏商周三代文化为主干,体现了中华传统文化的传承性。

在中华传统文化的形成过程中,夏文化、商文化已具有原始制度文化和精神文化的雏形,至周代已日臻成熟,从而促进了华夏民族的形成。河洛地区是三代文化生成的中心区域,不言而喻,河洛文化不仅哺育了华夏民族,而且对华夏民族精神的形成产生了巨大影响。

从中国历史上第一个王朝夏开始,至汉唐盛世,其间除少数王朝外,中国的统治中心始终在洛阳。在漫长的岁月中,河洛文化借助河洛地区地理区位上雄居天下之中的优势、政治上的统治中枢权势、经济上的发达强势、文化上的源头及精博态势,吸收、融合周边区域文化,如陕西秦文化、山西晋文化、山东齐鲁文化、河北燕赵文化、两湖荆楚文化、江浙吴越文化、四川巴蜀文化,促进了华夏民族及华夏民族文化的形成,进而将自己推广、辐射到周边地区,推广、辐射到整个中国,河洛文化促进了汉民族及汉民族精神的形成,促进了各地尤其是边疆地区的进一步繁荣。

二、研究河洛文化具有重要的意义

研究河洛文化对弘扬中华优秀传统文化,构建和谐社会,推动文化创新,具有重要意义。

研究河洛文化有利于弘扬中华优秀传统文化,弘扬民族精神。"炎黄子孙,根在河洛",通过对河洛文化内涵、体系、人文价值、历史地位、性质、作用的分析研究,通过对河洛文化与客家文化、闽台文化及关中文化、楚文化、燕赵文化、齐鲁文化、岭南文化、巴蜀文化等相互关系的深入探讨,通过对客家民系与客家文化、闽台民系与闽台文化的比较分析,通过对河洛文化在海外侨胞及朝鲜半岛、日本列岛和东南亚的影响的研究,以翔实的史料,缜密的逻辑分析,从历史和现实的结合上进一步论证了河洛文化是中华民族文化之源,是原创文化、根基文化。炎黄子孙根在河洛,是包括海外华人、港澳台同胞在内的全体炎黄子孙的共识。

河洛文化是诞生在中原大地上的古代物质文明与精神文明的结晶,是中华民族文化之源。研究地域文化,探索中华民族文化之源,尤其要加强河洛文化的探索与研究。这有利于增进全球华人的认同意识和凝聚力,为中华民族的伟大复兴竭心尽力;有利于增强海峡两岸中国人的认同意识和凝聚力,反对台湾分裂势力,维护祖国统一和领土完整。

研究河洛文化,构建和谐社会。河图、洛书所蕴涵的东方人的思想与智慧,河洛文化中关于人与人、人与社会、人与自然关系的论述,对当代构建和谐社会仍具有很强的指导意义。在中国历史上,汉民族在迁徙与民族融合中,一方面传播先进的生产技术,一方面以传播儒学为途径,把中原文化传播到中国,促进了各地尤其是边疆的进步与繁荣,使各地与中原文化逐步一体化。在今天,加强对民族融合的历史与理论研究必将对社会主义物质文明、精神文明和政治文明的建设,对构建和谐社会起到有力的推动作用。

研究河洛文化,努力推动文化创新。文化是凝聚力,文化是竞争力,文化是软实力。加强中华传统文化的研究,积极推进文化创新,对推动我国的现代化建设,实现中华民族的伟大复兴具有重大意义。文化创新是文化的生命之源。一部人类文化发展的历史,就是文化不断地从创新中汲取力量、开拓进取的历史。河洛文化与当代道德建设、两岸关系发展、传统文化更新、汉民族的发展都有重要的关系,这体现了古为今用的研究方法,这正是我们研究河洛文化的价值所在。我们要大力提倡和弘扬理论与实际密切联系的求实学风。当前,深入研究河洛文化,努力推动文化创新,要注意从三方面下工夫:一是继承和弘扬中华优秀传统文化,构筑文化创新的深厚基石;二是积极挖掘中华优秀传统文化的现代意义,增强文化创新的实践能力;三是学习借鉴世界各民族优秀文化成果,扩大文化创新的空间。

研究河洛文化不仅对于传承中华传统文化,培育和弘扬民族精神,凝聚包括港澳同胞、台湾同胞和海外华侨在内的中华儿女,为振兴中华、完成祖国统一大业做贡献,具有非常深远的意义,同时对于我国思想史、华侨史、海外关系史等研究具有重要的学术意义和参考价值。中华民族血浓于水,五千年来一脉相承,连绵不断;中华民族的团结、祖国的和平统一是历史的要求,大势所趋,人心所向,是不可抗拒的历史潮流。

(作者单位为贵州师范大学历史与政治学院)

河洛根文化与平话人文化

袁少芬

一、河洛根文化

河洛文化是指以洛阳一带为中心,在承载上古文明的基础上,向四周不断吸纳、浸润、辐射、扩展所引发形成的一种特色文化。"河洛"与"中原"都缘于古人对天下之中的同一地理方位的理解,二者密不可分,大体相通。河洛地区的"河南省",简称豫,就向有"中州"、"中原"之称;狭义的中原指今河南省一带,先秦时代已有雒邑(今河南洛阳市)和陶(今山东定陶)是天下之中的说法,其后华夏族活动范围扩大,古豫州仍被视为九州之中,故称此地为中原……广义的中原,或指黄河中下游地区,或指整个黄河流域而言。河洛文化、中原文化是具有同质的文化,它们是一脉相承的,是个动态发展的文化形态。

河洛古文明起码肇自新石器时代晚期。史前时期的河洛地区就不断交汇着炎黄集团族群的东迁和东夷人族群的西迁,说明早期的河洛文化包含着多种文化的交汇。夏商周时期,河洛文化已不断向四周扩展。历史上以河洛地区为中心的中原汉人有过多次大规模的迁徙,把中原文化带向四方,是一个极大范围的多民族文化交流。

河洛中原文化,又是历代文明之集大成。从距今八千多年的裴李岗文化,到仰韶文化,到龙山文化,大量考古发掘证明,河洛地区在上古时期即已具有十分发达的物质文明和精神文明。中国最早的国家形态产生于洛阳,使洛阳成为中央文化、都城文化、国家文化的中心。堪称影响中国文明进程和对中国人的社会文化生活有关键性作用的儒、道、佛、玄、理学等五大学说也都形成于以洛阳为中心的河洛地区。洛阳称"中国",最早见于西周初年的青铜器。这是河洛中原文化发展成为影响中国全局的文化类型的先兆。

河洛古文明历经夏商周各代一路走来,可谓独领风骚数千年。河洛中原文化由地域源头文化,到形成为超越原生地的一种影响全局的文化类型、体系,即如由源头的发源推动至完成全流域的流布整合,靠的是悠悠数千年之文化孕育,更靠的是造就了一条不中断的文化链以传承。这条文化链成为凝聚汉族和中华民族的核心,成为世界文明史的奇迹与唯一。

河洛中原文化所形成的祖根意识和根文化,是这条文化链的关键与核心,这条"河洛根文化",深深扎根在中华各族人民的心中,千年万载永难磨灭。这更是一条无形的文化链,成为中华子孙无穷的向心力,好比闽南、台湾的部分客家人及汉族后裔虽经千百年的迁徙仍自称"河洛郎"、"讲河洛话";广西的平话人经二千年的迁徙仍总铭记祖籍中原一样。这个河洛根文化具有超越时空的凝聚力和极强的孕育新文化因素的功能,这也是中原人南迁后形成多个汉族民系的巨大推动力量。

历代中原汉人持续大量的南迁,培育了中原"根文化"观念和民族的自尊意识。战乱流离,使中原南下之汉人不忘中原祖根,深深地打上了河洛中原文化的烙印,因而自秦汉始的近二千年的汉人南迁史迹至今仍依稀可以追寻。据有人统计,在当今华人的 120 个大姓中,全部或部分源自河洛文化圈的有 97 个,占 80% 以上。在台湾的前 100 个大姓中,有 75 个姓源于河南或部分源于河南。闽南台湾汉人占一半以上人口的大姓族谱上,都明白无误地标明其先人为河洛人。而在岭南广西地区,不少中原南迁汉人的后裔其族谱上大都说先人来自中原或山东白马县(后经史家考证,"山东白马"实为今河南滑县)。又据今南宁市近郊上尧乡的族谱记载,该乡祖籍在山东的有 14 个姓,拥有人数占全乡人口的 84%。这类现象在广西不少地区都可见到,说明河洛根文化影响之深刻。

二、河洛中原文化与平话人文化比较

平话人是秦汉以来,历代中原汉人由北方各地陆续迁入岭南广西地区后,在长期相对封闭、安定的条件下,他们既顽强保持着中原文化习俗传统,又与少数民族不断交汇发展演变而形成的一支独特的汉族民系。通过对平话人形成过程的分析,可以深刻地反映出河洛中原文化链(根文化)对平话人民系的形成起着重要的作用。

1. 平话人根在中原。平话人形成的源头和主体是广西的历代中原移民。自秦汉以来的各个不同历史时期,大量汉人从北方中原各地陆续迁到广西。汉人之入桂,举其大者,一是历代中原王朝用兵岭南或戍卒留桂者。秦汉及其以下历朝,在岭南包括广西地区均有大规模用兵,如秦"使尉屠睢发卒五十万"对岭南的征伐,事平后留下大批戍卒;西汉路博德率师平南;东汉马援征交趾;宋代狄青大军镇压侬智高起兵;隋唐时代均有派大军平定岭南。这些都是数万、十数万,甚至号称数十万的大用兵。用兵之后便是大量驻防戍卒;如马援征交趾后,留兵今广西地戍边,俗称"马留人";唐代镇压黄乾曜等人起义后,在邕州等地留兵戍守;狄青征侬后,留下戍兵"逾二万四千人,以四千人屯邕州(今南宁市)……"这些所派驻的军卒后多有"留粤不归",在当地落户繁衍。二是入桂的汉人,除了留戍之士卒,还有大批的战乱移民,屯田、移民充边、贬谪者,以及避灾、垦荒、经商谋生者等等。早在秦代就有"秦徙中县之民南方三郡,使与百越杂处"。秦之后北方有历次中原战乱,南方相对稳定,亦有大量难民南移,唐末五代"是时,天下已乱,中朝人士以岭外最远,可以避地,多游焉"。宋人李伯纪作容州(今广西容县)诗说:"得归归未得,留滞绣江滨。感慨伤春望,侨居多北人。"唐宋及其后,岭南盛行屯田制。屯田有兵屯和民屯,民屯多为招募充边。唐宋时政府在岭南设屯田所已多达数百所,规模已相当大;元代曾"有旨发湖湘万家屯田广西"。可见当时屯户移民之规模。明清时期则有各省汉人大量流入广西谋生。自西汉始,岭南便是贬官、罪人流放之地,广西属"极边烟瘴地方",每年流犯人数也不少。凡此种种,历代汉人入桂的数量是持续的和不少的。

北方汉人自秦汉进入岭南广西地区的初期,由于置身于百越族群的"汪洋大海"内,必定有不少人从语言到习俗都曾逐渐被同化于当地土著少数民族之中。由于北来汉人有着较强的经济实力、生产技能或政治文化优势,故他们在迁徙地逐步站稳脚跟,并反过来同化影响着当地的少数民族。平话是秦汉至唐宋间逐步形成的。来自各地的操不同汉语方言的移民,因交往的需要不断进行语言的融汇交流,形成了一种糅入了北方各地汉族移民方言特点、保留了较多古汉语音、也受到了广西地区壮侗语族的少数民族语言影响的汉语方言平话。由于平话人自秦汉始迁入广西地后,仍顽强地保持着中原文化习俗传统,又与当地民族不断交流形成了某些新的文化因素,至唐宋,终于形成为一支汉族分流岭南广西的重要民系。宋、元、明代则是平话人的发展盛期。平话也在明以前的上千年时间里,成为广西南北各地汉人以及汉人与土著民族之间主要的交际用语,有过"大一统"的辉煌时期。至今,广西境内的平话人人数当不少于500万。

平话人的寻根意识强烈。由于平话人的祖先是中原迁徙而来的移民,因而对祖地及源流历史十分珍惜。"不忘祖"的观念很强。各姓氏、各家庭都重视收集和续写族谱,希望能告诉子孙他们这支人是怎么来的。"忘祖"即为最大的不孝。

讲平话的人大都说他们的祖先是从中原来的。许多族谱、墓碑都说祖籍山东白马县,自宋代征侬智高迁来。平话人的这个祖籍地山东白马究竟在何处?历来很多平话人都想寻这个根,也曾多次派人到山东调查寻根未果。1994年友爱村六大姓村民先后派代表到山东、河南查访并在各界史学专家的帮助下,终于查到了平话人祖籍地的白马县不在山东,而在今河南滑县,揭开了这千年寻祖之谜,说明平话人的根在中原。这里的"山东",不是指"山东省",而是古人以崤山为界,泛指中原一带广大地域。

平话人的念祖活动也比较多,比如各地的姓氏节就是平话人为纪念最先到达移居地的先祖开拓业绩的活动。南宁市亭子附近的一些平话人村子,因为先祖是随狄青平南而后屯戍定居的,因而以平西、平南来命村名,以示纪念。1949年春,当地人还举行过盛大的"平西、平南村开村九百周年纪念"活动。

2. 平话人保留着传统的河洛中原民俗。河洛民俗的最大特征是保留农耕文化色彩,平话人也一直继承和保留着重农善耕的传统。广西各地的平话人大都从事农业,以传统种植业为主,而且因他们的农业技术优于当地少数民族而成为突出的特点,种甘蔗为主业的平话人被称为"蔗园人";种菜为主业的平话人被称为"菜园人";种田为主业的平话人被称为"射耕人",等等。受重农抑商传统的影响,历史上平话人专于从商者不多。

平话人敬祖崇神,保留着中原汉族的诸多传统酬神节庆习俗。重视宗族制度和宗族活动,平话人地区家族力量强大,重修谱、建祠堂、立家庙,重春秋社祭和联宗祭祖。一般以宗族血缘为纽带共居建寨,不少地区都以姓氏来命名村寨,还有各姓氏节。邕宁（今南宁）一带，平话人各家族还设有"祖宗屋"，祭祖及婚嫁大事都在"祖宗屋"内进行。平话人的婚俗中还保留了一些古老的习俗，如南宁市郊至今仍流行的"赠名"习俗，即男青年在结婚的当天，家中的长辈及亲友都赠一个新的名字给新郎，所有赠名，按宗族辈分亲疏关系贴在祖宗屋的两壁。这可能是古代汉族成年礼的一种遗存。

平话人秉承儒家道德取向，崇尚忠恕、平和、中庸、安定、有序，讲究敬祖、孝道、尊老爱幼，敦亲睦邻，勤俭持家，从善互助。旧时宗族内都有严格的族规族约制约，因而平话人社区一般人际关系较好，民风敦厚纯朴。

3. 传统中原民俗与当地少数民族习俗互相影响融合而形成了某些平话人独特的习俗文化。受邻近少数民族的影响，平话人形成了自己别有特色的平话歌圩，不少地方的节庆婚礼都有热闹的对歌活动；在衣食住行、节庆生寿信仰等方面，也形成了一些与中原民俗异同不一的习俗，如平话人的宗教信仰既保留了汉族传统的宗教信仰特点，又融合了当地少数民族的宗教信仰，从而形成了佛、道、巫、师混合的宗教信仰，信仰的礼仪和内容十分复杂，独具特点。

平话人是河洛中原文化南迁在岭南广西形成汉族民系的一个最具代表性的典型。以上仅举数端，已可略见河洛中原文化对平话人的形成发展有着根本的影响。河洛根文化，是平话人文化的根，也是汉族及诸多民系文化的根，更是中华民族统一、和谐发展的根基。

（作者为广西大学南亚研究所教授）

河洛文化孕育的戏曲艺术及双向互动

龚国光

罗豪才先生在《河洛文化与汉民族散论》序中指出:河洛文化是中华传统文化的精华和主流,它以"河图"、"洛书"为标志,"体现了中华传统文化的根源性"。这就是说,河洛文化是一种"根文化",它体现了"中华民族之根"和"中华民族传统文化之根"。在漫长的历史长河中,无论朝代怎样更替,而从中新生的各类文化品系和形态,均可在河洛文化中找到它的根源。在戏曲发展史上,一般认为,源于浙江温州的南戏,是中国戏曲最早的艺术样式,这恐怕是戏曲界同仁的一个共识。但如果从文化角度考察,我们就会发现:戏曲原始形态的那种具有极强的综合能力的天性,诸如音乐、歌舞、说唱、杂技、武术、翻跌、科诨等汉唐时期那些古老的"百戏杂呈"的诸多艺术元素,均可在中原地区的"根文化"中找到它们的痕迹。可以这么说,无论是戏曲深层的文化因子,还是戏曲艺术元素的高度综合以及戏曲文学叙事结构的最后定型,无一不是来自河洛文化的滋养与哺育。

一、先秦歌舞形态奠定了戏曲的表现形式

王国维先生说:"必合言语、动作、歌唱,以演一故事,而后戏剧之意义始全。"简言之,中国戏曲的表现形式即"以歌舞演故事"。可见"歌舞"这个艺术元素在戏曲中的位置举足轻重。我们讲"歌舞"的源头在河洛,这是因为洛阳作为京师所在地,它首先是作为"礼乐文化"的中心而带动了河洛文化进程的。《礼记·明堂位》载:"昔殷纣乱天下,脯鬼侯以飨诸侯。是以周公相武王以伐纣。

武王崩,成王幼弱,周公践天子之位,以治天下。六年,朝诸侯于明堂,制礼作乐,颁度量,而天下服。"周公在洛阳依据华夏文明的成果,制礼作乐,创立了中国最早的礼乐文化。就是说,周公不仅是建都洛阳的第一人,而且也是在洛阳"制礼作乐"的第一人,他制定了一整套完整的礼乐宗法制度,使"礼"和"乐"成为统治者的最重要的手段与治国之本和不可逾越的法规。"乐"在中国古代包括乐制、器乐、声乐、诗歌、歌舞等,其既可娱人、化人,也可治国。因此,被规范了的、技艺很高的"歌舞",不仅产生于河洛的礼乐文化,而且对后世戏曲的发展也产生了不可估量的巨大影响。

乐歌源头,甚至可推至上古的尧舜时代。《礼记·乐记》载:"昔者,舜作五弦之琴以歌《南风》,夔始制乐以赏诸侯。"《礼记》注疏卷三八说:"南风,长养万物,如万物得南风生也。舜有孝行,故以此五弦之琴歌《南风》之诗。用此琴,特歌《南风》,始自舜,或五弦始舜也。……夔为典乐之官,欲令舜与天下诸侯共歌,故制此《南风》之乐,以赏诸侯。"由此可见,"诗配乐以歌",早在上古便已是中华民族文化的一个传统了。问世于河洛地区的我国第一部先秦乐歌总集《诗经》,是中国文学史上的一部非同寻常的书,也是周公"制礼作乐"的一个"副产品"。《诗经》创作的年代,正是从周代初叶至春秋中期。这一时期河洛地区采诗的繁忙程度的确令人叹为观止,它的目的是为了迎合"制礼作乐"的需要,《诗经》所有歌词都是可以演唱的。因此,《诗经》的出现,恰恰从一个侧面印证了周公"制礼作乐"所带来的诸多意想不到的积极成果。由此可知先秦乐歌在"三代之都"的源远流长。

舞蹈的发达,也超乎人们的想象。《尚书·牧誓》载:"今予发,惟恭行天之罚。今日之事,不衍于六步、七步,乃止齐焉。夫子勖哉!不衍于四伐、五伐、六伐、七伐,乃止齐焉。勖哉夫子!"此篇是周武王在牧野(今河南淇县南部)与商纣王的军队决战前发表的誓师词。我们知道,《大武》是周人最重要的当朝的国乐国舞,《周礼·大司乐》云:"舞《大武》以享先祖。"其表演的场地仅限于庙堂和宫殿。而《尚书·牧誓》实际上是《大武》乐舞的构成部分,据杨华先生考证:《牧誓》是指舞蹈的指挥者即武王的扮演者,利用舞蹈的间歇,"来进行乐舞表演的程序布置"。用今天的戏剧行话说:《牧誓》即是周人国乐国舞《大武》的一篇精彩的"导演阐述"。所谓"六步、七步"(行进),所谓"四伐、五伐、六伐、七伐"

（刺杀），这些连宋代朱熹都难以理解的文字符号，如果把它置于"舞蹈"这个特定的艺术意境之中，一切便迎刃而解了，即是说，由于庙堂和宫殿的表演场地有限，舞蹈的行进和刺杀动作都有一定之数，才能做到"齐焉"。先秦乐舞在河洛地区的勃兴与发达，也就可想而知了。

隋唐的洛阳，河洛文化达到了一个全面繁荣的新阶段，出现了百花齐放，万紫千红的新局面。尤其是表演艺术这个门类得到了突飞猛进的发展。孟令俊先生作了如是描述："隋炀帝时，全国音乐、舞蹈、戏剧、杂技、魔术中的佼佼者会集洛阳，史称'百戏'。每年正月十五，在端门外公演，戏场周长十多里，乐队一万八千人，演员三万余人，场面之大，历史罕见，世界少有。"在这样一个特殊的历史背景下，催生了一出令世人注目的完全戏剧化的歌舞节目——《踏摇娘》。据崔令钦《教坊记》载：

> 踏摇娘：北齐有人姓苏，𩨵鼻，实不仕，而自号郎中。嗜饮酗酒，每醉，辄殴其妻。
>
> 妻衔悲，诉于邻里。时人弄之。丈夫著妇人衣，徐行入场。行歌，每一叠，旁人齐声和之云："踏摇娘和来，踏摇娘苦和来！"以其且步且歌，故谓之"踏摇"；以其称冤，故言苦。及其夫至，则作殴斗之状，以为笑乐。

这段史料给了我们诸多重要的信息：首先，在《旧书·音乐志》里，也有和《教坊记》同样的记载，而且特别注明："踏摇娘生于隋末河内"，"河内"即今河南沁阳一带，说明故事发生在河洛的黄河以北地区。其次，表演时，有歌、有舞、有伴奏，加之具有较完整的故事情节，与真正意义的戏剧已相当接近，故王国维先生认为："合歌舞以演一事者，实始于北齐。顾其事至简，与其谓之戏，不若谓之舞之为当也。然后世戏剧之源，实自此始。"就是说，《踏摇娘》虽然还属于"舞蹈"范畴，但作为"戏剧之源"，在戏曲发展史上的地位是绝对不可忽略的。再次，在《踏摇娘》的表演过程中，有"行歌"，而且"每一叠，旁人齐声和之"。这是我们迄今为止发现的最早有意识地运用"众人帮腔"的一种表演形式，它使情节更具有"一唱三叹"的艺术效果。很明显，它直接继承了《诗经》"一唱三叹"的表现方法，《诗经》的诗歌中大量地运用了双声、叠韵、重言、叠字、叠句、叠章的方式反复咏叹,使诗句节奏分明,音韵铿锵,和谐宛转。元末明初,在南方诞生了一支特殊的戏曲声腔——弋阳腔,其歌唱的最大特色就是"众人帮腔",其舞台效果就是"一唱三叹",能促使观众产生强烈共鸣。我们可以这样说,如果从音节的"反复咏叹"这个角度看,在《诗经》和后世戏曲之间,《踏摇娘》实在起着承上启下的不可替代的作用。

二、佛教"变文"和讲唱文学与戏曲的诞生

东汉明帝永平十年(67),佛教正式传入中国,洛阳白马寺成为中国佛教开山之祖。北魏迁都洛阳后,河洛地区的佛教发展到空前的水平,据《洛阳伽蓝记》载,北魏时期洛阳佛寺最多时达 1 367 所。龙门石窟即于此时开始开凿,至唐代武则天时期,石窟的造像活动达到鼎盛。与此同时,唐代佛教在各大寺院所宣传的教义,出现了一种被称为"俗讲"的新的方法。"俗讲",有"普及"的意思,就是说,僧人在宣讲经文时,不作高深原理的探讨,将经文用通俗的言语敷演出来,使民众易于了解。这种专门讲唱佛经故事的文本便叫做"变文",不久,这种喜闻乐见的表现形式很快为民间文人所利用,他们让"俗讲"从佛经故事中走出来,即用"变文"的形式讲唱民间传说故事。仅从敦煌千佛洞石窟藏书密室中发掘出的大量唐代民间俗曲、词调及"变文"中,就有《伍子胥变文》《王陵变文》《董永变文》《李陵变文》《明妃变文》《舜子至孝变文》《张义潮变文》《张淮深变文》等等,这是"变文"由寺院走向社会的重要一步。唐代的"俗讲"和"变文",作为俗文学的开始,其意义非常深远。

孟元老《东京梦华录》是一部追忆北宋都城汴梁(开封)旧事之作,对我们了解北宋时期商品经济、都市社会生活及通俗文化的发展状况,都有很高价值。其序云:

> 仆从先人宦游南北,崇宁癸未到京师,卜居于州西金梁桥西夹道之南。渐次长立,下当辇毂之下,太平日久,人物繁阜,垂髫之童,但习鼓舞,班白之老,不识干戈,时节相次,各有观赏。灯宵月夕,雪际花时,乞巧登高,教池游苑。举目则青楼画阁,绣户珠帘,雕车竞天街,宝马争驰于御路,金翠耀目,罗绮飘香。新声巧笑于柳陌花衢,按管调弦于茶坊酒肆。八荒争凑,万国咸

通。集四海之珍奇,皆归市易,会寰区之异味,悉在庖厨。花光满路,何限春游,箫鼓喧空,几家夜宴。伎巧则惊人耳目,侈奢则长人精神。

北宋开封的繁盛,是以一幅全景式的多姿多彩的社会生活展示在我们面前的。在这里,上层的贵族阶层已被淡化,而走上前台的,则是经济实力雄厚的市民群体,这是一个具有强烈"市民性"的不可小视的"有闲阶层"。《东京梦华录》的"州桥夜市"、"东角楼街巷"、"潘楼东街巷"、"相国寺内万姓交易"、"马行街铺席"等重要章节,无一不再现了当时平民社会生活那种生命的律动。而最突出者,莫过于"瓦舍勾栏"的描述:

街南桑家瓦子,近北则中瓦,次里瓦。其中大小勾栏五十余座。内中瓦子莲花棚、牡丹棚,里瓦子夜叉棚、象棚最大,可容数千人。自丁先现、王团子、张七圣辈,后来可有人于此作场。瓦中多有货药、卖卦、喝故衣、探搏、饮食、剃剪、纸画、令曲之类。终日居此,不觉抵暮。

汴梁的繁华胜景,就是依赖于这种平民文化的张扬而得以显现的,而其中最重要的是讲唱文学的发达。郑振铎先生曾说:宋代,"变文的名称虽不存,她的躯体虽已死去,她虽不能再在寺院里被讲唱,但她却幻身为宝卷,为诸宫调,为鼓词,为弹词,为说经,为说参请,为讲史,为小说,在瓦子里讲唱着,在后来通俗文学的发展上遗留下最重要的痕迹"。以"鼓子词"为例,它是宋代一种叙事的讲唱文体,以鼓为节拍,是从唐代"变文"分化出来的一种歌唱伎艺。它用一个词调反复歌唱,多以十章或十二章为限,故其篇幅不是很大,较之唐代"变文",体裁缩小了许多。它为后来"诸宫调"成形奠定了坚实的基础。

再看"诸宫调",它是宋代讲唱文体中的一座巅峰,结构严谨精密,篇幅浩瀚雄奇。诸宫调也是脱胎于唐代的"变文",但其情节的曲折和形式的多样,却又是"变文"所望尘莫及的。它吸收了唐宋大曲、宋初鼓子词及唱赚等当时流行的俗曲,并组织若干宫调把一个故事完整地表述出来,故称之为"诸宫调"。从《董解元西厢记诸宫调》到《王实甫西厢记元杂剧》,我们可以看出《西厢记》这个故事,从说唱技艺到戏曲艺术的衍化过程,也就是说,当讲唱文学发展到诸宫调这个阶段时,离真正戏曲的诞生,仅一步之遥了。

中国真正意义的戏剧始于《目连救母》。《目连救母》戏剧源自佛经的《盂兰盆经》,唐代衍为《目连变文》,在寺院内外以为"俗讲"。到了宋代,"俗讲"开始分化,走向两个不同的路向:一路从寺院彻底走向民间,衍化为平话、小说、鼓词、诸宫调等讲唱文学,佛教意味逐渐淡化;一路则走上戏剧舞台,佛教意味反而进一步强化。据《东京梦华录》载:

> 七月十五日,中元节。先数日,市井卖冥器靴鞋,幞头帽子、金犀假带、五彩衣服。以纸糊架子盘游出卖。潘楼并州东西瓦子亦如七夕。要闹处亦卖果食种生花果之类,及印卖《尊胜目连经》。又以竹竿斫成三脚,高三五尺,上织灯窝之状,谓之盂兰盆,挂搭衣服冥钱在上焚之。构肆乐人,自过七夕,便搬《目连救母》杂剧,直到十五日止,观者增倍。

由于宋代杂剧的出现和"百戏杂呈"的高度发达,遂使《目连救母》杂剧获得重新"包装"的最好材料。其结果,《目连救母》的演出,不仅大大丰富了中元节盂兰盆会的祭祀活动,而且最重要的是,中国戏曲早期艺术形态即从此诞生。张庚先生《中国戏曲在农村的发展以及它与宗教的关系》指出:"最早的戏就是《目连救母》,比它还早的大戏尚未听说,从相信鬼神、因果报应,发展成为讲忠孝节义,这是一个很大的进步。"所以我们说,戏曲不仅产生于中原大地,而且戏曲艺术的文化因子直接传承于河洛文化。

三、北宋《目连救母》的南迁与弋阳腔的吸纳

但有个问题不可忽视,这就是北宋《目连救母》每年七月十五日的演出,始终是在都城汴梁的瓦舍勾栏中进行,其观众群仅为都会的贵族与城市平民,它没有深入乡镇民间,没有包括农村在内的最广大民众的积极参与。金兵入侵,《目连救母》戏剧随着北人南下,这种一直在中原大地盛行的宗教祭祀的戏剧样式便很快销声匿迹了。

中原目连戏流迁南方后,在极短的时间内便迅速地在江南大地繁衍开来。究其原因,似有以下两点:一是产生于温州一带的南戏,其结构样式的自由灵活,

里巷歌谣的随意洒脱,演唱方法的不拘一格,无不与中原目连戏的演剧特征一脉相通。因此,随着中原目连戏的南下,南戏很快接受了这批长期在汴梁演出目连戏的艺人,以及由他们所掌握的表演技艺。二是南方信鬼,好淫祠,庙会祭祀活动炽盛,各地皆然。这种最普及的民间信仰习俗,为中原目连戏南下,提供了一个得天独厚的良好环境。

江西弋阳县自古以来习俗崇佛,据清康熙《弋阳县志·风俗》载:"中元家祭,焚纸钱纸衣,寺僧作盂兰佛事。……但喜迎神赛会,信用浮屠。当赛神演剧之场,掷金钱如粪土。"南宋中期,当南戏目连戏的演出进入赣地,尤其是来到弋阳并扎根于这一地区时,立即受到弋阳广大民众的欢迎,最终促成了弋阳腔的产生。弋阳腔继承了南戏固有的民间创作的传统,同时也继承了北宋汴梁《目连救母》的表现形式,使其与生俱来地具备了一种适应性与灵活性的特质。具体表现在以下两个方面:一是"错用乡语"。弋阳腔艺人每到一地,为了使当地群众对它不至过于陌生,很快就能与本地语言结合起来,从而使当地群众产生一种亲切感;二是"向无曲谱,只沿土俗"。弋阳腔艺人在演唱中并无固定的曲谱规范,纯粹是民间口头创作出来的土腔土调,因此具有即兴的自由发挥的巨大空间。它不仅有助于和各地语言相结合,而且对吸收、融合各地民间音乐,促成声腔的地方化而形成新的地方声腔剧种,起着不可替代的作用。张庚先生说:"目连戏到底怎么来的?北宋有了,是在瓦舍,不是在民间;如在民间,南迁后还会留下,但并没有,到了南方,就到了民间。中国南方早期戏曲存在方式是以目连戏为敬神的戏。弋阳腔最早就演目连戏。"

由此可见,北宋中原的宗教戏剧,自南迁后来到赣地,对于江西戏曲的兴盛与发展,曾经产生了多么巨大的影响。

四、弋阳腔反哺中原以及文化的双向互动

由于弋阳腔上述诸多的艺术特色,江西弋阳又有"当孔道舟车之所必经"的优越的地理位置,加之"江右商帮"的大力扶持,更加快了它扩散的速度。从大量史料记载中,人们看到弋阳腔在不同历史阶段的流动是那样的神速,几乎到了"令人骇叹"的地步。南到闽、广,北达津、京,东临鲁、皖、苏,西至云、贵、川等,尤其引人注目的是,广袤的中原大地也成为弋阳腔的过化之地。我们先看一下

冯纪汉先生《豫剧源流初探》的几段话：

> 河南普遍流行着弋阳腔。弋阳腔在明代中叶以后，流行到那里，就吸收那里的民间音乐，用当地的土音演唱，同时还在艺术上进行革新，采用了滚唱和后台帮腔的方法，曾在全国到处生根开花，当然在河南也是如此。

> 因为弋阳腔在河南普遍流行，罗戏也受了它的影响。罗戏中的《吊打余林》《双凤山》《赵家铎》《闯幽州》等，都唱弋阳腔中的曲牌，久之，并把它们当成罗戏的组成部分。弋阳腔和罗戏，在豫剧还没有形成以前，是在河南普遍流行的大剧种，也是优秀剧种。

> 豫剧在幼年时期，一方面从弋阳腔继承了扑跌武打的表演技巧，大鼓大锣伴奏的奔放的艺术风格；在剧目上继承了很多歌颂历史人物的戏，如杨继业、杨六郎、敬德、张飞等。……弋阳腔的曲牌［玉芙蓉］，在三十年前演《反五关》《孙吴子兴兵》中还唱。……弋阳腔的东西，已经融化成为豫剧自己的组成部分。

上述三段研究成果具有资料的可靠性和论证的思辨性，弥足珍贵。同时，也给了我们诸多的启发与思考。

第一，江西弋阳腔的扩散，初期是以目连戏为主要手段而传播的。目连戏传播的优越性在于：宗教祭祀是中华民俗中最原始最普及的一种文化意识，它毫无阻碍地打破了地域文化的差异而趋于"大同"。所以，当弋阳腔百余年后带着目连戏回到中原，用今天的话说，是名符其实的"回娘家"，它们不仅具有一种天然的"血缘关系"，而且河南民众对于弋阳腔目连戏的到来，无疑是"似曾相识"，"相见恨晚"而倍感亲切。

第二，弋阳腔以翻打跌扑的武术杂技为重要表现手段，以大锣大鼓为主要伴奏，正如汤显祖所云："其节以鼓，其调喧"的伴奏形式，以及轻松活泼的民歌小调为主要音乐旋律，以上天入地"碧落黄泉两茫茫"的宏阔意境组合而成的故事情节，构成了它离奇、曲折、惊险、恐怖的舞台画面，大大刺激了中原民众的心理反应。北宋时期汴梁的《目连救母》，早已成了中原民众传统文化的一种心理定势与积淀，所不同的是，前者的文化形态当时还属于萌芽期，显得幼稚、简单与粗糙一些;后者经过历史年轮的锻造与磨合,则更为成熟、系统与完整。

第三,江西弋阳腔,士大夫鲜于染指,始终透露着民间俗文化的光彩。自诞生之日起,便以它的通俗化大众化与雅化的昆曲相抗衡,戏曲史上著名的"花雅之争",即由此始。而弋阳腔的遒劲、粗犷、拙朴与夸张的表演风格和高亢激越、酣畅淋漓的音乐旋律,恰恰极其符合中原民众的心理喜好,所以弋阳腔的到来,他们为之倾倒,为之痴迷,为之疯狂。

第四,弋阳腔进入中原的演出,除《目连传》之外,尚有《封神传》《征东传》《征西传》《三国传》《水浒传》《岳飞传》等鸿篇巨著。这种历史连台本戏结构庞大,体制浩繁,每部都能演出七天七夜,上自商周,下至南宋,数千年重大的历史事件和人文传奇,无不囊括殆尽。而最重要的是,这些妇孺皆知的历史故事均发生在中原地区,其表现形式又是以舞台惟妙惟肖的装扮而呈现出来,具有极大的刺激性和新鲜感。所以说弋阳腔历史连台本戏在中原地区的搬演,实在是一件非常重大的事情。

五、结论

文化,不是一成不变、凝固僵死的东西,而是一种最生动、最随意、最活性的动态进程。源远流长的具有"根源性"的河洛文化孕育了中国戏曲,由于政治的动荡不安,促成了戏曲文化的流播与戏曲样式的变化。北宋末年,随着宋王朝的南迁,诸多中原戏曲文化因子播撒到江南,南方戏曲得以迅速发展。而弋阳腔的反哺中原,又促成了戏曲文化在河洛的回归。随着豫剧这一新型戏曲剧种的产生,中原大地沉寂了百余年的戏曲艺术开始复苏而如日中天,呈现出一派勃勃生机,历久不衰。因此,从文化层次看,无论是中原目连戏南下,还是弋阳腔北进中原,都是一种极其重要的文化磨合,这种文化的双向互动,大大促进了民族传统文化在更深领域内的交流、沟通与融合。

参考资料:

1. 王国维:《王国维戏曲论文集》,中国戏剧出版社 1984 年版。

2.《传世藏书·经库·十三经注疏》第 3 册,海南国际新闻出版中心 1995 年版。

3.《尚书》第38页,故宫博物院紫禁城出版社线装版。

4. 杨华:《先秦礼乐文化》,湖北教育出版社1997年版。

5. 孟令俊:《河洛文化的几个问题》,载《河洛文化与汉民族散论》,河南人民出版社2006年版。

6. 崔令钦:《教坊记》,载《中国古典戏曲论著集成》第1册,中国戏剧出版社1959年版。

7. 王国维:《王国维戏曲论文集》。

8. 孟元老:《东京梦华录·序》,载《藏世传书·子库·杂记》。

9. 孟元老:《东京梦华录·东角楼街巷》。

10. 郑振铎:《中国俗文学史》第269页,作家出版社1954年版。

11. 孟元老:《东京梦华录·中元节》。

12. 张庚:《中国戏曲在农村的发展以及它与宗教的关系》,载《戏曲研究》第46辑,文化艺术出版社1993年版。

13. 冯纪汉:《豫剧源流初探》,河南人民出版社1979年版。

（作者为江西省社会科学院研究员）

夏商周三代的王国文明

许顺湛

中国历史进入王国时代,主要是指夏商周三代,这时国家的性质大有变化,科学技术、文化艺术、礼乐制度等全面地向前发展,因此,我把这一历史时期称为中国文明的发展阶段。国家与文明不能等同,但是中央集权国家出现后,国家对文明的发展起到了制约或促进作用。国家的兴盛带来社会的繁荣,可以作为文明的体现,所以可以称为王国文明。邦国文明的内容,有许多问题在学术界还属于见仁见智阶段,而王国文明则不然,它的基本情况可以说多已取得了共识。它的特点主要表现在以下几个方面。

一、国家组织和社会形态

王国文明最明显的特点是出现了父传子家天下的国家模式。从文献记载看,它的主流是父传子,个别的也有兄终弟及的。现在看来家天下模式,在全世界范围基本上已经被淘汰,但在当时却是一种进步的国家体制,它在中国一直延续了近4 000 年。《夏商周断代工程》把夏商周帝系按年代排了一个顺序:夏代纪年为公元前2070 年至前1600 年,共17 王470 年。商代纪年为公元前1600 年至前1046 年。商代分为前后两期,前期为公元前1600 年至前1300 年,共31 王554 年。西周纪年为公元前1046 年至前771 年,共13 王275 年。东周王朝进入春秋五霸、战国七雄时期,尽管国家混乱,但父传子的传统丝毫未变。李学勤主编的《中国古代文明与国家形成研究》有精辟的论述,据《要览》介绍:夏代王位传子制已经确立,夏朝的王权已被神化。"夏朝的一切重大决策都由夏王制定和独断,臣下和方国侯伯必须无条件贯彻执行。"关于夏朝国家机构的时代性,认为"夏朝国家机构是'中央集权'的滥觞,夏朝国家机器形成了自己的时代特点和一些行之有效的政治制度"。关于商朝的国家形态,继承夏朝而有所发展,并形成了自己的特点和个性。夏王朝时期商人也建立了父传子家天下的早期国家,不过它属于夏朝的一个方国,商与夏朝的关系属于君臣关系。商王朝时期"进一步使王权神化,并全面加强王权。商朝迅速充实与完善了国家机器,表现在:职官系统完善;军事力量强化;刑法制度残酷"。"诸侯国与商王的关系不是平等的,而是一种上下级间的臣属关系。""商朝国家形态,上承夏制,下开西周国家制度的先河。""周早期国家的产生,是承后稷酋邦分裂而逐渐形成的,但社会基本结构是家族和宗族,地缘组织发展滞后。"西周取代了商朝在中原的统治地位,"开拓疆域,分封诸侯藩屏王室,使周王朝成为以王室宗族体系治天下的华夏国家。西周早期中央加强了对地方的控制,王室对诸侯的控制相当有效,同时诸侯国也有相当的自治权利"。夏朝的国家政权是以同姓贵族为骨干建立起来的,张晋藩先生有一段话说得很好,"参加国家管理的仍然是旧有的氏族时代的贵族家族集团,最大家族的家长便是国王"。"国家官职全部由贵族家族垄断,国家的行政体系根据大家族的宗法分封来缔造","国家的军队也以贵族家庭的族属成员为基干进行编制,整个国家的统治网也是以贵族家族为中心连接起来的。国家的都城又是宗族统治中心,是祖庙所在之地"。朱凤瀚先生认为商朝王与部分小姓家族仍有宗族关系,贵族与平民同为宗族,家族为基层组织,宗族内族长地位高,出现等级关系,宗族有属地,以族所在大邑为中心,有独立祖先祭祀系统,有独立军事武装。族长主持祭祀,统治族人,各家族有世代占有的属地,有家族手工业。总之,夏商周时期家族组织长期存在,它是国家的基本类型之一。朱凤瀚先生对商周宗族制度下的宗族主的权力归纳为:"1. 对宗族祖先的主祭权;2. 对族人政治上的治理权;3. 对宗族经济的支配权。"宗法:"其中心内容即是突出父与长子的地位。所以宗法实际上应该是指宗族成员间的等级差别之原则,其核心即在于维护宗子在本宗族内的主导地位。"

夏商周王朝的官僚机构:夏朝除国王之外,朝内有天文官,有五行、三正之官。商朝在商王之下,中央政府的官僚为三个等级,一是"相",或称为"冢宰""师尹"。如汤时的伊尹,武丁时的傅说等。二是卿士,是稍次于相的官吏。三是百官,属于分管各个部门的官吏。如有政务官、史官、卜官、武官等。周王朝机构同样有卿一类官吏,同时还有司马、司徒、司空,还有亚旅(次于卿)、师氏(大夫官,以兵守门)、千夫长、百夫长等。

侯国与方国。《史记·夏本纪》说:"禹为姒姓,其后分封,用国为姓,故有夏后氏、有扈氏、有男氏、斟郡氏、彤城氏、褒氏、费氏、杞氏、缯氏、辛氏、冥氏、斟氏、戈氏。"这些氏都是夏的同姓封国。非姒姓系统的有仍氏、有虞氏、有鬲氏、昆吾氏、豕韦氏等,都是夏朝所封的诸侯国。另外还有英(蓼国)、六安国、观国、韦国、顾国、葛国、莘国、薛国、涂山以及先商等国都是当时方国。这些诸侯和方国是夏王朝的地方统治机构,政治上存在君臣关系,经济上存在纳贡关系。商朝的方国,郑杰祥先生依据甲骨卜辞也作过统计,商代的东土和东部有 53 个方国。商代的南土和南部有 50 多个方国。商代的西土和西部有 37 个方国。商代的北土和北部有 10 个方国。总共 150 个方国。以上是仅见于甲骨卜辞的方国,其实方国数量要远远超过这个数字。西周时虽然还有一千多个方国,其中大部分都影响很小,因为西周王朝按照公侯伯子男五等进行了封国,受封的国代替王朝统治一方,虽然说到春秋时尚有一千二百方国,其实主要是齐国、鲁国、晋国、卫国、燕国、楚国、郑国、宋国等主要诸侯国左右了大局势,特别是五霸出现后,周王朝已经无力控制局面,到战国时七雄出现,东周已经衰败到等于无足轻重的小诸侯国,直到最后灭亡。

二、王都考古再现王国风貌

1. 夏王朝

夏王朝建都地很多,多数都在河南境内,从 1959 年开始在偃师二里头进行发掘,经过 40 多年的发掘和研究,最后确认二里头遗址是夏王朝的国都之一。这处遗址面积估计有 4 平方公里,现残存面积有 3 平方公里。发现了大量的珍贵文物、墓葬、房屋建筑、铸铜作坊,特别是发现了宫殿和宫城遗址,对夏都的定性起到关键性作用。

一号宫殿建筑"是一座大型的夯土台基,形状略呈正方形,方向 352 度。台基西边长 98.8 米,北边长 90 米,东边总长 96.2 米,南边长 107 米,总面积 9 585 平方米。台基大体平整,高出当时地面约 0.8 米。东、南、西三面的台基折棱处呈缓坡状,表面有土层,有的铺一层料礓石面……有的台基上保留大量的柱洞、柱基槽、木骨墙基和主体殿堂的下部夯土基座。根据这些现象可以看出,在台基中部偏北处有一座主体殿堂建筑,四周有回廊相围,南面有宽敞的大门,北面有两个侧门,布局紧凑,主次分明,原建筑颇为壮观"。"殿堂总体呈长方形,东西长 36 米,南北宽 25 米,面积约 900 平方米。""主体殿堂建筑正对着南大门,二者中间是一片开阔的庭院。"宫殿西墙外有两口水井。在一号宫殿建筑的东北约150 米处,还发现一处大型的建筑基址,即二号宫殿基址,"二号建筑基址为一长方形夯土台基,南北长 72.8 米,东西宽 57.5 米 ~ 58 米,方向 354 度。包括主体殿堂,东、南、西三面的回廊和四面的围墙,南面的门道及庭院,组成一座完整的宫殿建筑。整个台阶主体殿堂的部分夯筑得最厚,约有 3 米"。

2. 商王朝

商代早期晚期的都城遗址发现了郑州商城、偃师尸乡沟商城和安阳殷墟。郑州商城是 20 世纪 50 年代发现的,平面近似长方形,北城墙长 1 690 米,西城墙长约 1 700 米,南城墙和东城墙均长 1 870 米,周长近 7 公里,商城面积为 300 万平方米,即 3 平方公里。郑州商城不仅有高大的夯土城墙,而且城内还有丰富的遗址,有铸铜器作坊遗址、制骨器作坊遗址。郑州商城的宫殿与湖北黄陂盘龙城商代宫殿,在建筑结构和建筑形式基本上是一致的,甚至两地商城营造技术、墓葬埋葬习俗以及青铜器和玉器的种类、形制、纹饰、风格也是一样的,反映了商王朝已是南抵长江、幅员广大的国家。

偃师商城也是商代早期的国都,偃师商城是 1983 年在偃师尸乡沟发现的,整个城址略呈南北长方形,东城墙南段内收。南北长 1 700 米,东西宽度不等,最北部宽 1 215 米,中部宽 1 120 米,南部宽 740 米,总面积 190 万平方米。城周围有夯筑城墙。在四面城墙已找到 7 座城门,其中北墙正中 1 座,东墙和西墙各3 座。城内也有立体排水系统。城内南半部有 3 座小城,宫城居中,平面近方形,周长 800 多米,宫城中部有一座长、宽各数十米的大型宫殿基址,其左右两侧还有几座宫殿遗址,殿前大道两旁也有面积较小的建筑遗存。偃师尸乡沟商城北城墙的东端,近城墙内侧根部,发现有与城墙平行的路土,在路面发现有两道车辙印痕,轨距约 1.20 米。

安阳殷墟是商代后期的王都。武丁早期王都面积约 12 平方公里,在武丁晚期至祖甲时期,王都面积扩大到约 24 平方公里,到了殷代晚期的帝乙、帝辛之时,殷都范围进一步扩大,达到了全盛时期,东西长约 6 公里,南北长约 5 公里,总面积已达到约 30 平方公里。洹河南岸的小屯村东北地是宫殿和宗庙区。在殷墟先后发掘出 50 多座宫殿基址,排列比较整齐。宫殿、宗庙区北面和东西有洹河环绕,西面有一条长达 1 100 米的壕沟,沟北端与洹河相连,南端折向东 650 米处与洹河相接,这就起到了护卫宫殿宗庙的作用。在殷墟发掘出大量的青铜器、玉器和甲骨卜辞,为王都增加了丰富的内容。关于湖北的盘龙城和山西垣曲商城,当属于商代的方国都城。

3. 西周王朝

关于西周的王都。陕西长安沣西地区是周人之都丰京所在地,武王克商以前,文王已迁都于此。后来由丰京迁到镐京。自 20 世纪 50 年代开始,在张家坡遗址经过多次发掘,找到了沣西地区的考古序列,其早期居住遗址,可能是文王作邑于丰之时,有的墓葬可能是成王、康王之时。虽然发掘到重要的遗址和遗物,但是作为国都的丰京和镐京的全貌还没有被考古所揭露。西周时期的青铜器发现很多,也特别重要,例如陕西的周原和燕国琉璃河墓地、山西天马——曲村西周遗址和晋侯墓地的发掘,都有十分惊人的发现。虽然如此,但是从国都来说只能等待今后的考古发掘。关于西周营建洛邑或称为成周,文献记载很多,20世纪在洛阳发掘了不少西周贵族墓葬和车马坑,出土了不少珍贵的青铜器,发现大面积的铸铜遗址,还发现了西周时期的房基、烧陶窑、灰坑和 300 余座殷遗民墓葬。这些重要的遗迹、遗物的出土,大体上可以固定其范围,但是洛邑或成周的具体的地望还不能确定。

4. 东周王朝

东周王都的地望位于洛阳涧河以东王城公园一带,王城平面近于方形,南北长约 3 700 米,东西宽约 2 890 米,总面积约 1 000 万平方米,即 10 平方公里。城墙为夹板夯筑。城墙始建于春秋,到西汉后期,代之而起的是河南县城。城内发现了两组大面积夯土建筑基址。北组建筑四周有一道夯土围墙环绕,平面呈方形,东西长约 344 米,南北宽约 182 米。围墙内最大的两片夯土基址均作长方形,南北并列,间距约 6 米。其中一片长 80 米,南北宽约 40 米,另一片东西长 50 米,南北宽 38 米。这两片夯土基址可能是宫殿的主体建筑。王城南墙之北发现了大面积东周粮窖群。在南北长约 400 米、东西宽约 300 米的范围内,已探出粮窖 74 座。在遗址中除了发现其中各种文物外,还发现了空首布,"三川"、"东周"、"安周"总计 18 种钱文的铜币。东周王城北部可能是各种手工业作坊区。发掘了数以千计的东周墓葬和车马坑,特别是发现了"天子驾六"车马坑,引起了学术界极大的重视。东周王城在春秋时还有一定影响,到了战国时已沦为不为人重视的小诸侯国。从考古发掘看东周时期的不少诸侯国其国都的规模和出土的遗迹、遗物都超过了东周王都。例如,新郑的郑韩故城,是郑国和韩国的国都,其城垣还可以看到。东西长约 5 000 米,南北宽约 4 500 米,总面积约 2 000 多万平方米,即 20 多平方公里。考古发掘的贵族大墓,其出土文物的数量和质量与周王都相比有过之而无不及。

三、科学技术文化艺术的长足发展

1. 夏代

夏代进入王国文明时代,最突出的一点就是科学技术和文化艺术有了长足的发展。在邦国文明时代出现了铜器,但是其数量和质量还不能较大地影响社会。所以不少学者把它称为铜石并用时代。进入夏代可以说中国已进入到早期青铜器时代。青铜器铸造可以说是当时一种高科技手工业,也是对社会发展起到重大作用的一项科学技术。当时的农业耕作技术有了进步,粮食品种的驯化,如在驻马店杨庄二里头文化遗址中发现有粳稻、籼稻,有芝麻、蓼、菜豆等。在洛阳皂角树二里头文化遗址中,发现有水稻、谷子、小麦及豆等种类。各种遗址发现的农业生产工具多为石器,其次是骨器和蚌器。最值得注意的是,在二里头文化遗址三期遗存中发现了两件铜锛,一件长方形,单面刃,平顶,长 5.3 厘米,宽 1.7 厘米。另一件扁平,上略曲,一面较宽,侧边略斜,横剖面呈矮梯形,弧刃稍宽,单面刃,长 11.4 厘米,刃宽 2.9 厘米。对第一件铜锛用 X 线荧光分析,含铜 97%、铝 2.31%、锌 0.69%,属于青铜器。这两件铜锛是中原地区发现的最早的青铜器农业生产工具。玉器制作在二里头文化时期,是一项新兴的手工业,仅在二里头遗址就出土了 300 余件玉器,其中礼器有生产工具及装饰品。除此之外,还发现有陶埙、石磬、铜铃等乐器和多种麻织品、丝织品和漆器。

2. 商代

商代是中国青铜时代的发展阶段,商代早期的青铜冶铸遗址在郑州发现了两处。出土的熔铜坩埚有三种,一种是用黏土堆制而成,另一种是用泥质大口尊作胎改制而成,还有一种是用砂质红陶缸改制的。在郑州商城内外出土了大批的青铜器,除生产工具和兵器之外,出土有"圆形饕餮纹或夔纹鼎、夔纹扁足圆鼎、饕餮纹或乳钉纹大方鼎、夔纹或人字形纹鬲、饕餮纹或乳钉纹斝、弦纹或饕餮纹爵、弦纹或饕餮纹斝、龟形纹或羊首纹罍、牛首纹尊、素面或夔纹盘、饕餮纹或连珠纹瓿、饕餮纹提梁卣、涡纹中柱盂等。这些为研究我国商代青铜器铸造工艺和独特的装饰技术提供了重要的实物资料"。

安阳殷墟是商代后期的都城,在那里发现了制陶作坊、铸铜器作坊、制骨器作坊和制玉器作坊。安阳青铜器铸造工艺水平远远超过郑州商城发现的青铜器。在殷墟发现的青铜器中,体形最大的是"司母戊"大方鼎,体重800多公斤。不少铜器都有铭文,最少的一个字,一般的 3 ~ 5 字,也有的 12 个字,或 21 个字,最长的铭文有 30 个字。殷墟出土的玉器有人统计,截至 1986 年发掘品大约有 2 000 多件。

3. 周代

到了周代,在商代文明的基础上又有很大的发展,从考古发现来看,青铜器的铸造质量更高、数量更大,不仅周王国大批量铸造,即使各诸侯国、方国都能大批量地铸造,有的诸侯国出土的铜器与商王国相比甚至有过之而无不及。玉器、木漆器、车马器、纺织品、编织品以及农业、手工业等各个方面,在周代都大有发展。

进入周王国时期,出现一种新的金属——铁,由于它的特性优越,逐步发展最后代替了青铜的统治地位。在西周时期虢国墓中出土的铁剑可以说为目前发现的最早的人工铁制品。

关于夏商周王国文明的科学与技术,《中国科学技术史稿》作了系统的归纳:青铜冶铸技术发展到高峰,成为社会生产力发展到一个新阶段的标志。随着犁耕的出现、金属工具的出现和耕作制度、制作技术不断完善,农业生产有了较大的发展。手工业方面,房屋建筑、瓦的出现,纺织、染色技术成熟,原始瓷器批量生产,酿酒业的普遍化等,使人们社会生活丰富多彩。天文学方面,《夏小正》

反映了夏代一些天文历法知识,已有天干记日法,商代出现天干、地支相配记日记时,出现大月小月、大年小年。周代已经学会用圭表测影的方法,能准确计算出回归年的长度。二十八宿是春秋时期确定下来的。关于数字,商代已有准确的数学记载,引李约瑟教授的话论,“总的来说,商代的数字系统是比古巴比伦和古埃及同一时代的字体更为先进、更为科学”。夏禹治水时“左准绳,右规矩”,说明规矩、准绳作为测量工具由来已久。算筹记数的简单的四则运算,很可能在西周或更早一些时候已经产生。《夏小正》记载了许多物候知识。商代巫、医已开始分化,已能治疗不少疾病,认识到一些能治病的药,并制造了一些医疗工具。周代已普遍流行阴阳、五行和八卦学说。春秋战国时期,出现生铁、钢与铸铁柔化术,冶铁业兴起,铁器的使用逐渐普及。出现大型水利工程,有灌溉工程、运河工程和堤防工程,如孙权敖的芍陂、西门豹的漳水十二渠,李冰的都江堰和郑国渠四大工程。车辆的制造、各种乐器的制造、城市、宫室的规划设计都比较规范。特别是《墨经》中的光学知识、力学知识和时空观、几何学知识都是前无古人的。另外,在天文学和数学方面,对行星和恒星观测的数量化、古四分历法、筹算、十进位制,以及地学著作《山海经》、《禹贡》、《管子·地员》等,都是科学方面的新成就。

四、简短结语

王国文明:第一,国家体制是父传子家天下,由家族、宗族形成最高统治集团,由诸侯(封国)、方国(或邦国)分区统治全国。第二,青铜器铸造达到顶峰,青铜文明享誉世界,它是中国的青铜器时代。第三,甲骨文、金文、竹简文形成中国文字的独特风格,为后来几千来的汉字打下了基础。第四,王国文明后期出现了划时代的冶铁技术。第五,科学技术、文化艺术长足发展,出现了一大批杰出的文化名人,在春秋战国时期创造了一个百家争鸣的黄金时代。

参考资料:

1. 夏商周断代专家组:《夏商周断代工程》第 86～88 页,世界图书出版社,2000 年版。

2. 李学勤主编:《中国古代文明与国家形成研究》,云南人民出版社,1997 年版。转引

《要览》第 42~43 页。

3. 张晋藩:《中国法律史论》第 29 页,法律出版社,1982 年版。

4. 朱凤瀚:《商周家族形态研究》第 622~628 页,天津古籍出版社,1990 年版。

5. 陈梦家:《殷墟卜辞综述》,中华书局,1956 年版。

6. 李民主编:《殷商社会生活史》第 75 页,河南人民出版社,1993 年版。

7. 郑杰祥:《商代地理概论》第 157~324 页,中州古籍出版社,1994 年版。

8. 以上谈及商城资料全引用杨育彬,袁广润主编:《20 世纪河南考古发现与研究》第 317~325 页,中州古籍出版社,1997 年版。

9. 同上注第 310~312 页。

10. 杜金鹏,王学荣:《偃师商城近年工作要览》第 4~5 页,载《偃师商城遗址研究》,科学出版社,2004 年版。

11. 同注 9 第 357~362 页。

12. 北京大学考古系等:《驻马店杨庄——中全新世淮河上游的文化遗存与环境信息》第 207 页,科学出版社,1998 年版。

13. 蒋迎春:《有关专家座谈洛阳皂角树遗址发掘成果》,《中国文物报》1993 年 11 月 21 日第 3 版。

14. 中国社会科学院考古研究所:《偃师二里头 1959~1978 年考古发掘报告》第 169 页,中国大百科全书出版社,1999 年版。

15. 任双玲:《揭开二里头的神秘面纱》,《大河报》2005 年 10 月 24 日 A05 版。

16. 杜石然等编著:《中国科学技术史稿》(上册),科学出版社 1985 年版。

（作者为河南博物院研究员）

三代文明在河洛

梁瑞霞

　　我们说的河洛,既是一个地域概念,又是一个文化概念。就地域范围而言,河洛指的是以洛阳为中心,西至潼关、华阴,东至开封,南至汝颍,北跨黄河而至晋南、济源一带的地区;从文化范围而言,河洛文化圈应该涵盖目前河南全境,东与齐鲁文化圈相衔接,南与楚湘文化圈相衔接,西与秦晋文化圈相衔接,北与燕赵文化圈相衔接。究其实质,河洛文化即中原文化。河洛文化博大精深,其源于远古时代的仰韶文化、中原龙山文化,自身经历了长期的发展演变,同时充分吸收周围地域文化之精华,熔诸先进因素于一炉,最终诞生了以夏商周青铜文化为代表的三代文明。三代文明社会的一个重要标志是中心城邑的出现,这时的城邑已从龙山文化晚期的中心聚落,发展成规模宏大的以宫室、宗庙等建筑为主体的中心都邑,并成为各王朝的政治宗教文化中心。司马迁在《史记·封禅书》中说"昔三代之居,皆在河洛之间",而自古以来众多的文献更是记载了三代王朝多次在河洛地区建立中心都邑的史实,近代的考古学发现则以"地下之材料"有力地证明了这些史实。

一、夏文化与二里头遗址

　　夏代是我国历史上第一个奴隶制王朝。

　　据《史记》记载,禹因治水有功,被舜封为夏伯。《帝王世纪》云:"禹受封为夏伯,在《禹贡》豫州外方南,今河南阳翟是也。"古本《竹书纪年》云:"禹都阳城。"《水经注》云:"洛水又东,要水入焉,水南出三要山,东北径拒阳城西,而北流入洛。"可见,阳城就在洛水流域。史传,夏启夺得帝位,建立"夏传子,家天下"的夏王朝,曾在河南禹州的钧台大会诸侯。帝太康时,曾有一次迁都。古本《竹书纪年》云:"太康居斟寻,羿亦居之,桀又居之。"《史记正义》引《括地志》云:"故斟寻在洛州巩县西南五十八里,盖桀所居也。"至帝相时又迁。《帝王世纪》云:"自太康以来,夏政凌迟,为羿所逼,乃徙商丘,依同性诸侯斟灌氏。"古本《竹书纪年》云:"帝相即位,处商丘。"少康时又迁回阳城。《帝王世纪》云:"少康中兴,复还旧都。"《春秋左传》云:"少康复禹之迹,不失旧物。"以上所载皆是。综观夏代王朝,其都邑大都在河洛一带,河洛地区当时就是夏代文明的中心所在。

于1959年发现的二里头遗址更好地证明了这一点。二里头遗址位于河南洛阳盆地东部的偃师市,研究证明,二里头文化是同夏王朝历史关系最为密切的考古学文化,有的学者甚至直接把它称为夏文化。

二里头遗址反映了夏王朝诸多的文化制度,包括青铜制度、宗庙制度、礼乐制度和占卜制度等。二里头遗址发现了大量的青铜器。有工具包括锛、凿、锥、钻等,有武器包括戈、钺、镞等,有容器包括爵、鼎等,有乐器铜铃,还有盾形牌饰等饰品,如此种类繁多的青铜器的出土,说明当时的青铜制造业已具规模,夏代已进入了青铜时代。《越绝书》载"禹穴时以铜为兵",《帝王世纪》载"禹铸鼎于荆山",于此可证。二里头遗址发现了规模宏大的宫殿建筑基址和供奉祖先的宗庙、墓葬。夏时人类的宗教信仰已经脱离单纯的自然崇拜而发展到对自然和祖先崇拜相结合的阶段,具有严格的宗法等级制度,政治权力中心和宗教祭祀权力中心合二为一,中央王权已经确立。《左传》载"夏启有钧台之享"。与此相适应,王朝的国家政权机构包括职官、军队等也开始出现。《明堂位》载"夏后氏百官",《尚书·甘誓》载"乃召六卿"。当时有职管神权祭祀权力的牧正、庖正,《左传》云"少康为仍牧正,又为虞庖正"。有世掌图法的太史,《淮南子》云:"夏之将亡,太史令终古先奔于商。"《吕氏春秋》云:"夏太史令终古,出其图法,执而泣之。"二里头遗址出土的青铜器中就有许多乐器和礼器,还有一些玉器,包括戈、钺、牙璋等礼器和仪仗用品,说明当时礼乐典章制度已初步形成,这也是为王权服务的。据史载,孔子能言夏礼,墨子多用夏政。《淮南子》云:"墨子背周道而用夏政。"《史记》云:"孔子正夏时,学者多传夏小正云。"《礼记》称孔子曰:

"我欲观夏道,是故之杞,而不足征也,吾得夏时焉。"夏代的教育有序有校。《明堂位》云:"序,夏后氏之序也。"《孟子》云"夏曰校"。《夏小正》云:"二月丁亥,万用入学。"《传》云:"入学者,大学也。丁亥者,吉日也。万用者,干戚舞也。"是说夏时入学以仲春吉日,礼则舞干戚。二里头遗址中常见卜骨,当时已有占卜习俗。人们一般是用猪和羊的肩胛骨加以烧灼,依据裂纹式样预卜吉凶。商代博大精深的甲骨文化与夏朝人这种习俗是一脉相承的。

此外,二里头遗址中还发现了大量中小型房屋、窖穴,水井以及铸铜、制陶、制骨等手工作坊,反映出夏代已出现手工业的史实。手工业的出现,意味着华夏民族作为传统的农业民族,至夏时农业生产已达到一定水平。农业生产力的发展,使得田制有公私之分,《夏小正》云:"正月初服公田。"《传》云:"古者公田焉者,言先服公田而后服其田也。"与此相关,夏时就开始有了田赋制度,如《史记》所云"自虞夏时,贡赋备矣",亦如《孟子》所云"夏后氏五十而贡"。

二、殷商文化与二里岗遗址、殷墟遗址

三代文明的一个重要标志是文字的出现。从商朝开始,中国进入了有文字记载的历史。商王朝政治中心多次迁徙,历代商王都想寻求一处物产丰饶、政治力量均衡、能有效施政的理想城址。据史载,自契至汤八迁,汤之后又有五次大的迁邑。《史记》载:"殷契,佐禹治水有功,封于商。"《史记正义》引《括地志》云:"商州东八十里商洛县,本商邑,古之商国,帝喾之子卨所封也。"至迟在帝阏伯时有过一次迁都,《春秋氏左传》云:"阏伯居商丘,相土因之。"商汤灭夏,建立商王朝,迁于亳。《史记》云:"汤始居亳,从先王居。"《史记集解》引孔安国曰:"契父喾都亳,汤自商丘迁焉,故曰'从先王居'。"《史记正义》引《括地志》云:"亳邑故城在洛州偃师县四十四里,本帝喾之墟,商汤之都也。"古本《竹书纪年》载,自汤后,丁绚、小庚辨,小甲高,雍已皆居亳。仲丁即位,又从亳迁于嚣,《史记》云:"中宗崩,子帝仲丁立,帝仲丁迁于隞。"《史记索隐》云:"隞亦做'嚣',并音'敖'字。"《帝王世纪》云:"仲丁迁嚣,或曰:今河南敖仓是也。"《史记正义》引《括地志》云:"荥阳故城在郑州荥泽县西南十七里,殷时敖仓地也。"河亶甲时又一次迁都。古本《竹书纪年》云:"河亶甲即位,自嚣迁于相。"《史记》云:"河亶甲居相。"《史记正义》引《括地志》云:"在河南彭德府西北五里有相城。"至盘庚

时,迁殷。《帝王世纪》云:"及盘庚立,复南居亳之殷地。"古本《竹书纪年》云:"自盘庚迁殷,至纣之灭,二百七十三年,更不徙都。"

商部族虽屡次迁移,但他们总有一个永恒不变的"圣都","圣都"作为先祖宗庙的永恒基地,保持着祭仪上的崇高地位。而以伊洛盆地为中心的中原大地因其地理和政治上的优势成为商王室直接控制的王畿地区,也就是商王朝的"圣都",是其政治、宗教和文化中心,代表着商代最高文明的青铜文化和甲骨文化就是在这一地区被发现的。1950年开始发掘的郑州商城遗址,在现今郑州市金水路、熊耳河以北,二七路以东,城东路以西的广大地区,是一座以商王宫城为主体,包括若干王室贵族居邑和平民居址、农业聚落点、墓葬区以及各种手工业作坊在内的大都城,其中有许多建筑被当做宗教祭祀用的宗庙。由于这一处遗址是在郑州东南郊的二里岗首先发现的,而且二里岗又是其代表性遗址,因而称它所代表的文化为二里岗期文化。研究证明,二里岗的上下两层文化堆积都早于殷墟遗址,从而确定二里岗期属于商前期,其文化是商前期文明。1983年发现的偃师商城遗址在偃师尸乡沟,距离二里头遗址有六公里。1996年在这里发掘宫殿建筑基址群,宫殿建筑规模宏大,结构复杂,是迄今所见商代建筑规模最大的宫殿单体建筑,发掘确认数座宫殿建筑曾经多次改建、扩建,从而推测这一遗址应是商灭夏后所营建的最早的都邑,因此代表了夏商王朝交替时的文化。近年发现的郑州双桥遗址位于郑州市西北二十里的索须河畔,与郑州二里岗上层文化相接,时间上介于郑州商城和安阳殷墟建成之间,研究认为应是商王中丁的王都范围。殷墟是商代后期的都城遗址,古本《竹书纪年》云:"自盘庚迁殷,至纣之灭,二百七十三年,更不徙都。"殷墟遗址在河南安阳市的小屯村,由商王的宫殿、宗庙区、王陵区、各级贵族部落、族葬墓地以及附属于商王和贵族的手工业作坊组成,还有一些平民居住区。安阳殷墟规模宏大,内涵丰富,充分反映了殷商文明的灿烂繁盛。

在郑州商城遗址、偃师商城遗址和殷墟遗址都出土了大量的青铜器,这些青铜器较之二里头遗址出土的种类更加丰富也更为精致美观。殷商时期,青铜铸造工艺高度发展,青铜器生产逐渐大型化和复杂化,其造型定型化并形成多种造型系列。商代艺术家所创造的鼎、尊、爵等礼器其高度完美的造型在中国美术史上具有永久性的典范意义,代表着中国青铜艺术最高成就的司母戊大方鼎和四羊方尊的出现,标志着中国青铜文化开始进入全盛阶段。

甲骨文是我国汉字发展史上的一种重要的文字,也是晚商时期实际使用的一种文字。"惟殷先人,有册有典",商代以来,我国历史有了文字的记载。从文字构造来看,后人所谓的"六书"即象形、指事、会意、假借、形声和转注这六种构字原则,在甲骨文中都已出现。可以说,甲骨文字已经是一种有严密规律的文字系统,反映了商文化的高度发展。

殷墟出土的甲骨文主要是用于占卜和记事的,甲骨卜辞是出自殷人的第一手史料,真实地记录了殷商社会各个领域的历史状况。商代用甲骨占卜的活动已经规范化和普遍化,许多人在做出重大决定之前往往要进行占卜,并根据卜兆的纹饰来判断事务的成败吉凶,并依此来指导自己的行动。从一些卜辞内容来看,殷商时代的宗教巫术活动主要是围绕两个方面进行的,一方面是对"天帝"、"帝"等自然神的信仰和崇拜,另一方面是对祖先神的崇拜和祭祀。这从一些古代文献的记载中可以证明,如《淮南子》云:"汤之初做囿也,以奉宗庙鲜牺之具。"史载,殷王祖甲创立了周祭之法,频繁地对"先公"、"先王"、"先妣"等进行祭祀,而且每次都有繁缛周密的典礼仪式。殷商王朝的政权机构在夏代的基础上进一步完善,建立了一套比较系统的官僚体制。根据甲骨卜辞和金文资料可以证实,殷王朝的统治机构有外服的侯甸制度和内服的百官制度,即中央和地方两级官制。《尚书》云:"越在外服,侯、甸、男、卫、邦伯;越在内服,百僚、庶尹、惟亚、惟服、宗工。"卜辞中有"右旅"、"左旅"的记载,大概是商代军队的一种组织形式,看来作为国家政权重要支柱的军队在那时已经形成。商代历法在夏代基础上进一步发展,他们的历法是"以闰(月)定四为成岁"的阴阳合历,殷人的历法是世界上迄今为止最早的完整的历法。

三、西周文化和成周

西周文明以礼乐文化最为昭明,集前古之大成,开后代之政教。自夏代开始,中国境内出现城邦,到西周时,城邦制度有了进一步发展。周王朝建立后,面对幅员辽阔的国土,就通过设置中心都邑和别都来实现对王畿地区的直接统治。丰京、镐京本来就是周部族的封地所在,自然成为西周王朝的都城。然而,由于历来夏商王朝的政治、经济、文化中心在中原地区,周王室为了对这一地区进行有效的统治,就在"天下之中"的洛邑营建了一个新的都城——成周。成王定都成周,在那里"设明堂,朝诸侯",并设置了一套庞大的中央官僚机构,于是,在成、康之际,周王朝的统治中心明显东移,"成周"和镐京"宗周"同时作为都城存在,成周也成了西周的政治、经济、宗教和文化中心。

周公在成王时营建东都洛邑一事,古文献中多有记载。据《逸周书》所载,武王在世时就曾规拟营建伊洛。《逸周书·召告》引武王曰:"自洛汭延于伊汭,居易毋固,其有夏之居。我南望过于三涂,我北望过于有岳,鄙顾瞻过于河,宛瞻于伊洛,毋远天室。"对于此事,《史记·周本纪》中也有相似记载。《帝王世纪》亦云:"及武王伐纣,营洛邑而定鼎焉。"武王崩,成王即位,周公摄政当国,平定武庚叛乱后,成王使周公复营洛邑。《逸周书序》云:"周公既诛三监,乃述武王之志,建都伊洛。"《史记》云:"成王在丰,使召公复营洛邑,如武王之意,周公复卜申视,卒营筑,居九鼎焉,曰'此天下之中,四方入贡道里均'。"《帝王世纪》云:"周公相成王,以丰、镐偏处西方,贡不均,乃使召公卜居洛水之阳,以即中土。故《援神契》曰'八方之广,周洛为中'。于是,遂筑新邑,营定九鼎,以为王之东都于洛邑。"《逸周书·度邑篇》云:"周公将致政,乃作大邑于中土,城方七百二十丈,郛方七十丈,南系于洛水,北因于郏山,以为天下之大凑。"故《尚书·洛诰》云:"我卜瀍水东,亦惟洛食。"《逸周书·度邑篇》详细地记载了周公营建洛邑的过程。封畿划土,"将建诸侯,凿取其方一面之土,燾以黄土,苴以白茅,以为土封,故曰受列于周室";设宗祠,"乃设丘兆于南郊,以祀上帝,配以后稷,日月星辰,先王皆与食";建宫庙,"乃为王宫、大庙、宗宫、路寝、明堂"。周公既营成周,成王就居洛邑。《史记》称周公被封为鲁公,但周公不就封,一直辅佐成王。于是,周公就在洛邑制礼作乐,以安上治民,移风易俗,《尚书大传》云:"周公摄政,一年救乱,二年克殷,三年践奄,四年建侯卫,五年营成周,六年制礼作乐,七年致政成王,北面就群臣之位。"直至去世,周公仍念念不忘成周,曰:"必葬我成周,以明吾不敢离成王。"

周公自从在成王七年营建洛邑后,直到成王三十五年周公去世,这二十八年周公一直居于洛邑,在那里创造了中国历史上完善的礼乐系统。周礼将夏、商两代人的宗教政治制度及周民族自己的宗族、政体、信仰传统融为一体,将炎黄民族历史上以天帝天命为主导、以宗族宗法为基础的文化发展到了顶峰,形成了青铜时代中华文明的古典形式。

周礼的思想核心仍是天命观，但他们强调"以德配天"，其天命观的本质是"德"。周代礼制思想认为，文王因"明德慎罚"才得到上帝和小民的认可，被赐予王权。因而在周礼体系中就形成了一套敬拜天地和宗族的宗庙祭祀体制。宗庙祭祀成为国家政治生活的一部分，产生了专供祭祀使用的建筑群，"天子七庙，诸侯五庙，大夫三庙，士一庙。太祖庙在北，昭穆次而南，庙后有寝，寝有东西房，东西夹，东西堂，东西序，亦列于五宫"。祭祀时有规范的仪式，遵循森严的"冕服之礼"，"祀昊天、上帝，则服大裘而冕，祀五帝亦如之。享先王则衮冕，享先公、飨、射则鷩冕，祀四望、山、川，则毳冕。祭社、稷、五祀则希冕，祀群小祀则玄冕"。祭祀时并配以专门的乐舞，"奏黄钟歌大吕舞《云门》以祀天神，奏大蔟歌应钟舞《咸池》以祭地示，奏姑洗歌南吕舞《大磬》以祀四望，奏蕤宾歌函钟舞《大夏》以祭山川，奏夷则歌小吕舞《大濩》以享先妣，奏无射歌夹钟舞《大武》以享先祖"。周人的宗庙祭祀体制是一种集宗教、宗法、政治、社会意识形态于一体的制度。

在天命论和"德"的伦理观念基础之上，形成了周朝的政治制度，集中表现为宗法制和分封制。宗法制是以血亲关系为纽带的一种等级制，规定同一祖先的后世子孙即一宗内部成员间的亲疏等级和世袭权力，其核心是嫡长子继承制。与此相应，王室对其子弟、功臣进行分封，"凡建邦国以土圭其地而制其域"，为他们授予相应的土地和子民，"诸公之地，封疆五百里……诸侯之地，封疆方四百里"，并依次类推。被分封的诸侯与王朝的关系有"六事"：一曰命官，"其官制定于大宰"，"施典于邦国"。二曰贡物，"令春入贡"，"以九贡之法致邦国之财用"。三曰盟约，"凡邦之大盟约其盟书而登之于天府"。四曰朝聘，"有君臣二者之礼，朝、觐、宗、遇、会、同，君之礼也；存、省、聘、问，臣之礼也"。五曰刑罚，"凡诸侯之狱讼以邦典定之"。六曰哀恤，"国有福事既有庆贺之礼，其他不幸之事则行人往而哀恤之"。周王朝就是通过这严密的制度确立了王室和封国即中央和地方的权利与义务。

周人推行以礼治国，其礼制繁缛详密，渗透于社会生活的各个方面，所谓"礼经三百，威仪三千"。《礼经通论》引孔子之言对周人日常之礼介绍，可见一斑，曰："货力辞让饮食六者，礼之纬也。冠昏丧祭乡朝聘，礼之经也。冠以明成人,昏以合男女,丧以仁父子,祭以严鬼神,乡饮以合乡里,燕射以成宾主,聘食以睦邦交,朝觐以辩上下。"当时设有专门掌管礼制的官职,据《周礼》载有两种官员,一是司徒,一是宗伯。司徒所掌礼有四:一曰祀礼,"以祀礼教敬则民不苟";二曰阳礼,"以阳礼教让则民不争";三曰阴礼,"以阴礼教亲则民不怨";四曰乐礼,"以乐礼教和则民不乖"。宗伯所掌礼有五:一曰吉礼,"以吉礼祀邦国之鬼神示";二曰凶礼,"以凶礼哀邦国之忧";三曰宾礼,"以宾礼亲邦国";四曰军礼,"以军礼同邦国";五曰嘉礼,"以嘉礼亲万民"。周代礼制完备于斯,而在这些典礼仪式等活动中,总需要配以一定的音乐和舞蹈,于是雅乐就产生了,并发展为官方音乐,还设置了专门机构大司乐来掌握音乐行政和贵族子弟的音乐教育,建立起完整的宫廷礼乐体系。《周礼》中的《大司乐》篇被后代汉人当做乐人的专书。据载,西周始备六律六同,"大师掌六律六同,以合阴阳之声。阳声黄钟、大蔟、姑洗、蕤宾、夷则、无射;阴声大吕、应钟、南吕、函钟、小吕、夹钟"。西周始备五声八音,"大师皆文之以五声,宫、商、角、徵、羽;皆播之以八音,金、石、土、革、丝、木、匏、竹"。与音乐相配的舞蹈,在《周礼》中也有详细记载,"以乐舞教国子舞,《云门》、《大咸》、《大磬》、《大夏》、《大濩》、《大武》"。

周代这套系统的礼乐体制,使宗法观念和礼治思想在我们的民族意识中固定下来,成为中国传统文化重要的一部分,为历代封建王朝所沿袭,故《帝王世纪》云:"汉武帝元鼎四年,东巡河洛,思周德,乃封姬嘉三千户,地方三十里,为周子南君,以奉周祀。"

中国有五千年漫长的文明史,夏商周三代是古代文明的重要阶段。夏是中国历史上第一个统一的王朝,商代是第一个有文字和丰富考古遗迹的王朝,西周是第一个建立华夏统一文化的王朝。而三代文明的发源地和发展中心均在河洛地区。在以河洛为中心的中原大地上,我们看到了三代文明的典型遗存。虽经数千年历史尘土的湮没,但三代文明的辉煌仍可在考古遗迹和文献史料中隐隐呈现:河南偃师的二里头遗址是崛起于中原的夏文化的标志;郑州商城、殷墟等遗址则展现出非常完整的商文化序列;至于西周的东都洛邑,则因周公的营建并在此制礼作乐而成为在历代王朝史书中最显著的一页。

参考资料:

1. 朱绍侯:《河洛文化与河洛人、客家人》,文史知识,1994 年版。

2. 张光直、徐苹芳:《中国文明的形成》,新世界出版社,2004 年版。

3. 杨作龙、韩石萍:《洛阳考古集成·夏商周卷》,北京图书馆出版社,2005 年版。

4. 柳诒徵:《中国文化史》,南京钟山书局,1935 年版。

5. 张光直:《夏商周三代都制与三代文化异同》,三联书店出版社,1990 年版。

6. 白寿彝:《中国通史》(第三卷),上海人民出版社,1989 年版。

7. 李默:《话说中国文明》(第一卷),广东旅游出版社,2006 年版。

8. 司马迁:《史记》,中华书局,1982 年版。

9. 周公年表:《北京图书馆珍藏本年谱丛刊》(第一册),北京图书馆出版社,1998 年版。

10.《十三经注疏》,中华书局,1980 年版。

（作者单位为山东大学文史哲研究院）

河洛地区史前聚落研究

李　龙

　　河洛地区是指以洛阳为中心,东至郑州、中牟一线,西抵潼关、华阴,南以汝河、颍河上游的伏牛山脉为界,北跨黄河以汾水以南的济源、焦作、沁阳一线为界。虽然说这一看法目前仍然有争议,但学术界的大多数人认为"河洛"的空间范围应以洛阳地区为中心。而且,河洛地区的地理概念从司马迁以后就基本形成定论,凡是古籍中出现"河洛"一词,在一般的情况下都是指河洛地区。河洛地区地处中原腹地,自古即有"天下之中"的美誉。从旧石器时代开始,即有远古人类生息繁衍在河洛大地上。新石器时代遗址更是星罗棋布,到了二里头文化时期终于率先进入我国的文明时代。鉴于河洛地区在探讨中国文明起源中的重要地位,不少学者从文明要素起源的角度,探讨河洛文明的诞生。然而,正如李伯谦先生指出的那样,文明要素的起源与文明社会的形成是两个不同的概念,因此,判断一个社会是否进入文明时代,不仅要考察诸文明要素的起源与发展状况,还要综合研究社会发展的各个方面,而聚落形态的演变便是其中重要内容之一。

一、裴李岗文化时期河洛农业定居聚落的形成

　　考古工作表明,旧石器时代,虽有旧石器洞穴遗址和旷野遗址分布在河洛山地和河谷黄土台地上,但农业聚落尚未产生。新石器时代早期的聚落仍为空白,新石器时代中期的聚落,主要分布在嵩山周围的山前地带,聚落面积多为2万~5万平方米,其中面积2万平方米以下的聚落23个,3万~5万平方米的聚落17

个,至多可分大小两级。

裴李岗文化时期的聚落形态从已经大规模地发掘的新郑裴李岗、新密莪沟北岗、郏县水泉等遗址,可知其大概。裴李岗遗址位于新郑市西北约7.5公里的裴李岗村西边双洎河北岸的岗地上,高出河床约25米。遗址面积约2万平方米。据发掘及钻探资料得知该遗址分墓葬区和居住区两部分。在居住区发现了陶窑和墙壁等遗存。墓葬区发掘的114座墓葬,分上下两层,其中下层墓分为两群,分布于墓葬区的东部和中部;上层墓也分为两群,不过位置较之下层向西错动,分别位于墓葬区的中部和西部。无论下层还是上层墓葬,同一墓群当中有不少墓葬大体按照东西成行的顺序安排墓葬,只是同排布局愈显零乱,这表明墓地主要由墓群、墓地两个层次构成,分别代表一级社会组织,而墓组的划分则不太明显,似不能单独代表一级社会组织。莪沟北岗遗址位于河南省新密市超化乡莪沟村北洧水和绥水二水交汇地带的岗顶上,高出现在河床约70米。遗址总面积约8 000平方米,已发掘2 447平方米,大体摸清了遗址内部的布局概况。遗址平面布局大体分东部生活区和西部墓葬区两大部分,生活区为一大片空地,或许应是原来的聚落广场。广场西侧有数座房基。墓葬区内部至少可以划分出3个墓葬群,三群墓葬均按东西成行、南北成排的顺序安排墓葬位置。此外,在生活区与墓葬区之间分布着9座零星墓葬。从发掘报告墓葬登记表介绍的随葬器物来看,前述三群墓葬并无时间先后的区别,应为大体同步分别埋葬所致。郏县水泉遗址位于郏县东北约16公里安良乡水泉村东南兰河南岸高台地上,高出河床约40米。遗址西部为居住区,已被后期遗址严重破坏;东部为墓葬区,共发现墓葬120座,自东向西大体分为三群,每群当中再分为若干排。初步研究表明,同群墓葬当中排与排之间为早晚关系,可见水泉聚落的墓葬也由墓地与墓群两级构成。

房屋资料匮乏,从已发掘出的资料来看,除贾湖遗址有少数依次修建的多间房屋外,多为单间建筑。形制以圆形半地穴小屋较多,建筑材料和建筑技术基本相同,室内面积只有几平方米,或为两三口人居住之用。裴李岗文化时期的灰坑以圆形锅底状为主,容积较小,一般在1～2立方米左右。裴李岗文化时期的陶窑,为横穴式,分布于遗址居住区外围,应为聚落所共有。

据上述材料,可知裴李岗文化时期的聚落已有居住区和墓葬区的划分,陶窑、窖穴、广场等与定居有关的经济设施已经出现,聚落形态已经跨越了定居聚落的开创期,进入到农业定居的形成期。聚落内部主要由氏族和家族两级社会组织构成。各聚落之间和聚落内部为平等关系。

二、仰韶时期河洛农耕聚落的发展

河洛地区继裴李岗文化之后,进入仰韶文化早期,其年代范围约与关中地区仰韶文化半坡类型和庙底沟类型大体相当,即距今约5 000~4 000年。

河洛地区相当于半坡类型的遗址发现得不多,庙底沟类型的遗址异常丰富。这些聚落遗址已走出山地,向黄土丘陵区的河谷地带乃至山前平原迁移,遗址面积一般在数万至十余万平方米之间,个别遗址更达到数十万平方米,如伊川土门遗址,面积在30万平方米以上,依面积大小可将这些聚落分为大中小三级。这标志着河洛地区的聚落进入一个大发展阶段。聚落布局,似乎更注意防御,如伊川土门遗址建在河东岸的三级阶地上,西临河,南北各有一条壕沟,只有东边一条出路。新安县荒坡遗址周围出现了像西安半坡临潼姜寨那样的环壕聚落。

遗址内部常有深厚的文化层,表明人们定居时间加长,日常活动频繁。聚落内涵丰富,一般都有房基、窖穴、墓葬等。房基均为单间建筑,形状有圆形和方形两种,建筑方法有半地穴式和平地起建式。建筑面积有大有小,较大的房屋可能居住的是一个大家或者是一家族。小的则为对偶家庭和供青年男女社交的场所。仰韶早期的窖穴以圆形袋状坑和锅底状坑较多,容积比裴李岗时期增大。仰韶早期的墓地发现的不多,但在汝州洪山庙遗址却发现了编号为M1的大型瓮棺葬合葬墓,现存136个瓮棺。据调查,该遗址至少有三座这样的大型合葬墓,这样一个包含一百多个瓮棺葬的大型合葬墓所代表的社会集团至少是一家族或一氏族,而整个墓地所埋葬的成员甚至不局限一个聚落也未可知。如此众多的人们共同埋入合葬墓中充分说明仰韶早期河洛地区聚落内部成员仍为平等关系。聚落面积虽有大小之别,但无论是房屋建筑技术、彩陶质量及丰富程度等方面均看不出大聚落与小聚落有明显的区别。这些聚落之间仍具平等色彩。总之,仰韶早期的聚落加速发展,但未曾严重分化,可归为河洛地区史前聚落的发展期。

仰韶文化秦王寨类型和庙底沟二期文化,严文明先生分别称之为仰韶文化秦王寨类型和谷水河类型,是河洛地区仰韶晚期文化的典型代表,绝对年代约为公元前3000～前2500年间。

河洛地区该时期聚落形态较之于仰韶前期发生了巨大变化,其变化表现在以下几个方面:第一,聚落分布进一步向河谷平原和河流二级阶地后缘推进,聚落分布密度进一步加大,聚落位置所在的海拔高度较之仰韶早期有所降低。第二,聚落规模的大小差别十分悬殊,至少可分3～5级,最大者可达70余万平方米,次为30万～40万平方米,再次之为二十几万平方米,普通聚落遗址只有数千到上万平方米,稍大的聚落也仅十几万平方米。第三,聚落布局尤其是墓地平面布局发生了明显变化。截至目前,河洛地区大面积揭露的聚落遗址有孟津妯娌遗址,卢氏祁村湾遗址和郑州大河村遗址等。妯娌遗址位于孟津县西北约30多公里的煤窑乡妯娌村北黄河岸的高台地上,面积约3万平方米,发掘面积达3 450平方米,墓葬56座,基本上搞清了聚落的布局状况。居住区位于遗址的北半部,发掘出房基15座,约略分为3组,每组房基附近均分布有零星窖穴和灰坑。居住区西南有一条壕沟,壕沟之西分布50多个灰坑,是为仓窖区。在仓窖区南部是一处加工石器的工场。仓窖区之南是墓葬区,内有墓葬56座,在墓地中不存在明显的墓群或墓区的界线。如果说房屋分属聚落内部的不同单元,那么,仓窖区和墓葬区则为整个聚落共有。这表明整个聚落有可能是基于血缘关系组建的聚落,但即使这样的聚落内部,也出现了某种程度的分化,这从墓葬材料中看得较为清楚。该聚落墓地墓葬依据面积大小和葬具状况,大体可分为三类:第一类为大型墓,仅一座,墓坑长5.15米、宽4.05米,底部有生土二层台,内置有单椁,随葬有象牙箍;第二类为中型墓,墓坑一般长2～3米、宽1.5～2米,置有单棺;第三类为小型墓,无葬具,一般长2米、宽1米余。这说明即使是拥有亲密关系的氏族聚落内部,人人平等的格局也已经被打破。第四,原始城堡的出现。郑州西山仰韶文化晚期古城址的发现,标志着河洛地区史前聚落进入了一个新阶段。从此以后,河洛地区的聚落日益朝着分裂为城与乡两种基本形态的方向发展,城乡互补和城乡对立的新型聚落关系由此产生。

仰韶晚期灰坑以大型规整的袋状坑为多,体积较之仰韶早期亦大为增加。另外在许多灰坑中还发现有"乱葬坑"现象。仰韶晚期宗教遗迹现象比以前更加普遍,在渑池班村遗址发现了人殉坑,在巩义市境内的伏羲台遗址发现了叠置的袋状兽骨坑和象征天圆地方的祭坛,在郑州西山遗址 20 多座灰坑内发现有与祭祀有关的兽骨坑,这些均是当时重大祭祀活动的场所和遗留,显然与当时的不同层次的社会集团举行重大宗教、军事或政治活动有关。

总之,仰韶晚期河洛地区的聚落密度增大,规模扩大,人口空前增长。为了争取和扩大生存空间,掠夺各类资源,各部落之间战争频仍,聚落内部成员也日益分化。原始城堡应运而生,宗教活动愈演愈烈,阶层分化日趋明显,属聚落剧烈分化时期。

三、中原龙山文化时期河洛主从聚落群的出现

河洛地区龙山时代的考古学文化是中原龙山文化王湾类型(王湾三期文化),其绝对年代约为公元前 2500～前 2000 年间。

王湾类型社会生产力水平在仰韶晚期大幅度提高的基础上,又有了突飞猛进的飞跃。石质和骨质生产工具的改进,快轮制陶术的出现,青铜器的冶炼,水井的广泛使用,这一切新技术的采用都大大提高了生产效率,进一步拓宽了居住和耕地面积,从而引起河洛地区聚落形态再一次发生了根本性的变化。从聚落分布来看,王湾类型的聚落一部分是在仰韶聚落基础上发展起来的,也有不少是新开辟出来的。这些聚落遗址因水井的使用,可以摆脱对自然水源的依赖,建在距河流较远的平原地带,从而进一步加大了聚落分布密度。与仰韶聚落遗址相比,王湾类型聚落所在的位置进一步降低,不少聚落建在河流二级阶地上,使平原区聚落总数最终超过了山地区和黄土丘陵区,以至于在河洛地区形成了密集的中心聚落群。在这一中心聚落群外围,分内外两层环绕若干小型聚落群。中心聚落群的聚落可分四级,而外围诸聚落小群中的聚落一般只可分为 2～3 级。这种聚落群分布格局标志着在河洛地区已形成了聚落中心区,为日后二里头文化中心区的出现奠定了基础。

如果说原始城堡产生于仰韶晚期,城堡数量极少的话,到了龙山时代,原始城堡已呈遍地开花之势。仅在河洛地区及其附近即发现了登封王城岗、淮阳平粮台、辉县孟庄等五座龙山城址。最近在新密市曲梁乡古城寨村,洛宁县西王村也发现了龙山夯土城垣的线索。可以预言:随着考古工作的深入开展,在河洛地区一定还会有更多的龙山城址被发现。龙山文化普通聚落中的房屋大约可分为

单间和连间两类,室内地表流行"白灰面"地面,单间建筑面积一般不大,多为平地起建。多间房大概由仰韶晚期的多间房发展而来。河洛地区龙山文化的窖穴,数量增加,容积增大,形制规整。以袋状坑最多。在洛阳矬李、临汝煤山还发现了水井,这些水井不仅用于饮水,而且也用于烧陶和灌溉。河洛地区至今仍未发现成片的龙山墓地,已发现的龙山时期的墓葬一般为单人葬。墓中随葬品贫乏。这种状况可以看做是仰韶晚期墓葬当中随葬品匮乏现象的继续,与窖穴等遗迹反映的情况正好相反。或许当时盛行薄葬,人们更加珍视物质财富,不愿意把较多的物品放入墓中。

如上所述,河洛地区进入龙山时代之后,随着生产力水平的极大提高,萌发于仰韶晚期的社会分化、战争频繁的现象亦更加突出。表现在聚落方面出现了城堡林立、城乡对立的聚落关系。再往前发展一步,即到了中原龙山文化之后的二里头文化时期,就必然会出现像二里头遗址那样的都市级聚落,整个河洛地区的聚落关系进入到又一个全新阶段。因此,从聚落形态演变上,可以很清楚地看出,河洛地区从裴李岗文化时期到二里头时期一步一步走向文明时代的过程,最终率先从我国历史上的古国时代进入了文明时代,为中国古代文明的起源与发展作出了重要贡献。

参考资料:

1. 朱绍侯:《河洛文化与河洛人、客家人》,《文史知识》,1994 年第 3 期。

2. 李伯谦:《古代文明》,北京大学中国考古学研究中心等编,文物出版社,2002 年,第 13 页。

3. 中国社会科学院考古研究所河南一队:《1979 年裴李岗遗址发掘报告》,《考古学报》1984 年第 1 期。

4.《河南密县莪沟北岗新石器时代遗址发掘报告》,《河南文博通讯》1979 年第 3 期。

5. 中国社会科学院考古研究所河南一队:《河南郏县水泉新石器时代遗址发掘简报》,《考古》1992 年第 10 期。

6. 中国科学技术大学科技史与科技考古系、河南省文物考古研究所、舞阳县博物馆:《河南舞阳贾湖遗址 2001 年春发掘简报》,《华夏考古》2002 年第 2 期。

7. 洛阳市地方史志编纂委员会编:《洛阳市志第十四卷·文物志》,中州古籍出版社,

1995 年版。

8. 河南省文物考古研究所:《汝州洪山庙》,中州古籍出版社,1995 年版。

9. 河南省文物局等:《黄河小浪底水库文物考古报告集》,黄河水利出版社,1998 年版。

10. 许顺湛:《河南仰韶文化聚落群研究》,《中原文物》2001 年第 5 期。

11. 郑州市博物馆:《郑州大河村遗址发掘报告》,《考古学报》1979 年第 3 期。

12. 国家文物局考古领队培训班:《郑州西山仰韶时代城址的发掘》,《文物》1999 年第 7 期。

13. 洛阳市地方史志编纂委员会编:《郑州市志·文物志》,中州古籍出版社,1994 年版。

14. 河南省文物研究所等:《登封王城岗遗址的发掘》,《文物》1983 年第 3 期。

15. 河南省文物研究所等:《河南淮阳平粮台龙山文化城址试掘简报》,《文物》1983 年第 3 期。

16. 河南省文物考古研究所:《河南辉县孟庄龙山文化遗址发掘简报》,《考古》2000 年第 3 期。

17. 洛阳博物馆:《洛阳矬李遗址试掘简报》,《考古》1978 年第 1 期。

18. 中国社会科学院考古研究所河南二队:《河南临汝煤山遗址发掘报告》,《考古学报》1982 年第 4 期。

（作者单位为河南省社会科学院考古所）

仰韶时期的河洛文化格局

蔡靖泉

仰韶文化是新石器时代中期黄河流域乃至中国最为重要的考古学文化之一。仰韶时期的河洛文化,集中地反映了黄河流域在原始社会母系氏族社会繁荣期的历史面貌和文化成就,典型地显示了中国原始社会发展至母系氏族社会繁荣期的历史面貌和文化成就。

仰韶文化的最早发现和命名,即因为河洛之间的渑池仰韶村遗址。迄今发现的仰韶时期文化的许多重要遗址,也集中在河洛之间。

一

河洛之间发现的仰韶文化早期重要遗址,在晋南芮城县东庄村[①]。1958 年,考古工作者在此揭露了约 5 万平方米的遗址,发现有圆形半地穴式的房址、储藏食物的窖穴、烧制陶器的陶窑,盆、钵、碗、罐、瓮、尖底汲水瓶、鼎、甑等陶器(一些器物外表绘有精美的黑色三角形图案和鱼形花纹),还有石斧、石锛、石刀、陶刀、弹丸、纺线轮、敲砸器、陶锉等生产工具,以及石头和动物骨骼制成的箭头和骨笄、牙饰、陶环等装饰品。因其文化面貌大体类同于同期著名的西安半坡遗址,但其文化内涵又不及半坡遗址丰富和典型,故学术界一般认为其属于仰韶文化半坡类型系统。可是,其文化面貌毕竟并不全同于半坡文化而具有地域的特征性和代表性,故学术界也视其为仰韶文化的典型遗址而名其为东庄类型。东

庄类型主要分布在晋南和豫西各地,可看做以半坡遗址为代表的关中、晋南、豫西前期仰韶文化圈的东部类型,也是河洛之间西部的早期仰韶文化,反映了仰韶文化在河洛之间西部的早期发展状况。

1956～1957 年发掘的豫西陕县庙底沟遗址①,面积约 24 万平方米。其一期文化遗存距今约 6 000 年,遗存主要有方形半地穴式房址 2 座,窖穴 168 个,墓葬 1 座,盘状砍斫器、圆饼状刮削器、两侧带缺口石刀、磨制的长方形单孔石刀、心形和舌状石铲等具有代表性的各种工具,以曲腹碗、曲腹盆、小口尖底瓶、小口平底瓶、斜沿罐、釜、灶等最具特征的各类红陶器物。其彩陶比例多于半坡遗址和东庄遗址,但纹饰大异,主要是绳纹、线纹和彩纹。彩纹除像生性的蛙纹外,大量的是以圆点、曲线、涡纹、弧线、三角涡纹、方格纹组成的繁杂富于变化的图案。其文化风格明显与仰韶文化的半坡类型和东庄类型有继承和发展关系,而且在豫西、晋南甚至更为广远的同时期文化遗址中具有典型性,学术界名其为“庙底沟类型”。庙底沟类型,可谓河洛之间西部的中期仰韶文化,反映了仰韶文化在河洛之间西部的中期发展状况。

1960 年发掘的芮城西王村遗址,面积约 10 万平方米,文化堆积分为上、下两层。下层的文化遗存明显属于庙底沟类型,上层的文化遗存却面貌独特,出现地面木构建筑,房内面积增大,分间布局兴起;石器绝大多数为磨制,钻孔技术普遍推广;骨器、角器、蚌器及陶质生产工具种类增多,制作精细;灰色陶器的地位虽居其次,但所占比例较过去增多,彩陶的生产开始衰退,纹饰简朴,附加堆纹和绳纹最多,篮纹次之,出现少量方格纹。陶器以红陶为主,灰陶次之,有宽沿浅腹盆、带圈足的碗、镂孔圈足豆、长颈凹腰尖底瓶等,还出现新型的带流嘴的器物。由于西王村遗址以上层文化堆积为主,其遗存有着明确的地层关系和丰富的文化内涵,学术界乃名其为仰韶文化的西王村类型。这个类型,主要分布在晋西南的汾水、涑水流域乃至关中的渭水流域。一般认为,它代表了中原地区仰韶文化的晚期发展阶段。

位于洛阳市西郊王湾村北涧河南岸台地上的王湾遗址②,1958 年发现,

---

① 中国科学院考古研究所:《庙底沟与三里桥》,科学出版社 1959 年版。

② 《洛阳王湾遗址发掘简报》,《考古》1962 年第 11 期。

1959、1960 年两次发掘,面积约 8 000 平方米,揭露面积为 3 350 平方米,发现有新石器时代的房基 9 座,灰坑 179 座,墓葬 119 座。王湾一期文化,属于仰韶文化,三期文化属于龙山文化,二期文化介于两者之间。一期的文化遗存,有杯口尖底瓶、圜底钵、鼓腹罐及鼎、釜、甑、盆、瓮等陶器。陶器以泥质红陶为主,多素面,陶纹则多由涡纹、三角纹与圆点配合构图。葬俗多为单人仰身直肢葬,流行儿童尖底瓶葬,头向西北。其文化面貌,多见与东庄村、庙底沟遗址相类之处。但学者也特别指出:"这里作为葬具的小口尖底瓶个体大而瘦长,与关中、豫西地区常见的尖底瓶有显著不同。"①

二

郑州市郊 12 公里处的大河村遗址②,1964 年秋发现,面积约 30 万平方米,文化层最厚处达 12.5 米。其内涵丰富,含有仰韶、龙山和夏、商四个不同阶段的文化遗存。1972 ~ 1980 年先后进行了十余次发掘,清理各类房基 47 座、窖穴 297 座、墓葬 354 座,出土陶、石、骨、蚌、角、玉等不同质地的珍贵文物 3 500 多件。其中仰韶时期的文化遗存,包含了早、中、晚三个阶段。墓葬基本上是"长方形竖穴土坑墓,仰身直肢一次葬,头多向南偏西,少数向西,个别向东"③。最引人注目的,是建于地面而结构复杂的多间连排房屋和大量描绘天象图案的彩陶。这种完全建筑在地面上的房屋,较以往流行的低矮、阴冷、潮湿的"半地穴"式房屋可谓原始先民居住条件上的重大变革,从而奠定了我国北方民居的基本建筑形式。多座连为一体的房屋结构,表明房舍多以家族为单元。陶器以红陶为主,灰陶次之,种类繁多,有鼎、罐、瓮、缸、盆、钵、碗、豆、壶、瓶、杯、盘、甑等等。作为炊器的鼎、罐,是遗址中多见的典型器物。其陶胎中多夹有砂子或蚌壳碎屑,以提高耐火性,使之在炊煮过程中不易破裂。彩陶上用抽象、夸张、变形的手法绘有花草虫鱼、日月星辰等图案,构思巧妙、布局严谨、笔触流畅、色彩对比明快,为其他地区仰韶文化遗址的彩陶难与相比。在相当于仰韶时期后段文化遗存中,发现了数十件属于屈家岭文化的陶器和数件类似于大汶口文化器物的陶器,表明"豫中地区的仰韶晚期文化除包含有屈家岭文化的因素外,还包含有大

---

①　中国社会科学院考古研究所编:《新中国的考古发现与研究》,文物出版社 1984 年版,第 47 页。

②　郑州市博物馆:《郑州大河村遗址发掘报告》,《考古学报》1979 年第 3 期。

③　河南文物考古所编:《河南考古四十年》,河南人民出版社,1994 年版,第 65 页。

汶口文化的因素"①,表明河洛之东仰韶时期文化的发展在受到南方长江流域文化的较强影响的同时,也受到了东方海岱地区文化的影响。

郑州西山城遗址,于1992～1995年得到大规模的发掘,揭示出时代跨越了仰韶时期早、中、晚三个阶段而面积约3.45万平方米的圆形城址②。城墙采用方块板筑法夯建而成,城墙外有壕沟环绕。城址内发现了许多建筑基址、墓葬、用瓮棺葬埋葬的儿童尸骨、窖穴与灰坑,还出土了大量各类遗物。城址距今约4800年至5300年,是目前国内发现年代最早而建筑技术最为先进的城址。

安阳西北洹河南岸的后岗遗址③,面积约10万平方米,1931年因梁思永发掘时发现且判明了"三叠层",由此奠定了中原地区仰韶、龙山和殷商三种文化的编年基础而闻名于世。1950年代以来,发现了少量的仰韶时期文化墓葬,以单人仰身直肢葬为主,个别的是多人二次葬,大都为长方形土坑竖穴墓,头向南。出土的仰韶时期文化陶器以红顶碗、钵、圜底罐形鼎等器型和平行短线彩纹为特点,具有鲜明的地区性特征,考古学界据此确立其为仰韶文化"后岗类型"。

邻近后岗遗址的濮阳西水坡遗址④,面积约5万平方米,1987年发现并揭示了仰韶、龙山、东周三个时期的文化堆积。属于仰韶时期的文化堆积有四个文化层,其文化面貌大体与后岗遗址相同,只是最下层的文化面貌多有相异之处。最惊人的发现,是第三文化层下的一个以蚌塑龙虎随葬的墓葬,以及其南20米处一地穴里的蚌塑动物图像和25米处一灰坑里的蚌塑人骑龙驭虎图像。墓主为男性,头朝东南,右龙左虎,而龙虎皆背向墓主,龙虎的头向也与墓主相反。动物图像,由龙、虎、鹿、蜘蛛构成,龙头南背北,虎头北面西,鹿卧虎背,蜘蛛处龙头之东而头向南方;人骑龙驭虎图像中,骑龙之人,头朝东而背向西;驮人之龙,头东尾西背北;被驭之虎,则处人与龙的北侧,头西尾东背南。自发现以来,墓主身份及图像寓意就令世人惊奇而迷茫,以致聚讼纷纭。或言墓主乃皇帝,或言墓主是颛顼,或言墓主即巫师,不一而足。但无人否认,墓主身份特殊并具有崇高地位。

①　河南文物考古所编:《河南考古四十年》,河南人民出版社,1994年版,第107页。
②　国家文物局考古领队培训班:《郑州西山仰韶时代城址的发掘》,《文物》1999年第7期。
③　中国科学院考古研究所安阳发掘队:《安阳后岗新石器时代遗址的发掘》,《考古》1982年第6期。
④　濮阳市文管会等:《河南濮阳西水坡遗址发掘简报》,《考古》1988年第3期。

三

综观河洛之间仰韶时期文化遗址，形成为虽有共同表象却内涵差异甚大的东西两大区域文化风格。其共同表象，是大都可见或多或少的彩陶。其内涵差异，则在于陶器的形制、纹饰、组合以及器物、建筑、墓葬等方面的特征。

河洛之西，乃以东庄村、庙底沟和西王村遗址为代表构成的一脉相承又发展演变的文化类型，分布范围主要是今洛阳以西和晋南各地。学者研究指出，其特征就陶器而言，是始终以红陶为主，以夹砂罐为主要炊器，以小口尖底瓶为主要水器，以盆、瓮、钵、碗为主要盛、食器，以绳、线纹为常见纹饰，以写实的动植物图案及其变体为彩陶的主体纹饰，彩陶大多为原地黑彩，出现较早但比例不高，器物制作以手制泥条盘筑为主，中期出现、晚期普及慢轮制陶技术。西部区域文化，总体面貌又与著名的西安半坡遗址所代表的渭水流域同时期文化具有很大的相似性，可谓大同小异。因此，学者将豫西、晋南和关中的同时期文化视为一个大文化区域，且因仰韶文化在其地最早发现并命名而名之为"典型仰韶文化"，又将其细分为半坡类型和庙底沟类型①。半坡遗址的早期遗存内涵丰富且尤为典型，年代也早于庙底沟遗址，考古发现又证明陕西华县老官台新石器时代早期遗址与半坡遗址有渊源关系，学者甚至断言"老官台遗存是半坡类型的前身"②。就现有资料来看，所谓"典型仰韶文化"兴起于关中，东传至豫西、晋南并于当地融会土著和外来的文化而发展成为考古学界所称的"庙底沟类型"。

河洛之东，则以大河村遗址的四期遗存为代表，显示出今豫中、集中于郑州地区的仰韶时期文化发展面貌。学者研究指出，其特征就陶器而言，是以鼎为主要炊器，以壶、罐或瓶为主要汲水器，以鼎、壶、罐、缸、瓶、钵为基本器物组合，流行几何、植物、天象纹饰和陶衣作风，彩陶发达而着色丰富多样，器物制作较早采用了轮制技术并且流行"红顶"式烧制技术。豫中新郑唐户、长葛石固、汝州中山寨等属于大河村文化类型的遗址，都发现有被叠压的裴李岗文化层，从而证实豫中的仰韶时期文化源自裴李岗文化。大河村遗址墓葬的头向多朝南偏西，石固遗址墓葬的头向多朝南偏东③，可知郑州地区仰韶时期先民多来自南方。据

---

① 参见《河南考古四十年》第二章，河南人民出版社 1994 年版。
② 《中国大百科全书·考古学》"老官台遗址"，中国大百科全书出版社 1986 年版，第 267 页。
③ 河南省文物研究所：《长葛石固遗址发掘报告》，《华夏考古》1987 年第 1 期。

此看来,郑州以及豫中地带的仰韶时期文化,是其时主要来自南方的先民在裴李岗文化的基础上,融入自身携带的南方文化因素,并在继续受到南方文化较大影响的同时,又受到东方文化影响而发展出考古学界所称的"大河村类型"。

河洛之北的后岗类型,因其与相邻文化类型多有近似之点,考古学者或认为其"接近于半坡类型",或认为可能是从冀南的大司空类型发展而来,或认为"是裴李岗——大河村文化系统北去的一支创造的北方变体文化"①。由其陶器的形制、组合与纹饰来看,其文化面貌更接近"大河村类型";由后岗遗址的墓葬习俗来看,其先民也应该是与大河村遗址的先民一样多来自南方。不过,其文化内涵又多显其他文化类型的因素,特别是西水坡遗址的蚌塑图像显示出其与东方及东南的文化渊源关系,表明其类型是复杂的多元文化统一体,是以"大河村类型"为主体而吸纳东、西、北相邻文化所形成的。

河洛之中的王湾遗址,在洛阳地区的同时期文化遗址中具有代表性。其文化面貌既有河洛之西的庙底沟类型特征,又有河洛之东的大河村类型特征,考古学界起先多将之归于庙底沟类型,后来多将之归于大河村类型并且进而视之为其亚型,也有学者认为其应独立名为文化类型。应该说,以其为代表的洛阳地区同期文化,是河洛之间同期的东西文化碰撞交融的产物。值得注意的是,其墓葬头向朝西北,表明其先民来自西北且最初携来的应是西部文化;但其文化面貌又更近于东部文化,表明其文化在发展过程中受到东部文化影响更大。

上述类型的考古学文化,若轻其内涵而重其外延,那么皆可因其有彩陶而依据传统习称仰韶文化;若重其内涵而轻其外延,那么则可因其有较大差异而分别命名。早在1980年代中期,学者就针对同期的文化类型及其文化内涵的发现越来越丰富、认识越来越全面、研究越来越深入而感到统称仰韶文化难副其实,因而提出了"仰韶时代文化"的概念。迄今,这一概念已被许多学者接受。诚然,统称易混淆差别而有误认识,与典型仰韶文化同期的黄河流域和长江中游的重要文化类型,如长江流域的大溪文化与河姆渡文化,皆有少量彩陶,故可以既因循传统又尊重科学而将新石器时代中期文化概称为"仰韶时期文化"。

---

① 参见《新中国考古的发现与研究》第二章,文物出版社1984年版;《河南考古四十年》第二章,河南人民出版社1994年版。

　　黄河流域的仰韶时期文化繁花,集中绽放于河洛之间,其他地区发现的此期重要文化遗址,既不及河洛之间密集,也难比河洛之间多彩。大河村类型与庙底沟类型,是绽放在河洛之间东西两端的艳丽花朵,又宛如太极之两仪而标示中原古文化。河洛之间上述缤纷多彩、繁花似锦的仰韶时期文化表明,其时四邻文化大举播入河洛之间而与当地传统文化互动交融,使得河洛之间文化的构成出现复杂多样的状况,而主要以南方文化北上和西部文化东传而分别发展成的大河村类型和庙底沟类型东西并峙,构成其时河洛之间文化的基本格局。大河村类型及其演变的后岗类型,由其城址、房屋基址和墓葬显现的宗教礼仪等等,反映出其已具有较多的文明因素;由其文化内涵的丰富性和影响王湾遗址的强势性,表明其时河洛文化的重心承前而来仍在河洛之东。郑州西山古城址的发现,突出地显示出仰韶时期河洛之东在河洛之间以及河洛之间在中国境内的文化地位。

　　仰韶时期的河洛文化,已驱使历史车轮向河洛之间隐约闪现的文明大门驶去。

（作者为华中师范大学楚学研究所教授）

论黄帝在中华民族历史上的地位

——兼述殷商对黄帝文化的继承

刘文学

　　世界上有四大文明古国,这四大文明古国经历上千年之后,埃及、巴比伦和印度文明相继中断,唯独中华文明薪火相传至今。中华文明的人文始祖是轩辕黄帝。黄帝已成为中华民族的象征。

一、黄帝是河南新郑人

　　黄帝是河南新郑人,史有明载:黄帝是有熊国人。关于有熊,战国《竹书纪年》说:"黄帝轩辕氏,元年,帝即位,居有熊。"汉代焦延寿《焦氏易林》说:"黄帝,有熊国君少典之子。有熊,即今河南新郑是也。"唐代李泰《括地志》说:"郑州新郑县,本有熊之墟也。《史记·周本纪》:'有熊九驷'正义引。"在我国 2 000多年的历史上,新郑是有熊国的记载,没有二说。黄帝生(居)于新郑轩辕之丘。战国《世本》说:"黄帝居轩辕之丘,娶西陵氏之女,谓之嫘祖,产青阳及昌意。"汉戴德《大戴礼记·帝系》和司马迁《史记·五帝本纪》等从其说。轩辕之丘在何处?晋皇甫谧《帝王世纪》说:"黄帝授国于有熊,居轩辕之丘,因以为名,又以为号。有熊,今河南新郑是也。"说明轩辕丘在有熊国,即今河南新郑。《大明一统志》说:"轩辕丘,在新郑县境,古有熊氏之国,轩辕黄帝生于此故名。"陆应阳《广舆记》说:"轩辕丘新郑,古有熊氏之国,黄帝生于此因名。"《大清一统志》、蒋廷锡《(钦定)古今图书集成》等皆从此说。至今,新郑黄帝故里还存有清乾隆二十九年《重修大殿碑记》,说:"古传,郑邑为轩辕氏旧墟,行在北有轩辕丘遗址,乃当年故居。"乾隆四十七年《重修玉帝殿记》说:"吾邑固黄帝之墟也。"当代著名史学家李学勤为刘文学《黄帝故里文献录》作《序》说:"由此足见,黄帝生于轩辕丘,所居在新郑,源渊有自,凿然可据。"黄帝都于有熊。历史上最早记述黄帝在有熊开国的是战国《竹书纪年》,说:"黄帝轩辕氏,元年,帝即位,居有熊。""即位"就是登基开国。晋皇甫谧《帝王世纪》说:"新郑,古有熊国,黄帝之所都。"西晋,司马彪《续汉书·郡国志》说:"河南尹新郑县,古有熊国,黄帝之所都。"北魏郦道元《水经注·洧水》注说:"洧水流经新郑县故城中……皇甫士安《帝王世纪》云:'或言县故有熊氏之墟,黄帝之所都也,郑氏徙居之,故曰新郑矣。'"南朝宋范晔《后汉书·郡国志》说:"河南尹新郑,黄帝之所都。"唐代杜佑《通典·州郡典七》说:"新郑,汉旧县……有溱洧二水,祝融之墟,黄帝都于有熊亦在此地,本郑国之地。"其后,历代史书从其说。

二、黄帝是中华民族人文始祖

中华民族是指包括历史上各个民族单元在内的一个庞大民族群体。在中华民族史上,被称为始祖的人很多,如盘古氏、有巢氏、燧人氏、伏羲氏、女娲氏和神农氏炎帝等,但是真正有资格成为"人文始祖"的是有熊氏轩辕黄帝。这主要是从黄帝对中华民族所做出的贡献来说的。

其一,黄帝是中华民族的缔造者。我们说黄帝是中华民族的缔造者,不只是从血统上讲,主要是指文化上的认同:一是中华民族的形成是多元一体。黄帝统一万国氏族部落,"陶天下为一家",在我国历史上首次实现了民族的大融合,组成了中华民族大家庭,被各民族共推为共主。二是从民族构成上说,汉民族占90%以上,包括汉民族在内,其他少数民族满、蒙、回、藏、苗等也都是黄帝苗裔;在我国的历代王朝中,上自五帝三代,下迄宋元明清,其中包括少数民族王朝,历代君王都自称黄帝子孙。三是从血缘上讲。在数千年的历史长河中,由于战争、迁徙等原因,各个氏族、民族之间相互融合,其中主要是婚姻上的交融,各个民族的血管里都或多或少流淌着其他民族的血脉,已不再是五六千年前那种原生民族的血脉。四是文化上的认同。各个民族生活在一个共同的地域,有共同的心理特征,有共同的思维方式,有共同的语言、文字等等,而这一切最早是黄帝时代开创的。

其二,黄帝是中国的奠基者。国学大师钱穆在《黄帝的故事》中说:"传说中的黄帝,是中国历史上第一个伟人,是奠定中国文明的第一座基石。"黄帝时代,中华大地上有万国氏族部落,为了争夺土地、财物或人口等,他们经常发生摩擦,甚至战争,制约着生产力的发展和社会进步。黄帝通过同炎帝、蚩尤的战争,在中国历史上首次建立起一个大一统的有熊帝国,其疆域东至东海,南至交趾,西抵流沙(即今新疆一带),北到幽陵(即今内蒙古境内)。对此,汉贾谊《新书·修政语上》说:"故黄帝取道义,经天地,纪人伦,序万物,以信与仁为天下先。然后济东海、入江内,取绿图,而西济积石,涉流沙,登昆仑。于是归还中国,以平天下。"积石在甘肃临夏县西,流沙在新疆白龙堆沙漠,东到海,西到新疆昆仑山。今天的"中国"就是在有熊帝国基础上发展起来的。

其三,黄帝是中华文明的肇启者。我们说黄帝是中华文明的肇启者是从三个方面说的:第一,黄帝肇造物质文明。黄帝时代发明犁耕、田亩制、井田制,凿井灌溉,渔猎驯养、放牧、田园、苗圃、种桑养蚕和杵臼等,在农业生产工具和生产方式等方面有较大改善,解决了族民的吃饭问题;发明宫室、銮殿、楼房、城堡、台榭、庭堂、观阁等,解决了族民的居住问题;发明丝绸、布帛、冠冕、扉履、衣裳,解决了穿衣问题;发明舟车、指南车、记里鼓,服牛乘马、修路等,解决了交通问题;发明灶具、釜、甑、盘、盂、碗、碟等,其他日常用具应有尽有。第二,黄帝肇造政治文明。黄帝所肇造的政治文明,包括黄帝的哲学思想、社会理想、民本思想、建立国家体制、治国方略和构建大同和谐社会等等。黄帝的哲学思想是"道","道"存在宇宙之前,存在于宇宙形成之后,存在于一切事物之中,存在于一切事物的自始自终。黄帝的治国方略:一是建立国家管理体制,其中包括建立从中央到地方的行政管理体系,即中央—州—师—都—邑—里—朋—邻—井—家等。对此,唐代杜佑的《通典·食货》有明确记述:"昔黄帝始经土设井以塞争端,立步制亩以防不足,使八家为井,井开四道而分八宅,凿井于中。一则不泄地气,二则无费一家,三则同风俗,四则齐巧拙,五则通财货,六则存亡更守,七则出入相司,八则嫁娶相媒,九则无有相贷,十则疾病相救。是以情性可得而亲,生产可得而均;均则欺凌之路塞,亲则斗讼之心弭。既牧之于邑,故井一为邻,邻三为朋,朋三为里,里五为邑,邑十为都,都十为师,师十为州。"建立较为完备的阁僚体制,即设二监、四监、二史、四史、三台、六相、七辅、九士(即九德之官)、十二将等。二是实施以德治国为主，以法治国为辅。《庄子》说："昔者黄帝以仁义撄人之心。"《韩诗外传》说："黄帝继位，施惠天下，一道修德，惟仁是行，宇内和平。"黄帝以德治国的具体内容，王嘉《拾遗记》记述为九种德行，说："九行者，孝、慈、文、信、言、恭、忠、勇、义也。"这是对全体社会成员的要求。黄帝王朝还设"九德之臣"和学校，专管思想道德建设。黄帝的以法治国，《尚书大传》说："（黄帝）礼文法度，兴事创业。"《淮南子》说："黄帝治天下，法令明而不暗"，"置法而不变，则天下安"。设有司法机构"理"、司法官和监狱等，法律有枭首、斩首、监禁、流放、教育及冬季处决等。为确保以德治国、以法治国的实施，黄帝是推行清廉节俭政治，防止腐败，要求各级官员"节俭财物"，"与民明共财"，实施"六禁重"，即色禁重、声禁重、衣禁重、香禁重、味禁重、室禁重，倡导生活节俭朴素，反对奢靡；实行民主议政，倡导民众监督。黄帝时代，从中央到地方建有"明堂"，号召百姓到"明堂"批评时政。第三，黄帝肇造精神文明。黄帝时代所肇造的精神文明，主要有文字、历数、算数、天文、阴阳五行、十二生肖、甲子纪年、图书、音乐、绘画、诗歌、舞蹈、体育、学校、医药、养生、祭祀、婚丧、姓氏、棺椁、坟墓、铸鼎、祭坛、占筮、著作等。黄帝时代所创造的这些文化，在当时来说，是我国历史上，甚至在世界史上就某些方面来说，也是最先进的文化。

　　黄帝无论是肇造物质文明、政治文明或精神文明，其最终目标是在我国建立一个和谐的大同社会。关于和谐，"和"由"禾"和"口"组成，"禾"代表五谷，"口"是吃，合起来就是人人有饭吃，有温饱，这是个民生问题；"谐"由"言"和"皆"组成，"言"是说话，"皆"是人人，合起来是人人有言论自由，这是个民权问题。由此可见，构建和谐社会的基本条件，一是要大力发展生产，创造物质财富，解决社会成员的生存问题。这是构建和谐社会的物质保障。二是要确保人人享有言论自由，人人平等。这是构建和谐社会的政治和精神保障。

　　综上所述，正是黄帝的这三大贡献，才确立了他在中华民族史上人文始祖的历史地位。而黄帝"陶天下为一家"所建立的"黄帝王朝"，当为我国历史上的第一个王朝，这要比传统所说"夏王朝"是我国历史上的第一个王朝至少提前1 000多年。

三、黄帝与其他人物之比较

　　黄帝与世界三大教派首领之比。世界上存在三大教派：一是基督教，其精神领袖是上帝,上帝至高无上,是全能的,能够创造一切,主宰一切。耶稣是上帝化身,是来到人间拯救人类的苦难,拯救人类升入天堂的。佛教的精神领袖是释迦牟尼,他的真实名字叫乔答摩·悉达多,被佛教徒尊奉为"世尊",也是一位救世主。伊斯兰教的精神领袖安拉,是一位造物主,救助一切善人,惩罚一切恶人。安拉的特使是穆罕默德,是一位救世主。基督教信奉的上帝,佛教信奉的释迦牟尼,伊斯兰教信奉的安拉等,都是拯救人民于水火之中的至圣。但是,数千年来,各地战争、自然灾害、疫病不断发生,阶级压迫与剥削从未停止,这些不知夺去多少人的生命,使多少人陷于苦难的深渊。中华民族的黄帝在中国历史上,在民间的传说中,说他是玉皇大帝,是"天子",有着与上帝、释迦牟尼、穆罕默德相当的地位和使命。但是,历史表明黄帝是一位伟大的历史人物,是他最早在亚洲东方开创了一个文明时代,使中国跻身于世界四大文明古国之列,是他缔造了东方这样一个伟大民族,使中华民族屹立于世界民族之林。他的这些功德,传承五千多年,为子孙所享用。

在我国五千多年的历史长河中,圣贤辈出。传说中的盘古氏使人兽分离,使人类冲出混沌,走向文明;有巢氏教民在树上安居;燧人氏教民钻木取火熟食;伏羲氏教民狩猎捕鱼、画八卦;神农氏教民种植五谷,发明医药,开创市贸。而黄帝则是开创了一个文明时代。黄帝之后,颇负盛名的是唐尧、虞舜、大禹。大禹治水有功而世人称颂,尧、舜因立"诽谤之柱"、"敢谏之鼓"而名达,文王作八卦而留青史。秦皇汉武、唐宗宋祖、成吉思汗、康熙雍正,他们都是黄帝的子孙,虽在中华民族史上功业赫赫,但与黄帝相比,黄帝像太阳,他们若群星。

黄帝是我国诸子宗师。阴阳家学派首领是邹衍,他的阴阳五行说出自黄帝。儒家学派创始人是孔子,孔子学说的核心是仁、是爱、是礼、是和,也出自黄帝。道家学派首领老子的《道德经》,本源于黄帝的《道源》。法家学派集大成者韩非之法是完全站到封建帝王立场,维护封建集权统治,而黄帝之法是为国为民。其后无论是兵家集大成者孙武,还是纵横家集大成者鬼谷子等,他们的学说皆出自黄帝。

四、弘扬黄帝文化

在我国传统文化中,我们提出必须首先突出弘扬黄帝文化,是基于这样的思考。文化是人类的灵魂。民族文化是一个民族的灵魂,是一个民族的旗帜,是一个民族的精神支撑。民族与民族文化同在,一个民族要生存,要发展,一定要大力发展自己的物质文化和精神文化。历史上,一个民族的崛起或发展,最终起作用的是民族文化,一个民族的消亡首先是民族文化的消亡,一个民族一旦失去民族文化,这个民族将不复存在,古今中外历史都证明了这一点。而中华民族之屹立于世界民族之林,靠的不是人数的多少,也不是国土的大小,而是优秀的民族文化。我国的民族文化是什么,就是传承和发展了的五千多年的优秀传统文化。而在我国的优秀传统文化中,其主体文化是黄帝文化。黄帝文化有如下特征:其一是它的原始性。是黄帝奠定了中国初基,是黄帝缔造了中华民族,是黄帝开创了我国文明时代。我国五千多年文明的发展奠基于此,起源于此。其二是它的主体性。所谓主体性是指在黄帝文化研究中,我们发现炎黄文化,尤其是黄帝文化一直处于中国五千年历史文化或者传统文化中的主体地位。黄帝时代所创造的经济生活,诸如生产工具、生产方式、管理形式,或生活方式;政治生活,诸如国家、国号、国旗、建制、管理形式、军事思想;文化生活,诸如哲学思想、道德观念、天文历法、文化艺术、语言文字、中医药;社会生活,诸如宗教信仰、婚丧嫁娶、人生礼仪、社会习俗等,一直主宰着中国历史文化,其他历代虽有新的创造发明或变革,但是他们的创造或发展融入了这个主体文化之中。正是黄帝文化的这种主体地位,主导了中国传统文化发展的方向,使中华民族文化在世界文明史上独树一帜,使中华民族永屹于世界民族之林。其三是它的包容性。所谓包容性,是指民族的大融合、大团结。我们中华民族自古就是由一个多民族形成的民族,多元一体,就是文化的大融合,万国氏族部落文化大交流、大融汇。黄帝将有熊国的熊图腾,改为以黄龙旗为国旗,就是民族与文化大融合的象征。其四是国家的大一统。黄帝时代,中华大地上有万国氏族部落,黄帝"陶天下为一家",建立起一个统一国家。国家不统一,四分五裂,必然造成社会动荡,人民遭殃。其五是时代的大创新。在黄帝之前的伏羲、少典、神农氏炎帝时代,虽有许多发明创造,但是他们的发明创造只不过是文明的若干要素,而在黄帝时代无论是物质文明、政治文明和精神文明都进入了一个大发明、大创造的全新时代。其六是它的和谐性。黄帝时代采用龙为国旗,就是一个包容、统一、和谐的象征。黄帝的社会理想和目标是建立和谐的大同社会,他的目标实现了。在这六项特征中,其中的后四项,不仅在中国,甚至在世界上都有其普适意义。正是黄帝文化的这些基本特征,才确立了黄帝文化在我国历史文化或传统文化中的特殊地位。黄帝文化是中华民族传统文化中的根文化,是中华民族文化的主体文化,而其他历史文化或传统文化则是脉文化。有人将公祭黄帝视为祭神,实在是对黄帝其人不太了解,对黄帝文化太缺乏认识,不懂得黄帝文化是古往今来的一项重大政治资源。

五、殷商族是黄帝直系裔孙

《史记·三代世表》说:"舜、禹、契、后稷皆黄帝子孙。"《论衡·卷二九·案书篇》说:"《世表》言五帝、三王皆黄帝子孙,自黄帝转相生,不更禀气于天。夫观《世表》则契与后稷,黄帝之子孙也。"这里的契为殷商始祖,是黄帝直系子孙,《广黄帝本行记》说:"殷汤,黄帝十七代孙。"《轩辕黄帝传》也说:"殷汤,黄帝十七代孙。"上文说殷汤为黄帝17代孙,不包括黄帝本人,包括则为18代孙,依《史记·殷本纪》其世系为:黄帝→玄嚣→蟜极→帝喾→契→昭明→相土→昌若→曹圉→冥→振→微→报丁→报乙→报丙→主壬→主癸→天乙,即成汤。成汤为殷商开国君,最早于西亳(今河南偃师,一说今郑州市)建商国,其后六迁,历31帝,自公元前1600年至前1046年,约554年。其中从盘庚迁都于殷(今河南安阳),至商代末君纣王共12帝,历246年(一说255年),殷商在殷建都时间约占殷商王朝一半以上,因此,殷是商代最重要的历史阶段。殷商历史约占中华五千年文明的10%以上。

殷商及其后裔建立了许多诸侯国,主要有商(今河南商丘)、邓(今河南邓州)、华(今河南新郑)、苑(今河南新郑)、梅(今河南新郑,一说安徽亳州)、裴(今河南新郑)、南燕(今甘肃泾川县)、耿(今山西河津)、宋(今河南商丘)、权(今湖北当阳)、戴(今河南陈留)、萧(今安徽萧县)、黎(今山西永济)、郝(今山西太原)、鄂(今河南沁阳)、䣍(今河南洛阳)、郅(其地不详)、有娀(今山西永济)、暴(今河南原阳)、索(今河南荥阳)等20多个诸侯国,这些诸侯国的国君都是黄帝的子孙。

出自商族的姓氏皆黄帝子孙。商族的始祖是契,契为黄帝5代孙。契母吞玄鸟卵生契,舜赐子姓。在中国姓氏中出自子姓的姓氏很多,主要有暴、边、褚、戴、邓、耿、衡、怀、华、稽、瞿、空、乐、林、禄、孙、梅、那、南、牛、权、沙、商、殷、时、宋、索、汤、屠、王、沃、向、萧、鱼、苑、郑、祖、宗、尹、阮、伯、仲、郅、鄂、谈、蒯、逢、昝、黎、裴、郝、旄、枚、傅、钟、邹、孔、武、庄、穆、樊、阿、聃、荡、印、浮、登、来、触、殷、还、辽、比、畴、错、甫、文、改、灵、亳、黑、皇、近、葵、桓、麟、丕、耦、肆、岁、铁、条、衣、兑、锐、乙、自、朔、契、器、相、戎、成、微、完、咸、政、执、止、雉、稚、说、姑、南门、北门、子奢、艾岁、皇甫、不第、不茅、北旄、北邺、北殷、鸿夷、空桑、甫爽等等，约 120 多个姓氏。在我国前 100 个主流姓氏中，其中有王、林、宋、孙、萧、邓、傅、戴、钟、郝、孔、汤、尹、黎、武等，占 15%，而王姓在中华姓氏中独占鳌头。

殷商文化继承了黄帝文化，其重要表现有如下几方面。

1. 殷商继承了黄帝王朝的国体，实行其治国准则。《管子·国准第七十九》管子与齐桓公的对话说："黄帝之王，谨逃其爪牙；有虞之王，枯泽童山；夏后之王，烧增薮，焚沛泽，不益民之利；殷人之王，诸侯无牛马之牢，不利其器；周人之王，官能以备物。五家之数殊而用一也。"这是说，黄帝王朝与虞舜、夏、商、周五个朝代虽作法"数殊"，但是治国的道理是"一"，即一个道理。在行政建制上，也承袭黄帝王朝的管理体制。黄帝王朝从中央到地方设置了九级政权，即井田制结构政权。对于此，唐代杜佑《通典·食货》篇说："夫始分于井则地著，详计于州则数详，迄乎夏殷不易其制。"在发布政令方面，都建立了类似黄帝的"明堂"。"明堂"是黄帝朝见诸侯，发政令，倾听民意等的场所。《管子·桓公问第五十六》说："黄帝立明台之议者，上观于贤也；尧有衢室之问者，下听于人也；舜有告善之旌，而主不蔽也；禹立谏鼓于朝，而备讯唉；汤有总街之庭，以观人诽也；武王有灵台之复，而贤者进也。此古圣帝明王所以有而勿失，得而勿忘者也。"殷商设"总街"，虽与黄帝"明台"（又谓明堂），尧设"衢室"等异名，但都是民主议政的地方，是治国的重要方略。

2. 诸侯的国号与国歌。刘文学《黄帝故里志·卷六政治》说："上古时代，诸侯的号与其兴起之地相关，诸侯一般因地而得名。《史记·五帝本纪》说：'自黄帝到舜、禹，皆同姓而异其国号，以章明德。故黄帝为有熊，帝颛顼为高阳，帝喾为高辛，帝尧为陶唐，帝舜为有虞。'对此，汉王充《论衡·正说》作出进一步解释，说：'唐、虞、夏、殷、周者，土地之名。尧以唐侯嗣位，舜以虞地得达，禹由夏而起，汤因殷而兴，武王阶周而伐，皆本所兴昌之地，重本不忘始，故以为号，若人之有姓矣。'"由此可见，五帝三代就连起国号都一脉相传。其国歌也是如此，

《黄帝故里志》引唐代张弧《素履子·履乐》说:"素履子曰:'夫乐者,天地四时之和也,故律吕调则阴阳和,五音调则四时叙。是故古昔帝王制礼作乐,以化民也。是以黄帝曰《云门》;颛顼曰《六韵》;帝喾曰《五英》;尧曰《咸池》;舜曰《大韶》;禹曰《大夏》;汤曰《大濩》;武王曰《大武》,皆八代之乐也。'"五帝三代各有自己的国歌,用以正四时,调阴阳,明教化。

3. 军事。汉桓宽的《盐铁论·结和第四十三》说:"轩辕战涿鹿,杀两曎、蚩尤而为帝。汤、武伐夏、商,诛桀、纣而为王。黄帝以战成功,汤、武以伐成孝。"都是以武力而定天下。

4. 祭祀。五代刘昫《旧唐书·志第一·礼仪一》说:"其谓祭法,虞、夏、殷、周禘黄帝及喾。"在《列传·第一百二十一》中又引裴潾的话说:"臣闻除天下之害者,受天下之利;共天下之乐者,享天下之福。故上自黄帝、颛顼、尧、舜、禹、汤,下及周文王、武王,咸以功济生灵,德配天地,故天皆报之以上寿,垂祚于无疆。"五帝三代都祭黄帝,并且是因功而致祭。

5. 遵师重道。汉《纬书集成·论语编》说:"黄帝师力牧,帝颛顼师箓图,帝喾师赤松子,帝尧师务成子,帝舜师尹寿,禹师国先生,汤师伊尹,文王师吕望,武王师尚父,周公师虢叔,孔子师老聃。"后汉王符的《潜夫论·赞学第一》也有类似说法:"故《志》曰:黄帝师风后,颛顼师老彭,帝喾师祝融,尧师务成,舜师纪后,禹师墨如,汤师伊尹,文武师姜尚,周公师庶秀,孔子师老聃。若此言之而信,则人不可以不就师矣。"由此看来,遵师之风始于黄帝,其后三代继承。

6. 文化教育。一是五行说。《史记·封禅书第六》说:"黄帝得土德,黄龙地螾见。夏得木德,青龙止于郊,草木畅茂。殷得金德,银自山溢。周得火德,有赤乌之符。"二是八卦。晋皇甫谧《帝王世纪》说:"庖牺氏作八卦,神农重之为六十四卦,黄帝尧舜引而伸之,分为二《易》。至夏人因炎帝曰《连山》,殷人因黄帝曰《归藏》,文王广六十四卦,著九六之爻,谓之《周易》。"三是天文。南朝宋范晔《后书汉·志第二·律历中》说:"古黄帝、夏、殷、周、鲁冬至日在建星,建星即今斗星也。"又说:"故黄帝造历,元起辛卯,而颛顼用乙卯,虞用戊午,夏用丙寅,殷用甲寅,周用丁巳,鲁用庚子。"虽历代纪元各异,但都是采用黄帝历。四是鼎文化。《史记·封禅书第六》说:"黄帝作宝鼎三,象天地人。禹收九牧之金,铸九鼎。皆尝烹鬺上帝鬼神。遭圣则兴,鼎迁于夏商。"由此可知,不仅黄帝、禹之鼎,夏商得之,而且是继承了以鼎煮沸和祭祀天地鬼神的做法。五是兴学立教。汉代桓宽《盐铁论·遵道第二十三》说:"上自黄帝,下及三王,莫不明德教,谨痒序,崇仁义,立教化。"兴学是黄帝首创,夏商周三代继承。六是音乐。汉《纬书集成·乐纬》说:"黄帝之乐曰《咸池》,颛顼曰《六茎》,帝喾曰《五英》,尧曰《大章》,舜曰《箫韶》,禹曰《大夏》,殷曰《大濩》,周曰《勺》,又曰《大武》。"七是服装。元代脱脱的《辽史·汉服》说:"黄帝始制冕冠章服,后王以祀以祭以享。夏收、殷冔、周弁以朝,冠端以居,所以别尊卑、辨仪物也。"三代之时,服装虽有变化,但都是继承了黄帝的制冠冕,垂衣而治天下。八是文字书契。唐张怀瓘《书断·古文》说:"皇甫谧曰:黄帝史苍颉造文字,记言行策藏之,名曰书契。故知黄帝导其源,尧舜扬其波,是有虞、夏、商、周之书,神化典谟,垂范万世。"总之,殷商比较全面地继承了黄帝文化。

参考资料:

1. 李学勤、张岂之总主编,王贵民主编:《炎黄汇典·史籍卷》,第13、93页,吉林文史出版社,2002年版。

2. 刘文学:《黄帝故里故都历代文献汇典·卷二重要文献摘要》,第7页,中国文联出版社,2005年版。

3. 刘文学:《黄帝故里文献录》,第3~4页,中州古籍出版社,1996年版。

4. 刘文学:《黄帝故里通鉴·卷一历代典籍摘要》,第16、17页,中州古籍出版社,2006年版。

5. 刘文学:《黄帝故里文献录·序》,第1页,中州古籍出版社,1996年版。

6. 李学勤、张岂之总主编,王贵民主编:《炎黄汇典·史籍卷·自皇古至五帝第一》,第170页,吉林文史出版社,2002年版。

7. 刘文学:《黄帝故里故都历代文献汇典·卷二重要文献摘要》,第31页,中国文联出版社,2005年版。

8. 刘文学:《黄帝故里通鉴·卷八当代文论》,第197页,中州古籍出版社,2006年版。

9. 李学勤、张岂之总主编,王贵民主编:《炎黄汇典·史籍卷》,第70页,吉林文史出版社,2002年版。

10. 李学勤、张岂之总主编,王贵民主编:《炎黄汇典·史籍卷》,第254、199页,吉林文史出版社,2002 年版。

11. 刘文学:《黄帝故里志·卷六政治》,第 87 页,中州古籍出版社,2007 年版。

12. 李学勤、张岂之总主编,王贵民主编:《炎黄汇典·史籍卷》,第 41、39 页,吉林文史出版社,2002 年版。

13. 刘文学:《黄帝故里志·卷六政治·黄帝国号与诸侯国号》,第 71 页,中州古籍出版社,2007 年版。

14. 李学勤、张岂之总主编,王贵民主编:《炎黄汇典·史籍卷》,第 96、247 页,吉林文史出版社,2002 年版。

15. 李学勤、张岂之总主编,王贵民主编:《炎黄汇典·史籍卷》,第 113、153 页,吉林文史出版社,2002 年版。

16. 李学勤、张岂之总主编,王贵民主编:《炎黄汇典·史籍卷》,第 86、164、181、86、96、230、341、253 页,吉林文史出版社,2002 年版。

（作者为新郑市地方史志办原副主任、副编审）

太昊伏羲氏的起源、迁徙地望辩证

魏嵩山

　　太昊伏羲氏是我国原始社会母系社会末期的部落和氏族酋长。太昊乃伏羲氏之号,亦作太皞、太皋、太皇;伏羲又作伏牺、庖牺、宓戏等,故又简称皇羲,被视为"三皇"之一。相传燧人氏时,太昊伏羲氏与女娲氏同出于华胥氏部落,以同胞兄妹结为夫妻,繁衍人类,受到历代人们的敬仰和崇拜,被尊为中华民族的祖先,俗称"人祖爷"。

　　关于太昊伏羲氏的出生和起源地,古籍记载不一:

　　晋皇甫谧《帝王世纪》:"太皞帝庖牺氏,风姓也,母曰华胥。燧人之时,有大人之跡出于雷泽之中,华胥履之,生庖牺于成纪。"晋郭璞注《山海经》引《河图》:"大跡在雷泽,华胥履之而生伏牺。"北宋《太平御览》卷七八皇王部引《诗·含神雾》亦谓:"大跡出雷泽,华胥履之,生宓羲";但又引《遁甲开山图》曰:"仇夷山,四面孤立,太昊之治,伏羲生处。"十六国前秦王嘉《拾遗记》则谓:"春皇者,庖牺之别号,所都之国有华胥之洲,神母游其上,有青虹绕神母,久而方灭,既觉有娠,历十二年而生庖牺。"北魏郦道元作《水经注》,于《瓠子河篇》云:"瓠子河又左径雷泽北,其泽薮在大成阳县故城西北十余里,昔华胥履大人跡处也"。同书又于《渭水篇》云:成纪水"故渎东径成纪县,故帝太皞庖牺所生之处也"。南宋罗泌《路史·太昊纪》则谓伏牺母曰华胥,居华胥之渚,履大人足而生伏牺。

　　综上古籍所载,华胥氏生太昊伏羲氏之地说法有四:一说在雷泽;一说在成纪,雷泽只是其母华胥怀孕之处;一说在仇夷山;一说在华胥国中华胥渚(华胥洲)。但一个人不可能同时出生于四地。为了缝合矛盾,有学者以为仇夷山古时属于成纪范围,华胥氏生太昊伏羲氏于此,而怀孕在雷泽;又有学者据《山海经·海内东经》载"雷泽中有雷神,龙身而人头,鼓其腹,在吴西",与古成纪县及成纪水在今陕西陇县吴岳之西方位相符,以为雷泽即成纪水,相近之今甘肃华亭县与华池县即为华胥氏原居。凡此,实难取信于人。

　　成纪,县名,始置于西汉,治所在今甘肃静宁县西南,成纪水得名于成纪县,即今葫芦河支流治平河;仇夷山一名仇池山,又名瞿堆,又名百顷山,在今甘肃西和县西南,二地中隔渭水,分属葫芦河流域和西汉水流域,南北相去直距三百华里,西汉成纪县管辖范围不可能包括仇夷山。今华亭县与华池县和静宁县虽同属甘肃、地处渭水以北,但建立时间很晚,并置于隋代,华亭县地在今陕西陇县吴岳以北,华池县更远在今陕西陇县吴岳东北,二地不可能是华胥氏原居遗迹。《山海经·海内东经》所谓雷泽"在吴西",此"吴"所指未必即今陕西陇县吴岳,而当指今山东东阿县南鱼山,又名吾山,《史记·河渠书》载汉武帝塞河决,作《瓠子之歌》有"吾山平兮钜野溢"之句。"鱼"、"吾"二字古音与"虞"、"吴"相通,雷泽在今山东菏泽市北,接今河南濮阳市界,正当鱼山(吾山)之西,亦即吴山之西。

　　《列子·黄帝篇》:"华胥之国在弇州之西,台州之北,不知斯(距)齐国几千里。"《淮南子·坠形训》:"正西弇州曰并土。"这里所谓并土即并州,指今山西;齐国在今山东北部。华胥国既远离齐国而居弇州以西,分明所指即今陕西地区。其地有华山,为秦岭的支脉,《尔雅·释山》已有记载,号为"西岳",故秦岭山脉古时又通称为华山。《尚书·禹贡》:"华阳、黑水惟梁州。"此华阳即华山之阳,泛指整个秦岭山脉以南地区。华山当因华胥氏最初居住活动于此,故以为名。北宋乐史《太平寰宇记》卷二六雍州蓝田县:"蓝田山,古华胥氏陵在县西三十里,一名玉山,一名覆车山。……亦灞水之源出于此。又西有尊卢氏陵,次北有女娲谷。则知此地是三皇旧居于此。"《清史志·陕西西安府》:"华胥渚在蓝田县北三十五里,其地有华胥沟、华胥瑶及毓圣桥,皆传为古华胥遗迹。"蓝田县乃战国秦置,治所原在今陕西蓝田县西灞河西岸,北周时移治今址,正在秦岭山区。考古发掘证实,早在100万年前这里就有古人类"蓝田人"居住,正可与文献记载华胥氏及"三皇"旧居遗存相印证,说明华胥氏可能是"蓝田人"的后裔。太昊伏羲氏的母族既为华胥氏,则其出生和最初活动之地当在今陕西蓝田县一带。

雷泽与西汉成纪县及仇夷山非属秦岭,不可能为华胥氏部族最初居住活动范围,其地当是太昊伏羲氏出生以后与其母族华胥氏徙居于此。

传说太昊伏羲氏有很多重要创造发明,其中之一是教民造网,以捕捉鱼类和野兽。《古史考》:"伏羲氏作网。"《尸子》:"宓牺氏之时,天下多兽,故教民以猎。"《抱朴子》:"太昊师蜘蛛而结网。"上古时雷泽富产鱼类,舜曾"渔雷泽"。此种自然环境正与传说太昊伏羲氏教民造网相联系,说明当时太昊伏羲氏早已出生长大成人。《山海经·海内东经》中载"雷泽中有雷神,龙身而人头,鼓其腹",所指显然是太昊伏羲氏成年以后的偶像。如果华胥氏在雷泽刚刚怀孕,太昊伏羲氏在此还未出生直至成纪或仇夷山方才出生,其何能教民造网?《山海经·海内东经》所载雷神何以为太昊伏羲氏成年以后的偶像?传说以"华胥履大人迹"在雷泽,太昊伏羲氏出生于此,当因太昊伏羲氏与其母族华胥氏移居该地时,其发明了结绳织网,大大提高了渔猎效率,人以为神,从此被推举为氏族部落酋长,取代了华胥氏,所以作此附会。北魏郦道元《水经·渭水注》于陈仓县引荣氏《开山图》:"伏羲生成纪,徙治陈仓,非陈国所建也。"陈仓县乃春秋秦置,治所本在今陕西宝鸡市东渭水北岸,隋大业十年移治今宝鸡市区,唐至德二年改名宝鸡。既然太昊伏羲氏自成纪"徙治陈仓",说明西汉成纪县只能是太昊伏羲氏出任氏族部落酋长以后所徙之"故治";同样仇夷山亦是"太昊之治",而非太昊伏羲氏出生于此。

《左传·僖公二十一年》:"任、宿、须句、颛臾,风姓也,实司大皞与有济之祀,以服诸夏。"又《论语·季氏》载孔子语称"夫颛臾,昔者先王以为东蒙主"。任国始见于商代,在今山东微山县西北。宿与须句、颛臾三国皆西周封置,宿国在今山东东平县东;须句国在今山东东平县西南,后迁于今东平县西北;颛臾国在今山东平邑县东颛臾集。这里济即济水,古为四渎之一,流经今河南东部、山东西北部;东蒙即今蒙山,地跨今山东平邑、费、蒙阴、沂南及新泰等县市。据此,又有学者认定今山东鲁南蒙山及鲁西古济水流域为太昊伏羲氏部族"最初居住和活动的区域";今山东泗水县东北22.5公里有华胥山,俗称黄粟山,又名黄山、黄山寨,乃太昊伏羲氏母族华胥氏所居,山下东南有黄沟乃华胥氏怀太昊伏羲氏之华胥渚,其西有华村即西汉华县。此说未免牵强。

任、宿、须句、颛臾四国以风为姓,无疑是太昊伏羲氏后裔。四国把古济水、东蒙与太皞并列为祭祀对象,只能说明太昊伏羲氏部族曾在其地居住活动,并不能证明是"最初"。今山东泗水县东北华胥山得名于近代,明、清以前不见任何古籍记载,显然是黄粟山的谐音,不可能与太昊伏羲氏的母族华胥氏有关;黄沟即流经黄粟山下的水沟,不等于华胥渚,沟即小河,渚乃洲渚、小岛;华村亦得名于近代,而非西汉华县,西汉华县治所不在此地而在今山东费县东北,至西晋以后方废。

太昊伏羲氏部族后来定居于今河南淮阳县。《左传·昭公十七年》:"陈,太皞之虚也。"晋杜预注:"太皞居陈。"《帝王世纪》亦载:"太昊帝庖牺氏,风姓也,蛇身人首,有圣德,都陈。"《水经·渠水注》:沙水"又东南径陈城北,故陈国也。伏牺、神农并都之。城东北三十里犹有牺城实中。"唐李吉甫《元和郡县志》卷八陈州:"本太昊之墟,周武王封妫满于陈,春秋时楚灭之";又宛丘县:"郭下。州理城,楚襄王所筑,即古陈国也。包牺氏、神农氏并都于此。"宋乐史《太平寰宇记》卷一〇陈州:"昔庖牺氏所都,曰太昊之墟。……周初为陈国,武王封舜后胡公妫满于此,以奉舜祀。"这里陈城、陈国、陈州、宛丘县并指今淮阳县城,以古宛丘位于其城东南,故又通称宛丘,隋始名宛丘县。近年考古发掘证实,今淮阳县城东北15公里许朱丘寺发现新石器时代大汶口文化和龙山文化遗址,又于县城东南4公里大朱庄平粮台发现龙山文化古城遗址,经研究,前者与《水经·渠水注》所载牺城所在位置吻合,可能为太昊伏羲氏早期所都,后者与古宛丘所在位置相符,可能为太昊伏羲氏后期所都。有学者以为太昊伏羲氏自成纪"徙治陈仓",陈仓即指今河南淮阳县,完全出于误解。

诚如上考,太昊伏羲氏部族当起源于秦岭山区今陕西蓝田县一带,以后几经迁徙,大抵最初与其母族华胥氏迁居今山东鲁西平原菏泽市一带,旋即西迁入今甘肃境内,居住活动于西汉水上源西和县和葫芦河流域静宁县,继又东迁于今陕西宝鸡市,再迁于今山东鲁西平原古济水流域和鲁南蒙山,其后定居于今河南淮阳县。

这里顺便指出,既然太昊伏羲氏与女娲氏同出于华胥氏,是同胞兄妹,太昊伏羲氏出生起源于秦岭山区今陕西蓝田县一带,女娲氏亦应出生起源于此。今山东济宁市东南有承匡山,相传即"女娲生处",附近有女娲陵、女娲庙(见《太平寰宇记》卷一四济州任城县下)。此说亦非。任城县置于西汉,治所原在今山东微山县西北,如前所述,其地本古之任国,为太昊伏羲氏迁居,北魏始移县治于今济宁市。今济宁市东南承匡山当是女娲氏随太昊伏羲氏迁居于此。待太昊伏羲氏定居今河南淮阳县,女娲氏亦随之西迁,故与今淮阳县邻近的西华县城北聂堆乡思都岗村有女娲城,又名柳城,考古发掘证实,其城筑于春秋时期,可以想见,此前当地必有聚落存在,"古老传云女娲氏之都"。

参考资料:

1. 杨復竣:《中华民族始祖太昊伏羲》第一章"伏羲生世篇"。
2. 何光岳:《炎黄源流史》第一章"华胥氏的来源和迁徙"。
3. 司马迁:《史记·五帝本纪》。
4. 见王献唐:《炎黄氏族文化考》第 476 页,及安作璋等:《山东通史》先秦卷,第 44～45 页。
5. 杨復竣:《中华民族始祖太昊伏羲》第七章"伏羲故都篇"。
6. 见乐史:《太平寰宇记》卷一〇,陈州西华县下。

（作者为上海复旦大学历史系教授）

中原地区的伏羲文化

马世之

中原是一个地域概念。在古代,它与中国、中州是同义语,系指黄河流域中下游地区,亦即今之河南省而言。

中原地区土地肥沃,经济发达,交通便利,文化底蕴丰厚,伏羲文化在这里得到广泛的分布与发展。由伏羲、女娲及其族人共同缔造的伏羲文化,发祥于陇右地区成纪(今天水)一带,随着伏羲族势力的强大,其文化也不断发展,并渐呈向四周辐射之势,锋芒所向,直指中原。伏羲文化东渐的轨迹,可能是自陇右沿渭河上中游谷地入关中,出潼关,沿黄河,傍崤山、王屋山、太行山东行,并经函谷关至伊洛盆地,出虎牢关而抵达豫东平原,在此融合了东夷太昊族文化,从而形成了以陈(今淮阳)为都的新的文化中心。在中原地区的黄河两岸,太行山麓、伊洛盆地和豫东平原,到处都有伏羲、女娲的史迹与传说,比较著名的有淮阳羲皇故都与太昊伏羲陵、濮阳雷泽华胥履迹处、郑州浮戏山、巩义伏羲台、孟津龙马负图寺、洛宁洛出书处、西华女娲城与女娲坟、沁阳伏羲女娲殿、济源女娲补天石等。

一、淮阳羲皇故都与太昊伏羲陵

淮阳古称"宛丘"或"陈",地处黄河冲积扇南沿的颍水中游,是历史上的交通枢纽和财赋之区。文献记载,陈为太昊伏羲之都。《左传·昭公十七年》载:"陈,大皞居陈,木火所自出。"王符《潜夫论·五德志》云:"伏羲……世号太皞,都于陈。"皇甫谧《帝王世纪》云:"太昊帝庖牺氏,风姓也。蛇首人身,有圣德,都陈。"罗泌《路史·后纪一》引作"天皇伏羲都陈留"。司马贞《史记·补三皇五纪》谓:"太皞庖牺氏,风姓,代燧人氏继天而王……都于陈,东封太山。"徐坚等《初学记·居处部》说:"伏羲都陈,神农亦都陈。"郑樵《通志·都邑略》云:"伏牺都陈,神农都鲁,或云始都陈。"马骕《绎史·太皞纪》引《帝王世纪》说:"庖牺氏……称太昊,都陈。"顾炎武《历代宅京记》云:"伏羲氏都陈。"吴乘权等辑《纲鉴易知录·太昊伏羲氏》谓:"太昊伏羲氏,以木德王……作都于陈。"《水经·渠水注》载:"沙水又东南迳陈城北,故陈国也。伏羲、神农并都之。城东北三十里许,犹有羲城实中。"当代学者多袭此说。淮阳境内分布着许多大汶口文化遗址,它们属于大汶口文化颍水类型。这一类型的大汶口文化是公认的太昊文化。说明淮阳确实是太昊伏羲氏之都邑。

伏羲都陈,死后亦葬于此。《历代陵寝备考》云:"太昊伏羲氏,风姓……陵在河南陈州府城北三里淮宁县界。"其墓通称"太昊陵"或"太昊伏羲陵",系中国十八大名陵之一,因为是中华"人文始祖"墓,故称天下第一陵。该陵位于淮阳县城北1.5公里处的蔡河之滨,面临万顷湖水。其陵庙的历史悠久,至少可以追溯到春秋时期。据孔子《家语》载:"孔子自卫适陈,陈侯启陵阳之台。""朝祖"碑载,孔子在陈时已建了庙。三国时曹植曾被封思王于陈,拜谒伏羲后作《伏羲赞》曰:"木德风姓,八卦创焉;龙瑞官名,法地象天。庖厨祭祀,罟网鱼畋。瑟以象时,神德通玄。"唐、宋时期,诏立陵庙,并派专人看守。元朝时,陵庙多年不修,渐渐毁坏,至元末,宋以前遗物仅留下一块墓碑。明英宗正统十三年(1448),在原有的废墟上进行重建。清乾隆十年(1745),又拨专款修葺。至此形成规模宏大、殿宇巍峨的陵寝。

太昊伏羲陵重建于明朝,按伏羲先天八卦之理数而兴修,其结构与明代皇宫相仿,是中国帝王陵庙中大规模宫殿式古建筑群之孤例,整个建筑群占地875亩,分内城、外城、紫禁城,总体布局坐北朝南。现有三殿、两庑、两楼、两坊、一台、一园、七观、十六门。主体建筑分布于南北750多米长的中轴线上,陵园正中为统天殿,殿内塑伏羲坐像,手托八卦。两侧配有神农、黄帝、少昊、颛顼塑像;殿前有月台,高7级,可容纳千人朝拜;再进为显仁殿,殿后是太始门,太始门后为太昊伏羲陵,陵周围即紫禁城。陵高20米,周长182米,上圆下方,取天圆地方之意。陵前有八卦坛和宋代石碑一通,宽1米,高5米,上镌"太昊伏羲氏之墓"

七个大字,据传此碑为苏小妹用汗巾做笔写成。陵上有白檀、古柏,苍翠峥嵘,素有"羲陵岳峙"之称,是淮阳七台八景之一。陵后为蓍草园,传说伏羲曾在此揲蓍画卦。园内蓍草茂盛,"蓍草春荣"为古陈八景之一。

二、濮阳雷泽华胥履迹处

雷泽又称"雷夏泽",因其地近负夏而得名。《尚书·禹贡》载:"雷夏既泽,雍、沮会同。"是说雍、沮二水汇流于雷泽之中。《括地志》谓:"雷夏泽在濮州雷泽县[北]郭外西北。"隋唐雷泽县本汉成阳县,其地在今山东鄄城县董口集东南,雷泽在古雷泽县城郭外面北 10 余里处,其面积约东西 20 余里,南北 15 里,远古时代范围更大。其方位约在今山东鄄城县董口集与河南濮阳县王称堌、白堽乡、范县濮城镇之间。文献记载华胥游雷泽履大迹而孕伏羲。《帝王世纪》载:"太皞帝包牺氏,风姓也。母曰华胥,燧人之世,有大人迹出于雷泽,华胥履之,而生包牺,长于成纪。"司马贞《史记·补三皇本纪》云:"母曰华胥,履大人迹于雷泽,而生庖牺于成纪。"《水经·瓠子河注》曰:"瓠河又右迳雷泽北,其泽薮在大成阳县故城西北一十余里,昔华胥履大人迹处也。"《太平御览》卷七十八引《诗含神雾》云:"大迹出雷泽,华胥履之生宓牺。"《潜夫论·五德志》称:"大人迹生雷泽,华胥履之,生伏羲。"《纬攟》卷十一载:"燧人之世,大迹出雷泽,华胥履之生伏羲。"《河图稽命征》云:"华胥于雷泽履大人迹而生伏羲于成纪。"《河图握矩起》载:"燧人之世,大迹在雷泽,华胥履之,而生伏羲。"《孝经·钩命诀》也谓:"华胥履迹,怪生皇牺。"上述文献记载,是说伏羲的母亲华胥,因在雷泽附近踩上了巨大的脚印后而身怀有孕,后来生下伏羲。这种神话传说,突出了伏羲这位人文初祖来历的尊贵和不凡。

三、郑州浮戏山

河南巩义、荥阳、新密和登封境内的浮戏山,俗称老庙山,是嵩山之余脉。浮戏山的得名,据《汜水县志》载:"泉石欹危,映带左右。晨起伏而凭之,烟雾弥漫,万顷茫然,峰峦仅露其巅,烟移风动,如众鸟浮水而戏……山名浮戏取意于此。"不过,另外还有一种说法,是浮戏之"浮"与"伏"音同,也可写作"伏"。关于羲,《尚书序》孔传曰:"伏羲氏,伏,古作虙。牺,本又作羲,亦作戏。"张辑《字诂》谓："羲古字,戏今字。"因而浮戏山就是伏羲之山。郑州浮戏山一带,分布着众多伏羲、女娲祠庙,广泛流传着一些动人的伏羲、女娲故事,以浮戏山为中心,形成了河洛地带的一个伏羲文化圈。

荥阳市环翠峪一带,传说伏羲、女娲是当地一对孪生兄妹,两人练就一身好水性,男孩常仰卧水面而不沉,女孩时而潜入水底,时而浮出水面,活像一只大青蛙,人们把男孩叫浮戏(伏羲),女孩叫女蛙(娲)。有人考察当地地貌后说,浮戏山卧龙台是伏羲画卦台,以浮戏山为中心的地理图就是一幅八卦图。

四、巩义伏羲台

伏羲台位于巩义市东北约 10 公里处的河洛镇洛口村东黄河南岸的台地上,该台地正值黄河与洛河交汇处以东的夹角地带,高出黄河河床约 80 米。东部沟壑纵横,西部紧靠洛口,南边依望莲花山,此山诸峰连绵起伏,形似莲花,当地人古辈千年口耳相传,名之曰"连山"。伏羲台为一土丘,高 15 米,东西长 150 米,南北宽 100 米,略呈椭圆形,是一处以仰韶文化为主要内涵的新石器时代遗址。台东有一个 15 平方米的洼地,称"羲皇池",据说为伏羲画卦着墨处。隋文帝开皇二年(582),颁诏于此建"羲皇祠",元代谯国公曹铎在祠侧建"河洛书院",现祠、院均毁。相传伏羲台为当年伏羲画八卦之处。伏羲台以西的河洛交汇处,洛水清,黄河浊,洛水注入黄河时,黑白相间,清浊异流,形成旋涡现象。伏羲在台上察日月交替,思寒暑循环,观河洛汇流所形成的旋涡,有感而绘制"太极"图。他在连山北麓伏羲台上创立八卦,完成了"易"的最初构思,就是后世所说的连山《易》。

五、孟津龙马负图寺

龙马负图寺位于孟津县城东北 20 公里的老城乡雷河村。相传上古之世,有龙马负图出于河,伏羲据此而画八卦。孟津县有一条小河,名叫图河,图河是黄河的一条小支流,发源于孟津县城东南 3 公里之邙山伯乐原诸坟岭,东北向逶迤注入黄河,全长 21.5 公里,流域面积 63.3 平方公里。现为"图河故道"。据说图河中有龙马怪物,兴风作浪,危害人民。伏羲于图河下游的老城乡孟河村,降伏了龙马,把它圈养起来。伏羲经过认真观察,从龙马背上的旋毛图纹中受到启发,画出了八卦。后人为缅怀伏羲降龙马、画八卦的伟大业绩,于晋穆帝永和四年(348)在此建寺纪念。《孟津县志》载:"寺在孟津县,始名浮图寺。晋天竺僧浮图澄西来,住锡于此。怀帝永嘉时曰河图寺,梁武帝改曰龙马寺,唐高宗麟德中改曰兴国寺,又改曰负图寺。"明嘉靖四十二年(1563),于原寺后重建新寺,名"伏羲庙",乾隆十九年(1754)重修后改为"羲皇庙"。龙马负图寺建立于雷河北岸,供殿巍峨,规模宏伟,前有邙岭逶迤,后有大河奔腾。寺内伏羲殿内,供奉着伏羲和龙马的塑像。原来建筑比较完整,历经毁坏,仅明嘉靖年间所建一座大殿旧貌未变。该殿砖木结构,单檐歇山式,面阔 3 间,进深 7 间,挑角斗拱,灰瓦绿脊,琉璃吻兽。殿内东西山墙上镶石碑 24 通,镌有全寺建筑分布图和程颐、邵雍、张戴、朱熹、王铎等名家撰写的碑记。原山门左侧,立有"龙马负图处"碑一通。

1992 年 9 月,孟津县政府对伏羲大殿进行全面落架提升修复,在原有地平线上提高 2 米台基,对原建筑物件立柱、墙体、檩条、斗拱等经修整后,重新上架,保持了原有的建筑风貌。在大殿前山门的遗存基础上,按其旧制修建了山门及钟鼓楼。

六、洛宁洛书出处

洛宁县位于河南省西部的洛河中游。从县城西行约 20 公里,就是全长442.5 公里的洛河上下游分界处,也是历史上长水县县城所在地,即今天长水乡西长水村,这里为伏羲发现洛书处。

伏羲之世,河洛地区有两个大的氏族部落:有河氏活动在黄河之滨,其首领称河伯;有洛氏活动在洛河之滨,其首领称洛伯。伏羲将自己善良而美貌的女儿宓妃下嫁给洛伯为妻,因此宓妃又称洛嫔或洛妃。河伯久闻宓妃天姿国色,为了霸占宓妃,便对洛伯发动了一次大规模的掠夺战争。结果洛伯战败,宓妃投洛河而死。伏羲为替女儿报仇,率兵诛杀河伯的同时,亲临女儿殉义处察看,竟然从洛水中发现了灵龟献书。于是伏羲便寓居于此,据河图、洛书,画八卦,造书契,演古易,作甲历定四时,治田里。并且特意将龟书图案刻在龙头山南面临洛水的石壁上,以作永久纪念。

在洛书出处的洛宁县西长水村,被称作"老龟坑"即龟窝所在地,有两碑并排而立,相距 3.18 米。东边古碑高 2.01 米,宽 0.675 米,厚 0.27 米,碑额刻有龟首图案,图中方形线基本脱落,似为洛书图样。碑文仅剩一魏书"洛"字,当为汉魏遗碑。西边古碑高 1.825 米,宽 0.235 米,厚 0.17 米,为清雍正二年(1724)永宁县令沈育所立,碑上刻有"洛出书处"四个大字。这是专记洛书之源的重要碑刻。

七、西华女娲城与女娲坟

西华古称长平,位于河南省中部偏东的黄淮平原中部,东邻"羲皇故都"淮阳,是著名的"娲皇故都"所在。文献记载中的女娲城,位于西华县城北 9 公里的聂堆镇思都岗村,相传为"女娲氏之故墟"或"女娲之都",系女娲补天时所筑。《太平寰宇纪》卷十载:"县西二十里,旧传女娲之都,本名娲城。"《东野纪闻》云:"陈之长平即女娲炼石补天处。今有女娲城在焉。"《读史方舆纪要》卷四十七云:"娲城在西华县西,女娲之都也。"《河南通志》云:"女娲氏遗民思故都,因以为名。"《陈州府志》载:"西华县。女娲城在县西北十里。曹植赞曰:'古之国君,造簧作笙。人物未就,轩辕纂成。'"清《西华县志》谓:"娲城,以为女娲所筑之城,故老相传。其来已久。城上朝来缤纷,烟霞袅袅,尤以春夏之交,以此景为壮观。"有人以此赋诗:"女娲炼石自何年? 补足人间缺漏天。石屑化为城上土,常将五色幻朝烟。"女娲死后,人们在思都岗村修女娲城,在城内建女娲阁,阁分上下两层,上供女娲,下供伏羲。女娲身披树叶,赤足散发,左手折鳌,右手持蛇,气宇轩昂,栩栩如生。后经历代增修,娲城已具相当规模,城垣坚实,庙宇堂皇,已达五庙十殿,颇为壮观。后来城、阁被毁,百姓思念娲皇故都,因名"思都岗"。民间传说,这一带就是当年女娲补天处。

女娲坟位于西华县城北,在女娲城西南 280 米处。原高 6 米,面积近 400 平方米,后为黄河水淹没。1984 年当地群众加封土冢,增高至 13 米。坟前有女娲墓碑。传说农历腊月十一是女娲生日,正月十五是女娲补天完工的日子,故每年腊月十七到二十三,正月十二到二十女娲城庙会期间,附近县乡甚至外省不少群众都到女娲坟前烧香祭拜,最多时一天竟达 2 万余人。

为张扬女娲文化,西华县城广场建有女娲补天塑像,并建女娲阁一座,高 8 米,占地 200 多平方米。

八、上蔡白龟庙

白龟庙又称白龟祠,位于上蔡县城东15公里的塔桥乡白龟庙村,相传为伏羲画卦处,宋时称羲皇城,明代称羲和寨,建有6万平方米的一城一庙。其城东西宽800米,南北长1 200米,四面各建有城门,双重护河。白龟庙坐北向南,门前有玉带河,桥头立有"蓍台"石坊。门内左右为钟鼓楼,其北有仪门,仪门左右各有5间配殿。仪门以北正中为面阔5间进深3间的伏羲大殿,殿中塑有伏羲坐像,殿前建有5层铁塔两座,塔高8米。伏羲殿后为三皇阁,内塑天皇、地皇、人皇坐像。阁西有垂花门通蓍草园,蓍草园中有先天八卦亭一座。先天八卦亭又称画卦亭,建于高2米的砖台之上。为八角形攒尖琉璃瓦顶,门在南面,门侧两根石柱上刻对联一副:"仰观俯察一画明天地之道;数往知来六爻发古今之藏。"亭旁旧有东汉蔡邕所题的"伏羲画卦碑"。画卦亭后有伏羲墓,当地俗称人祖坟,坟高数丈,上有两人合抱的古楸数株。经过历史的剥蚀,殿内建筑大都遭到破坏,保护较好的主要为伏羲画卦亭。

九、沁阳伏羲女娲殿

沁阳位于河南省西北部的沁河之畔。沁阳古称"野王",又称"河内",属怀州所辖,境内的太行山一名女娲山,王伯厚《地理通释·十道山川考》云:"河北名山太行,在怀州河内县西北,连亘河北诸州,为天下之脊。一名皇母,一名女娲。其上有女娲祠。"远古时代女娲氏族部落曾在太行山地区活动,故而该山又以女娲命名。沁阳境内的金顶山属太行山南麓主峰之一,位于沁阳市紫陵乡赵寨村北,山上原有一天然石洞,元代在此倚洞建有女娲殿宇,清代进行重修。现存伏羲女娲殿为石砌山墙,硬山灰瓦顶,殿内供奉有伏羲、女娲塑像,殿前有清代重修碑记一通。

十、济源女娲补天石

济源位于豫西北地区的黄河北岸,中国古代四大名渎之一济水发源于此,济源北依太行、王屋两山,王屋山系太行山南段的一个支脉,山峦重叠,以其"状若王者车盖"而得名。王屋山下有著名的女娲补天石。女娲补天石在王屋山紫金崖下三官洞外,这里有一块色彩斑斓、大而奇特的五彩砾岩,传为当年女娲补天时所剩之石,故称"女娲补天石",象征吉祥如意。

济源市西北 55 公里的邵原镇小沟背村,其地貌特征属山间盆地,以小沟背村为中心,狭长幽深的银河贯穿全境。河谷两岸群峰壁立,沟壑纵横,五色奇石遍布,大的似楼宇,小的如鸟卵,五色胶结之状,真的就像"熔炼"的一样,相传这里是女娲炼石补天的地方,当地民谣形象地说:"天上银河星星稠,地上银河彩石谷。"因此,小沟背村又称"炼石村"。

小沟背村河谷傍依的山峰,宛如一只金凤凰,凤凰台高高耸立为凤首,沿凤颈向上延伸的山梁为凤身,两侧山岭像凤翅,活灵活现,栩栩如生。前面河床经千万年河水冲刷,形成"龙槽凤池",相传为女娲、伏羲沐浴之处。

中原地区的伏羲文化史迹,除上面提到的几处外,还有登封三皇庙、禹州方山八卦台、荥阳汜水紫金山伏羲庙、汜水白玉岭女娲祠、沁阳女娲山、信阳鸡公山女娲祠等。伏羲是人文初祖,他曾结网罟而发明渔猎工具,制作琴瑟等乐器,并规范婚姻制度与嫁娶礼仪,以及始画八卦,用"太极"学说来分析宇宙发展变化之理。女娲是"三皇"之一,为我国上古最负盛名的一位女神。相传她曾炼石补天,发明笙簧,抟土造人,为女媒而设置婚姻。伏羲、女娲的丰功伟绩,如日月经天,江河行地,将永存史册,长留于人们心目之中。

参考资料:

1. 马世之:《伏羲文化中原觅踪》,《寻根》2003 年第 1 期。

2. 马世之:《濮水流域虞舜史迹探索》,载《帝舜故里》,濮阳帝舜文化研究会,2001 年。

3. 王战龙:《伏羲故里在郑州浮戏山》,《郑州晚报》2005 年 5 月 17 日。

4. 于长君、廖永民等:《河洛"伏羲台"遗址考古综述》,载《洛汭与河图洛书》,河南科技出版社,1996 年。

5. 李德龙:《洛书之源探析》,载《河洛文化研究》,解放军外语音像出版社,2006 年。

6. 张放涛主编:《中原文化旅游概览》,第 148～169 页、149 页,当代中国出版社,2003 年。

（作者为河南省社会科学院研究员）

帝喾族系居伊洛考

杨作龙

　　帝喾是五帝之一,据《史记·五帝本纪》载:"帝喾高辛者,黄帝之曾孙也。高辛父曰蟜极,蟜极父曰玄嚣,玄嚣父曰黄帝。自玄嚣与蟜极皆不得在位,至高辛即帝位。"又曰:"高辛氏有才子八人,世谓之八元。"《路史·国名纪》云:"侨极取陈丰氏生帝喾,喾复取陈丰氏生帝尧。"又《名疑》云:"帝喾父侨极。《史记》作蟜极。或作桥极。母陈丰氏名襃。"帝喾"三妃陈丰氏名庆都,喾母族也,是为尧母"。

　　《大戴礼记》载帝喾妃族曰:"帝喾卜其四妃之子,而皆有天下。上妃有邰氏之女也,曰姜嫄氏,产后稷;次妃有娀氏之女也,曰简狄氏,产契;次妃陈锋氏之女也,曰庆都氏,产帝尧;次妃娵訾氏之女也,曰常仪氏,产帝挚。"

　　以上记载为帝喾族系的简要情况,但又语焉不详。如所记帝喾生地不明,陈丰氏族系不清,帝喾父蟜极族所处之地无载,帝尧生地说法不一,且族系在古史记载中又相为牴牾。学界对此又很少论及,古史记载的简略为我们解读这些问题造成了很大困难。本文拟就此进行初步探讨,并予以简略的注证。

　　我们且从蟜极的氏族缘系谈起,所以称为氏族缘系,是因为要涉及蟜极的父族族缘、母族族缘和子族族缘,故统称之为缘系,这也是问题的关键所在。据《大戴礼记·帝系》称:"黄帝产玄嚣,玄嚣产蟜极,蟜极产高辛,是为帝喾。"又说:"黄帝居轩辕之丘,娶于西陵氏,西陵氏之子谓之嫘祖,产青阳及昌意。青阳降居泯水,昌意降居若水。"黄帝在河洛地区的活动,我们可以概括为其出生于有蟜氏族,成长于黄河南岸的泯水,发迹于有熊之地,炎黄大战后曾建密都于青要之山,后向西发展,铸鼎于荆山之下,其后作为当时声名显赫的华夏部落族团向四方发展。

青阳所降居之泜水,据《春秋左传注疏》卷一六注云:"泜水出鲁阳县东,经襄城定陵入汝。"《五礼通考》卷二〇九称:"泜水即滍水,在今河南南阳府叶县东北一里。"滍水,据《元和郡县志》卷7曰:鲁山在鲁山县东北十里,"鱼齿山在县东六十里。春秋,楚师伐郑涉于鱼齿之下,山有滍水故言涉也"。滍水为古水名,《汉书》中即有记载。《汉书·地理志》云:"鲁山,滍水所出。"滍水即今河南沙河,在鲁阳镇南。昌意所居若水,在古汉语中,若与汝通假,若水即汝水。北魏郦道元在《水经注》中对汝水有过详细考察,认为:"尧山西岭下水流两分,一水东经尧山南为滍水也,即经所言滍水出尧山矣。一水东北出为汝水,历蒙柏谷。"尧山在鲁阳县西,与《元和郡县志》所记相合。许顺湛先生在《五帝时代研究》一书中,在对马世之先生古都国地域考证的基础上研究也认为:"若水当在河南北汝河流域。"此处所说的汝水流域和泜水流域,也是炎帝氏族或部落的主要活动范围,关于炎帝族团在伊洛地区的活动拟作专文论列。蟜极的父族居地落定,至于产蟜极是在青阳降居前还是降居之后,已无从可考。蟜极的母族为哪一氏族,我们还能在典籍中找到线索。

《路史·国名纪》云:"有乔,侨也。一作桥,少典取有侨氏。《传》作有蟜,贾云诸侯,后有乔氏、桥氏、蟜氏。"《通志》卷二八亦有:"侨氏",注引《风俗通》云:"黄帝孙侨极之后,侨亦作蟜。"在此,郑樵又曰:"古者帝王犹以名行,况臣下乎!此以名为氏。"如前引《大戴礼记》,姜嫄又可称姜嫄氏,简狄称简狄氏,与此相同,也是以名为氏。如此,则蟜极又可称为蟜极氏。因此,我以为蟜极既是姬姓青阳之子,同时也是蟜氏族的氏族分支,这里的蟜氏族应该就是有蟜氏族,是生活在平逢山一带的氏族族团,也即是黄帝的母族氏族族团分支出来的氏族。这样,根据蟜极父族和母族的居地,蟜极的居地范围也可大体划定在北至平逢山南到鲁山的地域之中。

我们再来探讨帝喾的母族陈丰氏。据前引《路史》载:"侨极取陈丰氏生帝喾,喾复取陈丰氏生帝尧。"《名疑》卷一亦云:"帝喾父侨极……母陈丰氏名褱。"陈丰氏的族居地又在何处,史无明文,我们且再沿着有关帝喾氏姓的传说进行追寻。《名疑》又称:"帝喾高辛氏姬姓,名喾,或曰妘姓,或曰房姓。"《太平御览》

卷八〇引《古史考》曰:"高辛氏,或曰房姓,以木德王"。帝喾之姬姓来自父蟜极之姬姓,其房姓之说我认为是来自母家氏族。考房姓,按古汉语通假例,房与方通,方姓又自有源流。据《风俗通》曰:方,"方雷氏之后"。《方氏族谱序》称:"惟方姓出自方雷氏。方雷者,西陵氏女,轩辕之正妃,是为嫘祖。或曰:榆罔之子曰雷,封于方山,后人因以为氏。"而方孝孺在《逊志斋集》卷一三亦云:"方氏出于榆罔之裔,方雷比他姓为最先。黄帝时有曰明,在七圣之列。"方回在《石峡书院赋》云:"方雷氏之媲轩后兮,实得姓之攸昉。"是说方姓得姓始于方雷氏为黄帝之妃,与《风俗通》所记略同。以上说明方氏后人对上述方姓来源的两种说法都是认可的。方雷氏与西陵氏的关系,据《国语》卷一〇引司空季子曰:"青阳,方雷氏之甥也。"注云:"方雷,西陵氏之姓也……《帝系》曰:黄帝取于西陵氏之子曰累祖,实生青阳。姊妹之子曰甥,雷累声同。"《五礼通考》、《礼书纲目》、《仪礼经传通解》俱同此说。按韦昭《国语》解所云,方雷氏为西陵氏之姓,则方雷氏与嫘祖应为一人,或是同一氏族的姐妹,总之同出于西陵氏族。既然青阳为方雷氏之甥,此方雷氏当为青阳之舅,即榆罔之子,则榆罔之子与青阳之母嫘祖实为兄妹或姐弟关系,这也符合母系氏族社会氏族成员的构成状况。榆罔为最后一代炎帝,概括上述氏族关系,即:方雷为榆罔之子,与嫘祖为同胞氏族,嫘祖为西陵氏之女,则炎帝榆罔与西陵氏为通婚氏族。前述榆罔之子雷以居方山而得姓方雷,古方山的地理位置,据《禹贡锥指》卷一一载:"据《唐志》:陆浑山一名方山。"又据《大清一统志》卷一六二载:"方山,在嵩县东北。"《隋书·地理志》:"陆浑县有方山。县志云:陆浑山有二,俱在嵩县东北。"其位置应在今伊川、嵩县一带。同时,根据炎帝榆罔之罔亦与方相为通假的惯例,我认为榆罔早期也生活于此方山一带。这从嫘祖的得名也可得到验证。据《山海经·中次三径》载:"青要之山,实惟帝之密都。北望河曲,是多驾鸟。南望墠渚,禹父之所化,是多仆累、蒲卢。"蒲卢,《御定骈字类编》卷一八六蒲卢条称:"沈括以为蒲苇是也"。苇即芦也,芦与卢通。仆累之"累"与蒲卢之"卢"俱可与嫘、雷通假,嫘祖当是得名于此。此处所记"墠渚"即位于嵩县、伊川的方山一带。关于西陵氏族在嵩县、伊川地区的繁衍,还可以从西陵氏本身的族系传承找到线索。王庆唐先生在《炎黄氏族文化考》中指出:"轩辕诸妃之母族虽未可尽考,然元妃嫘祖之嫘,与次妃方累之累,肜雷之雷,音同而皆生于釐,帝鸿母方雷氏,釐姓可证,累固炎族也。"帝鸿母为方雷氏,在《路史》黄帝纪云:"帝鸿氏,鳌姓,帝律生帝鸿,是为帝休,母方雷氏。"帝律即黄帝,考炎帝族系,鳌姓似是从第六代炎帝来即帝鳌氏族传承而来,炎帝鳌即活动于嵩县西部。

据上所述,西陵氏族当来源于炎帝之裔,其氏族及分支居于嵩县、伊川之域。按古汉语通假规律,陵与陈可通假,所以我认为蟜极所娶之陈丰氏当与西陵氏族族系有关,陈丰氏的上世族系或是母族或是父族就是西陵氏族。西陵氏之姓为方雷,则帝喾之母别为方姓或房姓也是自然之理。与陈丰氏上世族系西陵氏族通婚的相关族系在《山海经》中还可以找到。《山海经·中次三经》载:"又东二十里曰和山……实为河之九都。是山也,五曲,九水出焉,合而北注于河,其中多苍玉,吉神泰逢司之。"和山在今孟津、巩县一带,此有泰逢之神,说明古有泰逢氏居此,又逢与丰通,故泰逢氏亦可称泰丰氏。所以我认为陈丰氏是由泰逢氏和西陵氏两氏族通婚而分支所形成。如此,陈丰氏族之居住地就可大体锁定在自黄河以南至嵩县的区域之中,这也即是帝喾的父族所在之地。

这一论断我们还可以从帝尧之母即帝喾之妃的出生之地得到印证。

尧母,名曰庆都,关于庆都的出生更是极具神话色彩。据《古微书》卷八《春秋合诚图》载:"大帝之精起于三河之州,中土之腴。尧母庆都,有名于世,盖大帝之女,生于斗维之野。常在三河之南,天偶大雷电,有血流润大石之中,生庆都,长大形象大帝,常有黄云覆盖之……及年二十寄迹伊长孺家。无夫,出观三河之首……赤龙与庆都婚,有娠。"我国上古常见有感生说,庆都的神话也即缘起于此。很显然,在此神话传说中界定庆都生地的关键是"斗维之野"和"三河"之地。

斗有南斗和北斗之分,南斗为我国古天文学二十八宿中的斗宿,亦称南斗六星,其测地分野在扬州一带。北斗为北斗七星,七星所属之九州为:雍州属魁星,冀州属枢星,兖州、青州属玑星,徐扬之州属权星,荆州属衡星,梁州属开星,豫州属摇星。在典籍中斗与维的同时出现还见于《诗经·大东》,诗云:"维南有箕,不可以簸扬;维北有斗,不可以挹酒浆。维南有箕,载翕其舌;维北有斗,西柄之揭。"箕为箕星,夏秋之间见于南方,即二十八宿之箕星。对于斗星,在典籍中也有不同看法。如宋代严粲在其所撰《诗缉》注云:"(斗)曹氏曰斗七星,今曰斗七星常见于北故曰北斗,或以北斗为二十八宿之斗,非也。"《诗经世本古义》亦云:

"维北有斗乃七星之北斗。"并说:"西柄之揭是斗柄指西,正在秋时,且明言维北有斗,于二十八宿之南斗何与?"都反映古代学者对"维北有斗"在释义上的不相一致。至于"斗维之野"之斗,也就更与南斗无关。

"斗维之野",据古史记载"斗维"之维,《汉书·天文志》云:"极后有四星名曰句星,斗杓后有三星名曰维星"。此三星为衡星、开星、摇星,对应之州则为荆州、梁州、豫州。地域横跨三州,难于界定。又《太平御览》卷四三载《河图括地象》曰:"桐柏山为地穴,上为维星"。"上为维星"所描述的是桐柏山属于维星范围之内呢,还是桐柏山所对应的就是维星,仍未能明确。我们再看第二个条件,即庆都之母所游常在的"三河之南"。何为"三河"?《史记·货殖列传》称:"唐人都河东,殷人都内,周人都河南,夫三河在天下之中若鼎足,王者之所更居也。"此三河之地虽为河洛腹地,但还是略嫌其广。诚然,以三河地区之"南"而论,也可以把具体地点界定于三河之地的南部,说地在桐柏山区也未为不可。根据前引《春秋合诚图》所载两次出现"三河"一词,我认为此处两次提及的"三河"应是同一概念。而清代学者徐文靖在《管城硕记》卷二七中更直言"以河洛伊为三河"。如此,"三河东南"的具体地点只能界定在今河南伊川、嵩县区域,此也与前述陈丰氏的族居之地正相一致。

帝尧为帝喾之子,为姬姓。文献上还有一种说法是帝尧为炎帝之后。如《帝尧碑》曰:"帝尧者,盖昔世之圣王也,其先出自塊,翼火之精。"《隶释》卷一云:"炎帝一曰魁隗氏,此云塊者,犹包牺之为伏羲也。《春秋纬》曰:庆都出观三河,有赤龙负图,下有人,赤衣面,八采,兑上丰下,足履翼星,奄然风雨,龙与庆都合而有娠,既乳,视尧如图表,兹所谓翼火之精也。"在文化的传承中,炎帝被神化为赤帝,并被冠以"翼火之精"称号。此处的"有赤龙负图"在《路史·陶唐氏》又称为"赤帝显图"。按此神话系统,致使帝尧又成了被神化了的炎帝之后。以至后来帝尧也成为了赤帝。如《春秋合诚图》云:"赤帝之精生于翼",即指帝尧。《路史》卷二〇亦云:"(陶唐氏)以火纪德,谓赤帝。"《太平御览》卷五二七云:"图谶:著伊尧赤帝之子。"《广博物志》卷一〇:"尧,翼星之精,在南方,色赤。"显然这都是对神化体系的继承。关于这一点,罗苹在《路史·陶唐氏》注中说得至为明确:"尧与炎帝俱火德王,故谓尧为炎帝后,自汉以来有是说。"可见源头之远。

再看"大帝之精"。《太平御览》卷七六载《春秋合诚图》曰："大帝之精起于三河之州,中土之腴。"又曰:"大帝冠五彩,衣青衣,黑下裳,抱日月。日在上,月在下,黄色……名曰五光。"此言大帝之精即日月之精,日为至阳之精,月为至阴之精。《春秋元命苞》曰:"流火为乌,阳精在日中,从天以照也。"《春秋运斗枢》亦曰:"瑶光散而为乌",又云:"维星明则日月光,乌三足,礼仪修物类合。"乌三足即传统所云日中的三足乌。《事类赋》卷一九释乌云:"实至阳之纯精,既秉受于瑶光,亦合应于维星。"瑶光即北斗之第七星,主豫州分野。至此,庆都所生的"斗维之野"也就界定在黄河以南至桐柏地区的豫州之域,这也同时再次证明了蟜极所娶之陈丰氏的族居之地在此地范围之内。由此,则帝喾与帝尧的出生之地也就此落定。接下来所要探讨的是为什么帝尧亦称伊祁氏。

《太平御览》卷八〇引《帝王世纪》曰:"帝尧陶唐氏,祁姓也,母曰庆都……或从母姓伊祁氏。"《资治通鉴外纪》卷一称:"帝尧,帝喾之子,年十五,长十尺,佐兄挚,受封唐侯,姓伊祁,号陶唐氏。"又《史记索隐》卷一云:"尧,谥也;放勋,名。帝喾之子,姓伊祁氏。"这里只指出"或从母姓伊祁氏"。其母姓由来亦不明确。又据《说郛》卷五云:"庆都与赤龙合,生帝尧于伊祁。"这是上古常见的得姓于生地事例,其地所在,亦未言明。又据《路史》卷二四称:"伊,盖上世所国,今洛之伊阳县,有伊水,尧之母家伊侯国。"这一记载定伊侯国于伊水之侧,"伊祁"的地望只界定一半,"祁"在何处? 还要另寻线索。

据《山海经·中次二经》载,由济水所出的济山"又西南二百里,曰发视之山,其上多金玉,其下多砥砺。即鱼之水出焉,而西流注于伊水"。发视之山应在伊水之东,具体在伊川、临汝、登封之间。在古汉语中"视与示"、"示与祁"、"视与齐"为通假关系,齐与祁亦为双志叠韵通假,所以发视之山即为发祁之山,亦为发齐之山。据《辞源》"发齐"条称,《曲礼》云:"齐戒以告鬼神。"王先谦《荀子集解》引俞樾曰:"齐当读醮,发犹致也。"《文选》宋玉《高唐赋》云:"醮诸神,礼太一",醮是祈祷诸神的礼仪。发醮即是发齐,亦可称为发祈,祈与祁可通假,所以发齐或发祁是上古时期一种质朴的祷神活动。明代梅鼎祚《皇霸文集》载有"炎帝伊耆氏蜡祝辞",注云:《礼记·郊特牲》曰:"天子大蜡八,伊耆氏始为蜡"。又引刘勰《文心雕龙》云:"昔伊祁氏始蜡以祭八神。""蜡音 zhà",祭名,为年终合祭农田诸神祇,是炎帝时期出现的祭祀活动,发视之山也就成了炎帝祈祷诸神的场所。炎帝曾活动于这一带,这是炎帝被称为伊祁氏的缘起。同样,帝尧之称为伊祁氏之祁地也应来自"发视之山",这或许也就是说帝尧为炎帝之后的又一个原因。

最后要探讨的是帝喾的高辛之氏与帝喾之都。《史记·五帝本纪》《集解》引皇甫谧曰:帝喾"都亳,今河南偃师是"。亳为商都的称谓,商建都偃师之前偃师肯定不称亳。《通志》五帝都称:"帝喾都亳,亦谓之高辛。"注云:"即偃师县,今隶西京,帝喾为高辛氏,故都亦谓高辛。"《楚辞补注》卷一曰:"高辛,帝喾有天下号也……皇甫谧云:高辛都亳,今河南偃师是。张晏云:高辛所兴之地名也。"《郝氏续后汉书》卷八三注亦云:帝喾,"黄帝之曾孙也。居于高辛,号高辛氏"。

这些记载表明,"高辛"既是地名,又是称号,也可以说是道出了事情的本质。不过我以为此说尚不全面,其实"高辛氏"还应是蟜极氏族的分支。在古汉语中高与骄、高与乔俱可通假,高辛氏为蟜极氏之子,在分支氏族的称呼上自然要有所承袭。如此,则"高辛"之称就是以族名地,而又以族、以地名号。因此,帝喾在未称帝之前的族属之地,也应与蟜极的族居之地相近,今偃师即当在高辛氏的族属之地范围之内。据《竹书统笺》卷一云:"亳本帝喾之虚,在《禹贡》豫州河洛之间。"并引《括地志》曰:"亳邑故城在洛州西十四里,本帝喾之虚,商汤之都也。"

帝喾都于河洛之间还可以从帝喾纳邹屠氏之女为妃得到说明。晋人王嘉《拾遗记》记录了这一传说。《拾遗记》卷一云:"帝喾之妃,邹屠氏之女也……女行不践地,常履风云,游于伊洛。帝乃期焉,纳以为妃,常梦吞日,则生一子,凡经八梦,则生八子。"邹屠氏不在前引四妃之列,这一记载又从另一方面说明了帝喾在伊洛地域中的子孙繁衍之盛,或是揭示了帝喾的氏族分支之多。因此,我以为繁衍活动于伊洛地区的有莘氏族就是帝喾高辛氏族繁衍的一个分支。《万姓统谱》卷一云:"盖姓九,或氏于号,或氏于谥,或氏于爵,或氏于国,或氏于官,或氏于字,或氏于居,或氏于事,或氏于职。"又说:"氏所以别子孙之旁出,族则以氏之所聚而已……盖别则为氏,氏则有族,族无不同氏,氏有不同族。"这里对我国古代氏与族的关系说得至为明确,上古氏族的分支也是遵从了这一规律。高辛氏为帝喾之号,莘氏即是"氏于号"。古莘辛相通,郑樵即认为"辛氏即莘氏也,莘辛声相近"。有莘氏作为氏族之称在典籍中最早见于《大戴礼记》,曰:"鲧娶于有莘氏,有莘氏之子谓之女志氏。"鲧与尧为同时代人,说明在高辛氏的同时或下一代有莘氏即已分支出来。我在一篇文章中曾论及鲧的族居地在《山海经》所载自青要山南望所见的墠渚一带。有莘氏族也当生活于这一地区。

1994 年上海博物馆从香港古玩市场上收购的大批楚国竹书中,有子羔与孔子问答的竹简《子羔篇》,是篇载:"孔子曰……禹之母……之女也,观于伊而得之,娠三年而画(?),于背而生,生而能言,是禹也。"裘锡圭先生考证为:"子羔11 号简上段说禹之母'观于伊而得之',伊正与有莘氏有关。"进一步证明鲧娶有莘氏事在伊水流域,与鲧的族居之地正为比邻。有莘氏这一古老的氏族至商汤时仍居于伊水之滨。《太平御览》卷六二引《吕氏春秋》曰:"有莘氏女子采桑得婴儿桑中,其母居伊水上,故命之曰伊尹",此地也因之被命名为空桑。郦道元在《水经注》中说得更为明确,《水经注》卷 15 曰:"(河南)陆浑县东禅渚,渚在原上,陂方十里,佳饶鱼苇,即《山海经》所谓南望墠渚,禹父之所化……世谓此泽为慎望陂,陂水南流注于涓水,涓水又东南注于伊水。昔有莘氏女采桑于伊川,得婴儿于空桑中。"关于有莘氏之居处之地,由于在典籍中又多有以莘字命名者,因而造成有莘之居和伊尹生地的不同记载,最主要的为伊尹生于陈留说,其他亦有卢氏莘川,郃阳莘国等,《河南通志》卷七七载有李兴《伊尹辩》,指出以上诸说皆"自莘字中来",是"附会其说"。李兴"旁稽载籍"指出:"嵩,古伊川地也,县之南有水曰伊,即生于伊上,因以为姓者。水之南有涧曰空桑,即伊母所化,桑女得子于中者,涧之东有沟曰莘乐,即所谓耕莘乐道,三使往聘者……其地有尹祠,岁时伏臘,振古如兹……伊尹以水为姓,其生其耕必于嵩也明矣。"李兴的考辨卓有见地,也说明有莘氏为一古氏族无疑,且有莘氏族在典籍中不见于高辛帝喾之前,根据上古氏族分支规律,有莘氏族出于高辛氏,其在理在势都在所必然。

根据上述对帝喾族系族缘的考察可知,南自北汝河、沙河,经栾川、嵩县、伊川,北至孟津这一带主要为河洛伊流域,这一流域在上古时期氏族林立,也是古国争雄的重要地区。新中国的考古学成果也充分显示出这一地区在上古时期的繁荣,仅以河南龙山文化在这一地区大的聚落群即有:沙河一带鲁山城西昭平台水库邱公城遗址,30 万平方米;北汝河郏县薛店乡太仆村遗址,70 万平方米;嵩县库区老樊店遗址,50 万平方米;宜阳柳家乡水兑遗址,52 万平方米;伊川白元乡白元遗址,80万平方米;孟津常袋乡菠萝窑遗址,75万平方米。这些聚落和遗址,为我们研究五帝时期的族系繁衍和文化积淀,毫无疑问是提供了重要的佐证。

参考资料:

1. 杨作龙:《河洛上古历史文化考论》,《洛阳师范学院学报》2006年第1期。
2. 许顺湛:《五帝时代研究》,中州古籍出版社2005年版。

（作者为洛阳师范学院院长、教授）

"伊尹扶汤"考述

刘德杰

伊尹是中国古代贤能名臣的典范。伊尹辅助商汤灭夏兴商,又连续辅佐了四任商王,功德卓著,生前位居"三公",死后配享太庙,而且建立了伊氏宗庙,世世代代享受商朝的供奉和礼遇,在这一点上,中国历史上堪与伊尹比肩的只有周朝的姜太公吕望。从地域文化的角度讲,伊尹的活动范围主要在河洛地区,他是河洛历史星空上一颗璀璨的明珠。因此,梳理和研究纷纭复杂的伊尹史迹,研究伊尹形象的文化意义,对进一步研究开发河洛文化不无裨益。

一、伊尹其人

伊尹的一生不仅充满了传奇色彩,而且又与河洛文化息息相连。

1. 相貌

伊尹的相貌,先秦诸子、杂史或小说中有一些描述。《晏子》曰:"汤长头而髯,伊尹蓬头而髯。"①《古文琐语》曰:"齐景公伐宋,至曲陵,梦见有短丈夫宾于前。晏子曰,'君所梦何如哉?'公曰,'其宾者甚短,大上小下,其言甚怒,好俯。'晏子曰,'如是,则伊尹也。伊尹甚大而短,大上小下,赤色而髯,其言好俯而下声。'公曰,'是矣。'晏子曰:'是怒君师,不如违之。'遂不果伐宋。"②《博物志·异闻》:"伊尹黑而短。"根据这些记载,我们大概可以推测出伊尹的相貌:矮个

---

① 《太平御览》卷三百七十四《人事部十五·须髯》。
② 《太平御览》三百七十八引。《古文琐语》,战国佚书,卜梦妖怪相书,但其记周秦齐宋佚事,也有足备史考者。

头,黑皮肤,大额头,小下巴,一头蓬乱的头发,一脸红色络腮胡子。但是,荀子说伊尹无须无眉①,这形象不似男子之像,没有胡须或许是年轻之时,而无眉就怪异不堪了,荀子的说法恐不足为凭。伊川伊尹祠里的画像是民间流传下来的,与《古文琐语》的描述相近。伊尹像以个头不高、蓬头络腮胡子最常见。

2. 得姓

伊尹,姓伊名挚,尹是他的官衔。伊尹是伊姓始祖,得姓于伊水。最早记载伊尹史迹的是《吕氏春秋·本味》,文曰:"有侁(即"莘")氏女子采桑,得婴儿于空桑中,献之其君,其君令烰(通"庖")人养之,察其所以然。曰:'其母居伊水之上,孕,梦有神告之曰:"臼出水而东走,毋顾。"明日,视臼出水,告其邻,东走十里,而顾其邑尽为水,身因化为空桑。'故命之曰伊尹,此伊尹生空桑之故也。"伊尹母亲孕而梦神的说法自然是传说,但是,伊尹母亲居伊水之上及有莘女子采桑伊水却有历史依据。夏商时期,伊洛一带就是古莘国,那里的蚕桑业相当发达,伊尹还亲自管理过丝织业。《管子》曰:"伊尹以薄(西亳,今偃师)之游女工文绣。"郦道元《水经注·伊水》曰:"昔有莘氏女,采桑于伊川,得婴儿于空桑中。……莘女取而献之,命养于庖,长而有贤德,殷以为尹,曰伊尹也。"郦道元说伊尹是莘国伊川的采桑女发现的,当有其历史地理依据。南齐王俭《姓谱》曰:"有莘女采桑伊川,故伊尹以邑为氏"。这几种文献是历代研究伊尹身世的主要依据,可信度高。伊尹得姓还有一种说法,即伊尹是帝尧伊祁氏的裔孙。《元和姓纂》云:"帝尧伊祁氏之胤,裔孙伊尹,名挚,相汤,生陟、奋。"那么,尧的姓怎么来的呢?《三辅旧事》说:"尧初生时,其母在三阿之南,寄于伊水,其后有伊姓。"如此说来,伊尹得姓尧,尧得姓伊水,伊水还是伊尹得姓祖地。另外,《楚辞·天问》也说"水滨之木,得彼小子"。"小子"即伊尹,"水滨"即伊水之滨,佐证了伊尹生伊水的说法。综上所述,我们认为,伊尹出生在伊水沿岸,得姓于伊水。

姓氏得姓于夏商周三代名人的很多,伊尹生伊水空桑的故事与夏商天神崇拜有关,暗指伊尹是日神之子,风神所生。夏商时代,桑树是一种神树,和日月神、风雨神密切相关,如羲和浴日于扶桑,帝颛顼和伊尹生于空桑,成汤祷雨桑林而天降大雨等,都暗喻天降圣贤之意。甲骨卜辞有伊尹配享风神的记载,与伊尹

---

① 《荀子·非相篇》曰:"伊尹之状,面无须麋("麋"同"眉")。"

生空桑的传说吻合,郭沫若《殷契粹编》考释①说:"或者以伊尹之配,死而为风师也。"伊尹在商代地位很高,常配享汤和上甲,武丁时期的卜辞还尊称他为"舅示"②,当与伊尹神奇的身世和盖世功德都有内在联系。

3. 卒葬

关于伊尹的去世,《尚书·沃丁序》云:"沃丁既葬伊尹于亳。"《史记·殷本纪》③云:"帝沃丁之时,伊尹卒。既葬伊尹于亳,咎单遂训伊尹事,作《沃丁》。"皇甫谧《帝王世纪》:"沃丁八年,伊尹卒,年百有余岁,大雾三日。沃丁葬以天子之礼,祀以太牢,亲自临丧三年,以报大德。"由这几种文献形成了史学界主流倾向,即伊尹卒于沃丁之时,沃丁亲自安葬了他。但也有文献称:仲壬去世后,伊尹放太甲而自立为帝。此说源于《竹书纪年》:"(太甲)七年,王潜出自桐,杀伊尹,天大雾三日,乃立其子伊陟、伊奋,命复其父之田宅,而中分之。"对此,沈约注:"此文与前后不类,盖后世所益。"反对"太甲杀伊尹"说法的还有唐代的孔颖述,清代史学家赵翼、崔述等人。另外,《竹书纪年》还有"沃丁八年,祠阿衡(伊尹)"的记载。沃丁安葬和祭祀伊尹是毋庸置疑的。

伊尹葬在亳,但商代叫亳的不止一处。伊尹墓冢所在地有四种说法:偃师,己氏(今山东曹县),虞城,不知葬处。《皇览》曰:"伊尹冢在济阴己氏平利乡,亳近己氏。"《括地志》云:"伊尹墓在洛州偃师县西北八里。又云宋州楚丘县("己氏"后改名"楚丘")西北十五里有伊尹墓,恐非也。"④可见,唐人对伊尹墓冢所在地已经不清楚了。康熙年间修纂的《商丘县志》载:"伊尹百岁殁,帝沃丁以礼葬于亳,即其地也。"《归德府志》:"谷熟(今虞城)南旧县,即古亳故墟,有冢高三十丈,世为伊尹。"这两种地方志修于明清时期,史料来源不明,恐不足凭信。或许有人说,伊尹与汤生前关系密切,死后陪祭于汤,极有可能和汤的葬地相距不远。那么,汤葬在何处?孔安国和张守节认为在桐宫(今属偃师),《皇览》认

① 郭沫若:《殷契粹编》第110页,科学出版社,1965年版。
② 参见蔡哲茂:《殷卜辞"伊尹舅示"考——兼论其他》,《甲骨文献集成》第二十一分册第10~19页,四川大学出版社,2001年版。卜辞"伊尹舅示"见《甲骨文合集》34127(明后B2456,南明496);又见《屯南2567》。
③ 司马迁:《史记》,中华书局2005年版,以下版本同。
④ 司马迁:《史记·殷本纪》注,中华书局,2005年版。以下版本同。

为在济阴亳县,《括地志》说在薄城(今商丘),刘向则说"殷汤无葬处"①。根据文献记载和考古发现,商周帝王的尸身冢基本上都在都城附近。汤和伊尹卒时,都城在西亳,而北亳是汤和伊尹灭夏时的居住地②,因此,汤和伊尹葬在偃师的可能远较他处更大。不过,古代帝王将相的墓冢往往既有尸身冢,也有衣冠冢,甚至有纯属纪念的墓冢,汤和伊尹有多处墓冢的说法,大概就是这个原因。

二、伊尹扶汤

伊尹扶汤,一般的说法是伊尹辅佐成汤灭夏兴商,笔者以为,对开国明君成汤来说,伊尹辅佐自身固然重要,扶助其子孙、稳固商王朝的国基也许更重要。伊尹先后扶正外丙、仲壬、太甲、沃丁四位君王,在殷商建立和巩固的关键时期,伊尹倾其毕生心血完成了"扶汤"的历史任务,这也是他自商代以来就受到世人尊崇的重要原因。

1. 君臣际会

伊尹和成汤这一对明君贤臣的遇合开启了殷商辉煌的历史。关于伊、汤相遇,这三件事——伊尹说汤、伊尹为媵、伊尹择汤——颇受关注,文献记载差异很大,分析个中原由,我们可以触摸到传统价值观念冲突与整合的脉络。

其一是伊尹说汤。历来有"负鼎干汤"和"汤聘伊尹"两说。负鼎干汤最早见于《伊尹说》(已佚)③,《吕氏春秋》较其记载更详尽,《本味》曰:"汤得伊尹,祓之于庙,爝以爟火,衅以牺狸。明日,设朝而见之。说汤以至味。……圣人之道要矣,岂越越多业哉?"《韩非子·难言》言伊尹对汤"七十说而不受"。《战国策·冯忌请见赵王》曰:"伊尹负鼎俎而干汤,姓名未着著而受三公。"《鲁仲连子》云:"伊尹负鼎佩刀以干汤,得意,故尊宰舍。"《韩诗外传》:"伊尹,故有莘氏僮也,负鼎操俎,调五味而立为相。"《淮南子·泛论篇》高诱注:"伊尹负鼎俎,调五味以干汤,卒为贤相。"大量史料证明:伊尹曾主动以滋味为喻说服成汤。"汤聘伊尹"的记载最早见于《孟子·万章上》,文云:"伊尹耕于有莘之野,而乐尧、舜之道焉……汤三使往聘之。"《殷本纪》兼采干汤和往聘二说,但倾向于前者。其

① 《殷本纪》三家注。
② 王国维:《说亳》。
③ 清·焦循:《孟子正义·万章上》正义。

实,"往聘"之说不过是从维护士人尊严的角度立言,并不足信,若是成汤往聘,必然委以重任,但《殷本纪》又称"去汤适夏。既丑有夏,复归于亳",前后矛盾。究其根本,除了对史实的记录和理解的偏差外,负鼎干汤说更多表现了士人对自身价值的充分自信和积极用世的精神,汤聘伊尹说则表现了士人对独立人格的维护和际遇明君的渴望,它们正是中国士人内在精神的对立统一。

其二是伊尹为媵。媵臣,后妃出嫁时的陪臣,又叫"小臣"。殷商甲骨卜辞所说的媵臣和小臣均指伊尹①。伊尹为有莘氏媵臣,先秦文献记载颇详。《墨子·尚贤》说:"昔伊尹为莘氏女师仆,亲为庖人,汤得而举之。"《吕氏春秋》曰:"(伊尹)长而贤,汤使人请之有侁氏。有侁氏不肯,汤乃娶妇于有侁氏。有侁氏喜,遂以尹为媵。"又称"汤师小臣","小臣"即伊尹②。《楚辞·天问》说:"成汤东巡,有莘爰极,何乞彼小臣,而吉妃是得? 水滨之木,得彼小子,夫何恶之,媵有莘之妇?"《殷本纪》云:"伊尹欲干汤而无由,乃为有莘氏媵臣,负鼎俎以滋味说汤,致于王道。"伊尹虽作过媵臣,却建立了盖世功勋,这在大多数先秦诸子看来并无损伊尹的伟大,但孟子却认为伊尹识汤之前只是一个躬耕的处士,并未做过陪臣。关于这一点,今人丁山一语道破天机,他说:"由于甲骨文中发现'媵臣'官名,我认为伊尹与武唐(汤)的君臣际遇,绝对是由媵女的关系,孟子所谓'耕于有莘之野,而乐尧舜之道,汤三使王聘之',硬将伊尹抬出处士的身份来,那只合于儒家随想象的圣贤必备的条件,绝对不合于古代的史实。"③

其三是伊尹择汤。有文献称,伊尹曾在夏桀和成汤之间几度徘徊,最后才选定追随成汤。《殷本纪》有伊尹离汤往夏又归商的记载。《尚书大传》(辑本)卷二:"夏人饮酒,醉者持不醉者,不醉者持醉者,相和而歌曰:'盍归于亳,盍归于亳,波亦大矣!'伊尹退而闲居,深听歌声,更曰:'觉兮较兮,吾大命格兮,去不善而就善,何不乐兮!'是以,伊尹遂去夏适汤。"这两条史料可以这样理解:伊尹了解到夏政的腐败和民众的不满,因此离夏归汤。《新序·刺奢》曰:"伊尹知天命之至,举觞而告桀曰:'君王不听臣之言,亡无日也。'桀拍然而作,哑然而笑曰:'子何妖言! 吾有天下,如天之有日。日有亡乎? 日亡,吾亦亡。'"据此看来,伊

---

① "小臣"一词见《前》、4、27、5;《文录》586;《粹》、1161 等。"媵臣"一词见《佚》、56。

② 分别见《吕氏春秋》之《本味》、《尊师》。

③ 丁山:《殷代地理简论》,科学出版社,1959 年版,第 54 页。

尹去夏归汤是因"去不善而就善"了。

伊尹择汤,后世论者纷纭。柳宗元《伊尹五就桀赞》(并序)说:"仁至于汤矣,四去之;不仁至于桀矣,五就之,大人之欲速其功如此。"认为伊尹五就桀是为速建奇功。苏轼《书柳子厚论伊尹》说:"汤之当王也久矣,伊尹何疑焉?桀能改过而免于讨,可庶几(希望)也。"其实,伊尹择汤透漏的文化信息是弃暗投明,这在中国士人看来是明智之举、仁义之举。柳、苏的看法不过是儒士"致君尧舜上,再使风俗淳"①理想的经典表露而已。

2. 助汤灭夏

在灭夏兴商的复杂斗争中,伊尹扶汤主要表现在以下几方面:间夏兴商,助汤作战,佐汤建制。

其一,伊尹间夏。历来有伊尹为汤间夏的说法。《国语·晋语一》说:"昔夏桀伐有施,有施人以妺喜女焉;妺喜有宠,于是乎与伊尹比而亡夏。"《孙子·用间》云:"殷之兴,伊挚在夏;周之兴,吕牙在商。明君贤将,能以上智为间者,必成大功。此兵之要,三军所恃而动者也。"《吕氏春秋·慎大览》:"桀为无道……汤乃惕惧,忧天下之不宁,欲令伊尹往视旷夏,恐其不信,汤由亲自射伊尹。伊尹奔夏三年,反报于亳,……汤与伊尹盟,以示必灭夏。伊尹又往视旷夏,听于末嬉(即妺喜)。"《绎史》卷十四引《竹书纪年》:"后桀命扁伐岷山,岷山女与桀二人,曰琬,曰琰。后爱二女,斫其名于苕华之玉,面弃元妃于洛,曰妺喜氏。以与伊尹交,遂以夏亡。"以上史料涉及一个关键问题:伊尹作为成汤的间谍,利用妺喜成功完成使命。清人朱逢甲《间书·伊尹》说:"伊尹,圣之任者,拯民水火,即身为间,何伤?"再次诠释了伊汤君臣际遇的历史意义。

其二,助汤作战。根据《竹书纪年》和《殷本纪》记载,商汤征伐诸侯和夏桀的战争都发生在伊尹相汤之后,在成汤指挥的所有兴商大战中,伊尹都发挥了重

---

① 杜甫:《奉赠韦左丞丈二十二韵》。

要作用①。关键时刻,伊尹总能给成汤以极大帮助。汤征葛伯,以"不祀"为由,伊尹热切响应说:"明哉,言能听,道乃进。君国子民,为善者皆在王宫。勉哉,勉哉!"②对此时的汤来说,伊尹的话正是谋略和心态上的双重支持。汤伐夏桀,伊尹筹谋了两番试探。《说苑·权谋》云:"汤欲伐桀,伊尹曰:'请阻乏贡职,以观其动。'桀怒,起九夷之师以伐之。伊尹曰:'未可。彼尚犹能起九夷之师,是罪在我也。'汤乃谢罪请服,复入贡职。明年,又不贡职,桀怒,起九夷之师,九夷之师不起。伊尹曰:'可矣。'汤乃兴师,伐而残之,迁桀南巢氏焉。""伊尹阻贡"不仅探测到了敌方虚实,而且避免了腹背受敌。汤胜夏桀,天下归商的曙光就在前面,但诸侯尚在观望,谁佐成汤点定乾坤?又是伊尹。伊尹报政诸侯,诸侯尽皆臣服,于是,"汤乃践天子位,平定海内"③。伊尹报政,是一次宣传成汤威望与强大实力的成功外交,直接促成了商一统天下的格局。

其三,佐汤建制。伊尹在商朝政局稳定和制度建设方面也发挥了重要作用。《殷本纪》记载,汤登极后,作《汤诰》宣令诸侯勤勉政事,伊尹作《咸有一德》,咎单作《明居》,汤乃改正朔,易服色,尚白,朝会诸侯。伊尹和咎单辅佐成汤建立了商朝政治制度,防范了夏朝残余势力的反扑,为巩固殷商政权奠定了根基。

3. 摄政固商

成汤去世后,建国不久的商王朝面临着极大的政治危机:太子太丁未立而卒,太丁之弟外丙即位三年而亡,外丙之弟仲壬即位四年而亡。这期间,没有史料记载发生过什么事,只有《竹书纪年》记载了三句同样的话——"命卿士伊尹",据此推断,是伊尹在独撑大局。仲壬下世,商王室再次面临后继无人的困境。危急存亡之时,伊尹力挽狂澜,扶立太丁之子太甲即位,但太甲荒淫无度,不明政事,伊尹殷勤劝谏,先后作了《伊训》、《肆命》及《徂后》等文,陈述祖上创业

---

① 《竹书纪年》曰:"十五年,商侯履迁于亳(成汤元年)。……十七年,商使伊尹来朝。……二十年,伊尹归于商,及汝鸠汝方会于北门。二十一年,商帅征有洛,克之。遂征荆,荆降。……二十六年,商灭温。……二十八年,昆吾氏伐商。商会诸侯于景、亳,遂征韦。商师取韦,遂征顾。二十九年,商师取顾。三十年,商师征昆吾。三十一年,商自陑征夏邑,克昆吾。大雷雨,战于鸣条。夏师败绩,桀出奔三朡。商师征三朡,战于郕,获桀于焦门,放之于南巢。"《史记·殷本纪》载,汤征葛伯,伊尹相从。
② 《史记·殷本纪》。
③ 《史记·殷本纪》。

艰辛,阐明君道与国家兴衰的休戚与共①。但太甲依旧暴虐乱德,不遵汤法,伊尹只好放太甲于桐宫。太甲居桐宫三年,伊尹一面继续履行"阿保"职责,规训太甲,一面"摄政当国,以朝诸侯"。太甲终于悔过自责,伊尹又将他迎回亲政。后来,太甲修德,诸侯归殷,百姓安宁,伊尹又作了三篇《太甲训》褒赞太甲。伊尹放太甲而复立之事,《孟子·万章上》及《尽心上》、《殷本纪》均有明确记载。至于太甲"不明"的内涵,孔颖达《尚书序》疏云:"太甲既立为君,不明居丧之礼,伊尹放诸桐宫,使之思过三年,复归于亳都,以其能改前过,思念常道故也,自初立至放而复归,伊尹每进言以戒之。"《左传》云:"伊尹放太甲而相之,卒无怨声",不论是"放"还是"相",伊尹始终坦坦荡荡。伊尹的为人,正如毛泽东所说:"伊尹,道德、学问、经济、事功俱全,可法。伊尹生专制之代,其心实大公也。尹识力大,气势雄,故能抉破五六百年君臣之义,首倡革命。"②在汤下世后的十余年里,殷商王朝"实维阿衡(伊尹),实左右商王"③。没有伊尹辅政摄政,商王朝不堪设想,更不要说四海安宁了。

三、伊尹遗迹

《史记·封禅书》:"昔三代之居,皆在河洛之间。"商王朝的中心地带主要在河洛地区,伊尹先仕夏桀,后随成汤南征北战,又到诸侯各国报政,因此,伊尹足迹几乎踏遍河洛。今天,我们能考察到的伊尹遗迹主要在河南和山东境内。这些遗迹有伊尹留下的,也有根据传说或文献而修建的纪念性建筑或碑刻。

(1)伊川伊尹祠。位于洛阳伊川县平等乡大莘店。祠中有"商开国右相有莘氏伊尹之尊位"的牌位和伊尹塑像,像两旁有木匾,上书:"伊水遗婴伊川伊尹成汤五聘造就华夏相,莘野慈母莘地莘氏空桑得婴养成河洛贤",又有对联曰:"伊尹耕野几度鸣鹤盘桓九皋去,汤王聘贤五番玉骑奔腾龙门来。"祠后有"莘伯(伊尹)墓"。大莘店还有"伊尹故里"碑,碑文曰:"新城县南涓水东北为莘女采桑得婴处,其地乃大莘店位于嵩县田湖镇上古城以北昔之大莘。"伊川是伊尹故

---

① 《伊训》曰:"从谏而不指,微谏而不倦,为上则明,为下则逊。"见《荀子·臣道》引《书》。《史记集解》郑玄曰:"《肆命》者,陈政教所当为也。《徂后》者,言汤之法度也。"

② 毛泽东早期文稿。

③ 《诗经·商颂·长发》。

国有莘所在地,距商都(今偃师)很近,此伊尹墓极有可能是尸身冢。

(2)洛阳伊尹祠。位于洛阳市瀍河区东关大街。现存正殿 3 间,硬山筒瓦顶,清代建。

(3)嵩县"元圣祠"(又称"伊尹祠")和"尹姑冢"。伊尹祠位于嵩县纸坊乡白土窑村。始建于明初,现存祠堂建于清道光时期,有道义门、德堂、三聘台、正殿等。正殿面阔 5 间,殿门上有"阿衡故宅"匾额,门联楹刻"志耕莘野三春雨,乐读尼山一卷书"。殿内正中设灵屋,供奉伊尹、伊陟父子灵位。两侧殿左为"一德堂",右为"三聘堂"。祠内有明宣德八年(1433 年)所立《重修伊尹祠记》碑,碑阴刻尚书胡濙《拜谒伊尹祠诗》。光绪年间的《嵩县志》载:"明知府陈宣记:伊尹,古圣人也,由商至今,庸人、孺子无不景仰,乐道嵩县,南有空桑涧,世传为伊尹所生之地,历代祠祀礼也。明尚书胡濙即其地重建祠,明正统年间知县何新重修。明弘治年间,知府陈宣重修。明崇祯年间,邑人屈动重修。"嵩县伊尹遗迹颇多,且嵩县是有莘故地,因此,嵩县伊尹祠影响颇广。

(4)栾川《耕莘故地》碑。位于栾川县塈子头村。道光六年(1826),朱阳(今灵宝)巡检张懋忠立。栾川也属伊水一带,伊尹早年可能在此活动过,但没有发现伊尹躬耕此地的可靠文献。

(5)杞县空桑城。位于河南省杞县县城西 13 公里处的空桑村,相传为伊尹出生地。《括地志》云:"古莘国在汴州陈留县东五里,故莘城是也。"《陈留风俗传》云:"陈留外黄有莘昌亭,本宋地,莘氏邑也。"[①]《元和郡县志》:"汴州陈留县故莘城,在县东北三十五里古莘国地。"《太平寰宇记》:"空桑城在雍丘县(地在今杞县)西二十里。"《杞纪·山川》:"伊尹生于空桑,即此。"清乾隆五十三年(1788 年)《杞县志》载:"空桑又名伊尹村",其《北辕录》中有"自杞西行二十里过空桑伊尹所生之地"。清《重修伊尹庙碑》云:"莘野封壤,与空桑实为接邻,则杞乃伊尹自出之乡"。杞县葛岗乡空桑村有"伊尹庙"。杞县不在伊水流域,空桑城当为纪念性遗迹。

(6)商丘伊尹祠与伊尹墓。位于商丘市虞城县西南 20 公里的魏崮堆村。墓高 3 米,周长 46 米。坟墓四周有高大的古柏,有鸟柏一株,枝叶酷似鸟形。墓

---

① 《史记·殷本纪》注。

前伊尹祠,原有祭殿、钟楼、配房、大门、围墙等,现仅存两座大殿和花戏楼。商丘是伊尹辅佐成汤征伐诸侯时的居住地,此处有伊尹遗迹合乎情理。商丘伊尹墓到底是伊尹尸身墓还是衣冠冢,抑或是传说,难以断定。

(7)莘县伊尹庙和伊尹耕处碑。位于山东省莘县。莘县县城内有伊尹庙,正堂三间,门一间,周环垣墙,院植松柏。光绪十三年(1887)《续修莘县志》载:"莘之北门曰伊尹田,伊尹田之北八里有莘亭,世传伊尹躬耕处也。"莘县大里王村西有"莘亭伊尹耕处"碑,清康熙五十五年(1716)立,碑文大部仍清晰可辨。伊尹躬耕的莘国在伊水一带,今莘县是春秋卫国的莘邑,与伊水无涉,伊尹不大可能躬耕于此,但莘县距离南亳不远,伊尹随汤征伐诸侯时极有可能到过那里。

(8)曹县伊尹冢。位于山东省曹县。清代修纂的曹县旧志记载:"己氏域有平利乡,乡有伊尹冢,即此,在楚丘西南二十余里,西望汤陵,前有祠。明代宣德间,知县范希正徙置墓上,在汤为亳都。"曹县在两汉属梁国,在商代靠近南亳,伊尹很可能在那里活动过。曹县伊尹祠恐是纪念性建筑。

伊尹遗迹主要分布于两个区域:一为以洛阳为中心的伊川、嵩县、栾川等豫西伊水沿岸;二为杞县、虞城、莘县、曹县等豫东、鲁西南一带。前者为商代前期的国都所在地,后者为成汤征伐诸侯和诛灭夏桀时期的活动区域。伊尹作为商代立国之初的著名历史人物,其遗迹频繁出现在这两个区域是符合历史真实的。

(作者单位为河南教育学院中文系)

伊洛地区夏、商遗址的发现
表明华夏文明"根在河洛"

方酉生

　　我国是具有五千年文明的国家,而且是世界上唯一文明没有中断过的国家。司马迁在《史记·封禅书》中说:"昔三代之[君](居),皆在河洛之间",一语道破了华夏文明"根在河洛"的奥秘。但在未进行田野考古调查和发掘以前,人们对它的认识,还是模糊不清的。1959 年夏天,我国著名的古史学家徐旭生先生在深入细致研究文献记载的基础上,提出赴豫西作"夏墟"的考古调查,结果发现了二里头等遗址。于是中国科学院考古研究所即组队对二里头遗址进行了长时期大规模的田野考古发掘,迄今将近半个世纪,已经取得丰硕的成果。偃师商城是在二里头遗址发现的 24 年之后,即 1983 年春天发现的,迄今已有 20 多年,也已经取得丰硕的成果。这两座城址,东西相距只有 6 公里,它们之间必然存在着密切的关系。这就是商汤灭夏桀在夏都斟鄩之旁,兴建新王都西亳,即偃师商城的事实。现将华夏文明"根在河洛"这个大家普遍关心的问题,利用二里头和偃师商城发现的实物资料,讨论于下。不妥之处,欢迎指正。

　　首先讨论一下什么是河洛地区?广义地说,河洛地区包括豫西和晋南,狭义地讲,是指以中岳嵩山为中心的周围地区,其核心部位是以黄河、洛河和伊河相交汇的洛阳平原。这里的地理位置优越,居天下之中。从洛阳平原往东,出虎牢关可以达到郑州,连接豫东平原和华北大平原,往西出函谷关可以到达西安,连接八百里秦川。洛阳平原,自然条件优越,气候温和,雨量适中,土地肥沃,是一种冲积形成的黄土,极适宜于古代使用石、骨、蚌、木质的生产工具进行农业生产。所以自古以来,这里就是人类生存繁衍的良好场所,已经发现有象牙化石、裴李岗文化、仰韶文化、河南龙山文化、新砦二里头文化等,我国历史又在这里首先从原始社会进入文明时代,建立起我国第一个大一统的国家夏王朝,二里头遗址是夏都斟鄩所在地。商汤灭掉夏桀,在二里头遗址的东面,相距6公里处建立起商都西亳(即偃师商城),这两处都城遗址,都是我国极为重要的考古发现,具有重要的学术意义。现将这两个遗址中能够反映华夏文明"根在河洛"的事实予以论述:

一、偃师二里头遗址,通过发掘已经发现有多座大型的夯土宫殿建筑基址群和宫城城垣,以及纵横交错的道路网络,发现车辙的痕迹。相传夏代被封于薛(今山东滕县东南)的任奚仲,善于造车,并作了夏朝的车正。说明文献记载与考古资料是相符合的,是可信的。二里头遗址发掘一处大型的青铜铸造作坊遗址,确切证明当时已经进入青铜时代,为尔后的商周发展成高度繁荣发达的青铜文明打下了坚实的基础。还发现了若干处与制陶、制骨和制绿松石作坊有关的场所,发掘若干处与宗教祭祀有关的建筑遗迹。又发掘了一座大墓(第2号宫殿的M1)和中小型墓共400余座,其中包括有随葬成组青铜酒(礼)器和玉器的墓在内。此外,还发现和发掘了大量中小型房基、窖穴、水井和灰坑等遗迹。出土了大量精美的陶器、石器、骨器、蚌器、玉器、漆器、铜器、铸铜陶范和镶嵌绿松石器等,以及海贝、石贝、蚌贝、骨串珠和绿松石管珠、象牙器和卜骨等,为二里头遗址是夏都斟鄩,提供了具体清晰的实物证据。偃师商城在1983年发现以后,中国科学院考古研究所河南二队对城址进行长期大规模的发掘,了解到偃师商城先有宫城、小城,后扩建成大城。小城位于大城的西南部,南北长约1 100米,东西宽约750米,面积82万余平方米。小城城墙的西、南两面,与大城的城墙重合;大城是在小城的基础上扩建成的,南北长1 700多米,东西宽1 200多米,面积190万平方米。已发现城门5座。宫城位在小城的中部偏南,长宽均约200米,首开后世"择中立宫"之先河。宫城内分布着成片的宫殿建筑基址。按其用途,可分为三类:第一是宫殿建筑,分布在宫城的中南部,约占宫城的2/3;第二是祭祀遗存,分布在宫殿建筑的北面;第三是池苑,在宫城的最北面,由大型人工水池和水渠构成。其中宫殿建筑的布局,分成东、西两区,对称分布,东区建筑大概主要属于宗庙建筑,可能是供奉祖先神主的庙堂等。西区建筑,主要是举行国事活动,处理朝政的场所。朝堂后面是王室居住生活之场所。这样看来,祭祀祖先神位的宗庙建筑,与王室从事朝政和居住生活的建筑,左右并列,显然已经确立了宫、庙分离的原则,这个模式一直为后世所承袭。每个建筑单元都是坐北朝南,中轴对称。北面为主殿,东、西、南三面由廊庑组成,大门在南面,每座宫殿都呈四面封闭的"四合院"形式,每座宫殿建筑下面,都有完善的排水管道,一直通到外面。这种建筑风格,似亦从夏王朝开始,几千年传承下来不变,形成有中华民族特色的建筑风格。偃师商城在宫城北部祭祀坑的发现,证明商代宫城内有专供国王举行祭祀活动的场所。同时在宫城的最北面发现有大型人造水池,有东西水渠与城外的护城河相通,形成完善的城市水利系统。这种建筑风格模式,也为后世帝王所仿效和继承。

二、从二里头、偃师商城出土有大量磨制精致的农业生产工具,如石刀、石镰和石斧以及木末印痕和石、骨、蚌、角、木器等农业生产工具来看,当时农业发达,已有大量粮食剩余,用来酿酒,如在遗址中出土有大量的酿酒、温酒、装酒的酒器如大口尊、盉、爵、瓠等可以得知。虽然此时手工业分工精细,并使用青铜器作为手工业生产工具和武器,如铜刀、铜锥、铜镞以及酒(礼)器如铜瓠和铜爵等,但农业生产工具仍然大量使用石、骨、蚌、角和木器,正如恩格斯所说的:"青铜可以制造有用的工具和武器,但不能排挤掉石器。"同时在遗址中反映此时已经进入按地区来划分疆界的国家而不是以血缘来划分统治的原始氏族、部落的特点也很清楚。如在遗址中既有原中原地区龙山文化中的特色,也有大量外来文化中的先进遗物,如在遗址中发现有良渚文化中的玉琮、玉钺等,薛家岗文化中的七孔石刀、山东龙山文化中的鬶、盉和卜骨等,马桥文化中的鸭形壶、浙江江山肩头弄的陶盉(二里头的泥质灰陶,顶部的兽头眼、鼻、口俱全。假圈足,小平底。通体磨光,饰有凸棱和指甲纹。通高26厘米)。两者的差别只是肩头弄的陶盉器壁饰几何形纹。还有一些产在外地的东西,如铜料、绿松石、朱砂、漆器、釉陶以及海贝等,应该是通过方国进贡、战争掠夺以及交换和商业贸易等方式得来的。这就说明,我国第一个大一统的国家夏王朝是以地区来划分统治的,对外关系是开放的,所以能够充分吸取外地一切先进的东西来为我所用,所以能够兴旺发达,为华夏文明奠定了模式。华夏文明"根在河洛"是实实在在的,富有说服力的。

三、在二里头遗址,虽然没有像偃师商城一样发现城墙,但在遗址的中部已经发现了宫城,在宫城内的第2号宫殿的北面和围墙之间,发现了一座大墓可能是王墓,在3号宫殿的院子内,发现一排南北向的6座墓,这种现象值得研究,是否为后世王墓和贵族墓享堂之滥觞?既然夏代的王氏贵族墓在宫殿宗庙内埋葬,以此类推,郑州商城不可能是商汤亳都,偃师商城不可能是桐宫,商汤的王墓不会从郑州埋到80公里外的偃师去,同时商汤墓的具体位置目前也没有找到。偃师商城宫城内有祭祀场所和人工池苑,开以后历代帝王宫城内有祭祀的人工池苑的先声。郑州商城内也有人工池苑,兴建的时间恰恰在偃师商城人造池苑的废弃之后,这是商汤亳都在偃师,郑州商城是仲丁所迁隞都的又一实证。

四、夏代由于农业生产的需要,人们必须关心、重视和掌握天文历法知识。众所周知,农业生产讲究节气,何时播种、管理和收割,都客观要求掌握一定的时间,这样不误农时,粮食才能获得丰收。否则就要减产或颗粒无收。为了农业生产的需要,夏代已经有专门掌管天文历法的人,相传并有天文历法的书叫《夏小正》。从夏代已有历书,推测当时也有文字,如夏王的名字已有孔甲、胤甲和履癸等。在夏代的遗址中已经出现文字,如在颍川阳城即登封告成镇王成岗遗址,在一件陶碗的外底上刻画有一个"共"字;在二里头遗址中,也已经发现一个刻画陶文"鄘"字。在二里头遗址出土的大口尊内沿上,已经发现有30个左右刻画记号,这些记号有的可能就是文字。总之,我们对夏代已有文字抱必有的信心。目前文字发现很少,可能与当时书写文字的质料有关,未能保存下来,同时需要加强今后的田野考古发掘工作。文字的出现在华夏文明"根在河洛"中,属于一个强项,希望以后能够得到彻底解决。

五、在二里头遗址中,关于天文历法知识方面,反映在意识形态方面的实物证据,就是在二里头遗址中,发现有属于原始宗教方面的实物龙和卜骨。实物龙已发现几件,分属不同的几种形态,一种是刻画在陶器座外壁的龙,包括一件一头双身龙,两件双头单身龙,带鳞并带利爪,一件用绿松石摆塑的实物龙和三件用绿松石镶嵌的龙或虎的图案形象。说明对龙的崇拜在夏代已经相当盛行,在一件一头双身龙的背上面,发现一只仰卧的小白兔。我国的实物龙的发现,最早距今已有八千多年的历史,如在辽宁的阜新县沙粒乡查海西村一漫丘的南坡上聚落遗址的中心广场上,发现一条19.7米长,用较均匀的红褐色石块堆塑的巨龙。距今也有七八千年的龙,如在内蒙古敖汉旗境内兴隆洼文化中,出土一件矮腹陶罐,腹壁黑色磨光,上面刻画有一条猪头蛇体状的龙纹。在中原地区首先发现实物龙的是在河南濮阳西水坡遗址仰韶文化(属后岗类型)M45 中于墓主人右侧发现一条用蚌壳摆塑的龙,距今已有 6 400 年。说明龙在我国的出现,可谓源远流长。而且绵延不断,如在长江中游,发现有湖北黄梅县境内的河卵石摆塑龙,在内蒙古东部赤峰地区和辽宁西部凌源与建平之间属于红山文化的猪首蛇身龙形玉器,以上发现距今都为五千多年。另在山西襄汾陶寺类型的陶盘内的彩绘蟠龙,浙江良渚文化中发现龙纹玉环,距今为四千余年。以上基本上多属于原始社会范围内地方性发现的实物龙。到跨入文明社会建立国家,这些属于地方性的龙,也汇集到中原。在夏代的斟𬩽王都中已发现有几种不同类型的龙纹。说明到这时从先前各地分散的各种龙纹,已汇集到夏王朝这个中心地区来,并逐渐形成标准的龙。在二里头遗址中已发现有一头双身龙,双头单身龙和以绿松石摆塑的龙,以绿松石镶嵌的龙形图案等。在刻画的龙纹中发现有小白兔仰卧在龙背上面的图像。众所周知,小白兔代表天(说明将月亮内的影子看成玉兔的认识很早),同时也意味着龙有上天入地的本事。人们已经有将天地分开的概念,有一定的天文历法知识。在当时人们对大自然的风雨旱涝现象还不理解,农业靠天吃饭的时代,觉得能够上天入地给人们带来幸福和欢乐,也能给人们带来不幸和灾难的,就是神秘莫测、威力无比的龙,所以对龙既尊敬又恐惧,正因为龙与人们的生产和生活关系密切,休戚与共,所以盛行对龙的崇拜,认为天地间除了龙没别的东西能代替它。特别是到进入文明社会农业比较发达的夏代更加如此,因为农业需要观象授时。龙的形象在二里头遗址里,刻画在陶(礼)器上,用绿松石摆塑成龙的形象,镶嵌成龙的图案于铜牌饰物之上,说明龙的形象已经深深地扎根于人们的心目之中,一代又一代地传承发展下去,龙实际上已经成为中华民族的象征,华夏子孙已经成为龙的传人。特别是从二里头遗址第3号宫殿院内的02M3 中绿松石摆塑龙的出现,已经有充分的说服力证明了这一点。这是我们中华民族的象征和骄傲,是谁也否认不了的。这也完全证实了华夏文明的的确确是"根在河洛"。

　　二里头遗址(夏都斟𬩽)、偃师商城(商都西亳)位于伊洛河流域——洛阳平原,两个遗址从都城的布局,宫城、大城、护城壕、以及宫城内宫殿、宗庙的东西分列看,左祖右社,中轴线对称,宫殿后面是祭祀场所和人工建造的池苑,东西渠道与城外的护城河沟通,形成完整的都城水利系统。从这些遗物看,当时社会是开放的,它吸取四方地方性的先进物质文化为自己所用,所以能够形成全国第一个大一统的王都的繁荣昌盛的局面。当然二里头、偃师商城的先进文化、礼制也同时传播到四方。夏王朝首先进入到我国的青铜时代,很可能已经存在文字以及天文历法知识。特别是在二里头遗址中,发现各种实物龙的形象,说明龙已经深深地扎根于人们的意识形态之中,从而也可以证实,华夏子孙是龙的传人,华夏文明"根在河洛"的真实性和可靠性。

参考资料:

1. 徐旭生:《1959 年夏豫西调查"夏墟"的初步报告》,《考古》,1959,(11)。

2. 中国社会科学院考古研究所编著:《偃师二里头》,中国大百科全书出版社,1999 年版。

3. 中国社会科学院考古研究所洛阳汉魏故城工作队:《偃师商城的初步勘探和发掘》,《考古》,1984,(6)。

4. 中国社会科学院考古研究所河南第二工作队:《1983 年秋季河南偃师商城发掘简报》,《考古》,1984,(10)。

5. 恩格斯:《家庭、私有制和国家的起源》,人民出版社,1972 年版。

6. 杜金鹏:《试论商代早期王宫池苑考古发现》,《考古》,2006,(11)。

7. 李先登:《试论中国文字的起源》,《天津师范大学学报》(哲学社会科学版),1985,(4)。

8. 杜金鹏:《关于二里头文化的刻画符号与文字问题》,《中国书法》,2001,(2)。

9. 辛岩:《查海遗址发掘再获重大成果》,《中国文物报》,1995 - 3 - 19。

10. 陆思贤:《龙起源于七八千年的内蒙古》,《光明日报》,1987 - 12 - 14。

11. 孙德萱等:《我国仰韶文化考古又获重大发现——濮阳出土六千年的龙虎图案》,《中国文物报》,1998 - 1 - 29。

12. 中国社会科学院考古研究所二里头工作队:《河南偃师二里头遗址中心区的考古新发现》,《考古》,2005,(7)。

（作者为武汉大学历史学院考古系教授）

从《山海经》看河洛地区的古地理

牛红广

关于《山经》的文字记录,茅盾先生指出:"综观《五藏山经》之记载,是以洛阳为中心……洛阳附近诸山最详,东方南方东南方已甚略。"谭其骧先生也认为:"晋南、陕中、豫西地区记述得最详细最正确,经文里距与实距相差一般不到二倍;离开这个地区越远,就越不正确。"河洛地区是《山经》中记载较为详细的地区之一,《山经》中有关河洛地区的记载是上古时代河洛地区地理状况的真实记录。从文化地理学的角度来审视这些文字记录,对了解上古时期的河洛文化,搞清这一时期河洛文化的特性是大有裨益的。

一、河洛地区的自然地理

《山经》中有关河洛地区的记载主要集中在《中山经》和《北山经》,也就是《中山经》中的《中山首经》至《中次七经》和《北山经》中的《北次三经》南段。《山海经》中河洛地区的自然地理,反映在其《山经》部分对河洛地区的山川河流、动物、植物及矿物等方面的记载。

《山经》共记录有 447 座山,山中所出河流 255 条。其中位于河洛地区的山川河流在整部《山经》中占有相当大的比重,计有山 107 座,河流 69 条。

《山经》所记河洛地区的动物有 47 种,具体分布在 42 座山中。鸟类有 12 种,分布在 13 座山,其中赤鷩凡 2 见,分布在牡山和夸父之山。兽类有 17 种,分布在 17 座山,其中㻐羊分布最广,凡 4 见,分布在钱来之山、柄山、牡山和夸父之山。牛也有 2 见,分布在牡山和夸父之山。鱼类有 9 种,分布在 10 座山所出河流之中,其中人鱼(娃娃鱼)分布最广,凡3见,分布在傅山、阳华之山和龙侯之山。其他的有蛇(鸣蛇、化蛇、肥遗之蛇)、龟(旋龟、三足龟)、骄虫、仆累、蒲卢、黄贝、马肠之物等。

植物更是种类繁多,分布广泛,大致可分为草、木两大类。草类分布在29座山中,有33种;木类分布在40座山中,有37种。而这37种木类,其中记录记数最多的为竹类,其次为榖,凡6处。柏、柞、槐各3处,松、桑、漆等各2处。

上述记载表明,上古时期,竹、榖、漆、羬羊、人鱼(娃娃鱼)等在河洛地区分布较广,也就是说史前时期河洛地区有种类丰富的亚热带动植物。竹箭、竹、榖树、漆树等现今主要分布在长江以南,今日的河洛地区已难觅其踪,竹、人鱼等也只是有少量遗存。《山经》中的相关记载反映了史前时期河洛地区的气候要比今日温暖湿润。

据我国著名气象学家竺可桢先生考证,在近五千年中的最初两千年,即从仰韶文化到安阳殷墟,大部分时间的年平均气温高于现在2℃左右,一月温度大约比现在高3～5℃。另据孢粉分析,在距今7 500～5 000年,我国降雨量也比现在多600毫米。在孟津邙山黄土台塬上发现的全新世湖沼沉积中含有丰富的软体动物化石,这些化石含有丰富的古环境信息。研究表明,在距今5 660～3 500年期间(约当于龙山晚期至二里头时期),在暖湿的气候环境下,在邙山黄土台塬上的寺河源头出现了大片的湖沼。凡此种种,说明史前时期河洛地区的气候具有远比现在温暖湿润的特点,因而在这一带广泛分布着亚热带动物和植物。整个河洛地区内也应有为数不少的湖泊,如《中次三经》"青要之山"条云:"南望墠渚,禹父之所化,是多仆累、蒲卢。"渚就是水中的小洲,仆累、蒲卢均是蜗牛之类的软体动物。

另外,《山经》对河洛地区山中所出之石、玉、金、铜的记载尤多,并且详细又具体。如具有特殊功用的石头分布于26座山;出玉之山有51座;出金之山25座;出铜之山也有11座之多。这表明上古时期河洛地区的先民们对石、玉、金和铜的使用很普遍。在《山经》诸山系的祠礼中,就有多处用玉的记载,如婴用吉玉等。

《山经》的记录体现了河洛地区各类资源的种类之多,分布之广。但从全国范围来看,河洛地区的动植物资源和矿物资源并不比其他地区特别丰富,而《山经》对其记录的详细程度远远超过其他地区。

《越绝书》卷十一载春秋时风胡子应对楚王之语:"轩辕、神农、赫胥之时,以石为兵,断树木为宫室,死而龙藏,夫圣主使然。至黄帝之时,以玉为兵,以伐树木为宫室,凿地,夫玉亦神物也,又遇圣主使然,死而龙藏。禹穴之时,以铜为兵,以凿伊阙、通龙门,决江导河,东注于东海。天下通平,治为宫室,岂非圣主之力哉?"风胡子这番话绝非子虚乌有,也不是个人杜撰,应是春秋时普遍流传的关于史前时期的传说。它向我们透露着史前时期的社会信息,远古时期,我国分别经历了石器时代、玉器时代和青铜时代。依据事物的发展进程,这三个时代的分期当然不会是截然分明,而是有一个渐进的过程,更多时候是石、玉或玉、铜并用。

汝州煤山河南龙山文化遗址第二期的 H28、H40 两灰坑中,出土有泥质的熔铜炉炉底残块,在炉壁内面有六层铜液痕迹。登封王城岗龙山文化遗址第四期的窖穴中,出土一铜片,体表烟熏痕迹说明为实用的器具,根据铜片弧度分析,有可能是铜鬶的腹和腿上部残片,同窖穴出土的木炭经碳 14 测定,年代为距今 3 850 ± 165 年。上述考古发掘成果说明,河洛地区至迟在龙山文化时期已出现了青铜冶铸业。偃师二里头遗址 40 余年来经 60 余次发掘,发掘了大型青铜冶铸作坊遗址 1 处、与制陶、制骨、制绿松石器的作坊有关的遗迹若干处、若干座出土成组青铜礼器和玉器的墓葬,出土了大量陶器、石器、骨器、蚌器、铜器、玉器、漆器和铸铜陶范等。2004 年全国十大考古新发现之一,河洛文化圈内的山西芮城清凉寺墓地是在全国首次发现并发掘的庙底沟二期文化时期的大规模墓地。墓内出土玉璧、玉钺、玉琮等玉石器 200 余件。《山经》中的相关文字记载和河洛地区的考古发掘成果表明,在上古时期,河洛地区的先民们对土石金玉的利用极其广泛普遍,石器、玉器、铜器等在其社会生活中也起着极为重要的作用,石、玉、铜不仅被用来制作生产工具、兵器和装饰品,更被制成礼器、祭器和王权重器。河洛先民们对各类自然资源的了解及利用情况表明河洛地区是我国古代先民的主要活动地区。河洛之间是我国古代文明形成与发展的重点地区和中心地区的论断也在此得到证实。

二、河洛地区的人文地理

时至今日,《山经》所记 447 座山仍有约 140 座可以确指其地理位置,这些山无疑具有自然地理方面的特征。但它更具有丰富的人文地理内涵,学术界对此已有述及。

张岩先生指出:"447 山实际上正是构成我国上古文明政权结构中 447 个相同层级的政权单元,向上是 26 个连山系统,再向上五岳结构,再向上则是一个五合一的总系统。中山也就是中岳,是这个庞大的原始政权结构的中央政权所在地。"

郭郛先生认为:"《山海经》中的山是各个图腾族所聚居活动的山。《山海经》中的山系不是地理学家所指的自然地理山系,而是图腾氏族在某一时期所占领的山,这些山区联成带状,成为某一图腾族的分布居住山系。"

徐旭生先生在《中国古史的传说时代》中说:"我国在洪水以前,凿井的技术还没有发明,人民居住的地方不能离水边太远。如在陕、甘及河南西部黄土原边的台阶地上面,离水不远,可是它的高度已经颇快地增加,那是古代人民居住最理想的地方。在那里平时顺原边掘窑洞居住很容易,下原取水也不困难,即使霪雨为患,河水增涨,可是他们居住的窑洞高在原边,淹没它们却是不会有的事情。在山西太岳地带的山坡上,情形大约也相差不多。至于伏牛、外方、太行各山脉东边的大平原上湖、河的底同岸的高度差别有些地方不过几尺。在那样的地方雨潦稍多,就很容易成灾。"徐先生的分析非常有道理。从生态学的角度来看,人类的生存地必须有水、食物和空气这三个必要条件,河边山地有充足的水源,有丰富的动植物资源,不但正好满足了这三个必要条件,而且能在洪水来临时免受水害,因而远古时期的先民长期活动在河边的高地上。我国很早就出现了农业种植,是一个以农业为主的国家,世界史的新发现之一,农业不发生于河谷而起源于山地。从考古学方面来看,以河南境内的仰韶文化遗址和龙山文化遗址为例,豫西河边山地发现的仰韶文化遗址有数百处,而地处平原的开封市辖区和商丘市辖区目前发现的仰韶文化遗址屈指可数;河南龙山文化遗址的分布情况也大体如此。

史前时期是一个图腾崇拜盛行的时代,每一个族群都有自己独特的图腾文化,《山海经》记载的大量豕身人面、人面鸟身、人面兽身等形象就是图腾文化的标志。诚如郭郛先生所言,《山经》中的一座座山就是一个个图腾族所聚居活动的山。《山经》中的 26 个山系是一些图腾族联合而成的图腾族团的居住地带,不具有自然地理的意义。《山经》中的部分山川河流就是以该处所居图腾族的族氏名称来命名,而这些山水之名也因该部族的迁徙而族迁名随,因而《山经》所记之山水有重名的现象。《山经》中具体的某一座山代表着某一图腾族的势力范围,具有原始政权的内涵,但若认为整个《山经》的框架结构是一个庞大的原始政权机构就有点儿言过其实了,毕竟整部《山海经》是根据具有巫图性质的禹鼎图等古图和世代口耳相传的古史传说综合整理而成的文字记录。

《山经》记录的山水真实地体现了我国史前时期原始部族的历史信息,它表明了这一时期我国部族繁多。据《山经》所记,河洛地区有 107 座山,分属于 9 个山系。这些记载是河洛地区史前时期古代部族情况的真实记录,表明史前时期有众多的图腾族和族团活动在这一地区,现代考古学的研究成果也可以对这一点加以佐证。

对于河南全省的仰韶文化遗址和聚落群,许顺湛先生根据杨育彬主编的《中国文物地图集·河南分册》进行研究,把它们归纳为 37 群,共 633 处遗址,并指出聚落群分布主要在豫西,而三门峡和伊洛——郑州地区又是豫西的重点。我又对河南境内处于河洛文化圈内的仰韶文化聚落群和遗址进行了统计,37 群聚落群,河洛地区有 22 群。633 处遗址,河洛地区占 459 处。大聚落群全省共有 15 处,河洛文化圈内就有 13 处,特级聚落遗址全省有 12 处,全部在河洛文化圈内。晋南地区也发现有很多仰韶文化遗址和聚落群,但没有系统资料,不知其具体情况。

至于河南龙山文化遗址,许先生分析得详细而具体:从宏观上看,河南全境龙山文化特级聚落遗址共 12 处,其面积均在 50 万平方米以上。在豫北濮阳有 1 处,沿黄河北岸的济源、沁阳、武陟各 1 处。其余均在豫西地区,郏县、新密、孟津、宜阳、伊川各 1 处,三门峡市郊 1 处、灵宝 2 处。其实济源、沁阳、武陟的 3 处等级聚落,与郑洛地区隔河相望属于河洛文化圈内,因此可以说全省 12 处特级聚落遗址,在豫西地区当为 11 处。中原地区的龙山文化在河南境内有 64 个龙山文化聚落群,其聚落遗址共有 1 341 处。分布最多的是豫西地区,共有 24 个聚落群,526 处聚落遗址。晋南地区也是中原龙山文化分布的非常重要的地区,许先生对此也有述及:陶寺类型遗址发现了 75 处,集中分布在临汾、襄汾、侯马、曲沃、翼城、绛县、新绛、稷县、河津诸市县,其中大型遗址面积有 128 万平方米、

230 万平方米,甚至有 300 万平方米以上的大聚落遗址。

豫西和晋南地区的仰韶文化和龙山文化遗存特多,而《山经》对上述地区的记载也尤其详细。双重证据表明,河洛地区确是远古先民的重要活动区域,有众多的图腾族长期聚居在这一地区。而且也进一步说明了《山经》记录的 447 山是远古图腾部族的聚居地,这些记载从某种程度上体现了我国史前时期的社会风貌。

《山经》中,几乎每座山都有一神,并有相应的祠礼,河洛地区诸山也是如此。但这些山中之神并不是山神,而是聚居在这里的远古部族的图腾神,在远古人的观念中,他们源于图腾神,与之有着“血缘”关系,是图腾神供给和养育了他们。顺利地猎牧和收获,是图腾神在庇佑和奖赏他的子民,而遇到灾害或危险,则是图腾神在警告和惩罚其后人。所祠之礼,则是祭祀图腾神之礼,是远古时期的图腾崇拜。每座山中的图腾神皆代表该山所居图腾族的祖先,因而《山经》所记祠礼也就是远古人们的祭祀祖先之礼。

《山经》所记各山及山系的图腾神及其祠礼是同等的吗? 答案是否定的,这里面应有高下之分,等级之别。图腾文化也有一个漫长的发展过程,三皇时代及其以前就应是图腾崇拜盛行的时代,五帝时代是图腾文化发展的后期阶段,《山经》所记可能大多是五帝时代的图腾崇拜。最初的图腾神,以单一的动物居多,在远古人的观念中,他们的族人与图腾神是同一的,因而图腾神被赋予了人身或人面,故图腾神演变成族人与图腾崇拜物的复合体。随着图腾族人口的日益增加,就会从这一族中分出一些子族,《山经》所记图腾神相同的诸山,就是源于同一图腾祖先的诸族的聚居地。随着社会的发展,由于种种原因,互不相属的两个或数个图腾族会组合到一起,这个联合体会在各个图腾族图腾神之上产生出一个共同的图腾神,也会有规格更高的祠礼,那么这个高级别图腾神举行祠礼的地方就是当时的图腾文化中心,也是政权中心。《山经》山系尾文所述之神和冢就是高级别的图腾神及其举行图腾崇拜仪式的圣地。

这些被称冢或神的山和祠礼用太牢的山就是远古时期图腾崇拜的圣地,是我国远古文化形成和发展的重要地带。据张岩先生统计,《山经》26 个山系尾文所述的“冢”有 18 个,“神”有 8 个,祠礼用太牢者有 12 山。而上述三项中,河洛地区占有很大比例。河洛地区诸山中,“冢”有 5 个,“神”有 5 个,祠礼用太牢者有6山。这些数字表明,河洛地区是我国远古时期先民们举行图腾崇拜仪式的主要区域。这里有丰富的图腾文化,是图腾崇拜时代的文化重地。

参考资料:

1. 张岩:《〈山海经〉与古代社会》,文化艺术出版社,1999年版。
2. 郭郛:《〈山海经〉注证》,中国社会科学出版社,2004年版。
3. 徐旭生:《中国古史的传说时代》,广西师范大学出版社,2003年版。
4. 许顺湛:《五帝时代研究》,中州古籍出版社,2005年版。

（作者单位为洛阳师范学院）

炎黄母族故里平逢山

郑贞富　仝红星

　　历史是人类对过去经历的回忆和反思。在人类发明文字以前,一切信息都只能靠口耳相传。从这意义上来说,最早的历史知识应该都是"口述历史"。上古先民的"口述历史"在流传过程中,事实内容时有改变,炎黄二帝的传说也是如此,故司马迁说"百家言黄帝,其文不雅驯,荐绅先生难言之"。《史记》提出五帝同宗,其后裔为夏商周三代,而"三代之居,皆在河洛之间",这已被考古不断地证明。因此,研究炎黄二族的起源不能离开以洛阳为中心的"河洛之间",否则只能像司马迁批评的那样"其文不雅驯"。

一、炎黄同源,少典氏为其父族有蟜氏为其母族

　　炎帝、黄帝既是人名,也是以他们的名字命名的部族名称。《国语·晋语》载:"昔少典氏娶于有蟜氏,生黄帝、炎帝。黄帝以姬水成,炎帝以姜水成。成而异德,故黄帝为姬,炎帝为姜。"黄帝、炎帝,同出少典有蟜部落,后世成为异姓互相通婚的不同氏族与部落,在迁徙与发展中更成为有亲缘关系的又具有共同文化特点的两大部落集团。晋人郭璞解说神话:"诸言生者,多谓其苗裔,未必是亲产。"他的这种解释是非常符合传说实际的。

　　关于少典氏与有蟜氏通婚而生炎帝、黄帝的记载史不绝书。《史记·补三皇本纪》:"有蟜氏女登为少典妃,感神龙首而生炎帝。"《路史》:"炎帝神农氏,姓伊,名轨,一曰石年,母安登感神于常羊,生神农于烈山之石室。"《纲鉴·三皇纪》:"少典之君娶有蟜氏女,曰安登,少典妃感神龙而生炎帝。"《帝王世纪》:

"黄帝有熊氏,少典之子,姬姓也。母曰附宝,其先即炎帝母家有蟜氏之女,世与少典氏婚,故《国语》兼称焉。及神农之末,少典又娶附宝,见大电光绕北斗枢星,照郊野,感附宝,孕二十五月,生黄帝于寿丘,长于姬水,因以为姓。"这些文献均证明了炎黄二帝是同源的,少典氏为其父族,有蟜氏为其母族。

二、炎黄父族少典氏居住于宜阳鹿蹄山

《国语·晋语》说:"昔少典氏娶于有蟜氏,生黄帝、炎帝。"是说少典氏娶有蟜氏,生炎黄二帝。因为当时处于母系社会,所以炎黄二帝应生于有蟜氏居住区域。少典氏为炎黄二帝父族,弄清他的居住地十分重要。

《路史》说:"(黄帝)自有熊启胙,故又曰有蟜氏。"有不少学者认为少典氏、黄帝族的图腾是熊。实际上,少典氏为伏羲、女娲后裔,传世的《伏羲残庙碑》称:"东迁少典于颛臾,以奉伏羲之祀。"从"奉伏羲之祀"可知,少典氏出自伏羲族团,因为伏羲、女娲是世代通婚的部族,又可称少典氏出自伏羲。而伏羲、女娲的图腾为龙、龟,河图洛书即起源于这种远古的图腾。故"熊"不是少典氏的图腾。古代氏族名称往往与地名相连,因此这个"熊"是地名。洛阳西南有熊耳山,见于《尚书·禹贡》,这是中国最早以"熊"命名的地方。由于古代宜阳范围较大,文献多记载熊耳山在宜阳。"有熊"之名与"熊耳山"有历史联系。

《路史》载:"黄帝父大丛少典氏,则其后,袭封者有典氏。"而熊耳山区的鹿蹄山,却有"纵山"之名。《水经·甘水注》曰:"甘水出弘农宜阳县鹿蹄山。山在河南陆浑县故城西北,俗谓之纵山。"《说文解字》说:"纵,缓也。一曰舍也。从纟,从声。足用切。""丛,聚也。从取声。徂红切。"二者音近意近,可通假。比如《华阳国志》说:"有蜀候蚕丛,其目纵。""其目纵"是其得名"丛"的原因。《水经·甘水注》"俗谓之纵山",估计为"丛山"之音讹。少典氏大丛,应居于丛山,即鹿蹄山。今名半坡山。

三、炎黄母族有蟜氏居住于孟津平逢山

炎黄母族有蟜氏的活动区域应离宜阳不远。《说文解字》说:"蟜,虫也,从虫,乔声。"

有蟜氏在何处呢？《山海经·中次六经》云："缟羝山之首,曰平逢之山,南望伊洛,东望谷城之山,无草木,无水,多沙石。有神焉,其状如人而二首,名曰骄虫,是为螫虫,实惟蜂蜜之庐。"有蟜是以骄虫为图腾的部落,他们的活动中心是平逢山。对有蟜氏居住在平逢山这个问题,学者们看法一致,陈昌远、马世之、徐金星、蔡运章、杨作龙、张纯俭、张占弓等先生都曾著文论述过,目前可视为定论。但是,关于平逢山的地望分歧比较大。概括而言有两说,一是邙山说,一是周山说。

邙山说见于清代几部《河南府志》和《洛阳县志》;周山说未见于历史文献记载。在邙山说中,又分两说,其一认为平逢山为邙山之别名,简称"别名说";其二认为平逢山为邙山的其中一座山,就是孟津县横水镇与新安县仓头乡交界处的龙马古堆,简称"龙马古堆说"。郑贞富、王维民主编的《孟津黄河大观》力主"龙马古堆说"。

要弄清平逢山的准确位置,我们还需要依靠《山海经》。《山海经·中次六经》所记之山为黄河南岸之山无异议。平逢山"东望谷城之山",说明平逢山在谷城山之西。谷城山是一座名山,对这个山的方位无异议。《括地志》云："故谷城在洛州河南县西北十八里苑中。"清康熙《孟津县志》载："(孟津)上古为赫苏氏之都。赫苏氏为赫胥,《路史》曰:赫苏氏之为治也,光耀赫奕……今津境西有潜亭山,赫苏氏之故都也。赫苏有赫然之德,使民胥附,故曰赫胥,盖炎帝也。"清《一统志》又云："谷城山在河南府西北五十里,连孟津县界,旧名潜亭山,瀍水出此。经考证,瀍水(即今瀍河)发源于横水镇东北之瀍源村,其地有山,即为谷城山。谷城山之西有山,就是龙马古堆,此山为孟津最高峰,北邻黄河,西界畛河,南为宜苏山。"

《山海经》说,平逢山"南望伊洛"。这里的"伊洛",人们多以为是伊洛河,其实并非如此,而是指宜苏山,因为宜苏山古称"伊洛门"。《水经注·河水四》说："河水又东,合庸庸之水。水出河南垣县宜苏山,俗谓之长泉水。《山海经》水多黄贝,伊洛门也。""河南垣县"为北魏置县,在今孟津西部和新安东北一带。清康熙《孟津县志》所附地图对宜苏山的方位标注很明确,在谷城山之南,龙马古堆南偏东方向。

至于宜苏山为什么叫"伊洛门",目前学术界有三种解释:其一,这里曾有一个少数民族"伊洛阴戎"所居;其二,这里之北的谷城山,春秋之前有谷城邑,宜苏山为该城外围之关门;其三,这里的长泉水与伊洛河在远古是相连的,也就是说在大禹治水之前,伊洛河曾从这里进入黄河。

从以上分析,认为龙马古堆就是《山海经》中的平逢山,应该说论据是比较充分的。

四、"龙马古堆"释义

"龙马古堆"之名古已有之,清康熙《孟津县志》决非空穴来风。目前从全国来看,凡称"古堆"之处多有重大考古发现。如合肥市烟大古堆发现大批青铜器,发掘出商代到西周的村落遗址;阜阳双古堆出土大批汉代竹木简书;汝州陵头乡沙古堆村则是北宋贵族墓区;固始县侯古堆发现春秋墓群。"龙马古堆"也不例外,著名的妯娌遗址、盐东遗址、赤河滩遗址等新石器时代文化遗址就是在这里发现的。

平逢山为什么叫"龙马古堆"?上文说有蟜氏的图腾是虫,是龙。实际上,龙就是马,即龙马。《说文解字》说:"骄,马高六尺为骄。从马乔声。《诗》曰:我马唯骄。"《周礼》言"马八尺以上为龙"。《山海经·图赞》说:"马实龙精,爰出水类。"可见,有蟜氏的图腾实际上是龙马。按《史记·补三皇本纪》,有蟜氏又名女登,为女娲氏之女。与少典氏一样,有蟜氏实为伏羲、女娲后裔,他们崇拜龙马与伏羲氏一脉相承。所谓从伏羲到黄帝,乃至尧舜,龙马多次负图而出的历代,实际上反映了龙马图腾历代相沿的史实。

炎黄二族形成后,仍在河洛一带发展,炎帝的主要功绩是对原始农业工具的改进,发明了木制的耒耜,提高了原始的生产力,同时促进了原始手工业的发展。但是,他发明农业在什么地方呢?据《元丰九域志》载:"谷城,神农尝五谷于此,名谷城。"而谷城山即在龙马古堆东邻,清康熙《孟津县志》说,此山为炎帝之都。

炎黄二帝曾打败蚩尤于涿鹿,双方又战于阪泉,或曰涿鹿与阪泉为一地。曹魏时应《灵河赋》说,黄河"涉津洛之阪泉",是说阪泉就在孟津黄河上。黄帝建都之处,可以从《魏书》之东阳王丕传中所记孝文帝与大臣穆罴的对话得到启发:"罴曰:'臣闻黄帝都涿鹿,以此言之,古之圣王不必悉居中原',高祖曰:'黄帝以天下未定居于涿鹿,既定之后,亦迁于河南'。"这里说明经涿鹿之战和阪泉之战后,黄帝先定都涿鹿,后迁都河南。此河南为北魏河南县,即今洛阳、新安、孟津交界区域。

在从黄帝开始的五帝时期,龙马不断地负图而出,说明什么问题? 实际上反映了炎黄族经常在龙马古堆进行祭祀的情况。《山海经·中次六经》记,对平逢山祭祀是"其祠之,用一雄鸡,禳而勿杀"。

每一个部族除有图腾外,还有图腾圣地。图腾圣地是图腾中心的重要功能之一,是部族拥有其领土的标志。龙马古堆以"龙马"名之,并且与图腾有关系,又是炎黄二帝的母族所居,应当是炎黄二族的图腾圣地之一,在这里储存其神器,并举行图腾崇拜仪式。

五、龙马古堆的保护利用

炎黄二帝是以洛阳为活动中心的,因此祭祀炎黄之风自古洛阳最盛。清代《河南通志》记载,黄帝庙只有两处,一处在宜阳,一处在荆山。荆山为黄帝铸鼎处,宜阳则为炎黄父族少典氏所居之地。河南其他各地未见黄帝庙记载。龙马古堆还有炎帝庙,又称祖师庙,见于清康熙《孟津县志》,庙中供奉为农业祖师炎帝神农氏。龙马古堆还有奶奶庙,存有遗址,相传敬奉的是老祖母,即有蟜氏。村民在龙马古堆拜山之风由来已久,远及辽宁、云贵,都有人前来祭拜,相沿至今。

2007 年 4 月 15 日(传说为有蟜氏的生日),由孟津炎黄故里研究会组织的龙马古堆拜祖大典规模甚大。河南省炎黄文化研究会副会长张维会参加大典,并接受了香港媒体的采访,他说:关于炎黄故里多说并立的问题,由来已久。一是炎黄二帝不是单指炎帝和黄帝两帝,而是泛指一脉相传的多代帝位,上下大约经历千余年的时空;二是古代先民流动性较大,所以凡是有炎黄活动传说的地方,有可能是炎黄二帝中的某一代在那里生活过,关键是传说与古文献对照核实,其说站得住,大家信服就行。洛阳是炎黄二帝活动的核心区。关于孟津龙马古堆就是炎黄故里平逢山的说法有充分的史料证据,是可信的。

从现有的资料来看,龙马古堆为有蟜氏之墟,是华夏先民的图腾圣地之一,是炎黄子孙的"故乡",是一座蕴含了较多文化信息的名山。对它的研究,不能不引起重视,对它的保护和利用已甚为重要。

(作者单位:河南省孟津县炎黄文化研究会)

河洛农业:华夏文明之源

张玉芳　乔德位

人类是农业文明的产物。农业文明史是人类从动物进化到人、从蒙昧野蛮到建立人类文明的历史。人类文明史是一部农业文明的历史,是以采集植物、发现种植、刀耕火种、耜耕农业,到形成农业为标志的。以洛阳为中心的河洛地区气候温和,土地肥沃,自然条件优越,农业发达,是华夏文明的发祥地。

一、神农在河洛首创农业文明

1. 神农发明农业

神农氏是上古农业的奠基者和探索者,是农业文明的始祖。神农也称炎帝、地皇、烈山氏。据《汉书·古今人表》记载,当时"以火德王,故号曰神农"。炎帝因注重火德而得名,又发明农具故称神农。神农时代是中国由游牧生活转向农耕生活的开始,人们崇拜大地,神农躬耕于黄土,被尊为地皇;神农开创农业,刀耕火种,放火烧山,平整土地,播撒种子,又称烈山氏。

神农时代是人类文明初始时期。《白虎通》说:"古之人民,皆食禽兽肉。至于神农,人民众多,禽兽不足,于是神农借天时,分地之利,制耒耜,教民农作。"神农发明的农业工具耒耜有利于人们松土、除草。《绎史》卷四载,神农"作陶冶斤斧,为耒耜锄耨,以垦草莽,然后五谷兴动,百果藏实",全面发展农业。《水经注》记载:"神农既诞,九井自穿,汲一井而众水动。"神农不仅推广水井技术,还观察、了解植物的属性,发明医药,以和药济人。《新语》说:"至于神农,以为行虫走兽,难以养民,乃求可食之物,尝百草之实,察酸苦之味,教民食五谷。"《淮南子·修务篇》说:神农"尝百草之滋味,水泉之甘苦,令民知所避就,当此之时,一日而遇七十毒"。

神农发明农业是社会发展到一定阶段的必然结果。中华大地很早就有了人类居住,先民大约在8 000年前就由采集狩猎经济时代进入到了农业经济时代,在这个转型过程中,必然会出现杰出的人物或群落,神农就是其中最优秀的代表。神农善于学习,观天察地,了解万物的习性,勇于创造。《绎史》卷四引《周书》云:"神农之时,天雨粟,神农遂耕而种之。"当苍天飘来粟粒的时候,神农抓住机遇发展农业。古代的神话小说《拾遗记》描述,"炎帝时有丹雀衔九穗禾,其坠地者,帝乃拾之,以植于田,食者老而不死"。这说明炎帝很注意观察。《绎史》引晋皇甫谧《帝王世纪》云:"炎帝神农氏人首牛身。"牛是农业时代最重要的"劳动力",把神农神化为牛,间接说明了神农与农业的密切关系。在这里,我们暂且把神农当做一个文化符号,特指一定的时代或部落。神农在农业、医药方面的突出贡献,是一个群体共同开创中华文明历史的见证。神农时代反映的农业文明,是华夏文明的里程碑。

2. 神农与河洛农业

炎黄二帝是中华人文始祖。以洛阳为中心的河洛地区,是炎黄二帝活动的核心区。据考证,炎黄二帝同源,父族少典氏、母族有蟜氏。少典氏居住在宜阳鹿蹄山(今半坡山),有蟜氏居住在孟津平逢山(今孟津县横水镇与新安县交界处的龙马古堆),活动区域就在今天的洛阳孟津新安一带。据清康熙《孟津县志》记载,龙马古堆自古就有炎帝庙,供奉着始祖炎帝神农氏。《山海经·中次六经》记载,"缟羝山之首曰平逢山,南望伊洛,东望谷城之山,无草木,无水,多沙石。有神焉,其状如人而二首"。谷城山在谷城县,即今孟津古县,名称源于神农炎帝"尝百草播五谷"。相传生于平逢山的有蟜氏部族的神农,成年时带领部族一些人,离开平逢山开辟新的生息之所。当他们向东走到今孟津古县一带的时候,看见"平岗之上,突起重峰,上腴泉甘,湾环如抱",就住了下来。早春的一天,炎帝带着驯养的小狗下河捕鱼,路上看见两只小鸟衔着草穗子,从而受到启发,产生把草籽播种、繁殖,供人们长期食用的想法,于是,神农随小狗来到小鸟啄食的地方,用土把散落的籽粒盖住。夏去秋来,他们收获了金闪闪、沉甸甸的草穗子。炎帝根据小鸟啄食时发出的"谷——谷——"声,取名谷;因谷的味道香美爽口，就称嘉谷；这得嘉谷的地方因此叫谷城（即神农城），到夏商时期为谷伯国都城、周时谷城邑、秦时谷城县，后来降格为谷（古）县村。由此可见"谷"与河洛文明的渊源深远。传说多是生活的反映，远古人们结绳记事，体现了劳动人民的创造活动，反映了历史的进化过程。洛阳古县及其毗邻地区，农业条件得天独厚，土质肥沃，土层深厚，有瀍水浇灌之利，有的山冈地即使数年不施肥，甚至干旱也能收获。良好的地理条件，无疑是远古时期最为理想的农耕定居之地。

神农炎帝在洛阳瀍河之源得嘉谷，居功不骄，在农作实践中发明农具。神农"斫木为耜、揉木为耒"，"教民耕耨"、"播种五谷"、"民始食谷"。从此，人类就从茹毛饮血的野蛮时代，进入了吃五谷杂粮的农业文明时代。随着时间的推移，新的部族沿着这宜渔宜猎、宜牧宜耕的瀍河，寻找新的定居点，开辟新的家园，惠及瀍河、洛河乃至黄河流域，润泽了广阔的河洛大地。

二、考古发掘中的河洛农业

农业是在特定条件下，在特定地域内产生的。洛阳历史可以上溯到旧石器时代。那时洛阳的气候温暖、湿润，为人类提供了有利的生存环境。上个世纪五六十年代在洛阳中州大渠西工段出土了长达 2 米的象牙化石、在孟津麻屯出土了鸵鸟蛋化石，在新安磁涧出土了水龟化石等；1994 年在亚世集团中亚大饭店工地，发现一具距今约 5 万年的诺氏古菱齿象化石，经复原，象高 3 米，长 6 米，是现代非洲象的祖先。这些都表明在数万年前的洛阳一带，森林茂盛，水源丰富，空气潮湿，物种很多，非常适宜以渔猎、采集为生的原始人类生息繁衍。

人和动物最本质的区别在于制造和使用工具。1998 年 6 月～9 月，考古工作者在瀍河乡北窑村发现旧石器时代遗址，距今约 10 万年至 3 万年，出土经打击而成的生产工具石片、石核、尖状器、砍砸器、刮削器等 650 多件，还有少量灰烬和化石。可见，早在旧石器时代中晚期，河洛大地上就有先民生活。他们在原始采集过程中，发现并种植、栽培某些植物，驯养一些动物，由此产生了原始农业的萌芽。这时的洛阳属于刀耕火种的原始农业阶段，是在高强度采集的基础上，采用点穴种籽，广撒薄收方式进行最原始的生产活动。距今 9 000 年至 5 000 年的裴李岗文化时期，农业生产已经进入到锄耕农业阶段，出土的石器是我国目前最早的新石器时代文化。根据不完全统计，目前洛阳发现新石器时代遗址有上百处之多,如王湾遗址、孙旗屯遗址、西吕庙遗址、后李遗址、偃师高崖遗址、伊川官庄遗址、孟津寨根遗址和妯娌遗址等,其中尤其以寨根遗址和妯娌遗址较为突出。

妯娌遗址位于孟津县原煤窑乡妯娌村,地处黄河南岸的高台上,是黄河河曲堆积岸的前沿,三面环山,非常适宜古人类长期居住生息。1996 年 4 月~6 月,考古工作者在妯娌发掘面积达 3 450 平方米,发现房基 15 座,窖穴 60 多个,墓葬56 个和制作石器工场,出土遗物石器最多:生产工具有斧、铲、锛、凿、镰、刀、矛、网坠、纺轮、球等;装饰品有石环;礼器有石璧、石钺;骨器有凿、针、镞、笄等;陶质少量,以夹砂灰陶、灰褐陶较多,泥质灰陶次之,黑陶和细泥陶最少。以手工制作为主,部分器物经过慢轮修整。器表除素面外,也有篮纹、方格纹、弦纹、绳纹等;器形有鼎、甑、罐、瓮、壶、盆、碗、杯、豆等。妯娌遗址最具特色的是石璧,直径 20厘米,青纱岩质,圆形、古朴端庄、磨制精细,是迄今为止河南境内新石器时代考古中所发现的唯一一件。陶铙形器 3 件,形制相同,大小不等,最大一件高 26 厘米,口径 26 厘米,底径 13 厘米,均为圆口、圆唇、直筒腹向下折收为细筒状,平底中空,外观形似铜铙。故应该具有一定的礼仪性质,是王权和阶级出现的标志。骨针长 8 厘米,磨制光滑,有使用痕迹。妯娌遗址是仰韶文化晚期到龙山文化早期的一处新石器时代聚落遗址。

在妯娌西南约 1 公里处是寨根遗址。1996 年发掘面积 1 000 平方米,有龙山、仰韶、裴李岗三个时期的文化堆积。仰韶文化层出土红陶为多,也有灰、褐陶,器形有盆、罐、杯、钵、尖底瓶、火种器等;龙山文化层有陶盆、罐、盘、瓮;裴李岗文化层有陶、罐、钵、壶,多夹砂灰陶,灰红褐陶较少。还有石磨盘、磨棒。磨盘扁平体,一端齐整、较厚,一端弧形、稍薄,中间微凹,长 58 厘米,最厚处 13 厘米,宽 18 厘米;磨棒短粗、呈不规则圆柱体,长 17 厘米,最宽 6 厘米。寨根遗址相当于裴李岗文化时期文化遗存,可能代表一种新的考古学文化。

农业经济的发展是古代文明形成的最为重要的前提条件之一。黄河是中华文明的摇篮。已经发掘的新石器时代文化分布,大部分在黄河的支流或更小支流,且都高出河面十余米到数百米的黄土台地或小丘冈,距离水源虽近,但地势较高,可以不受水患。洛阳北的邙山上,多年的雨水冲刷出道道沟壑,直上直下,沟壁上可以看出沉积很深的均匀的黄土层,没有一粒沙石,黄土中含有丰富的钾、磷和石灰,一旦加入适当水分,就成了极其肥沃的土壤。因粟和黍(俗称谷子和糜子)耕作技术较简单,耐旱,产量多,成熟期短,易于存储,适于在黄土地带生长,故多种植这些颗粒较小的粮食作物,统称小米。在洛阳龙山时代和夏商周时期遗址中还发现有大豆、小麦、稻的遗存,加上粟和黍,恰好与文献《孟子·滕文公上》记载的五谷"稻、黍、稷(粟)、麦、菽(豆)"完全吻合。

三、结语

河洛地区早在神农时代就发明了农业。考古材料证实,在旧石器时代中晚期,已经有人类在洛阳这块土地上劳动、生息,创造了洛阳的远古文化,而到了新石器时代中晚期,也就是仰韶文化和河南龙山文化时期,这里已经是一个村落密布、人烟稠密、原始农业十分发达的地区,古代村落遗址有百余处之多,洛阳仰韶文化中晚时期出土有石斧、铲、锛、凿、镰、刀、矛、网坠、研磨器等,新出土的翻土工具石耜,说明洛阳农业已从锄耕农业进入了耜耕农业阶段。在仰韶时期,中国北方地区的古代农业生产规模扩大,与农业相关的生产工具和生产技术趋于完善,以粟和黍为代表的旱地农作物及饲养家畜成为当时人们主要食物来源。

洛阳龙山文化时期已由耜耕农业阶段进入了犁耕农业阶段,出土有精制的石斧、锛、锄、铲、刀、犁、磨盘、磨棒、杵石等。据民俗学资料表明,石犁是当时先进的农耕工具,石锄、石铲用于农田修整,石镰、石刀、石片是收割工具,石磨盘、磨棒、杵石是谷物加工工具,研磨器(澄滤器)是加工块根植物用的。龙山文化时期农业生产工具数量、形制、制作技术都有较大的增加和改进,石质农具多磨制、穿孔,有利于农具的加固,提高使用效率。收割工具大幅度增加,说明收割量增加。这一时期新出现了蚌质、骨质收割工具镰、刀等,比石质镰、刀轻便锋利,制作方便,更有利于农业生产的发展。生产工具质料由单一向多种的变化,反映农业生产规模扩大。少量酒器爵、杯的出现,说明龙山时期粮食较为充裕并开始酿酒。在沟渠、窑场旁发现上宽下窄的水井,表明水井用于生活的同时,也用于农业、手工业生产。它使人们在远离河流、湖泊的地方可以从事农业生产,在一定程度上摆脱了对自然的依赖。

河洛地区农耕文明以粟为特征,这是黄土优越的保墒能力所决定的。在华夏文明形成过程中,农业经济的发展一直起着重要作用。从新石器时代到夏、商、西周、春秋时期,以河洛地区为中心的中原大地逐渐确立由种植粟和黍的单一结构转变为包括稻、麦、大豆等在内的多品种农作物种植结构的农业经济,耕作者注意观察四季、气候、日月星辰,又产生了文字、天文、历法、算术、符号等文明,这就是中原地区在后来长期成为中国的政治、文化、经济中心的主要原因。农业兴则天下兴。河洛地区发达的农业,为千年帝都奠定物质基础。河洛农业是华夏文明之源。

（作者单位:河南省孟津县炎黄文化研究会）

论殷墟在中国文明史上的重要地位

杨东晨

　　我国第二个奴隶制的商王朝,经数次迁都后定都于殷(原称北蒙),即今河南安阳。从地域说,安阳与洛阳是平行的,互不相属;以河洛文明可以代表狭义中原文明而言,安阳地区的文明,又可以说是河洛文明的一部分。拙文仅就殷墟在中国文明史上的重要地位谈一些粗浅的认识。

殷都城制在中国文明史上的地位

1. 中国八大古都安阳与河北临漳邺都辨析

　　《史记·殷本纪》载:"成汤,自契至汤八迁,汤始居亳。"商王朝建立后,都于西亳(今河南偃师)。传至第 11 位王中丁时迁都于阳敖(今河南荥阳市附近),至第 13 位王河亶甲时迁都于相(今安阳市内黄县),第 18 位王南庚迁都于奄(今山东曲阜),第 20 位王盘庚迁都于殷。从《史记·殷本纪》所载看,迁都往往与摆脱旧势力、扭转衰败局势有直接关系。从《尚书·盘庚》上、中、下三篇内容看,"迁都的原因有两条:一是水患,另一条则是为了和缓当时的阶级矛盾。后一条是应特别加以注意的。由于奴隶主贵族的日益腐化,残酷地剥削人民,阶级矛盾逐渐尖锐起来,为了继续维护其统治,盘庚不得不在这时采取断然措施'迁都'。后人说盘庚的迁都是为了'去奢行俭',从文中的记叙来看,这种说法是有道理的。"从地理环境上说,太行山东麓与华北平原交接地带的殷地,气候、水源条件较好,适宜发展经济和居住,且形势险要,都城修建在此比较安全。我们认为最主要的原因在于政治需要,因为从《尚书·盘庚》知,旧都西亳贵族势力雄厚,聚敛了大量资财,左右王权,不迁都就难以改变这个局面。《史记·殷本纪》

云:"自仲丁以来,废适(嫡)而更立诸弟子、弟子或争相代立,比九世乱,于是诸侯莫朝。帝阳甲崩,弟盘庚立,是为帝盘庚。帝盘庚时,殷已都河北(今河南温县东),盘庚渡河南,复居成汤之故居,五迁,无定处。"盘庚向不愿意再迁都的诸侯、贵族说,不迁都就难以挽救王朝衰败,并以汤王迁于西亳后兴盛之事劝之。

目前,考古、史学界一些人认为,中国八大古都之一的安阳,应包括春秋至隋朝前的邺城。其理由是安阳古与邺郡为一行政区域。我们认为:安阳之所以被列为"八大古都之一",是以殷都而定的,不是以今河北省的邺城(齐桓公时修城,战国时魏文侯一度为都。东汉末曹操虽以邺为王府,但仍尊献帝居住的许为都。晋惠帝一度以邺为临时权力中心,从十六国时期后赵至北齐以邺为都)而定的。安阳的殷墟,从学术研究上说,不能再包括河北省的临漳县。若殷墟与邺城可以画等号,那么是否临漳也是中国八大古都之一呢?殷墟又该如何称谓?有的学者以陕西古长安大概念内的丰、镐、长安、咸阳均可称为"长安古都"为由,为安阳与临漳的"合户"寻找依据。我们认为这很牵强,因为古长安地域较广,周文王的丰京、武王后的镐京属于长安,汉代时长安是秦都咸阳的一部分,长安为都城后,咸阳一带是陵园区,至唐朝一直是如此。更为重要的是,至今这些地方还都在陕西省西安市及周围地区内。若咸阳从建国后划归甘肃省的话,那就不能再称秦都咸阳是西安的古都了。殷都的历史,若与河甲的都城"相"连在一起,还可以说得过去,皆属于今河南省安阳市之故。因此,古都安阳时,不再涉及河北省的临漳县。

2. 殷都的建制及其都城史在文明史上的地位

商代的城市有了较大发展,从偃师商城、郑州商城、安阳殷墟看,有了主体宫殿群、祭祀祖先的宗庙;王室、贵族与平民区分明;有了较完备的手工业作坊区;防御设施增强。这些规模、布局、分区、建筑及设施,无疑是在殷墟都城上体现得较为突出,有承上启下的重要性。

殷墟之地原称北蒙,为都后称殷,以其在商朝史上地位重要,影响深远,以至后世称"商朝"为"殷朝"或"殷商"。《括地志》载:"相州安阳(县)本盘庚所都,即北蒙殷墟南去朝歌城百四十六里。《竹书纪年》云'盘庚自奄迁于北蒙,曰殷墟,南去邺四十里',是旧都城。西南三十里有洹水,南岸三里有安阳城,西有城名殷墟,所谓北蒙也。"从1928年至1991年的多次发掘中,知东北起自三家庄,东南至铁路苗圃北地,东起京广铁路东的郭家湾,西至洹河西的辛家庄,纵横约24平方公里的范围内为殷墟。后再次发掘,至1994年又公布殷墟面积约30平方公里。1999年安阳考古队在殷墟外围发掘后公布,洹水北岸的花园庄一带可能是盘庚迁的殷,洹河南岸的小屯殷墟应是殷后期之都城。2002年8月考古工作者又公布,在洹河北岸发现了一处最大的宫殿遗址(长173米、宽90米,总面积16 000平方米)这就是说殷墟的规模有所扩大,宫殿区由原来的小屯村扩大到了洹河北岸的花园庄一带。

在几十年的发掘中,洹河南岸(以郭家湾的方位说,又在洹河的西岸)的小屯村宫殿和宗庙区,先后清理出建筑基址50余座,由南向北分为甲、乙、丙三组,宫殿建造采用了填基法和挖基法,房架以木柱支撑,墙用版筑。乙组基址有21座,位于甲组之南,面积较大。其中有两座纵横相交成丁字形的基址。其前面发现一片祭祀坑,经发掘有130多个,成组或成排分布。北半部有车、人合葬坑和人祭坑;南半部则以人祭坑为主,亦有动物坑。出土有人骨、铜器、车马器等,推断应是商晚期的祭祀宗庙遗址。宫殿宗庙之东与北为洹水,西与南为与洹水相通的隍沟,范围约70万平方米,当是宫殿宗庙的防护壕沟。洹河北岸的侯家庄、西北冈、前小营和武官村之间是陵墓区。发现有带墓道的大墓13座,东西排列。其中有4条墓道者8座,当是王的陵墓。其墓室呈“亚”字形,墓口南长18.9米,东西宽21.3米,口至底部深10.5米。南墓道长30.7米,北墓道长19.5米,南北两端通长近70米,墓有无头人殉20组73人,还有随葬品。这8座大墓是夏商时期发现的、规模最大的王墓。除各大墓有人殉和人牲外,在王陵东区还有一片祭祀坑,已发现1 480多个,估计不会少于2 500个,分人殉人牲、动物、器物坑三大类。考古工作者分析,这里的人牲当为俘虏的异族人,因男青壮人皆被砍头,妇女、儿童为完尸之故。王陵区的规模、形制、葬品、人殉人牲等,是探讨商朝社会性质的有力凭据,也是研究夏商帝王陵寝制度的重要和珍贵资料。王陵区以外的墓地还有多处,如后冈、殷墟西区、大司空等。手工业作坊、居民住地、平民墓地,分布在宫殿、陵墓区的周围。《战国策·魏策》云:“左孟门,右漳、釜,前带河,后披山,有此险也。”孟门,是今河南辉县市以西太行山的一个重要关塞。这就是说殷都左有太行山,右有漳水和滏水,前面有黄河,后面有山岭,城内由北向南,再折而由西向东,又折而由北向南,中间有洹河。正因为殷都地势险要,有天然屏障,因而有否外郭城,至今没有定论。从商朝的郑州商城、偃师商城到殷墟看,整个都城的布局基本一致,均以城内的东北偏南部为宫殿区,改变了以往以城内西北部为宫殿区的布局,"说明当时商代疆域内,从中央到地方,建设都城已有统一的格局,可能已有规定的礼制了"。其特征主要是:外郭城以城垣,或以壕沟结合河流而成;全城以东北偏南部为政治中心的宫殿区;墓葬区分布在宫殿区周围;居民区在四周外围的手工业、农业生产区。殷都与郑州、偃师商城一样,是商王和贵族的聚居地,为处理军国大事和大型礼仪、祭祀重地。汇聚了国内的精英和各方面的技术人才,在王室政权各机构和手工业部门贡献智慧和力量,使殷都成为全国政治、经济、军事、文化的中心和缩影,也是文明程度最高、最集中、最典型的至高无上之大都。

《史记·殷本纪》《正义》引《古本竹书纪年》云:"自盘庚迁殷,至纣之灭,二百七十三年,更不徙都。"《殷本纪》却载:"庚丁崩,子帝武乙立,殷复去亳,徙河北。"《帝王世纪》载:"帝乙复济河北,徙朝歌,其子纣仍都焉。"《水经注》引《晋书地道记》云:"本沫邑也","殷王武丁始迁之"。究竟是武乙迁朝歌,还是武丁迁朝歌?出现了分歧。胡渭《禹贡锥指》卷四十、赵一清《水经注释》卷九均考证"武丁"是"武乙"之误,当为武乙时迁都于朝歌(今河南淇县)。《汉书·地理志》"河内郡朝歌下"云:"纣所都,周武王弟康叔所封,更名卫。"对盘庚迁殷后再没有迁都与武乙又迁都于朝歌该如何解释呢?学术界多认为朝歌是殷都的离宫,系殷都的一部分;亦有认为朝歌是商末都城者。"合理的解释,就是'大邑商'的'郊'区原有别都的建置,'牧'就是商代晚期的别都。牧不仅有离宫别馆,而且屯驻有重兵,防守着南'郊'的重要门户。"此说是正确的。

殷墟出土文物代表的商代文明

1. 殷墟出土甲骨文字在文明史上的地位和重要意义

从七八千年前的河南舞阳县贾湖遗址出土之契刻符号(刻在龟甲、骨和石器上,距今8 000年左右)、甘肃秦安大地湾、陕西宝鸡北首岭、临潼姜寨等遗址陶器上的刻画符号看,伏羲时代为文字起源期是可信的。仰韶文化时期的河南、陕西、甘肃、山东等地遗址的陶器刻画符号,说明炎帝时代刻画符号又有所进步。仰韶、大汶口文化晚期、尤其是龙山文化(即五帝时代)时期的山东莒县陵阳河、大诸村、诸城遗址,江南屈家岭、石家河、良渚文化晚期遗址等发现的图画文字;

山东邹平县丁公龙山文化遗址中陶器上的 11 个文字、河南登封龙山文化遗址陶器上的"共"字、西安市长安区楼子村客省庄二期遗址兽骨上的十余个契刻符号中之"万"与"大"字等,均可以说明或可以此作出判断:"文字在父系社会晚期已经形成了。"即古帝尧舜时期汉文字已经初步形成。夏朝的文字,考古发现较少,但从《尚书》《左传》《墨子》所引的《夏书》《夏训》看,"夏代已经进入了有文字可考的历史时代,它为我国四千多年来的文明发达奠定了基础",是可以相信的。

甲骨文自从 1899 年被发现后,合计出土甲骨至今已有 15 万片左右,单字达 5 000 多个,可识的超过 1 700 个。甲骨文可分为象形、会意、假借、形声、指事、转注 6 种,有刻写与用毛笔写 2 种方法,分从上向下、从左到右 2 种排列次序。"甲骨文已经使用了后人所谓'六书'的原则,但更多的还是象形、会意、形声、假借 4 种造字方法。虽然甲骨文基本上还是象形文字,但已大致奠定了汉字的基础,到帝辛、帝乙时期,文字日趋成熟。此后的 3 000 多年,汉字的发展只有量变而没有过质变。"甲骨文已有名词、代词、动词、形容词等,句式结构也与后代语法大体一致。记录的内容有祭祀、征伐、田猎、农耕、畜牧、天文、历法、气象、社会生活与思想文化等。甲骨文字的成熟,还说明《商书》中的《尚书》已是商代的典册,《盘庚》上、中、下篇的 1 300 多字也是可信的。

2. 商代的铜器制造业及金文在文明史上的地位

传说黄帝时代已开始铸造铜鼎、铜钟等。一般将夏商周称为青铜时代。商代手工业生产的发展,比农业更为突出。其中青铜冶炼技术和青铜器制造工艺的高度发展,更集中反映了当时手工业技术水平和时代特点。尽管夏代已出现河南偃师二里头遗址那样的先进青铜冶铸技术,但中原青铜文化系统至商初还是处在形成阶段。至郑州二里岗文化时期,已形成中原青铜文化系统,特点鲜明的二里岗文化青铜器本身及其造型和装饰风格,传播的地域更为广泛。殷墟是商代全国青铜铸造业的中心。考古发现殷墟分布着 6 个青铜铸造作坊,其中 4 个作坊规模很大。从作坊遗址中发现有制模、翻范、烘范、浇铸工房的遗迹,礼器泥范居多,且有铸造大型重器的泥范残片,均说明作坊分工较细,大、中、小型铜器皆能制造,已会使用翻范和分范方法。从殷墟发现的众多铜器看,多是成套的器物,规格较高,纹饰华丽,造型精美。殷墟武官村出土的司母戊大型铜鼎,长方形,四足,高 133 厘米,重 875 公斤,工艺高超,文饰精美,是世界青铜器制造和艺术上的一个奇迹。武丁之妃妇好墓出土的 460 余件青铜器,大多数是工艺精湛的瑰宝。从出土的青铜器看,已有各种工具、兵器、烹饪器、食器、酒器、水器、乐器、饰件及车马器等,有的还有铭文,十分珍贵。中国青铜器的基本类型,在商代已具备。造型装饰精美,素面为主或只有单线条纹饰的风格,以放大了头部的动物纹样(兽面纹,亦称饕餮纹)作为主体纹饰,以其他动物和几何纹样作为附属和衬托纹饰,成了青铜器和其他工艺品装饰的基本形式。商代青铜文化无论是从地域、数量、质量上,还是制造技术、装饰纹样、艺术水平及铭文内容上,都达到了相当高的水平,在中国和世界古代文明史上均占有重要地位。此外,殷墟的陶瓷、骨器、玉器等制造业也很发达,工艺水平均达到了新的高度。如殷墟妇好墓出土的 700 多件,工艺精湛,精美绝伦,集中代表了商代玉器的高度发展和文明水平。

殷墟早期的钟鼎铭文与郑州二里岗铜器铭文一样,一般记的是氏族或人名,如"妇好"、"亚启"等。金文的出现,不仅标志着商代文字由甲骨转向铜器,而且为日后西周的记事之较长金文开辟了先河。从社会学、政治学、历史学观察,铜器铭文表明的主人、赏赐、用途等,代表着地位、财产和权力,起着保护王权和国家的作用,意义是十分重要的。

3. 殷墟的其他文明之地位

都城、文字、铜器是商代文明的主要标志,其他是文明的证据。甲骨、金文证明,殷墟周围是一个发达的农业、畜牧业区。考古工作者在宫殿区内发现王室贵族的一个窖藏圆穴内,堆放着有使用痕迹的 400 多把石镰刀,大司空、苗圃等遗址出土有铜铲,都是农业生产发达的佐证。殷墟遗址还发现储存大量粮食的窖穴,甲骨文有禾、黍、麦等字,证明都城地区的农业是很发达的。从殷墟遗址出土的牛、羊、马、猪、犬等骨看,家畜养殖业也是较为发达的。金文的"市"字和甲骨文的"贝"字,说明在农业、手工业、畜养业发达下,商业也随之发展。如大司空墓葬群中发掘清理出 234 件贝,殷墟西区墓群发掘出殉贝 342 枚,妇好墓出土贝7 000 枚等,显然是通过商业贸易从海滨输入殷墟的。这些都可证明殷墟不仅是政治、文化的中心,而且也是经济的中心,是物质文明的中心地之一。

综上所述,按照史学和考古界专家、学者公认的城市、文字、铜器为文明的三大因素或标志看,殷墟均达到了奴隶制文明的大发展高度。它既是对文明起源及夏代的"城"、"城市"的继承和发展,也是对西周奴隶制文明高度发展的重大贡献。

参考资料:

1. 王世舜:《尚书译注》,第 80 页,四川人民出版社,1982 年 7 月第 1 版。

2. 陈桥驿主编:《中国七大古都》,第 119 ~ 120 页,中国青年出版社,1991 年第 1 版。

3. 杨宽:《中国古代都城制度史研究》,第 25、34 页,上海古籍出版社,1993 年 12 月第 1 版。

4. 张岂之主编:《中国历史·先秦卷》,第 22、132 页,高等教育出版社,2001 年 7 月第 1 版。

5. 朱绍侯主编:《中国古代史》上册,第 63 页,福建人民出版社,1982 年 6 月第 1 版。

（作者为陕西省博物馆研究员）

商代中原科学技术简论

陈习刚

商王朝是我国历史上第二个奴隶制王朝,商代(公元前 1600 年～公元前 1046 年)是我国奴隶社会的发展时期。商代以盘庚迁殷大致可划分两个时期,前一时期 300 余年,都城屡迁;后一时期 270 余年,以殷(今河南安阳)为政治经济文化中心。此 600 年间,其统治及于西北,达到长江以南,政治经济、社会文化有了较大的发展,创造了灿烂辉煌的科技文明,是当时世界上最先进的文明大国。商王朝统治的主要区域是在黄河中下游一带,而中心区域又在中原地区[①]。

一、农业生产技术

商代中原地区的农业生产,在当时的发展是居首位的。据彭邦炯先生研究,商王国的农业之地,主要分布在今河南省境内,其农业地名达 46 个[②]。这种发展显然是农业生产技术进步的反映,正如彭先生在其专著《甲骨文农业资料考辨与研究》的"后记"中所作的结论:"当时的商族人,特别是王国的中心区域,已经进入早期的精耕农业阶段了。"

殷商王朝中原地区的农业,尤其是盘庚迁殷以后,进入了精耕细作阶段。古史有云:"汤有旱灾,伊尹作为区田,教民粪种,负水浇稼,区田以粪气为美,非必须良田也。"[③]这说明商初时,中原农业开始迈入精耕细作阶段。商代在土壤耕

---

① "中原"概念有广义和狭义之分,除特别注明外,文中都指狭义意义上的中原,即今河南省。
② 彭邦炯:《甲骨文农业资料考辨与研究》,吉林文史出版社,1997 年,第 572 页。
③ 《齐民要术》引氾胜之书说;又万国鼎《氾胜之书辑释》,第 62 页。

作中出现了协田的劳动协作方式。甚至有学者指出,当时已出现了牛耕技术,只是未得到重视与推广①。当时还出现了田间锄草的技术措施,它是抗旱保墒、精耕细作的中耕技术的渊源。商代中原地区的农业主要采用撂荒耕作制,出现了施用肥料来恢复和保持地力的技术措施,及储存人粪肥和造厩肥的方法②,还应用烟火驱杀害虫之法,使用棍棒驱逐害鸟之法③。商代农业耕作技术的发展状况,王贵民先生概述为:1. 重视农田基本建设,2. 深耕,3. 灌溉,4. 中耕除草,5. 施肥,6. 治虫,等等④。这实际上是商代中原地区农耕技术的写照。商代中原地区稻作已有秒田术,即人们用足抹平稻田田面⑤。

商代中原地区农业生产工具也有发展。犁耕技术上,已开始使用铜铧犁⑥。据不完全统计,截至1995年,河南、河北、陕西等七省30多个地点共出土青铜农具189件,而河南占76件,是最多的。郑州商城遗址中还出土有许多石杵、石臼等谷物加工工具,反映出商代中期中原地区粮食加工技术的发展状况。

二、水利科学技术

商代中原地区出现了沟洫制度,农田灌溉活动有所发展。安阳小屯遗址发现有沟洫的建筑⑦。《世本》载:"汤旱,伊尹教民田头凿井以灌田。"商代人工灌溉和排涝在甲骨文中也有反映,如"今日通用的'禾入水'的'黍'字,当是由象形字加水旁而来的"⑧。殷墟甲骨文中还有畎浍这类系统水利工程的记载。如孟州市涧溪商代文化遗址中发现有用于灌溉农田的人工水沟⑨。

甲骨卜辞中有许多有关黄河水害的材料,还有筑堤治河的记载⑩。

① 许进雄:《甲骨文所表现的牛耕》,载《甲骨文献集成(专题分论·经济与科技)》第26册,四川大学出版社,第377页。下面未注明出处的,均出自此册,仅注页码。
② 胡厚宣:《殷代农作施肥说》,《历史研究》1955年第1期;《殷代农作施肥说补证》,《文物》1963年第5期;《再论殷代农作物施肥问题》,《社会科学战线》1981年第1期。
③ 彭邦炯:《甲骨文农业资料考辨与研究》,第563页。
④ 王贵民:《商代农业概述》,第406页。
⑤ 徐云峰:《甲骨文中所见之秒田术》,《农业考古》1988年第2期。
⑥ 扬升南:《新干大洋州商墓中的铜铧犁、商代的犁耕和甲骨文中的"犁"字》,《南方文物》1994年第1期。
⑦ 张秉权:《殷代的农业与气象》,第322页。
⑧ 彭邦炯:《甲骨文农业资料考辨与研究》,吉林文史出版社,1997年,第561页。
⑨ 《河南孟县涧溪遗址发掘》,《考古》1961年第1期。
⑩ 陆忠发:《甲骨卜辞中所见的整治黄河史料》,《农业考古》1998年第3期。

三、畜牧技术

商代中原地区的畜牧业技术继续发展,发明了动物阉割术。当时已对牛、羊、马、猪、狗进行圈养,如殷墟甲骨中有牢、厩、庠、圂等字。当时还出现鹿类的驯养[①],及象的驯养[②]。就甲骨文所载,商人猎取野象之地,都在今河南省内[③]。商代晚期的中原地区,牛、羊、猪、狗及鸡,贵族和民间普遍饲养,马主要为殷王室和贵族豢养,象和水牛已被驯养,鸭、鹅、鸬鹚三种禽鸟很可能也被驯养成家禽,并且牛、羊等大牲畜,已在野外进行放牧[④]。商代中原地区已出现了放牧与舍饲相结合的饲养方法,辟有专门种植刍秣(牧草)的田地;此外,被驯化的还有兔;并开始生挤、食用畜奶,而这是畜牧业发展史上的一场革命[⑤]。根据殷墟妇好墓出土的两件鼻隔有小孔相通的石牛,当时还出现了为便于役使而对牛穿鼻子的技术[⑥]。

据殷墟甲骨,当时中原地区已出现阉猪术、骟马术及从外形鉴别家畜优劣的相畜术等。殷墟甲骨中有"豛"字,闻一多《释豕》一文释为"去阴之猪",即阉猪[⑦]。殷墟甲骨中还有去掉马势的字[⑧]。公元前4世纪西欧才出现这种动物阉割技术,比中国晚数百年[⑨]。"对'牡豕'的普遍去势是我国养猪业技术史上的重大成就之一,几千年来一直为我国养猪业所运用。"[⑩]殷墟卜辞中已有根据毛色挑选牲畜的记载[⑪]。如有学者指出:"作为我国'相马'的滥觞期,应从商代开始";商代还出现了"执驹"技术,即幼畜生长一定时期之后,与母畜隔离饲养;商代可能也出现了相当于"巫马"的马医[⑫]。阉割、隔离等技术措施同样应用于牛

---

① 姚孝遂:《甲骨刻辞狩猎考》,第387页。
② 茂树坚:《甲骨文中有关野生动物的记载——中国古代生物学特色之一》,第389页。
③ 王宇信、杨宝成:《殷墟象坑和"殷人服象"的再探讨》,第393页。
④ 陈志达:《商代晚期的家畜和家禽》,第410页。
⑤ 马波:《殷商畜牧技术初探》,《中国农史》,1990年第1期。
⑥ 陈志达:《商代晚期的家畜和家禽》,第410页。
⑦ 转引自王星光、张新斌:《黄河与科技文明》(黄河水利出版社2000年版)第53页。
⑧ 王宇信:《商代的马和养马业》,《中国史研究》1980年第1期。
⑨ 王星光、张新斌:《黄河与科技文明》,第53页。
⑩ 卫斯:《从甲骨文看商代养猪技术》,第412页。
⑪ 王星光、张新斌:《黄河与科技文明》,第53页。
⑫ 王宇信:《商代的马和养马业》,《中国史研究》1980年第1期。

的优种选育及繁殖管理上①。另外,商代中原地区也注意到牲畜的保护和疾病问题,如对马可能已用草、革一类制的履以保护其蹄足②。

四、冶金技术

商代中原地区的青铜冶炼、铸造技术发达。以郑州二里岗遗址为代表的商代早期文化的青铜器,种类明显增多,器形富于变化,制作较为精美。青铜器有工具、容器、兵器等,在河南出土的铜容器有 200 多件,用浑铸法或分铸法铸造。以殷墟为代表的商代晚期文化的青铜器,种类形制复杂多样,精美程度高,纹饰也较复杂,多用分铸法,分布广泛。如有礼器、乐器、兵器、车马器、砸器、工具等。安阳殷墟妇好墓出土铜器多达 468 件③,总重量在 1 600 千克以上,其中出土的 4 面铜镜,是十分罕见的,并将我国使用铜镜的历史提早到 3 000 多年以前④。

商代最大最重且工艺复杂的是方鼎,其中最具代表性的数司母戊鼎、司母辛鼎、郑州方鼎、牛鼎、鹿鼎等,它们形制巨大,制作精美,代表了商代青铜冶铸技术的最高水平,成为鼎中之"王"。郑州方鼎是最早的青铜重器,出土于郑州商城;独具特色的牛鼎、鹿鼎出土于殷墟王陵区侯家庄墓葬;制作精美的司母辛鼎出土于殷墟妇好墓;有世界之最之称的司母戊鼎,出土于殷墟西北岗武官村⑤。安阳殷墟出土的"司母戊"大方鼎、"司母辛"大方鼎、牛方鼎、鹿方鼎等,"都是商代王室所用之物,既为王权统治的象征,又是建邦立国的重器",这些大型铜方鼎在商代青铜器中,占有举足轻重的地位⑥。

郑州商城发现有我国古代最早的青铜作坊。属于二里岗上层文化的紫荆山铸铜遗址,有以套间房室内或室内外为铸造的场地⑦。而郑州南关外的铸铜遗址有上下两层,总面积达 8 000 平方米。在安阳殷墟也发现了苗圃、孝民屯、薛

---

① 卫斯:《从甲骨文材料中看商代的养牛业》,第 411 页。
② 杨升南:《商代的畜牧业》,第 466 页。
③ 中国社会科学院考古研究所:《殷墟妇好墓》,文物出版社 1980 年版。转引自王星光、张新斌《黄河与科技文明》第 198 页。
④ 杨育彬:《河南考古》,中州古籍出版社,1985 年,第 114 页。
⑤ 周泰:《商代方鼎》,《金属世界》1995 年第 6 期。
⑥ 杨育彬:《河南考古》,第 101 页。
⑦ 河南省博物馆等:《郑州商城遗址发掘报告》,《文物资料丛刊》第一辑。转引自王星光、张新斌《黄河与科技文明》第 203 页。

家庄、豫北纱厂四个铸铜作坊①。

殷墟甲骨文中有青铜冶炼的记载。"商代青铜冶铸的金属铜的主要采炼场所应在河南省济源、辉县和汲县，山西省的中条山，河北涞源及湖北大冶一带。"②据郑州方鼎，当时中原地区工匠已掌握了利用金属原料的配比冶炼铜液和制范、浇铸等技术③。

商代，中原地区的青铜铸造技术取得了多方面的进展。如发展了浑铸法，创造了分铸法④。又如，出现了一范多腔的小型镞范具，为东周卧式叠铸创造了条件；范的套合采用特制的子、母榫；陶范的材料进行了分别配制，外范采用细砂细泥料，芯子采用粗砂加植物粉末料，陶范的透气性与退让性增强，能够铸出复杂容器的精密花纹；工具范制作坚密，能连续批量地铸造生产工具；分别出现铸造大、小型铸件的大、小型熔炉，能够铸造大型铜礼器；作坊各有分工，铸造铜器的专业化水平提高⑤。铸造青铜器的陶范是一种"硬范"，"商代中原地区用硬范来铸造青铜器，是一种先进的技术，远远走在当时世界的前列"⑥。

商代中原地区晚期青铜器的铸造中，出现了焚失法，它是失蜡铸造法的滥觞，又是陶范法向失蜡法演变之间的一种过渡技术⑦。

青铜装饰艺术上也有进步。如郑州人民公园东门附近出土的一件铜尊，其装饰花纹开了商代晚期所谓三层花纹装饰的先例，是商代铜器花纹装饰艺术上的一项重大突破⑧。

还出现了黄金冶炼与铸造技术。如郑州商城内侧的一个祭祀坑内，出土了一件罕见的夔龙纹金叶，制作精美⑨。

---

① 中国科学院考古研究所安阳发掘队：《1958 年～1959 年殷墟发掘简报》，《考古》1961 年第 2 期。
② 申斌：《商代科学技术的精华——青铜冶铸业》，载《全国商史讨论会论文集》，1985 年。转引自郭胜强《商代赋税制度刍议》，第 437、438 页。
③ 周泰：《商代方鼎》，《金属世界》1995 年第 6 期。
④ 李京华：《中原古代冶金技术研究》，中州古籍出版社 1994 年版。转引自王星光、张新斌《黄河与科技文明》第 203 页。
⑤ 王星光、张新斌：《黄河与科技文明》，第 203、204 页。
⑥ 杨育彬：《河南考古》，第 100 页。
⑦ 谭德睿：《中国古代失蜡铸造起源问题的思考》，《文物保护与考古科学》1994 年第 2 期。
⑧ 杨育彬：《河南考古》，中州古籍出版社 1985 年版，第 127 页。
⑨ 河南省博物馆等：《郑州商城遗址发掘报告》，《文物资料丛刊》第一辑。转引自杨育彬《河南考古》第 105 页。

五、制陶技术

商代中原地区的陶瓷技术继续发展。商代中期中原地区的制陶业已经有了固定的分工,制陶的轮制工具也被广泛采用①。据统计,以郑州二里岗为代表的商代早期遗存,泥质灰陶与夹砂灰陶占同期陶器的 90% 以上,陶器口部多为卷沿,底部主要是圜底和袋状足,圈足器数量增加;以安阳殷墟为代表的商代晚期遗存,泥质灰陶与夹砂灰陶最多,袋状器、圈足器较前增加②。器形的复杂性反映了陶瓷技术的进步。在中原地区,二里岗时期的白陶多有发现,商代晚期的白陶则在安阳发现最多,其器形、类型增多,胎质纯净,图案精美,具有较高的工艺价值。这一时期,也出现了胎质较一般泥质陶要细腻和坚硬的印纹硬陶。

商代中原地区的陶窑及烧陶工艺也有进步。郑州二里岗文化时期,陶窑箅孔直径加大,到商代晚期,窑室与火膛得到加大和提高,窑箅下面火塘中间支柱也被省掉,陶器的烧成温度明显提高③。

商代中原地区也是原始瓷器的起源地。郑州商城出土有一件原始瓷尊,它以高岭土为原料,器表和内壁均施有薄釉,烧成温度在 1 200℃ 以上④。

六、纺织技术

商代中原地区的纺织技术仍在发展。如人工培育葛麻技术得到推广,去掉植物韧皮纤维所含胶质的沤麻技术得到普及,能用纺缚搲绞出不同粗细的麻纱,丝绸纺织技术明显发展。安阳殷墟遗址出土有玉蚕、丝织物残片等,殷墟甲骨文中有桑、蚕、丝、帛等字,其中与丝字有关的字有 100 多个,还有专记蚕桑的完整卜辞⑤。安阳殷墟出土的许多铜器上,甚至送葬的仪仗上,发现有纺织物遗痕、布纹、细布遗痕、席纹、麻纹、细布纹绣等⑥。如 1950 年,安阳武官殷代大墓出土

---

①　杨育彬:《河南考古》,第 101 页。
②　王星光、张新斌:《黄河与科技文明》,第 119 页。
③　王星光、张新斌:《黄河与科技文明》,第 127 页。
④　王星光、张新斌:《黄河与科技文明》,第 132 页。
⑤　王星光、张新斌:《黄河与科技文明》,第 132、168 页。
⑥　胡厚宣:《殷代的蚕桑和丝织》,《文物》1972 年第 11 期。

的 3 个铜戈,上面都有绢帛的痕迹,有的绢纹极细,有的"以鋬受柲,裹布纹"①;1955 年,郑州出土的铜盆上,也发现附有布的痕迹②。丝绸纺织技术的发展还体现在纹样上,"从殷墟出土的青铜器丝绸印痕上可以看出,早在三千多年前,人们已经会织出斜纹、花纹等比较复杂的纹样"③。

七、印刷技术

印刷术是我国古代伟大的四大发明之一。在商代中原,文字的书写材料为龟甲兽骨,并以安阳殷墟时期为代表,而以青铜金属为书写材料方面也有进展,出现了长达三四十字的长篇铭文。商代中原地区已出现了刻印技术,如在安阳殷墟出土了 3 枚铜印章。郑州出土的商代前期青铜器上的龟形图案的装饰,经唐兰先生考证,实是代表族徽文字的"黾"④,这也是我国目前发现最早的青铜器铭文⑤。而青铜铭文的铸造,到商末已很盛行。其工艺,先以蜡制成有字的铸模,再熔去蜡而灌以铜液,铭文的形成即由正(蜡模)→反(泥范)→正(青铜器)。而多模组合而成的铭文,运用了单翻铸法,是活字印刷术的最初形态⑥。这种技术条件又向雕版印刷的出现迈进了一大步。

八、酿造技术

商代中原地区,酿酒业发达,酿造技术有所发展。商代的青铜器中酒器往往居多,如 1968 年在河南温县发掘的一座商代墓葬中,出土较大青铜器 15 件,其中酒器有 6 件⑦。1976 年殷墟妇好墓中出土青铜器 440 多件,酒器有 150 余件,占 1/3 强⑧;安阳殷墟中还出土有几套完整的酒器,它们均由 10 件青铜器组成⑨。此时发明了人工培植麹蘖发酵造酒的新技术;酒的品种明显增加,除汁滓

① 郭宝钧:《1950 年春殷墟发掘报告》,《考古学报》1951 年第 5 期。
② 许顺湛:《灿烂的郑州商代文化》,中华书局 1957 年,第 18 页。
③ 王若愚:《纺织的来历》,《人民画报》1962 年第 2 期。
④ 唐兰:《从河南省郑州出土的商代前期青铜器谈起》,《文物》1973 年第 7 期。
⑤ 杨育彬:《河南考古》,中州古籍出版社 1985 年版,第 127 页。
⑥ 王星光、张新斌:《黄河与科技文明》,第 284 页。
⑦ 杨宝顺:《温县出土的商代铜器》,《文物》1975 年第 2 期。
⑧ 中国社会科学院考古研究所安阳工作队:《殷墟妇好墓的发掘》,《考古学报》1977 年第 2 期。
⑨ 梁思永:《"国立中央研究院"河南安阳殷墟出土品说明及目录》,载《梁思永考古论文集》,科学出版社 1959 年版。转引自郭胜强《略论殷代的制酒业》,第 418 页。

和合的浊甜酒"醪"酒和用糯性粟酿制的"秫酒"外,有粟酿制的粮食白酒,谷米酿制的薄味酒"醴",黍酿制的"鬯"及调入煮郁液的"郁鬯",桃仁酒、李酒、枣酒等果酒,草木樨、大麻籽酿制的药酒等①。可见,中原地区此时酒有酒、醴、鬯等品种,已知酒的储存陈酿技术。

九、交通运输工程技术

商代中原地区的交通运输工程技术也有进展,包括交通道路与交通网络建设、交通工具与车辆制造等都有所发展。这一时期,中原地区的交通用具、车的形制增多。交通工具有车、舟船、步辇、象等。安阳发现有商代的车马坑,殷墟甲骨文中"车"字的写法多种多样,反映车子的结构逐渐复杂,车子已用牛马等畜力行进。当时车马不仅用于运输,还用于战争②。出现了先进的木板船,殷墟甲骨文中木船形制也有多种,还出现了停船设备,如殷墟妇好墓出土了一件类似今天船锚的"铜多钩形器"③。舟船已用篙、舵桨和帆三类工具行进④。

中原地区的商代都城,如偃师商城、郑州商城等,内有布局合理、规划整齐的道路,并形成以其为中心,向商的直接统治区和受其控制的地区延伸的交通干道,交通要道上还设立了军事据点,建立了后世驿站性质的设施⑤。有学者认为还建立了驿传制度⑥。如商代晚期,以安阳殷墟为中心的商品贸易道路,在西北方向,通过今陕西、甘肃到新疆已有一条玉石之路,为后来陆上丝绸之路的形成奠定了基础;在西南方向,经淮河至长江,越过洞庭湖,同时溯江而上,穿入蜀地,再向南抵达云南的东北部;在东南方向,南下至今湖北盘龙城,进入江西,然后有一支东向浙江,一支南向广东;在东北方向,北上经今河北进入内蒙古河套地区和辽宁西部⑦。又如当时中原地区与长江流域之间的交通颇为通畅,与地处今

---

① 宋镇豪:《中国上古酒的酿制与品种》,第513、514页。
② 王宇信:《商代的马和养马业》,《中国史研究》1980年第1期。
③ 郭新和:《甲骨文中的"舟"与商代用舟制度》,《殷都学刊》1999年增刊。
④ 吴浩坤:《甲骨文所见商代的水上交通》,郑秀真译,第504页。
⑤ 田华丽:《论商代的交通道路及其道路设施的设立》,《殷都学刊》1999年增刊。
⑥ 于省吾:《殷代的交通工具和驲传制度》,《东北人民大学人文科学学报》1955年第2期。
⑦ 李雪山、黄延廷:《商代商品贸易探微》,《殷都学刊》1999年增刊。

江西新干的方国之间的交通已经开辟①。

十、建筑技术

商代中原地区在都城设计上开创我国古都"双城制"、"池苑"传统。"双城制"或者说城郭形制首先在偃师商城和郑州商城形成②。属于商代早期都城的偃师商城——尸乡沟商城,即商城西亳,由大城和宫城两部分组成,这种"双城制"一直是作为商周至北魏时代之前的都城基本模式,而宫城北部池苑的设置,开启了我国古代都城的宫城修建池苑传统,影响深远③。偃师商城也是"迄今所见中国古代都城采用中轴线对称布局的最早实例"④。偃师商城"规模宏大,井然有序。城内道路纵横,城外环城路相绕",在中国都城建设史上具有承前启后的意义⑤。偃师商城和郑州商城的"回"字形城郭布局,一直成为后来都城规划的主要思想之一,"具有很强的正统性和示范性"⑥。

宫室可分为中小型平房和大型宫殿建筑两大类,宫室建筑"已采用了四合式的组群格局,创中式庭院之始,开明堂太室之端,为中国古代建筑的前殿后寝和纵横对称式布局奠定了雏形"⑦。

夯土建筑技术、土木建筑技术继续发展。偃师尸乡沟商城城墙夯窝密集,夯层厚度在 8~13 米。郑州商城的版筑技术精湛。有的建筑亦采用版筑墙⑧。土木混合建筑的一种承重构造——擎檐柱,此时已由栽立式发展为明础式。

---

① 彭适凡、许智范:《中国南方青铜器暨殷商文明国际学术研讨会纪要》,《南方文物》1994 年第 1 期。

② 赵芝荃、徐殿魁:《偃师尸乡沟商代早期城址》,载《中国考古学会第五次年会论文集》,文物出版社 1985 年版。转引于易德生《从河洛地区都城的规划及其影响看河洛文化的正统性》,载河南省河洛文化研究中心《河洛文化与汉民族散论》,河南人民出版社 2006 年版,第 564 页。

③ 刘庆柱:《古代都城考古反映的河洛文化历史地位》,载河南省河洛文化研究中心编《河洛文化与汉民族散论》,第 5 页。

④ 曲英杰:《古代城市》,文物出版社 2003 年版,第 40 页。

⑤ 孟令俊:《河洛文化的几个问题》,载河南省河洛文化研究中心编《河洛文化与汉民族散论》,第 13 页。

⑥ 易德生:《从河洛地区都城的规划及其影响看河洛文化的正统性》,载河南省河洛文化研究中心编《河洛文化与汉民族散论》,第 565 页。

⑦ 《商代宫室建筑考》,第 432 页。

⑧ 河南省文物研究所:《郑州商城内宫殿遗址区第一次发掘报告》,《文物》1983 年第 4 期。

建筑设施上也有新的进展。如"三通管"的出现①。郑州小双桥遗址一座宫殿基址上还发现了我国最早的青铜建筑构件②。土木建筑中,还应用了日影定向、以水测平之法③。

十一、其他

林业方面,商代中原地区,出现了林业思想的萌芽,已明确提出保护森林和利用木材;已有人工植树造林和经济林木(如桑、竹、栗等)的经营管理④。

制骨、制玉、编织等工艺水平也相当高。如殷墟妇好墓所出土的 3 件象牙器,包括 2 件夔鋬杯和一件带流虎杯,其雕刻精工,富贵华美,为商代瑰宝⑤。郑州商城遗址发现有竹席和竹篮的痕迹,其编织方法基本上与现在的芦苇席、竹篮的编织方法相同⑥。

（作者单位为河南省社会科学院）

① 《殷墟出土的陶水管道和石磬》,《考古》1976 年第 1 期。
② 李伯谦:《商周青铜器艺术的光彩》,《神州学人》1995 年第 4 期。
③ 王慎行:《商代建筑技术考》,第 416 页。
④ 张钧成:《商殷林考》,第 408、409 页。
⑤ 中国社会科学院考古研究所安阳工作队:《安阳殷墟妇好墓的发掘》,《考古学报》1977 年第 2 期。
⑥ 杨育彬:《河南考古》,中州古籍出版社,1985 年,第 105 页。

从出土石戈和牙璋看商代文化
对东南沿海的影响

易德生

　　商代是比夏朝更加发达的时代,其文化影响的范围也更为广大。一般认为,我国的东南沿海地区,本文主要包括闽、粤(包括香港、澳门)、台,与中原相隔遥远,又有南岭、武夷山和海洋相隔绝,因此,在商代是比较落后的蛮荒之地。然而,近些年的考古发现,开始打破这一看法。考古材料越来越证实,商文化的影响不仅越过山脉和海峡,给东南沿海地区带来青铜文明,甚至越过大海,影响到东南亚岛屿。

**　　一、从新石器时代起,东南沿海地区与长江流域及中原的交通和交流就已经开始,并且东南沿海与东南亚地区及南太平洋一些岛屿也有了交往**

　　20 世纪 80 年代以来,我国东南沿海一带的考古进展很快。考古学家们发现,即使在新石器时代,东南沿海与长江流域和中原就已经有了一定的交往。比如关于彩陶问题。新石器时代,闽、粤、台三地区的彩陶文化有很大的一致性,尤其是台湾的彩陶文化,深受福建,尤其是闽江下游彩陶文化的影响。张光直认为:"台湾省南部以凤鼻头贝丘为代表的黑、灰彩陶文化,它与福建昙石山遗址(在闽江下游,笔者按)的遗物最为相像……昙石山的泥质磨光黑皮陶也与凤鼻头的相似。看来公元前一千五百年前以来一两千年之间的台湾海峡,显然是昙石山与凤鼻头贝丘文化这一类文化的舞台,而我国古代沿海地区居民的活动范围已不限于海岸地区,而伸展到东海和南海的广大地域之上了。"①然而,这种彩陶文化与长江中游和下游的新石器文化不无关系。有学者指出,距今6 000年左右,洞庭湖区域及沅水流域的新石器文化就已经传播到珠江流域的中下游一带②。

再比如有段石器和有肩石器问题。有段石锛最早出现在长江下游马家浜文化早期,在良渚文化又进一步发展,以后向北向南传播。大概在商晚期,有段石锛传播到东南亚沿海群岛和南太平洋岛屿。有肩石器最早可能是出现在珠江三角洲地区。然后从珠江口的香港、澳门等海岛传播到云南,贵州、广西沿海、越南,然后传播到东南亚的岛屿。台湾台北大坌坑上层等处的圆山文化,发现有很多有肩和有段石器,基本可以断定是从广东传出去的③。

民族学家和语言学家根据树皮布(Bark Cloth)、南岛(Austronesian)语系的研究,推测从新石器时代以来,中国东南沿海与东南亚岛屿及南太平洋岛屿存在广泛的交流。凌纯声认为树皮布起源于新石器时代的华东及华南,经过中南半岛传播,然后传播到其他南太平洋岛屿,甚至到达中南美洲④。语言学家推测原始的南岛语系民族可能最早生活在中国东南沿海尤其是福建和台湾一带,后传播到菲律宾,然后又辗转传到东南亚的其他岛屿上⑤。

从以上我们可以看到,中原文化或者以长江流域为中介,对东南沿海地区文化进行影响;或者沿黄海、东海沿岸直接与东南沿海地区进行海路交流。长江中下游文化或翻越南岭、武夷山,通过湖南、江西传播到广东和福建;或直接通过海路进行交往。不仅如此,东南沿海之间的交流也很频繁,并且东南沿海地区的文化又向东南亚地区拓展。这样的路线一旦开通,必然被后世所遵循。

---

① 张光直:《台湾省原始社会考古概述》,《考古》,1979年第3期。

② 贺刚:《南岭南北地区新石器时代中晚期文化的关系》,《中国考古学会第九次年会论文集》,文物出版社,1997年。

③ 林惠祥:《中国东南区新石器文化特征之一:有段石锛》,《考古学报》,1958年第3期;傅宪国:《试论有段石锛和有肩石器》,《考古学报》,1988年第1期。

④ 转引自邓聪:《史前蒙古人种海洋扩散研究——岭南树皮布文化发现及其意义》,《东南文化》,2000年第11期。

⑤ P. BELLWOOD;《MAN'S CONQUEST OF THE PACIFIC》,OXFORD UNIVERSITY PRESS,1979;引自张光直:《中国东南海岸考古与南岛语族起源问题》,《南中国及邻近地区古文化研究》,香港中文大学出版社,1994年。

二、从石（玉）戈、牙璋等出土器物看商代对东南沿海地区的影响

东南沿海地区出土的商代青铜器物相对比较少，因此，从青铜器物上不好比较商代对这一地区的影响。但是，这一地区新中国成立以后至今，出土了为数甚多的商代石（玉）戈及一些珍贵的商代玉璋，为我们探究商代的文化影响提供了绝好材料。

1. 关于石（玉）戈。根据推测，新石器时代应该已经有石（玉）戈，但目前最早发现的玉戈，出土于河南偃师二里头遗址第三期，是青铜时代的产物。戈在开始无疑是一种实用兵器，但到了青铜时代，玉制的戈基本上是一种礼器和仪仗用器了。也就是说，玉戈体现着某种礼制，是身份和地位的标志。

福建各地都有出土石（玉）戈，一般与几何印纹硬陶和青铜器相伴而出。根据有关学者的研究，福建的石戈分为两个类型。每个类型的戈都和商朝及周初的铜戈或玉戈相似①。很明显，东南沿海地区由于青铜原料缺乏和制作技术的滞后，不能大量制造青铜戈，因此用石（玉）戈来代替。这同时说明，福建地方文化在某种程度上也接受了一定的商朝的礼制。另外，粤东闽南的"浮滨文化"，也有很多遗址出土有石戈。"浮滨文化"的年代，有争议，但一般认为主要属于商时期，下限可能到西周初期。如李伯谦先生就认为"浮滨文化"有些遗址出土的铜戈与商代前期的有些类似，明显受商文化影响，"浮滨文化"年代不会晚于商代②。

以广东石峡遗址中文化层为代表的"石峡中层类型"文化，以前被称呼为广东的新石器时代晚期遗存，但现在更多的学者认为是广东的早期青铜时代，年代在商时期。这类文化，虽然很少出土青铜器，但出土有比较多的玉石器，比如出土众多的石戈或玉戈。类似遗址在粤北和环珠江口都有发现。如粤北有韶关鲶鱼转、马坝窑头脚、南雄太和岭、翁源下角垅，环珠江口有中山龙穴、肇庆茅冈、东莞村头等遗址，这些遗址的石（玉）戈与商及西周初期的铜戈非常类似，明显是受商文化影响而形成。香港的石壁东湾、沙洲、大湾、扒头鼓都有石戈出土，根据

①　曾凡：《关于福建与中原商周文化的关系问题——从出土石戈谈起》，《中国考古学会第四次年会论文集》，文物出版社，1985年。

②　李伯谦：《中国青铜文化结构体系研究》，第9页，科学出版社，1998年。

形制,可以分为中原型和沿海型,中原型与殷虚妇好墓、郑州白家庄的玉戈相似,年代也不会迟于晚商。沿海型石戈和环珠江口的石戈类似,根据地层同出陶器判断,年代大致在距今 3 500 年到 3 000 年之间,也即相当于商朝和周初①。

另外,越南 LUNG HOA 墓葬也出土过一件石戈,与广东和福建商周时期的石戈类似,其时代在商代末期。可见商文化可能已通过沿海地区传播到中南半岛②。

2. 关于牙璋。1990 年底,在香港南丫岛大湾遗址的发掘中,考古人员在遗址 M6 发现有珍贵的牙璋等遗物。牙璋一出土,就引起历史学界和考古界的巨大兴趣。不仅因为这枚牙璋是南中国海唯一经过考古发掘的牙璋,也因为牙璋是典型的中原文明的产物,却如何会出现在香港的一个小岛上?

与香港出土的这种牙璋相类似的器物,还见于其他地方。只是由于对器物的命名不同,在一些报告中被称呼为"端刃器"、"玉铲"、"玉钺"或"玉立刀"等。见于其他地方的牙璋包括陕西神木石峁遗址(龙山时代),山东海阳司马台遗址和临沂大范庄遗址(龙山时代),河南偃师二里头遗址(夏代),郑州二里岗遗址(早商),河南许昌大路村遗址(早商),殷墟遗址(晚商),湖北黄陂盘龙城遗址(早商),孝感钟分卫湾遗址(晚商),四川广汉三星堆遗址的祭祀坑(晚商),湖南石门桅岗遗址(早商),福建漳浦县眉力遗址(商晚至周初),陕西扶风县上康村遗址(西周中期),山西侯马牛村(春秋)等。另外,1938 年,陈公哲在香港东湾遗址也发掘过一件牙璋。林已奈夫也记录一件增城出土的牙璋。揭阳市在 20 世纪 70 年代有一些石璋出土。越南出土牙璋四件,与二里头、许昌(大路村)及三星堆之典型牙璋完全一致③。可以断言,这种器物是黄河中下游的产物,最早在山东龙山文化中出现,盛行于中原的新石器晚期和夏代,到商晚期已经呈现衰落之势,到春秋战国之时基本绝迹。

尽管对于大湾遗址 M6 年代有不同看法,有学者甚至把其定位为战国——秦汉时期,但大多数学者根据地层出土遗物的叠压关系和牙璋演变的时代序列,认为 M6 应该在商代,最迟不会晚于西周早期,而牙璋无疑应该是商代的产物。

① 吴伟鸿、陈君山:《试论香港出土商周玉石戈》,《南中国及邻近地区古文化研究》。
② 吉开将人:《论"T 字玉环"》,《南中国及邻近地区古文化研究》。
③ 邓聪:《越南冯原遗址与香港大湾遗址玉石器对比试释》,《南中国及邻近地区古文化研究》。

李伯谦根据牙璋形制的演变序列,将龙山时代一直到春秋时代的牙璋进行排序,结果发现,香港的这枚牙璋刚好排列在二里岗早商和三星堆晚商之间,也即意味着这只牙璋是典型的商时期的产物①。这就说明了为什么香港牙璋引起轰动:因为从这枚牙璋可以看到,商朝的文明已经翻山越岭或跨越海洋影响到了遥远的南海一带!如果结合作为商朝货币之一的子安贝的北上贸易,笔者更倾向认为,商代大量需求的一种子安贝(C. annulus)极有可能就是以香港(或环珠江口某些优良港口)为基地,从南海源源不断通过海路运往山东沿海,然后再输向商中心地带。

确证商文化已经传播到南海一带,这从越南出土的玉器也可看出。邓聪仔细对比了越南冯原(Phung Nguyen)文化遗址(年代约在公元前18世纪到公元前11世纪)和香港大湾遗址的玉器,指出越南北部地区和环珠江口及香港有密切往来关系。一位日本学者分析了越南北部出土的一种玉环,他称之为"T字玉环"。在比较了中原地区、广东地区、香港地区、长江下游地区、西南地区和东南亚的马来半岛地区的相类似"T字玉环"后,他认为这些玉环形状和工艺类似,应该是中原地区传播而来。他认为,至迟于公元前3000年后期,也就是龙山时代末期,"T字玉环"出现于黄河中游地区。这是目前最早的记录。"到了公元前2000年中后期(大概在夏商之际,笔者按),T字玉环的发展迅速增加,其分布范围也扩大至越南北部地区。"

通过以上考古器物的对比,可以说明,在商代,无论是贸易、文化交流或是军事征服,商文化通过新石器时代以来开辟的海路和陆路,源源不断地对包括台湾在内的东南沿海及越南北部一带产生影响。同时,通过台湾和越南北部,商文化可能到达菲律宾、中南半岛及东南亚其他岛屿。《商颂·玄鸟》说"四海来假,来假祁祁",包括东南亚在内的四海民族向商朝纳贡的热闹景象似乎并不是夸张修饰之词。

三、商朝的疆域范围及其文化圈

以上看似很偏远的东南沿海甚至东南亚群岛与商朝王朝的交往,自然使我

---

① 吉开将人:《论"T字玉环"》,《南中国及邻近地区古文化研究》。

们重新考虑商朝的疆域和文化交流范围问题。《诗经·商颂·玄鸟》云："天命玄鸟，降而生商，宅殷土芒芒。古帝命武汤，正域彼四方。方命厥后，奄有九有。""昔有成汤，自彼氐羌，莫敢不来享，莫敢不来王，曰商是常。"这些诗句看来表达的是事实。

根据考古材料和文献，结合商朝的"内服"、"外服"统治结构，商文化圈可分为商文化中心区、商文化区、商文化亚区、商文化影响区。《商颂·玄鸟》所谓的"邦畿千里，维民所止，肇域彼四海"，其实就形象表达了商文化由中心区（或者王畿文化区）从中原向边远四方辐射的过程。商文化的核心区，根据商朝都城变化情况，基本确定在河南中部偏北及河北南部地区。正如《战国·魏策》所说："殷纣之国，左孟门而右漳滏，前带河，后被山。"

根据甲骨文"四土"的情况，可以认为，"四土"范围就是商中央通过诸侯或臣属方国直接控制的地区。表现在"五服"上，可能是《禹贡》中"绥服"以内的范围，或者《周礼》中"卫服"的范围。表现在文化上，它们与王畿地区的商文化有很大的相似性，可称为商文化区。西汉末年贾捐之在应对汉元帝时说："武丁、成王，殷、周之大仁也，然地东不过江、黄，西不过氐、羌，南不过蛮荆，北不过朔方。"这基本属于商文化区。

《商颂·长发》云："相士烈烈，海外有截"。《商颂·殷武》云："挞彼殷武，奋伐荆楚。"商文化在多次扩张过程中，不断通过陆路或海路从中原向四方的周边地区辐射。从考古发现的材料来看，商文化的分布，北边到阴山——燕山一线南北，或者说长城南北一线（如西北著名的朱开沟——石楼——绥德青铜文化区、东北内蒙古西拉木伦河流域，辽宁大凌河流域出土的商朝青铜器等），西到陕西直至甘肃，西南到四川广汉一带，南到湖南、江西，东南到广东、福建、台湾、广西、越南，甚至菲律宾、马来群岛等。在如此广大的范围内，主要分布着叛乱不定的方国和《禹贡》"五服"或《周礼》"九服"所谓的蛮夷之族。这些边远地区根据不同情况，分别属于商文化亚区（如江西吴城遗址）和商文化影响区。《淮南子·泰族训》所说的"殷之地，左东海，右流沙，前交趾，后幽都"显然符合这种边远地区的实际情况。

（作者单位为湖北省社会科学院楚文化研究所）

殷商武术文化在中国武术
史上的地位及作用

马爱民

中华武术源远流长,早在殷商时期,武术活动就已经得到了很大的发展。商王朝大量铸造青铜兵器,以武力对外扩张征伐,在靠武功征伐和军事力量取得大片疆域的同时,也使商王朝军队的武艺活动在战争中得到了提升。殷墟考古发掘出来的青铜兵器和甲骨文,为我们提供了大量的殷商武术活动珍贵信息,使我们有幸能够目睹我国青铜时代早期的武术文化形态和尚武精神风貌。在考古发掘的大量青铜器物上刻铸有显明的"饕餮纹"图像,许多学者多从青铜器饰纹的礼仪方面探寻商代的社会政治生活,我以为同时它也是殷人尚武风貌的生动体现。

一、尚武的时代与武术活动的发展

我国武术在殷商时期就已趋于发展成熟,"三时务农,而一时讲武",这是统治者对平时练习武艺提出的重要要求。事实上,在商代诸王中就有许多武功过人之辈。根据文献记载,商代的徒手搏斗技能也有很高的水平,著名的殷王帝辛就是一位勇力绝人的"手搏"高手。"(帝乙)少子辛,辛母正后,辛为嗣。帝乙崩,子辛立,是为帝辛,天下谓之纣。"(《史记·殷本纪》)帝辛曾在历史上多次率军征伐,以勇武知名天下,帝辛体格魁梧,气力过人,《帝王世纪》称他能"倒曳九牛,抚梁易柱"。《荀子·非相篇》则称帝辛是一位"长巨姣美,天下之杰也;筋力越杰,百人之敌也"。《史记·殷本纪》载:"帝纣资辨捷疾,闻见甚敏,材力过人,手格猛兽。"殷代帝辛有"手格猛兽"之勇,能徒手或持械与虎豹豺狼搏斗,显然其武功不凡,帝辛必然掌握有高超的格斗技能。帝辛猎获猛虎在卜辞中也可得到有力的证实。"辛酉王田于鸡录,大……虎,在十月,隹王三祀协日。"(胡厚宣主编:《全国商史学术讨论会论文集》,1985 年 2 月《殷都学刊》增刊,第 155 页)后世的文献记载虽然带有不少传说或神化色彩,但在一定的范围内,为我们提供了不少基本可信或者具有较高价值的武术史信息,综合商代卜辞的记载,使之为我们进一步考察和分析商殷时期的武术活动,提供了一个更为广阔的思考空间。《史记·律书》又载:"夏桀、殷纣,手搏豺狼,足追四马,勇非微也;百战克胜,诸侯慑服,权非轻也。"这是目前所知我国古代最早出现的具有武功意义上的"手搏"一词。这里的"手搏"就是徒手相搏之意,它对后世的武术徒手技术产生了深刻影响。殷商时期的黄河流域中下游地带,气候湿润,到处都是茂密的森林,猛兽出入频繁,商王经常出行狩猎,既有手持武器射杀猎物的英姿雄风,也有赤手空拳擒捕猛虎的威武壮举。在殷商甲骨卜辞中就出现有"暴虎"一词。例如:卜辞"王往暴虎……"(《合集》11450)。又"壬辰卜,争贞,其暴弗其获"。(《合集》5516)但根据甲骨文字的"暴虎"字形分析,一般认为"暴虎"就是空手搏虎,《论语》等文献中也多有"暴虎"一词的记载。在我国早期典籍中也屡见田猎时手搏猛兽的纪事,《诗·小雅·车攻》:"搏兽(薄狩)于敖"。搏,手执也。据考,敖地位于今河南省郑州西部境内。虽然商代不一定全是用空手搏虎,但从中确实反映了有些商王的过人之勇和超凡气力,这一甲骨卜辞印证了历史文献对殷人在"手格猛兽"方面的真实武功记载。我国殷商时期,不但出现有"手搏"猛兽的武勇活动,而且,也有人与人之间的比武搏斗活动形式。在发现的甲骨文中就有"斗"字的卜辞出现,如"卜贞,臣在斗"。甲骨文斗字的字形酷似"两人在相互搏斗"时的一种拳击状态。武术徒手搏斗活动在商代应该说是非常普遍的,从殷人在激烈的战争中使用的大量青铜兵器就可以从侧面证明这一点,因为,近身徒手搏斗与远距离使用兵器在战争实践中应是紧密结合在一起的一种军事武艺活动。

开国君主商汤崇尚武功,"自把钺以伐昆吾,遂伐桀",推翻夏朝,建立商朝,自称:"吾甚武,号曰武王。"(《史记·殷本纪》)武丁,是商王朝第 23 位国王,庙号高宗。《周易·既济》:"高宗伐鬼方,三年克之,小人勿用。"殷商卜辞中就有不少对武丁征伐敌方的战争及其田猎擒获猛兽的武勇纪事,足见武丁个人具有非凡的武功与勇力。武丁一生文治武功,雄居天下,是盘庚迁殷以来最有作为的一代贤王盛君。在位35年的商王武乙也是有名的弓箭手,常常"猎于河、渭之间",射擒猛兽。殷商一代不仅商王是尚武的国君,而且许多跟随商王的臣子也是勇武过人之辈。殷王帝辛手下的著名力士费仲、恶来等人,在武勇方面同纣王一样,征战四方,武功卓绝,都是骁悍过人的著名武臣,威勇难挡。据《墨子·明鬼下》载:"故昔者殷王纣贵为天子,富有天下,有勇力之人费中、恶来、崇侯虎。"费中,《太平御览》称为"费仲",实为一人。史载他们可"足走千里,手裂兕虎"。反映了商代"手搏"活动已具有很高的水平。"兕",雌性犀牛;"虎"当指乳虎,即在哺乳中的雌虎,这两种动物极为凶猛无比。《太平御览》将"手裂兕虎"写为"手制兕虎",一字不同,其意义也就大有区别,这可能更符合殷商时期一些勇士"手格猛兽"的历史实际情况。崇侯虎不仅长期跟从纣王征战天下,勇挫劲敌,而且被殷王帝辛视为心腹之人,殷王帝辛就是听从了他的议谋而囚文王于羑里。"崇侯虎谮西伯于殷纣曰:西伯积善累德,诸侯皆向王,将不利于帝。帝纣乃囚西伯于羑里。"(《史记·周本纪》)可见这些人不是仅有武艺之辈。

在殷王帝辛麾下聚集有众多善武骁勇之士,除恶来、费中、崇侯虎等人外,恶来之父蜚廉也是殷商时期以武功著称的一位重要人物。蜚廉、恶来父子均以武功俱事殷王。《史记·秦本纪》载:"恶来有力,蜚廉善走,父子俱以材力事殷纣。"恶来以自己力大武强,追随殷王,建有功勋,自不必多说。其次,蜚廉多年跟从殷王帝辛南征北战,不仅以武勇知名天下,而且练就有一身长跑的功夫,所谓"蜚谦善走",就是说他体格强壮,精于长跑之功。父子两人都尤以武艺"材力"出众,得到了殷王帝辛的赏识和重用。

二、女子尚武风习与商代重武传统

商代有不少女子崇尚武功,在政治、军事和武功等领域显示出独特的才能和作用。赵诚先生在《商代社会性质探索》一文中说:"从总体上来看,妇女在社会上的地位和作用,常常取决于该社会的性质。换一句话说,从妇女的作为,在某种意义上可以推断她们所处的是什么社会。根据卜辞,商代有一大批妇女在军事、政治、经济等领域里相当活跃。"殷墟卜辞中出现有妇好、妇妌、妇娘、妇妊等一批著名女性人物。"甲骨文'妇某'甚多,孟世凯统计有68人,'妇某'之'妇'首先为女性,赵诚先生已有详论,现在几成定论。但妇的身份如何,至今仍无一说出其右者。"这些女性人物不一定都长于勇力武功,但从卜辞记载中确有不少巾帼英雄,成为商代带兵打仗的将帅。殷商时期女性人物"妇妌"就十分崇尚武功,常常亲自领兵征战,卜辞对其武功征伐多有记载。"甲辰……惟妇妌伐龙。"(《合集》6584)又有"贞:勿呼妇妌伐龙方"(《合集》6585正)。妇妌"是商王畿内北部的诸侯",威名一方,享誉当时。"身为女性的妇妌还带兵打仗,其勇敢不亚于男儿。"(李雪山:《商代分封制度研究》,中国社会科学出版社2004年版,第175页)她是殷商时期著名的一个女英雄,可见这些武功卓著的女性人物在军事和政治上都有较高的地位和影响。商代女子尚武活动,对历史上的女子习武风习的形成具有积极作用。殷商时期最知名的女性尚武人物当数"妇好"。妇好之名在卜辞中常有出现,是一个妇好,还是有多个妇好,现在还存有不同的学术见解,但商王武丁时期的妇好骁勇善武则是不容置疑的。"妇好墓发掘结果表明,妇好的地位要比一般将领高,似乎她是仅仅低于商王的高级将领,有关妇好分别主持祭祀、带兵征伐、驻守边防、出任地方长官、负责农业生产等记录较多。"妇好武勇过人,屡次带兵征伐,击败劲敌。卜辞记载有"辛巳卜,争贞:今春王共人呼妇好伐土方"(《合集》6412)。妇好曾率领数千人的队伍征伐一些方国,并得胜而归。"辛巳卜,口贞:登妇好三千,登旅万呼伐……"(《英藏》150正)商代卜辞还载有:"征妇好三千,征旅万,呼伐羌。"(《库》310)这是甲骨文卜辞中所见到的最大一次兵力配备情况,商王武丁亲率10 000大军和妇好领兵3 000人,组成13 000人的队伍共同征伐平定羌方。应当说,在这上万人的商王军队中肯定不乏武勇和军旅武艺高深之人。妇好墓还出土商代青铜钺多件,是死者生前所用。其中龙纹大铜钺重8.5kg,虎纹大铜钺重达9kg。钺在商代有大小之分,作用也各不相同。青铜钺既是殷商大规模战争中的常用兵器,也是妇好在战场上享有统辖军事指挥权力的象征。根据"妇好墓"随葬的这些古兵器和甲骨卜辞对妇好本人的有关记述,我们可以推断,妇好对军旅武艺长兵器戈矛的喜爱程度很高,同时,妇好也应是能十分熟练地掌握和运用戈矛技艺。妇好既精于戈矛,也擅长射箭。射箭,是中国古代一项重要的军事武艺技术,殷人的射箭很多情况下是指在战车上拉弓射箭,其难度远远大于步射。"这主要是由于战车轮子大(殷至西周的战车,车轮的直径一般在 1.22~1.46 米之间),重心高,再加上单辕、短舆,射手必须有良好扎实的训练,才能在车上保持平衡。因此,射艺就成了当时十分重视的训练项目。"

妇好墓出土的一件精美扳指就显示出她有很高的武艺射术水平和深厚功夫,这件雕刻有兽面纹的扳指功能是妇好平时拉弓射箭著于右拇指用于钩弦的用具,是一种射箭防护扳指。扳指,又称为搬指或班指,一般是以象骨或晶玉制成,做工精细,质料考究,这为我们研究中国古代射箭武艺技术和发展史提供了珍贵的史料实物。在妇好墓中还出土有数量可观的青铜镞和青铜弯弓器,这些也应都是妇好生前所留用。从上述扳指内径大小分析,专家推测这位女将军妇好的右手拇指关节处的直径约有 2.4cm,与现今的男子拇指差异不大,这说明妇好的身体十分健壮有力。

从商代卜辞和历史典籍记载分析,殷商时期的军旅武艺活动已经达到了一个较高的水平,这是可以肯定的。从殷墟发掘的大量甲骨文,反映出商王朝军旅征伐战争的频繁和对武艺活动的重视。据考,商代的武官主要有"马、多马、亚、多亚、箙、多箙、射、多射、三百射、卫、戍、牧、犬、多犬"等。他们这些具备一定武艺的武官都有不同的分工,"戍、牧,是驻守在边境的武官,箙、射是管理弓箭手的武官,犬是专门从事打猎的武官"。殷商时期出现的大规模的军旅征伐活动,必然要对士卒的武功技艺有着一套训练要求。殷商时期军队的数量,虽然甲骨文没有具体的记载,但有关征伐战斗时使用的兵力配备情况,甲骨卜辞有"百人"、"千人"、"三千"、"五千"等,前引卜辞记载,最多的一次达到了"一万三千人"的队伍规模。殷商时期的战争连年不断,俘获敌人不仅要靠手中的戈矛兵器,而且也离不开徒手搏斗武艺的发挥,卜辞载:"伐二千六百五十六人,在梦,九月。"(《合集》7771)在征伐搏斗中一次就生擒俘虏 2 656 人,说明商王朝武装力量的强大,展现了军旅武艺在战争中的威力和作用。射、御则是商代车战中的基本技能和方法,它在大规模的征伐战争中有着举足轻重的作用。殷商甲骨文象形字对"射"的记载甚多,有关"御"、"舞"的卜辞在甲骨文中也很常见,它成为商代武术活动的主要形式和基本特征,对于射、御技术与武舞活动练习还都被列为商代学校学习掌握的主要内容。军旅武技步入学校教育应是殷商时期中国武术走向不断成熟的重要标志,也是商代武术活动渐进发展的显著特征。

　　殷都王宫舞蹈活动在甲骨文中已有反映,殷商时期无论祭祀、庆典、田猎、征伐、天气等情况都要占卜,以定吉凶。每逢占卜之事必有舞蹈者参与,舞蹈的指挥者一般是由主持祭祀的"巫"担当,巫人大多是擅长舞蹈的行家,经常举行的祭祀活动,形成和出现了不同形式的舞蹈动作,殷都时的舞蹈形式也有文舞与武舞的区别。殷墟卜辞记载的武舞有《万舞》:"口乎万无(舞)"(《甲编》1585)和"万惟美奏"(《南明》683)。《诗经·商颂·那》有"万舞有奕",《礼记》:万舞"执其干戚,习其俯仰诎伸,容貌得壮焉"。卜辞中又有《征舞》,显然,也属武舞。"庚午卜,贞,乎征舞。"(《前编》35)表现为征伐战斗的舞姿。在殷都的祭祀活动中还有一种"伐祭"形式,如卜辞"侑于王亥九伐","侑伐于王亥"(《合集》920、942)。郭沫若将"伐"释为"干舞",罗振玉称"伐"属"武舞",都是一种手持兵器的武舞活动。在殷墟卜辞中有"今日众舞"(《甲编》)的记载,又有"呼取舞臣廿"(《殷墟文字二编》2373)的卜辞。可见殷商王都祭祀中的舞蹈活动参加人数很多。

　　在殷商甲骨文中已出现有"武"字,它是一个"持戈而立"的象形字,我曾在《传统武术文化新探》(人民体育出版社2003年11月版)一书中论及,甲骨文的"武"字构形最早义项应是武舞,确切地说是一种原始的武舞本义,战争、征伐和武功则是"武"的后来引申义,这说明殷商时期的武舞活动已经发展到一个较高的水平。实际上古人对"武"与"舞"的理解是本义相同,以后又逐渐形成"舞蹈"和"武功"等含义,两者互为混用的情况很多。从殷商时期的甲骨文武的构形出发,无论如何看不出武字有所谓的制止、停息干戈之意,"止戈为武"表明了人们对美好和平生活和停止战争的一种祝福与愿望。

三、军事活动对武术的促进和影响

　　据《中国甲骨学史》:"商代已有为数众多的军队,他们首先成为奴隶主贵族镇压奴隶和平民的反抗,并对外进行掠夺战争的重要工具;当然有时也具有防御方国部族进犯的作用。从甲骨文看,商代的军事组织、作战方式、战争规模都达到了一定的水平。"在殷商卜辞中,已出现有殷人骑马的记载,但用于战争不见于考古史料发现。殷商甲骨文有:"多马亡乎射,禽?"(《粹》943)这是殷人骑马射箭的最早文字记载。李民先生主编《殷商社会生活史》一书载有:"在第13次发掘殷墟时,于小屯发现了人马合葬的小墓,其中一人一马一狗,另一动物和四件陶器,骨架下压着一套武器,计有戈一、刀一、弓饰一、砺石一、簇十……(根据)武器及所有环境来看,这匹马似乎供骑射的成分多,而供驾车的成分少。很可能这个人就是骑这匹马的骑士。"这说明殷人不仅能在快速奔驰的战车上立射,而且还可飞马骑射,后者比前者在射箭技术上的难度要求更大,但"骑射"直接用于战争还未见有更为详实的文字和实物材料。商代的甲骨文中常有"步、伐"一辞,由于商代军旅武艺主要是使用"戈矛"长兵器,相对于出现近身搏战时,我们相信,最有效的还是以"赤手空拳"的徒手搏击武艺为主,特别是"步兵"掌握徒手搏斗武艺技术就显得尤为重要。商代战争频繁,对敌手段多样。"羌方与商王朝长期处于战争状态,商出动大量兵力征讨,卜辞用获、伐、执、追、出、征等词汇来表示。"这些词意透漏出一个非常重要的信息,在征伐中各种武功技艺也会在这一过程中发挥出它的应有作用和威力。为了维护奴隶主贵族的统治地位,商王对军队平时徒手和兵器武艺训练的重视是自然的事,这对于促进商代军旅武艺活动的开展将产生极大的作用。

商代也有学校武术教育,甲骨文的"校"字就是以比武较艺中演化出的象形字。大学与小学都是重点学习"六艺"。殷商时代虽无六艺之名,但也有六艺之实。六艺之中的射、御、乐(舞)都与习武有关。殷墟卜辞载:"学多口父师于教";"壬子卜、弗酒小求,学";又有"乍学于入若"。乍学即作学,意为将学校建在殷王都内。卜辞又有"王其学",即殷王视察学校。甲骨卜辞中,就目前所知,仅"学"字就有24处之多,这个学就是指"序"、"庠"等。殷代学校以习武为主,卜辞中有"新射"和"庠射三百"、"登射三百","新射"就是对未经训练的"新手"教授射艺,"庠"就是习射的学校。当时已有了专门掌管习武学射的武官,"射,指多射官,歔的首领在朝为官,职掌商王的弓箭手"。殷墟发掘出土有很多大型车马坑,在卜辞中对御车活动也有记载,"小臣穑从伐,禽危美口人廿人四,而千五百七十,口百,口丙,车二丙(辆),盾百八十三,函五十,矢口"。从中我们推知商代御车的技术也相当成熟,御车还成为学校"六艺"教育的一项主要学习内容。学校习武活动的多样化与学习制度化,对丰富和推动中国武术的发展起到了极大的促进作用。

商代的武术活动虽然是以军旅武艺为主,但在传习的形式上已基本发展成熟,军旅武艺已逐渐流向社会和民间传习,当然,这种武艺活动尚未脱离它的原始搏杀技术,操练武艺的目的,是直接作用于战场。商代卜辞:"其呼以多方小子小臣其教戒。"郭沫若先生说:"多方,多国也,以多方小子小臣其教戒当为一词。教即教学……考教戒一词,可能为武术传授之教戒。"(郭沫若:《殷契粹编》,科学出版社 1965 年版,第 114 页)甲骨文"戒"字,研究者一般认为是以手操戈的形象。更准确地讲,此条卜辞当指方夷氏族部落贵族子弟来到商的王都殷学习掌握兵器戈的武艺,这也是殷商时期盛行以戈为代表的主要军事武艺技术的集中体现和反映,可以推断,这种学习与交流促进了商代军族武艺的全面发展与提高,并形成有一套比较成熟的训练经验和方法。从 1976 年殷墟妇好墓出土的大量文物之中,随葬的古兵器铜戈、铜矛、铜钺等就有 170 多件,可见妇好生前必定是一位武艺高强的女将军。在安阳西北岗一座早期殷王陵中发现有数以百计的铜戈与铜矛。据卜辞记载:商王武丁在一次征战前向"王师"配发的铜矛有 405 支之多,这只是有数可计的零星记录。至今殷墟已发掘墓葬 1 500 座左右,墓葬总数的 1/6 随葬有青铜兵器。甲骨文常见"戈"字和从戈字的象形"伐"、"武"等字,都与武功相关。《诗·秦风·无衣》:"王于兴师,修我戈矛"。《尚书·牧誓》:"称尔干,比尔戈"。从中可见戈在中国武术史和军事史上的重要地位及影响。我们知道,古兵戈在战场上的使用一直沿续到了东汉初,但在后期一般常作为仪仗使用。戈"受中国影响,朝鲜、日本、印度支那等地区的古代遗址中都有发现"。陈恩林先生的《商代军队组织论略》认为:"众是师旅的基本成员,'师旅'是'众'的编制形式,惟其如此,商王用'旅'的作战方卜问能否'雉众',也正由于师旅是由众组成的,所以众往往成为师旅的代称,这不但有甲骨卜辞中屡用'众'或'众人'作战的记载为证,而且也有诸文献。"既然"众"是商代国家"军事力量"的组成部分,他们必然会逐步熟练掌握徒手或持械等搏兽的搏斗技能,同时,也将修习戈矛弓箭等与战争相关的军旅武艺,以提高个人和集体的技击搏杀本领。从而,这种"王者之事"的武艺活动,不再是少数人垄断的独有技能。殷商时期既有商王亲自出现在狩猎场上擒获猛兽,也有场面宏大集体参加的田猎活动。卜辞有"获不?允获麋四百五十一"(《合集》1034 反)。这条田猎卜辞记载擒获的麋鹿就有 451 头之多,可见这是一次融练兵、习武和劳动为一体的大规模田猎活动。商王进行田猎活动已成为常事,其中一次商王在田猎活动中擒获到一只大狐狸。卜辞载:"戊王其田于画,擒大狐。"(《合集》28319)商王手下的武将,不仅武功超人,经常受命出征,挫败劲敌,而且还多次随从商王出郊田猎,施展身手,勇擒猛兽。卜辞载:"辛巳卜,在小箕,今日王逐兕。"(《合集》33374 反)对于"田猎"活动的特点,一般来说,它既是一种生产劳动,又是一种军事武艺操练,同时,它还有体育意义上的娱乐作用。需要指出的是,商王朝最终灭亡的主要原因,正是反映了帝辛在后期长年对外征战,不惜消耗国力,接连不断地调用大量军事力量,对许多方国进行残酷战争的结果。在充满血与火的战争洗礼下,商代的武艺活动走向了新的成熟阶段。

结束语:

我国殷商时期是武术活动发展的一个重要历史阶段,由于战争的频繁和激烈,商王朝大量铸造青铜兵器,建立规模庞大的军队,以武力对外扩张征伐,不断加强奴隶主贵族的残酷统治。军旅武艺活动正是由于战争的推动加速了它在搏斗技能方面的演进和提高,军旅使用的武器不断得到战争的实践与改进,从而也使得武术技术水平迅速提升与发展。殷商时期武术活动内容十分丰富和多样化,戈、矛等长兵器在商代车战中发挥着重要作用,也为军旅武艺逐渐在民间和后世的发展奠定了物质基础,各地的商代考古中就发掘有不计其数的戈、矛等兵械,这类长兵器杀伤力极大,其长度将近人体躯干的 3 倍,显示了我国 3 000 多年前殷人的武技和兵器使用的水平。此外,我们知道殷墟出土的兵器还有刀、钺、斧、戚、镞、弓形器等,可见殷人的武艺和使用的兵器也非常广泛。殷商武术活动在我国武术史上占据有十分突出的地位,对中国武术的发展起到了重要作用。

参考资料:

1. 赵诚:《商代社会性质探索》,见胡厚宣:《全国商史学术讨论会论文集》,《殷都学刊增刊》,1985 年版,第 43 页。

2. 李雪山:《商代分封制度研究》,中国社会科学出版社,2004 年版,第 53~58 页。

3. 徐道一:《从归藏发展到周易的启示》,殷都学刊,2004,(3),33。

4. 杨向东:《中国古代体育文化史》,天津人民出版社,2000 年版,第 53~55 页。

5. 吕利平、郭成杰：《体育文化考古学研究》，天马图书有限公司，2002 年版，第 76～80 页。

6. 中国社会科学院考古研究所：《殷墟的发现与研究》，科学出版社，1994 年版，第 173～176 页。

7. 吴浩坤、潘悠：《中国甲骨学史》，上海人民出版社，2006 年版，第 230 页。

8. 李民、史真、史道祥等：《殷商社会生活史》，河南人民出版社，1993 年版，第 457～460 页。

9. 李雪山：《商代分封制度研究》，中国社会科学出版社，2004 年版，第 221 页。

10. 李雪山：《商代分封制度研究》，中国社会科学出版社，2004 年版，第 160 页。

11. 刘方：《古代兵器》，经济管理出版社，1995 年版，第 41 页。

12. 陈恩林：《商代军队组织论略》，见胡厚宣：《全国商史学术讨论会论文集》，《殷都学刊增刊》，1985 年版，第 169 页。

（作者为安阳师范学院体育系教授）

河图洛书与商代占卜用龟

郭胜强　李雪山

河洛文化博大精深、源远流长,是中国5 000多年历史上产生时间最早,生命力最强的文化。

以甲骨文、青铜器和宫殿建筑为标志的殷商文化是3 000多年前商王朝创造的我国奴隶制进一步发展繁荣的文化,在我国古代文明发展的历史上有着承前启后的重要的作用。殷商文化在许多方面深受河洛文化的影响,其中殷人占卜用龟更是河洛文化的传承和发展。

原始先民文化科学知识落后,对大自然的客观物质世界及人类本身缺乏认识,许多自然和社会现象无法解释,由此产生了自发宗教信仰。人们认为万物有灵,无物不神,盛行自然崇拜、图腾崇拜、首领和祖先崇拜等。同时,随着王权的建立和不断加强,在人民的思想意识中,逐渐产生了一个比原有诸神更强有力的神,即超自然色彩的上帝神。故《礼记》说:"殷人尊神,率民以事神,先鬼而后礼。"

殷人探求神意的主要方法是占卜,占卜成为人民生活中一项不可缺少的内容。甲骨文就是商代的占卜记录,其内容包括有祭祀、征伐、田猎、巡游、天象、农事、疾病、婚嫁、生育等各个方面。占卜所使用的材料主要是甲骨,所谓的甲就是龟甲,大部分是龟腹甲,也有背甲。所谓的骨主要是牛的肩胛骨,也有少量的牛头骨、鹿头骨、虎骨甚至人头骨。

用甲和用骨比较起来,用甲的数量居多。著名甲骨学家胡厚宣先生曾就甲骨文材料进行统计,在出土有字龟甲近80 015片,有字牛肩胛骨为29 595片。

此外,由于在甲骨文发现发掘的早期都是私挖滥掘,有大量无字卜甲卜骨或未经使用过的甲骨原料被抛弃。胡先生估计,被抛弃的甲骨当与有字的甲骨数量相当,这样龟甲当为 160 030 片,牛肩胛骨当为 59 190 片。因此,龟甲与牛肩胛骨之比例"约为百分之七十三与二十七",即牛肩胛骨约占龟甲的 1/3 强。

1942 年,董作宾专程到重庆拜访了郭沫若,郭沫若以诗相赠:

卜辞屡载征尸方,帝乙帝辛费考量。

万蠵千牛推索遍,独君功力迈观堂。

此乃郭沫若对董作宾的高度赞扬,说他在甲骨学上的成就超过了观堂王国维,"万蠵(龟)千牛推索遍"也正说明了用龟的数量超过了用牛骨的数量。

殷墟考古科学发掘所获得的甲骨文资料,也完全可以证明占卜用龟甲的数量远远高于用骨的数量。根据王宇信、杨升南主编的《甲骨学一百年》提供的材料统计,至 1991 年,殷墟科学发掘所获得的甲骨文共计 32 219 片,其中龟甲 23 376 片,兽骨 8 843 片。兽骨也只是龟甲的 1/3 多一些。

在殷墟考古发掘中,有三次甲骨文的大批出土,即 1936 年小屯北地的 YH127 甲骨坑、1972 年的小屯南地甲骨、1991 年的花园庄东地甲骨。三次出土甲骨文的资料更可以证明,占卜用龟甲的数量远远高于用骨的数量,兽骨还不及龟甲的 1/3。请见下表:

安阳殷墟考古发掘三次甲骨文大批出土情况表

次序	第一次	第二次	第三次	
时间	1936 年	1972 年	1991 年	
地点	小屯北地	小屯南地	花园庄东地	
龟甲	17 756	74	574	龟甲总计 18 404
牛骨	48	5 251	5	牛骨总计 5 304
总计	17 804	5 325	579	23 708

商代占卜所用龟甲的来源,学术界存在着不同看法,吴浩琨、潘悠认为:"商代龟甲,主要由南方进贡而来。"王宇信认为:"商代占卜用龟主要来自南方和西方。"宋镇豪则认为:"殷墟卜龟的产地分布地域广大,有来自南方江淮流域的,有来自黄河流域东西方地区的,有来自北方地区的,甚至有南方长江流域或更远

的海域输入的,而安阳殷墟周围一带本地产的龟当也不在少数。"尽管认识有所不同,但龟甲主要来自南方当是学者们的共识,这在文献资料、甲骨文资料和考古资料中,也都可以得到证明。

《尚书·禹贡》载:"荆及衡阳惟荆州······九江纳锡大龟。"这里的九江泛指长江及其支流,意思是说长江一带及长江支流地区,要以大龟作为贡纳。

《诗经·鲁颂·泮水》:"憬彼淮夷,来献其琛,元龟象齿;大赂南金。"是说开化归顺了的淮夷,来贡献他们的山海奇珍,有大龟有象牙,还有南方特产的金。《正义》引《汉书·食货志》:"龟不盈尺,不得为宝。此言元龟,龟之大者。"

《国语·楚语下》:"又有薮曰云,连徒洲,金木竹箭之所生也。龟珠角齿,皮革羽毛,所以备赋,以戒不虞者也。"韦昭注:"楚有云梦","龟,所以备吉凶"。所谓"云梦"就是历史上著名的云梦泽,在今湖北省西南部,历史上已干涸。这里是说云梦泽中盛产金木竹箭、龟珠角齿、皮革羽毛等,而龟是用来占卜吉凶祸福的。

《庄子·秋水篇》:"吾闻楚有神龟,死已三千岁矣,王巾笥而藏之庙堂之上。此龟有宁其死为留骨而贵乎? 宁其生而曳尾于涂中乎?"

《今本竹书纪年》:"周厉王元年,楚人来献龟贝。"

《史记·龟策列传》:太史公曰:"余至江南,观其行事,问其长老,云龟千岁乃游莲叶之上。"又曰:"神龟出于江水中,庐江郡常岁时生龟长尺二寸者二十枚输太卜官,太卜官因以吉日剔取其腹下甲。"

甲骨文载:

贞:(有)来自南氏龟? 　　　　《前》4. 54. 4、《乙》6670

贞:龟不其南氏? 　　　　　　《前》4. 54. 4、《林》2. 18. 8

(有)来自南氏龟。不其氏? 　《丙》621

这里的氏是致、送的意思,引申就是纳贡。这几条甲骨文是卜问南方的方国部族是不是有龟甲的贡来。

甲骨文中契刻在"甲桥"、"甲尾"和"背甲"上的"记事刻辞",更是明确地记载了是谁贡来了多少龟甲。如:

雀入龟五百 　　　　　　　　《乙》4519

我氏千 　　　　　　　　　　《乙》6966

画入百　　　　　　　　　　《佚》370 反

这里的雀、我、画都是人名,记载了他们向商王贡龟的情况。这类的甲骨文前面的主语有些是官名,有些是地名或部族名,都是在向商王贡龟。一次贡龟的数量不等,少者一枚、几枚,多者成百上千枚。

经生物学家原北平地质研究所卞美年先生对殷墟出土的龟甲进行鉴定,殷商占卜所用的龟基本有"胶龟"、"地龟"两种。他在《河南安阳遗龟》一文中说:"中国胶龟 Ocadia sinensis 与地龟 Geoclemys ree-vesii 都是现在尚存的种类。前者仅仅产于南方(福建、广东、广西、海南和台湾),而后者则很广泛地产于中国并常有人工培养。"

"胶龟"体大而"地龟"体小,殷墟出土的较大的完整龟甲,都是"胶龟"。殷王和王室贵族占卜用大龟或特大的龟,一般贵族和平民用中小型龟。而一些特大的龟甲则来自海外,如 YH127 坑甲骨中最大的一片完整龟腹甲,长 44 公分、宽 35 公分,背面钻孔 204 个。原来伍献文先生参照英国葛莱(Gray)氏大英博物馆《龟类志》(Catalogue of Tortoises),认为此版大龟与今产于马来半岛的龟类是同种。国外有学者则鉴定此龟属于今缅甸及印度尼西亚一带出产的龟种(Geochylene(Testude)Emys)。

关于牛肩胛骨的来源,学术界认识比较一致,就是主要来自殷墟本地及附近周边,也有来自北方地区的。有猎取野生的,更多的是畜牧自养的。牛是祭祀供品中的"太牢",商代祭祀用牛量很大,甲骨文中常见用牛数十头、数百头的记载,最多的一次达千头牛。这样,就为占卜提供了大量充足的牛肩胛骨。

既然如此,我们不禁要问,殷人为什么要舍近求远更喜欢占卜用龟呢。以前论者大都认为,龟甲平整光洁便于书写契刻,且质地坚硬便于保存。这固然有一定的道理,但是这仅仅是表面的因素,更深层次原因应当是受河洛文化影响,与"河图洛书"的传说联系在一起。

关于河图洛书的传说古老悠久,扑朔迷离,散见于各种史籍上,但说法不一,其中有两种最为流行。

其一,相传上古伏羲氏时,洛阳东北孟津县境内的黄河中浮出龙马,背负"河图",献给伏羲。伏羲依此而演成八卦,后为《周易》来源。又相传,大禹时,洛阳境内洛河中浮出神龟,背驮"洛书",献给大禹。大禹依此治水成功,遂划天下为九州。又依此定九章大法,治理社会,流传下来收入《尚书》中,就是有名的《洪范》篇。《易·系辞上》说:"河出图,洛出书,圣人则之",就是指这两件事。

其二,唐尧带领众酋长东游于洛水。在太阳偏西时,偶然把玉璧沉入洛水,忽见洛水上光芒四起,有灵龟出而复隐。于是,尧便在洛水边修了一个祭坛,选择吉日良辰郑重其事地将璧玉沉入河底。少顷,河底便光芒四射,接着又飞起一团云雾,在云雾中有喷气吐水之声。一阵大风过后,云开雾散,风平浪静,水上漂过一个大龟壳,广袤九尺,绿色赤文。壳上平坦处文理清晰,上有列星之分、七政之度,并记录着各代帝王兴亡之数。此后,易理文字便在人间传开。这就是传说的"灵龟"。

河图洛书两种传说都和龟有关系,都认为龟有神灵,会告知人们凶吉祸福,给人们带来吉祥如意。

在我国认为龟有神灵的起源很早,在考古发掘中多有用龟占卜和随葬的发现。20世纪80年代,在河南省舞阳县贾湖发现一处距今约8 000年左右的裴李岗文化遗址,在一些墓葬中发现有殉葬的龟壳。龟壳一般放置在死者的头部或胯部,数量3~8枚不等。有些龟甲的边缘穿孔,是用来系缀装饰物的,有的龟甲上还契刻有形似"目"、"日"之类的符号,龟壳内盛放有数量、大小、形状、颜色不等的小石子。有学者认为,这些龟甲很可能是巫术占卜用的法器,墓主人生前显然是巫师。在贾湖裴李岗文化遗址,除在墓葬中发现龟甲的随葬外,在一处半地穴式的居住遗址里的灰坑中,也发现有完整的龟甲。

在原始社会解体,人类开始迈入阶级社会的时候,这种习俗仍旧保留下来。河南荥阳河王遗址龙山文化晚期,河南荥阳竖河二里头文化遗址,河南洛阳东干沟二里头文化遗址,河南郑州南关外先商文化层等都发现有龟的随葬。

在古文献中,更有许多人们钟爱龟甲,崇信龟灵的记载。《礼记·礼运》载:"麟凤龟龙,为之四灵。"《大戴礼记·易本命》云:"有甲之虫三百六十,而神龟为之长。"《洪范五行传》记载:"龟之言久也,千岁而灵,此禽兽而知吉凶也。"《抱朴子内篇·论仙》载:"谓生必死,而龟鹤长存焉。"《淮南子·说林训》云:"必问凶吉于龟者,以其历岁久矣。"《说文解字》龟字条下,段玉裁注引西汉刘向云:"蓍之言耆,龟之言久,龟千岁而灵,蓍百年而神,以其长久,故能辩吉凶。"

这正是殷商时代人们占卜喜用龟甲的根本原因。

参考资料：

1. 胡厚宣：《殷代卜龟之来源》，《甲骨学商史论丛》初集第四册。

2. 王宇信、杨升南主编：《甲骨学一百年》，社会科学文献出版社，1999 年版。

3. 吴浩琨、潘悠：《中国甲骨学史》，上海人民出版社，1985 年版。

4. 王宇信：《甲骨学通论》，中国社会科学出版社，1989 年版。

5. 宋镇豪：《夏商社会生活史》，中国社会科学出版社，2003 年版。

6. 卞美年：《河南安阳遗龟》，《中国地质学会会志》，1937 年 17 卷 1 号。

7. 伍献文：《"武丁大龟"之腹甲》(Notes on the Plastron of Testuds Emys Schl. & Mull From the Ruins of Shang Dynasty at Anyang)，《中央研究院动植物研究所集刊》第 14 卷 1～6 期，1943 年。又提要见《读书通讯》第 79、80 期合刊，1943 年版。

8. David N. Keightley：Sources of Shang History：The Oracle Bone Inscriptions of Bronze Age China，附录一，James F. Berry：《商代龟甲的鉴定》，Berkeley/Los Angeles/London：University of California Press，1978，p. 160.

9. 河南省文物研究所：《舞阳贾湖遗址的试掘》，《华夏考古》，1982 年版，第 2 期。

（作者为安阳师范学院甲骨学与殷商文化研究中心教授）

青铜器与殷商文明

汤淑君

　　位居黄河中下游的中原地区,是中华民族的始祖炎帝和黄帝的主要活动地域。据《竹书纪年》记载,炎帝"其起本于烈山,号烈山氏"(烈山即为今河南桐柏与湖北随县一带);《〈史记集解〉》引皇甫谧语云:黄帝则"受国于有熊,居轩辕之丘"(今河南新郑一带)。《国语·晋语》载:"昔少典氏娶于有(蟜)氏,生黄帝、炎帝。黄帝以姬水成,炎帝以姜水成"。从记载中可见中原地区是中华文明的发祥地,是中华文化发展的中心,在华夏土地上劳动生息的中国人,此时实际上已跨入了人类文明的门槛。在古代文明化进程中,中原地区的冶铜技术的发明和使用,是华夏民族对人类文明的更进一步的开拓。本文试就青铜器与古代文明的问题、殷商文明的表现及青铜器的作用与地位等问题进行阐述。

一、青铜器与古代文明的问题

　　关于古代文明,英国学者格林·丹尼尔在《最初的文明——文明起源的考古学》一书中提出了文明的三条标准:第一条标准就是要有城市,第二个条件是文字,第三个条件是要有复杂的礼仪建筑①。目前在我们国内,冶铜技术的发明和使用被普遍认为又是一个标准;夏鼐先生在《中国文明的起源》中说:"现在史学界一般把'文明'一词用来以指一个社会已由氏族制度解体而进入了国家组织的阶级社会的阶段。这种社会中,除了政治组织上的国家以外,已由城市作为

―――――――――

　　① ［英］格林·丹尼尔:《最初的文明——文明起源的考古学》,1968 年版。

政治(宫殿和官署)、经济(手工业除外,又有商业)、文化(包括宗教)各方面活动的中心。他们一般都已经发明文字和能够利用文字作记载(秘鲁似为例外,仅有结绳记事),并且都已知道冶炼金属。文明的这些标志中以文字最为重要。"①以上文明要素表明,文明是一种表现历史发展或进步的物质文化、制度文化和精神文化,也代表着产生自己主体的文化特质和精神本质。因此,对于我国古代文明的研究,就有了从考古学方面进行研究,也有从社会学、历史学方面进行研究。因此,关于中国古代文明形成要素的主要说法也可分为两大类。一是城址、宫殿、墓葬、祭坛、青铜器、玉器、占卜甲骨、文字等物质性指标,属于考古学范畴;二是国家、社会等级或阶级、王权、私有制、礼制、占卜术和文字制度等非物质性指标,属社会学、历史学范畴。考古学研究的对象是物质性的古代遗存,揭示保存在古代遗存里的文明要素的物化表现形式,阐释其社会学、历史学的含义,这些应当成为考古学研究中国文明起源的首要问题。对于中原地区来说,由于中原地区位居中心,历来古代文化发展水平较高,中原文化如果从河南裴李岗文化算起至今已绵延 8 000 多年之久,它从一开始就处于中华文明的重要地位,中间虽经历了时盛时衰的曲折过程,但始终不曾被异化、被中断过。由于中原文化又能够吸收周边地区有利于自身发展的文化因素和精华,因而较早产生了阶级和国家,出现了城市,发明了文字和开始使用青铜器,也率先进入了文明社会。我国第一个阶级社会夏之所以在中原地区建国,绝非偶然,而是历史发展的必然结果。经过五六个世纪的发展,到商王朝,在中原地区出现了比较成熟的甲骨文字,出现了大批青铜器,出现了像偃师尸乡沟商城、郑州商城、安阳殷墟和安阳商代城址、洹北商城这样规模大的都城,展示了高度发达的商代文明。周代诸侯封国很多分布在河南。两汉魏晋与唐宋时期,中原文明在全国依然举足轻重。两汉时期,冶铁业十分发达,民族融合加强,统一强大封建王朝形成,文化交流频繁,形成了灿烂的汉文明。魏晋以降,随着江南经济的开发,中原文明出现最后的辉煌,其中唐宋的青瓷与白瓷成为文化交流主体,沿丝绸之路输送到国外,展现了中原文明对世界文明的影响。这一点,在中国所有地域文化中恐怕是最为突出的。在中国诸地域文化中,中原文化起始时代最为久远,文化的发展一脉相

---

① 夏鼐:《中国文明的起源》(《中国古代史卷·上册》),兰州大学出版社,2000 年版。

承,从未间断,见于文献记载最多,源远流长,内涵丰富,具有特别重要的地位。它不断吸收周边地区乃至外国文化的积极成果来充实、完善自己,经过融合和改造,又向四方辐射和传播。其文化影响令世人瞩目。

作为文明要素之一的古代青铜器,它的产生是古代中国从野蛮时期走向文明时代的重要标志之一。从目前的考古发掘中就可发现,较早的青铜器有1973年陕西临潼姜寨遗址曾出土的一件半圆形残铜片①,其时代约在公元前4000年,经鉴定为黄铜;1975年在甘肃东乡林家一处房屋遗址中出土的青铜小刀和一些铜器残片②,其年代在公元前3000年左右,属甘肃仰韶文化(马家窑文化)马家窑类型。在较晚一些时候的山东龙山文化和河北、辽宁、内蒙古的夏家店下层文化遗址中,普遍发现了青铜工具、兵器、装饰品等。考古工作者在西北地区的齐家文化遗址发现了很多工具和镜、指环等,有的是红铜,有的是青铜。虽然中国的原始文化发展不平衡,但至少在龙山文化时期,不少地区的先民们已在长期的生产实践中认识了铜的材质和特性,并且初步掌握了青铜冶炼、铸造技术,在制作过程中,表现出相应的装饰意境。当先民们以合范技术铸成青铜容器之后,青铜器艺术很快进入它的繁盛时期。在河南登封龙山文化中晚期的灰坑内,出土了一件可能是青铜器的底部残片,其年代为公元前1900年左右。在河南偃师二里头文化遗址中,发现了青铜酒器中的爵,虽然形体比较简单,各部分的比例还不够和谐,但其造型的样式已基本确立。从二里头遗址内发现的铸铜、烧陶、制骨、琢玉等各类作坊遗存可知,当时的手工业内部分工中,青铜器制造已经是一个重要的、独立的生产部门了。商代后期和西周初期,青铜文化发展达到了鼎盛时期。在二里岗文化和小屯文化分布的范围及其周边,到处都有商代青铜器的出土。金属的发现和利用及其相关技术的发展,是中国古代文明发展和社会进步的根基。从历史记载《左传·宣公三年》楚子问鼎,当时周大夫王孙满曾对楚人说,"昔夏之方有德也,远方图物,贡金九枚,铸鼎象物,百物而为之备",从他盛赞夏人的青铜器来看,当时青铜器的铸造和图像已十分生动而丰富了。冶铜术的发明,铜器的制作和使用,不仅标志着社会生产力发展到一个新的阶

---

① 半坡博物馆、陕西省考古研究所、临潼县博物馆编:《姜寨——新石器时代遗址发掘报告》(全二册),文物出版社,1988年版。
② 马承源:《中国古代青铜器》,上海人民出版社,1982年版。

段,而且也表明随着生产力的发展,最终也引起了生产关系的巨大变革,历史迈入一个新的时期。

二、殷商文明的表现与青铜器的地位和作用

1. 殷商文明的表现

其一,殷商时已出现了以宗庙等大型夯土台基宫殿建筑群为核心的都城,宗庙为当时的王和贵族的祭祀场所,同时也是行政场所,因商代的巫术已普及推广到社会生活的每个角落,故无事不卜不筮,无神不祭不祀。这也说明殷代巫史文化有了进一步的发展。其二,青铜礼器和青铜兵器比较广泛地使用,青铜礼器是奴隶主贵族用于祭祀、宴飨、朝聘、征伐及丧葬等礼仪活动的用器,用以代表使用者的身份等级和权力,是立国传家的宝器。青铜礼器可分为四大类:食器、酒器、水器、乐器等。"国之大事,在祀与戎。"①因此,殷商最先进的技术也最先用于制作兵器。其三,是独立于一般墓地外的大型陵墓即王陵区的存在,如商代晚期的位于河南安阳西北郊侯家庄附近的王陵区,共发现晚商大墓13座,祭祀坑1 400余个。墓地分东、西两区。西区有大墓8座,东区5座,均有一定布局。大墓外附有少量陪葬的中小型墓及祭祀坑。据研究,这些大墓为商王武丁至帝乙、帝辛(纣王)时期的商王及王室成员的陵寝。其四,是已能应用文字记载。商代文字与宗教占卜活动密切相关,而商代政治与宗教占卜、祭祀又密不可分。这几项文化特征表明殷商文明已具备了早期文明的所有特征。甲骨文的发现和青铜器地位的提高,有说服力地验证和补充了《礼记·表记》中所谓"殷人尊神,率民以事神,先鬼而后礼"的文化是确实存在过的,《史记》有关殷世系及其历史的某些传说是有根据的。

2. 青铜器的地位和作用

殷商青铜器是青铜器发展的鼎盛期,以殷墟文化为代表的晚商时期出土的青铜器,其制作和使用范围很广,无论是生产工具还是武器、礼乐器、生活用具都已应有尽有。无论是在数量上,还是精美程度上,都是举世瞩目的。殷墟青铜器是中国青铜文化的核心所在。殷墟青铜文化集中体现了商代的艺术水准和社会

---

① 《春秋·左传》(成公十三年)。

风尚,代表了中国青铜文化的最高水平,并以青铜礼器为基础,发展成为一套以等级为核心的礼制制度,在中国延续了数千年,在世界青铜文明中也是罕见的。

青铜器的制造业的繁荣和制作水平的提高为整个社会经济的发展提供了优越的物质条件。如有了锐利的青铜刀具,可以用之镂刻甲骨文、铸刻青铜器皿铭文。这些甲骨文和青铜器铭文,所记内容丰富多彩,有反映祭祀与战争,反映上级对下级的赏赐,还有关于征战、宴飨、狩、猎、职官名称等。其所记文字,促进了文化的发展,也是研究汉字发展演变和书法艺术的重要资料,并起着证史、补史的作用。

殷商时的青铜器,是作为礼乐器主要用在宗庙祭祀活动中,其功用是服务于尊神先鬼意识的。礼器是古代繁文缛节的礼仪中使用的,或陈于庙堂,或用于宴饮、盥洗,还有一些是专门做殉葬的明器。青铜礼器带有一定的神圣性,是不能在一般生活场合使用的。《礼记·表记》:"殷人尊神,率民以事神,先鬼而后礼,先罚而后赏,尊而不亲。"文献中尊神先鬼的记载可证之以殷墟卜辞。卜辞表明,商是一个极为迷信的民族,信仰多神,崇拜天神、地祇、人鬼,商代的遗址和墓葬中普遍存在着人殉人祭现象,也说明了商代人强烈的宗教情感和其文化浓郁的崇神性。创造和供奉神灵是一种宗教行为,早期萌发阶段的宗教往往需要通过外在媒介扩大宣传和影响以促进传播,即精神的东西需要一种物质载体。青铜文化是奴隶制文化的代表,也是殷商宗教文化的物质载体。青铜礼器用以烹煮、盛装祭祀物品献给诸神,乐器用以演奏祭神之乐,以娱神,沟通神人以求神保佑。礼乐器上凝聚了商代人尊神先鬼的民族特性。

同时,殷商青铜器上的纹饰,同青铜器一样也具有尚鬼的神秘色彩,体现了奴隶制时期权力阶层的威严、力量和意志,也反映了宗教观念。《左传·宣公三年》:"昔夏之方有德也,远方图物,贡金九牧,铸鼎象物,百物而为之备,使民知神奸。故民人川泽山林,不逢不若,螭魅魍魉,莫能逢之,用能协于上下,以承天休。"此记载明确勾画出了青铜纹饰的功用。如商代青铜器上的主要纹饰龙纹,它是作为象征"天命神权"而设计出来的,因为先民的生存环境,面对着许多超越人智慧的自然力量而无法解释,不可抗拒,因而,便产生了对自然的崇拜。先民幻想中的龙是超自然的力量,但归根到底仍是自然力量在人头脑中的呈现。天帝主宰一切,至高无上,是人对自然产生需要和依赖的拟人表现。人类的生产实践和社会生活是青铜纹饰产生的基础,也是其发展的动因。生产实践和社会生活的发展,为艺术提供了不断发展的思想内容。宗教作为社会生活的组成部分,对艺术的发展有着广泛而深刻的影响,这不仅表现在中外艺术史上相当长的历史阶段以宗教艺术为主导,而且表现在人类艺术宝库中相当一部分的稀世珍宝与宗教有关。宗教如此深入广泛地影响艺术的原因,首先在于宗教是一种具有世界观、人生观意义的社会意识形态,历史上宗教意识形态曾占有统治性的地位;同时,宗教的许多活动离不开艺术,需要利用艺术作为表现形式,许多艺术形式也就在宗教活动中得到发展;此外,各种宗教的传播也必然导致各地民族艺术的交流,从而促进艺术的发展。

总之,殷商文明发展的线索是清晰的,体系也是较为完备的。殷商文明中的青铜冶铸技术、甲骨文、城市的建筑及宗教祭祀遗迹等等,在世界古代文化中都占有重要的地位。随着对青铜器等古代文明要素的进一步深入研究,将对中国古代文明和古代社会有更深一步的了解和认识。

（作者为河南博物院副研究员）

商周青铜器饕餮纹饰的文化阐释

席红霞　田华丽

饕餮纹是青铜器的典型纹饰,是盛行于商并在整个青铜史上出现最多、延续时间最长、最引人注目的纹饰。所以,谈青铜器必言饕餮纹。而且在饕餮纹的起源和发展过程中,从高庙文化的白陶、良渚文化的玉器到三代青铜器,饕餮纹几乎都是出现在各时期品质最好的用具上。这说明形状怪异可怕的饕餮纹决非一般的装饰纹样,也绝非后世器物上写实的动物纹饰所能比拟,其背后隐含着深刻的文化意义。

古代的金石学者,对饕餮纹及其他青铜器纹饰的解释,多是从伦理致用的角度作出的,认为它的作用和意义在于昭善、戒世。近几十年来,中外许多学者从多种角度对此进行研究,形成了众说纷纭的局面。总体而言,笔者认为,青铜饕餮纹依其历史发展的不同时期,有着以下几种不同层面的寓意。

一、青铜饕餮纹用以"压制邪祟、以恶制恶"

饕餮纹名,源自《吕氏春秋·先识览》:"周鼎著饕餮,有首无身,食人未咽,害及其身"。《左传·文公十八年》记载缙云氏有不才子,因为"贪于饮食,冒于货贿,侵欲崇侈,不可盈厌,聚敛积实,不知纪极,不分孤寡,不恤穷匮。天下之民以比三凶,谓之饕餮"。《神异经·西南荒经》称"饕餮,兽名,身如牛,人面,目在肋下,食人",《山海经·北次二经》云"为物贪婪,食人未尽,还害其身,像在夏鼎"。可以见出,饕餮是一种贪婪的人面食人怪兽。将其正式称为"饕餮",始于宋代的金石学者。北宋的金石学者大概是根据《吕氏春秋》的记载把商周器上的兽面称为饕餮纹。

　　从现有的考古发现看,饕餮纹"有首无身,食人未咽"的传统图式特征可追溯到距今7 400年左右的高庙文化时期。1991年在那里出土的一件白陶簋底部,清晰地戳印有极其简化的饕餮食人图案,它仅用一张大嘴和两颗粗大的獠牙表示饕餮面,嘴角两侧有翼状饰,上唇缘附有凸形冠饰,被食之人呈侧身屈体状,位于嘴下两獠牙间。距今约4 000年的良渚文化、龙山文化和湖北石家河文化中出现的饕餮图像都是獠牙凸露、虎视眈眈、有首无身的。在夏家店下层时期陶器上出现的饕餮像也同样如此。这都说明传说中的饕餮形象已出现在史前纹饰中。从饕餮纹附加式构图模式和饕餮头额上的凸饰传统来看,高庙文化与良渚文化及商周时期的饕餮图像是一脉相承的,它们都是表现在器表上的一种恶兽。我们还可以举出关于饕餮乃是恶兽的一些旁证。例如"食人未咽"的这种图案在考古发掘中是屡见不鲜的。商代妇好墓出土的妇好铜钺上的双虎食人图案,安徽阜南、四川广汉三星堆出土的龙虎尊、司母戊鼎的鼎耳及湖南安化出土的虎食人卣和流散国外的青铜刀、瓿等器物上的图案都是其中代表。这些图像因其正视图像的下部或合成侧视图像的两侧加上了虎的躯干而常被今人释读为虎食人的图像。其实若忽略掉身躯,这些图案中的食人动物图像与习称的饕餮面并无二致。因此它们其实也应是饕餮的意象。这类图案中的动物形象无一例外都是横眉怒目,巨口大张,令人恐怖,而其中的人形则总是蜷缩在动物的口下方,饕餮作为食人怪兽的形象是无疑义的。那么,把这样一种形象铸在铜器上又是出于何种考虑呢?

　　《左传·宣公三年》有一段话:"昔夏之方有德也,远方图物,贡金九牧,铸鼎象物,百物而为之备,使民知神奸。故民入川泽山林,不逢不若;螭魅罔两(魍魉),莫能逢之。用能协于上下,以承天休。"据杨伯峻先生的注释,这段文字的意思是说:以九州进贡的金属铸成九鼎,把远方各种物象以图画的形式,皆铸于鼎以备老百姓周知何物为神,何物为邪恶之物,从而无灾无难,使得统治者(上)和老百姓(下)相协而同受天祐。很显然铸鼎象物的用意就在于使百姓辨清神奸。按理说,人们能分辨神奸以后再进入山林应该只是知所趋避而已,为什么竟至于"不逢不若;螭魅罔两(魍魉),莫能逢之",连危险的怪兽碰都碰不到呢?看来,"铸鼎象物"的意义不仅仅是为了分清神奸。俞伟超先生的意见于此很有启发。他认为应是人们供奉了"百物"之后,才能抵御鬼怪的侵扰,从而使得"螭魅魍魉,莫能逢之"。俞先生认为夏鼎之象物是驱散螭魅魍魉的诸神。俞先生的分析极中情理。因为夏鼎所图之物并非都是神,还有奸。而根据上文我们对饕餮图案的分析,饕餮为食人兽,那么它应该即为此处的"奸"。既然神奸有别,那人们对待二者的方式也应有所区分。由于文献不足,我们只能作一大胆推测:大概人们是祭祀神物以祈求佑护,此属于纯粹的宗教行为;而人们供奉奸物,讨好奸物,则是利用它们来压服邪祟,此属于厌胜(也称"压胜",意为用咒诅制服妖物鬼怪)之类的巫术形式。饕餮正是这种被利用的奸物。《左传·文公十八年》称舜流放四凶(中国古代神话传说中的四大魔兽:饕餮,浑沌,穷奇和梼杌)族,把四凶"投诸四夷,以御螭魅"。孔颖达疏云:是放之四方之远处,螭魅若欲害人,则使此四者当彼螭魅之灾,令代善人受害也。可见,在古人的观念中,饕餮这样的凶奸是能利用来抵挡螭魅一类的怪物的。这种利用饕餮来压服怪物、以恶制恶的巫术行为,毕竟反映的是古人较为落后的思想意识。随着人们心智的逐渐开启,周代时人文气息已见浓郁,饕餮的辟邪功能逐渐发展为垂戒功能。

二、青铜饕餮纹用以"恶以戒世,善以示后"

前述《吕氏春秋·先识览》云:"周鼎铸饕餮,有首无身,食人未咽,害及其身,以言报更也。"《吕氏春秋·审分览》慎势篇云:"周鼎著象,为其理之通也。"《吕氏春秋·审应览》离谓篇云:"周鼎著捶而龁其指,先王有以见大巧之不可为也。"《吕氏春秋·离俗览》适威篇云:"周鼎有窃曲,状甚长,上下皆曲,以见极之败也。"足以见出,铸鼎象物在周已不止于使民知神奸,且以之寓法戒矣。

受饕餮纹刻铸在青铜礼器或祭器上的制约,它们所出现的场合只能是王、侯、大夫及士各级别的统治者即奴隶主贵族祭祀、会盟、宾客、宴筵等方面。能够目睹饕餮形象的也只能是那些有政治地位和经济实力、拥有礼祭器的奴隶主贵族,而不是一般的老百姓。对那些终日养尊处优、列鼎而食,甚至视九州所贡、天下方物珍味为粪土的奴隶主贵族来说,有必要提醒他们的,正如《左传·文公十八年》所云,切不可"不恤穷匮、冒于货贿、侵欲崇侈,不知纪极",否则就会遭噩运。《史记·五帝本纪》"五宅三居",马融注曰:"谓在八议,君不忍刑,宥之以远。五等之差,亦有三等之居。大罪投诸四夷,次九州之外,次中国之外,当明其罪,能使信服。"这种"言四凶流四裔,各于四夷放共工等,为中国之风俗也",也即当时中国的法律与惩治准则。历史上有周厉王贪财好利,千方百计搜刮人民,遂用荣夷公为卿士实行专利,因其过于贪暴和搜刮民脂,终于激怒国人而被流于彘(今山西霍县)之事,正是统治者被视为害人的饕餮遭投诸四夷的集中表现。这一事件,既是周厉王以前历代统治者一直担心发生、并时刻不忘自警与告戒其后人的事;也是厉王以后的拥有礼祭器者的前车之鉴。从这一层意义上讲,把饕餮纹装饰到青铜器上的一个重要原因,就在于提醒那些统治者们睹物思义、居安思危,要为仁、施惠,知节度、分孤寡、恤穷匮,不违统治之礼制,从而去奋发图进,努力国事,以期达到天下太平、长治久安的目的。这对那些拥有和有权使用青铜礼器的奴隶主贵族来说,其作用和郑人"铸刑书于鼎,以为国之常法"、"晋赵鞅、荀寅……以铸刑于鼎,著范宣子所为刑书焉"以约束人民的效应相同。追其原型或同类,犹如自石器时代以来诸原始民族刻画于崖,以记述祭祀、礼仪、狩猎等多种生活场景,成为当时社会生活的写实图案,这样的记事图案反过来又成为其后人的行为准则与社会生活规范。就样一代递承一代地模仿继续,并如实记录、刻画下来,以便再去指导后人之后人的生活。概如诸代把尧舜桀纣四帝的绘像饰于明堂圜壁上一样,被赋予了"恶以戒世、善以示后"的实用礼仪功用。

三、青铜饕餮纹用以进行威慑和政治统治

青铜器最初是作为祭器出现的,后来在其发展过程中,逐渐成为奴隶主贵族身份的象征。作为奴隶主贵族身份象征的青铜器,饕餮纹又被赋予了新的意义。

考古研究告诉我们,在奴隶主贵族墓葬中,青铜鼎的数量和质量与该贵族的地位是成正比的。这印证了文献上记载的周代列鼎制度确实存在。列鼎制度是周代统治阶级等级观念的体现。周承商制,殷商的青铜鼎大概也具有这一用途。既然作为权力与地位的象征,青铜鼎当然要反映这种权力和地位。实现这一目的的手段有二:一是鼎自身的大小和数量;二是饕餮纹饰,通过纹饰召示天下,此物仅为奴隶主所有,仅为权势所有,而且,它让人相信当时的统治制度是不可抗拒和改变的。

进入奴隶制社会以后,人类征服自然的能力毕竟较以前有了质的飞跃,自然已不再完全是处处制约人的异己力量。它的许多方面已被人化,农业生产已让

人部分地产生了改变自然的信心。群体的扩大和兵器的进步(采用金属作原料)使人类对动物的征服能力也大为提高,原始的自然图腾观念已变得较为模糊。若想继续用动植物原形或将它们稍加改变来装饰青铜鼎,已难以达到奴隶主贵族所预期的效果。因此,只有采取一种极度抽象变形的图案才能体现出距离感,而距离感则是产生神秘性的重要手段之一。然而,单靠抽象的点和线,再有距离感也不能使人产生恐怖、神秘的感受。若想达到目的,还需要利用想象的力量。这些抽象的点和线组合在一起构成的形状,如果能使面对它的人们在观念上指向凶猛的、令人产生某种恐惧感的实物,便可以让因抽象而形成的距离感有明确的指向。而以食人怪兽形象出现的饕餮纹正是集中了各种各样凶禽猛兽的共同特征,在造型上多采用凶禽猛兽怒睁的双目、令人生畏的犄角、张开的大口这一系列动物在威胁对象时所共有的特征。也就是说,动物在进行攻击时,给对象以直接视觉威胁的就是那位于面部的张开的大口、怒睁的双目等,面部是凶禽猛兽给对象以威慑的焦点,而饕餮纹正是对此加以有目的的高度抽象的结果,它的神秘性也正存在于直视它时主体心中产生的联想。当然,这种想象并没有明确的形象,但却能让主体感受到凶猛的气氛。从这个意义上来讲,青铜饕餮纹最为符合奴隶主贵族的愿望,奴隶主贵族正是借助这种手段来恐吓奴隶以及其他被统治者,以巩固自己的统治。然而,仅靠怪异的形式在人心中产生的恐怖感是不能持久的。因为它毕竟只是一种形式,尽管它能够诱发恐怖的联想,但如果这联想只是简单地指向自然界中的实物,恐怖的氛围是不能长久的。前文已述,随着殷商人征服自然能力的增强,他们对自然物的恐惧感和神秘感已大大降低,欲让狰狞的饕餮给人更深远的恐吓,必须赋予它更深广的联想空间,使人的意识能够长时间地在其中徘徊,回味着恐惧对自己心灵的征服。而能够完成这一心灵空间任务的只有社会文化。为此,奴隶主贵族在青铜鼎上寄予了丰富而深刻的文化内涵。在社会现实中,奴隶主贵族从政治制度入手将饕餮铜鼎作为地位与特权的标志。这样,鼎就不仅成为将奴隶阻挡于政权之外的高墙,而且也成为统治者内部划定每一分子所应占据的政治台阶的工具。青铜饕餮的威慑力不仅指向奴隶,也指向奴隶主贵族内部相对低等级的群体,高级统治者用此手段来明确自己和下级的地位差别,并以此构成森严的秩序来处理和下级、从属部族的矛盾。在精神领域,则通过大量祭祀活动,向他人强化由自己统治的必然性的观念。青铜饕餮纹,正是在这种不断强化的过程中获得了非同寻常的意义。

参考资料:

1. 杨伯峻:《春秋左传注》,中华书局,1990 年版。

2. 俞伟超:《先秦两汉美术考古资料中所见世界观的变化》,载《庆祝苏秉琦考古五十周年论文集》,文物出版社,1989 年版。

3. 左丘明:《左传·昭公二十九年》,北京出版社,1990 年版。

4. 司马迁:《史记》,国际文化出版公司,1990 年版。

5. 吕不韦:《吕氏春秋》,北京出版社,2004 年版。

6.《山海经》,中州古籍出版社,1990 年版。

（作者单位为解放军信息工程大学理学院人文社科系人文教研室）

由殷墟甲骨文探讨商代旅游文化

徐日辉

安阳是我国著名的八大古都之一,根据最新的研究,商从第 11 位王仲丁开始至商王盘庚,5 代 9 王迁徙了 5 次,到了公元前 1300 年时商王盘庚将都城由奄(今山东曲阜)迁至今天的安阳小屯,曰殷。从此传 8 代 12 王,直到帝辛灭亡,凡 254 年。甲骨文的发现填补了殷商史迹的空白,为人们更深入地研究提供了物证,"在很大程度上改变了人们对中国古代历史的看法,对学术界有着相当深刻的影响",并且表现在各个不同的方面。

甲骨文作为中国考古史上最伟大的发现之一,根据有关专家的研究,自 1899 年在河南安阳殷墟故地发现甲骨文以来,经过屡次的发掘,现在已出土 10 万片以上,总共发现甲骨文单字 4 500 字左右,经过考释被认识的有 1 700 多字,其中年代最早在武丁以前,距今 3 250 多年。100 多年来在甲骨文的研究过程中有 3 881 位专家和学者,出版了 10 000 余种著作和论文。

安阳地位的建立,与甲骨文的发现不无关系,2006 年安阳殷墟成为我国又一处世界文化遗产地就是最好的证明。

甲骨文中有 3 000 多年前殷商时期旅游的记载,为我们研究中国的旅游及旅游文化的起源与发展提供了不可多得的珍贵资料。

旅游是人类诸多活动之一,有几千年的历史,如果把原始社会先民们的迁徙作为起始的话,至少不下万年。而风行于国内的"旅游文化"一词不但出现得很晚,而且还是舶来品。

"旅游文化"最早见于 1977 年美国学者罗伯特·麦金托什和夏希肯特·格

波特的《旅游学——要素·实践·基本理论》一书，其中对旅游文化的定义是："旅游文化实际上概括了旅游的各个方面，人们可以借助它来了解彼此之间的生活和思想。因此，旅游是促进国际间文化合作的重要途径。反过来说，一个国家的文化发展又是吸引游客的根本保证。"该观点一经提出，便得到了广泛的认同。在中国最早使用这个概念的是 1990 年版的《中国大百科全书·地理学》，该书认为："旅游与文化有着不可分割的关系，而旅游本身就是一种大规模的文化交流，从原始文化到现代文化都可以成为吸引游客的因素。绘画、雕刻、摄影、工艺作品，是游人乐于观赏的项目。戏剧、舞蹈、音乐、电影以及其他表演艺术也常常是吸引旅游者的晚间节目。一些特色的博览会、博物馆、游乐园也是旅游收入很高的文化设施。游客在欣赏旅游地文化的同时，也把他们居住地的文化带到了游览地，使地区间的文化差别日益缩小。所以，旅游本身也是一种文化交流。"

由此可见，旅游文化这个词的出现距今不过 30 年，但是，中国旅游文化的发生却大大早于"旅游文化"一词 3 000 多年，因为"旅"和"游"至少在 3 000 多年前的殷商就已经出现，而且当时还存在着发达的商贸旅游和帝王们巡游及游猎等，这是我们从文献记载与甲骨文中得到的结论，尤其是甲骨文的发现至为关键。

考察表明，"旅"和"游"是两个有区别的概念，至少在唐代以前"旅"和"游"是分开的，且各自不大相属，在距今 3 200 年前的武丁时期就有反映。"旅"，在出土的甲骨文三期的写法中，像人在旗帜的下边，众人拥着旗子向前走。甲骨文对"旅"和"游"的记载正是商代旅游发达的真实记录。

事实上商代的旅游以商贸旅游最为出名，这与商前期频繁的迁都有关。商汤灭夏几度兴衰，频频迁都，史称"成汤，自契至汤八迁。……帝盘庚之时，殷已都河北，盘庚渡河南，复居成汤之故居，乃五迁，无定处"。正是由于频繁的迁都使商人对各地的情况比较熟悉，所以今天人们把从事贸易活动的人称作商人。就旅游文化发展的历程而言，商贸活动为后来商贸旅游的兴起打下了基础。

有专家认为，在旅行的产生中首先是"商人开辟了旅行的通道，……我们猜想第一批从事商业的先民，其实是最早意识到可以以其他方式谋生的聪明人。他们发现不同地区间的产品交换成为一种社会需要，因而产生了旅行经商或外出交换产品的活动,他们离开所居地,到可以得到较大回报的远方。所以,旅行最初远不是消遣和度假活动,而是一种由经济需要而产生的交换与贸易活动,正是商人开辟了旅行的通道"。事实确实如此,商代向以发达的商业贸易使商人走遍天下,其旅游的一大特色就是伴随着商贸而发展,最迟在高祖王亥时期就已经非常发达,并由此还引起了中国历史上第一次因贸易而引发的"牛羊战争"。《山海经·大荒东经》载:

> 有人曰王亥,两手操鸟方食其头。王亥托于有易,河北仆牛。有易杀王亥,取仆牛。

王亥,甲骨文又作"高祖王亥"、"高祖亥"等。王亥是商代很有影响的人物,在甲骨文中有关王亥的卜辞很多。仆牛,亦即服牛、朴牛。《楚辞·天问》称:"胡佟弊于有扈,牧夫牛羊?恒秉季德,焉得夫朴牛"。即指王亥。《吕氏春秋·勿躬篇》称:"王冰作服牛"。王冰,因篆文冰作"仌",与亥字相近,所以姜亮夫等先生认为王冰即王亥,服牛亦即仆牛。《世本》称:"胲作服牛",胲即王亥。郭璞注引《竹书》称:"殷王子亥宾于有易而淫也,有易之君绵臣杀而放之。是故殷主甲微假师于河伯以伐有易,灭之,遂杀其君绵君也。"在甲骨文中亦有类似的记载:"辛巳卜,贞,王亥上甲即于河。"现在将有关王亥的事情串起来看,大体经过是这样的:商高祖王亥,与兄弟王恒驾着牛车赶着一大批牛羊到黄河以西与有易等河北部落交易。结果被有易氏拦路抢走牛羊,并杀死王亥及仆人。王恒逃回商都向王亥的儿子上甲微报告,上甲微率兵征伐有易,并灭其国,这就是历史上赫赫有名的"牛羊战争"。美国学者罗伯特·麦金托什、夏希肯特·格波特认为:"东方早期的旅行家,尤其是中国和印度,主要也是起源于贸易交往",这一观点是正确的,在商高祖王亥身上得到了证明。

王亥不但善于经商而且尤善旅游,并且还改造了车以方便旅行。《管子·轻重戊》称:"殷人之王,立皂牢,服牛马,以为民利,而天下化之"。讲的正是王亥之事。据王国维的考证"盖夏初奚仲作车,或尚以人挽之。至相土作乘马,王亥作服牛,而车用益广"。车,原为黄帝所造。到了夏代有个叫奚仲的人对传统的车辆进行了改造,"于是奚仲乃挠曲为轮,因直为辕,驾马服牛,浮舟杖楫,以代人力"。奚仲是"黄帝之后",其祖居于薛地,因擅长技巧而为夏之车正。根据专家的考察,奚仲的改造是将原来的死轮活轴改为死轴活轮,这样减轻了动力,使之更快更稳。王亥对车的改进,除了商业贸易之外,最大的社会贡献就是便利了人际间的交往。

除了车之外,舟船作为最古老的交通工具在殷商时期也很发达。船,《易经》记载说:"黄帝、尧、舜垂衣裳而天下治,盖取诸乾坤。刳木为舟,剡木为楫,舟楫之利,以济不通致远,以利天下。"刳木,就是把树剖开、剜空,即独木舟;剡木就是削木为桨,楫是桨。实际上船在中国出现得很早,至少早于夏代 2 000 年以上。考古发现是在浙江的河姆渡时期,由此证明远在 6 900～6 500 年前舟楫就已经出现,并且广泛使用。河姆渡遗址出土的桨是一块整木制成,残长 63 厘米,宽 12.2 厘米,厚 2.1 厘米。其后在吴兴钱三漾也发现距今 4 700 年前的木桨。制桨的木料一般为桧、檀木、桂木等。《诗经·卫风·竹竿》有"湛水悠悠,驾言出游,以写我忧,桧楫松舟",《楚辞·九歌》有"桂櫂兮兰枻"等。櫂,同棹,是长船桨。枻,有四说,按《楚辞·湘君》有"桂櫂兮枻兰"之句,与司马相如《子虚赋》中"杨桂枻"相合,当为船舷为是。因为在距今 4 000 多年前的浙江余杭卡家山遗址中发现了两边都能泊船的 T 形码头。舫,《说文》释舫曰,"方舟也"。舫与杭,航古代通用。《诗·卫风·芄兰》有"谁谓河广,一苇杭之"。毛传曰:"杭,渡也"。由此可见在商代不仅陆路旅游得到发展,而且水路也很发达。

从文献记载看商代旅游较为普遍,尤其是帝王们更是热衷于此。而考古发现武丁时期的甲骨文中就有:"辛未卜,即贞王其田于游","弜射游鹿"、"庚午卜,贞弜衣舫河亡若十月"、"甲戌卜,贞云其舫于东九日"等记载,就是当时旅游活动最有力的证明。直到日趋衰落的武乙时仍不忘记旅游,并且还发生了公元前 1113 年武乙在渭河一带游猎时被雷击死的惨剧。周原甲骨文中有"衣王田,至于帛,王获田"的记载。帛在今陕西华山附近,当是武乙游猎于河渭之间被雷震死的证据,而游猎正是古代旅游行为的一种。

中国字是方块字,以形、声、义相结合,是世界上最为丰富和完美的文字。我曾经做过一个小实验,英文 26 个字母虽然简单,但是,拿去让幼儿园的中国 3 岁小孩子看,都看不懂是什么。相反,我写了一些中国的象形文字,如"山"、"水"、"马"、"鸟"等,则全能准确地认识,这就是中华民族的骄傲和中华文明的伟大。

商代甲骨文的出现,为我们留下了大量的历史文献和社会记录,如果没有甲骨文,历史将会中断,中国传统文化将是残缺的。

中国旅游文化不但历史悠久源远流长,而且内容丰富多彩。考古发现证实,商人不但足迹遍布全国而且远涉重洋,到达美洲新墨西哥、墨西哥、秘鲁等地,尤其令人骄傲的是中国的殷人首先发现了美洲。美洲的印第安人,本义为"殷地安人",即殷人到达美洲,建立了殷人新的居地,既视殷人故国安好,又视新地平安,见面互道"殷地安"(YINDLAN),这就是印第安的由来。古代美洲文明中渗透着中华文明,是中国的先祖远涉重洋,为美洲的文明作出了重大的贡献,这其中不乏(商)人的游历行为。

商代发达的商贸旅游促进了各地区之间的相互交流与学习,使人们在不断了解外部世界的同时开拓了眼界,加速了整个社会的发展。伴随着商贸旅游的足迹,同时也开创了中国早期的旅游文化。虽说不同于今天单纯的、休闲的旅游,或者说以旅游为目的的旅游,但是,殷商时期各种不同性质的旅游活动却是客观存在,而殷商时期旅游文化的历史意义就在于所有这些正是我们今天所说的中国旅游文化的重要源头之一。

(作者为浙江工商大学旅游学院教授、旅游文献研究所所长)

河济与中国古代文明的形成

张新斌　李　龙

　　济水是中国古代的四大河流之一,济水在古代文献中既然与江、淮、河并称为四渎,说明济水并不是一条普通的河流,而是一个在中国早期的地域范围内的大河。历史上济水与黄河关系密切,其流域被称为河济地区。该区域是中华文明的发源地之一,城址、原始文字、青铜器等文明因素都先后出现。河济地区在中华文明的形成过程中有着举足轻重的地位。

一、河济地区的城址:中原古代文明形成特征之一

　　1. 早期城址的文献记载与主要观点

　　中国古代的文献中关于城的记载非常多,早期文献关于城市起源一般确定在炎黄时代与夏代兴起之时,如有文献记载认为是神农氏首先筑了城,《汉书·食货志》有“神农之教曰:有石城十仞,汤池百步”。《氾胜之农书》也有“神农之教,虽有石城汤池,带甲百万,弗能首也。”有文献记载认为是黄帝首先建筑了城。《史记·封禅书》载“黄帝时为五城十二楼”。《事物纪原》引《黄帝内传》“帝既杀蚩尤,因之筑城阙”。《轩辕本纪》“黄帝筑城造五邑。”《淮南子》“黄帝始立城邑以居”。还有文献记载是鲧或者禹首先建筑了城,《水经·河水注》引《世本》记载“鲧筑城。”《广韵》引《世本》“作城郭。”《路史·后记一》注引《世本》“置城郭。”《吕氏春秋》记载“夏鲧作城”。《太平御览》引《博物志》“禹退作三城,强者攻,弱者守,敌者战。城郭盖禹始也”。中国文献记载的文明早期的城,能否称为“城市”,我国学者观点不一。有的学者认为“夏代是古代城市的开

始时期"①;有的认为"我国城市最早出现在商代"②;还有人认为"春秋时期我国城市才真正出现"③。著名考古学家张光直先生通过对中国龙山文化城址以及三代时期城市聚落的研究,认为中国初期城址也应称为城市,马世之先生认为"中国史前的城址,尽管并不具有商业中心的性质,依旧可以称为城市"④。中国文献记载的文明早期的城,很大部分出现在济水流域、河济之间,并形成了两大城址圈,即中原城址圈和齐鲁城址圈。

2. 中原城址圈的考古发现

济水发源于中原西部的王屋山脚,流经中原西北部,与黄河共同滋生了灿烂的史前文化。河南龙山文化是龙山文化时代最发达的文化系列之一,率先出现了王城岗、孟庄、后岗等龙山文化城址,并在济水上游形成了一个规模较大的中原史前城址圈。

登封王城岗城址位于河南省登封市告成镇与八方村之间、颍河与五渡河交汇的台地上,1975 年以来逐步进行了发掘,先后发现了龙山时代大小两个城址。小城址由东西并排的两座版筑城址组成,平面为长方形。西城原先面积估计有 8 千多平方米,东城也差不多。东城已经被五渡河冲刷破坏大半,仅保留西壁,西城以东城的西壁为其东墙,大体呈正方形,仅存北壁 29 米。城内中部和西南地势较高处发现有夯筑圆形奠基坑,坑内有祭祀杀殉的成人和儿童尸骨,一坑内多者达 7 人。在城内的龙山文化层中出土有青铜器的残片,并在一个陶器的底部有陶文⑤。大城面积约 30 万平方米,大城的北城墙夯土残留长度 370 米,残留高度 0.5 米~1.2 米;北城壕长约 630 米,宽约 10 米,残留深度 3~4 米,向东通往五渡河;西城壕残长 130 米,宽约 10 米,残留深度 1.5 米,向南通往颍河。东面和南面的城墙与城壕已被毁坏。城址的城墙夯土呈黄色,土质纯净且坚硬。夯层分数层,基本呈水平状夯筑。夯层表面有夯具痕迹,似用河卵石类夯具所夯砸,夯窝明显。城墙夯土为平地起建,逐层夯筑而成⑥。

① 傅筑夫:《中国经济史论丛》上册,三联书店,1980 年。第 362 页。
② 《中国古代史常识》(专题部分),中国青年出版社,1980 年。第 264 页。
③ 郑昌淦:《关于中国古代城市兴起和发展的概况》,《教学与研究》1962 年第 2 期。
④ 马世之:《中国史前古城》,湖北教育出版社,2003 年。第 26 页。
⑤ 河南省文物研究所:《登封王城岗遗址的发掘》,《文物》1983 年第 3 期。
⑥ 方彦明:《登封王城岗发现大型龙山晚期城址》,《中国文物报》2005 年 1 月 28 日。

辉县孟庄城址位于河南省辉县市孟庄,1992～1995 年进行了发掘,为龙山、夏、商时期的三叠城址。龙山时代的城址平面近似梯形,面积 12 万余平方米,东城垣保存较好,长约 375 米,其他三面均遭受破坏,城垣是由内外取土夯筑而成,内外都留有一条壕沟,外侧的壕沟宽且深,为护城河,河底距当时地面 3.8 米～4.8 米深,护城河宽约 20 米。城内发现 17 座房址,均为地面式建筑,平面形制多为长方形,西南部发现有水井①。

安阳后岗城址位于河南省安阳市洹河南岸,1931 年被著名考古学家梁思永发现,为龙山时代城址。平面为不规则椭圆形,面积 10 万平方米,城墙残长 70米,墙宽 2～4 米,版筑,当时未能确认。根据近年发现的多处龙山城址的情况,可确定为后岗二期城址,城内有台基建筑、水井、圆形房基,并发现房基下有小孩尸骨②。

3. 齐鲁城址圈的考古发现

济水流过的齐鲁地区,地处滨海平原,地势平坦,文化发达,在大汶口、龙山文化时期形成了以城址崖、丁公、滕州尤楼等城址,构成了庞大的齐鲁史前城址圈。

章丘城子崖城址位于山东章丘市龙山镇,1928 年被考古学家吴金鼎发现,城址为龙山时期、岳石文化和周代三个不同时期。其中,龙山文化城址最大,平面近方形,东、西、南三面城垣较直,北墙外凸,拐角呈弧状,城内东西宽约 430 余米,南北最长处达 530 余米,面积达 20 多万平方米。墙脚残宽 8～13 米,龙山文化早期城墙大部分挖基槽,夯筑墙体,其夯层有原始特征,晚期夯层明显,延续时间较长,城墙由原始版筑法、堆筑法结合而成。岳石文化的城墙叠压于龙山城址之上,夯筑技术明显进步③。

邹平丁公城址位于山东邹平县丁公村,1990 年发现并进行了试掘,为龙山、岳石时代城址。龙山时代的城址平面为不规则长方形,面积 10 万平方米。从周围残存遗迹看,城外可能有壕沟。城址跨龙山早中晚三期,早期的城墙被龙山中

① 袁广阔:《孟庄龙山文化遗存研究》,《考古》2000 年第 3 期。
② 中国社会科学院考古所安阳队:《1979 年安阳后岗遗址发掘简报》,《考古学报》1985 年第 1 期。
③ 张学海:《城子崖与中国文明》,《纪念城子崖发掘 60 周年国际学术讨论会文集》,齐鲁书社,1993年。第 36 页。

期的灰坑打破,中期的城墙在打破早期的灰坑上面建筑,又被龙山晚期的灰坑和居址打破。墙外壕沟也延续两个时期,第二期较第一期宽。城内房址有半地穴式和地面上二种,其中一座地面建筑面积达50余平方米,且地基内发现殉葬奠基风俗,显示该房屋的特殊地位,丁公城址出土有原始文字的陶片①。

滕州尤楼城址位于山东滕州市张汪镇尤楼村,1994年发现,为龙山时代城址。平面为不规则长方形,面积2万平方米,东西长约170米,南北长约150米。夯土版筑而成,有夯痕,二城门,城内发现高台建筑遗址②。

4. 河济地区早期城址的特征

城址大多都临河而建,是河济地区早期城址的特征之一。王城岗位于颍河边,新砦城址位于双洎河边,古城寨位于溱河边,后岗位于洹河边,滕州西康留城址面临薛河与小魏河,滕州尤楼城址位于小苏河边,阳谷王家庄城址位于汶河边、章丘城子崖位于武原河东侧,邹平丁公城址位于黄河与小青河之间,寿光边线王城址位于弥河边。河济地区的城址多位于河流的冲积平原上,海拔低,地势平坦,或者位于河谷的台地上,占据有利地形。城市处于河边,一方面解决了城市居民用水的困难,另一方面"以河为池"很大程度解决了防御问题,更重要的是便利了人们利用河道来进行运输,虽然在已经发现的城址材料中,还没有发现水上的运输工具,然而在新寨城址附近的古河道中央,曾经发现了大量的陶器,显然这些陶器不是人们故意抛入河中的,很可能是在河上运输过程中发生了事故。

城址大多为方性或者长方形布局,是河济地区早期城址的特征之二。虽然文明早期的城市布局不会十分规整,然而从王城岗、新砦城址、古城砦城址、后岗城址、滕州尤楼城址、章丘城子崖、临淄田旺城址、邹平丁公城址、寿光边线王城址等来看,都具有方形或者长方形的特点,这种城址布局与河济地区的地貌关系密切。河济地区由于黄河、济水两条大河共同的冲积作用,尤其是黄河中下游的漫流与频繁改道,形成了大片地势宽广平坦的平原,可以说河济地区地貌特征的决定性营造力就是黄河和济水。宽广平坦的地势有利于城址的规范布局,而早

---

① 山东大学历史系考古教研室:《龙山时代考古又一重大收获,邹平丁公发现龙山文化城址》,《中国文物报》1991年1月12日。

② 山东省文物考古研究所:《薛城勘探试掘获重大成果》,《中国文物报》1994年6月26日。

期城址显然受到"方块田"规划概念和"天圆地方"思想的影响①。方块田是一种极其古老的田制,这种规划方法,大约是在氏族社会末期土地分配制度影响下的产物。而"天圆地方"思想可以说是我国较早的天文观。《周髀算经》说:"方属地,圆属天,天圆地方。"《淮南子·天文训》云:"天道曰圆,地道曰方。"《晋书·天文志》引古周髀家的话:"天圆如张盖,地方如棋局。"《周礼·考工记》:"匠人营国,方九里,旁三门,国中九经九纬,经涂九轨,左祖右社,面朝后市,市朝一夫。"夏商两朝,秉行"惟王建国、辩方正位"的都城模式,郑州商城、洹北商城的地理位置、分区布局体现了天子隆重的威仪,以及"君权神授"、"唯我独尊"、"面南而王"的礼仪和官制。对周朝以及其后产生了大的影响,孔子说:"周鉴于二代,郁郁乎文哉"。西周以及其后的城市的方形或长方形布局都受到了河济地区当时城市布局的影响,而这种城市布局更是"天圆地方"思想和礼仪、官制的产物。

城墙大多是夯土版筑而成,是河济地区早期城址的特征之三。河济地区是首先使用夯土技术的区域之一,在夯土建筑城墙的过程中,经历了由地面堆筑到平面上挖基槽筑基、由夯土堆筑到夯土版筑的演进过程。王城岗、新砦城址、古城砦城址、章丘城子崖等的夯土城墙大多下宽 7～10 米,上宽 5～7 米,城墙分层明显,有大量的夯窝。在全国其他地方,虽然也出现了不少同时期的城址,但使用的建造方法都没有河济地区先进,其中南方不曾出现版筑法,河套地区多石头城。河济地区先进的建筑方法与河济地区的地理环境密切相关,河济地区的次生黄土发育普遍较好,黄土质地均匀疏松,无层理,具有良好的直立性,便于筑城使用。城址的夯筑城垣形成较大的坡度,可以使河济地区城址防御设施以城垣为重心。可以说河济地区的地理环境为发展先进的建筑技术奠定了很好的基础。

城址起源于聚落居址,是河济地区早期城址的特征之四。从聚落居址发展到夯土城址的过程中,城市是河济地区聚落的中心,且逐渐形成城市群落。河济地区早期城市众多的原因,似乎基于这样的背景:龙山时代,仰韶文化的中心区域,比如关中、豫西地区的遗址大为减少,似乎经历了一次大规模的空心化运动,移民大量进入河济地区;另一方面,许多仰韶时期遗迹较少的地方,比如河济地

---

① 马世之:《试论我国古城形制的基本模式》,《中原文物》1984 年第 4 期。

区,此时则已经有密集的遗址分布。总之,河济地区遗址的空间布局的变化,存在于仰韶时期各文化区之间的空白和缓冲区域迅速消失,部落冲突和自然灾难使得河济地区早期城市大量出现。

城址以宫室宗庙为主要内容,是河济地区早期城址特征之五。龙山文化时期的城址中,大多出现大型的夯土基址与高台基址,有的基本能看出宫殿与宗庙建筑。如王城岗城址、孟庄城址以及城子崖城址等。到商代,偃师商城、郑州商城、殷墟遗址中,宫殿宗庙布局已有严格的规划,体现王权唯我独尊的威严。宫室宗庙为主要内容,实质体现了宗法家族思想。邵望平指出中国早期城市有两个特点:"一是并未立即出现地缘的政治结构,战败的、甚至被奴役的族群,有些仍能聚族而居;一是宗法制度、宗族观念根深蒂固,因而对祖先的崇拜高于对神的崇拜,王权高于神权,宗教职业者依附、臣属于世俗统治者①。由于龙山时代中晚期,河济地区部族众多,频繁的战争和自然灾害使得不少部族被吞并和消灭,为求生存,部族首领的权威更容易凸现,祈求祖先的庇佑显得更加迫切,这些因素促使了宗法制度、宗族观念发育成熟。因此,在河济地区早期城市中不可缺少的是宫殿宗庙建筑,即所谓"虞夏商周三代之圣王,其始建国营都口,必择国之正坛,置以为宗庙"②。

二、河济地区的文字:中国古代文明形成的特征之二

1. 关于文字起源问题若干探索

中国境内存在原始文字,是学术界所公认的。然而文字起源的时代,诸家有不同的说法。事实上,我国新石器时代的西安半坡遗址,已发现有多种刻画符号;甘肃柳湾马家窑文化遗址,出土彩绘符号达 50 多个。对汉字的历史,学术界有几种不同的看法:

一种意见认为,汉字的起源于 8000 年前。夏鼐认为距今 8000 年前裴李岗文化时期的龟甲、骨器和石器上的一些契刻符号,很可能具有原始文字的性质③。第二种意见认为,汉字起源于五六千年前左右。钟铭钧认为:"较保守估

---

① 邵望平:《"中国东方地区古代社会文明化进程"笔谈》,《文史哲》2004 年第 1 期。

② 《墨子·明鬼篇》。

③ 夏鼐:《中国文明的起源(《中国古代史卷·上册》)》,兰州大学出版社,2000 年。第 34 页。

计,不会少于 5000 年,可以推想夏人已能掌握比较成熟的文字文化了。"①于省吾对照商周甲骨文、金文,对半坡彩陶器口缘外的简单文字或符号,进行了释读。他说:"我认为这是文字起源阶段所产生的一些简单文字。仰韶文化距今约有六千年之久,那么,我国开始有文字的时期也有了六千年,这是可以推断的。"②郭沫若认为:"(半坡)彩陶上的那些刻画记号,可以肯定的说就是中国文字的起源,或者中国原始文字的孑遗。"③第三种意见认为,汉字起源于夏代,李先登认为"中国古代的文字首先是在夏代初期由居住在中原地区的夏人创造的"④。孟世凯认为"夏代以前,没有真正意义上的文字"⑤。高明也对陶符是文字的说法进行了批驳⑥。

2. 河济地区早期契刻符号、文字的考古发现

河济地区是我国最早出现文字的区域之一,尤其是在河济下游的齐鲁地区,早期文字似乎更加成熟。至今在河济地区发现了不少证据材料:1930 年,在城子崖遗址龙山文化层出土 3 块刻有符号的陶片,每块陶片各有一个符号,其中两块陶片的符号相同⑦。1957 年和 1979 年在山东莒县陵阳河遗址发现大汶口时期的陶符⑧,1959 年在山东宁阳堡头遗址发现大汶口陶符⑨,1966 年在莒县大朱村遗址发现大汶口时期的陶符⑩, 1978 年在山东诸城前寨遗址发现大汶口陶符⑪,1983 年在莒县杭头遗址发现大汶口陶符⑫。1991 年,在山东邹平丁公龙山文化遗址一灰坑中出土的一块盆底残片上,11 个竖向排列的刻画符号,分 5 行,首行 3 个,其余每行各 2 个⑬。1996 年,在景阳岗遗址一条灰沟中出土的一块陶罐残片上,发现 3 个刻画符号。在这 3 个符号的下端,还有一个刻画的点,可能

① 钟铭钧:《论华夏文明及其历史兴替》,《天津社会科学》1987 年第 1 期。
② 于省吾:《关于古文字研究的若干问题》,《文物》1973 年第 2 期。
③ 郭沫若:《古代文字之辩证的发展》,《考古学报》1972 年第 1 期。
④ 李先登:《试论中国文字之起源》,《天津师大学报》1985 年第 4 期。
⑤ 孟世凯:《中华民族文化的凝聚力——汉字》,《中华文化论坛》1997 年第 2 期。
⑥ 高明:《论陶符兼谈汉字的起源》,《北京大学学报》1984 年第 6 期。
⑦ 傅斯年、李济:《城子崖》,《中国考古报告集》,1933 年。第 54 页。
⑧ 王树明:《仓颉作书与大汶口文化发现的陶尊文字》,香港《中国文物世界》第 102 期。
⑨ 山东省文物管理处、济南市博物馆:《大汶口》,文物出版社 1974 年版,第 73 页。
⑩ 山东省文物管理处、济南市博物馆:《大汶口》,文物出版社 1974 年。第 73 页。
⑪ 任日新:《山东诸诚县前寨遗址调查》,《文物》1974 年第 1 期。
⑫ 王树明:《仓颉作书与大汶口文化发现的陶尊文字》,香港《中国文物世界》第 102 期。
⑬ 山东大学历史系考古专业:《山东邹平丁公遗址第四、五次发掘简报》,《考古》1993 年第 4 期。

是另一符号①。1996 年,在山东桓台史家遗址发现一个岳石文化祭祀坑,355 件器物分 7 层放置在用出土卜骨残块两件,一件两面均刻有符号,计有 5 个;另一件刻画杂乱,可辨识的只有一个符号②。河南登封王城岗也出土了龙山晚期的陶文,陶文刻画在陶器壁或者器物的底部,字体大多有象形意味。二里头遗址自发掘以来,考古工作者就在陶器上发现不少的刻画符号。1965 年,方酉生先生在发掘简报中作如下记述:"刻画记号共发现有 24 种,皆属晚期,其中绝大多数皆刻在大口尊的内口沿上"③,1999 年,由中国社会科学院考古研究所编著的大型发掘报告——《偃师二里头》正式出版。报告中公布了自 1959 ~ 1978 年全部的发掘资料,包括了陶器上的刻画符号。在公布的刻画符号中方酉生先生提到的 24 种刻画符号,除极个别未见到外,其余均以原拓形式发表,并说"发现的刻画符号,主要出自大口尊的口沿内侧和其他器内的口部,有粗线不同的竖线、十字形、交叉形、树枝形等,有的近似象形文字。"

3. 河济地区早期文字的特征

文字是人们用来记录语言,传递信息的符号,河济地区的早期文字已经具有这样的基本功能,并具有如下特征。

河济地区的早期文字载体多为陶器与骨器,显示文字与劳动关系密切。我们认为,龙山文化晚期,大型的社会劳动已经普遍出现,超越出个人或少数家族作为特殊记号而被不同地区和时期的人们公认的文字的出现成为可能,而文字的出现首先传递的应该是与劳动有关的信息。河济地区早期文字出现在陶器与骨器上,更好地说明了早期文字产生于劳动之中。

河济地区的早期文字已经具备了汉字的基本框架。汉字是由笔画为基本书写单位构成的,它的笔画走势和框架结构,表现了汉字的基本特征。汉字的组合方式是拼合式,先由笔画组字根,再构成合体字。从汉字的组织结构上看,它是由三个层次组成的。第一个层次是笔画,第二个层次为构件,第三个层次为合成字,这是汉字独有的特性。河济地区出土的早期文字,结构与仰韶时期的契刻符

---

① 王守功:《景阳岗址刻文陶片发现的意义》,《中国文物报》1998 年 1 月 14 日。
② 淄博市文物局、淄博市博物馆、桓台县文物管理处:《山东桓台史家遗址岳石文化木构架祭祀坑的发掘》,《考古》1997 年第 11 期。
③ 方酉生:《河南偃师二里头遗址发掘简报》,《考古》1965 年第 5 期。

号比已经复杂很多,它和后来的甲骨文、金文以及现代汉字一样,具有三个结构层次,从书写特征看,陶器上的早期文字与商代甲骨文是一致的,因为同样刻在坚硬的物体上,笔画遒劲。与现代汉字相比,书写的特点也基本一致,如先横后竖,先上后下,先左后右,先里后外等等。这是汉字的特性使然。因此可以说,河济地区的早期文字也是现代汉字书法艺术的滥觞。

河济地区的早期文字以象形表意,为夏商甲骨文的形成与汉字的发展奠定了初步基础。河济地区的象形文字来源于仰韶、大汶口时期的刻画符号,但图画性质减弱,象形意味增强,是用线条和笔画,把物体的具体特征勾画出来。字体以单体字为基本框架。夏商时期的甲骨文,则在其基础上,出现大量的合体字。原始文字通常以单个的字来表意,两三个字组合在一起表意的情况也比较多见,但不见像甲骨文一样能用几个单独的文字连缀成句的形式。

三、河济地区的青铜器:中国古代文明形成的特征之三

铜器铸造在河济地区历史悠久,从资源、技术条件来说,济水流域在龙山晚期进入青铜器时代是历史的必然。

资源条件:青铜器制造必须具备矿产条件,济水流域,许多地方有丰富的铜矿资源①,据载"济源县莽山秦岭;济源县产铜矿区,在县西北四十八里至八十里之间,著名地点是孙真人坟,铜矿生于元古代地层中,石英石脉中含大量金属矿物,铜最著,铅次之。在济水的下游也曾经发现过铜矿,山东铜、铅、锌共生矿分布广泛,有着较厚的氧化矿带。而有些氧化矿带附着于地表,这为不具备采矿知识的人们提供了认识和利用矿物的条件。

技术条件:首先是温度,早在仰韶文化和大汶口文化时期,河济地区的制陶业已经有了相当大的发展。首先从冶炼温度来看,当时陶器的 烧成温度在950~1050度,说明当时已经有了温度达到这样高度的陶窑②。到了龙山文化时代,济水流域社会生产力有了较大的发展,制陶技术也有了相应的发展,特别是陶窑结构的改进,为青铜器铸造提供了技术条件。根据冶金知识,我们知道青铜器铸

---

① 河南省地质调查所:《河南矿产志》,1933 年 8 月。
② 周仁等:《我国黄河流域新石器时代和殷周时代制陶器工艺的科学总结》,《考古学报》1964 年第4 期。

造首先需要高温,龙山文化时期济水流域的陶窑大多采用横穴式,火膛较深,火口较小,由火膛引出两股主火道通向窑室,其中有火眼与火道相通,窑壁呈向内微微弯曲,呈弧形,利于煅烧后封闭窑室,保持窑室内的高温①,据测算,这样的窑室温度能达到1 080多度,达到了熔化铜的要求。其次需要还原焰,从济水流域的考古发现来看,早在仰韶时期,人们就已经使用木炭,龙山文化时期,灰陶数量多,灰陶是在高温下氧化铁还原而成的,说明当时济水流域的人们已经熟练掌握了还原技术。再次需要使用陶范。陶范制造首先用泥土塑造模型,加以烘干,以备翻范。然后用细泥翻制外范和内范,最后进行合范。龙山文化时期,陶范在济水流域已经大量使用,在郑州的牛砦发现的炼铜炉残片,是用粘土加砂制成,可承受1 000度以上的高温,具有必要的强度与透气性,类似的炼铜炉在山东景阳岗等地也有发现。而从登封王城岗发现的青铜器残片的缝隙痕迹来看,当时已经使用合范技术。

2. 河济地区青铜器的考古发现

仰韶、大汶口文化时期,河济地区的铜器铸造处于萌芽阶段。仅见的材料是山东泰安大汶口一号墓内的一件骨凿上,残留有含铜百分之九点九的铜锈,可能是铜器加工的遗迹②。青铜器出现在龙山文化中晚期。1954年郑州牛砦龙山文化遗址C13T1(3)层中,曾经发现熔化铅青铜的残破炉壁和铜器残片,经过鉴定为铅青铜③。1980年在登封王城岗龙山文化第四期的窑穴H617中,出土了青铜器残片,其合范缝隙清晰可辨,为含铅较多的锡青铜器④。1981年山东栖霞杨家圈龙山文化遗址出土残铜锥,铜炼渣和炼铜原料,锥可能属青铜⑤。1982年山东长岛店子遗址龙山文化晚期灰坑中出土铜片一件,属红铜⑥。岳石文化出土铜器的地点有三处,均在山东,其中泗水尹家城出土铜器14件,计有双翼镞、小刀和鼻环及一些残铜片⑦,牟平照格庄出土一件三棱铜炼渣⑧。1986年牟平照

①　李先登:《中国早期铜器的初步研究》,《考古学报》1981年第3期。
②　山东省文物管理处等:《大汶口》,北京文物出版社1974年。第29页。
③　安金槐:《试论河南地区龙山文化的社会性质》,《中原文物》1989年第1期。
④　河南省文物研究所:《登封王城岗遗址的发掘》,《文物》1983年第3期。
⑤　山东省文物考古研究所:《山东栖霞杨家圈遗址发掘简报》,《史前研究》1984年第3期。
⑥　严文明:《论中国的铜石并用时代》,《史前研究》1984年第1期。
⑦　山东大学历史系考古专业教研室:《泗水尹家城》,山东大学出版社,1990年。第202~204页。
⑧　中国社会科学院考古研究所山东队:《山东牟平照格庄遗址》,《考古学报》1986年第4期。

格庄遗址出土十一件三菱青铜炼渣。1987 年山东呈子龙山遗址出土铜片一块，属红铜①。1989 年在泗水尹家城岳石文化遗址出土青铜器 14 件，计有小刀、鼻环以及一些青铜器残片。

3. 河济地区早期青铜器特征

从现有的考古资料观察，河济地区出土的青铜器以龙山晚期发现较多，岳石文化时期也有发现，尤其是河济下游的齐鲁地区，出土较多。河济地区早期青铜器制造尚处于雏形阶段，但特征十分明显：

生产技术简单：河济地区早期青铜器铸造多采用单范或极简单的合范制作，器形简单，以锥、刀等小型器为主，坩埚制作原始，青铜器中含杂质较多，器壁薄，质地脆，青铜中锡、铅含量低。

青铜器种类单一：相对于同期西北地区青铜器制品中小型装饰品发达，铜镜、权杖首等颇具特色，河济地区青铜器多限于镞、锥、刀等小型生产工具，装饰品不发达，不见铜镜、权杖首等宗教仪仗用品，但在祭祀坑中发现少量小型的青铜礼器。

铸造风格具有传承性：郑州牛砦龙山文化遗址中出土的坩埚、炼炉壁，登封王城岗龙山文化遗址出土的使用合范技术生产的青铜器，豫东鲁西岳石文化的铜镞、铜刀等，都在夏商文化遗址中找到类似器物，单范和合范制作技术更加成熟，显示出河济地区早期青铜器铸造技术的传承关系，早期青铜器制造为夏商时期河济地区青铜文化的繁荣奠定了坚实基础。

（作者单位为河南省社会科学院考古研究所）

---

① 黄盛璋：《中国青铜时代最早形成的地域和年代初论》，《传统文化与现代化》，1994 年第 1 期。

《周易》：从巫术宗教神性思维
到经验哲学人性思维
——关于《周易》的文化人类学透析

张凤武　雷　霆　王　潇

　　《周易》历来被尊称为群经之首,古典之源。几千年来,《周易》对我国的哲学、史学、民族学、社会学、文学艺术乃至天文地理、乐律、兵法、数理计算等众多学科都产生了重要影响。

　　《周易》的文化基因或思想质底应当如何界定、评价? 这是《周易》研究遇到的基本问题。对此,我们不揣浅陋,试图以文化人类学视角建立透析支点,以就教于名师大家。

一

　　《周易》是我国先秦时期遗留的历史文化宝典。它以儒家思想为基干,全方位地荟萃先秦诸子杂家思想精华,集史前的图腾文化、原始巫术宗教文化,及世俗经验哲学、人文社会思想乃至行为生活方式之大成,最终成就为中华民族文化思想史上的经典名著。自西汉起,《周易》与儒家一系列经典并称"六经"并位居其首,赵宋以降,《周易》与《尚书》、《诗经》、《礼记》、《春秋》、《周礼》、《仪礼》、《公羊传》、《谷梁传》、《孝经》、《论语》、《尔雅》、《孟子》等儒学名典并称十三经,长期成为封建社会政治思想的主流意识,《周易》一仍群经之冠。魏晋时期,玄谈之风盛行,以竹林七贤为代表的望族仕子寄情山水,高谈阔论,推崇老庄,清静无为,一时间《周易》又与《老子》、《庄子》结缘,被尊誉为"三玄",备受尊崇,不可一世。难怪古人不无感慨地赞叹说:"易道之广大,无所不包,旁及天文、地理、乐律、兵法、韵学、算术，以逮方外之炉火，皆可援易以为说。"①

《周易》全书包括两大部分，即《易经》和《易传》。相传伏羲画八卦，文王重卦，孔子作传。传说毕竟是传说，迄无信史和考古资料佐证。更何况伏羲原本是神话传说人物，作八卦之说，顶多也只能是被古人的图腾祖先崇拜和原始神性思维"颠倒了的世界"②，是"宗教把人的本质变成了幻想的现实性"③。合理的解释应该是《系辞下》所做的说明："是故易有太极，是生两仪，两仪生四象，四象生八卦。八卦定吉凶，吉凶生大业"④。

综观《周易》庞博而丰富的人文社会思想内容，清晰地显现着华夏子民从原始巫术宗教神性思维到世俗经验哲学人性思想嬗变、演进的历史脉络和时代轨迹。也证明了中华民族对自我，对人生和宇宙大千世界的审视和拷问，远早于古希腊罗马，应该说这是人类最早对自然、社会和人自身的全方位审视和自觉性反省。

关于《周易》成书的文化背景和思想基质，历代经学家的解读和诠释，有共识也有歧义和质疑。有一种颇为流行的观点，认为《周易》原本就是一部纯哲学巨著，卜筮仅仅是它的外包装，说白了就是借壳上市，根本否认《周易》就是一本卜筮之作的历史事实。他们认为，认同《周易》是一部卜筮之书，就是贬低甚至否定《周易》在中国文化思想史上的历史地位和理论价值。很显然，这是一种误解。

二

马克思说："哲学最初在意识的宗教形式中形成"⑤。而"宗教是在最原始的时代从人们关于自己本身的自然和周围的外部自然的错误的、最原始的观念中产生的。但是任何意识形态一经产生，就同现有的观念材料相结合而发展起来，并对这些材料作进一步的加工……就是说它就不是把思想当做独立地发展的、

---

①　《四库全书总目·经部·易类一》。
②　马克思：《〈黑格尔法哲学批判〉导言》，《马克思恩格斯选集》第1卷第1页。
③　马克思：《〈黑格尔法哲学批判〉导言》，《马克思恩格斯选集》第1卷第1页。
④　《周易·系辞上》第11章。天津古籍出版社出版四卷本《四书五经》第2卷第159页。
⑤　马克思：《马克思恩格斯全集》第21卷第1册第26页。

仅仅服从自身规律的独立本质来处理了"①。在人类的童年时期,人们无法认定自己在世界中的实际位置,对周围世界(动植物、地理地貌、自然现象等)由不理解而敬畏恐怖的情绪,逐渐发展成为图腾崇拜,天地日月、雷电风雨、山林川泽、洪水猛兽(如苍狼、天鹰、人首兽身或兽首人身的异物等)也因具有使人敬畏、恐惧的特性而受到崇拜。随着野蛮与文明交替时期的到来,万物有灵的泛神论思想终于被全民族大多数成员所认同接受,由巫术而宗教,也由此产生了。巫术文化作为原始宗教的雏形和早期形式,自然而然地溶入了上古社会文化思想的主流意识,卜筮作为巫术文化的具体内容和存在形式,成为原始宗教的文化基因和前提条件就成为历史的必然了。

反映在《周易》中的图腾祖先崇拜和巫术文化思想基质是十分鲜明而独特的。华夏子民历来以"龙"的传人自尊。《周易》首卦乾卦卦爻辞反复出现的"龙"字,正是这种历史文化传统的充分验证。乾卦全部爻辞,除九三外均有"龙"的形象出现。"潜龙"、"见龙在田"、"或(龙)跃在渊"、"飞龙在天"、"亢龙"、"群龙"等等,这是中华民族传统意识和民族精神的体现,也寄托着华夏子孙伟大、神圣、庄严的社会理想。在关于龙的崇拜中也隐含着古人对于繁衍子孙的男女性生殖的崇拜。《周易》全书不少篇章,从天地日月星辰、山林川泽、雷电风雨到龙蛇龟牛羊马鸡雉的自然崇拜、动物崇拜、植物庶谷祀拜,都潜在着对于超自然力的敬畏和迷信。由天然、实物崇拜渐进为群神、一神、人格神的崇拜,真实地反映出华夏子民对自然、社会和人自身的思考和认知愈来愈世俗化、科学化了。华夏先民的图腾崇拜主要有:

1. 日月崇拜:《礼记·祭义》篇载:"郊之祭大报:天而主日,夏后氏祭其暗,殷人祭其阳,周人祭日以朝及暗"。说明夏商周三代都盛行日月崇拜。《周易》从卦象,卦辞到爻辞鲜明地保留着华夏先民日月崇拜的文化遗留。《易经》晋卦、易卦、坤卦、离卦,《系辞上》第六章,《系辞下》第五章等多处或有相关记录。为何祭日月而不祭天地? 该篇注释说:"天无形体具象著明,以日为百神之王,配之月。"说明其时以有形实物崇拜为主,属于经验崇拜而非理性崇拜。眼见为实、义理为虚。这种"尚实"之风,说明其时还处于早期的图腾文化实践活动时

---

①　恩格斯:《路德维希·费尔巴哈和德国古典哲学的终结》,《马克思恩格斯选集》第4卷第249页。

期,尚未形成理念性的宗教教规教义。以《周易》卦爻辞中反复出现的日月形象,顶多只是作为时人的自然神图腾形象而决非宗教教义上的神象。是万物有灵的泛神论思想诱导下的自然崇拜。

2. 水火山林雷风崇拜:《周礼·小宗伯》载:"兆山川丘陵坟衍各因其方。""兆"是为坛施祭的名称。祭日星海,祭五岳四渎为四望,此类祭拜,源头更早。《尚书·尧典》就有大量关于虞舜巡狩四岳,"望于山川,遍于群神","肇十有二卅,封十有二山,浚川"的记载,说明祭祀名山大川是古代天子诸侯例行公务的分内之事。《史记》就有太史公引《管子》的话说:"古者封泰山禅梁父者七十二家"。(《史记·封禅书》)。其他如《礼记》、《尔雅》、《周礼》都有大量关于祭祀山林川谷丘陵的记载,说明当时自然图腾崇拜之风颇盛,已成为社会生活中的某种机制性祭典礼仪。《周易》中关于水火、山林、雷风等破坏性巨大的自然之物崇拜性辞章为数不少。仅《象辞传》里,"水(泽)"字就反复出现26次之多;"雷"字出现过15次;"山"字出现过14次;"火"字出现过11次;"风"字出现过9次。考虑到远古时期人类生存的环境多在依山傍水的林木山间,再联想荒古世界的洪水猛兽泛滥成灾、大禹治水历经艰难的神话传说故事,可以想象,其时洪水猛兽、雷雨、风暴等自然灾害频繁而巨大的历史现实,我们有理由认为,《周易》中的这部分内容当为远古渔猎采集时期的图腾文化遗存和再现。

3. 社稷崇拜:《论语·八佾》曰:"哀公问社于宰我,宰我对曰:'夏后氏以松,殷人以柏,周人以栗',曰使民战栗"[1]。古人祭祀社神较为普遍,春祈年丰,秋祀报赛。原本只是对自然神灵崇拜的一种巫祝形式,后来也祭祀亡灵。《周易·象辞·萃卦》曰:"王假有庙,致孝享也。……用大牲吉,利有攸往。"意思是表达对祖先的孝意和忠诚之心。又《周易·象辞·升卦》曰:"王用亨于岐山,事顺也。"意思是(周)王来到岐山祭祀先祖神灵,是为了顺从尊上以建立功业。类似的记载还可列举,兹不赘述。

4. 动物图腾崇拜:《周易》中除有对"龙"、"象"的崇拜,还有对其他多种动物的崇拜。以八卦为例,乾为马,坤为牛,震为龙,巽为鸡,坎为豕,离为雉,艮为狗,兑为羊。反映的正是华夏子民动物图腾崇拜的文化遗迹。

---

① 杨伯峻:《论语译注》,第30页,中华书局1980年版。

5. 崇拜星辰：《周礼·春官·大宗伯》载："以实柴祀日月星辰。"大伯宗即掌管祭祀天神地示人鬼之礼的专职祭司，置牛于干柴上焚烧，以其烟气熏陶神明。日月星辰古称三光。《礼记·祭义篇》曰："祭日于坛，（春分）祭月于坎，（秋分）祭日于东（外祭），祭月于西（内祭），可见祭日配月是三代通例，其实崇拜日月星辰的祭祀，早在尧舜时代就有了。《尚书·尧典》载，虞舜巡狩四岳，肆类于上帝，禋于六宗，望于山川，遍于群神。"什么是"禋于六宗"？贾逵说："天宗三——日月星，地宗三——河海岱。"

上述种种自然天象、地理物华、祖先神灵、宗庙社稷等拜物祭祀，都源自于早期图腾崇拜，并历史地演化为全民性原始巫术宗教实践和民族文化精神，从现有古史记载，也可证图腾崇拜实乃原始巫术宗教之雏形即早期形态。

诸如此类，清阳为天，浊阴为地，一日九变之类的神话传说显然是由于《易经》的阴阳变化而来。此外，他如女娲"炼五色石以补苍天，断鳌足以立四极"，羿射九日，伏羲受《河图》，夏禹得《洛书》，以及古帝王可以与天交通的神话，无不是古人迷信于自然神力天灵而创造出来的巫术宗教文化的伴生品。

三

《周易》至迟于殷末周初已成书。殷商宗周王朝的政权形式和主流意识基本上是以神权政治为主导，以巫术宗教文化为主流意识的奴隶主神权宗法专制社会。"王命神授"是其立国行政的根基。殷商时代，既有"帝臣令"，又有"天命"论、"王权神授"之说，说明殷商的王权是受命于天的，这时的政权也是以"神权政治"为行政的基本依据。证之以甲骨文屡见有"帝降若"，"帝降不若"，"帝受我又"，"帝不我其受又"，"帝弗其酬王"，等等，将王事成败，国家的兴亡福祸全系于上帝的主宰，用贞卜之法去测试，垂询上帝的诣旨。所以，《礼记·表记》就有明确的记载："夏道尊命，事鬼敬神而远之。近人而忠焉，先禄而后威，先赏而后罚，亲而不尊。其民之敝，蠢而愚，乔而野，朴而不文。殷人尊神，率民以事神，先鬼而后礼，先罚而后赏，尊而不亲。其民之敝，荡而不静，胜而不耻。周人尊礼尚施，事鬼敬神而远之，近人而忠焉，其赏罚用爵列，亲而不尊，其民之敝，利而巧，文而不惭，贼而蔽。"[①]

---

① 《礼记·表记》，天津古籍出版社版四卷本《四五书经》第2卷，第360页。

此外，殷王以象祀、以象名、氏以象名和器以象名的史料记载也不少。据此，有理由推测：殷人是将大象作为最重要的圣物之一加以崇拜的。《韩非子·喻老》说："昔者纣王象箸而箕子怖。"纣王用象牙筷子何以引起大臣箕子的极度恐怖呢，原来他是担心纣王亵渎了殷商族崇拜的神圣动物大象，必将大祸临头。象是《周易》的基本范畴，上述情况，也可证《周易》确有图腾崇拜和巫术宗教文化基因的积淀。因此，我们有理由认为，殷商祖先很可能以"象"为氏族图腾而祭拜之。

殷商之尊神事鬼，孔子已言之。成汤征伐葛伯，理由就是葛伯不敬神鬼，不搞祭祀，《书序》有"葛伯不礼，汤始征之，作《汤征》"的记载。

就因为葛伯主张无鬼不信神，不搞敬神弄鬼的祭祀活动，而引起实行神权政治的殷汤的军事征伐。《诗·商颂》五篇，也都是写殷商祭祀之事的。《商书》也记载了许多祭神弄鬼的事。

殷亡而周兴，承袭传统的事鬼敬神之风，沿习为用并更胜一筹。据《周官》记载，执掌周礼的官僚有二，一为司徒所掌之祀礼、阳礼、阴礼、乐礼，一为大宗伯所掌之礼共五项，其中首要一项就是掌建邦之天神人鬼、地祇之礼，以佐王建保邦国。

建立在奴隶主经济基础之上的神权专制政权，事鬼敬神是形成其主流文化思想的基因和质底，这种倾向必然会渗透到作为汇编和综合了殷周更迭时期的社会思想和文化意识的时代经典的《周易》其中。以首卦"乾"卦而论，乾卦是《周易》六十四卦的第一卦，也是《周易》全书的总纲。乾卦的卦象、卦辞、爻辞中反复出现有"天"的理念。其中卦辞"元亨利贞"，乾卦象征天。天具有创造万物之力，乾又为阳，乾阳遵循天道，永恒不变，天长地久，乾卦的"象辞"明确说："大哉乾天，万物之资始，乃统天……时乘六龙以御天……"这就是说：万物要借助于"天"的资助才能生长，乾即是天的"主宰"。《系辞上》第 9 章曰："显道神德行，是故可与酬酢，可与祐神矣。子曰：'知变化之道者，其知神之所为乎。'"《系辞传》上第 12 章有这样一段文字：

　　《易》曰："自天祐之，吉无不利"。子曰："祐者助也，天之所以助者顺也，人之所以助者信也，履信思乎顺，又以尚贤也。是以'自天祐之，吉无不利’也。”①

其实,有关《周易》肯定天命神灵的文化思想基质,在《系辞》下关于《周易》的作卦者的记述中解说得再明白不过了。《系辞》下第二章曰:

> 古者包牺氏之王天下也,仰则观象于天,俯则观法于地,观鸟兽之文,与地之宜,近取诸身,远取诸物,于是始作八卦,以通神明之德,以类万物之情。②

这里,充分地肯定了上天的祐助可以逢凶化吉而无不利。明明说的是伏羲作八卦就是为了把天帝的“神谕”天机媒介到人世间来,照此神灵所谕,分别不同物类处理好人间诸事万物。紧接此段《系辞》下第二章进一步解释说:

> 神农氏没,黄帝、尧、舜氏作。通其变,使民不倦。神而化之,使民宜之,《易》穷则变,变则通,通则久。是以自天祐之,吉无不利,黄帝、尧、舜、禹垂衣裳而天下治,盖取诸乾坤。③

所谓“神而化之,使民宜之”、“是以自天祐之,吉无不利”,是说要用神的天意教化民众,只有让民众按神意转变了观念迎合天意,社会才能长治久安。如果不是望文生义的话,再进一步联系到包牺氏、黄帝、尧、舜等均为传说中的中国原始社会早期部落首领,也很可能就是早期的祖先图腾的化身,那么,上述引文的神性文化色彩就更值得重视了。

四

《周易》最初是适应华夏先民观察、认识和改造自然、社会和人自身的再生产需要而产生的卜筮之作,是“野蛮人没有力量同大自然搏斗而产生对上帝、魔

① 《周易·系辞传上》第12章,天津古籍出版社版四卷本《四书五经》第2卷,第159页。
② 《周易·系辞传下》第2章,天津古籍出版社版四卷本《四书五经》第1卷,第172页。
③ 《周易·系辞传下》第2章,天津古籍出版社版四卷本《四书五经》第1卷,第172页。

鬼、奇迹等的信仰"①。恐怖创造了神，无助信仰神，人类受到自然力无比强大的破坏性灾难性压力，又无知无助，无能为力对应挑战和压力，只能盲目敬畏或万分恐惧，这即是最早期人类的图腾崇拜、原始巫术宗教产生并存在的社会根源。这也是人类社会童年期普遍存在的一种特殊文化现象。"当人类遇到难关，一面知识与实际控制的力量都告无效，而同时又必须继续向前追求时，我们便会发现普遍存在的巫术。"②

《周易》为卜筮阴阳之书，不属同类经典。诗、书、礼、乐、春秋五经并称，始于孟轲，定于荀卿。《易经》与上述五经并提统称"六经"，当属此后的阴阳杂家们将二者杂糅而为之的，更可能的是缘起于秦汉之交。此后，淮南王刘安的《淮南子》，司马迁的《史记》，西汉大儒董仲舒的《春秋繁露》，贾谊的《新书》等一大批有影响的儒家经典力作相继沿习为用，将《易经》与五经并列统称"六经"。崔述《故尚书辨伪》曰："汉以前从未尝称《易》诗书春秋为'经'"，《论语》、《孟子》所引，也无'经'字"。

秦灭之后，唯《易》幸免遭焚而独传于世。儒、道、阴、阳之说杂见于其书，并形成为《易传》。从汉代起《易传》与《易经》并存合二而一为《周易》，承传至今。司马迁《史记·太史公自序》曰："谈为太史公，学无官于唐都，受《易》于杨河，习道于黄子。"其《论六家要旨》曰："'〈易大传〉：天下一致而百虑，同归而殊途'。夫阴阳、儒、墨、名、法、道德，此务为治也，直所言之异，有省不省耳。"班固的《汉书》也说："《易》本隐以之显，春秋唯见知微。"一语破的点明了《易》言天道隐晦迂曲，文词古奥；《春秋》则但言人事见微知著。

上古时代专司巫术宗教礼仪、执掌巫觋卜筮的是专门代人祈祷神灵，以求天神降赐福吉的祭祀者。男的称觋，女的称巫。

巫术涉及十分庞杂的系统，大至皇家封禅、祭祀宗庙、兵家权谋、天文历法、婚丧嫁娶、医药方术，小至房事闺情杂占，应有尽有，据考八卦最早即是巫术的渊源。《易·系辞》曰："易有圣人之道四焉：以言者尚其辞，以动者尚其变，以制器尚其象，以卜筮者尚其占。"③

①　列宁：《社会主义与宗教》，《列宁全集》第 10 卷，第 63 页。

②　马林诺夫斯基：《论文化》，第 66 页。

③　《周易·系辞上》第 10 章，天津古籍出版社版四卷本《四书五经》第 2 卷，第 158 页。

　　华夏先民由图腾崇拜、原始巫术宗教神性思维向世俗经验哲学人性思维嬗变的中介和桥梁是巫师卜官阶层。通过"巫祝文化"向"卜史文化"的过渡，实现了神话向自觉的自我意识的转化过程。这个演化进程表现在《周易》中则是通过数、象、辞形成的复合符号系统，成功地实现了中华民族文化史上的首次文化整合，以数、象、辞符号系统的整体作为沟通天地人三材的传媒和中介，因数定象，观象系辞，玩其辞象而判断吉凶，卜占欲决的福祸、疑难、悬异，预测未知。三位一体而间居其中的"象"至关重要。《周易》的"象"之如此重要，其文化背景和思想基质显然与华夏先民的图腾（祖先）崇拜的神性思维关系紧密。根据考古发现和信史资料证明，早在旧石器时代，黄河流域及其以北地区便有动物大象的活动遗迹。上世纪30年代和新中国成立后一系列考古发现进一步证实，山西、陕西、河南等黄河中游地区都有大象活动，繁衍、生息。著名历史学家罗振玉最早断言殷商时期中原产象。据考，殷人服象早在"服牛服马"之前，殷人祖先服象，视象为神圣动物的记载和事例不少，如殷王以象祭祖，并曾以象为名号，殷商氏族中还有以象命名的"象氏"。所有这些，有理由认为殷商祖先很可能以"象"为氏族图腾而祭拜之。而后继的治易解易者，也多有说"象"的卦辞爻辞。《系辞》曰："易者象也。"清代著名经学家王夫子在其《周易外传》中十分肯定地说："汇象以成《易》，举《易》而皆象，象即《易》也。"正因为如此，《易经》传世几百年后，在春秋时代就被别称为"易象"①。这也从一个侧面说明，《周易》的数象辞不但烙印着远古巫卜文化的遗风旧俗，还明显地保留了殷周之际图腾崇拜的真实史影。

　　《周易》试图走下神坛，应该说是以《易传》产生为起点和标志。《易传·系辞》曰："一阴一阳之谓道。"阴阳二元、神人两界、图腾（祖先）崇拜，华夏先民走下神坛步入宇宙自然和人文社会。而这一切又最终归结并统一于"道"（天道、地道、人道三材）之天元大一统体系，开始从万物有灵的泛神论形成的自然神崇拜转变为以氏族部落首领为原型形成的人格神祖先崇拜。《易传》认定："阴阳不测之谓神。"这个"神"已不再是原创意义上的超自然力的抽象精神，而是以介于天地、阴阳、人神两界的"圣人"取代"天帝神灵"专制人世的地位，来操掌人间

---

　　① 《左传·昭公二年》：韩宣子使鲁，观出于太史氏，见《易象》与鲁《春秋》。

吉凶福祸的半神半人式的理想化至圣先哲。

　　因此,有理由认为,从"巫祝文化"到"卜官文化",为后来成就《易传》创造了必要前提,奠定了文化思想基础。正是这些巫祝经验实录和卜史官方辑录的史料,不仅吸引了一代宗师孔子精研细读《周易》,"老而好易,居则在席,行则在囊",爱不释手,"加我数年,五十以学《易》,可以无大过矣"①,更为以孔子为代表的早期经学家们学易、解易、治易提供了极为重要的前提条件。在《易经》历世数百年之后的春秋战国时期,在巫祝文化和卜史官方文化的基础上,终于形成了《易经》的补编与续篇《易传》。

　　《周易·文言传》曰:"君子体仁足以长人,嘉会足以合礼,利物足以和义,贞固足以干事。君子行此四德者,故曰:'乾:元,亨、利、贞'。"②《文言》是《易传》之一,是分别解释说明乾卦和坤卦的。乾、坤二卦是《易经》六十四卦的总纲。对理解《易经》至关重要,上述引文鲜明地表示《周易》已经开始从原始巫术宗教神性思维向世俗经验哲学人性思维蜕变和演化。《文言》开宗明义地讲,它所讨论的是君子如何为人处世,怎样齐家治国平天下,尽管其中依然保留了龙图腾崇拜的明显遗迹,但论题的核心问题已经转移到人文上:"子曰:'龙,德而隐者也,不易乎世,不成乎名。遁世无闷,不见是而无闷,乐则行之,忧则违之,确乎其不可拔,潜龙也'。"③在这里"潜龙"已经是人格化的"君子",怀有仁爱之心的大德大才之人了。在整篇《文言传》中,作者借孔子之口对"潜龙勿用"、"见龙在田"、"君子终日乾乾","或(龙)跃在渊"、"飞龙在天"、"亢龙有悔"的解说与诠释,完完全全讨论的是现实人生问题,家国社会问题。完全摆脱了笼罩着《易经》的原始巫术宗教神性思维模式和议题中心。坤卦文言中类似的议论也不少。如:"积善之家,必有余庆,积不善之家,必有余殃。臣弑其君,子弑其父,非一朝一夕之故,其所由来者渐矣! 由辩之不早辩也。《易》曰:'履霜,坚冰至。'盖言顺也"④,同样阐释的是家国大事,告诫人们如何齐家治国平天下。再如屯卦的《文言》曰:"雷雨之动盈满,天造草昧。宜'建侯'而不宁"。告诫说君王应

---

①　《论语·述而》。
②　《周易·文言传》,天津古籍出版社四卷本《四书五经》第 2 卷,第 65 页。
③　《周易·文言传》,天津古籍出版社四卷本《四书五经》第 2 卷,第 65 页。
④　《周易·文言传·坤文言》,天津古籍出版社四卷本《四书五经》第 2 卷,第 70 页。

当及时封侯拜爵以达到天下大治,切不可安然坐享太平而无所作为。这是劝导仁爱君王要勤政爱民,才能国泰民安。否卦《文言》更从天地阴阳宇宙万物联系到社会人事说:"天地不交而万物不通也。上下不交而天下无邦也。内阴而外阳,内柔而外刚,内小人而外君子。小人道长,君子道消也。"①意思是说:天地阴阳互不交合,万物的生长必然受限遇阻而停滞不前。同理,君臣上下互不沟通,天下必然离散混乱而不成邦国。这时,阴内阳外,柔内刚外,小人居内君子居外,整个世事完全颠倒了,只能是大凶大祸。谦卦的《文言》则最早阐释了"谦受益,满招损"的经验哲学范畴。豫卦《文言》则生动地阐明了"审时度势,相机而行"才能获得成功,赢得万民心悦诚服的哲理。家人卦的《文言》从一家之内血亲关系讨论各自应承担的责任,又进一步以小见大,指出:"正家而天下定"。端正了家风家规家道,治国平天下,使万民之间的伦理常规也就自然而然地规矩方圆了。

值得特别提示的是,《文言传》里甚至讨论到政权的"变革"这样一个在今天仍有十分重要意义的重大论题。革卦《文言》曰:

> 革,水火相息;二女同居,其志不相得,曰革。已日乃孚,革而信之。文明以说,大"亨"以正;革而当,其"悔"乃"亡"。天地革而四时成;汤武革命,顺乎天应乎人。革之时,大矣哉。②

大意是:变革犹如水与火,二者既互为消长又相互转化,好像两个女子同室相居而志向各异,并最终导致分化,是谓"变革"。时机成熟了再下决心进行变革,就能得到众人的信任支持。天地的变革最终形成了四季变化,商汤和武王的变革天命改朝换代,是顺应天意,深得人心的。这说明,选择变革的时机太重要了。

从中我们可以清晰地看到,从《易经》到《易传》这期间经历数百年的转化和嬗变,恰好是华夏先民对自然、社会和人自身的本体论和方法论经历了实质性转

---

① 《周易·文言传·坤文言》天津古籍出版社四卷本《四书五经》第2卷,第78页。
② 《周易·象辞下·革卦》,天津古籍出版社四卷本《四书五经》第2卷,第99页。

变和飞跃发展的历史进程,由此《周易》完成了从原始巫术宗教神性思想向世俗经验哲学人性思维的质的飞跃与根本转变。

《周易》是一部卜筮之书。但同时,它也是华夏先民从图腾文化、巫术文化、泛神论原始宗教神性思维向世俗经验哲学人性思维过渡的转折点和里程碑。因此,从整体上把握《周易》的社会文化思想内容,其中既兼容有许多图腾、巫术、原始宗教信仰的内容,如"神灵"、"天命"、"天意"、"神授鬼使"、"迷信宿命"、"灵魂转世"等王权神授、天帝助佑、命运天定、因果轮回等神性思维的原始文化思想成果。同时在其丰富完善、系统化的演进过程中,推陈出新,解经释义的文字层出不穷,并终于成就为系统地吸收融汇了大量的世俗经验哲学、政治思想、社会文化、人文风俗等多方面的思想意识形态内容,其中最为突出的则是关于自然、社会和人自身的考察、认知的唯物史观和辩证思维的《易经》。从而使《周易》作为当时当地社会文化思想的集大成者,终于发展成为那个时代的哲学思想的顶峰。关于《周易》所涵盖的经验哲学人文社会科学思想内容方面的卓越成就我们将另文详加讨论,这里就不准备评述了。

(张凤武,《新疆社科论坛》杂志社研究员;雷霆,清华大学机械工程系副教授;王潇,任教于美国弗吉尼亚州威廉玛利大学)

易道在生生

（香港）胡谭光

一、导言

自古而今,研究周易之学者,多视为卜筮之书,或视为隐奥而难明之学。以致周易专作占卜吉凶之用,认为人与事之吉凶祸福,冥冥之中早已注定,占得吉者,即吉星高照,福由天申;卜得凶者,则祸从天降。不知祸福无门,惟由人自招。

昔圣人因卜筮而作易,乃本神道设教而已矣。古来王者,深惧自己有所失德,又恐子孙不无过举,遂假天变以示警惕。卜史常藉天道以正人君,儒臣亦凭天道以进谏。仁义之说,人君厌闻;祥异之占,人君敬畏。陈言既效,遂成风气。

大事用卜,小事用筮。而卜筮占验,本与阴阳灾异相近,是以言术数者,多托于周易。揆诸易要"纳约自牖",与廊道设教之旨无异。孔子说易详载之于论语:一曰勉无过,二曰戒无恒,言与人事皆切。及战国诸子,至汉初诸儒,皆宗其说。孔子删定六经,乃以垂世立教为标的,非以阴阳五行为旨意。

程子曰:"必欲穷象之隐微,尽数之毫忽,乃寻流逐末。术家所尚,非儒者之务也。"①

黄宗羲曰:"夫易者,范围天地之书也,广大无所不备,故九流百家之学,俱可窜入焉。自九流百家借之以行其说,易之本意反晦矣。"②

中庸云:"至诚之道,可以前知,国家将兴,必有祯祥;国家将亡,必有妖孽。

---

① 《二程全书》,册八,《伊川文五》,《答张闳中书》,页16,中华书局。
② 《黄梨洲文集》卷一,《易学象数论自序》,页378~379。

见乎蓍龟,动乎四体。磨福将至,善必先知之,不善必先知之,故至诚如神。"①

是知其人用心诚正,方足以占吉凶,而知祸福。若心不诚正,则虽得蓍龟而占之,亦将如汉书艺文志所云:"筮渎不告,易以为忌。龟厌不告,诗以为刺矣。"②应知福与吉,乃有善得善守,方能永保勿失;至于祸与凶,亦应化凶为吉,方可变祸成祥。若以宿命论而自定,坐待横逆之临,而不知自拔,则诚属迷信卜筮之效矣。

春秋篇云:"故爱出者爱入,福往者福来。"③

孔子曰:"自损者益,自益者缺。"④

厚斋云:"干以惕免咎,震以恐致福。"⑤

明察上述之理,卜筮者于我何关? 不外是卜筮者之片面见解,误将古圣先贤典籍所述之依据,视作纯为卜筮之书而已矣!

汉书艺文志云:"秦燔书,而易为卜筮之事,传者不绝。"⑥

刘歆移让太常博士书曰:"天下唯有易卜,未有它书。"⑦

隋书经籍志云:"及秦燔书,而易为筮卜之事,传者不绝。"⑧

朱子曰:"易为卜筮作,非为义理作。伏羲之易,有占而无文,与今人用火珠林起课者相似。文王周公之易,卜辞如签辞。孔子之易,纯以理言,已非羲文本意。"⑨

是知此乃卜筮者所持之基本理由,实不知伏羲作易以垂教,而寓义理于卜筮,并非专为卜筮而作。惟易至春秋,混淆于术士之口,谬悠荒诞,不足以释经义。孔子惩前毖后,忧时虑世,所以韦编三绝而翼赞之也。

荀子大略篇云:"善为易者不占。"⑩此以当时之用易者专为占卜而发也。

昔时朱子以韩侂专权,欲上书极谏,门人请以蓍决之,足见其愚不可及。韩

① 《四书集注》册一,《中庸二十四章·天道》,页17,中华书局。
② 《前汉书》,册十四、卷三十,《艺文志》,页38,中华书局。
③ 《名言集锦》,卷二,页七十八,博可斋。
④ 《百子全书》,册三、卷下,《孔子集语·文王第十四》,页六。
⑤ 《厚斋易学》,册一,卷一,页二十七。
⑥ 《前汉书册十四》,卷三十,《艺文志》,页二,中华书局。
⑦ 《经史百家杂钞》,册五、卷十四,书牍一,页九,中华书局。
⑧ 《隋书》卷三十二,《经藉志》,页二,中华书局聚珍仿宋版印。
⑨ 《朱子语类》,册五、卷六十七,易一,页一六四八;易二,页一六三四-五,中华书局。
⑩ 《荀子今古文注疏》,册三,第十九卷,页十一,中华书局。

侂既专权,自宜极谏,今竟取决于卜筮,若果卜筮为凶,岂不畏缩而止谏,误国殃民,其浅陋之深可见矣!

尚书今滕篇云:"二公曰:我其为王穆卜。周公曰:未可以戚先王。"①是知古圣贤对卜筮之慎重足见一般也。

尚书大诰篇云:"天棐忱辞,其考我民。"②所谓辞者,卜辞也。卜辞,本为古代所重视。近代发掘殷墟之甲骨文,多属卜辞,可证殷人之重卜。但卜不是迷信天,不是虚渺无稽之行,全是考验我民。

春秋传云:"南蒯将叛,筮得坤六五,卜以为大吉。子服惠伯曰:忠信之事则可,不然必败。外疆内温,忠也。和以率贞,信也。故云'黄裳元吉'。黄,中之色也。裳,下之饰也。元,善之长也。中不忠,不得其色。下不共,不得其饰。事不善,不得其极。且夫易不可以占险,三者有阙,筮虽吉,未也。"③后蒯果败,此足以见占者德必如是而后可。是故君子居则观其象而玩其辞,动则观其变而玩其占。是以自天佑之,吉无不利。今人使观象玩占之理,尽入淫瞽方技之流,可不悲乎!

至于易之本身,其象显而隐,其数简而神,其理微而着。所谓极其数以大下之象,着其象而天地万物之情见。开物成务,皆所以顺性命之理,尽变化之道。远在六合之外,近在一身之中。暂于瞬息,微于动静,莫不有易义存焉。

至哉易乎,其道至大而无不包,其用至神而不存。加以古圣贤对易道之阐发,见仁见智,各有千秋。尤其自汉以下,说易之书,汗牛充栋。有此洋洋大观之各项见解,于是读易者,如入五里雾中,莫知去向。不曰易义难明,即成流于偏向,不知易义变动不居,实无穷尽。散之在理,则有万殊。统之在道,则无二致。

易云:"子曰:一致而百虑,同归而殊途者是也。"④又云:"既作卦辞卜辞,又作彖、象及文言,殊不可解。"⑤不知圣人作易,幽赞神明,广大精微,人不易喻。故既作卦辞,又作彖辞以解之。既作卜辞,又作象辞以解之。乾坤为易之门,居各卦之首。圣人又作文言以释之,所谓言之不足,故长言之,所以升愚蒙导后学

　　① 《尚书今古文注疏》,册三、卷十三,页一,中华书局。
　　② 《尚书今古文注疏》,册三、卷十四,页四,中华书局。
　　③ 《春秋左传诂》,册六、卷十六,页二十,中华书局。
　　④ 《十三经注疏》,册五、卷十二,《周易·系辞下传》,第三章,页十一。
　　⑤ 《十三经注疏》,册一,《周易注解传述人考证》,页一。

也。如此反复阐明之有。

综以上之所述，认易纯为卜筮之书，或认易为隐奥而难明之学，均属一种病态心理，对研究易无裨益。然则易义何在乎？余认研易，当先明"生生"之义，此义既明，然后融会贯通，以求其真，则易道可思过半矣！

二、易道在生生

系辞上传云："生生之谓易。"①生者，生长也。生生者，踵续生长而相生不绝也。

列子谓："有生不生，有化不化。不生者，能生生。不化者，能化化。生者，不能不生。化者，不能不化。故常生常化。常生常化者，无时不生，无时不化。"又谓："天地之根绵绵，若存用之不勤，故生物者不生，化物者不化。"②

戴震云："气化之于品物，可以一言尽也！生生之谓数。"③

是知生者，人类物额之所同欲也。所以地不分中外，时不分古今，人不分智愚贵贱，凡属生物，莫不同具好生之德性。是以圣人作易，即在推天道以明人道，教人如何以得其生，而遂其生，及滋其生耳。

系辞上传："是故易有太极，是生两仪，两仪生四象，四象生八卦，八卦定吉凶，吉凶生大业。"④

系辞下传："天地之大德曰生。"⑤

干象辞曰："大哉干元，万物资始，乃统天。"⑥

坤象辞曰："至哉坤元，万物资生，乃顺承天。"⑦

序卦传云："有天地，然后万物生焉。"⑧

总观上述诸端，无一而不显示"生生"之要义也。兹更简提例证数则，以证"生生"之理如次：

---

① 《十三经注疏》，册四、卷十一，《周易·系辞上传》，第五章，页十。
② 《列子》，册一，卷上，《天瑞第一》，页一，中华书局。
③ 《国朝汉学师承记》，册一、卷五，页七，中华书局。
④ 《十三经注疏》，册四、卷十一，《周易·系辞上传》，第十一章，页十。
⑤ 《十三经注疏》，册五、卷十二，《周易·系辞下传》，第一章，页二。
⑥ 《十三经注疏》，册一、卷一，《周易·干象辞》，页一。
⑦ 《十三经注疏》，册一、卷二，《周易·坤象辞》，页二。
⑧ 《十三经注疏》，册五、卷十三，《周易·序卦传》，第一章，页十二。

（1）证之于阴阳

生，天地之大德也。

中庸云："天地之道，可一言而尽也。其为物不贰，则其生物不测。"又云："天地之道，博也，厚也，高也，明也，悠也，久也。"①前者言天地之道至诚而已，诚故不息而生物之多，有莫知其所以然者。后者言博厚所以载物也，高明所以覆物也，悠久所以成物也。

天地之所以能成其"博厚"、"高明"及与"悠久"者，即在乎生生不已。生气不断流行，乃造成光辉之宇宙。非天之至健，地之至顺，其孰能与于斯？是以孤阴则不生，独阳则不长。故天地配以阴阳，两者并行而不相悖，始能有生有成。阳与阴为一切事物之源泉，阴阳合德，而后刚柔有体。凡事物之有体者，莫不有阴阳寓于其间。事与物以阴阳而分体，亦以阴阳而合体。易象说阴阳，不独内外有阴阳之分，即内在外在亦各具阴阳。故一物有一物之独立吸引而推动，一事有一事之吸引而推动。而物与物间，事与事际，又相互吸引而推动，是阴阳之相摩，可以见一切事物活力之源泉矣。

作易者画奇数"一"以象阳，画偶数"－－"以象阴。阳以一而生，阴以二而成。故一为生数，二为成数。有一必有二，有生乃有成。由生而成，由成而复生，乃"生生"之妙用，即为生成之循环。在易象之十二辟卦中，由干而姤，由姤而遯，由遯而否，由否而观，由观而剥，由剥而坤，此乃阴生之象，至坤而成。坤成后由坤而复，由复而临，由临而泰，由泰而大壮，由大壮而夬，由夬而干，至干而成，此阳生之象。干成复由姤而循环。易象消息盈虚，往复循环，乃天地万物周流不息之必然现象。读易私言易学滥觞有云："大抵阴阳役使万物，而万物不自知，圣人作易，又所以役使阴阳，而人亦未易知也。"②

（2）证之于易义

周易正义论易之三名："夫易者，变化之总名，改换之殊称……谓之为易，取变化之义。"③

易干凿度云："易一名而含三义，所谓易也，变易也，不易也。"又云："易者，

<hr />

① 《四书集注》，册一，《中庸》，二十六章，页十九，中华书局。
② 《遯翁读易遗稿》，影本，页三·
③ 《十三经注疏》，册一、卷一，《周易正义序》，第一论易之三名，页一。

其德也。变易者,其气也。不易者,其位也。"①

郑玄之易赞及易论云:"易一名而含三义,不易,一也。变易,二也。简易,三也。"②

系辞上传:"天尊地卑,乾坤定矣。卑高以陈,贵贱位矣。动静有常,刚柔断矣。"③此乃言其张列不易者也。

系辞下传云:"易之为书也不可远,为道也屡迁,变动不居,周流六虚,上下无常,刚柔相易,不可为典要,唯变所适。"④此乃言其顺时变易,出入移动者也。

系辞上传:"干以易知,坤以简能……易简而天下之理得矣。"⑤又:"易简之善配至德。"⑥

系辞下传:"夫干确然示人易矣,夫坤隤然示人简矣。"⑦又:"夫干,天下之至健也,德行恒易以知险。夫坤,天下之至顺也,德行恒简而知阻。"⑧此乃言易简之法则也。

易之成字,古文从日从月之义。系辞传:"易者,象也。"⑨又云:"悬象着明莫大乎日月。"⑩又曰:"日月之道,贞明者也。"⑪日月相推而明生焉,此乃言其自含"生生"之理,且显而易见者也。

至于所谓"变易"、"简易"、"不易"之三义,亦莫不有"生生"之理存焉。

兹就"简易"、"不易"、"变易"分别申言之:

简易者,易知简能者,良知良能也,天地之本性也。易简则无私不二,愚夫愚妇,可以与知,可以行也。系辞上传:"易则易知,简则易从。易知则有亲,易从则有功。有亲则可久,有功则可大。"⑫是知其能跻于可大可久之域者,非其"生

---

① 《十三经注疏》,册一、卷一,《周易正义序》,第一论易之三名,页三至四。
② 《十三经注疏》,册一、卷一,《周易正义序》,第一论易之三名,页四。
③ 《十三经注疏》,册四、卷十一,《周易·系辞上传》,第一章,页一至二。
④ 《十三经注疏》,册五、卷十二,《周易·系辞下传》,第八章,页二十二。
⑤ 《十三经注疏》,册四、卷十一,《周易·系辞上传》,第一章,页二。
⑥ 《十三经注疏》,册四、卷十一,《周易·系辞上传》,第六章,页十六。
⑦ 《十三经注疏》,册五、卷十二,《周易·系辞下传》,第一章,页二。
⑧ 《十三经注疏》,册五、卷十二,《周易·系辞下传》,第九章,页二十七。
⑨ 《十三经注疏》,册五、卷十二,《周易·系辞下传》,第三章,页一。
⑩ 《十三经注疏》,册四、卷十一,《周易·系辞上传》,第十一章,页三十五。
⑪ 《十三经注疏》,册五、卷十二,《周易·系辞下传》,第一章·页二。
⑫ 《十三经注疏》,册四、卷十一,《周易·系辞上传》,第一章,页二。

生"之力而后可焉。

不易者,其位也。如:干之初九,"潜龙勿用",①静藏之象也。既属静藏,似无"生生"之望,殊不知"潜龙勿用",正为"见龙在田"②而畜生机,能"潜"则能"见",能"见"则能"跃",能"跃"则能飞,由下而上,由隐而显,循序渐进,有条不紊,亦"生生"之象也。

变易者,易之大义也。凡天地万机,一切变化,多起于动。故曰:"天行健,君子以自强不息。"③

子在川上曰:"逝者如斯夫,不舍昼夜。"④

朱子曰:"天地之变化,往者过,来者续,无一刻之停。"⑤

佛说:"刹那之间,过去,现在,未来。"⑥

以上所述,皆为易之要义也。而万事万物,无不以动而蓬勃其生机;亦无不以动永恒其生命,大而至于宇宙运行,小而至于雏鸡出壳,皆动也。

系辞传:"鼓天下之动者存乎辞。"⑦不过辞有险易,闻而可知。"将叛者其辞惭,中心疑者其辞枝,吉人之辞寡,噪人之辞多,诬善之人其辞游,失其守者其辞屈。"⑧卦爻之辞,亦犹是也。所谓"辨吉凶者存乎辞"是也。然而"辞也者,各指其所之。"故辞有断定之义,断定一趋向,而使人从之,积极则鼓天下之动,消极则禁民为非。人生过恶之大者,在户于利害,而不明是非。今日以甲为利,变其宗旨而趋甲。明日以乙为利,复变其宗旨而趋乙。朝秦暮楚,恬不知耻。变则变矣,而则不能断,此易义之所不取也。

吾人应知易义之虽尚变,但须先尚辞,即不许游移,不许浮滑,不许趋避,不许投取。观乎日月,经天之运行,所谓"日往则月来,月往则日来"是也。虽时刻变动,但有定轨。若出乎轨道而动,则乾坤或几息矣。人法天则自强不息,有法度之动,有轨道之动,动而可为天下则也。

---

① 《十三经注疏》,册一、卷一,《周易·干》,页二。
② 《十三经注疏》,册一、卷一,《周易·干》,页三。
③ 《十三经注疏》,册四、卷十一,《周易·系辞上传》,第一章,页二。
④ 《四书集注册》,论语卷之五,《子罕第九》,页四,中华书局。
⑤ 《丘文庄公丛书》(下),《朱子学的》,卷之下,页二,《正谊堂》,明琼山丘浚著。
⑥ 《妙觉》,卷三十,页五,沈九成居士主编。
⑦ 《十三经注疏》,册四、卷十一,《周易·系辞上传》,第十二章,页三十七。
⑧ 《十三经注疏》,册五、卷十二,《周易·系辞下传》,第九章,页二十九。

韩文公云："非三代之书不敢观,非圣人之志不敢存。"①因慎其动也。

豫卦象辞："天地以顺动,故日月不过而四时不忒。圣人以顺动,则刑罚清而民服。"②

复卦象辞："动而以顺行,是以出入无疾,朋友无咎。"③

丰卦象辞："明以动,故丰。"④

系辞传："天下之动,贞夫一者也。"⑤又:"君子藏器于身,待时而动,动而不括,是以出而有获,语成器而动者也"。⑥ 又:"君子安其身而后动……危以动则民不与也。"⑦又:"吉凶悔吝者,生乎动者也。"⑧

今人过恶丛脞,为害国家人群,其原即盲动乱动,有失尚辞之义。故其言之不通,行之为祸。大业无成,只有鼓天下之民为非而已,此与易义正相反者也。由是可知,易虽有"穷"、"变"、"通"、"久"之义,但亦有不易者在焉。系辞传有所谓"旁行而不流"⑨。李轨之所谓"应万变而不失其正者,其为旁通乎。"⑩概可知矣。

春秋说题辞曰:"易者气之节,含精宣律历。上经象天,下经计历。文言立符,象出期节,彖言变化,系设类迹。"⑪

周易上经首"干"、"坤",终于"坎"、"离",是从不易处说起。下经首"咸"、"恒",至"既济"、"未济",是从变易处说起。易之中,有不变者在。不易之中,又有变易者在。盖天道主变,人道主常。天道变中有常,人道常中有变。天道变不可违乎常,人道常而不可不知变。

汉初大儒董仲舒,深得斯旨也。其对策云:"为政而不行,甚者必变而更化

---

① 《韩昌黎全集》,册五、卷十六,《答李翊书》,页十一,中华书局。
② 《十三经注疏》,册二、卷四,《周易·豫·象辞》,页五。
③ 《十三经注疏》,册二、卷五,《周易·复·象辞》,页四。
④ 《十三经注疏》,册四、卷九,《周易·丰·象辞》,页十八。
⑤ 《十三经注疏》,册五、卷十二,《周易·系辞下传》,第一章,页二。
⑥ 《十三经注疏》,册五、卷十二,《周易·系辞下传》,第四章,页十三。
⑦ 《十三经注疏》,册五、卷十二,《周易·系辞下传》,第四章,页十七。
⑧ 《十三经注疏》,册五、卷十二,《周易·系辞下传》,第一章,页一。
⑨ 《十三经注疏》,册四、卷十一,《周易·系辞上传》,第四章,页十一。
⑩ 《邅翁读易遗稿》,影本,页十。
⑪ 《太平御览》,册八九,卷第六百九,《易》,页二。

之,乃可理也。"又曰:"道之大,原出于天。天不变,道亦不变。"[1]骤然视之,似乎前后矛盾,其实不者道也,当变者法也。亦即易以变通为义,而有不变者在也。

今人或有不深明"穷"、"变"、"通"、"久"之义,一闻变法,群起而争。反其说者,又不知变易之中,有不易在。举凡不可变者,亦欲变之,此又岂可为训乎?

以上秉述之"自强不息"、"不舍昼夜","往过来续"、"无一刻之停",以及"日往月来","穷"、"变"、"通"、"久"之变易要义,又无一而非"生生"之理也。

(3)证之于"象""数""理"

易之内含者,"象""数""理"是也。

系辞上传:"圣人有以见天下之赜,而拟诸其形容,象其物宜,是故谓之象。"[2]系辞下传:"象也者,像此者也"[3]。清儒胡渭曰:"易之所以谓像数,蓍卦焉而已。卦主象,蓍主数。二体六画,刚柔杂居者,象也。大衍五十,四营成易者,数也。孔子说易,重人事,讲义理,读系辞传所解十六卦、十八爻之辞,可明白矣。"[4]

左传僖十五年:"物生而后有象,象而后有滋,滋而后有数。"[5]言龟以象示,筮以数告,象数相因而生也。

说卦传:"昔者圣人之作易也,幽幽赞于神明而生蓍,参天两地而奇数。"[6]

程子曰:"有理而后有象,有象而后有数,易因象以明理,由象而知数,得其义则象数在其中矣。"[7]

夫天下事,无论为吉为凶,为悔为吝,莫不有至理存乎其中,惟于理有未穷,故其知有未尽也。但虽理难穷,所可知者为数,以数求理,其理自着,故易之为书,所以言变也。变之外者为数,存乎中者为理,所谓天道焉。天道在数,人道在理,以是求天人之道,庶无失矣。凡卦象六十有四,均本乎仰观、俯察、近取、远取,及自然之理画成,亦为自然之理所流行无息于其间而见之于数。人道顺承于

---

① 《经史百家杂钞》,册四、卷十一,奏议一,对贤良策一、三,页三十一、三十七,中华书局。
② 《十三经注疏》,册四、卷十一,《周易·系辞上传》,第八章,页十九。
③ 《十三经注疏》,册五、卷十二,《周易·系辞下传》,第一章,页二。
④ 《国朝汉学师承记》,册一、卷一,页八,中华书局。
⑤ 《春秋左传诂》,册二、卷七,页十九,中华书局。
⑥ 《十三经注疏册五》,卷十二,《周易·说卦传》,第一章,页一。
⑦ 《二程全书》,册八,《伊川文五》,《答张闳中书》,页十六,中华书局。

天,天人之际,不容或间,理而已。数与理,又相系而无间,明乎此,可知三者相互关联之性矣。至伊川据易以明理,晦庵又主于占,后世之学易者,皆知易当明象,故虽精博如程朱,学者终未免各悉其心志焉。

易象说云:"易之有象,其取之有所从,其推之有所用,非苟为寓言也。"①是知象与数不可分离,前已论及,兹详言之如次:

譬若天是象,三百六十五度四分度之一是数。日月是象,一日一度,一月十三度十九分度之七是数。天与日月,运而为春夏秋冬。天与日月是象,而春夏秋冬是数。易之有象数所以法天,但数有定而数无穷,故成变化,必归之数也。

系辞上传云:"天一,地二,天三,地四,天五,地六,天七,地八,天九,地十。子曰:夫易,何为者也。夫易,开物成务,冒天下之道,如斯而已者也。"②

是知易道虽大,然亦不能外此十数。夫天与日月之运行,非数无以纪之,四时迭运,万物始终,莫有逃乎数者,象具吉凶悔吝,而数行其吉凶悔吝者也。易文极简,寓义极深,微乎子孰能极其旨而发其微。

譬如序卦之象,最大者谓乾坤定位而物始生,此易必首乾坤者也。乾坤之后,皆以夫子序卦之辞。观之则可见,上经是开阖以来经济之象,以象先天,因天地以寓人事。下经是人道之首,正家以及天下之象,以象后天,因人事以明天道。又离体居后者,乃以其能成天地最盛之功,使光辉昭著,品类繁盛,有目共睹,圣人于此寓意深矣。

程子曰:"理,无形也。故假象以显义,直据辞中之象,以求象中之意。"③

譬如:干卦初九:"潜龙勿用。"

小象云:"潜龙勿用,阳在下也。"④

干文言曰:"阳气潜藏,龙德而隐者也。"⑤又曰:"潜之为言也,隐而未见,行而未成,是以君子不用也。"⑥不仅释义而已矣!又曰:"不易乎世,不成乎名,遁

---

①　《朱子大全》,册四十,文,卷六十七,页一,中华书局。

②　《十三经注疏卷》,册四、卷十一,《周易·系辞上传》,第十章,页三十一。

③　《二程全书》,册九,《伊川易传一》,页一,中华书局。

④　《十三经注疏卷》,册一、卷一,《周易·干·小象》,页一。

⑤　《十三经注疏》册一、卷一,《周易·干》,页十五。

⑥　《十三经注疏》,册一、卷一,《周易·干》,页二十二-二十三。

世旡闷,不见是而旡闷,乐则行之,忧则违之,确乎其不可拔。"①更示人以处此位之道,圣人立教之意甚深,所以孔子于乾坤二卦中,推致其义极为详尽。使人知立象尽意,则未尽之意皆可推也。大凡易象皆圣人用意深远而设,当虚心以求,不可浅噪,仍待其体会,不可牵合,苟精诚所至,必有默相之者焉。

以上所言"象""数""理"三者之相互关系,物生而后有象,因象以知数,因子以求理。象数理相因而生,象之中含有数与理,数之中含有理与象,理之中含有象与数。譬若干卦,象也。如无数与理明之,则此象便无意义矣。余可类推,此乃"象""数""理"三者相互关联,以及相应而生之道,是为"生生"之理也。

(4)证之于卦爻

系辞下传:"古者,包牺氏之王天下也,仰则观象于天,俯则观法于地,观鸟兽之文与地之宜。近取诸身,远取诸物。于是始作八卦,以通神明之德,以类万物之情。"②故易者所以继天地、理人伦而明王道,是以法乾坤,顺阴阳,以证君臣父子夫妇之义。于是人民乃治,君亲以尊,臣子以顺,群生和洽,各安其性,此圣人作易垂教之本意也。

说卦传:"观变于阴阳而立卦,发挥于刚柔而生爻。"③八卦者,干坎艮震巽离坤兑是也。以象言之,干天,坤地,震雷,巽风,坎水,离火,艮山,兑泽。以性言之,干健,坤顺,震动,巽入,坎陷,离丽,艮止,兑说。以物言之,干马,坤牛,震龙,巽鸡,坎豕,离雉,艮狗,兑羊。以身言之,干首,坤腹,震足,巽股,坎耳,离目,艮手,兑口。说卦广八卦之象者,尚不止此。其后文王重之,即将八卦重为六十四卦。如干与坤重为泰,干与震重为大壮,干与艮重为大畜,干与坎重为需,干与离重为大有,干与兑重为夬,干与巽重为小畜。坤与干重为否,坤与震重为豫,坤与巽重为观,坤与艮重为剥,坤与离重为晋,坤与坎重为比,坤与兑重为萃,余卦可依理类推而求之。

卦有互体以济变化之用,如坎卦可互为颐,解,蹇,蒙,屯等卦。而解与蹇蒙及屯等卦,却有互为反卦之关系。又如离卦可互为大过,家人,睽,革,鼎等卦,而家人与睽革与鼎等卦,同有互为反卦之关系,而其它各卦之相互,皆可依理类推。

---

① 《十三经注疏》,册一、卷一,《周易·干》,页十五。
② 《十三经注疏》,册五、卷十二,《周易·系辞下传》,第二章,页五。
③ 《十三经注疏》,册五、卷十三,《周易·说卦传》,第一章,页一。

又乾坤坎离四卦,有对无反,而艮震巽兑四卦,则有反无对,此乃不可不知者也。

说卦传:"兼三才而两之,故易六画而成卦,分阴分阳,迭用柔刚,故易六位而成章。"①

系辞传:"因而重之,爻在其中矣。"②是以卦分上下,上卦代表在朝,下卦代表在野,名位既定,则一切推断始有所本也。卦之有爻,卦之已见者也。爻者,阴阳之动,言乎变者也。

系辞传:"六爻之动,三极之道也。"③又云:"圣人有见天下之动而观其会通,以行其典礼,系辞焉以断其吉凶,是故谓之爻。"④又云:"爻也者,效此者也。"⑤

爻虽不同,所同者"九""六"。九乃阳刚之道,六乃阴柔之道。是以六十四卦为其体,三百六十四爻互为用。所谓"六爻相杂,唯其时物也。其初难知,其上易知,本末也。二与四,同功而异位。其善不同,二多誉,四多惧,近也。三与五,同功而异位。三多凶,五多功,贵贱之等也。"⑥其所以第一爻言初者,初之位,事之始也。第六爻言上者,上乃事之终,时之极也。大抵居初者易贞,居上者难吉。曷言之,易贞者,由其所适之道多。难吉者,以其所处之位极。故六十四卦,初爻多得免咎,而上爻每多凶终。例如:

离卦之初九:"履错然,敬之,无咎。"⑦

兑卦之初九:"和兑吉。"⑧以上乃初爻多得贞吉之例。

干卦之上九:"亢龙,有悔。"⑨

坤卦之上六:"龙战于野,其血玄黄。"⑩

坎卦之上六:"系用徽纆,寘于丛棘,三岁不得,凶。"⑪

---

① 《十三经注疏》,册五、卷十三,《周易·说卦传》,第二章,页四。
② 《十三经注疏》,册五、卷十二,《周易·系辞下传》,第一章,页一。
③ 《十三经注疏》,册四、卷十一,《周易·系辞上传》,第二章,页六。
④ 《十三经注疏》,册四、卷十一,《周易·系辞上传》,第十二章,页三十七。
⑤ 《十三经注疏》,册五、卷十二,《周易·系辞下传》,第一章,页一。
⑥ 《十三经注疏》,册五、卷十二,《周易·系辞下传》,第八章,页二十五-二十六。
⑦ 《十三经注疏》,册二、卷五,《周易·上经·离》,页三十一。
⑧ 《十三经注疏》,册四、卷十,《周易·下经》,《兑》,页二。
⑨ 《十三经注疏》,册一、卷一,《周易·上经·干》页七。
⑩ 《十三经注疏》,册一、卷二,《周易·上经·坤》,页六。
⑪ 《十三经注疏》,册一、卷五,《周易·上经·坎》,页二十九。

巽卦之上九："巽在床下,丧其资斧,贞凶。"①以上乃上爻每多凶终之例。

六十四卦中初爻多吉,上爻多凶之例,不遑枚举。观乎此,可知始终之际,其难易不同有如此者。第二爻,阴位也。因系远君之臣,所以多誉。二中位,阴阳处之皆为得中,坤卦尤以二为主位。中者,不偏不倚,无过不及之谓也。其才如此,故于时义易合。究而言之,凡为阳者,本吉也。若不得其正,不及其中,又复不趋时义,则难保其吉。例如:

干卦九二:九,刚健之才也。而承乘又刚健,是刚健之极也。夫刚健则有可久之义,得中则有适时之义。处阴得中,又有溥博渊泉之义。故曰:"见龙在田,利见大人。"②

坤卦六二:居中履正,且又柔顺正固,赋形有定,德合无疆,宜其处此而无败也。故曰:"直方大,不习无不利。"③

坎卦九二:下柔,阴之始也。上柔,阴之极也。而已以刚阳之才独处中焉。是已无赖于彼,而彼有待于己也。加以至尊处之,大率有应而道行,则以贞干之义为重。故曰:"坎有险,求小得。"④

离卦六二:得乎中正,得有应于上,则明有所附矣。故曰:"黄离,元吉。"⑤

震卦六二:阴柔而在动体,虽居中履正,然下乘阳刚,成卦之主,其势不得安而处也。揆其资性,亦不肯安而处也。他卦皆以乘刚之义为重,大率处则乘刚,动有得失,非坤二柔中可比。故曰:"震来厉,亿丧贝,跻于九陵,勿逐,七日得。"⑥

艮卦六二:以刚处上以柔处下,尊卑之势顺也。既备此象,承刚履正,居中得正,宜其处诸卦而无过也。虽属柔止之才,动拘礼制,若当大有之时,则有不可必者。故曰:"艮其腓,不拯其随,其心不快。"⑦

巽卦九二:以刚为入,乃有才适用之中也。虽处阴而居下,有不安之意。然

①　《十三经注疏》,册四、卷九,《周易·下经》,《巽》,页二十九。
②　《十三经注疏》,册一、卷一,《周易·上经·干》,页三。
③　《十三经注疏》,册一、卷一,《周易·上经·坤》,页四。
④　《十三经注疏》,册二、卷五,《周易·上经·坎》,页五。
⑤　《十三经注疏》,册二、卷五,《周易·上经·离》,页三十一。
⑥　《十三经注疏》,册四、卷九,《周易·下经·震》,页三。
⑦　《十三经注疏》,册四、卷九,《周易·下经·艮》,页七。

能不厌其卑,则谦顺可容。故曰:"巽在床下,用史巫,纷若吉,无咎。"①

兑卦九二:刚而得中也。虽上承于柔邪,不足为累,此以得中之义为务也。故曰:"孚兑,吉,悔亡。"②

第三爻,居上下之交,内外之际,非平易安祥之所也。所以卦爻六位,唯三为难处。故在干则于刚暴,在坤则伤于柔邪。"震苏苏",动而无恒。"频巽吝",噪而或屈。"来之坎坎"与"来兑",险说至于过极。

日昃之离与"艮其限",明止系于一偏,皆凶之道也。然以干之健,虽不中也犹可胜任。坤之顺,虽不正也犹能下人。二者之凶,庶乎可免。若乎坎与兑,以阴处阳,以柔乘刚,不中不正,其为凶也切矣。

第四爻,阴位也,近君多惧之地也。以子柔居之,则有顺从之美。以刚居之,则有僭逼之嫌,然又须问居五者阴耶? 阳耶? 以阴承阳,则得于君而势顺。以阳承阴,则得于君而势逆。势顺则水到渠成,无往不利。势逆则格格示入,曼忌上行。譬如:

干九四:"或跃在渊无咎。"③重刚而不中,势本不顺,然以其健而布才,故亦难于趋义。又上卦之初,未至过极,故多以刚用柔之义。以刚而用柔,是有才而能戒慎,虽不正犹吉也。

坤六四:"括囊,无咎,无誉。"④盖为臣之道,大体主顺,不顺则无以事君。故虽无应援,亦免咎,此乃随时之义也。

震九四:"震遂泥。"⑤以刚处柔,不中不正,陷于二阴之间,不能自震。且震卦九四为成卦之主,成卦在乎下,自以下为贵。故震之九四,乃为才干之臣也。君之动由之,师之动亦由之,其功已大矣,其位已逼矣,然而卒保其无祸者何哉? 盖震而近君,臣有戒慎恐惧之义,动而知戒,是以有补过之道。又以阳处阴,有体刚用柔之义,持其从以往,其多功而寡过也宜矣。

离九四:"突然其来如,焚如,死如,弃如。"⑥阳处近君,以阳承阴,其势逆。

---

① 《十三经注疏》,册四、卷九,《周易·下经·巽》,页二十七。
② 《十三经注疏》,册四、卷十,《周易·下经·兑》,页二。
③ 《十三经注疏》,册一、卷一,《周易·上经·干》,页十七。
④ 《十三经注疏》,册一、卷二,《周易·上经·坤》,页六。
⑤ 《十三经注疏》,册四、卷九,《周易·下经·震》,页四。
⑥ 《十三经注疏》,册二、卷五,《周易·上经·离》,页三十二。

又火势上炎,动成躁急。非为不顺君之用,且反为君之忌。处此凶咎必至之势,然仍能保其吉者,以其有才而敬慎吏也。

坎六四:"樽酒簋贰,用缶。纳约自牖,终无咎。"①以阴柔得位,而上承中正之君,略与巽同。然有险之性,此以处多惧之地则宜矣。

艮六四:"艮其身,无咎。"②以柔止之才,承柔止之君,虽己身得正,而于君事则有不能自济者,必藉阳刚之才,而后可以成功。惟艮以能止为义,以阴居阴,时止则止,能止诸躬,自无咎也。

巽六四:"悔亡,田获三品。"③阴柔无应,承乘皆刚,宜有悔也。惟阴柔之质,自多惧也。顺入之才,能承君也。以是而处,每堪其位。

兑九四:"商兑未宁,介疾有喜。"④上承九五之中正,下比六三之柔邪,处下而言,则有乐天知命之美。处下而言,则有慕爵之嫌。然质本阳刚,故能介然守正,而疾恶柔邪。以刚言之才,易得胜任也。

第五爻,上卦之中,人君之位也。诸爻之德,莫精于此,能首出乎庶物,不问何时,克制大事,传谓五多功者此也。故在干则刚健而断,不问何时,皆无悔咎,在坤则重厚而顺。例如:

坤六五:"黄裳元吉。"⑤虽不当位,然合于时中,有君人之度焉,得九二刚中应之,则事乃可济。

震六五:"震往来厉,亿无丧有事。"⑥九四阳刚不正之臣为动之主,而六五以柔中乘之,其势可嫌也,故震忌强辅。

离六五:"出涕沱若,戚嗟若,吉。"⑦强辅强师,而六以文明柔中之才而丽之,悔可亡也,事可济也。然以阴居尊,不得其正,又迫于上下之阳,故应出涕沱若,戚嗟若,然后得吉。若更得九二应之,乃为最贵。

坎九五:"坎不盈,祗既平,无咎。"⑧以阳刚之才,处极尊之位,中而且正,大

---

① 《十三经注疏》,册二、卷五,《周易·上经·坎》,页二十八。
② 《十三经注疏》,册四、卷九,《周易·下经·艮》,页八。
③ 《十三经注疏》,册四、卷九,《周易·下经·巽》,页二十八。
④ 《十三经注疏》,册四、卷十,《周易·下经·兑》,页二。
⑤ 《十三经注疏》,册一、卷二,《周易·上经·坤》,页六。
⑥ 《十三经注疏》,册四、卷九,《周易·下经·震》,页四。
⑦ 《十三经注疏》,册二、卷五,《周易·上经·离》,页三十二。
⑧ 《十三经注疏》,册二、卷五,《周易·上经·坎》,页二十八。

可有为。然适在险中，未能遽出，故有待之义。夫能为者，才也。得为者，位也。可为者，时也。有才位而无其时，惟待为可。待而至可，则无咎矣。

艮六五："艮其辅，言有序，悔亡。"①君辅皆柔，且无相得之义，本不可有为也。以六有静止得中之才，上依而下应。故仅能成功，而非可大有为也。

巽九五："贞吉，悔亡，无不利。"②以巽顺处中正，又君臣相得而刚柔相济，相得则无内难，相济则有成功，此必然之理也。

兑九五："孚于剥，有厉。"③下履不正之强辅，上比柔邪之小人，非君之善道也。然以其中正，故下有忌而可胜。上有说而可决，大哉中正之为德乎。

总上所述，八卦之成与六爻之变，已得其梗概，是难之将出者，则指其可由之方。事之既成者，则示以可保之道。时过适则难与行，义之善或不必劝，则直云其吉，势之或恶不可解，则但言其凶，有始不得志而终无咎，有始餍其食而终有福，执其偏而用者，才尚可也。反其常而动者，事已穷也，质虽不美，而异其或改焉。则犹告之，位虽处极，而见其可行焉。则亦谕之，大抵积微而盛，遇盛而衰，有不可变者，有不能不变者，六爻教戒之义，惟此为最大。总之，刚柔相摩，奇耦二爻之相推而成八卦，八卦相荡，乾坤六子之相乘而成六十四卦，此中相摩相推相荡相乘之妙用，亦"生生"之理也。

（5）证之于干之四德—元亨利贞

元亨利贞，乃干卦之卦辞，干文言谓之四德，开宗明义，即已阐明生生之理矣。兹分述于次：

亨，干文言曰："亨者，嘉之会也。"④嘉会，即众美之聚，生新之象也。干象辞所谓："云行雨施，品物流形。"⑤坤象辞所谓："含宏光大，品物咸亨。"⑥均为嘉会也。诚以咸者，通也。即"往来不穷谓利。"干文言曰："利者，义之和也。"⑦万物莫不言利，惟须义以和之，使其各得其宜，不相妨害，方能遂其生，达其用。故曰：

---

① 《十三经注疏》，册四、卷九，《周易·下经·艮》，页八。
② 《十三经注疏》，册四、卷九，《周易·下经·巽》，页二十八。
③ 《十三经注疏》，册四、卷十，《周易·下经·兑》，页三。
④ 《十三经注疏》，册一、卷一，《周易·上经·干》，页十二。
⑤ 《十三经注疏》，册一、卷一，《周易·上经·干》，页七。
⑥ 《十三经注疏》，册一、卷二，《周易·上经·坤》，页二。
⑦ 《十三经注疏》，册一、卷一，《周易·上经·干》，页十二。

"利物足以和义。"①

贞,干文言曰:"贞者,事之干也。"②干如木之身,而枝叶所依以立者也。干必正而固,方可期枝茂叶荣。礼文王世子所谓:"万国以贞。"亦即"正"之意焉。新书道术所谓:"言行抱一谓之贞。"亦即"固"之意。生物之成,实物具备,随在各足。故曰:"贞固足以干事。"③干象辞所谓:"各正性命,保合太和,乃利贞。"④各正者,得于有生之初。保合者,全于已生之后。若不能全其后,即不能"固"。因而得之于初者,亦将失其"正"矣。所以不正则不能立,不固则不能久。不正不固,均违"生生"之理也。

元亨利贞四德者,乃有不可分割之关系性。更具有不可缺之统一性,以及不可止之关系性也。譬如:元者,形也。亨利贞者,影也。元与亨利贞者,有如影之随形,此即不可分之关系性也。说者以元比四时之春,五常之仁,五行之木。以亨比四时之夏,五常之体,五行之火。以利比四时之秋,五常之义,五行之金。以贞比四时之冬,五常之智信,五行之水土。诚以缺春夏秋冬之一,则不能成四时。缺仁义礼智信之一,则不能成五常。缺木金水火土,则不能成五行。此即不可缺之统一性者也。又元者物之始生,亨者物之畅茂,利则向于实,贞则实之成。实之既成,则其根蒂脱落,可复种而生,此四德之所以无端,亦即具有生生不已之循环性也。

---

① 《十三经注疏》,册一、卷一,《周易·上经·干》,页十二。
② 《十三经注疏》,册一、卷一,《周易·上经·干》,页十二。
③ 《十三经注疏》,册一、卷一,《周易·上经·干》,页十二。
④ 《十三经注疏》,册一、卷一,《周易·上经·干》,页七、八。

从生生哲学来看周易的生命伦理

（韩国）朴文铉

一、序言

人们期待胚胎干细胞以及成体干细胞的培养能够治疗不妊和不治之症,不过这种医学技术的发明会轻视人类的生命,因此遭到了以生命为工具化的批评。天主教和基督教认为胚胎也是生命体,研究过程里被丢弃或在干细胞得到的胚胎,结果会死,认为这是杀人行为,因而反对胚胎干细胞研究。最近,佛教徒的韩国曹溪宗总务表示,他支持胚胎干细胞的研究。这就使得我们要再次考虑一下:生命是什么。因为生命脱离了自然必然性的领域,而变成人为操作的领域。

中国哲学的本质是一种生命哲学。中国生命哲学的理论的根本是《周易》。周易充满生命意识,表现方式可以分为几种。首先,周易把整个宇宙视为一个生命系统,宇宙生命以两种基本生命力构成的,那就是阴和阳。周易的阴阳观念是人类生命现象当中从男女观念上所推想的。宇宙生命的形成经过各种阶段。最初以八种的基本生命现象形成的,亦即八卦。八卦本是以生育和被生育的关系构成的。乾坤阳卦是父母,其余六个卦是三男三女。八卦互相结合演出丰富和多彩多姿的宇宙生命。周易根据六十四卦统摄天地人构成一个生命系统。其次,周易认为宇宙间的最高品德是生命的创造。所以说“天地最大的德是生”。而且周易归结宇宙间的基本法则是生命法则。因此谓“生又生即是易”。再次,周易对于生命充满忧患意识。在《易传》里记载“周易的作者像是有忧患的人”。周易的价值在于指明忧患的原因。周易忧患的对象是生命的生产和发展问题,生命的存在和延属问题,包括生命和上升等的生命问题。如同这个问题是关于如何预防隐患,如何避开灾祸而走正确的路,还有宇宙生命如何连接生命的气运等的问题。总之,周易以生命的问题为中心而展开,对于生命的关心为根基,也可以说是最终的关心①。

在本文通过《周易》《经》和《传》来考察《周易》是如何看待生命的形成、成长以及延属性,对于生命,人类的态度又是什么。我们期待这样的工作有助于鼎足现今社会所有的生命道德观。

二、周易的生命观

（一）万物的生成 ——生生

近代科学说明生物时过于有型化。生物本身的构造不仅是有形的生物体,而且还是跟无形性要素结合在一起的集合体。以一种概念解释生物构造和生命现象本身就说明了不是把生物当成有机物,而是开始把它看成是结构要素的一部分。总体来看,生命是有形和无形相补相助的一种协调体②。把生命看成有机体的观点,大多数人理解为这是一种东方哲学式的接近方式③。

《周易·系辞传》:"生生之谓易"。

这是《周易》生命思想的纲领。那么"生生"到底是什么?"生"字表示草在地上长出来的形状,也有进的意思。所以生命、生存、生生等以名词来使用,出生、产生、发生、养生等以动词来使用。《易传》里除了"生生之谓易"以外三十七个句子有生字,总合这些"生"字的实质意义,是生命的形成和发展,也包括创造和进化的意义。再看下面的"生生"的意义。《系辞传》谓"周易宽大"。以远来看没有东西能挡得住,以近来看具备所有东西。

> 夫易,广矣大矣,以言乎远,则不御;以言乎迩,则静而正;以言乎天地之间,则备矣。夫于其静也专,其动也直,是以大生焉。夫坤,其静也翕,其动也辟,是以广生焉。广大配天地,变通配四时,阴阳之义配日月。易简之,善

配至德①。

再说乾是大生，坤是天德，天德的大德叫做生。"生生"即是易，易和天地是模范且无边广大，以阴阳及乾坤两个卦来解释。阴阳是天地间生成万物的两大元素，乾坤是万物生成的过程。因此"生生"在说明天地间的万物生成过程、状态和结果而比其"生"那个意义就广泛。总之，"生生"的前面的"生"字是动词即是生成，后面的"生"字是名词，即万物。所以"生生"可以解释成为万物的生成②。

那么，万物的生成是如何形成的？《周易》乾卦和坤卦排在最前，指明万物的生成是由于相互作用。说卦传里也记载乾和坤有两个作用就是使宇宙万物化生的作用。

> 乾天也，故称父，坤地也，故称母。震一索而得男，故谓之长男，巽一索而得女，故谓之长女。坎再索而男，故谓之中男，离再索而得女，故谓之中女，艮三索而得男，故谓之少男，兑三索而得女，故谓之少女③。

万物是从下往上生长，因此卦象也是从下开始。原来把乾坤象征为父母后，其余的六个卦从下往上的顺序代表一个个年纪大的和小的男女。这就是在说明八卦满怀生的意思④。

六十四卦的排列也有"生生"的意义。八卦重叠做成六十四卦。周代的文王根据伏羲氏的八卦，为了更周密的露出哲学的意义做了六十四卦，所有的卦和爻上添加了下面的卦辞和爻辞。序卦传里"有天地才有万物"。天地间充满的只有万物。因此天地即乾坤，其次就放了屯卦。屯是满腔的意思。天地间充满生意，开始万物生长。物开始生长的时候一定是梦寐的。为了这种的原因屯卦下面就是蒙卦。蒙卦的蒙是梦寐的意思，物还小的意思。物小的时候，不养它是

---

① 《周易·系辞传上》，6 章。
② 参照李焕明：《易经的生命哲学》，文津出版社，1997 年，57～61 页。
③ 《周易·说卦传》，第 10 章。
④ 高怀民：《周易哲学的理解》，郑炳硕译，文艺出版社，1995 年，194～195 页。

不行的。所以蒙卦其次放了需卦。依而所知,卦的顺序和万物的生成是有关系的。

如前我们所看的说卦传和序卦传一样,乾卦和坤卦放在最前是为了指明依据乾坤的相互作用而生成万物。即乾坤的卦辞"元亨利贞"的"元"在乾坤象传里说"所有的万物根据乾元才会存在":

> 大哉,乾元。万物资始乃统天,云行雨施,品物流形,大明终始,六位时成,时乘六龙以御天。乾道变化,各正性命,保合大和,乃利贞。首出庶物,万国咸宁①。

在这里我们可以看宇宙万物生成的过程。乾元是天生万物的生意,亨为生命源,就是气的流通和扩散。根据适合个个万物本质的定然的法则来结成的,持续调和自然和合这个就是利贞。元亨对于生意的发生和展开,利贞是生意的完成。再把这个比照在植物上来看的话,元是植物的发芽,亨是成长,利是果实,那么贞就是结实。因果实落在地上才发芽,所以四个德之间就有不断的生气。万物的创造是"乾知大始,坤作成物"。再来看一下,乾开始之后,坤发起了何等的作用:

> 象曰至哉,坤元。万物资生,乃顺承天,坤厚载物,德合无疆。含弘光大,品物咸亨,牝马地类,行地无疆,柔顺利贞,君子攸行。先迷失道,后顺得常,西南得朋,乃与类行,东北丧朋,乃终有庆,安贞之吉,应地无疆②。

这是乾道的变化继承性命的创生,有了坤道的形体,指明从上往下展开的哲学体系。乾和坤以太极来说,它没有先后而是一种自然的流行变化。可是以思维的过程来看,万物有生化的倾向,后来乾的刚健性先发光,以后坤才继承乾而起。就是地承续了天道往下的作用,含蓄这个即发生万物③。

---

① 《周易·干卦·象传》。
② 《周易》坤卦,象传。
③ 同上注高怀民,188~190页。

在复卦也能找到天地生成万物的理。卦名复有重回的意思。这个卦的象如同一个阳在五个阴的下面。由于阴气的迫害失去自己位置的阳,重新复返在初爻发生的,所以叫复。下卦是从震到雷,上卦是从坤到地,像是霹雷在地底一样。指示十二月的消息卦里位于乾坤后表示冬至。冬至是一阳初次移动的时候。从消息卦到初爻,阳回来的是乾四月到复十一月的七个月后。阳回去之后七天以内重新回来,在复上可以感觉到天地的生意①。

如此卜卦是在展示天地生万物的心。古代圣王遵照这个卦的象在一年当中阳最初开始发芽的冬至关掉四周围的门不允许商人或游客进入,而安静地过日子。连天子都不在这一天作巡视地方视察民情的政务而安静的休息②。这样做是为了保护刚生成的脆弱的阳气。在这里我们可以看到作《周易》的人是尊重生命,也可以确认《周易》里所说的自然的生气是充满的③。

(二) 阴阳的感应

万物生成的条件在于阴阳的交感。"一阴,一阳。这便是所谓的德。继续一阴一阳是善,结成一阴一阳是性。"④天地万物继续的变化是乾坤阴阳相反的两个因素互相起作用的关系。这样的变化它本身不仅有善的价值,也在说明事物本质的自性。即宇宙的本质是通过相互对立的阴阳发生了作用,便继续那个变化而完成。

变化是一个不能完成而两个的事候才能成立。因为变化的原则是从一个变成另外一个的原因。这两个可变成空间也可变成时间,可变成量也可变成质再可变成本体的存在。周易里把这两个元素名称各别使用。有时叫两仪,有时叫刚柔,又有时候叫阴阳。也用动静、乾坤、天地。为了那种原因,《周易》的理致有太极,太极生两仪,两仪生四象,四象生八卦。⑤

太极是变化的根源、起点,亦是变化的本体。汉代的学者从四象引出五行。五行是五种阴阳的结合,四象是四种阴阳的结合。两个变成四个是数学的变化,两个变成五个是宇宙的变化。宇宙的变化在于时间和空间。空间分成东西南北

---

① 《周易》,复卦,象传。
② 《周易》,复卦,象传。
③ 郭信焕:《周易的理解》,瑞光社,1991年,102页。
④ 《周易·系辞传上》,5章。
⑤ 《周易·系上》,11。

和中央就是五,时间分成春夏秋冬就是四。五行从阴阳的两个元素所结成,那阴阳就是宇宙变化的元素。中国古代的哲人观察宇宙万物的变化认为生物是万物中最可贵的。生物是两性所结合而成的。

> 象曰,泰小往大来吉亨,则是天地,交而万物通也。上下交而其志同也,内阳外阴。"①
>
> 象曰,否之匪人不利君子贞大往小来,则是天地。不交而万物不通也,上下不交而天下无邦也,内阴而外阳,内柔而外刚②。

泰卦和否卦是互相相反的卦,上下位置变动结成的。实际上,宇宙变化的元素是阴阳两个气。所有的变化是阴阳的结合。因此《系辞传》说:"一阴一阳之谓道,继之者善也,成之者性也"。一物有一物的性,性是阴阳结合而成的。阴阳变化而结合是宇宙变化的道,阴阳的变化继续不断结合成万物,表现天地好生的德,这是善。宇宙阴阳变化的目的在于万物的发生③。

《系辞传》上说:"天地纲缊,万物化醇,男女构精,万物化生"④。天上的阳气和地上的阴气混合成为万物,男女通过性交成为万物的形态而出生。如果没有像这样的阴阳的交感,万物就不可能生成。周易把万物领会成阴阳的关系,把生命的生成也同样看待。生命现象当中最突出的现象是,把剩余的给放出,把不足的给收容的现象。那种现象称谓新陈代谢。《周易》认为阴和阳互相依靠,通过新陈代谢的运动维持生命。同生命体通过阴阳新陈代谢的运动来维持生命一样,认为天和地的所有生成和变化都是一种新陈代谢运动。阴和阳的感应通过一个生命体而诞生。那种情况下阴和阳是相对的不足的存在,就是半存在。半存在的阴和阳没有结尾的交加运动,剩余的部分发给人,接受不足的部分,反复万物生又生的过程,这就是阴阳感应的过程。再说,周易的感应是创生万物根源的力的相互作用。如此以来,万物就可以创生了。

---

① 《周易》,泰卦,象辞。
② 《周易》,否卦,象辞。
③ 参照罗光:《儒家哲学的体系》,台湾学生书局,1983 年,184～187 页。
④ 《周易》,系辞传下,"天地纲缊,万物化醇,男女构精,万物化生"。

天地定位,山泽通气,雷风相薄。水火不相射,八卦相错①。

把阴阳的感应具体的以自然物的交感来表现。当中表现山泽通气的是咸卦。② 周易的咸卦是代表交感思想的卦。咸即是感,意谓着相互交感。咸卦是下面的艮,即有少男的阳卦。上面有兑,即有少女的阴卦来构成的。象传上说:

象曰,咸感也,柔上而刚下二气感应以相与,而说男下女,是以亨利贞取女吉也。地感而万物化生,圣人感人心而天下和平,观其所感而天地万物之情可见矣③。

咸卦是阳气上升,阴气下降。这两者互相见面而感应的卦,因此阴阳交感生成万物,男女交感相悦后生孩子。今日在心理学上或生理学上追求生命的起源最后结论是父母的精子和卵子的自然科学的观点。可是《周易》上不是这么说。不仅父母的精子置之卵子结合,更明确的来说的话,父母感应的那时刻溯及到心动。

男女互相见面高兴的那时刻真实的陷入爱河,以后两个生命彼此感应变成一个共同的心理状态。父母的精子和卵子是那以后的事情,所以如果要找根源的话,应当是要从男女互相感应的时刻开始。虽然这种观点不能以现代科学的方法来证明,但以道理来说决不能说那是不正确的④。

看咸卦的爻辞,可以得知男女是以肉体感应的。

初六:咸其拇;六二:咸其腓;九三:咸其股;九四:憧憧往来;九五:咸其脢;上六:咸其辅颊舌⑤。

---

① 《周易》,说卦传。
② 朴在柱:《周易的生成论理和过程哲学》,366～367 页。
③ 《周易》,咸卦,象传。
④ 同上注,高怀民,344～345 页。
⑤ "夫乾,其静也专,其动也直,是以大生焉,夫坤,其静也翕,其动也辟,是以广生焉","男为阳物,女为阴物,阳物之静也专,其动也直,是以大生焉,夫坤,其静也翕,其动也辟"(参照,同上注,李焕明,164～165 页)。

可见天地、阴阳不交感万物就不能生成。因此《归妹· 象传上》说"天地互相不交感万物就不起"[①]。

而且靠阴阳的相互作用才可交感。只靠阴或只靠阳是不可能生万物也不可能养万物。这是只有阴阳的气互相相应起作用的时候万物才能化生可言。六爻都以阳爻构成的纯阳的乾卦和六爻都以阴爻构成的纯阴的坤卦,这两个卦都是万物生成的根源,所以《周易》把它们排在最前来说明。可是宇宙存在的所有万物是由于阴阳的相互作用完成的,没有说全都是阳或全都是阴。所以周易的纯阳的乾和纯阴的坤不是指称实际存在的现象界的天地,而是提示宇宙万物的形而上学的存在的根源[②]。

三、周易和生命伦理

为了实现这种渴望的各种各样的方法,已经成为了我们社会的一个主流,形成了一种新的文化。通过身体和内心追求幸福的 Well - being 文化,它尊重生命的价值,促进了为了健康的,科学技术的发展。加上生命科学是扩宽人类极限状况的这时代的宠儿,为了它的发展,人们要全力以赴。并且一直寄托在生命诞生的自然摄理的生命科学,积极地参与到了寿命的延长和死亡过程的研究之中。

但是如果是为了人类的健康和富裕而开发的科学技术的话,像在庄子的寓言"混沌的死亡"中预示的那样,消灭了我们的"自然姓",最终把人类推向毁灭的地步。威胁生命秩序的很多新的技术中,最代表性的技术就是操作遗传因子和克隆技术等。

包括人类胚胎干细胞的以生体干细胞为首的人工器官,或是疾病实验动物都给人类治疗疾病上有很多可能性,但是它们都不能避免深刻的伦理问题。为了成为干细胞,基本上使用可以成为人体的潜在的人类胚胎,这可能面临轻视人类生命和把生命看成道具的问题。并且在这个过程中如果把胚胎移植到母体的子宫内时,有可能诞生胎儿即有成为人的可能性,因此自从 1997 年克隆羊多利诞生以来,人们都担心克隆人的诞生。

---

① 《周易》归妹,象传,"天地不交,而万物不兴"。
② 金学权:《和谐和相生在周易》,韩国周易学会编,《周易的根本原理》,《哲学与现实社》,2004年,194～195 页。

那么,最近有争议干细胞问题的争论点是什么呢? 给没有核的卵子里注入从体细胞分离出来的核,这样也可能成为胚胎。用体细胞移植的方式产生人类胚胎的行为一直怀疑是一种"神的行为"。不顾这样的怀疑,生命科学家们一直执迷于克隆胚胎研究的理由是利用干细胞可以治疗很多不治疾病。但是我们要瞩目的是:如果先把克隆的胚胎安置于子宫内的话,诞生克隆人的可能性和不破坏胚胎时是不能得到的干细胞的事实。特别是如果胚胎是人类个体的话,绝对不能允许破坏胚胎的行为。即使克隆胚胎的目的是治疗疾病,但它不能成为破坏胚胎的理由。反过来,如果胚胎不是人类个体,而是一堆细胞体的话,想到它的治疗性时,反对它的理由就很单薄。由此可知克隆胚胎的争论点是在胚胎是不是有生命的人类个体的问题上。[1]

反对干细胞的研究的人认为,从结合体时开始,它就是一个完整的人类个体,所以不能废弃无数个胚胎。与此相反,赞成胚胎干细胞的研究者认为,从结合体开始到 14 天时,还没有形成身体器官,他们认为这只是一堆细胞体,因此赞成胚胎干细胞的研究。

四、结束语

前首尔大学教授黄禹锡因伪造论文而使韩国研究人类胚胎干细胞停顿的时候,英国等其他各国仍在研究干细胞。研究胚胎干细胞最积极的是美国。可是,美国总统乔治·布什于 2007 年 6 月,对用联邦资金研究干细胞规制松弛的法案再次行使了拒决权。虔诚基督徒的布什总统认为,为了科学的研究使用人类胚胎是背驰神圣的宗教信念的,有理由行使拒决权。英国为了研究干细胞投资 11 400 万美元设立再生医学中心。澳洲在 2006 年末通过了下院为了复制人类胚胎为目的的容许法案。在亚洲中国、新加坡等也表现有究的意欲。

如此世界各国对于研究颇有关心,但是研究干细胞仍然存在根本的问题。如确保女性卵子的难处和生命伦理的问题以及移植干细胞后出现的拒绝反应和不能忽略免疫抑制剂使用的副作用。重分化胚胎干细胞会变成癌细胞的研究报告也是值得忧虑的问题。

---

① 同上注, 尹灿远, 91~92 页。

韩国的基督教在2005年10月以主张胚胎也是人类生命体的原因,反对胚胎干细胞的研究。天主教教坛也和基督教主张以同样的理由反对胚胎干细胞研究的反面,积极支持性体干细胞的研究。

那么,以《周易》的生生哲学立场,如何看待胚胎干细胞的研究呢?

《周易》的天与地,即依着阴和阳的两个要素说明全体宇宙生命生成。就是纯阳的乾和纯阴的坤是相互对待的关系,因此,两者中只拿一种是不能期待生命诞生的,所以需要相补的关系。《周易》规定一阴一阳的生成运动为道,说明继承这个道是善。因此,不是精子和卵子的结合而是只用卵子体细胞复制做胚胎是违背道的行为。还有,《周易》说,男女结合使万物化生。通过咸卦知道男女经过性交才能使生命生成。因此根据胚胎复制把干细胞移植给病人的时候产生的拒绝反应等问题,是因为任意地介入万物生成过程的结果。

总而言之,把胚胎以人工的方式生成本身就是违背天道又是人为的,因此立足于《周易》的生生哲学的生命伦理,胚胎干细胞研究是不可能被允许的。

参考资料:

尹灿远:《太平经里出现的生命观》,《道教和生命思想》,首尔:国学资料院,1998。

金炳浩:《周易讲义》,釜山:小康,2002。

李焕明:《易经的生命哲学》,台北:文津出版社,1997。

高怀民:《周易哲学的理解》,郑炳硕译,首尔:文艺出版社,1995。

郭信焕:《周易的理解》,首尔:瑞光社,1991。

罗光:《儒家哲学的体系》,台北:学生书局,1983。

朴在柱:《周易的生成论理和过程哲学》,首尔:清溪,1996。

金学权:《和谐和相生在周易》,韩国周易学会编,《周易的根本原理》,首尔:哲学与现实社,2004。

(作者为韩国东义大学哲学系教授)

解开《易经》的锁钥

陈国钧

《易经》是中国传统文化的一个主要源泉,许多传统文化的流派也来源于它。因此,要真正理解其具体内容与涵义,并进而理解传统文化的方方面面,就必须将其与当时的历史联系起来,把它当做一个完整的、密不可分的统一体去研究,才能得到比较合乎实际的认识。

这是为什么呢?因为传统文化不是凭空发生,不是某些圣贤随心所欲造出来的,而是历史上诸多政治、经济活动的高度总结和概括。

按照这个思路,作者经过几十年的努力,发现《易经》不是令人难以琢磨探询、饱含迷信色彩的天书,而是一本介绍周文王祖孙四代政治奋斗史的政治教科书。它讲述了周文王家族是如何从一介平民成长为天子的艰辛历程。其书中的前三十卦,文笔简练,层次分明,史实丰富,哲理明晰,为周文王所作,记载了其祖父古公、父亲季历及自己被囚禁于羑里这百十年的风风雨雨;从三十一卦到六十二卦,是周公旦对周文王治理西岐八年来言行的记录;最后两卦,则是周公旦对周武王第一次伐纣的记录。

总而言之,《易经》的六十四卦及其三百八十六爻(其《乾》卦和《坤》卦皆七爻,而非六爻),无一不是周文王、周公旦对其祖孙四代百余年历程中各种政治事件所作的哲理、德理、情理以及政略、战略、策略等高度的总结和概括。其解释之详尽,其说明之简练,其内容之广泛,实为古今中外之独一无二,它对于每一位有志之士来说,都是一本不可或缺的人生教科书。

文王在撰写出《易经》的前三十卦后,思想有了质的飞跃,进入了天人合一的自由境界。故而将岐周治理得井井有条,无论从政治到经济,从军事到外交,都没再遭受什么大的挫折,十一年后,就很顺利地夺取了殷商的天下;周公旦因其多才多艺,被文王留在身边耳提面命,更是完全地继承了文王的衣钵。因此,周公旦建树的治国大纲,不仅保得周家八百年天下,维系了中国封建社会两千余年不倒,甚至今天还在发挥着它的强大威力。孔子不过拾其部分牙慧,却博得了个"圣人"的雅号。

海内外研究《易经》的著作是很多的,但本人总有这么一种感觉:这些研究大都是以中国传统文化的一个流派与另一个流派来作对比,而较少中国文化与外国文化这两种不同文化的对比。即使有些这方面的研究,站的角度似乎也有些过于高雅、专业了点,而难以为众人所理解。

《易经》基本上可以说是中国传统文化的集大成者。因此,要真正读懂它,就必须站在总体的、全面的高度,将其与外国的传统文化,特别是欧洲文化来作一个全面的对比。在一个圈子里来回打转,或者拿一根树枝来与一棵大树对比,是难以看清《易经》本来面目的。俗话道:"不怕不识货,就怕货比货。"说的就是这个意思。

因此,本人不揣冒昧,在这里试图对中西文化的某一差异作一简单分析,作为引玉之砖。因为这对于理解《易经》是必要的、不可缺少的。

东西方的古代文化有很多不同点,而世界观的不同,则是最基本的。以希腊文化为主导的西方世界观认为:神和上帝是世界的创造者和主宰,人类不过是神和上帝的创造物和附庸。离开上帝的庇护,人类自身是无能为力的。因此,其英雄与哲人要想有所作为,首先必须获得神之化身或受神庇护的特殊身份,才能获得民众或帝王的支持,得以从事某种活动。故而在西方的古代,很少产生脱离神圣光环的伟大政治家,但杰出的科学家却层出不穷。这些科学家努力探询世界万物奥妙的目的,就是为了尽量摆脱神和上帝的约束,以获得人类自身的完全自由。但中国的情况却与此正好相反。

中国古代占统治地位的世界观认为:人与自然界是一个秩序井然、层次分明、上下有序而密不可分的统一体,而这个统一体的主宰是人。人类在自己的领袖率领下,可以控制自然,并不断地改造自然。上帝和鬼神在这个统一体中是次要的,它们只有借助于人力人事,才能表现出自己的存在。什么是天意?人民的意志就是天意，"民之所欲，天必从之"。因此，中国古代的英雄豪杰，无一不是将人类社会的政治原则、道德理念与自然界诸种变化及其规律合而为一来看待，来研究的。他们的活动无一不是以治理好民众为最高目标，从而使自己成为贤明有为的帝王与政治家。即使出现了一些纯粹的自然科学家（如神农尝百草），政治家和人民也总是立刻将其吸收或推荐到政治家的行列中，并将其研究成果纳入政治之中（这种世界观，在周朝开始受到削弱，到秦始皇统一中国，就向另一个方向转化了）。

这样，将自然规律与治国哲理、策略合为一体来研究，就成为中国古代文化的核心和精华。《尚书》、《老子》、《庄子》、《诗经》、《楚辞》、《吕氏春秋》、《淮南子》等著名古籍的内容，无一不反映了此种事实（《黄帝内经》也许是个唯一的例外）。《易经》是其集大成者，天人合一、对立统一、相反相成、德主刑辅等辩证思维，自然贯穿于全书首尾，而丝毫不显得牵强附会。

以上所述，基本上属于把握《易经》脉络之所需。但要进一步理解它，搞清书中每一爻的涵义，还需明白书中第一卦专论九，第二卦仅评六，以后各卦则六、九皆谈的道理。

中国古代是以数来表示万物之兴衰的。古人认为：一是万物的起始、源泉；五代表万物的现状，向下为退化，向上为进步；九则是万物进化的极限。若不就此止步，改弦更张，必然导致物极必反的结果。《素数》道："天地之至数，始于一，终于九。"说的就是这个道理。

周文王则在这个基础上，将其进一步加以发挥，从一到九，每一级都加以细化，再分为九个阶层，每一级中的五，就是事物发展的转折点。事不过五，就始终有进步的余地；一旦过五（称为"上"），事物本质就因其所处的级别不同，而在其内部发生部分突变，从而具备了新事物的部分内容。过了九五，质变完全完成，从形式到内容，就再也不是原来的那个东西了。

但是，六五和九五还有重大的、根本的区别：六五指的是局部、具体、个别的突变；九五指的则是全局、宏观、整体的突变。局部的挫折无关大局，事情还有挽回的余地；决策的失误，则会导致事业的彻底失败。

由此，《易经》起首的第一卦《乾》首先说九，目的是告诫人们不管做什么事情，都要先确立正确的指导思想。这样，就可以把握住局势变化的脉络，时时从原则、大局、长远方面来考虑问题,而不至于犯下原则性的错误,使事业陷入万劫不复的境地。

第二卦《坤》完全道六,是告诫人们在确定自己的奋斗目标与指导思想后,就要脚踏实地,老老实实地从微观、小事上做起。眼高手低或手高眼低者,都将一事无成或半途而废(上六)。

两卦的意思合起来就是:在宏观上着眼,从细节上努力。

其余的六十二卦中,六中夹九者,讲的是一边实践,一边对其加以理论上的总结,从中找出规律性的东西,用以指导今后的实践;九中夹六,则是说指导思想在开始时仅有一个轮廓,需要在具体实践中,不断依靠成功的经验来对其加以丰富和完善。如此反复地交替进行,才能保证事业的成功。

《易经》中特别点出两种常人眼中的英雄,因其鼠目寸光,并不能推动历史的前进。做传统的俘虏,倒是他们的拿手好戏。

第一种人聪明能干,自信心很强,在执行具体使命时,凭着自己独特的经历而造就的丰富经验,干得得心应手,颇有独创性,不愧为一方豪杰。但一旦掌握全局而又突逢风云变幻时,就下意识地按传统办事,而全然失去了叱咤风云的风范。其缺陷在于其不屑学习,不知借鉴前人的智慧。无有借鉴,不知可否,焉来预见与远谋?成为传统的俘虏,亦在情理之中矣!

另一种人饱读史典,对前人的智慧如数家珍,无论在全局或局部,作为助手,其贡献是有目共睹,人人皆知的。但一旦让其独当一面或作为领袖,却毫无建树,甚至连守成都难以维持。其缺陷在于其全然忘记了时代已经变迁,不明白前人的经验只能是借鉴而绝不可抄袭。削足适履,自然比第一种人败得更惨。

基于对百十年风云进行的详细分析,周文王总结出这么一条规律:在事业的发展过程中,失败是不可避免的;同类错误的连续出现,也是不可避免的。重要的是不要为眼前的蝇头微利所诱惑,尽快地汲取教训,纠正错误,力争少犯同样的错误。同类错误犯一次的为天才,犯两次的为俊才,犯三次的为人才,屡错屡犯的则是蠢材。

始终保持清醒的头脑,密切注视时局变化,在坚持原则的基础上,有经有权,善于灵活地运用政略与策略:事态不利时改变策略,环境巨变时则战略改变。这就叫因势利导、顺应潮流。

　　这在经济领域叫需求,在政治领域叫艺术,在军事领域叫谋略,在思想领域叫实事求是,在哲学领域叫辩证法。《易经》对之画龙点睛,叫做顺乎天理,合乎民意。离开这个基础,就成了投机、权术、阴谋、诱导、诡辩。虽然也可得逞于一时,然靠此成就事业者,自古未有。

　　谁掌握了此规律,谁就能随心所欲地驾驭局势,游刃有余地处理要务。就是风云突变,也不会手足无措,仍能挽狂澜于既倒,脱死地入桃源,将事业推向前所未有的高度。反之,就是费尽九牛二虎之力,也扭转不了同类病毒的反复发作,而坐看事业败坏下去。虽有中兴,亦不过病床上的挣扎而已。

　　总之,以上所谈,乃是一孔之见,愿以此就教于学界同仁。因为解读易经是一个宏伟的工程,绝非一二人所能够完成的事业。它对于每一位文化工作者来说,都是一个脑力和体力上的重大挑战,需作出持久的、甚至是终身的努力。大胆假设、小心求证的研究方式,在这个领域除了鼓励信口开河的风气,增加学术研究的难度之外,是没有第二个好处的。

　　　　（作者联系地址为河南省许昌市魏都区北关三巷四排七号）

经纶治国论

李迎春

《周易》作为我国最为古老的典籍之一,作为"五经之首"、"大道之原",几乎对传统文化的各个层面都有着深刻的影响,因而在传统文化中占有首屈一指的、不可动摇的重要地位。有论者指出:继乾坤之后的屯卦则为创世之始。《屯·象传》说:"云雷,屯。君子以经纶。"是说世界初创,社会洪荒,君子治世如治丝,要从杂乱中理出头绪来,变无序为有序。所以,"经纶"二字,就是指对国家社会要依据阴阳变化进行治理,这是作《易》的根本目的。本文将就此谈几个问题。

一、天道与人心相应,君位系于下民

中国自秦汉以后就成为统一的大帝国,治理大国诚为不易。如何使之井井有条,不仅需要有一套典章制度,更需要有一个根本性的治国方略。《周易》的阴阳变化学说,从哲学的高度为国家政权建设提供了理论性的指导。因此,《尚书·周官》曾将其概括为"论道经邦,燮理阴阳"。即按照客观规律去经营治理国家,要不断调和理顺阴阳关系。阴阳关系是一个重要的哲学范畴,大而范围天地,小而寓于一物,治理国家亦必顺应其理。所以《汉书·艺文志》称《周易》是"王教之典籍"。孔颖达在《周易正义·序》中也说:"故《易》者,所以断天地,理人伦,而明王道也。"都肯定这部书有治理天下之大法和王天下之大道,这个大法和大道又是与天地和人伦融为一体的。

《周易》作为古代哲学,有一个显著的特点,就是把世界看做一个整体,认为

天人相通。世界的整体性是建立在阴阳的基础上,即阴阳变化支配着万物的运动变化,贯穿于天地人而无所不在。因此天人合一,人类社会与自然界息息相关,而且天道往往决定或影响着人道。从这一思想观念出发,《周易》论述经纶治国,首先提出"效天"和"顺天"。《系辞传》说:"天生神物,圣人则之;天地变化,圣人效之。"《观·象传》又说:"观天之神道,而四时不忒。圣人以神道设教,而天下服矣。""神道",即阴阳变化之道。"设教",即设置政教,包括一切政策法令和种种教化措施,也就是经纶治国的具体方法和手段。这些东西的制定,都必须以阴阳变化规律为准绳。那么天道的阴阳变化规律又有什么特点呢?《豫·象传》说:"天地以顺动,故日月不过,而四时不忒。圣人以顺动,则刑罚轻而民服。"天道阴阳规律的变化,集中表现为日月和四时的往来,既不过越又无错差,总是顺其自然而发展,体现着一种和谐有序的永恒过程。"效天",就要效法天道变化之和谐有序无过差,"顺天",就要顺应天道规律永恒发展之自然。以此来治理国家,民服而无需用严刑苛法。

《周易》把人类社会和自然界看做统一的相互联系的过程,认为人应该尊重自然规律,这个思想是正确的。但是它不懂得自然界和人类社会还有其特殊的规律,然而却看到了社会的矛盾要比自然界复杂得多,并不完全像日月四时那样和谐有序自然而发展。它所说的"效天"与"顺天",实质是通过天道而反馈人道,从中受到启示理顺人与人之间的关系,以保持与天道相协调。我们说,社会的基本矛盾是经济利益和阶级关系的根本对立。《周易》虽然不是用这个视角去认识社会,但却看到了等级制度的尊卑之序把人分为互相对立的两个方面。理顺人与人之间的关系以与天道相协调,就是要使对立的两个方面如何达到和谐与统一,这也就是"燮理阴阳"的根本问题。按照《易》卦的模式,乾为阳,为君,坤为阴,为民。《系辞传》又说:"天尊地卑,乾坤定矣。卑高以陈,贵贱位矣。"认为乾坤阴阳所反映的君民等级制度是不可改变的,但是,二者的地位并不是绝对不变的。《坤·文言传》说:"坤道其顺乎,承天而时行。积善之家必有余庆,积不善之家必有余殃。臣弑其君,子弑其父,非一朝一夕之故,其所由来者渐矣,由辨之不早辨也。"《易》曰:坤阴所代表的下民,是要卑顺以承奉乾阳之君,然而从阴阳变化规律说,对立的两个方面无不在一定的条件下互相易位。因而坤阴的卑顺也有一个积小而成大,渐进而至极,最终将发生"臣弑其君,子弑其父"，下犯上，顺反逆。所以这段话于"坤道其顺乎"之下，接着就讲"积"、"渐"、"辨"，最后以"盖言顺"作结语。就是要告诉统治者，下民的卑顺并不是绝对的，君王的位置也不是永恒的，关键是"积善"还是"积不善"，对此要有所辨察。

从这一基点出发，《周易》论经纶治国则把人道的阶级关系和谐作为一种政治理想加以追求。阶级关系和谐统一则天地交而志同称作泰，社会发展就呈现出一种有序化的过程，人道与天道相应。阶级关系失和，下民被逼得铤而走险，天下就要大乱，社会就失去了稳定而否塞不通，人道与天道就不相应。在中国历史上，殷纣王无道失国是一个重大的政治事件，《周易》从哲学的高度进行了总结，体现在明夷卦中。明夷的六爻，以上六代表昏暗的国君，在下五个爻位的臣民尽为其所伤。结果如何呢？

> 上六：不明，晦。初登于天，后入于地。
> 《象》曰："初登于天"，照四国也。"后入于地"，失则也。

"初登于天"，指殷纣王初登王位承大统，也曾以君德照四方。"后入于地"，指纣王后来昏庸残暴丧尽民心，终于被推翻。"失则"二字，则为法则，也就是阴阳变化规律。总结纣王失国的教训，就因为他违背阴阳和谐经纶治国的基本规律。

殷纣王无道失国，周武王继之而立，这是一场改朝换代的革命。对于这场革命，《周易》给予充分肯定。《革·象传》说：

> 天地革而四时成，汤武革命，顺乎天而应乎人。革之时，大矣哉！

由于天地四时的不断变革，从而才使万物新陈代谢生生而不穷，说明没有变革就没有自然界的永恒发展。人类社会也是这样，商汤赶走夏桀，殷纣王无道周武王取而代之，这就叫革命。没有革命社会就不能继续前进，所以这种革命既顺乎天道规律之自然，又迎合了人心之所向，是革而当革，无任何过错。于是《象传》又说："革而当，其悔乃亡。"并赞叹说：革卦的意义，真是伟大啊！这里边就提出了一个极其重要的思想,即:天道规律究竟用什么去衡量? 要用民心去衡量。一个君王的政教合不合于天道,一个王朝的存在与否,决定性的因素是民心之向背,《周易》将其概括为"顺乎天而应乎人"。这样一来,所谓人道要与天道相协调,天人相合,并不是一句空话。因此说,革卦"顺乎天而应乎人"这句话,明确地告诉了封建统治者,民为立国之本,社会的治乱兴衰以及君位的存亡,均系于下民。这个道理,在《观》卦里就说得更加清楚了。

观,在十二消息卦里为阴长阳消之卦。阳为大,阴为小,阳为君,阴为民。阴长至四位,阳退守五位,上下对峙而互相观视。五,又为君位,四阴进逼,形势甚危。九五:观我生,君子无咎。

《象》曰:"观我生",观民也。阴长至第四爻位,阳消已过半。九五以刚爻居阳位得位又得中,是有中正之德的君王。所以《象传》说:"大观在上,顺而巽,中正以观天下。"是说九五这个大君在上位还是很可观的,他以中正之德观示于天下,使在下的臣民能巽顺而为进退。也正因为九五之大君有中正之德,才晓得观察自我的生存与否,则观民心之向背。在下的群阴不进逼,自己就能生存下去,在下群阴一进逼,自己失去生机。故言"'观我生',观民也"。民心之向背,决定于君道正不正。由于九五君道中正,《象传》称"下观而化"。下民既被其感化,当然也就消除了进逼之意,从而使九五之大君得以继续生存。

这一事实说明,天道是可畏的,民心是可惧的,天道虽高远,观于民心即可求。所以,用阴阳对立统一关系来经纶治国,从天人相合的整体和谐观念来处理阶级关系,说到底,就是要以天道之自然和谐来反馈人道,认清人心与天道相应,君位系于下民。因此中国有句名言,叫"得民心者得天下,失民心者失天下",这既是历史经验的总结,又是阴阳哲理所得出的必然。

二、理财正辞,民为立国之本

《周易·系辞传下》在第一章里,就提出了"贞胜"说,认为吉与凶所代表的阴阳对立面总是在互相争胜负。斗争的结果经常是一个方面居于正位而显现着,另一个方面居于偏位而隐伏着,矛盾的两个方面不可能同时都发挥支配作用,这就叫"贞胜"和"贞夫一"。在论证了这一哲理思想之后,接着就联系到国家的经纶治理而讲了一段话。它说:

> 天地之大德曰生。圣人之大宝曰位。何以守位曰仁。何以聚人曰财。
> 理财正辞,禁民为非曰义。

从天地的自然规律说,由于阴阳争胜负而不断地互相转化,才使日月四时运行而万物生生不穷。人类社会也是如此,由于上下尊卑互相斗争的推动,"社稷无常奉,君臣无常位",从而才促进了历史的发展。在这种不断变换的情况下,圣人认为大可宝贵的东西莫过于政权。也就是说,谁得了政权谁就居于正位而显现于人,谁丢掉政权谁就转向隐伏。如何能够守住政权而长久居正位,就在于得众望之所归。何以得众望之所归,就在于有财物以生息万民。因此,"理财正辞",是最重要的。"理财",即对国家财政的管理,税收法度必须适中合理。"正辞",即一切政令和教化措施必须保持清明。这两项事做好了,百姓就能够安居乐业自然遵守法令,一切都安排得很适宜,就叫做"义"。这样社会就能安定,可以保证政权的"贞夫一"。

《系辞传》的这段文字,从阴阳争胜负的不断变化中提出了政权建设的重要性,政权建设的核心是通过经济和政治上的管理措施以争得民心,从而稳定大局以巩固现存的秩序。这就是说,"理财正辞"不可贪得无厌而失掉民心,经纶治国应该轻徭薄赋,确立以民为立国之本。在这一基本思想的指导下,《彖》、《象》通过解六十四卦提出了一系列对下民应采取的具体政策。

首先,是关于容民畜民的问题。《师·象传》说:

> 地中有水,师。君子以容民畜众。

师,下坎上坤。坎为水,坤为地,卦象是水积蓄于地中。师卦为言兴师动众去出征。就兴师动众出征说,民为兵之本,只有平时容民畜民如大地之蓄水,战时才会兵多将广用之而不竭。军队是国家机器的重要组成部分,是政权的主要支柱。军来自于民,有民才能有军,有军才能使政权巩固。这一事实说明,推行容民畜民的政策,对稳定封建国家政权将起着直接的作用。接着,又提出了保民问题。《临·象传》说:

泽上有水，临。君子以教思无穷，容保民无疆。临，下兑上坤。兑为泽，坤为地，卦象是泽水之上有陆地。

如果泽水在陆地之上，则必有堰堤防泛而泽水的容量也有限。泽水之上还有陆地，是自然形成的大泽，其容量无限，而且泽水与陆地互相临近无间。君子观此象而效法之，应该像泽水与陆地那样上下互相临近，教化和思念民众无尽无休，容纳和保护民众无有止境。再进一步说，阳刚尊贵是居于上位的，现在屈尊就卑而居于四个阴柔之下，这体现着上亲临于下。由于上能亲临于下，下必敬于上，上位者就大有发展前途。于是由临，一变而成泰，再变而成大壮，再变而成夬，再变而成乾。所以《象传》又说："临，刚浸而长。"《序卦传》还说："临者，大也。"这一卦说明，居于上位的统治者如果能屈尊就下而亲临于民，思念和保护下民，其发展前途才会远大。然后，又提出了悦民。《兑·彖传》说：

兑，说也。刚中而柔外，说以"利贞"，是以顺乎天而应乎人。说以先民，民忘其劳。说以犯难，民忘其死。说之大，民劝矣哉！

"说"同"悦"。"先民"，即导民前进。兑卦卦义为言喜悦。以喜悦之事去引导民众前进，虽是劳苦而民不以为劳苦。以喜悦之事去引导民众赴大难，即或有死的危险而民众死而无怨。可见喜悦作用之大，它能使人奋勉而勇敢。因为凡事必应乎人心之所向，而应乎人心所向之事则必然是与天道规律相合顺。这又进一步说明，人心一旦与天道相应，就能调动起民众的积极性。有了这种积极性，任何事情都可以办成，何需为国家政权而担心呢！

以上三卦，从容民、保民、临民，讲到取悦于民，最后又归结到"顺乎天而应乎人"。反复告诫封建统治阶级，民为立国之本，是政权的根基，根基不牢，国家政权就要动摇，这是"理财正辞"。

三、刚健不息，强调实行人治

《周易》从天人合一的整体观念出发，通过天道而反馈人道，从而证明阴阳变化规律普遍存在于天地人之"三才"。因此,经纶治国要以阴阳变化规律为准绳,从保持政权的长期稳定出发,提出了"理财正辞"缓和阶级关系的一系列具体对策。规律与政策要靠人去具体掌握和贯彻,这里自然就涉及了人与客观规律的关系,以及在经纶治国中的作用问题。

《周易》认为,规律是客观存在的东西,它不以人的意志为转移,必须尊重。但是,人在规律面前也并不是无能为力的,而是有所作为的。《泰·象传》说:

> 天地交,泰。后以财成天地之道,辅相天地之宜,以左右民。

"财"通"裁"。天地的阴阳变化规律,相交才相和,相和才通达,这是不能够改变的。但是,君王可以裁制它,辅助它,成就它。所谓裁制、辅助、成就,就是在尊重客观规律的前提下,人可以对它实行某种驾驭、调节和利用。所以《系辞传》又说:"天地设位,圣人成能。"强调天地定位于上下虽然有其规律在运行,但却不能直接告诉人以趋吉避凶。圣人掌握了天地变化规律加以裁制利用而趋吉避凶,则能够成就天地之所不能之事以左右民生。

裁制,利用客观规律,成就天地之所不能以左右民生,实质就是强调发挥人的主观能动性。也就是说,经纶治国虽然要"顺天"、"效天",以保持与天道的和谐,但人治还是主要的。要推行人治,人就需要具备一种精神,确立一种人生哲学,在这个问题上,《周易》提出了刚健有为,自强不息。《乾·象传》说:"天行健,君子以自强不息。"《人有·象传》:"其德刚健而文明,应乎天而时行,是以元亨。"《大畜·象传》又说:"刚健笃实,辉光日新其德。"人应该像太阳那样,日复一日地运转,天天向上而光辉日有所新。有了这种奋进不止的精神,才可有为于天下,尽人事而听天命,最能说明这种精神的是姤卦。

姤,一个阴爻在下与五个阳爻相遇,其趋势是继续向上增长以消阳。所以,姤为阴长阳消的开始,对阳刚所代表的君子之正道非常不利。如何去对待这种客观形势?

> 九五:以杞包瓜,含章,有陨自天。
>
> 《象》曰:九五含章,中正也。有陨自天,志不舍命。

枸杞为灌木。以枸杞树去包容瓜,瓜藤必攀援而上。枸杞喻五个阳爻,瓜喻在下的一个阴爻。姤初六之一阴,原为夬之上六。夬之上六被五个阳爻决掉之后,反转而成姤的初六,又与五个阳爻不期而相遇。这一反转变化,即由阳长阴消而成阴长阳消,有如瓜藤缠绕枸杞树攀援而上。对于这一形势,九五含弘章显,以中正之道处之,因为这是天道规律发展的必然,故言"有陨自天"。但是,君子之人应该有一种责任感,并不因此而放弃自己的主观努力,故言"志不舍命"。就是说,人既要了解和尊重客观规律的变化,也要发挥主观战斗精神加以引导和驾驭,在条件允许与可能的范围内,使其向着有利于自己的方面发展。《周易》这种刚健有为自强不息的战斗精神,陶冶了我们民族的思想品格,在历史上曾鼓舞了许多进步的思想家、政治家去励精图治。所以,中国两千多年的封建社会,君权就是法,法制的思想不健全,而人治的思想却一直占据着主导地位。封建王朝几经更迭盛衰,无论是"文景之治"、"贞观之治"、"乾嘉盛世",还是三国混战,十六国纷争,确曾出现许多伟大的人物或顺天行道或力挽狂澜。

《周易·系辞传》说:"察于天之道,而明于人之故"。经纶治国,知天而更要知人。将天地人称作"三才",三之为言参,即强调人应该参与天地的变化。刚健有为自强不息,就是《周易》所倡导的人生哲学,理想的境界是"穷理尽性,以至于命"(《说卦传》)。不断地求索,通过知识的积累,以达到认识自然界和人类社会以及自身,从而去掌握变化规律。只有具备了这种思想修养,才可以称之为"穷神知化,德之盛也"(《系辞传》)。终极的目标,还是天人相合,这种相合已经是一种完全自然的和谐了。《乾·文言传》说:

> 夫大人者,与天地之合其德,与日月合其明,与四时合其序,与鬼神合其吉凶。先天而天弗违,后天而奉天时。天且弗违,而况于人乎,况于鬼神乎。

鬼神二字,鬼之为言归,神之为言伸,即用来形容阴阳屈伸往来之变化。这段话是说,道德修养伟大的人,已与乾的"元亨利贞"四德融为一体。所以他能与日月合其光明而照临四方,与四时合其次序一言一动无任何过差,与阴阳屈伸往来主使万物有生有灭的规律相合,赐吉降凶无一私念之掺杂。这样的伟大人物完全与天道规律相默契,其先于天道规律而动则不相违,后于天道规律而动则遵而奉之不相背。既然与天道规律都不相违背,何况于人事以及阴阳往来变化之类的具体问题呢。大人者,有德有位。《文言传》的这段话,实际上是讲给当权者的。它指明,只有具备了这种思想道德而居于尊位的人,才能经纶治国,达到"首出庶物,万国咸宁"。(《乾·彖传》)"苟非其人,道不虚行。"(《系辞传》)

以上可以看到,《周易》这部书不仅提出了一个博大精深的哲学思想体系,而且也系统地研究了人的行为准则。它展现了一个理论与行动相关连的思维模式,为经纶治国提出了一整套的方法和策略。就这一点来说,确实可以将其称之为中国最早的一部关于管理与决策的专门著作。正因如此,所以它在两千多年的中国封建社会里,一直受到统治阶级的重视。一些有建树的帝王将军,都从中汲取了思想营养。清代的康熙,是中国历史上颇具雄才大略的帝王,一生的文功武治奠定了中国大一统的版图。他在为《口讲易经解义》御制的《序》中,就曾这样说道:

> 惟帝王道法,裁在"六经",而极天人,穷性命,开务前民,通便尽利,则其理莫详于《易》。《易》之为书,合四圣人之象,设卦系辞焉,而广大悉备。自昔包牺、神农、黄帝、尧舜,王天下之道,咸取诸此。盖《诗》、《书》"六艺"之文,《礼》、《乐》之具,《春秋》之道,无不于《易》详焉。
>
> 若乃体诸躬行,措诸事业,有观民设教之方,有通德类情之用。恐惧修省以治身,思患予防以维世。引而伸之,触类而长之,而治理备矣。
>
> 惟体乾之四德,以容保兆民。期庶司百职事矢野,涣群之公成"拔茅允升"之美,则"大和"溢于宇宙,庶称朕以经学为治事之意也。

他以经学为王道之法,看到"其理莫详于《易》"。《易》书"极天人,穷性命","有观民设教之方,有通德类情之用"。能"恐惧修省以治身,思患予防以维世","而治理备矣"。他要体现乾卦"元亨利贞"之四德来治天下,期望百官职事能容民保民,上下相交而成泰。经纶治国的理想目标是"大和"溢于宇宙,即阴阳中和,天人和谐,由此可见,清初的所谓盛世与《周易》的经纶思想是有极其密切关系的。

　　《周易》的治国之道,应该说并不是康熙才发现的,司马迁早就注意到了。他在《史记》中说:"《易》本隐,以之显,《春秋》推,见至隐。"《周易》阐发抽象的阴阳变化规律,是隐晦的,奉而行之则切中于社会历史实际。《春秋》评断社会历史的盛衰,是具体的,推极其理可验证于抽象的阴阳变化规律。所以,《周易》与《春秋》,互为体用与表里,在中国堪称是经世之学,是封建士大夫晋身于朝政必修的高深教科书。由此亦可理解,它为什么能冠"六经"之首,历数千年而不衰。

　　我们中华民族曾创造了灿烂的古代文化,而《周易》可以说是东方文化宝库中一颗光彩夺目的明珠。它不仅给人以知识,而且能给人以智慧。研究任何一门学问,一部书,如果与现实相脱离,它也就失去了生命力。《周易》阴阳变化的理论思维为封建制度的长治久安提供了一定的依据。可以这样说,中国封建社会延续了两千多年,它确实起了某种维护和调节作用。在 21 世纪的今天,《周易》又成为国际学术界注重研究的一个热点,而且一些经济发达的国家已经把它的思想用之于经济管理,以协调劳资之间的关系。当前,我国正值经济建设关键时期,需要有一个稳定的大局,祥和的政治气氛,在这种形势下我们来深入研究《周易》的经纶治国论,或许能从中受到某些新的启迪。

(作者单位为河南浚县新镇镇李海屯村县第三中学)

《周易》对教育的启示

杨淑芝

在人类轴心期时代，只有一本书以符号、图示、文字共同编织的系统揭示天地人之间的奥秘，那就是且为人类生存导航、被誉为"天书"、并由河洛文化的源头即古《易》学推演而来的《周易》。《四库全书》提要说："易道广大，无所不包，旁及天文、地理、乐律、兵法、韵学、算术。以逮方外之炉火，皆可援《易》以为说。"拙文援《易》为教育说，皆为读《易》之所得于"方外"。

一、问渠哪得清如许，为有源头活水来

在这个知识化、信息化的年代，教育、培养人才成了被关注的焦点。国家与国家的竞争，是科学的竞争，是技术的竞争，同时也是教育的竞争，归根结底是人才的竞争。

众所周知，中国人在人类生活的各个领域都取得了引人瞩目的巨大成就，中华民族的智慧和才能受到全世界的肯定和赞赏。独特的中国易学、老庄哲学、孙子兵法、儒家学说等都成了世界学术研究的热门。

易学是激活、养育、开拓中国教育、教学及其理论研究的"源头活水"。社会在变，世界在变。《周易》哲学思想就是教人学会变，学会灵活，学会掌握并顺应事物的变化规律。教人事未至而欲图，防患于未然，从而把握事物发展运动的主动权，以迎变化而取胜，立于不败之地。然而，易文化、易学思维如何冲破古老的桎梏，开往现代化信息高速公路，取决于本世纪炎黄儿女如何从中有新的理解、新的发现、新的认知并赋于她新时代的生命智慧，科学地运用与创造性转化，取

其精华,去其糟粕,化腐朽为神奇。从而使易学婉如日月,与时偕行。"穷则变,变则通,通则久"。相似教学模式、相似语言学、五易教学法就是在《周易》哲学思想应变化的孕育中创生出来的,更是易学源泉激活的教育理念。

二、自强不息天行健,厚德载物地势坤

无论教育理论、概念多么复杂,我们都可以概括为一句话即教育就是塑造合格的人。人是教育的起点也是教育的终点。那么,人是什么? 人的生存价值是什么? 人与教育的发展取向又是什么?《易传》中说:"与天地相似,故不违"、"与天地准,故能弥论天地之道"。当我们用生命去感悟这些符号时,这些符号的图像会映入我们的灵魂。"天无私覆,地无私载,日月无私照。""天养万物,地生万物。""万物并育而不相害。"华夏文化正是在《周易》由天及人思想的传播中,将人文精神的至高点定格为:自强不息,厚德载物的"与天地相似"之中,并由此为教育塑造人找到了支撑点和定位。教育就是要培养、塑造"自强不息"、"厚德载物"大写的人。

教育人要"与天地相似",就要拥有与天地万物一样优秀的品格和属性,如大山的厚重、土地的生生不息、急流的奔放、星座的深邃、海纳百川的胸怀、天高云淡的宽广、夜的宁静肃穆、水的柔弱居下、日月永恒的无私照等等。从某种意义上讲,这正是现代人对"与天地相似"产生的浪漫主义高尚人文情怀。

人是什么? 答曰:"人天地一物耳,饥食渴饮无休时。若非道义充其腹,何异鸟兽安须眉?"

何者谓之人? 答曰:"耳、目、鼻、口、心、胆、脾、肾之全气,谓之人。""八者具备,然后谓之人。夫人者,天地万物之秀气也。"

上述是易学大家邵雍给"人"下的定义。而荀子则说:"水火有气而无生,草木有生而无知,禽兽有知而无义。人,有气、有生、有知、且有义,故为天下贵也。""人,力不若牛,走不若马,而牛马为用,何也? 人能群,彼(指牛马)不能群也。"

知人尔后知人生。人生存在的意义和价值是什么? 正是这一亘古追问、求索与实践,人类将自身提升为万物之灵。从易学思想出发,将人生的价值取向可概括为三个字,即"尽人事"。《周易大传》中指出:"天地设位,圣人成能","天

地变化,圣人效之"。也只有人才能"成天下之务,通天下之志,定天下之业,断天下之疑"。正是惟有"与天地相似"、"聪明睿智"的人才能继天立极,圆天地之妙,而使"天下之能事毕矣"。宋代哲学家张载把天、地、人、过去、未来纳入他后人难以超越的人生价值:"为天地立心,为生民立命,为往圣继绝学,为万世开太平。"人无论地位高低、学问深浅,只要有这一信念恪守,知行合一,就是一个高尚的人,一个有社会价值的人。

人与教育的发展取向是什么?地球上只有人类这个种群才设置了专门的机构培养自己的下一代,以传承上一代的思想、文化、艺术、知识、技术、技能、技巧等等,其中始终贯穿着精神和道德。人类创造了教育,反过来,教育又提升了人类自身的文明。对于教育的取向,大教育家陶行知论述得最深刻,他认为教育就是"教人变!教人变好的是好教育。教人变坏的就是坏教育。活教育教人变活。死教育教人变死。不教人变、教人不变的不是教育。"这一"变"字道破了缘易为育的天机。教育就是孕育变化,通过教育使人变得文质彬彬、变得世事洞明、变得人情练达、变得腹有诗书气自华、变得文明孕育内而高尚行于外,变得善言、善行、善于与他人合作。

总之,"与天地相似"势必呼唤出"自强不息"、"厚德载物",人类与大自然高度相似匹配的和谐共生态。

三、易简之善配乾坤,德圆而神法天地

《周易·系辞上》说:"乾以易知,坤以简能。易则易知,简则易从。易知则有亲,易从则有功。有亲则可久,有功则可大。可久则贤人之德,可大则贤人之业。易简而天下之理得矣。天下之理得,而成位乎其中矣。"《周易·系辞下》又进一步强调说:"夫乾,确然示人易矣。夫坤,隤然示人简矣。"这一论述对当代教育的最大启示是:教育要想取得成功,必执易简之道。易简是个总的思维框架,不穷之变与不易之理纳入其中即:以不易之理,御无穷之变。无论教育的方方面面怎么变,有一条是永远不变的,那就是塑造德才兼备的人。一切的变都围绕这个不变的准则。

"德圆而神"乃是《周易》的精髓。德的最高境界是"圆融"、"圆通"。因为圆的特性是顺适畅达,圆妙造化与物宛转,唯变所适,不拘泥,不僵滞,始终如一。

本着"易简"、"相似"、"德圆"的易学思维体系,我们创立了相似教学模式。它是"与天地相似"的宏大思想在教育、教学领域的微观创生。相似教学模式从寻"易简"出发,以"相似"为桥梁,置于"德圆"。如图所示:

相似教学模式示意图

相似教学模式由六相板块构成,三个同心圆环环相扣。表达着相似教学模式一即多、多即一的相似理论体系。外圆三个板块就是造势,营造与受教育者高度相似的条件和环境。相似关键期要求教师创设如婴幼儿学习母语时的宽松、愉悦、安全、关爱、赞扬、充满期待的学习氛围与态势,以减缓学习心理压力。这是排除"所知障"和"烦恼障"的有效措施。

执教准则对教师的教提出八点要求,即易、简、序、喻、趣、新、情、美,意思是说教学力求达至易至简、程序和谐、寓理于喻、教人要见意趣、温故知新和情动于衷而形于外的课堂审美设计,这也是完美课堂教学的标准。

学习原则是来自教师对学生的循循诱导,强调学习要重兴趣、重积累、重感悟、重迁移、重习惯、重烛理、重炼意和重创新,体现了学习成功的普遍规律。其中,烛理就是探究问题、发现问题和深化问题;炼意就是烛理过程中内在精神世界的提升。烛与炼是创新的前提。

总之,这个追求"圆而神"、环环相抱、"规律为中心"的相似教学模式,经十余年,教上磨,学上磨,教学两相磨,终于实现并完成了"少则得,多则惑"、"抱一为天下式"图像教学范式的构建。它不仅适合各层次各学科教学,而且得到了广泛的普及和应用。

四、五易变通久,六识格物知

二程教后人以这样的心态读易:"得不传之学于遗经,学者不必远求,近取诸身,只明人理,敬而已矣。便是得处。"五易便是我们读易远近相取的"得处"。这五层要义便是:不易、变易、简易、交易、象易。

不易:所谓不易就是不变的知识,是千百年来人类通过实践证明相对不变的科学原理、基本概念、定理、公式等等。如:"两圆至多相交于两点"这一数学原理仅仅九个字就概括出大大小小、各种各样两圆相交的普遍规律。我们也把这称作"关键知识"。具体到课堂教学就是要以关键知识为主旋律,即"以不变应万变"、"以一行万"。

变易:变易是说用那些相对不变的关键知识去驾驭、统领、激活那些可变的知识。比如"祖国"这一词是不变的,但它可以生成很多词组、句子。诸如:伟大的祖国、可爱的祖国、我爱我的祖国等。各个学科都是如此。因为有了不变,才有了变;因为有了变,才需有不变的规则。不变的东西掌握得越牢固、越扎实,变的能力就越强、越快、越熟、越巧、越好。惟变所适,莫穷其用。这就是教学的第二要义:求变易。

简易:教师的劳动充分体现在简易之中。好的教师总会把纷繁复杂的教学内容变得简单、变得容易,讲得深入浅出。因为简单的才是原本的,具体的才是简单的,切身的才是具体的。美国学者爱默生也如是说:"谁能使事变得容易,谁就可以为师。"可见,简易是好的课堂教学的重要标志。善言之师,言简意赅;善喻之师,一言明数理。简易是智慧的灵魂。这就是教学的第三要义:化简易。

交易:交易是指人与人之间的交际、交往、交流的互动关系。其实,课堂教学就是人际交感活动。教师用情感传送知识,去呼唤感召鲜活的个体生命,并"随其资而诱之"。营造课堂交易互动之势,以达你中有我、我中有你的相辅相成、相互拥抱、相互对话、相互融合的态势。教在主动中退让,学在被动中进取,形成矛盾的转化。是学成就了教,是教促进了学。这就是教学的第四要义:互交易。

象易:常言道:以言诉之,不如以图示之。这常言便道出了《周易》大家王弼学说:"言以象尽,象以言著。""寻言以观象,寻象以观意。"说得通俗一点,就是"以象表意"。课堂教学内容的"意",多半是静止的、抽象的、枯燥的、说教式的等等。若将其变为动态的、形象的、鲜活的、诱人情趣的、生动的则非象莫属。而"象"又呈现多元化,诸如:图示的、多媒体的、比喻的、事件的、想象的、情境化的、态势感悟的、借景生情的种种。"象易"思维是人类原生态思维之源泉。诸如从鸟类的飞翔原理到飞机,从蛛网到鱼网,从鱼鳔调解鱼沉浮原理到潜水艇,从眼球原理到照像机,从人脑到电脑等等,人类很多发明创造源于这"象易"思维。可以说"象易"直觉思维是人类文明传承的独特手段。所谓"教者,喻也"。"立象以尽意"。即言之以辞,示之以象。这就是教学的第五要义:示象易。

《周易》教人去感悟,教人去发现,教人去创造,教人去求新。汤之《盘铭》曰:"苟日新,日日新,又日新。"经验告诉我们,追寻彻底的易简是日新的有效途径。《周易·系辞上》中说:"易简之善配至德。"相似语言学就是在"日新"与"易简"的碰撞中创生的。

相似语言学从哲学的范畴解读了优秀课堂教学普遍规律。它提炼出课堂教学共性,类推以求,寓理于象,重新组合教学维度。其宗旨如图所示:

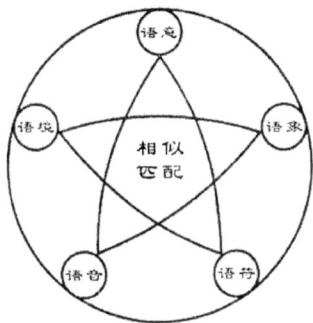

相似语言学示意图

一般说来,任何学科的有效意义(语意)都是通过有声的话语(语音),并配以相关的文字符号(语符),依据相关的语言背景、情境(语境),再产生相似的联想、想象(语象),最后由大脑复制、再现出课堂教学思想内容的此情此景。语意、语音、语符、语境、语象这五维交融在一起,共同传递信息,我们称之为"五维并置"。人有"六识"(眼识、耳识、鼻识、舌识、身识、意识),"六识"协作共同参与接收、整理信息,我们称之为"六识同构"。那么,课堂教学的本质(或规律)就是信息的输出与输入经由"五维并置"与"六识同构"的相似匹配、相互碰撞、相互融合。知识的获得能力与应用能力就是在这样的过程中得以生成直至熟巧。

国学大师王国维在《人间词话》中说:"其内足以摅己而外足以感人者,意与境二者而已。上焉者意与境浑……所以有意境者,以其能观也。"意思是说意象和语言境界浑然一体才感人至深。所以说有意境,是因为能想象得出来,心中有象。显而易见,语境和语象使单调的眼观、耳听式的知识接收变为全身心感受、领悟、体会、想象、玩味、欣赏等。从而把人体接收信息的所有感官系统:眼、耳、鼻、舌、身、心全方位打开,使之尽其性、尽其能、尽其才、尽其趣、尽其智。这就是教学的以人为本。

《周易》博大精深,奥妙无穷。子曰:"五十学易,可以无大过矣。"愿以此与学界同仁共勉。

（作者为洛阳师范学院河洛文化国际研究中心教授）

略析《周易》文化思想中的传承与现代演进

——从《周易》的价值取向看社会和谐精神

吴建峰

中华民族历史悠久,优秀的传统文化的传承是不断地推动民族演进的源头,在众多的古代文化思想中,元典文化的代表作——《周易》就是不可多得的精品。研究《周易》的价值取向,从中华民族的文化渊源的发展之中,寻找当代社会和谐发展的可行之路,古为今用,推陈出新,是学术界的一项有益的课题。毛泽东曾说:"今天的中国是历史的中国的一个发展;我们是马克思主义的历史主义者,我们不应当割断历史。从孔夫子到孙中山,我们应当给以总结,继承这一份珍贵的遗产。这对于指导当前的伟大的运动,是有重要帮助的。"我们今天面向的是经济全球化的世界形势,多元文化的相互影响,多重矛盾的交融导致各种复杂问题的不断产生,迫切需要我们更深入地研究《周易》,去粗取精,去伪存真,为建设和谐社会所用。

《周易》是一部占筮书。从战国时期起,就被看做中国古代儒家学派经典著作之一,后来被列为儒家经典之首。书名"周易"的"周"指周代,"易"是变化,意喻周代的变化,古人编这本书意在给当朝社会一个正确的导向,借以挽救周朝的危亡,春秋时代不断有人对它进行解释和研究,其中包括孔子,到战国时代便出现了传为孔子所作的《易传》七种十篇,称为"十翼"。后来《易传》被编入《易经》,就成了我们今天所见到的《周易》。

《周易》有六十四卦,第一卦为乾,原文如下:

乾元亨利贞。

初九潜龙勿用。

九二见龙在田,利见大人。

九三君子终日乾乾,夕惕若,厉无咎。

九四或跃在渊,无咎。

九五飞龙在天,利见大人。

上九亢龙,有悔。

用九见群龙无首,吉。

乾,象征天,喻示"阳刚"之气像一条主线统领其他各卦,为卦之首。象曰:"大哉乾元,万物资始,乃统天。云行雨施,品物流形。"古人把社会中的最高意境比作天意,万物的生息受天意支配,"云行雨施,品物流形",千姿百态。对"元"、"亨"、"利"、"贞"四字的含义《周易正义》所引《子夏传》的"四德"说和《左传·襄公九年》穆姜所叙最为流行,《周易正义》:"《子夏传》云:'元,始也;亨,通也;利,和也;贞,正也。'言此卦之德,有阳刚之性,自然能始万物,而得元始、亨通,既能使物性和谐各有其利,又能使物坚固正得终。"《左传·襄公九年》:"穆姜曰'——元,体之长也;亨,嘉之会也;利,义之和也;贞,事之干也。体仁足以长人,喜德足以合礼,利物足以和义,贞固足以干事。'"而龙是中国古人想象中的刚健而美善的神奇动物,能三栖,既能潜伏于深渊,又能驰骋于陆地,还能飞腾于天空。象征阳。此种德行正与乾卦德行相合,寓意和谐与大吉大利同在,相辅相成。不管是"潜龙,勿用"还是"见龙在田",或是"飞龙在天","亢龙,有悔"以及"见群龙无首,吉",都把大德大才的人、君子的行为规范表现为"天行健,君子以自强不息"以及"君子终日乾乾,夕惕若,厉无咎",来告诫人们发奋图强,戒惧警惕,小心谨慎。我们今天讲"谦虚谨慎,戒骄戒躁"正是当代社会传承了《周易》思想的具体表现。人的发展崇尚和谐,社会的发展与人的发展紧密相连,因而社会的发展离不开和谐,就有"见群龙无首,吉"的局面。"首"字在这里作"终"字解①,意味着变化没有穷尽,就会大吉大利。我们每个人都有"龙"的精神,都能表现出自己的个性和能力时,就能呈现出多层次的、多元的文化思想,百花齐放、溢彩纷繁的和谐意境。

---

① 贡安世:"《易》中首字皆训终"。

又如第二卦坤,原文如下:

坤元亨,利牝马之贞。君子有攸往,先迷后得主,利。西南得朋,东北丧朋。安贞吉。

初六履霜,坚冰至。

六二直、方、大,不习,无不利。含章,可贞。或从王事,无成有终。

六四括囊,无咎无誉。

六五黄裳,元吉。

上六龙战于野,其血玄黄。

用六利永贞。

坤,象征地,其性柔顺,具有阴柔、宽厚之德。喻示"阴柔"之气,宽厚之德。象曰:"至哉坤元,万物资生,乃顺承天。坤厚载物,德和无疆。含弘光大,品物咸亨。"古人把与"乾"对应的"坤"言之"牝马",属阴性,称为"地"类,与"天"对应。君子有攸往,先迷后得主:攸,所。往:前行,比喻有所作为,总是"先迷后得主,利"。社会要前进,人类要发展,总会遇到这样和那样的问题,总会有茫然的时候,但人类对"主"的追求不会停滞不前,这里"主"是指所要寻求的对象或所要达到的目标,也可看成我们今天的"主义"解。要实现远大目标,只能是在"西南得朋"的前提下实践,同时要避免"东北丧朋",才能"安贞吉"。象曰:"行地无疆,柔顺利贞。君子攸行,先迷失道,后顺得常。西南得朋,乃与类行;东北丧朋,乃终有庆。安贞有吉,应地无疆"就是这个意思。我们今天建设和谐社会,目标明确,而要达到这个目标,只能是把更多的同志、同道的"朋"邀在一起才行,但应清楚,总会有"履霜,坚冰至"的严寒时候,但只要做到"直、方、大",就会"不习,无不利"。这里从纵向无边,横向无涯,幅员辽阔的角度说明"地"之博大精深,有宽厚之德,才会有即使是不加修习,有所举动时也无所不利。要做到"含章","才能无成有终";"括囊",才能"无咎无誉";穿着"黄裳",才能"元吉"。古人把含阳刚之美而不轻易显露作为一种德行,把文采绚丽,色彩彰美作为一种谋大事之人的内在品质,即便是起初无所建树,最终则能尽忠臣职,得到好的结果。今天看来,作为一种在《周易》思想支配下的社会伦理中的管理秩序,这种理念还是值得提倡的。但如把它当成一种愚民思想,就会禁锢创新,导致思想僵化。影响社会变革,这是要注意防止的。至于是否一定要穿着"黄裳",就大可不必了。要达到"利永贞"的境地,在今天看来则可理解为追求社会的可持续的发展,是社会进步事业的一个标志。

按古人的思维习惯,不可以把顶礼膜拜的对象当做认识、研究和探索的对象,在今天看来简单明了的自然现象,对古人来说却意义非常寻常。神的意志看做天意,通过自然现象表现出来,使之成为社会人的行为举止的启示,大凡自然界和人类社会中超出人们想象力和理解力的事物,都可以按"天人感应"的思路来解释。这样一来,人们的行为举止就有了思想上的依据。《周易》把"乾"的精神归纳起来,遗传至今,在今天的社会实践中仍能感受到它的影响和存在,这正是《周易》思想文化中的价值观在中华民族大家庭中被广泛地接受、传承和演进的结果。

不可否认,在认识客观事物的过程中,由于古代社会生产力和科学技术水平不高,古人相信自然和社会现象都有某种天意的力量在支配着,遇事都好用占筮的方式来乞求,今天的香港、台湾和海外华人社会,大多还保留着这些习俗。在"习"与"俗"之中,还保留着人们的精神寄托。我们不可能按一个模式去要求所有人信神或不信神,我们只有在正确的理念指导下影响人、改变精神面貌,但这种正确的理论的形成和发展离不开中国的国情,我们不必像古人那样信奉"天人感应"的教条,也不信"上天"只对"大人"、"君子"显灵。随着科学技术进步事业的发展,过去古人不理解的"天象"、"地应"等神秘的东西都逐步被一一揭开,正是我们对客观世界规律认识的进步。因此在今天看"乾"、"坤"就不会有那么多迷信的东西,尽管我们还有许许多多没有认识或完全认识的客观事物或客观规律,但这并不能阻碍我们去进一步认识客观真理,我们今天理解的"天人感应"就是我们建设和谐社会的"天人合一",这里我们已把它赋予新的内涵:那就是人与自然的和谐,人与社会的和谐,人与人的和谐。我们追求"利永贞",就是要摈弃以牺牲环境为代价的单纯 GDP 增长观,实施真正的可持续的发展,这已和《周易》的原意有了很大的不同。

社会要想达到稳定和发展,需要在共同的文化习俗基础上达成共识,形成新的、先进的文化,并在此基础上规范人们的行为,否则和谐社会就只能是一句空话,说得好听,没有什么实际价值,只会出现堕落和衰败。长期以来中国的真正问题,就是我们没有弄明白这一点。如果一个社会的文化是先进的,就很容易形成好的制度,制定一个基本正义制度只需"含章"就成,落到实处的好制度则不是"含章"就能实现的。这就需要把制度变成潜移默化的行为习惯,这是思想文化软科学、软实力,我们需要在有形的行为方面对不适合国情、不适合形势发展的制度进行改变和完善,我们更需要在无形思想文化方面下足内功。如果一个社会光有理想,尚未建立起有效的正义机制,社会和谐就没有保障;如果一个社会光有制度,没有好的思想文化、风俗习惯,再好的制度也只是束之高阁的一纸空文。好的思想文化根基能形成好的制度,好的制度又促进好的思想文化建设。这是和谐社会的价值观的最好体现。

中华民族与其他后起民族的不同之处,是我们有悠久的儒学传统,这种制度价值体系在我们的意识中深深地塑造了一种对人的态度或方式,就是把人当臣民而不是公民。这是《周易》思想文化中要注意甄别的内容。用先进文化的内涵来给《周易》以新的诠释,剔除落后的迷信思维,这是我们建设和谐社会急需解决的大问题。

(作者单位为湖北工业大学经济与政法学院)

亥猪——冬之神

——竖亥步天的故事

伊世同

又逢猪年,虚应故事;亥年话猪,似乎也言之成理。

按十二生肖序次,猪位于亥,亥即猪。

《山海经》中有描述上帝命竖亥步天的神话:"竖亥",也就是一头站立起来,准备攻击敌对者的野猪。"步天",则相当于上帝任命的测量员,专门从事天地大小等尺度丈量工作,是很辛苦的一项差事。

司马迁在《史记·天官书》里指认中国承传的二十八宿星象中,有一座星官名"奎"宿,奎宿的形象就是野猪"封豕",即圣猪、灵猪或神猪,相当确切,不必置疑。

对猪的崇拜,有着北方高纬度的森林与湿地背景,那里的野猪可谓猛兽,发威时虎、熊都不敢侵犯,属林间或湿地的一位霸主。野猪,又是古人早期驯化的家畜之一,是古人类的主要食物来源,对其崇拜,是很自然的。

北方高纬度带的星象观测者,每天都有一次机会看到太阳的周年视运动轨迹(黄道),与当地地平线重合(或接近于重合),这时会看到黄道附近的星象沿地平线平移。竖亥步天,也就成了野猪在地平线上缓慢平移,在度量天地。

用天文学中的岁差法推算,两万多年前,冬至子夜,奎宿位于正北星空,似乎在考测天地,然后再向上苍汇报度量成果。

我们都知道,二十八宿是以龙角为始点的。奎宿所在的黄道经度,则刚好和角宿相对。而两万多年前的龙角,不仅指承传至今的角宿两颗亮星,还包括角宿上方的"大角"。大角(αBoo)是北天恒星中的三大明星之一,是两万多年前的龙角。龙角显示的是夏夜星空,奎宿(野猪)则显示冬夜星象,反映着二十八宿星象的古老背景及其天文、人文、地理等原始环境条件。

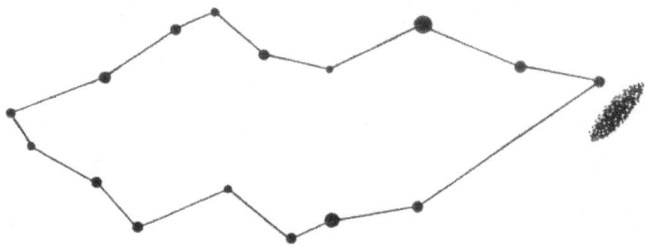

奎宿形象,颇具威势。奎宿由十六颗星组成,其含义也很耐人寻味。值得强调的是:北天肉眼可见的唯一河外星系(M31),恰为野猪的猪拱嘴。猪拱嘴是软软的,河外星系以人的肉眼观察,则为一片模糊光斑,形象比对,妙不可言。

前两年,为协助一位台湾朋友鉴定一批古董的真伪,意外地发现了一只瓷塑的奎神。瓷猪的造型、釉色、瓷化程度,大体反映瓷品成于南北朝时期;而北魏又来自北方,其先人祖居地,也在大兴安岭觅得祭祀洞穴,继承关系无可怀疑。这件瓷猪,已神化到头生角(可主持正义),但又不长耳朵(不听闲言碎语),有脚能跑,有翅能飞,可以说是神气极了。

北魏,或称室韦,有的文献则直书豕韦。奉祀源头和承传关系是非常清楚的。

《史记·天官书》在论及五纬(五大行星)庙位时,曾显露出远古的夏神是野火,其主祭星名是"大火"和荧惑,有着火神爷(燧人氏)升天的神话,其时代背景之悠久,其他天文与人文故事,是无法和它相争的。故古人把大火和火星祭祀位置安排在南中(实即端午或夏至节),势所必然,绝无争议;而冬神,则为野猪,也是可以找到证明的。

两万多年前,受近冰期来临的影响,北方高纬度族系被迫向南方迁徙,进而对东方或西方文明有所影响,有其独特奉献。北方,也是鬼方;指祖先曾呆过的地方,《易经》中"有鬼一车"讲的就是这类远古故事。在二十八宿星象中则专指"舆鬼"。舆即拉着鬼的车子或抬着鬼的轿子,是请祖先参与围猎祭祀典礼的。入史以后,点状元的魁星,实际上也是由奎神变演或附会形成的,不再赘言。

中国的传统文化,概指中原文化,而中原文化得天独厚的来源,则有四夷文化的混合,否则中原文化是秀不起来的。但,中原文化的后世传人,却渐生轻视周边文化的倾向,应引以为戒。象征中国文化传统的孔老夫子,早就承认自己是东夷后代;孔子故乡的齐鲁文化,也大多来自东夷("夷"字也可训为"人";东夷,也就是东方人),我们还有什么话好话呢?

史前东方的天文、人文与地理探索,颇类似在为今后的相关研究寻觅一条莽丛莽间的弯曲小路。曲径通幽处,柳暗花明时。愿以此与同道共勉。

(作者为北京古观象台研究员)

《归妹》的本体论意象特征

张乾元

易学本体论是关于宇宙自然为本体的理论与描述,是以宇宙自然本体为立足点和生命源泉来研究人类生存的本真之美。

中国古代的本原论、本根论、本体论在探索物质存在依据和宇宙生成本原问题上是统一起来看待的,不简单强调清楚,具有混沌含蓄的意象特征。《论语·学而》曰:"君子务本,本立而道生。"君子专心以本原为依据,本原一旦确立,道理随之而产生。《庄子·知北游》:

> 圣人者,原天地之美而达万物之理。
>
> 阴阳四时运行,各得其序。惛然若亡而存,油然不形而神,万物畜而不知,此之谓本根,可以观于天矣。

"原",本原,本质立场。以天地之美为本原、为依据,万物之理即可通达。庄子明确肯定了美的根源与本质在于天地自然万物,通过观察自然,探索其中的规律,发现其中的美。"本根"乃是自然万物存在的最根本的原始依据,是道本体自然而然的规律特征。事物以阴阳四时运行的秩序规律为本,而表现出"惛然"不清楚,若有若无,不形不可知的混沌状态,则是与天地之美、万物之理浑然一体的神妙状态。而在若亡若存中求真求美,才是最美妙最高级的状态。

《周易》的本体论以天地为本根,将宇宙的生成和自然的朴素性统一起来。从宇宙生成的本原到物质存在的本体归根到"易",统一于"道",浑然为一。

"易"、"道"、"太极"、"一道"都已进入形而上的混沌域界,无法具体区分和表述。混混沌沌、恍恍惚惚构成有形宇宙、有形自然的本原,是生命的元初状态。《周易》所建构的天、地、人三才统一是混沌的"太极"意象。"太极"是天地未分的元始混沌状态,是生命的源泉。"太极"同时又是万物归聚的统一状态,九九归一,万变不离其宗。一分一合,一放一收,形成规律。太极生乾坤两仪,乾坤两仪是众卦之父母,是《周易》的核心和纲领。《易》道以乾坤天地之道为本体、为准绳,统领全局,尊卑定位,层层衍生,所以能包含一切,杂而不乱。《系辞上传》曰:"一阴一阳之谓道"。道是本体,分生阴阳,阴阳为物质的两种性能。"易"从太极"一"分出阴阳、四象、八卦、六十四重卦、三百八十四爻等结构体系,阴阳变化根据不同的时间和空间位置层层变化,时时发展,通过爻的转变,使有序的时空结构变为无序,进入复杂混沌状态,以象征的手法表述宇宙天地由无形到有形的生成态势。尽管"道"的表现形式多种多样,意象模糊不定,但其共同的本性,无非一阴一阳之理,万变不离阴阳,万物最终又以阴阳归类于道。《周易》从天地层层衍生出人类社会的礼仪,反映了以宇宙为本的生成秩序和尊卑等级,《周易·序卦传》有曰:

> 有天地,然后有万物;有万物,然后有男女;有男女,然后有夫妇;有夫妇,然后有父子;有父子然后有君臣;有君臣,然后有上下;有上下,然后礼义有所错。

《周易》的本体论将崇尚天道,效法地道,推广到人类文明的等级秩序。天地本体有高下之位,人效法天地之道,把道的高下秩序设立于社会,人以知礼节、有等级而形成文明秩序。人的天性与天地阴阳保持一致,生生变化,便能进入大道之门。易道是阴阳刚柔变化的常理,太极是万物相杂整一的常规。太极混沌为"无形",产生阴阳成"有形"。易之太极如树木有根,万泉有源,万形有极,混沌极致。

宇宙自然本体论强调宇宙自然的朴素性,强调生命存在的真实意义,并不意味一切都是实实在在的实象,没有"虚构"、"虚象"。假设、假象和虚构、虚象并不等于造假、假冒、假意、虚无主义等。"虚象"是虚拟的,由实触发的,是间接的物象,虚中有实。"虚象"依据本体来创构,是对本体的含蓄化、模糊化,留给人们更多的想象空间。"假象"是物质存在的一种非同一般、一反常规的现象。假象往往使人们在辨别现象与本质的关系上产生错觉和迷惑。然而,假象常表现为秩序错位或含混,假象不假。"虚"与"实"对应,"虚"并非是"假",近观则实,远观则虚。具象为实,抽象为虚。小形为实,大象为虚。有形为实,无形为虚。有为为实,无为为虚。虚实相生,共同体现"真"的情节。陶渊明《饮酒》诗"此中有真意","真"就是意象的实质,是生命存在的条件,是审美活动的先验基础。

《周易》也设立了许多"虚象"和与本义相反的"假象",目的是引导人们透过现象看本质,认识并理解事物的多面性和多义性,探赜索隐,钩深致远,穷神知化,努力从复杂的、玄虚的"象"中深入探求和把握真正的"意"。"本体"是"意象"的生机所在,真谛所在。

《归妹》卦爻辞、象数、体用的关系等都极为复杂、模糊、多义。从爻辞的言辞意义上看,《归妹》是为追求阴阳交合的天地大义,不惜将少女嫁于年龄悬殊很大的长男,委曲求全,蕃息后代。而从象数结构上看,《归妹》是构建了以四季循环为序的行为方式,必须以天地自然规律为根本,以反归为顺,以倒退为进。体现出古人尊重自然,尊重规律,崇尚繁衍生息的朴素唯物主义观念。《归妹·象》总论曰:

> 归妹,天地之大义也。天地不交,而万物不兴。归妹,人之终始也。说以动,所归妹也。征凶,位不当也。无攸利,柔乘刚也。

为了求得阴阳相交,万物繁兴,《归妹》卦打破常规交配次序,少长能交,喜悦而动,也是符合大义之道的。《周易正义》孔颖达疏:"此举天地交合,然后万物蕃兴,证美归妹之。所以未及释卦名,先引证者,以归妹之义,非人情所欲,且违于匹对之理。盖以圣人制礼,令侄娣从其姑姊而充妾媵者,所以广其继嗣,以象天地以少阴少阳、长阴长阳之气共相交接,所以蕃兴万物也。"孔颖达认为《归妹》之美丽和大义在于要打破交欢匹配秩序的常规俗套,来追求天地阴阳的交合,繁衍生息种族,兴旺发达万物。"媵"(yìng),陪嫁的人,或指小妾。"妾媵"犹指宠妾。"继嗣",生男以继承祖业。嗣,子孙,指男孩。古代诸侯一娶九女,正房第一夫人陪嫁及左右随从为娘家侄儿和姐妹等,这些随从都是可以与对方进行婚配的对象,"所以广其继嗣"可以扩大阴阳交配的范围,蕃生众多后嗣。

　　根据一阴一阳之道的正位排列,奇数为阳,偶数为阴,初爻正位为阳、二爻正位为阴,三爻为阳,四爻为阴,五爻为阳,上爻为阴。而"归妹"从二爻到五爻皆不当位,该阴不阴,当阳不阳,违反常道,故不正义,"位不当也",所以"征凶"。三爻为阴,五爻为阴,阴居阳位,以阴柔之贱凌辱阳刚之贵,既失位又失正,所以"无攸利",无好处。因此,必须以天地大义去考虑得失,要返顺回归,以归为进。明代来知德《易经集注·归妹》指出:

　　　　归妹者,虽女道之终,而生育之事于此造端,实人道之始,所以为天地之大义也。然归妹虽天地之正理,但说而动,则女先乎男,所归在妹,乃妹之自为,非正是而实私情矣,所以名归妹①。

　　来知德认为"兑"少女在初位,"震"长男在上位。少女兑(悦)先乎长男震(动),少女主动与年龄有悬殊的长男悦情,此非正理也,是妹的主动自为,必定有"私情"、偷情。为辟凶险,必须嫁妹出去,使妹有所归宿,有所始终。君子虽知与少女的这种结合为不正之事,但为一时情欲之"震"(动),失身败德,从而招致"归妹"的征凶。正因如此,二爻到五爻皆不当位,就力争错位进行交媾,反行为顺,顺少女之喜悦而鼓动,虽破敝而欢畅,以取阴阳交合则生的大义。同时,《归妹》的爻辞、象数的时空结构暗示出一个较为完整的反归时间秩序,体现出自然本体论的本质要理。

　　　　初九:归妹以娣,跛能履,征吉。
　　　　象曰:归妹以娣,以恒也。跛能履吉,相承也。
　　　　九二:眇能视,利幽人之贞。
　　　　象曰:利幽人之贞,未变常也。
　　　　六三:归妹以须,反归以娣。

──────────

　　①　[明]来知德:《易经集注》,上海书店,1988年版,卷十一,第九。

象曰:归妹以须,未当也。

九四:归妹愆期,迟归有时。

象曰:愆期之志,有待而行也。

六五:帝乙归妹,其君之袂,不如其娣之袂良,月几望,吉。

象曰:帝乙归妹,不如其娣之袂良也。其位在中,以贵行也。

上六:女承筐无实,士刲羊无血,无攸利。

象曰:上六无实,承虚筐也。

从周易"尽言"、"立象"与"尽意"的关系看,《归妹》的第一阶段,"初九:归妹以娣,跛能履,征吉。"言语所示出一个跛足之象,其立象的依据是,初爻、二爻、三爻《兑》卦"为毁折"(《说卦》),为摧毁、折损之象。四爻、五爻、上爻《震》卦"为足"(《说卦》),两卦相遇,足被毁折,故初爻言《震》足有"跛"之象,侧行而不能正行。有妻有妾,有正室有侧室,属于人之常伦。《兑》少女与《震》长男交,本少女为不乐,但"兑"少女心甘情愿,而且非常动心喜悦,主动迎合,当属男女人伦之恒规,天地阴阳之常道。少女不但不逞能显威,还能以妾自贱,故"能履"行而吉祥。《周易正义》注曰:"虽非正配,不失常道,譬犹跛人之足然。虽不正,不废,能履,故曰跛能履也。"《周易正义》强调"不失常道"和"譬犹"是以"跛足"为譬喻,这里言少女嫁给了一个跛足长男,是虚构的一种假象,而从根本上强调阴阳相配的终极性,打破常规俗套,阴阳协同行动,就可以相承天地之大义和人伦之始终,这是事物发展的基本要求。

《归妹》第二阶段,"九二:眇能视,利幽人之贞"。此处于下卦的内部中间位置,二爻正位为阴,此时却为阳,失其正位,君子居内处中,处幽深处向外窥视。二爻、三爻、四爻组成《离》卦,"《离》为目"(《说卦》),眼睛被"兑"毁折,只能偏目邪视。所以九二爻言"眇能视"。《周易正义》孔颖达疏:"以言归妹,虽非正配,不失交合之道,犹如眇目之人,视虽不正,不废能视耳,故曰眇能视也。"

《归妹》第三阶段,"六三:归妹以须,反归以娣"。六三爻为下卦之上端,因阴阳不称位,所以"妹"虽为嫡夫人(正统)却自贱称"须"。须者,贱妾之称。又由于阳不得正位,日、月包藏在上阴下阳之中,日月不可见,时间顺序有错,所以才有"愆期"和"迟归"之说。

《归妹》第四阶段,"九四:归妹愆期,迟归有时"。上中爻"坎"为冬,上卦"震"为春,二者是阴阳二气循环的终点和起点,"坎者,水也,正北方之卦也,劳卦也,万物之所归也"(《说卦》)。"震","为反生"(《说卦》),此二卦有"归"、"反"之意,故言"返归"。

《归妹》第五阶段,"六五:帝乙归妹,其君之袂,不如其娣之袂良,月几望,吉"。六五"帝乙归妹"与《泰》六五"帝乙归妹,以祉元吉"一样,都是处在九五之帝王尊位,告诫帝王在此尊位要以中正为尊贵,以社稷大事为根本,以大人之德行事。叙述"帝乙"嫁妹的史实并不重要,其意极为抽象玄虚。

《归妹》第六阶段,"上六:女承筐无实,士刲羊无血,无攸利"。上六爻,是《说卦》所表述的兑、离、震、坎四卦所代表的抽象之物的大汇总。《说卦》有曰:兑,"为妾,为羊"。离,"为戈兵",为中虚。坎,"为血卦"。震,"为苍筤竹,为萑苇"。所以爻辞上说:"女承筐无实,士刲羊无血。"少女(兑)端着无果实的空(离,中虚)竹筐(震),士(震)长男用兵器刀割(离)羊(兑)而不见其血(坎)。意为一切都是空的,不顺利的。男女祭祀无果无食,无孕之象,一切需从头再来。"士刲羊无血"以《说卦》所代表的卦象排列,士(震)刀割(离)羊(兑)而不见其血(坎),震(春)——离(夏)——兑(秋)——坎(冬)这样的自然秩序是天地之大义,须从四爻、三爻、二爻构成的"离(夏)"反向倒退三爻、二爻、初爻"兑(秋)"底层,称"返"。再从"兑"上升,三爻、四爻、五爻构成的"坎(冬)"向上返归于四爻、五爻、上爻"震(春)",到达顶层,四季循环一周,从时空秩序上暗示"返归"的必要。

自然时令的循环,以日行夏至、冬至为记的阳历和以月行圆缺为记的阴历在循环运行中,会有阴差阳错或阴错阳差,须以闰月的方式进行回归,才能使阴阳历法平衡。至于闰月"衍期"会带来什么收获,其如《归妹》一样只是为了求得天地阴阳相交的大义,终"虚"、"无实"并不重要。"帝乙归妹"在天子尊位要倡导"月几望",月几乎接近十五望日的盈满而应乎阳。这是天子祈求日月同辉的愿望,君子应尚真理、规律、天地之德,而不应追求那些虚饰、浮夸和假象。(参看《归妹》意象图说〈张乾元创图〉①)

---

① 张乾元:《象外之意——周易意象学与中国书画美学》,中国书店,2006 年版,第 130 页。

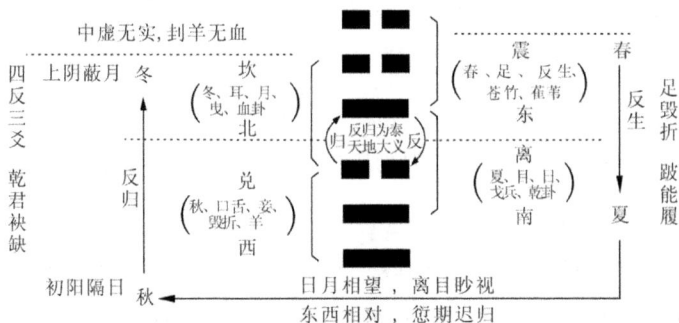

《归妹》意象图说（张乾元创图）

《泰》卦的"六五"爻和《归妹》卦的"六五"爻，都言"帝乙归妹"，是以帝王在尊位行事为喻，说明要主持正大之义，经营全局，志在其外，而不被局部的利益所迷惑，当反则反，能合则合。关于"帝乙归妹"，笔者管见，《乾》卦"九五"爻为天子尊位，"飞龙在天"，以此为代表第五爻象征"帝"位。"坤"阴为乙，"六"为阴，故此处"六五"称"帝乙"。五爻正位为阳、为尊，《泰》《归妹》此处为阴，"六五"代"九五"，不当正位，故要反归求正，逆行进入正道，称"帝乙归妹"。

"帝乙归妹"历代学者对其意象，论述不一。一说"帝乙，纣父"，商纣之父帝乙把少女嫁给周文王而有吉禄。东汉末年的虞翻、曹魏时期的王弼、北宋时期的程颐等皆有此论。一说"帝乙即汤也"，成汤嫁妹于诸侯，西汉京房、《乾凿度》、东汉荀爽、《白虎通·姓名篇》等宗仰此说。另一说《归妹》上为震卦，下为兑卦，"兑"为妹，为少女；"震"为长男，为归，"归妹"仍是"震"五爻的阴与"兑"二爻的阳上下相合。"二升五，五来二"，获得上下两卦中位的阴阳统一。近人尚秉和先生(1870~1950年)《周易尚氏学》主张此说①。又一说奴隶暴动，帝乙逃归妹城，是历史事实，当代学者梁一川先生《易经卦理探微》，根据《甲骨文合集》帝乙时代的占卜辞条破译，认为"妹"是地名，帝乙逃跑回妹城②。"帝乙归妹"的很多解释有待于进一步考证，同时也说明了易学意象的混沌性和多义性。

由此看来"帝乙归妹"意象极为抽象，难以用言辞表达明白。如果用帝乙把小妹嫁给又跛足又瞎眼的长男的字面辞义所编造的故事，来解释并揭示其根本寓意的话，则未免太荒唐，太牵强。"象"与"辞"的内在关系相当复杂，所谓"圣

---

① 尚秉和:《周易尚氏学》,中华书局,1980年版,第78页。
② 梁一川:《易经卦理探微》,南京出版社,1991年版,第70~72页,第522页。

人立象以尽意,设卦以尽情。伪系辞焉以尽其言"《系辞上传》,暗含许许多多的"设"(虚设)、"伪"(假借),体例繁琐,言辞晦涩。要找到其内在的逻辑关系,必须从卦象、爻辞、爻位、变易、义理、体例等多种渠道去综合分析,才能领悟其中之"意"。"帝乙归妹"是否是事实,因为历史太遥远、史料不充分,极难考释。即使是史实,意义并不重要。

笔者以意象学的方法考释《归妹》卦,并创制图式说明其义理,而有别于汉魏易学观点:《归妹》卦重在强调"回归",《渐》卦重在强调渐进。《渐》卦上卦为"巽",为风,为顺;下卦为"艮",为山,为止。风顺于上,山止于下,渐次而进。《渐》从水边一直渐进于高地,进中知高下,知进退。《周易·序卦传》明确指出:"物不可以终止,故受之以渐;渐者进也。进必有所归,故受之以归妹。得其所归者必大,故受之以丰";易学强调有阴必有阳,有上必有下,有止必有进,有进必有退,知退而大,能大则丰,双向辩证发展。"进必有所归",进与归是对应的。《渐》卦以"女归"为喻,以进知归。《归妹》以"归妹"为喻,以归知进,二卦同体。《周易·杂卦传》曰:"归妹,女之终也,渐,女归待男行也。"而两卦是通过"历史事实"谈问题,还是虚构假象,虚幻表面卦辞,留给人们探索本质的思维空间谈意象,应该是"言有尽而意无穷"的事,这正是易学"意象"的模糊性、多义性、不确定性、无边界性的具体表现。如果"归妹"是叙述帝乙嫁小妹与周文王或其他诸侯之说成立,那么周文王既不跛足,也不是独眼龙。商纣王、周武王也不是身残之人。其他既跛足、又是独眼龙的诸侯,也没有政治和军事条件能强迫帝王嫁小妹,而且是为举天地之大义才嫁妹割爱。此说以讹传讹,凭空猜想,甚是荒唐,缺少史书对此重大事件作记载的依据。用历史事件及其爻辞表面的字意解释此卦显然是生搬硬套,牵强附会的。如果"归"是"嫁"的话,《序卦传》的"物不可以终止,故受之以渐;渐者进也。进必有所归,故受之以归妹",构成进与归的对比关系,"渐进"与"嫁出"就不存在对比对仗关系,"渐进"的辩证一面恰恰是"反归"或"后退"。退一步进两步,在错误的道路上后退,恰是在正确道路上的进步。如此"反归"常人难以做到,能及时急流勇退者真可谓"大"矣。《归妹》正体现了反归与后退。依此看来,《归妹》的意象主旨是要求按照自然规律办事,为求天地阴阳交合,以反向回归的形式来顺应自然规律,从另一种角度论证说明了事物在一定情况下及时反归与后退也是极为必要的。

此时,向前进,违反四时秩序,必定局势大乱,跛足、独眼眇视、愆期、迟归、虚承无果都会相继发生。《归妹》告诫人们,要认清方向,分清是非,大义为重,把握时机,及时调整,拓展心胸,切不可一意孤行,一错再错。《周易·乾》也指出:

> 九四曰:"或跃在渊,无咎。"何谓也? 子曰:"上下无常,非为邪也。进退无恒,非离群也。君子进德修业,欲及时也,故无咎。"

《乾》卦在第四阶段乾龙"或跃在渊"时期,强调"或"的时间性,有时飞跃,有时隐藏,有时进有时退,而没有咎错。这是什么意思呢? 孔子解释说,没有不变的上,也没有不变的下。没有永恒的进,也没有永恒的退。时上时下,时进时退,都要根据时态及时进行调整与抉择,这不是偏离正道而为邪,也不是脱离臣民而离群。君子精进自身的忠信德行,修养自我的真诚功业,必须及时以进,与时俱进,才能不出现灾祸。其实就是告诉大家要根据规律和实际情况及时抉择渐进与回归。

"归妹"代表了依据四时运行规律、改变自己行为方式、以退为进的回归意识。代表了追求天地之大义,相交、兴物、悦情的始终之理,对理解知进知退,知时知变的易理极有启发性、发蒙性。中国文化的创新变革发展,必须建构灵活多变的思维方式,必须依据自然规律的朴素之道确立审美尺度,为此应不惜牺牲原有错误道路的所有努力,及时回归,返于正道。

(作者为江苏大学艺术学院教授、副院长)

"变通趋时"、"与时偕行"
与和谐社会建设

常巧章

　　"周易"的最后形成包含着"河图洛书"等传说的巨大影响,它是包裹在卜筮大氅下的哲学典籍。理解其中"变通趋时"、"与时偕行"(《周易·系辞》)的思想,对于我们进一步牢牢把握构建和谐社会的理论是大有裨益的。

　　周易中所说的"时",并不只指时间的延续,它还含指客观事物发展变化的规律和方向,以及达到某一关节点时境况综合的抽象。趋时,即对时势的认识、对时机的把握、对时变的感受、对时行的觉悟。"与时偕行",就是要追求一种既适应时代发展趋势,又适得事理之宜的理想境界,遵循事物演进变化的规律;就是要看准时机,昂扬进取,生生不息,既要防止"违时不进"的保守主义,又要避免"超时而进"的激进主义。"不及"与"过"都不行。

　　中国共产党从2002年的第十六次全国代表大会提出社会和谐开始,认识越来越深刻,目标越来越鲜明,措施越来越具体,反映了"变通趋时"、"与时偕行"的品格。明确了构建社会主义和谐社会在中国特色社会主义事业总体布局中的地位。2002年,十六大报告把社会更加和谐作为全面建设小康社会的一个重要目标。报告中说,我们要在本世纪头二十年,集中力量,全面建设惠及十几亿人口的更高水平的小康社会,使经济更加发展、民主更加健全、科教更加进步、文化更加繁荣、社会更加和谐、人民生活更加殷实。十六届四中全会进一步提出了构建社会主义和谐社会的任务,把不断提高构建社会主义和谐社会的能力确定为加强党的执政能力建设的重要内容,并明确了基本要求。这表明,随着我国经济社会的不断发展,中国特色社会主义事业的总体布局更加明确地由社会主义经济建设、政治建设、文化建设三位一体发展为社会主义经济建设、政治建设、文化建设、社会建设四位一体。提出了构建社会主义和谐社会的总要求。2005年2月,胡锦涛同志在中央党校举办的省部级主要领导干部提高构建社会主义和谐社会能力专题研讨班上,简明扼要地概括了社会主义和谐社会的六个基本特征,即民主法治、公平正义、诚信友爱、充满活力、安定有序、人与自然和谐相处。这些特征,体现了民主与法治的统一、公平与效率的统一、活力与秩序的统一、科学与人文的统一、人与自然的统一。后来,把这六个基本特征称之为构建社会主义和谐社会的总要求,使得构建社会主义和谐社会的实践有了更加明确的标准。作出了构建社会主义和谐社会的一系列决策部署。十六届五中全会把"构建和谐社会取得新进步"作为我国"十一五"时期经济社会发展的主要目标之一,并纳入经济社会发展的总体部署。其后,明确要求推进和谐社会建设要"以解决人民群众最关心、最直接、最现实的利益问题为重点",同时从加强社会事业建设、加强制度建设、建设和谐文化、完善社会管理、激发社会活力、加强党的领导六个方面提出了一系列政策措施,对社会主义和谐社会建设作出了全面部署。指明了社会和谐是中国特色社会主义的本质属性。十六届六中全会《决定》明确指出,社会和谐是中国特色社会主义的本质属性,是国家富强、民族振兴、人民幸福的重要保证,并把中国共产党关于社会主义现代化建设的总目标由"建设富强民主文明的社会主义现代化国家"丰富发展为"建设富强民主文明和谐的社会主义现代化国家",进一步突出了和谐社会建设的重大意义和战略地位。提出社会和谐是中国特色社会主义的本质属性,是中国共产党的重大理论创新,把对社会主义的认识大大向前推进了一步。

构建和谐社会,除了必须坚持贯彻以人为本,全面、协调、可持续发展的科学发展观,坚持社会主义的核心价值体系外,我们还应当把包括河洛文化在内的中国传统文化中的精华加以吸收,以从思想道德方面增强和谐社会建设的推动力。

一、努力形成和谐的思维方式

化解矛盾、追求和谐是中国传统文化思维的重要取向。中国传统文化思维方式既承认差异、矛盾和对立,又强调有差异的各种事物、相互对立的各个方面之间的渗透、依存、互补、协调、转化、统一,主张在对立中把握统一,在变化中实现稳定,在协调中实现和谐,"和实生物,同则不继"(《国语·郑语》)不同事物相互结合,不同因素和谐统一,使事物生成和发展。在早前相当长一段时间里,我们的思维方式中,对对立面之间的作用关系理解比较狭窄,强调对立面之间的对立和斗争多,对其相互间的协作和统一认识得不够。这在共产党正为领导人民夺取全国政权和巩固政权而奋斗时,尚且情有可原,而当时代发展,中国共产党成为领导人民掌握全国政权并长期执政时,还要以"斗"为纲,就不合时宜了。其实,即便是对立面,双方也都有其一致和共同的东西,否则,它们就不可能相互依存和相互转化。例如,社会化大生产是资本主义和社会主义共同的物质基础;市场经济体现了资本主义和社会主义的共通性;个体经济、民营经济、三资企业,它们在纳税、就业和满足人民多方面需求上,是和公有制的目标一致的。可见,人们不能用绝对化的观点看待对立面,应当既看到对立面相克的一面,又看到对立面相宜的一面,以便从对立面中吸取有利成分,壮大自己。特别是在经济日益全球化以及信息化高度发展的今天,人们的交往增多、活动空间增大,彼此协调、选择和实现共同利益的机会和余地空前地扩展。从思维方式上说,人们应力争以尽可能小的代价,实现对立面的双赢,而不是一方消灭一方、吃掉一方。用这种思维方式,风险较小,成功的几率较大,不仅必要,而且可能。

二、大力倡导和合的道德品质

社会主义和谐社会的形成,固然离不开经济、政治等诸多客观因素,比如经济上的富裕与公平分配,制度上的合理安排等,但也离不开人们所应有的道德品质。因为人们的道德品质是一种经常的、持久的行为方式,是主体身上体现出来的一种境界和精神气象。人们知道,社会主义新型人际关系的基本精神是平等,但这并不表明不同利益主体的差别已经消失了。如何减少社会冲突、达致和谐社会的目标? 一个重要方面就是要求人们具有和合的道德品质。和合,它要求社会成员相互间具有与人为善之态度、仁爱忠恕之情感,"取诸人以为善,是与人为善者也。故君子莫大乎与人为善"(《孟子》)。"君子贵人而贱己,先人而后己。"(《礼记》)实践表明,有了这种友爱的情感,就会相互认同和接纳,就会不断滋生人们相互间的合作精神、亲和能力。而这是在现代社会中,各种需要分工合作的事业取得成功的保障,也是社会祥和、人际融洽的条件。同时,有了这种和合的品质,在社会生活中就会注重个性意识与角色意识的统一。"万物并育而不相害,道并行而不相悖。"(《中庸》)社会要为个性的弘扬提供更好的环境,作为道德主体的个人则必须自觉地树立角色意识,主动承担社会责任,这是达致社会和谐的基础。

三、不断调整社会基本矛盾

　　和谐社会,必须是经济、政治、文化等各要素之间和谐、协调发展的社会。经济关系、政治关系和思想关系之间的和谐,要通过生产关系适应生产力、政治和观念的上层建筑适应经济基础的要求来实现。按照唯物史观的基本原理,生产力和生产关系、经济基础和上层建筑之间的矛盾,构成了人类社会的基本矛盾。在社会主义条件下,生产关系和生产力之间、上层建筑和经济基础之间,虽然基本上是适应的,但仍存在着矛盾。从深层次上看,现时社会生活中存在的某些"不和谐",是生产关系和上层建筑的某些方面、某些环节不适应生产力发展造成的。构建社会主义和谐社会的过程,内在地包含着社会主义基本矛盾应不断得到调整的过程,也就是说,构建社会主义和谐社会,必须不断地调整、改革不适应生产力发展的生产关系、上层建筑的某些方面、环节,建立和完善适合于生产力发展的经济、政治、文化等各方面体制。

　　　　　　　　　　　　　　　　　　(作者为国防大学教授)

《周易》与当代企业文化管理

姚伟钧

　　《周易》是中国儒家群经之首,是中国先民对世界文化的重大贡献。儒家学派的创始人孔子曾在《论语·述而》中说过:"加我数年……五十以学《易》,可以无大过矣。"经过悠悠岁月的淘汰,特别是《易传》问世以后,人们对《周易》的兴趣,已逐渐从它的神学主旨(推断吉凶)和表现形式(卦象、卦辞)转移到它的观察世界的辨证思维方式和宏观把握能力上来。本文仅就《周易》中蕴涵的管理思想、企业如何选择信息等问题,作一探讨。

一、《周易》中的管理思想

　　财富的增加,离不开科学的管理。学习《周易》不仅可以减少失误,而且能够增强管理的效果,由人事管理逐步演变成现在最被重视和最实用的和气管理。在《周易》中的《师卦》和《家人卦》里,均提到管理是由管人、理人和安人,形成生生不息的管理三道,从而有效地引导人们专心、放心、真心实意地为本集体服务,使这一组织兴旺发达。

　　《周易》上下经共六十四卦,包罗万象,其各卦的象数理气变化更是错综复杂,可以给管理者提供宝贵的管理原理和实践经验。

　　《周易》各卦首先对管理者提出了较高的要求,举《乾卦》为例,该卦特别强调管理者需要经过有计划的培养、锻炼和发展,方可登上高位,但若凭高位而刚愎自用,独断专行,不与天同德与人同情去处理事情,就会脱离群众而导致失败。

　　又如《泰卦》、《革卦》、《睽卦》均提出管理者要劳、资、上、下、阴、阳相交,发生冲突时应多自退守,和平相处,求大同存小异,千万不要激化矛盾。领导者要尽量克己安人,先教育、指引、规劝,不到万不得已时,不采取纪律行动。这些虽是《泰》、《革》、《睽》三卦之要义所在,但其中《泰卦》又重点在于阐释只有精诚团结,力求发展,才可以不断开创新局面的内涵。《睽卦》则阐释离与合、异与同的运用法则。这就是要积极做到异中求同,这样才能结合力量,有所作为。异中求同,正邪之间也不例外,只有宽大包容,才能异中求同。异中求同,是为了结合力量,这并不违背原则。异中有同,同就能合。同中有异,因而必须互信,才能于异中求同,而且必须去求,才能于异中结合同伴。

《革卦》主要阐释领导变革,必须诚信,其手段要刚柔相济,并注意把握中庸原则,变革成功以后,要与民休息,以适应新的生活。把《革卦》引入当今管理工作中,就是要注意强调调动人的积极因素,消除或减少消极因素。一些起死回生的企业,究其回春之灵丹妙药,也几乎无例外地离不开调动了企业各个层次人员的积极性。当企业兴旺时,要给下级以奖励,因为人既是社会人,就都具有一定的欲望,管理者的工作,就在于正确对待和引导下级的欲望,把它们转到为企业多做贡献这一目标上来,并通过不断给下级以奖励,来调动下级的积极性。

《周易》认为宇宙是太极,现代管理科学也认为国家、企业乃至个人都是一个完整的太极。在企业管理中,管理者和被管理者的相处,产生既相对又互补的运动观,一物之进必是另一物之退才能产生均衡中和,管理者只有认清太极原理,才能在管理下属和处理事务过程中,自觉运用太极圈中阴和阳的容忍和进退现象。不要以达到最大利润作为经营管理的唯一准则,而忽视人类本身的自尊感和价值观。而是承认任何人都是一个太极,他本身是善于融和的。管理者待人要因人而异,始终维持别人的自尊,使组织里充满和气,像一个大家庭一样。美国曾经出版过一本叫《日本工业秘密》的书,其中说:“日本工厂是一个家庭,是一个娱乐场所。这一观念,美国人做梦也不会想到的。”用家庭这种方式把员工组织起来,以和为贵,发挥员工的主观能力,可以说是符合《周易》太极学说的。因为《周易》认为,只有太极完整,才能生生不息,繁荣昌盛,所谓和气生财就是这个道理。

《易》有太极,乃生阴阳两仪,阴阳的观念可用于很多事务,管理也不例外。当今世界上,最有效、最符合《易》理的管理方式,莫过于管理者(阳)与被管理者

(阴)共同参与的中道管理。这种管理概念,称之为中庸管理,它是现代最实用的管理法,日本企业界大都采用这种方式,所谓"拿中间而照顾两端",上下一团和气,老板放心,经理称心,劳动者热心。这种管理方式也是采用《周易》"致中和"原理,符合《周易·乾卦》的"安人"概念。

《周易》的每一卦都有三爻,代表天、地、人三才,由于天、地、人各有阴阳,故八卦因而重之,则形成每卦有六爻,同时将八个卦错综配合,而构成八八六十四卦。《周易》中的天、地、人三才的思想,反映了我国古代儒家学者把研究的中心放在人及其与人有关的各种问题上,强调天人合一、天地合一,以此形成古代哲学和科学思想,天、地、人合一则形成古代的数学思想,也形成了近代的管理思想。在《周易·泰卦》中就启发人们要心物一体,阴阳相交,上下同心协力、彼此沟通才有吉亨之象。《周易》中这种以人为中心的思想已被日本、韩国等东方国家所接受,并加以发展,广泛用在企业的经营管理上,一个突出的例子就是,在日本的企业管理中,无论做任何重大的生产、销售的决策,必须广泛取得意见一致,不仅在高层领导中如此,而且还要征求工人们的看法,使全厂上下尽可能达到认识上的统一。这样执行起来,自然有一种齐心合力的效果。日本的企业管理以人为中心,这与欧美等国有重大区别,欧美等国往往注意的是企业经营的客体,即生产过程的设备、资金、原料、技术等,而忽视了主体,即人的重要作用,美国的管理专家巴斯克和艾索思合著的《日本的管理艺术》一书,对美日两国的企业管理作了全面的比较,指出在管理的七大要素方面,即策略、结构、制度、人员、作风、技巧、最高目标,前面三个要素,美日差别不大,而后面四个要素却相差很大,这四个要素全是关于人的方面,日本比美国更善于调动人的作用,这是日本企业在 20 世纪 80 年代超过美国的重要因素之一。

《周易》六十四卦还有一个离不开的基本观念,可以给人们提供宝贵的管理价值,这就是位、时、中、应。"位"指空间的变化,没有固定的法则,管理者要考虑职工的基本需要不同、目标不同,如何把复杂的群众团结起来。"时"指等待时机,不失时机地乘时以赴(因空间的变化可用人力来变通,而时间的变化有时难以挽救)。"中"指居中,待人接物处事均要以诚,诚心待人,有时虽失时空,但仍不愧为堂堂正正的管理者。"应"指感应,双手合拍才能传声,宇宙间阴阳缺一不可,只有相互以诚,才能双方感应,而后可万物化生,百业兴旺。

《周易》六十四卦的领导管理方式,可归纳成五个字:安、和、观、乐、利。所谓"安",是要使大家安心干事,一切有安全保障感。"和"就是致和,使人际关系达到和谐之境。"观"就是重视信息财富。"乐"是大家喜气洋洋,皆大欢喜。"利"是要透过理性的观念,合情合理地追求利润。如果管理者掌握了《周易》六十四卦中的这一管理秘诀,就一定能做到生产发展,生意兴隆,财源茂盛。

事实上,《周易》中的这些管理思想,在一定程度上反映出儒家思想的精髓。例如,儒家主张和为本、和为贵、和为美。儒家"和"的思想运用到社会主义市场经济,那就是要提倡"和气生财"。"和"是讲求良性竞争,也是企业合作的经济道德规范。"商场如战场"的口号是耸人听闻的过激之词,因为战场的竞争是你死我活,二虎相争必有一伤。如果采取儒家"和"的经济道德办事,则有可能化敌为友,化竞争对手为协作伙伴,这样就能建立起广泛的团结协作的内部和外部的关系网络。这种关系网络,就是市场,就是财富之源,这就是儒家"和"所揭示的共存性和开放性的道德价值之所在,而这一点也是《周易》蕴涵的管理思想中的一个主要内容。

二、《周易》中的信息观

什么是信息呢? 用《周易》的话来讲,就叫消息。《丰卦》象辞所谓"天地盈虚,与时消息"。就是要根据客观世界的盈虚变化,随着时间转移的规律,以了解它的信息。为什么能掌握这些信息呢? 因为古人已认识到人——自然——社会是一个相互感应的系统。由于能互相感应,所以就能够得到信息,所谓"寂然不动,感而遂通"。这就说明,在现代社会中,信息无处不在,无时不有。管理者应及时反应,迅速找出对企业、商业有关的信息。

当代中国社会正处在急剧变革之中。在这个新的世界经济秩序里,人们面对众多新奇陌生的事物和蜂拥而至的大量信息,不得不在经营策略、事业追求以至生活道路等方面作出选择,而这些选择尤其以信息选择最为重要、最富于魅力。这是因为我们所处的时代有两个突出的特征:其一是当代任何选择活动,一般都以科学地、正确地进行信息选择作为基本的先决条件;其二是当代任何人类社会活动,都经受着日益增强的信息洪流的洗礼和冲击。

今后的社会将是一个信息的社会,信息就是财富,一条简单的信息可以使企业转危为安。中国国际信托投资公司曾依据一条新闻消息,用低价在南美买到了一个破产企业的上千辆汽车,为国家节约了大量外汇。对企业经营来说,真可谓"信息不通,脉络不合,信息一来,八方进财"。要经营好生意,信息的重要性已居于首要的地位。但信息这门科学,却早在《周易》中就已有了较为全面清楚的论述。《周易》六十四卦的卦辞、艾辞,就系统记载了各种信息,包括社会的信息、自然的信息,以及人的心理、生理和病理方面反映出来的信息等。同时还指出了这些信息的来龙去脉和因果关系,趋吉避凶,免除悔吝休咎,曲成万物,以通天下之志,以断天下之疑。

社会信息的大量涌现,无情地冲击着人们的生活,迫使人们蒙受沉重的压力。所以,当有人在欢呼"我们进入信息时代"的同时,也有人惊呼"我们正面临着信息泛滥的灾难"。我们要研究和掌握信息传播、选择的规律、原理和方法,采取合适的对策,以防止和克服日益严重的信息泛滥所带来的灾难,从而有效地指导人们从事各种社会活动。

要掌握信息传播和选择的原理和方法,就应该从《周易》中吸取养料。《周易》早期是一部卜筮预测之书,而要预测准确,就必须注重对信息的搜集,以断吉凶祸福。《易传》产生后,它将《易经》原有的象数系统和用于占卜的卦象、筮数进行了哲学理性的改造,将先民的哲学智慧、价值理想、科学精神和神道意识奇特地融合在一起,浓缩了《易经》的大量信息。

《周易》中的管理思想对当代企业管理的积极影响,还有待于我们不断地发掘和整理,并在新的时代进行改造和弘扬,使这些管理思想的不足之处能够得到一定程度上的弥补,也使我们具有中国特色的当代企业管理能够立足于儒家思想精华这一深厚的根基中。

（作者单位为华中师范大学历史文化学院）

中国企业家是如何借鉴《周易》的

李克勤

人类的任何一种思想体系,包括《周易》在内,应该具有两层含义:一个是白纸黑字的结论,另一个是形成这些结论的创造精神。中国企业家如何借鉴《周易》,如何在《周易》的字里行间读出那种创造精神?这是非常值得探讨的问题,为此,我们提出以下要点。

一、中国企业家应该固守的思想方法是什么

中国企业家只有在国际市场上才能体现其真正的特色、力量和优势。中国企业家必须参与国际市场竞争,这是毋庸置疑的。问题是中国企业家如何既能适应国际市场的风云变幻,同时又能固守自己的风格,以不变应万变。

无论从理论,还是从实践上讲,我们中国企业家固守的不变的东西,不能是来自外国的东西,那只能是来自中国文化之根之源的思想方法。如果去除了这样的思想方法,那么,中国企业家也许就不能称之为中国人,当然也就不成其为中国企业家了,从而,中国企业家和外国企业家也就没有区别了,中国企业家的优势也就随之消失了。

而最能体现中国人智慧的这个思想方法应该是来自《周易》的思想方法。因为《周易》在中国思想文化史上的地位是无与伦比的,《周易》被认为是中国思想文化的根基和核心,周易的思想方法影响了包括孔子、老子在内的诸子百家,而以孔子、老子为代表的诸子百家正是中国文化的集大成者,他们同时又是《周易》思想方法的整理者和实践者,他们的思想直接影响了中国几千年的历史,所

以,《周易》是中国文化的根本,当然也是中国人思想方法之根本。

因此,中国企业家所要固守的思想方法,理所当然就是来自《周易》的思想方法。只有这样的思想方法,才是渗透到每一个中国人思想深处的文化因子,只有发现和总结这样的东西,才会真正体现中国特色,也就才会形成中国企业家区别于他国企业家的思想特征和方法优势。也只有这样的思想方法,中国企业家才会坚定地采用,才会不三心二意。

二、就企业家而言,来自《周易》的思想方法到底是什么

1. 世界是变化的。

宇宙万物、人类社会,无时无刻不在发生变化,市场信息更是变化多端,事物的运动变化就是"变易"。

2. 变化是有规律的。

阴阳五行与太极是紧密相连的,五行就是指金木水火土五种物质形态,中国古代哲学家认为它们就是构成宇宙的五种基本元素,它们之间的相生相克构成了万物。五行中的任一事物与其他事物之间有着四种不同的关系:生我,克我,我生,我克。以土为例,生我者为火,克我者为木,我生者为金,我克者为水。这是变易的规律。

3. 规律的探索是艰辛的。

《周易》本身就是晦涩难懂的,不下一番苦功夫,不仅掌握不了其精髓,反而会走火入魔,被那阴阳八卦搞得晕头转向。企业家研究《周易》不是要成为《周易》的专家,而是要领会《周易》的精神实质,把握《周易》的思想方法。

4. 探讨规律的路径是有的。

尊重生命的对话精神即是一种这样的路径。尊重生命就是尊重人,尊重人和尊重天是联系在一起的,"天人合一"。那么究竟什么是对话呢?可以概括为一句话:对话就是发生在两种既平等又对立的性质、原则、视野、特征(如阴阳、男女)、地区、文化、人物之间的事件。当对立平等的二者各自从自己的"极地"返回,在二者之间的边缘地带相互遭遇、相互作用、相互补充、相互交融、相互反应,最后达到一种超越状态,"生"出一种来自二者又不同于二者的全新的存在时,就完成了一次对话的过程。"对话"其实是一种积极的人生哲学,对当前人类的发展有着独特的价值,对人际关系、国家与国家的关系、个人的内心活动、人与自然的交往、文学艺术的创造和欣赏都有积极的意义。上述诸种活动一旦成为对话式的,就有可能变成审美的活动,生发出更加丰富的含义,所有这样的活动加在一起,就有可能造成一种美文化。(参见滕守尧《文化的边缘》)

5.运用规律是要讲究法则的。

就是要"易"和"简"。《系辞传》上说:"易则易知,简则简从。易知则有亲,简从则有功。有亲则可久,有功则可大。可久则贤人之德,可大则贤人之业。"从管理学的角度看:这是说一个企业的宗旨、决策、管理方法简约明了,就能易于为全体职工理解、认可,易于掌握和易于执行,也能易于使消费者所知晓。易于理解、易于认同,就具有亲和力,就能使职工在行动上团结一致。易于执行、易于遵从,就能使企业产生功效,使消费者认同就能产生市场效益。有了团结一致并共同为一个目标而奋斗,这个企业就有恒久的生命力。有功劳、有效益,这个企业就能不断地扩大其实力,就能获得更大的发展。能使一个企业恒久地发展那是一个贤人的高尚品德,能使一个企业不断地作出更大的贡献那是一个贤人所能作出的伟业。在市场经济条件下,时间就是效益,减少烦琐哲学是十分必要的。

三、中国企业家运用《周易》思想方法应注意什么

1.不能不懂装懂。

企业家的活动不是单个人的事情,这种活动性质本身就具有群体意义,如果企业家对某种运用的思想方法,不懂装懂,势必会误人子弟,落得个贻笑大方。企业家弄懂《周易》不容易,怎么办? 企业家可以采取通常的办法,就是请一个顾问,请一个懂《周易》的顾问,问题就解决了。这个顾问和技术顾问、战略顾问一样,必须是企业家信任的。

2.既要讲究变,也要讲究不变。

至于《周易》哲理的运用问题,我们所应把握的一个核心精神就是:"神而明之,存乎其人","运用之妙,存乎一心"。你是什么样的人,存有什么样的心,你就有什么样的"易道"。这是因为,一方面,易道"广大悉备,有天道焉,有人道焉,有地道焉";天文学家自然注意了"天道",地质学家自然注意了"地道",我们常人当然首先应该注意"人道"的方面。此即"神而明之存乎其人"的意思。另

外一方面,"神无方而易无体","仁者见之谓之仁,智者见之谓之智","不可为典要,唯变所适",随机应变。此即"运用之妙存乎一心"的意思。不过在运用时,有一点是必须特别注意的:"继之者,善也;成之者,性也。"易道的运用必须以"善"继之,以"性"成之。换句话说,易道的运用必须发挥自己的善性、良知、天理良心,这是永恒不变的要求。

企业家要创新,但真正的创新必须有不创新作为支撑,也就是说只有把握了不变,才能实现变。

3. 从我注《周易》到《周易》注我。

企业家开始接触《周易》时,主要工作是了解、认识《周易》,这是企业家运用《周易》的第一阶段,相当于"我注《周易》"阶段,这个阶段的基点不是要完全读懂《周易》,而是要找到一个读懂了《周易》的人来做你的顾问。然后,就进入"《周易》注我"的阶段,也就是理论解释实践的阶段,用《周易》来诠释企业的生命。这里借用于丹的观点,她说泰山上的一副楹联:"海到尽头天做岸,山登绝顶我为峰",这是中国人对于山川的一种感受,它讲的永远不是征服,而是山川对自我的提升,就像大海到了尽头,苍天为岸,没有边界,人生走到山峦的顶峰,并不是一种夸张地说我把高山踩在脚下,而是我自己成为山顶上一座峰峦。其实这就是"《周易》注我"的一种解读。

不论《周易》是否包含现代科学的内容,也不论《周易》对古代科学是有益还是有害,它都有自身的价值。除了科学的价值还有理论的价值;除了现实的价值还有历史的价值;除了实用的价值还有审美的价值,人们的生活丰富多彩,价值就应存在于各个方面。在这里我们中国企业家正应该放开自己的眼界,抓住要点,大胆实践。

中国企业家可以从《周易》里面,发现什么是真正的中国思想方法,这种思想方法才是中国企业家群体在国际市场的共同的核心竞争力。每一位中国企业家都有必要认识和了解《周易》及其思想方法,可以借助于研究《周易》的专家的力量去完成"我注《周易》",然后,再结合自己企业的实际,创造性地加以运用,实现"《周易》注我"。

（作者为湖北工业大学管理学院济学管理咨询机构总裁）

天才有一对平衡的左右脑

（台湾）杨美玉

一、前言

干卦象曰：“大哉干元，万物资始，乃统天”云何统天？干为心之本性——心灵（涵摄生命内在——精神），坤为万物资生——含万物而化光（涵摄内在能力——物质），故言干统天者，亦是心灵统御物质“心脑合一，人之心性”，亦是生命大灵泉——智能，直指——平衡的左右脑。

什么是天生具有的才能？所谓天才，“天”是指宇宙，“才”是指智能，简单地说，天才是指获得宇宙智能的人。具有天才的人不完全依赖意识思考，或只凭借直觉，这就是天才与凡人不同之处。人的左脑是知识的脑，右脑是智能与灵感的脑，但是，再卓越的天才，如果没有左脑协助，右脑无法单独发挥功用，人的脑必须左右脑联动，并取得平衡，才能发挥无比的能力。因此成就天才的秘诀，就是在身心松弛的状态下，高度放松身体，清醒精神，进而产生智能。

二、历代先人如何拥有“天人合一”的智能

汉易天人合一思想：“宇宙和人体之间有密不可分的关系。”《易经》是一部天地自然法则的天书，人类若没有与天地间同等证量的智能，是无法解开宇宙真相的奥义的。当年伏羲画八卦创易开始，到了商朝、周朝之际，经由文王、周公、孔子三圣的研究与著述，而建立了《周易》学术思想。汉易是以“宇宙和人体之间密不可分的关系”建立了天人合一思想，进而赐予我中华民族炎黄子孙不朽的精神文化瑰宝。

早期历代先人研究易学,不只精通炁、理、象、数——《易经》的学理,并要具足"天人合一的智能",才能融会贯通,达到和宇宙共体的证量,经由"见性——开悟"印证宇宙真如实相的真理。历代先人如何拥有天人合一的智能?他们除了具有卓越的智能,同时也借由各种功法的修练,如静坐、参禅、炁功等修练,获得开悟而证道。他们从物质层面到精神层面而进入心灵世界,经由禅的智能见证天、地、人本是共同体。但是一般人,若是用"意识层面"来看天、地、人,三者是分开的;若用"心性"来体证,是一个纯真、至善、完美的整体。因为人类的生命具足宇宙整体生命力、智能力、超能力,只要从人体的生命组合和功能,即可探讨出宇宙整体的结构和本能。这亦是说明"宇宙和人体之间有密不可分的共体关系"。

可惜几千年来人类的智能都只停留在脑意识层面的运作,以致身为小宇宙之人类多数无法展现万物之灵的本能,原因是人无法突破"心与脑复杂关系",文中我们将讨论"心性——智能"与"用脑——意识层面"交互作用的差别。

三、心性之智能与意识层面的分别

何谓"心与性"?心即是一个整体性,亦是人生命的主宰,主导生命结构运行不息的原动力。也就是集个人内在之心理及生理功能,包含对外活动的精神(脑意识)以及对内器官组织功能的自律神经,即道学称为"心神"亦是"干为心灵与坤为万物资生"之主体与本义。

无奈现代人无法明白"人之本心、本性"的来源,亦不知本心失去的原因,甚至连"心性"为何物自己都不明白,竟然把对外活动的"脑意识"当做"本心运用"。原因是:人自懂事以来,为了延续生命生存的需要"眼——向外看,耳——向外听,鼻——向外调气,舌——向外要食物,身——向外表达自体的活动,意——向外表达自体的需要与人际关系的互动",因此,造成左脑意识停留在外在人事物身上(如同插头往外插——心不见了),而忽略了身与心并存的重要,以及自体与宇宙共体的潜能(右脑插座需要与左脑插头交感,才能产生电源——自性心)。

当人体老化与疾病时,存留在身体的生长激素能量用尽,自愈力、免疫力减弱,人才急着到处找妙方,让身体恢复健康;但已经来不及了,因为体内阴阳调合的"太极光电能量"已失调,如同一盏灯具已没有电源,在黑暗中无法使用,因而造成种种错误的养生观念;以及对"心与脑关系"产生复杂化,这即是现代人对生命的误导与危机的来源。

四、左右脑与人的关系

人脑的神经分为左、右脑各一组。左脑是知识,右脑是智能,左右脑平衡才能发挥人之本性、本能——智能之心。

左脑:(人的脑意识)左脑的功能是"指挥人体对外反射动作"的总管理处,主导人体五官"眼、耳、鼻、舌、身、意"六识的知觉,一切意识层面,动作、思维、学习等,都由左脑来处理。例如:人与人、与事、与物相互交流,才能运作相互共鸣的圆融与和谐,若是运用以意导气,对内引导器官活动,是无法启发自己体内的潜能的。养生运动本来就是要帮助身体恢复健康,若是用左脑意识指挥与带动肢体活动,岂不造成左脑细胞更加劳累,相对的,对内在身体整体组织功能,没获得任何的帮助,反而造成体力耗费过度,这即是现在人养生的迷津与无奈。

右脑:(人的心性)主导人的身体整体的生命组织功能,支配全身各项机能电传导路径,调控免疫系统、内分泌系统、神经系统、循环系统及细胞活化;它与人的思维、意念、脑部功能有绝对的密切性。同时右脑潜能的磁波,能结合宇宙大气的电波、声波、光波,以达人体和宇宙相通,相互对流的生命根源。才能激发太极活性体的能量,供给身体所需的生命能源,就不会有老化疾病的烦恼。

五、易经、太极、人极

《周易》云:"易有太极,是生两仪,太极者,道也,两仪者,阴阳也。"我们人体左脑是阴,右脑是阳;对外活动之精神是阴,对内体循环活动之神经是阳。阳极生阴,阴极生阳。阴阳二炁在体内交感,就是人身太极。左脑插头(阴中有阳)——阴极,右脑插座(阳中有阴)——阳极,阴极与阳极密合——两仪者,含万物而化光(光电能量),左右脑平衡(阴阳调和),就是太极(人体元炁之根本),亦是与宇宙共体的本源,天人合一的智能。也借此让我们了解人体就是一个光电体——太极体(现代医学干细胞的"培育",也是依据此原理),我们习练炁功养生课程,也如同做细胞修护与培育脑细胞活化再生功能,这对"常年用脑过度"的我们,是非常重要的课程。

人在年轻、壮年,是脑力旺盛之期,到 50 岁脑细胞都老化了。习练养生运动之目的,亦是期望能获得耳聪、目明、醒脑真功夫,若是用脑意念来带肢体活动,也如同再工作般的辛劳,不但白费功夫,又消耗元气与体力。

六、左右脑平衡——天人合一的智能

易经炁功养生:借由人体工学平衡肢体活动,启发体内经脉的动力,引导长期停留在外的脑意识(插头)与体内脉动(插座)融合一体,产生相互交流与共鸣——已达左右脑平衡,生命共同体的智能。同时也配合脊髓神经活动本能,让吸进的空气转化为电能(增强任督两脉运行),激活人体第三脑室(松果体——光电池),然而在人体的能量聚集之后,即可转化光的磁力,那么我们吸进的空气,就是光的能量;人体有光电的能量,如同"阳光普照大地,万物化生"能增强体内的细胞活化再生的生命力,人才能持有"自觉、自察、自疗、自愈",维护健康的真知正见。人借由"先天之炁——光电能量"的磁能,不断摄取大自然无限之能源,才能获得与天地间同等证量的智能,达到"天、地、人"三者合为一体之境界。

七、易经炁功和一般的气功有何不同

一般的气功:是用左脑意识带动肢体活动(以意导气)借由肺脏吸进来的空气,只能称为一般调气的气能,因此进入体内只是供给体循环的气能,无法供给细胞养分。易经炁功是借由左右脑平衡的动力,教授用"心性——放松"来带肢体活动,开发人类天赋的潜能与智能之养生功法。

八、易经炁功养生:大自然能量学

如何促进左右脑平衡、维护脑细胞的活化与再生的本能,是易经炁功养生——大自然能量学研究身心保健的方向。本课程借由易经阴阳调和,动静自如,相互调控之大自然法则,设计一系列的养生功法"引导左脑休息,激活右脑活动,进而调和左右脑平衡",提供生活忙碌的现代人习练。竟然发现——科学与医学无法克服的诸多疾病,借由本课程之习练,亦可增强细胞活化再生以及提

升免疫力、自愈力，获得维护健康的实质效益，并且发挥吾人与生具有的天人合一高尚智能，因而改变生命的价值观，使人性自己再造光芒，才能成为名副其实"万物之灵"。

九、结语

易学不仅是一种哲学，亦是宇宙之学，只是目前人类的智能还没有能力译码，了解宇宙和人类生命的关系。导致对易学的研究都仅停留在学术发展的领域，"生命"本身就是宇宙一大奇迹，生命所形成的身体已经显现出其中的奥妙，如何解开这些无形的密码？是人类切身亟须研究的重要课题。以上是本人研易之心得，希望本篇报告能与大家分享生命的喜悦，以融合生命实相的真理，唤醒我们内在的宇宙记忆和智能，重建和宇宙共体（天人合一）的连结，回归生命光与爱的本质，人人都能获得健康、快乐、幸福的人生。

（作者为台湾中华易学研究会理事长）

大衍筮法新论

（台湾）张仁杰

　　无可讳言，周易原是一本占筮之书，不过先前并未流行于民间，而是宫庭专用的一种筮书，是专供为政者（君王或诸侯）使用的。

　　占筮的作用，最初乃是为政者（君王或诸侯）在应对某一事件时，先基于百姓的立场（谋及庶人），基于臣子们的意见（谋及卿士），以及自己的判断、看法（谋及乃心），作成行动决策后，再交由史官运用某种占筮的规则，选择某些卦辞或爻辞，来解说该行动决策是否可行。在史官作论断时，一定是针对当前形势，以及为政者的决心，作综合性的探讨，再作牵强附会的申述，来迎合为政者的意愿，作吉凶的断语。而诸史官的意见不一致时，或采多数决，或以某权威史官的论断为准，给为政者提供参考。如论断为凶，为政者也许会改变其决策，或仍照原计划执行，如果论断是吉，就更能使为政者增强其信心，产生鼓舞士气的效果。至于史官们依据筮卦所作的论断灵与不灵，从左传国语中所记载的筮例，就可以知道了。

　　大衍筮法，就是当时精心设计的一种占筮规则，说穿了，它并没有什么神秘性，更不是"天机"，也非朱子说的"其变化往来进退离合之妙，皆出于自然，非人之所能为也"。

　　大衍筮法首先在求得九、八、七、六之数，以定卦爻动静之象，九、八、七、六，分别代表老阳、少阴、少阳、老阴。然而何以九为老阳，八为少阴，七为少阳，六为老阴呢？遍寻易经经文及孔子十翼，除爻题用九用六外，均未见有对七与八之解说。

先儒们对九、八、七、六之解释,众说纷纭,各依先天八卦、后天八卦、河图、洛书、五行、纳甲、卦气等立论,各不相同。如果此是则彼非,彼是则此非,都不能为各派共同接受。我们不妨在解说九、八、七、六,分别代表老阳、少阴、少阳、老阴之前,先确定何谓老阳? 何谓少阴? 何谓少阳? 何谓老阴?

系辞传曰:"太极生两仪,两仪生四象,四象生八卦,八卦定吉凶"。两仪指一阳(符号为⚊),一阴(符号为⚋),两仪所生之四象应为老阳乾☰,老阴坤☷,少阴巽☴离☲兑☱,和少阳震☳坎☵艮☶。四象所生之八卦,乃指六十四个六画卦而非八个三画卦,理由何在呢? 我们从"八卦定吉凶"这一句话可以印证。因为只有六画卦的卦辞和爻辞才有吉凶的断语,三画卦我们在何处看到过有吉凶的断语?

阳极生阴,所以老阳是会变的,变了就成阴了,同样阴极生阳,老阴也是会变的,变了又成阳了。只有少阳和少阴未到极点,所以不会变,少阳永远是阳,少阴永远是阴。系辞传曰:"阳卦多阴,阴卦多阳","阳卦奇,阴卦耦","阳一君而二民,君子之道也,阴二君而一民,小人之道也",不正是指少阳和少阴吗? 震☳坎☵艮☶是阳卦,是一阳二阴,巽☴离☲兑☱是阴卦,皆一阴二阳。因此若说⚊是老阳,⚋是老阴,⚌是少阴,⚍是少阳,我认为也不合理。如果是⚊老阳,那上面再加一阳(⚊)也是老阳乾,而加一阴(⚋),为何就变成少阴兑☱了呢? 如果⚋是老阴,再加一阴(⚋)仍然是老阴坤☷,而加一阳(⚊),为何又变成少阳艮☶了呢? 如果⚌是少阴,上面加一阳(⚊)变成了少阴离☲,上面加一阴(⚋)却成了少阳震,如果⚍是少阳,上面加一阴(⚋)变成了少阳坎☵,上面加一阳(⚊),又成了少阴巽☴了呢?

确定了乾☰为老阳,巽☴,离☲,兑☱为少阴,震☳,坎☵,艮☶是少阳,坤☷为老阴后,我们来分析何以老阳是九,少阴是八,少阳是七,老阴是六的问题了。

我们从观象演数的角度,以及阳的符号⚊和阴的符号⚋所占的空间来看,可以很明显看出阴⚋是分开的两小段,阳⚊可视为连接的三小段---,阳属天,故为参天,阴属地,故为两地,这就是说卦传说的"参天两地而倚数"了。

再进一步观测,老阳乾☰是三个连接的三小段☰,恰为九。少阴巽☴,离☲,兑☱,各为两个连接的三小段和一个分开的两小段☴☲☱,均恰为八。少阳震☳,坎☵,艮☶,各为一个连接的三小段和两个分开的两小段☳☵☶,均恰为七。老阴坤☷是三个分开的两小段,恰为六。这应该不是巧合吧! 这正是说卦传说的"昔者圣人之作易也,幽赞于神明而生蓍,参天两地而倚数,观变于阴阳而立卦,发挥于刚柔而生爻"的真义,后面还会进一步说明。

我们也知道,所谓阴爻,阳爻,应该是指老阴爻、少阴爻、老阳爻与少阳爻,也可以说是坤爻,干爻,以及属于少阴的巽爻、离爻、兑爻,和属于少阳的震爻、坎爻、艮爻。从易经经文及十翼中,可知只有六十四卦的六画称爻,三纯卦的三画是不称爻的,所以六阳爻称初九、九二、九三、九四、九五和上九。而六阴爻称为初六、六二、六三、六四、六五和上六。

确定了何以老阳为九,少阴为八,少阳为七,老阴为六后,我们再来分析如何"幽赞于神明而生蓍,观变于阴阳而立卦,发挥于刚柔而生爻"。

卜古之世,没有画写工具,卜筮是用蓍草摆成卦图,邹学熹教授解释说:"古代圣人作易的意图,是为了根究幽深不明的道理,产生了运用蓍草来摆图的方法,使人看到用蓍草摆出的卦象,从旁帮助明确天地万物神妙的变化,故曰昔者圣人之作易也,幽赞于神明而生蓍"(见成都中医药刊授学院邹学熹主编易学系列教材),为何要用蓍草来摆成卦图呢? 我认为那是利用蓍草的特性,因为蓍草是一种既长又多节的草,其丛满百茎,所以整株蓍草每节之长度几乎相等,用这每节几乎等长的蓍草来摆卦,非常适宜。六节蓍草正好可摆成一个坤☷卦,正如我前面说的"分开的六小段,而三根三节长的蓍草,正好摆成一个干☰卦。同理,一根三节长和四根一节长的蓍草,可分别摆成震☳,坎☵,艮☶卦,两根三节长和两根一节长的蓍草,可分别摆成巽☴,离☲,兑☱卦。又可能因摆出来卦象面积太小,稍远一点距离就看不清楚,所以就采取以四节为一小段,以十二节为一长段。这样一个坤爻共享了二十四节,一个干爻共享了三十六节,卜筮时把坤爻的☷并凑在一起就成了▬▬,把干爻的☰并凑在一起就成了▬。

另外一个少阳的震爻☳,坎爻☵,艮爻☶,并凑在一起可以成为▬,一个少阴的巽爻☴,离爻☲,兑爻☱,可以把两根长的三节(十二节)折叠成之字形Z,分别放在两小段的左右边成ZZ,并凑后也可以成为▬▬,如此一来,少阳爻也可显示出同干老阳爻▬,少阴爻也显示出同坤老阴爻▬▬。

一个六画卦干卦六爻共享了十八根十二节长的蓍草,故曰:"干之策二百一十有六"。一个六画卦坤卦共享了三十六根四节长的蓍草,故曰:"坤之策百四十有四"。我这样推论即使不是事实,也是非常合于逻辑的。而且也可解答为何大衍筮法在演算出余数为三十六,或三十二,或二十八,或二十四之后,要除以四,才能得出九、八、七、六之数的原因。

前面已经说过,以前的史官是运用某种占筮的规则,来选择某些卦辞或爻辞作断论,系辞传中的大衍筮法,就正是当时所运用的占筮规则。

系辞传中说:"天数五,地数五,五位相得而各有合,天数二十五,地数三十,凡天地之数五十有五,此所以成变化而行鬼神也,大衍之数五十,其用四十有九,分而为二以象两仪,挂一以象三才,揲之以四以象四时,归奇于扐以象闰,五岁再闰,故再扐而后挂"。"是故四营而成易,十有八变而成卦"。古人就是参考系辞传之文,作以下占筮之法。(也许是系辞传作者是依此筮法而立言。)

用五十根蓍草,以象大衍之数;先取一根放回原处不用,以象太极;将其余四十九根任意分为两半,以象两仪;再任取左旁一根蓍草挂于左手小指与无名指之间,以象三才;然后将左旁之蓍草以四根四根而数之,所谓揲之以四以象四时,将所余剩之数或一或二或三或四挂于中指与无名指之间,所谓归奇于扐以象闰;又将右旁蓍草也以四根四根而数之,所余之根数亦为或一或二或三或四,挂于中指与食指之间,所谓五岁再闰故再扐而后挂,将挂满于手指间之蓍草取而计之,非五即九,至此始完成一易(变)。再取剩余之蓍草(非四十即四十四)再分而为二以象两仪,挂一以象三才,揲之以四以象四时,归奇于扐以象闰,五岁再闰,再扐而后挂如前法,复将挂满于手指间之蓍草取而计之,非四即八,放置于另一处,此为第二变。再取二变后所余之蓍草(非三十二即三十六或四十)依二变之法施之,然后再取其挂于手指间之茎数而计之,亦非四即八,此为第三变,三变后所余之蓍草,若为三十六,即老阳之数,若为三十二,即少阴之数,若为二十八,即少阳之数,若为二十四,即老阴之数,如此即筮得一爻。以上程序连续实施六次,才完成一卦六画之爻。

以上筮法,看似神秘莫测,真如所谓成变化而行鬼神,其实很明显,乃是一种计算的方法而已,其所谓以象两仪,以象三才,以象四时,以象闰等,只不过是一种运算的口诀而已,它的重点,只在于"任意分为两半"时,一定要任意分,使此一步骤,不是刻意地一边一定是几根,这样得出的结果,才能使筮得的阴阳机率相等,否则就是"作弊"了。其次它要求的是最后剩余的蓍草数为二十四,或二十八,或三十二,或三十六。至于每次分别挂于手指间的各茎数,其实不管放在什么地方,都与结果无关,只是看似神秘莫测的做作罢了。就好像有一个字谜,谜面是"上有苏秦说和六国,下有霸王力拔山兮,左有诸葛雄才大略,右有子牙斩将封神"。谜底是一个"捌"字。谜面的重点在上面有一个口字,下面近似一个力字,左边是提手像个才字,右边是个立刀,其所谓苏秦、霸王、诸葛、子牙,只不过夸大的形容而已。与上面所谓的象两仪,象三才,象四时等是一样的意思。邹学熹教授说大衍的大指大禹,衍指洪水泛滥,大衍之数五十,是指大禹治水之数。而十有八变而生卦,乃古天文求十八度朦限影以推算节令之法。如果他的说法有根据,则可证大衍筮法运算的口诀,是源于推算节令之法,正如有人说易经的卦爻辞,多半来自古代的民歌一样。

下面附表一,即依以上"大衍之数五十,其用四十有九"而占筮所得之全部各种不同结果,我们可以发现有几项疑点与缺失:

其一,其结果产生老阳老阴之比例不相等,不合自然法则,老阳出现的几率竟为老阴的三倍。因此使产生各种变卦之几率更加悬殊。例如在四千零九十六个卦象中,坤之干出现的几率为一千六百七十七万七千二百一十六(十六的六次方)分之一,干之坤出现的几率为一千六百七十七万七千二百一十六分之七之百二十九(三的六次方),而坤之本卦(无之卦)出现的几率竟是一千六百七十七万七千二百一十六分之一万七千六百四十九(七的六次方),这样的比例是非常不合理的。

其二,系辞传曰:"天地之数五十有五,此所以成变化而行鬼神也",天地之数五十有五所以成变化而行鬼神,天地之数应该就是大衍之数才对,何以又言大衍之数五十呢? 这一点先儒们也有很多不同的解说,但那些解说均难以使人信服。有谓"既云五位相得而各有合,即将五合之数配属五行也,故云大衍之数五十也,其用四十有九者,更减一以并五,备设六爻之位,蓍卦两兼终极天地五十五之数也,自然穷理尽性,神妙无方,藏往知来,以前民用之谓矣"。有谓"大衍之数五十有五,五行各气并,气并而减五,惟有五十,以五十之数不可以占七、八、九、六卜筮之占以用之,更减其一故四十有九也"。其间或能自圆其说,但终不合情理。

其三,系辞传曰:"故四营而成易",这一句应该特有所指,不然为何不直言四营而成一变呢？先儒们对四营之解说亦不相同,有谓四营即指老阳老阴少阳少阴之四爻象,成易之易指易经。有谓四营乃指分二挂一揲四归奇,易指变言,四营而成易即四度经营蓍策以成易之一变也。试观大衍筮法之过程,乃经三度分二挂一揲四归奇而成一爻是一贯的。是不能分割的,可称之为一变而生爻,又怎能言十有八变而成卦呢？所以这一点也是值得商榷的。

为了解决以上难题,以及勉强摄用"大衍之数五十有五"。"备设六爻之位",我提大衍筮法之新主张如下:

大衍之数五十有五,其一不用以象太极,并六不用以备设爻位,其用四十有八,"分而为二以象两仪,挂一以象三才,揲之以四以象四时,归奇于扐以象闰,五岁再闰,故再扐而后挂"。下列附表二,即依此大衍之数五十有五,其用四十有八之主张来占筮,所得出的各种不同的结果。把此一结果与附表一"大衍之数五十,其用四十有九"的结果相比照,可以看出其占筮的方法,程序完全相同,其结果不仅一致,而且使老阳老阴出现的几率相等,合于自然法则,其以余数三十六、三十二、二十八、二十四除之以四得九、八、七、六之数决定爻象亦相同,且每经一次分二挂一揲四归奇,即可定阴阳之位,合于"四营而成易","发挥刚柔而生爻"之义。系辞传曰:"一阴一阳之谓道",可知易道成于阴阳,"易"字,很像上日下月之象形字,故我认为四营而成易之易,乃指阴阳而言,所以我说:"一易一阴阳,一爻一乾坤",一爻一乾坤,就是指属于老阳之干爻,属于老阴之坤爻,以及属于少阴之巽爻、离爻、兑爻,和属于少阳之震爻、坎爻、艮爻。一易一阴阳,就是指四营而成易之易,亦即经过分二挂一揲四归奇之一变所得之数以定一爻中三画之一的阴阳属性。经三变后,从三画之属性,即可显示该爻属老阴爻、老阳爻、少阴爻或少阳爻了。

我这大衍之数五十有五,其用四十有八之主张,也许正合古占筮之真义,也许是我的一种杜撰,一项新发明,但它并未违反自然法则,与"大衍之数五十,其用四十有九的占筮方法与程序相同,结果相同。虽然有些词句是系辞传中所无的,但正如我前文所说的,筮法是一种运算的方法而已,其与筮得的结果并无直接关系。

最后再举一占筮的实例如附表三,来证明何以"四营而成易,十有八变而成卦",作为本文之结论。

附表一 大衍之数五十其用四十有九之占筮结果

其用四十有九	49
四营(一变)所得之数	5：[1 1 1 / 13 22 31]　　9：[1 / 44]
一变之余数	44　　　　　　40
四营(二变)所得之数	44→ 4：[1 1 / 12 21]　8：[1 1 / 34 43]　　40→ 4：[1 1 / 12 21]　8：[1 1 / 34 43]
二变之余数	40　　　36　　　36　　　32
四营(三变)所得之数	40→ 4：[1 1 / 12 21] 8：[1 1 / 34 43]　36→ 4：[1 1 / 12 21] 8：[1 1 / 34 43]　36→ 4：[1 1 / 12 21] 8：[1 1 / 34 43]　32→ 4：[1 1 / 12 21] 8：[1 1 / 34 43]

三变之余数	36	32	32	28	32	28	28	24
余数除之以四	9	8	8	7	8	7	7	6
余数求得爻象	老阳	少阴	少阴	少阳	少阴	少阳	少阳	老阴
所占比例	12/64	12/64	12/64	12/64	4/64	4/64	4/64	4/64

备注

1. 结果比例不相等不合于自然法则，如老阳出现的几率为老阴之三倍。
2. 以三变之除数才能决定爻象。
3. 上表中 [1/13] 表四管时卦1，左数4？除1，右数4？除3，合为5，同法 [1/22][1/31] 均为5，[1/44] 合为9，[1/12][1/21] 均合为4，[1/34][1/43] 均合为8

（作者为台湾中华易学研究会会员）

《易经》和《黄帝内经》
在现代养生保健中的应用

黎之江　　黎贞豪

　　现代人的生活,由于资本社会的刺激,人们拼命地敛钱,搏命地消费,将地球资源浪费(臭氧空洞、水土流失、大陆下沉、北冰洋解冻、物种减少),破坏生态平衡的同时透支自身精力。如何运用《易经》的卦象和《黄帝内经》的阴阳术数构系指导现代人的生活,以达到天地人和谐生活共同繁荣,使人与宇宙的生态平衡持续发展,是本文所要探讨的。现按《易经》富涵科学、解读《易经》、解读《黄帝内经》、现代人如何运用《易经》、《黄帝内经》养生保健分述如下:

　　《易经》富涵科学。2006年第五届河洛文化国际研讨会上,北京古观象台教授伊世同在《东方文明的天文与人文导源》指出:河图、洛书,是卦符体系的源头,河洛文化又可视为《易》学文化或八卦文化。河图、卦符、洛书反映中国传统文化的序次,即图画在先,简化为符号或形成文字在后。析解先天卦符隐语,从星象长期变演的视点去析解卦符传递的史前信息,东方文明的伊始背景,当在距今26 000~23 000年前,是以天文岁差法推演为证的。先天卦符根据天象显示出阳位南、阴位北、火位东、水位西等四正方位。伏羲是来自东方的族系统称,其旺势上限年代约距今13 000年前,下限则不会晚于距今6 500年前。到了6 000多年前中国传承的星象体系,根据天象对大地的影响,产生的气候、物候反映制定的卦爻已处于龙东、虎西、凤南、龟北定型化了①。洛书上的数字也反映一年有 365 天,用天干地支表示,60 年一周期,至今不错不乱②。现在精确到,地球绕太阳转一圈的时间叫回归年,回归年的时间是 365 天 5 小时 48 分 46 秒③。文献中常提及人史之初,先王为调整星象序次而改换"三正"的传文,"三正"是先王们发觉岁差所导致的斗转星移而必要的人为调整手段,是人类最早发现岁差的证明④。在殷代前后,远古人把春天黄昏时出现在南方的若干星星形象为一只鸟,同时把东方的若干星星形象为一条龙,西方的星星形象为一只虎,北方的星星形象为一龟蛇,合称为四象。一方是一个季节管三个月,一个月有两个节气,一年四季有二十四个节气七十三候三百六十五天。天上四象各管七个方位,成为二十八星宿。地上四方对角又成八方,每方各又管八个小方位,成为六十四方,六十四方用卦象来按地球绕太阳转的轨道的先后顺序排列成了六十四卦。后世先圣贤将六十四卦逐步完善补充,才有了今天的《易经》和各种说辞。离我们最近一次的星象方位调整约在殷、周之交,距今约 3 000 年,却传递着 6 000 多年前的星象方位信息。《易经》是自然科学和社会科学。《易经》自伏羲数千年以来,为中华民族的繁衍壮大,发挥了无与伦比的作用,使中华民族以世界人口的 1/5 居于世界民族之林,至今拥有 14 亿华人。

解读《易经》。象外无词。南怀瑾先生在《白话易经·叙言》说:《易经》是中国文化最古老的典籍,历代学者推崇它为"群经之首"。研究中国文化,不从《易经》探研,便有数典忘祖之嫌了。南怀瑾先生在易学的精神中指出:如果用现代的观念来说,"理"便是类似于哲学思想的范围,它是探讨宇宙人生形上、形下的能变、所变与不变之原理。"象"是从现实世界万有现象中,寻求其变化的原则。"数"是由现象界中形下的数理,演绎推详它的变化过程,由此而知人事与万物的前因后果。反之,也可由数理的归纳方法,了解形而上的原始之本能。宇宙万象,变化莫测。人生际遇,动止纷纭。综罗易学"理、象、数"的内涵,无非教人知变与适变而已。《礼记·五经解》中,提到易学的宗旨,便说:"洁静精微,

---

① 《洛河文化与汉民族散论·东方文明的天文与人文的导源》第 47～53 页,河南人民出版社 2006 年 4 月出版。
② 《洛河文化与汉民族散论·河图洛书太极八卦的现代应用》第 590～596 页,同上。
③ 《中国民历 1900～2000·附录小百科知识》,黑龙江朝鲜民族出版社 1990 年出版。
④ 同①,详见伏羲卦图释义。

《易》之教也。"所谓"洁静"的意义,是指易学的精神,是具有宗教哲学性的高度理智之修养。从"理、象、数"的精华来看易学,由乾、坤两卦开始,错综重叠,旁通曼衍,初从八卦而演变为六十四卦。复由此类推,就可了知在此天地之间,除了乾(天)、坤(地)、坎(水)、离(火)代表阴阳的元本功能以外,凡宇宙以外的物理或人事,无论如何千变万化,抓住"春分、秋分"两点,就抓住了事物本体的根本规律。它的吉凶观念价值的构成,唯有"既济、未济"两个"已经下雨、准备下雨"对待的天文现象而已①。用现代文来表述,一百万年以前,远古的人类就已经在中国大地上繁衍。远古人类的代表盘古氏初开天辟地,观察天地日月星辰的变化,总结出地球绕太阳(日)运转的轨道叫黄道,将黄道上最南的一点(太阳照在北半球白天最短夜间最长),西历定此日在每年 12 月 21、22 或 23 日,农历叫冬至日,用坤卦表示;黄道上最北的一点(太阳照在北半球白天最长夜间最短),西历定此日在每年 6 月 21 或 22 日,农历叫夏至日,用乾卦表示。根据日照北半球时间长短将黄道划分为二十四个节气。用卦爻表示,用十二地支表示一年的月份顺序和西历对照:11 子、12 丑、1 寅、2 卯、3 辰、4 巳、5 午、6 未、7 申、8 酉、9 戌、10 亥。一日的时辰用地支表示顺序和西历对照:子 23～1、丑 1～3、寅 3～5、卯 5～7、辰 7～9、巳 9～11、午 11～13、未 13～15、申 15～17、酉 17～19、戌 19～21、亥 21～23。盘古氏的后人在生物遗传人类基因和社会丰富的经验传授下就是这样聪明,在总结自然科学的基础上,又运用黄道的变化规律去总结人类的活动规律,形成社会科学。远古用卦爻来表示,上古用爻辞来说明,使今人看《易经》如在雾里看花。实际上是中华民族先民总结太阳系星体及宇宙的活动变化规律。这些规律影响地球及地球上的生物变化,形成物候的生老病死的规律,展示在人们面前,用卦爻来表示。象外无词。《易经》是唯象说理,别无他词。

　　解读《黄帝内经》。运用《易经》中阴阳五行指导形成《黄帝内经》天地人整体观。《帝王世纪》曰:"伏羲画八卦,所以六气、六腑、五藏、五行、阴阳、四时、水火、升降得以有象,百病之理得以有类,乃尝百药而制九针,以拯夭枉。"复旦大

---

① 《白话易经》,南怀谨、徐芹庭译注,岳麓书社 1988 年 2 月第一版。

学国际文化交流学院沈振辉教授在《河洛文化与中国医药学的起源》①文中指出:《易经》对中国医学从起源阶段就有很大影响,《黄帝内经》中的许多重要理论递嬗于《易经》。事实上,中医理论的核心就是阴阳学说,《黄帝内经·素同·阴阳应象大论》曰:“阴阳者,天地之道也,万物之纲纪,变化之父母,杀生之本始,神明之府也。”把阴阳放在第一重要的位置。《黄帝内经》还运用阴阳之论对中医学的理论作了系统的阐发。如:以阴阳之说对人体的部位进行划分。《黄帝内经·素问·金匮真言论》说:“夫言人之阴阳,则外为阳,内为阴。言人身之阴阳,则背为阳,腹为阴。言人身之脏腑之阴阳,则脏者为阴,腑者为阳。肝、心、脾、肺、肾五脏皆为阴。胃、小肠、大肠、膀胱、三焦六腑皆为阳。所以欲知阴中之阴、阳中之阳者,何也? 为冬病在阴,夏病在阳,春病在阴,秋病在阳,皆视其所在,为施针石也。故背为阳,阳中之阳,心也;背为阳,阳中之阴,肺也。腹为阴,阴中之阴,肾也,阴中之阳,肝也;腹为阴,阴中之至阴,脾也。此皆阴阳、表里、内外、雌雄相输应也,故以应天之阴阳也。”②中医药学的理论并非建立在解剖学和生理学的基础上,而是以观象(解剖学、生理学也是象的一种)、取象的方法推导出人体的生理、病理之象。这一特殊的取象比象方式的来源也是《易经》。《黄帝内经》中有许多来自自然之物的比拟,如《灵枢·经水》用自然界的十二经水,类比人体的十二经脉。《素问·阴阳应象大论》把天象、地象、人象合三为一,建立人体的脏象。明版《循经考穴编》③载:班固在《艺文志》中说,《黄帝内经》有素问九卷,灵枢九卷,共十八卷。指出,人有两手足各三阴、三阳脉,合为十二经脉。手三阴从胸走至手(长 2.1 丈,尺寸为人的中指同身寸,下同),手之三阳从手走至头(长 3 丈),足之三阳从头下走至足(长 4.8 丈),足之三阴从足上走入腹(长 3.9 丈),人两足桥脉,从足至目(长 1.5 丈),督脉、任脉(长 9 尺),凡脉长16.2 丈,络脉传注周流不息。行血气,通阴阳荣华全身。其营气常以寅(3～5,植物开始呼出氧气,吸二氧化碳)时为纲纪,始于手太阴肺经,终于足厥阴肝经。人之营气,一呼脉行三寸,一吸脉行三寸,呼吸定息,脉行六寸,十息气行六尺。

　　①　《河洛文化与汉民族散论·河洛文化与中国医药学的起源》,河南人民出版社,第 581～589 页,
　　　　同上。
　　②　《黄帝内经素问校释·金匮真言论今篇第四》,人民卫生出版社,1982 年 2 月第一版。
　　③　《循经考穴编·十二经阴阳传注》,上海科学技术出版社 1959 年 11 月新一版。

二百七十息,气行十六丈二尺。一昼夜营气流行一度,一周天历三百六十五度四分之一度(合当今太阳回归年 365 天 5 时 48 分 46 秒),终而复始,与天同度。从以上可知,上古人在远古人总结自然科学和社会科学的基础上,深研人本身的生老病死,从天地人现象到规律,"上穷天纪,下极地理,远取诸物,近取诸身",结晶出一本《黄帝内经》。《黄帝内经》为我国现存最早的较为系统和完整的医学典籍,奠定了中医学发展基础,在漫长的历史时期里,一直指导着祖国医学的发展,今天,它仍然具有重要的现实意义①。正如李阳波在讲述《开启中医之门·运气学导论》:"我们都应很好地去读像《老子》、《周易》、《内经》这样经过千百年考验的经典,更不用说这些经典是学好中医所必需的。因此,非常希望大家多读一些经典,以提高大家的智慧和学识。"②

　　现代人如何运用《周易》、《黄帝内经》养生保健。中国中央电视台 1 频道·东方时空·压力与枯竭,2006 年 12 月 19 日主持人:时空调查,北京 14 000 多职场人员感到极大、较大压力的占 58%,后果重则病,轻则不能工作。这只是 14 000 多职场人员,就占近六成感到极大、较大的压力。北京一千多万人口,全世界十四亿华人,不讲近六成的数字,折半算三成,也有四亿多人口在商品经济社会中身心上感到极大、较大压力。又据法新社华盛顿 1 月 30 日电③,纽约罗切斯特大学神经专家雷·多尔西带领的研究小组研究显示,到 2030 年,在世界上15 个最大的国家,罹患帕尔森病者[西医认为是中枢神经系统退化,即中医所说"心阳不足"(大脑皮层功能紊乱)、"心阴不足"(植物神经功能紊乱)、"痰迷心窍"(精神神经系统方面异常症状)]将从目前 410 万增加到 870 万,仅中国预计将达 500 万人。中华民族面临严峻的问题。如何办?广西民间中医师李阳波讲述,广西中医学院教授、李阳波徒弟刘力红等整理、中国中医药出版社在 2006 年6 月第二版《开启中医之门·运气学导论》④在"运气的结构"中指出:中医治病,实际上就是象的对治。先了解疾病的象,根据年运的变化、四诊的情况,得出一个有关疾病的象,这个象的标准、运气里面给我们提出了六个,即三阴三阳之象、

---

①　《黄帝内经素问校释·前言》,人民卫生出版社,1982 年 2 月第一版。

②　《开启中医之门·第二讲》,中国中医药出版社 2005 年 11 月第 2 版。

③　《参考消息》2007 年 2 月 1 日第 7 版。

④　《开启中医之门·运气学导论》,中国中医药出版社 2006 年 6 月第 2 次印刷,第 112～134 页附录一《运气提要》。

六气(风、寒、暑、湿、燥、火)之象。在这个基础上,我们再根据象与象之间的相互关系,利用药物或其他措施,找出一个对治的象来,而在具体应用这个对治的象的时候,以及在对上述这个病象的预后转归进行把握的时候,就要充分运用数的关系,就要进行象数之间的转换运算,这个运算过程就叫做术。由于它是一个有关医的运算,所以叫做医术。又由于它是源于《易》的阴阳,这个运算过程体系就叫阴阳术数构系也叫中医。其包括有:五运太过病候时相模式、五运不及病候时相模式、四时不及病候时相模式、三气之纪病候时相模式、天气下临藏气上从病候时相模式、六气临御五运病候时相模式、五运气行主岁之纪常数时相模式、五运之气郁极复岁病候时相模式、六气所至病候时相模式、岁气在泉淫胜病候时相模式、岁气司天淫胜病候时相模式、六气相胜病候时相模式、六气之复病候时相模式、六气司天客主之胜病候时相模式、六气在泉客主之胜病候时相模式。简而言之就是为一个病人看病,要经过"望、闻、问、切",把天象、地象、人象,三者结合在一起来考虑、辨证,经过阴阳术数构系,得出符合实际的合参结论,才能够"处方",也就是病人东南西北中的天地人中,哪方面出了问题阴阳不平衡,哪条经络太过还是不及不通,是太阳、阳明、少阳还是太阴、厥阴、少阴,是哪条经就在哪方面的相关穴位进行虚而补之、实而泻之……。人的阴阳平衡了,身心就不会产生极大、较大的压力,平易地处理商品经济社会中出现的各种问题。《黄帝内经素问校释·六节脏象论篇第九》岐伯曰:"心者,生之本,神之处也,其华在面,其充在血脉,为阳中之太阳,通于夏气。"《黄帝内经·素问·灵兰秘典论》载:"心者君主之官,明神出焉。"心是统治者,起决定作用,领导十二臣官,君臣的名分是明明白白。再者,从十九病机上看,属心、属火者就占了十条。《黄帝内经·素问·阴阳应象大论》岐伯曰:"南方赤色,与心相通,心开窍于舌,精气内藏于心,在五味为苦与火同类,在五畜为羊,在五谷为黍,与四时中的夏季相应,在天体为荧惑星,它的疾病多发生在脉和五脏,在五音为徵,其成数为七,在味为焦。"[①]从以上看出,心病还是从心的相关性来注意:首先,调整自己的心态,以第三者来客观看待自己的人和事,凡事尽量做到不偏不倚中庸为宜,有自

---

① 广西民族医药研究所、广西壮医医院、广西民族医药协会主编:《2005 全国首届壮医学术会议暨全国民族医药经验交流会论文汇编·对"思考中医"中的人养生因素的体会》。

己的利益也有别人的利益,正所谓兼顾及国家、集体、个人利益,不会过激,心情就会平静,血压就不会突然升高出现血冲脑的中风。其次,适当避开高温热烈环境的外界诱因,身心不在其境,免去很多麻烦和应酬,保持心态平静,有条件可到避暑的风景区去渡过难关。再其次,还是避不开,就抽出一段时间做公益活动,转移心思使心态平静。总之,以"心"之火(热)象相对应水(寒)象来处理,平衡其心态,再从手少阴心经、手厥阴心包经选取穴位实行补泻,可从手阳明大肠经、足阳明胃泻其实火,也可从足太阴脾经(土生金,金生水)、足少阴肾经补其水,使水旺制火。处方有很多,东南西北中都可以用,原则是调整阴阳平衡,相机行事即可。

(作者单位:黎之江,中国未来研究院;黎贞豪,广西中医学院成教院)

海外华人以《周易》哲理
发展医学科技之实例

（美国）高百之

　　每个民族均有其文化的元典,中华文化的元典该是周易。这个文化系统包括六经——《易》、《诗》、《书》、《礼》、《乐》、《春秋》与相关的《老子》、《庄子》、《墨子》、《论语》、《孟子》、《孙子》,均具有元典哲理。《周易》之"生生之德"是鼓励创造性。也因此古代之丝磁火药、造纸术均由中国发明。

　　老子提出"无为而无不为"、"无用之用乃为大用",他主张将知识加以升华,最后超越知识,获得貌似"无知"的"真知"、看似无智能的最大智能。简单说来就是以最小变为最大的成事原则。孙子的思想在操兵演练上,非常严格,但在战略上却又极为灵活变化无穷,所以常被科技与商业上引用(注1)。

　　这种原则海外华人也用来成功的发展医学科技。将小分子的多肽连上载体,乳化后注射到兔子,羊或驴子之皮内,静静等它们产生抗体,不去干扰它们,这是老子的无为思想。得到含抗体的血清并不值钱,因血清中杂质太多,抗体在血清中微不足道,但用抗原制成亲和柱萃取后,高亲和力抗体虽然量很少,但就很值钱了。这种生化的萃取,又属于孙子之操兵演练了。用这种方法共研发出25种临床上有用的试剂。其中最值得提的是旁甲状腺素的测定法。

　　旁甲状腺素的测定原本需要8天,由于这种精良的抗体,先减到1天,而后再减到15分钟。而这种试剂的功能,也从内科用来诊断旁甲状腺肿瘤进展到外科用来作切除旁甲状腺肿瘤,手术中的鉴测,外科医生可在手术尚未结束,在为病人缝线时就知道肿瘤已完全割除(注2)。

这些都是医学术语,诸位未见得有兴趣,或许想知道对病人的效果。病人颈前的伤口,从5寸的刀口减到1寸;住院的时间也从7天减到1天。那对我又如何呢？我也就轻轻松松,平平安安,顺顺利利,也可能糊糊涂涂,由副教授而正教授,到现在又荣誉教授。这都是老庄哲理中之"无为而无不为,由最小变最大"哲理的启示,真诚地感谢老祖先留给我们宝贵的哲理。

河洛地区是《周易》等元典文化发源地,人才济济,同样可以采用这种"无为而无不为"由最小变到最大的哲理,发展尖端高科技,步入现代化,先造福国内,而后全世界。

参考资料:

1. 李如龙:《中华文化元典的哲学资源与当代军事管理》2007 - 1 - 16,中国孙子兵法研究会第五届会议。

2. Kao PC, van Heerden JA, Grant CS, Klee GG, Khosla S. Clinical performance of parathyroid hormone immunometric assays. Mayo Clin Proc 1992; 67:637 - 45.

3. Kao PC, van Heerden JA, Taylor RL. Intraoperative monitoring of parathyroid surgery by a 15 - minute pth immunochemiluminometric assay. Mayo Clin Proc 1994; 69:532 - 7.

4. Kao PC, van Heerden JA. Near - patient parathyroid hormone immunoassay for intraoperative monitoting in parathyroid surgery. Journal of Clinical Ligand Assay; 1999, 22:123 - 128.

Using Zhouyi's Philosophy in Clinical Assay Development

Pai C. Kao, Ph. D.

儒家学说起源于河洛的几个问题

徐金星

儒家学说或儒家文化,是河洛文化的核心内容之一。儒家学说渊源于河洛,始创于周公,已经为不少研究者所认同。由于此问题对河洛文化乃至中国传统文化关系甚大,故从不同角度、不同侧面、不同层次进行反复讨论仍有必要。

一

孔子云:"殷因于夏礼,所损益可知也;周因于殷礼,所损益可知也。"(《论语·为政》)又云:"夏礼,吾能言之,杞不足征也;殷礼,吾能言之,宋不足征也。文献不足故也。足,则吾能征之矣。"(《论语·八佾》)《尚书·益稷》载:"虞宾在位,群后九让。下管鼗鼓,合止柷敔。笙镛以间,鸟兽跄跄。《箫韶》九成,凤皇来仪。"《吕氏春秋·古乐》载:"汤乃命伊尹作《大濩》,歌《晨露》,修《九韶》、《六列》,以见其善。"夏商已有礼乐,史籍不乏记载。

礼乐文化有一个长期积累和发展的过程,它的萌芽,甚至可以上溯至仰韶文化晚期、龙山文化早期。而"夏商二代,是礼乐形成的关键时期""(以偃师境内的二里头遗址为代表的)二里头文化,是礼乐文化的集大成者。"[1]

位于洛阳平原东部的偃师二里头遗址,由我国著名古史学家、考古学家徐旭生于1959年发现,通过近半个世纪的考古和研究,不少研究者认定这里就是"太康居斟鄩,羿也居之,桀又居之"的夏代都城"斟鄩"遗址。在这里发现了大面积的夯土建筑基址群和宫城城垣,发掘了数座大型宫殿建筑基址,一处青铜器冶铸

---

① 《河洛文化通论》第八章《儒学》,徐金星、吴少珉主编,光明日报出版社,2006年。

作坊遗址,400 余座墓葬,"包括出土成组青铜器礼器和玉器的墓葬",以及其他众多遗存,其他文物等①。二里头遗址,或曰夏都斟鄩出土的礼器、乐器引起不少研究者的关注。许顺湛先生说:"随葬品中的钺、戚是权威的象征,或者是巫师手中的法器,不少铜器、玉器或漆器都是礼器……"②还有研究者根据《河南偃师二里头遗址发现新的铜器》等考古资料撰文说,二里头遗址出土的"青铜礼器有鼎、斝和爵三种。铜鼎首次发现于 1987 年,是我国有明确出土地点的最早的铜鼎,给二里头遗址的铜器增加了新的品种","玉制礼器主要有璋、琮、圭、柄形玉器及直接以生产工具和兵器为祖型制成的刀、铲、戈、钺 (或称戚)",乐器有"石磬、陶埙、漆鼓和铜铃等"③。二里头遗址,不但"出土了大量制作精细、工艺复杂的青铜器和玉石器类高规格礼器","又出土了不少漆器和乐器","乐器中的石磬,形似璜,长约 56 厘米,宽处约 18.75 厘米,上部有圆孔可悬挂,这是我国目前发现的较早的石磬之一,此外还有陶铃、铜铃、陶埙等类乐器。"④

　　商族本帝喾之后,而帝喾居西亳生契,传至汤,亦建都西亳,即今偃师市境内、西南距夏都斟鄩二里头遗址仅 6 公里的商城遗址。在仲丁迁隞之前,这里一直是商王朝政治、经济、文化的中心,是殷代礼乐的中心。

　　"礼仪制度是中国古代精神文明的集中体现","礼制是上层建筑,是观念形态上的最高体现。"⑤而"礼乐文化的制度化,及开始成为覆盖广大区域的主流文化体系,都是始于二里头时代的。"⑥

　　"在孔子整个思想体系中,主要的、起决定作用的是礼而不是其他","集中到一点,就是孔子整个思想体系的中心是礼。《论语》全书所载孔子的言行,多在礼的范围之内。"⑦"礼乐是儒家思想的核心内容,而追寻礼乐之产生就成为追寻儒学发展脉络的第一个关键。"⑧从以上的简略叙述中即可看出,作为"儒家思

①　参见方酉生:《以田野考古为主探索夏文化已经取得硕果》,《河洛文化论丛》(三),韦娜主编,中州古籍出版社,2006 年。

②　《黄河文明的曙光》,许顺湛著,中州古籍出版社,1993 年。

③　霍宏伟:《中国夏代艺术构成》,《洛阳考古四十年》,叶万松主编,科学出版社,1996 年。

④　《河洛文化通论》第四章。

⑤　《黄河文明的曙光》,许顺湛著,中州古籍出版社,1993 年。

⑥　《河洛文化通论》第八章《儒学》,徐金星、吴少珉主编,光明日报出版社,2006 年。

⑦　《孔子思想体系》第九章,蔡尚思著,上海人民出版社,1982 年。

⑧　《河洛文化通论》第八章《儒学》,徐金星、吴少珉主编,光明日报出版社,2006 年。

想核心内容"的礼乐,尤其对形成周代礼乐文化、儒家思想有决定性作用的夏、商礼乐,都是以河洛地区为中心地域的。

<h2 style="text-align:center">二</h2>

"昔三代之居,皆在河洛之间。"(《史记·封禅书》)夏、商、周(包括西周)皆曾以洛阳平原为都,这已经为考古发掘、出土器物铭文等所证实。这里是夏、商、周三代文化的中心,而三代文化是一脉相承的。

《史记·燕世家》说:"其在成王时,……自陕以西,召公主之;自陕以东,周公主之。"《尚书大传》说:"周公摄政,一年救乱,二年克殷,三年践奄,四年建侯卫,五年营成周,六年制礼作乐,七年致政成王,北面就群臣之位。"《礼记·明堂》云:"武王崩,成王幼弱,周公践天子之位以统天下。六年朝诸侯于明堂,制礼作乐,颁度量而天下大服。""制礼作乐"这一对中国社会、中国文化、中国历史产生了深远影响的伟大工程,是周公在洛阳完成的。

孔子说:"周监于二代,郁郁乎文哉。"这是说周公所制周礼,是在总结继承夏礼、殷礼的基础上而制定出来的,周文化是继承发扬夏、商文化而繁荣兴盛起来的。

周礼的内容十分繁富。首先,周王是上天的元子(长子),称"天子",是天下的共主,是"大宗",而和周王有叔伯、兄弟关系的同姓诸侯是"小宗",接下来是异姓诸侯(和周王室大多有亲戚关系)等。天子、诸侯、大夫、士等,都有严格的等级区别。由这种有血缘关系的宗法制和级别严格的等级制形成了一套完整的君臣、父子、上下、尊卑、亲疏等礼仪制度。孔子说:"齐之以礼。"朱熹解释说:"礼,谓制度品节也。"这是说,礼是当时宗法制、等级制的社会规范和道德规范。

"吉、凶、军、宾、嘉",即当时所谓的"五礼",包括了有关祭祀、丧葬、军旅、盟会、朝觐、婚冠等典礼仪式,还有在社会中各种行为的准则等。

"国之大事,在祀与戎。"当时,不管举行祭祀活动,还是出兵征伐,都要举行隆重的仪式,其他典礼也有不同仪式,这些都要配以各种不同的乐舞,把《大韶》及《云门》、《大章》、《大夏》、《大濩》经过加工整理,加上新制造的《大武》,订为

"六代乐舞"①,这就是"作乐"的内容。

周公制礼作乐,对巩固周王朝发挥了重大作用。成王、康王之时,天下安宁,40 年不用刑罚,史称"成康之治";更重要的是,制礼作乐的完成,标志着儒学的诞生,这是中国思想史、文化史上的大事,其影响是无法估量的。故后世儒家皆尊周公为"元圣",因为他是儒学的创始者。

三

《汉书·艺文志》说,儒家"游文于六经之中"。所谓"六经",指《诗》、《书》、《礼》、《乐》、《易》、《春秋》。这些文献,当时并没有称"经",直到战国后期,庄子转述孔子对老子谈论这 6 部著作时,才开始有"六经"之说。

汉代"罢黜百家,独尊儒术",学者们推崇孔子,才有孔子删《诗》、《书》,定《礼》、《乐》,述《周易》,作《春秋》之说。实际上,这并不完全符合历史实际。

先说《周易》。这是一部渊源邃古、博大精深的哲学著作。《易》源于河图洛书,夏代称《连山》,商代称《归藏》,到周代才叫《周易》。"易"有三种含义,一是变化,即世间万事万物的无穷变化;二是"简易",即以简单诠释复杂;三是"不变",即永恒的真理。"易"为夏、商、周三代王室卜官所掌管,而关于"河图"、洛书的传说,则分别和伏羲、大禹之时的洛阳地区连系在一起。

"易曰:'河出图,洛出书,圣人则之。'故《书》之所起远矣,至孔子纂焉,上断于尧,下讫于秦,凡百篇,而为之序,言其作意。"(《汉书·艺文志》)《书》,又称《尚书》,这是周王室外史所藏的政治文件。《尚书》从内容上可分为两类,祭祀类和战争类。从文体形式上也可以分两大类,即上行的奏议和下行的诏令。《尚书》的文章结构完整,层次分明,在命题谋篇上非常讲究,不少篇章文彩飞扬。但由于时代久远,语言佶屈聱牙,古奥难懂。

司马迁说:"初,管蔡畔周,周公讨之,三年而毕定,故初作《大诰》,次作《微子之命》,次《归禾》,次《嘉禾》,次《康诰》、《酒诰》、《木辛材》……"(《史记·周本纪》)陈昌远先生说:"《八诰》记载了有关周公东征,营建洛邑,封邦建国等重大历史事件,它反映了周人征服东土,加强对殷民统治的历史过程,是周初极为

---

① 陈昌远:《先秦河洛历史地理与河洛文化历史地位考察》,《河洛文化论丛》(一),河南大学出版社,1990 年。

重要的文献。其中《康诰》、《召诰》、《洛诰》、《多士》、《无逸》等,大都与新洛邑有着密切关系,其中有的就是在新洛邑完成后,由史官记其事的。所以西周史官及其史学的兴起也当在洛邑。"①有研究者称:今存《尚书》中有 12 篇与周公有直接关系。

《诗》即《诗经》,是我国历史上第一部诗歌总集,它收集了从西周初年到春秋中叶 500 年的诗歌 305 篇。"古有采诗之官,王者所以观风俗,知得失,自考正也。"(《汉书·艺文志》)《诗经》来源有二,一是王室派"行人"到民间"采诗",二是公卿大夫给周天子的"献诗"。但无论哪种诗歌,最后统一由周王室设在家庙的"守藏室"(即国家图书馆)删定。春秋时期,诸侯宴飨、会盟,莫不赋诗,可见《诗》已普遍流传。《诗》分风、雅、颂三个部分。风包括 15 国风,《周南》、《召南》、《王》等则是洛阳一带的民歌。颂是王室的祭歌和颂歌。表现手法有赋、比、兴,它的基本风格是淳朴自然,敢于描写现实,开创了中国诗歌的优秀传统。

《乐》是隶属周王室司乐的音乐作品。有人说《诗》和《乐》实际上是一体的。《诗》为乐歌,"诗"记词,"乐"记谱。《乐》集夏、商两代音乐精华之大成,由周公在洛邑整理而成,周王室历代乐官修订。现《乐》已失传,无法知道其原貌。

《礼》,又称《周礼》、《周官》,是周王室的宗伯管理的典章制度。周公在洛邑制礼作乐,奠定周礼的基础。其主要内容有建侯卫、宗法制、封诸侯、五服制、爵位、谥法、官制和吉、凶等礼。《周礼》被秦始皇彻底烧毁。西汉末年,刘向自称发现了古本并加以著录,这就是今本《周礼》。

"古之王者,世有史官,君举必书","左史记言,右史记事,事为《春秋》,言为《尚书》,帝王靡不同之。"(《汉书·艺文志》)《春秋》之名,是先秦人们对史书的通称。当时,除周王室外,各国也都设有史官。秦焚书后,各国国史皆亡。西汉时,学者们借口耳相传,记录整理成《左传》、《公羊传》等,汉儒以为以上各书是解释孔子所作的《春秋》的。

周代重视贵族教育,贵族子弟把《诗》、《书》、《礼》、《易》、《乐》、《春秋》称为"六艺",是必备的知识。而《诗》、《书》、《礼》、《易》、《乐》皆藏于周王室。至

---

① 陈昌远:《先秦河洛历史地理与河洛文化历史地位考察》,《河洛文化论丛》(一),河南大学出版社,1990 年。

春秋末年,周王室大乱后,大量典籍散失诸国。因此,除《春秋》存疑外,其余"五经"皆应编修于洛阳。

龚自珍《六经正名》说:"仲尼未生,已有六经;仲尼之生,不作一经。"章学诚《校雠通议》说:"六艺,非孔氏之书,乃周官之旧典也。《易》掌太卜,《书》藏外史,《礼》在宗伯,《乐》隶司乐,《诗》颂太师,《春秋》存于国史。"李学勤先生说:"中国"经"的产生很早,大约商代已萌芽,西周基本定型,春秋则已经很普及。晚清学者认为"经"出现在战国孔子以后的说法,显然与事实不符。"①

四

《史记·周本纪》说:武王灭商后,"封弟周公旦于曲阜,曰鲁。"(《史记·鲁周公世家》)又说:"封周公旦于少昊之虚曲阜,是为鲁公,周公不就封,留佐武王。"后又留佐成王,"而使其子伯禽代就封于鲁。"正因为如此,鲁国便和周王室有着十分特殊的关系,可以看作是周王室在东方的代表,是东方推广礼乐文化的中心,保存有最丰富的西周礼乐文化、典籍及文物制度。

司马迁说:"鲁有天子礼乐者,以褒周公之德也。"(《史记·鲁周公世家》)作为诸侯国,鲁国享有天子礼乐,这是非同寻常的。《左传·昭公二年》记韩宣子访鲁,"观书于大史氏,见《易》、《象》与《鲁春秋》,曰:'周礼尽在鲁矣,吾乃今知周公之德与周之所以王也。'"《左传·襄公二十九年》则记载了吴公子季札访鲁时,听到了蔚为大观的周乐。这都说明,自西周到春秋,周代礼乐文化在鲁国一直被重视和盛行。

自周公封鲁、伯禽代就封(成王八年、前1035年),迄孔子诞生(鲁襄公二十二年、前551年),周礼乐文化已经在鲁国流行了近500年。"邹、鲁滨洙、泗,犹有周公遗风,俗好儒,备于礼,故其民龊龊。"(《史记·货殖列传》)就是说,孔子自出生以后就一直接受礼乐文化的熏陶和培育,这对孔子思想的形成至关重要。后来,青年时期的孔子还千里迢迢直奔东周洛邑,问礼于老聃,学乐于苌弘,这无疑是孔子生平中的一件大事。

据《史记·孔子世家》、《史记·老子列传》、《孔子家语》等古籍记载有关"孔子入周问礼乐"之事云:孔子对鲁国人南宫敬叔说:吾闻老聃(老子)博古知

---

① 李学勤:《清代学术的几个问题》,《中国学术》2001年第2期。

今,通礼乐之源,以道德之归,则吾师也,今将往矣。南宫敬叔将孔子的想法报告了鲁国国君昭公。东周敬王二年(公元前518年),鲁昭公送给孔子一辆车,两匹马,还有一位小童,孔子遂和南宫敬叔一道,来到东周都城(今洛阳)请教学习礼乐。

时任周王室"守藏室之史"的老子是一位大思想家、大学者,熟知周礼,孔子曾向他虚心求教。

孔子在周期间,还曾向苌弘学乐。苌弘是东周大臣刘文公所属大夫,"天地之气,日月之行,风雨之变,律历之数,无所不通"。(《淮南子》)后因故被杀,传说其血三年化为碧玉。《后汉书·郡国志》中,洛阳下注引《皇览》云:县东北山(即邙山)有苌弘墓。近期在偃师市化碧村发现一方明代万历年间所立的苌弘墓碑,苌弘墓即应在该村一带。该村村名"化碧",也应为纪念 苌弘而起。

此外,孔子还瞻仰了周室先王太庙,见到那里的"金人"。《孔子家语·观周篇》称他曾"历郊社之所,考明堂之侧,察庙朝之度";孔子"观乎明堂,睹四门,墉有尧舜之容、桀纣之像与兴废之诫焉";"又周公相成王,抱之负斧,南面以朝诸侯之图焉",孔子徘徊望之,谓从者曰:"吾今乃知周公之圣与周所以王也。"

在周期间,他还曾和老子一起帮邻里送葬。

孔子向老子辞别时,老子对他说了一番极富哲理的高论,这些话大约深深地震撼了孔子,他对弟子说:鸟,我知其会飞;鱼,我知其会游;兽,我知其会跑。会跑的可以准备网,会游的可以准备纶,会飞的可以准备矰。至于龙,我却不知道,它乘风驾云高飞天上。我今日见到老子,就像见到了龙一样啊!

东周之世,周王室已经衰落。但在孔子入周之时的洛邑,仍然是"天下共主"周天子所驻之地,是当时政治、经济、礼乐文化、文物制度的中心,孔子入周问礼学乐,对他进一步更深层次、更全面的接受礼乐文化、接受周公思想,并为他其后发展、弘扬儒家学说,都将产生十分重要、十分积极的影响。后世儒家尊孔子为"至圣",因为他丰富、发展了儒家学说,是儒学的发扬光大者。

今洛阳市老城东关大街,仍保存有清代洛阳县令郭朝鼎所立孔子问礼处石碑一通。石碑正面书"孔子入周问礼乐至此"9个大字,为清代雍正年间河南尹张汉所书。无语的石碑已成了儒学发展的历史见证。

五

围绕着周公和鲁国,周公制礼作乐,周公和儒学,周王室和鲁国,周公和孔子,孔子和儒学,德、仁、义等,古代不少文献已有涉及,今人更有许多论述。

《淮南子·要略》说:"周公受封于鲁,以此移风易俗。孔子修成、康之道,述周公之训,以教七十子,使服其衣冠,修其篇籍,故儒者之学生焉。"

范文澜先生说:宋国是商朝的后代,鲁国是周公的旧封,春秋时列国都到宋、鲁"观礼",因为它们是保存商周文化最多的旧国。孔子创立儒家学说与宋、鲁两国,主要是鲁国有密切的关系。①

杨朝明先生说:"周公的实践活动是儒家思想学说的典范,周公的'敬天保民'、'明德慎罚'、'勤政尚贤'等政治思想,则是儒家政治思想的直接来源。

先秦时期孔、孟、荀等儒学大师对周公的尊崇,已清楚表明了周公对儒学及孔子思想体系的影响,他们对以周公为代表的古代圣人存留下来的思想材料进行了思考和继承自不待言。

周公之德业是孔子思想和儒家学说的先导,并由此影响到了久远的后世。

"仁、义、圣、智、德、信、孝、慈等概念西周时已普遍运用……这正是后世儒家思想的渊源所在。"②

朱绍侯先生说:"过去儒家有'四圣'之说,即元圣周公,至圣孔子,亚圣孟子,复圣颜回。周公列'四圣'之首,是孔子崇拜的偶像,孔子也自认为'是文武周公唯一的继承者'(吕振羽语)。孔子所谓的德治,就是礼治,孔子所谓的仁,其标准就是礼乐,孔子说'人而不仁,如礼何? 人而不仁,如乐何?'孔子所谓的正名其标准也是礼乐,孔子说'名不正,言不顺','礼乐不兴,民无所措手足'。孔子的理想政治是周政,所谓'周监于二代,郁郁乎文哉,吾从周。'孔子闻韶乐,'三月而不知肉味',其着迷的程度实非一般人所能想象。……说儒学的源头在河洛,即源于周公制礼作乐是顺理成章的,不应该有什么疑义。"③

《河洛文化通论》第六章《儒学》说:"河洛地区尤其是洛阳在儒学的发展过程中有着非常重要的意义,它既是儒学的发源地,又是其传播、发展、演变的重要

---

① 《中国通史》第一编第四章第九节,范文澜著,人民出版社,2004 年。
② 《周公事迹研究》,杨朝明著,中州古籍出版社,2002 年。
③ 《河洛文化通论·序》。

地区",河洛地区是礼乐文化同时也是儒家思想的真正发源地,"儒学奠基于河洛,已经成为许多哲学史家、思想史家的共识。"①

　　以上这些论述,重在论述儒学和鲁国、和周公的密切关系,在于说明儒学源头在河洛,奠基在河洛,儒学源于周公制礼作乐。我的这篇小文,只不过是对"儒学源于周公制礼作乐"这一问题做了一点点补充说明而已。

（作者为洛阳大学教授）

---

① 《河洛文化通论》第八章《儒学》,徐金星、吴少珉主编,光明日报出版社,2006 年。

从文化互动看唐代中原地区民族融合

杜荣坤　　白翠琴

　　唐朝前期,国力鼎盛,中国封建社会的经济文化达到了罕有高度,呈现一派繁荣昌盛景象。唐太宗等统治者以其"华夷同重","内外一家"之广阔胸怀,涵容百川。政治上,华戎兼采,汉夷同朝;经济上,农牧互补,贸迁有无;文化上,融通互渗,彼此吸纳;宗教上兼容并包,三教共弘。通过迁徙、杂居、通婚等促进了民族融合和同化,增强了中华民族的凝聚力,长安、洛阳为各族文化荟萃之大都市,民族融合的实质,从某种意义上讲,就是各种不同民族文化之间,在冲突或碰撞中,经过磨合、渗透、相互吸纳,实现文化融通,其结果是文化更新,增强亲和力,促进民族融合。

　　本文仅通过对唐代中原地区汉夷文化相互吸纳、中原文化对周边诸族影响及中原诸族加速融合等的论述,揭示民族关系的一个重要方面,以诠释各族共创中华辉煌这一亘古不变之主题。

一、中原地区汉夷文化的相互吸纳

　　经过魏晋南北朝的民族大融合,中原文化已不是单纯汉文化的代名词,而是在传统的汉族文化中吸纳了大量胡戎夷蛮文化的成分。至隋唐,更是华戎兼融,其内容更为丰富多彩,绚丽灿烂。隋唐,尤其是唐代,是诗歌、书法、绘画、雕塑、史学、法学、医学及科技的发展和鼎盛时期,也是汉夷文化交融的黄金时代。唐代,由于大批少数民族入居长安及中原其他各地,再加上李氏家族及皇室与北方民族存在着密切的渊源关系和千丝万缕的联系,从情感上更易接受非汉族文化,因而胡化盛极一时。

1. 胡服、胡食盛行于中原，长安尤为突出。

史称："开元来……太常乐常胡曲，贵人御馔尽供胡食，士女皆竞衣胡服。"①天宝初"贵族及士民好为胡服胡帽，妇人则簪步摇钗，衿袖窄小"②。宋人沈括在《梦溪笔谈》中对服饰变化，有更详细的叙述，其云："中国衣冠，自北齐以来，乃全用胡服。窄袖绯绿短衣，长革幼靴，有蹀躞带，皆胡服也。窄袖便于驰射，短衣，长勒靴皆便于涉草。"③胡服具有衣长及膝、衿袖窄小的特点，风格豪放，与盛唐热烈气氛相吻合，深受中原士女喜爱，竞相穿着。男子服饰从"上衣下裳"之制，逐渐变为"上衣下裤"之制。故出土的唐代壁画、陶俑中出现大量着胡服的形象。其中既有"就中偏称小腰身"的回鹘装，又有乌羊毛织成、顶部略尖、四周织有花纹的蕃帽，四周垂丝网的吐谷浑长裙帽等等。《旧唐书·舆服志》称："开元初，从驾宫人骑马者，皆著胡帽，靓妆露面，无复障蔽。士庶之家，又相仿效，帷帽之制，绝不行。俄又露髻驰骋，或有著丈夫衣服靴衫，而尊卑内外，斯一贯矣。"唐代女子着装英姿飒爽，大受胡俗影响。因此，南宋朱熹说："后世衣服，固未能猝复先世之旧，且得华夷稍有区别。今世之服，大抵皆胡服，如上领衫、靴鞋之属，先王冠服，扫地尽矣。自晋五胡之乱，后来遂相承袭，唐接隋，隋接周，周接北魏。"④同时，女子化妆亦习胡俗，《新唐书·五行志》称："元和末，妇人为圆鬟椎髻，不设鬓饰，不施朱粉，惟以乌膏注唇，状如悲鸣状。"白居易在《时世妆》诗中也提到："元和妆梳君记取，髻椎面赭非华风。"椎髻，在敦煌壁画及西域亦常见之，可能是经由西域以至于长安。面赭，即在面部涂上赭红的色泽，乃吐蕃习俗⑤，有防寒护肤、美容之功能，由西北传入中原后称为"元和妆"。出身于拓跋鲜卑之诗人元稹，对"胡风"在中原的盛行曾有生动的描绘："自从胡骑起烟尘，毛毳腥膻满咸洛。女为胡妇学胡妆，伎进胡音务胡乐。火凤声沈多咽绝，春

---

① 《旧唐书》卷45，《舆服志》。

② 《新唐书》卷34，《五行志一》。

③ 沈括：《梦溪笔谈》卷1，《故事一》。

④ 朱熹：《朱子语类》卷91。

⑤ 《新唐书》卷216上《吐蕃上》载：吐蕃"衣率毡韦，以赭涂面为好"。

莺啭罢长萧索,胡音胡骑与胡妆,五十年来竞纷泊。"①唐人服饰的胡化,从唐墓壁画中可清楚见到圆领小袖袍的流行服式,由"胡服"变为汉服之一。但是服饰方面的影响也是相互渗透的。很多少数民族进入中原后,受"华风"之濡染,也逐渐改变穿着习惯。例如,在唐朝都城的吐蕃人则是"或执戟丹墀,策名戎秩,或曳裾庠序,高步黄门。服改毡裘,语兼中夏,明习汉法,目睹朝章。知经国之要,窥成败于国史,察安危于古今。"②唐代胡食对中原地区的影响也颇大。玄宗开元后"贵人御馔,尽供胡食",成为一种时尚。慧琳《从一切经音义》提到的胡食就有:麦主、饆锣、烧饼、胡饼、搭纳等③。唐代长安之东市及长兴里均有专卖饆锣的店肆④,其中更以樱桃饆锣名扬海内外。石蜜(冰糖)的制作方法也从西域传入中原。《唐会要》称:"西蕃胡国出石蜜,中国贵之。太宗遣使于摩伽佗国取其法,令扬州煎蔗之汁,于中厨自造焉,色味愈于西域所出者。"⑤西域葡萄酒及制作方法也在唐代传入中原。唐太宗破高昌国,得到马乳葡萄及用葡萄酿酒的方法,便在宫中酿造。这种酒,凡有八色,"芳辛酷烈,味兼醍盎。既颁赐群臣,京师始识其味"⑥。同时,"酒家胡"的现象空前兴盛。唐代胡人经营酒肆的现象很普遍,时人将这些经营酒肆的胡人称为"酒家胡"。酒家胡大多以貌美之女子当垆,故诗人笔中的胡姬几乎成为酒家胡的同义语。长安东西两市为酒家胡集中之地。李白诗中对此曾有生动描写:"五陵年少金市东,银鞍白马度春风。落花踏尽游何处,笑入胡姬酒肆中。"⑦"何处可为别,长安青绮门。胡姬招素手,延客醉金樽。"⑧长安以外的城市也有酒家胡,例如元稹诗中就提到:"殷勤夏口阮元瑜,二十年前旧饮徒。最爱轻欺杏园客,也曾辜负酒家胡。"⑨

并且,胡床等自北而南,促使高足家具的出现,同时,建筑技术的进步,尤其是斗拱的大量应用,增加和扩展了室内空间,也对家具提出了新的需求,这就改

---

① 元稹:《元氏长庆集》卷42,《法曲》。春莺啭,龟兹乐人白明达所作软舞曲。火凤,系疏勒乐人裴神符所作之曲。
② 薛登:《请止四夷入侍疏》,《全唐文》卷281。
③ 慧琳:《一切经音义》卷37,《陀罗尼集》第十二。
④ 段成式:《酉阳杂俎》卷1,《支诺臬》。
⑤ 《唐会要》卷100。
⑥ 《册府元龟》卷970,《朝贡三》。
⑦ 李白:《少年行二首》,《全唐诗》卷165。
⑧ 李白:《送裴十八图南归嵩山》,《全唐诗》卷176。
⑨ 元稹:《赠崔元儒》,《全唐诗》卷414。

变了过去席地而坐分食的习惯,逐渐向合食制过渡。1987年,考古工作者在陕西长安县南里王村发掘了一座唐代韦氏家族墓,墓室东壁绘有一幅宴饮图,图正中置一长方形大案桌,案桌上杯盘罗列,食物丰盛。案桌上置一荷叶形汤碗和勺子供众使用,周围有3条长凳,每条凳上坐3人。这幅图表明分食制已向合食制过渡,同时也说明合食制的形成是与胡床等南渐及高足家具普及分不开的。

2. 南北文风的融合,使唐代诗歌文学进入了黄金时代。

《隋书·文学传叙》称:"江左宫商发越,贵于清绮;河朔辞义贞刚,重乎气质。""若能掇彼清音,简兹累句,各去所短,合其两长,则文质彬彬,尽善尽美矣"。《乐府诗集》也谓"艳曲兴于南朝,胡音生于北俗"。而唐诗正是汇集了南北文风的特点,加以发展。李白瑰玮绚烂的诗品不仅吸收北方文风粗犷、豪爽、质朴、刚健雄奇及现实主义的特点,而且广取南方文风清新、绮丽含蓄、想象丰富、善于抒情的浪漫主义色彩。以达到"落笔惊风雨,诗成泣鬼神","清水出芙蓉,天然去雕饰"的境界,是南北文风结合的典范,民族融合的结晶。而且唐代很多有名的诗人,如元稹、刘禹锡、白居易及元结等皆与鲜卑、匈奴及西胡有渊源关系。元稹,其先为拓跋鲜卑元氏。曾为工部侍郎、同书门下平章事等。擅长于诗,与白居易名相埒,号"元和体",与白居易友善谊深,世称"元白",同为新乐府运动倡导者。其著述甚多,有《元氏长庆集》等行世。白居易,一说其先世为西域龟兹胡人,北齐五兵尚书白建后裔。文辞富艳,尤精于诗笔。其诗语言通俗易懂,明白晓畅,先与元稹齐名,号称"元白",后与匈奴独孤氏(一说即屠各氏)后裔刘禹锡齐名,号称"刘白"。一生著述颇丰,有文集75卷,经史事类30卷。在创作上主张"文章合为时而著,歌诗合为事而作"。其"讽喻诗"多同情人民疾苦,揭露统治者的腐朽与残暴,如《杜陵叟》、《卖炭翁》、《新丰折臂翁》等即是此类代表作。而《长恨歌》、《琵琶行》,更是长期以来广为传诵之名篇。有《白氏长庆集》等行世。刘禹锡,唐代文学家、哲学家。一说其先世为匈奴独孤氏。北魏东雍州刺史刘亮七世孙。精于古文,善五言诗。和柳宗元交谊甚笃,人称"刘柳"。其诗语言生动,风格清新,《竹枝词》、《柳枝词》、《插田歌》等组诗,富有民歌特色。其中如"沉舟侧畔千帆过,病树前头万木春"等诗句更是脍炙人口。所著《天论》三篇,反映了朴素唯物主义和辩证法思想,有《刘梦得文集》行世。这些出身于北方民族的文坛巨星,既有胡戎的刚健雄豪气概,又汲取南方汉族绮丽抒情的浪漫色彩,使唐代的文学诗歌达到新的高峰。

在语言方面,南北汉语皆杂有蛮夷之音。隋末,鲜卑人陆法言著《切韵》,以当时洛阳音为主,酌收古音及其他方音(其中也杂有胡房和吴越之音),建立了汉语的韵母系统,为唐宋韵书的始祖。唐僧人宁温在《切韵》的基础上,运用梵语字母的拼音原理剖析汉语,制定三十声母,为宋《广韵》之三十六声母体系奠定基础。因而,《通志·七音略》指出:"七音之韵,起自西域,流入诸夏。"

3. 胡曲、胡舞对汉族为主体的中原文化影响也颇为深远。

史称唐代"歌舞杂有四方之乐"①。隋朝统一后,文帝设置国伎、清商伎、高丽伎、天竺伎、安国伎、龟兹伎、文康伎七部乐,并杂有疏勒、扶南、康国、百济、突厥、新罗、倭国等伎。隋炀帝又改为九部乐。唐朝设十部乐,即燕乐、清商乐、西凉乐、龟兹乐、高丽乐、天竺乐、安国乐、康国乐、疏勒乐、高昌乐。其中燕乐和西凉乐,大多源于北朝的胡汉混和乐。而唐代著名大乐《秦王破阵》,正是在汉族传统的"清商乐"基础上,汲取了龟兹乐许多成分,抑扬蹈厉,极富阳刚之气。隋唐时,龟兹乐和西凉乐盛行各地,这在唐人诗词中也有生动的反映。如元稹《法曲》诗云:"女为胡妇学胡妆,伎进胡音务胡乐"。王建的《凉州行》也提到:"城头山鸡鸣角角,洛阳家家学胡乐"。此外,胡舞、胡戏等对中原文化的影响也是明显的。例如,北齐的《兰陵王入阵曲》②,舞者戴假面具,紫衣金带,手执金桴,虽属软舞范围,但威武雄壮。北周的《城舞》,行列方正,像城廓,舞者八十人,刻木为面。这种舞蹈既是北方民族融合的艺术结晶,又对后世戏剧等发生一定影响。又如以著名《霓裳羽衣曲》为乐的盛唐舞蹈《霓裳羽衣舞》,既运用了传统的小垂手,又借鉴了胡旋舞旋转迅疾的动态,使传统舞姿的柔媚、典雅与西域舞蹈的俏丽、明快水乳相融,可谓是汉舞与胡舞融合的佳作。而《霓裳羽衣曲》,属唐代燕乐胡部新声之名曲。此曲本名《婆罗门曲》,原为凉州流行的一套大曲(一说由西域传入)。西凉节度使杨敬述于开元十九年(731年)进献唐玄宗,传说此曲曾经玄宗润色并制歌词。天宝十三年(754年),唐廷实行"蕃汉杂奏"之策,

---

① 《新唐书》卷22,《礼乐志》。
② 《北齐书》卷11,《文襄六王传》曰:芒山之败,兰陵王高长恭为中军,率五百骑再入周军,遂至金墉之下,被围甚急,城上人弗识,长恭免胄示之面,乃下弩手救之,于是大捷。武士共歌谣之,为兰陵王入阵曲。

"诏道调、法曲与胡部新声合奏","婆罗门"遂改为"霓裳羽衣"。白居易《霓裳羽衣舞歌及自注》描述了这套大曲的曲体与音乐之妙。全曲有散序 6 段,中序 18 段,曲破 12 段,共 32 段 12 遍。同其他大曲的区别是"凡曲终必遽,唯霓裳羽衣曲将毕,引声益缓"①。

乐器除用磬、箫、筝、笛外,还有箜篌、筚篥、笙等②。唐文宗时所用乐队则更近于清乐系统,反映了胡乐俗化的过程。出自西域的胡腾舞、胡旋舞、柘枝舞,开元、天宝后,盛行于长安,遍及中原。

除胡歌胡舞外,高句丽和南诏等的乐舞对中原的文化生活也有所影响。南朝时就传入高丽、百济伎乐。隋朝时高丽伎成为九部国伎之一。至唐,不少达官贵人擅长高丽乐舞。南诏的乐舞也非常有特色。唐德宗贞元十九年(803 年),南诏王异牟寻为增进与中原王朝的关系,派庞大歌舞队赴长安,定名为《南诏奉圣乐》。该乐"用黄钟之钧,舞六成,工六十四人,赞引二人,序曲二十八叠,执羽而舞"③。其内容丰富,意境深邃,乐奏、歌唱、舞蹈浑然一体,极具艺术感染力,演出轰动长安。唐德宗亲临麟德殿观看,并"以授太常工人,自是殿庭宴则立奏,宫中则坐奏"④。还被列为唐朝音乐十四部之一。

4. 击鞠、千秋、狮子舞、泼寒胡戏等娱乐活动的传入,丰富了中原社会生活。

击鞠,即打马球,发源于波斯,称波罗毬,最初是从吐蕃传入,唐代颇为流行。唐太宗时始令人习击鞠,之后诸帝率善此戏,史称:唐中宗"好击毬,由是风俗相尚"⑤。当时上自宫廷显贵、文人学士,下至武夫走卒、宫女市民,大都喜爱这种竞争激烈,富有挑战性的运动。出土文物中就有许多表现唐代击鞠的壁画、铜镜、陶俑等。诗人笔中更是对击鞠进行生动形象的描述。例如,张建封作诗曰:"俯身仰击复旁击,难于古人左右射。齐观百步透短门,谁羡养由遥破的?"⑥

秋千游戏也源自少数民族。《荆楚岁时记》云:"秋千本北方山戎之戏,以习轻者。后中国女子习之,乃以彩绳悬木立架,士女炫服,坐立其上,推引之,名曰

---

① 白居易《霓裳羽衣舞歌和微之》。
② 《新唐书》卷 22,《礼乐志》。
③ 《新唐书》卷 22,《礼乐志》。
④ 《新唐书》卷 22,《礼乐志》。
⑤ 《资治通鉴》卷 209,唐中宗景龙二年。
⑥ 张建封《酬韩校书愈打球歌》,《全唐诗》卷 275。

秋千。"唐代秋千游戏,先是在宫女中流行,后来"都中士民相与仿之"①,逐渐推广于民间。

狮子舞在唐以前即从波斯传到龟兹,唐时又由龟兹传入内地。段安节在《乐府杂录》中谈到:"戏有五方狮子,高丈余,各衣五色,每一狮子有二人,戴红抹额,衣画衣,执红指子,谓之狮子。"狮子舞很快在中原流传开来,深受各族喜爱。

"泼寒胡戏",又称乞寒、泼胡乞寒,源自西域。《旧唐书·康国传》云:"至十一月鼓舞乞寒,以水相泼,盛为戏乐。"戏时歌舞之辞名"苏摩遮"。北周宣帝时始传入中原,唐前期曾盛于洛阳、长安。据《新唐书·张说传》载:"自则天末年季冬为泼寒胡戏,中宗尝御楼以观之。至是因蕃夷入朝,又作此戏。"开元元年(713年)十二月曾下敕禁断。这种类似泼水游戏的歌舞在冬季举行。届时,舞者出场时,穿饰服,骑骏马,竖旗帜,鼓声响起时,下马戴上面具,裸身跳足,相向泼水,随鼓点边歌边舞。歌舞者大都为胡人。《文献通考》记此戏乐器云:"乞寒本西国外蕃康国之乐。其乐器有大鼓、小鼓、琵琶、五弦、箜篌、笛。其乐大抵以十一月,裸露形体,浇灌衢路,鼓舞跳跃而索寒也。"苏摩遮后又传入日本。

5. 唐代绘画也异彩纷呈,深受西域等地区画风的影响。

来自于阗的尉迟跋质那、尉迟乙僧父子对于西域绘画艺术的东渐和丰富中原绘画艺术作出了突出贡献。他们长期担任隋、唐王朝的宫廷画师,创造了许多艺术精品。张彦远《历代名画记》云:"尉迟乙僧于阗国人,父跋质那。乙僧,国初授宿卫者,袭封郡公。善画外国及佛像,时人以跋质那为大尉迟,乙僧为小尉迟。"两人俱系于阗质子,同封郡公,乙僧并授宿卫,世称大小尉迟。"小则用和紧劲,如屈铁盘丝;大则洒落有气概。"②他们既继承了西域本族固有画法,又融会中原传统绘画技法与风格,在艺术上达到"气正迹高"的境界。唐初流寓长安之西域画家还有来自康国的康萨,善画异兽奇禽,千形万状。西域绘画艺术不仅对曹不兴、张僧繇等唐代名画家产生重大影响,而且对被誉为"一代大师"的吴道玄也有所感染和渗透。其在绘画表现手法上吸收了西域的晕染技艺、凹凸

---

① 《开元天宝遗事》。
② 《文献通考》《乐考》二十一《西戎》。

派画风,显示高低深浅、怪石崩滩之立体感。

6. 从儒释道兼容至三教共弘,民族心理上进一步沟通。

在民族融合过程中,共同宗教信仰在沟通民族心理上起着不可忽视的作用。佛教自汉代传入内地。魏晋南北朝时期,无论是南朝还是北朝都盛行佛教,从而寺院经济也得到相当发展。佛教之所以如此盛行,主要是由于各族人民受阶级及民族的双重压迫,加之战争带来的痛苦甚深,容易接受佛教所散播的幻想。各族统治集团也经历着胜败骤变、生死无常的境地,内心往往是怯弱的,因而需要从佛教的教义中寻找精神上的慰藉,并借以统治人民。再加入主中原的北方诸族统治者对外来之佛教有认同感,认为"佛是戎神,所应兼奉"①,而加以大力弘扬,僧徒众多,寺院林立。而道教肇始于汉代,南北朝时期势力颇盛,与佛教争锋竞胜。儒家学说更成为各族统治者治国之策的核心理论。当时,有人借《周易·系辞》中"天下同归而殊途,一致而百虑"的说法,为儒、释、道"三教调和"寻找理论根据,认为"三教虽殊,劝善义一。涂迹诚异,理会则同。"②于是三教兼修者越来越多。例如,北魏道武帝拓跋珪既尊重儒学,又好黄老之学,颇览佛经,史称:"太祖之业,亦好黄老,又崇佛法。"③南朝梁武帝萧衍以"菩萨皇帝"身份,创"三教同源"说,作《会三教诗》,将儒、道、释三教始祖孔子、老子、释迦牟尼并称"三圣",力促三教合流,相互辉映。

唐代时,虽历朝君主对儒、释、道时有偏重,但"三教共弘"是大势所趋。提出了"以佛治心,以道治身,以儒治世"之三教并用的原则④。唐统治者尊道、礼佛、崇儒,兼容广蓄,三教并重。柳宗元提出了"三教合一",认为儒、释、道有相通之处,"浮图诚有不可斥者,往往与《易》、《论语》合……不与孔子异道。"⑤李翱在《复性书》中则将佛教的心性论与儒家的纲常名教结合起来,提倡"去情复性",以佛理解释儒家经典。

总之,隋唐时期,"三教合一"思想的发展,演变为"三教同归",中国传统文化对佛教理论进行改造并逐渐使之本土化,形成了有别于印度佛教的气象和特

---

① 《晋书》95,《佛图澄传》。
② 道安:《二教论》。北周时已有三教之说,将儒学视为一教。
③ 《魏书》卷114,《释老志》。
④ 《三教平心论》卷上。
⑤ 柳宗元:《送僧浩初序》。

质,出现天台宗、华严宗、禅宗等中国化的佛教宗派。追根溯源,是佛教学者摄取儒、道两家思想,融会贯通,自成流派的结果。三教并举,客观上促进民族融合,并对周边诸族产生了一定影响。

二、中原文化对周边诸族之影响

以汉族为主体的中原文化对周边诸族产生强烈影响,不管统一或是分裂时期,都绵延不断地持续着。大一统的唐朝,通过朝贡、互市、封赏、和亲、设置羁縻府州等途径,客观上加强了对周边诸族的控制及辐射力度,促进了各族间经济文化的交流。而汉族商人、农民、工匠进入民族地区,周边民族内迁等,又进一步加强了中原地区与周边诸族的经济文化联系和民族融合。

北边的突厥,强盛时"东自契丹、室韦,西尽吐谷浑、高昌诸国,皆臣属焉,控弦百余万"[1]。隋末,大批汉人为避战乱流入突厥,其中不乏文人学士,对在突厥中传播汉文化起了很大作用,出现"中国之礼,并在诸夷"的现象[2]。突厥十二生肖纪年法与汉族纪年法,甚为相似,明显受到中原地支纪年法的影响。突厥儒尼文的产生也与汉文化传播有关。由于大批突厥子弟就学于长安,掌握了由点、线、钩、弧组成的方块汉字,从而受到启发,参稽汉字字形,以固有马印为基础加以改造,简化其形态,成为记录语言的符号,即儒尼文(又译鲁尼文)。继突厥之后称雄大漠南北的回鹘,通过和亲和绢马贸易,对中原文化的吸收更为明显,有不少精通汉文化之人。出土的《铁尔痕碑》、《牟羽可汗碑》、《保义可汗碑》等石刻碑文除突厥、粟特文外,皆有汉文。一说《保义可汗碑》(即《九姓回鹘可汗碑》)之汉文是出自回鹘内宰相颉于伽思之手。而唐开元历法直至9世纪中叶西迁后仍继续在回鹘人中使用。

在西域各地,汉文化影响也很显著。吐鲁番出土的唐代文书中,有大量汉文儒家经典残本,如《毛诗》、《尚书》、《礼记》、《孝经》等,还有《千字文》、《开蒙要训》等儿童启蒙读物。中原的饮食文化也远播西域。例如,1972年在新疆吐鲁番唐墓中出土了三种花式点心及饺子,这说明汉族饮食已传播至西域。

---

① 《旧唐书》卷194,《突厥传》。
② 温大雅:《大唐创业起居注》卷上。

在吐蕃,通过文成公主、金城公主之和亲,大批中原书籍传入西藏地区。文成公主带进吐蕃的佛经有 360 部,工艺著作 60 部,医书 60 部,占筮历算书 80 部,还有食物制作法书籍、耕作法书籍以及字典、词典等书①。金城公主时又有《毛诗》《礼记》《左传》《文选》等书籍带入吐蕃。有的汉文经典还被翻译成藏文。吐蕃又从中原获得笛子、唢呐、布桂、多达曼等乐器,金城公主入藏时,"杂伎诸工悉从,还给龟兹乐"。中原的乐工、乐器对吐蕃影响颇大。长庆二年 (822 年),唐大理寺卿刘元鼎出使吐蕃,赞普"大享于牙石,饭举酒行,与华制略等,乐奏《秦王破阵曲》,又奏《凉州》、《胡渭》、《录要》、杂曲,百伎皆中国人。"②因此,唐代岭南诗人陈陶在《陇西行》中云:"黠虏生擒未有涯,黑山营中识龙蛇。自从贵主和亲后,一半胡风似汉家。"可见,汉文化对吐蕃影响之深。

云南地区的南诏政权与唐朝在文化上保持着密切联系。一方面是汉族移民通过各种途径进入南诏境内,另一方面南诏也派遣贵族子弟至成都"为质"学习,不少学成而返。这样一进一出,使汉文化进一步在南诏得以传播。西川节度使仲牛丛在《报南诏坦绰假道书》中提到,唐对南诏"赐孔子之诗书,颁周公之礼乐,数年之后,蔼有华风。"③南诏的碑文大都用汉文撰刻而成。尤其是《南诏德化碑》,采用唐代骈散并行的文体,辞藻典丽,颇具唐风。此外,建筑、衣服、殡葬之法有不少也与汉族略同。

中南及东南蛮、僚、俚诸族,自魏晋南北朝以来,至隋唐也受中原文化熏陶,渐染华风。以荆、雍州蛮而言,"其与夏人杂居者,则与诸华不别"④。益、梁二州的僚人,"初因李势后,自蜀汉山谷出,侵扰郡县。至梁时,州郡每岁伐獠以自利,及后周平梁益,自尔遂同华人矣。"⑤汉中地区"杂有獠户,富室者颇参夏人为婚,衣服居处言语,殆与华不别。"⑥俚人也"渐袭华风,休明之化,沦洽于兹。椎跣变为冠裳,侏化为弦诵,才贤辈出,科甲蝉联,彬彬然埒于中土。"⑦东北之"海

---

① 安庆民:《吐蕃史》第 113、114 页,宁夏人民出版社,1989 年。
② 《新唐书》卷 216 下,《吐蕃下》。
③ 《大理府志》卷 29,《艺文》。
④ 《隋书》卷 31,《地理志》下。
⑤ 《通典》卷 187,《南蛮》上。
⑥ 《隋书》卷 29,《地理志》上。
⑦ 《古今图书集成·职方典》,《高州府部汇考》三。

东盛国"渤海,受中原文化浸濡陶冶更是明显。其开国者大祚荣于唐圣历元年(698年),自号为"震国王",则是取《周易》"帝出乎震"之意,震为东方,即东方之王。可见,"震国王"之号是与汉族文化观念密切相关的。大祚荣及其嗣位者皆遣人至长安太学攻读儒家经典,并在渤海京城上京"设文籍院,以储图书,设胄子监,以教诸子弟"①。渤海之才智之士都通晓汉语汉字,其作品也符合汉族文学格式。因而唐代诗人温庭筠在《送渤海王子归国》的诗中云:"疆理虽重海,诗书本一家。盛勋归旧国,佳句在中华。"②也就是说,王子虽然还归"旧国",其诗稿依然在长安传诵。渤海的壁画艺术及丧葬习俗等都受到中原文化的强烈影响③,常习华风,如同一家。此外,各少数民族之间,在经济文化方面也相互吸收,互相促进。例如,突厥文化对正在兴起的吐蕃文明曾产生显著影响。在吐蕃医学中,"突厥医疗法","葛逻禄医疗法"等占有一席之地。藏族文化在南诏也留下不少痕迹。剑川的许多密教佛像,深受吐蕃密教艺术的影响。大理三塔寺出土的手执金刚杵夜叉明王铜像与观音菩萨立像,也与西藏佛教造像风格相似。其他诸如东北诸族、西北诸族、南方诸族彼此之间都有各种交流,在经济文化上相互吸纳,互相渗透。

三、文化互动、杂居通婚,中原诸族加速融合

中原地区是以汉族为核心,分散地居住着少数民族。关于北方民族南下的具体数字虽大多不见于文献记载,但每次移民人数或多或少都留有蛛丝马迹,有遗存可寻。据吴松弟:《中国移民史》第三卷所说,唐太宗贞观年间东突厥、铁勒诸部、粟特、薛延陀、高昌、高丽、契丹等移民的数目大致有六七十万人。仅贞观初,平定东突厥时内迁的就有四五十万人。如将不见于记载的移民也计算在内,贞观年间,非汉族的南下移民可达100余万人。若依贞观十三年(639年),全国有统计的人数约1 235万人,内迁民族移民约占人口总数的6%~7%。而其中关内河南、河东、河北、陇右北方五道约有人口570万,移民约占这五道的人口七

---

① 　金毓黻:《渤海国志长编》卷16,《族俗考》。
② 　《全唐诗》卷563,温庭筠:《送渤海王子归国》。
③ 　参见吉林考古研究室文物工作队《统一的多民族国家的历史见证》,载《文物考古工作三十年》,
　　文物出版社1979年。

八分之一①。高宗和武周时期，西突厥、铁勒诸部、薛延陀、吐谷浑、高丽、百济等五次移民，其数达七、八十万，若算上未计在内的零星迁移，总数可达100万人左右。开元、天宝年间，仅铁勒诸部内迁人数就有二三十万。这样，三个时段的移民加在一起就达230万人②。"安史之乱"前，非汉族移民及其后裔可能占北方人口五六分或六七分之一③。

非汉族移民的大量内迁，使得中原地区少数民族骤然增加。除了继魏晋南北朝时期匈奴、鲜卑、羯、氐、羌等大举入居中原并逐渐与汉族融合外，隋唐以来，突厥、薛延陀、回纥、西域诸胡、东北各族大量入居中原，再加原有六夷遗众，使得中原地区民族成分更为纷杂，所占比例日渐增加。

唐前期，民族分布格局，大致是以周边为非汉民族分布的主要区域，中原腹地以城市为核心穿插非汉民族居住为特点。中原地区除了以汉族为主外，其他民族呈大分散小聚居的状态。主要分布在关内道、河东道及河北道南部。尤其是长安和洛阳及其周围，早在唐朝前就是非汉族重要汇聚之地。

唐朝后期，随着中央集权的逐渐衰弱，地方民族势力崛起，中原地区民族分布格局也有所变化。尤其是河北道更是出现"胡化"的现象，一方面此地区居住着大量胡人，另一方面不少汉人也日渐胡化。此外，沙陀自西向东，契丹从北往南发展，党项拓跋部则乘机占据夏、绥、银、宥等州，蓄势待发。中原王朝汉族统治者对周边民族的控制力日趋减弱。但中原地区民族融合进程，却仍然持续不断地向前发展。

隋唐时期内迁之突厥、回纥、吐谷浑、高句丽及西域诸胡等族，通过与汉族等杂居共处、同朝为官、经济文化交流、一起经商，互相通婚等途径，日益汉化，逐渐与汉族等融合。

突厥迁居内地主要有三批，一是东突厥亡后，降唐之十余万人，被安置于自幽州至灵州之间，建顺、祐、化、长四州都督府领之。时投唐的突厥首领，被授予

① 吴松弟：《中国移民史》第3卷第138、139页，福建人民出版社，1997年。赵文林、谢淑君：《中国人口史》第158页认为贞观十四年的人口数为20 642 663人，其中在籍人数为14 499 202人。
② 此据吴松弟：《中国移民史》第3卷所载统计。但据傅乐成在《唐型文化与宋型文化》（《汉唐史论集》第357～358页）提到："估计从太宗贞观初至玄宗初一百二十年间，外族被唐俘虏或归降唐室因而入居中国的，至少在一百七十万人以上。"
③ 吴松弟：《中国移民史》第3卷第140页。

将军、中郎将的多达五百人,五品以上奉朝请的官员达百名,随之迁居长安的突厥人有数千户或"近万家"①。二是后突厥默啜可汗时,史载开元三年(715年),突厥十姓部落相继降唐"前后总万余帐,制令居河南之旧地"②。此谓之旧地,即唐咸亨年间(670~674)安置突厥附者的丰、胜、灵、夏、朔、代等六州之地,也就是河套一带。三是西突厥一些部众迁居内地。天授元年(690年),西突厥首领濛池都护、继往绝可汗斛瑟罗鉴于以往被后突厥扰掠,"散亡略尽"之教训,乃"收其余众六七万人入居内地"③。迁居长安、河套及所谓"内地"等的突厥人,经唐、五代、宋等长期与汉人等杂居共处,逐渐汉化,不少成为汉族成员。

高句丽人被迁居中原的主要有两批。一是在贞观十九年(645年)唐军攻拔玄菟等10城后,唐太宗徙辽、盖、岩三州民共7万人入"内地"。二是在高句丽国亡后的第二年(669年),唐高宗"移三万八千三百户于江淮之南及山南、京西诸州空旷之地。"④这两批人中有不少后被迁于河南(此指青海甘肃二省境内黄河以南地)、陇右(今甘肃陇山、六盘山以西及黄河以东一带)。其中许多人逐渐融入汉族。唐时,其他内迁诸族融入汉族的也不少。

会昌二年(842年),南迁的回鹘乌介可汗所统诸部"犹称十万众"。乌介牙帐驻于大同军(治今山西朔州市东北马邑)北间门山。是年冬至次年春,先后有庞俱遮等7部3万人,"相次降于幽州,诏配诸道"⑤,即被安置中原各地,但大部分散居今山西省北部和中原其他地区,以后大多融入汉族。

唐代流寓长安之回鹘等西域人,为数甚多。主要有魏周以来入居长安,华化虽久,其族姓犹可寻者;西域商胡逐利东来者;僧侣传教东来者;为质于唐,久居长安者⑥。见于史载的有于阗尉迟氏、疏勒裴氏、龟兹白氏、鄯善鄯氏、昭武九姓胡人(九姓,《新唐书》为康、安、曹、石、米、何、火寻、戊地、史)及波斯等国胡人。天宝之乱后,回鹘留长安者常有千人,昭武九姓商胡冒充回鹘名杂居者又倍之。

---

①　《资治通鉴》卷193,唐太宗贞观四年五月作"入居长安者近万家"。

②　《新唐书》卷215上,《突厥传上》。

③　《资治通鉴》卷204,则天后天授元年。

④　《新唐书》卷220,《高丽传》。山南道辖境包括陕西终南山及河南嵩山以南,长江以北湖北省地等。京西路,治今洛阳市。

⑤　《新唐书》卷217下,《回鹘下》。

⑥　参见向达《唐代长安与西域文明》第6页,1957年三联书店。

他们"殖赀产,开第舍、市肆,美利皆归之"①。"杂居京师,殖货纵暴"②,其中有些人以放高利贷牟取暴利。贾胡大多聚于西市。西域之家宅及寺祠也大多建立长安城西部。例如,长安布政坊有胡祆祠;醴泉坊有安令节宅,波斯胡寺,祆祠;义宁坊有大秦寺,尉迟乐宅;长寿坊有唐代尉迟敬德宅;嘉会坊有隋尉迟刚宅;永平坊有周尉迟安故宅;修德坊有李抱玉宅;群贤坊有石崇俊宅;崇化坊有米萨宝宅及祆祠;普宁坊有祆祠等。他们久居长安,遂多娶妻生子,数代之后,逐渐汉化。仅从《唐代墓志汇编》中所见统计,昭武九姓、鲜卑、突厥、羌、吐谷浑、匈奴等与汉人通婚者就有68人。同时,由于西域胡人及其他诸族之入居长安、洛阳等地,使两都成为各族经济文化荟萃之大都市,并使中原地区胡化之风日趋兴盛。而汉化与夷化交叉进行,加速民族融合的步伐及向深层次发展。

我们从史书记载可看到,西晋太康时户数为245万,北魏正光前户500万,刘宋大明时户90万,到隋大业五年,户达890万,唐天宝年间,户961万,人口5 288万。这除了管辖范围扩大,检括户口及自然增长等因素外,也是与大批少数民族编户齐民融合于汉族密切相关。中原地区大批内迁的突厥、回鹘、高句丽、吐谷浑等族,通过与汉族等杂居、通婚及经济文化交流,逐渐融合,这不仅给汉族注进了大量新鲜血液,使之生机勃勃,更富有创造力。同时,一些原来较低于汉族社会发展水平的少数民族纳入汉族共同体,实际上也加速了其自身社会的发展。汉族与其他民族共同创造了绚丽夺目的盛唐文化。

（作者为中国社会科学院民族学与人类学研究所研究员）

---

① 《资治通鉴》卷225,唐代宗大历十四年七月。
② 《新唐书》卷7,《德宗纪》。

赋学自古盛洛阳

司全胜

赋,作为中国古典文学中最具有民族特色的一种文学体裁,以其悠久的发展历史和丰硕的创作成果在中国古代文学史上占有极其重要的地位,并以其广博宏丽、典雅浑厚的风格一直以来都被视为古典文学精品中的"阳春白雪"。就是这样一种文体,与洛阳渊契颇深。

西晋大文学家左思穷十年之功而作《三都赋》,博物穷理,富丽壮伟,精彩绝伦,一时间人们争相传抄,于是才有了"洛阳纸贵"这一文学历史佳话。赋文学创作的第一位大家——贾谊,是汉代洛阳的第一位大才子,而后洛阳的才子们如唐代的"诗圣"杜甫、"诗豪"刘禹锡、中唐大诗人元稹、唐代古文运动的先驱独孤及、南宋诗人陈与义等人,皆有优秀赋作传世。至于描写洛阳风土人物的赋作,更是不胜枚举,如班固的《东都赋》、张衡的《东京赋》、曹植的《洛神赋》、阮籍的《首阳山赋》、潘岳的《登虎牢山赋》、张协的《登北邙赋》、白居易的《洛川晴望赋》、邵雍的《洛阳怀古赋》、赵时春的《洛原赋》、傅毅的《洛都赋》等诸作,都是脍炙人口,千古传诵。

而赋文学之所以和洛阳有着这样密切的关系,主要与赋文学创作的最基本特点——注重铺陈有关。

赋文学的创作就是要致力于对客观事物进行大量的直接描绘,所以,在赋作中,无论是描写宫殿园囿,还是描写山水鸟兽,无不从时空两方面尽力铺开去写,凡是与这个被描写事物有关的,只要是作者能想得到的,都把它排列出来,不嫌言过其实,不怕有堆砌之嫌,就是用典故也是以丰富众多为胜,作品的行文给人一种气势壮阔、一泻千里、酣畅淋漓的感觉。比如汉代才女班昭的《东征赋》写由洛阳往陈留郡的长垣县,按时间前后写了洛阳及偃师、巩县、成泉、荥阳、武卷、阳武、原封、封丘、平丘、长垣诸县一路的所见所闻。又如邵雍的《洛阳怀古赋》,按照以类相从的原则,把六种可能会造成天下成败、国家兴亡的原因一口气在文章的后半部分给列了出来,并分别进行了详细的解释和描述,这样一比较,作者的观点主张一览无遗。

作为一个词,"赋"在《说文解字》中的解释是"敛也",由此可知,赋税、贡赋之赋是其本义。在古代,所要贡赋的东西都要一一陈列于殿堂之上,而且赋、敷、布、铺等几个字在古代同声,韵部也一样,所以"赋"本身就有"铺陈"的意义。作为一种表现手法,朱熹在《诗集传》中对"赋"的解释是:"敷陈其事而直言之者也",指对事物进行直接的陈述描写,其中的"敷陈"与"铺陈"意思相近。作为一种文体,挚虞的《文章流别志论》中说:"赋者,敷陈之称。"刘勰的《文心雕龙·诠赋篇》中说:"赋者,铺也,铺采摛文,体物写志也。"其中,"敷陈"和"铺"均与"铺陈"意思相通。而所谓铺陈,就是详细地对事物进行直接描述,这正与赋文学的创作宗旨——要致力于对客观事物和主体情感进行大量的直接描绘相吻合。所以,"铺陈"才成为了赋文学最基本的文体特征。

但是,并不是每个人都能够把铺陈手法运用得得心应手、圆熟自如,一旦运用得不好,其行文不但不能给人以淋漓酣畅之感,而且可能还会使作品有堆砌、板滞之病。那么,只有具备什么样的条件才能把铺陈手法运用得圆熟自如呢?

刘熙载在《艺概·赋概》中曾说:"铺,有所铺,有能铺。司马相如《答盛览问赋书》有赋迹赋心之说。迹,其所;心,其能也。心迹本非截然为二。"从这段话中,我们可以得出这样一个结论,即要想在赋文学的创作中得心应手地运用铺陈手法,应当同时具备以下两个方面的条件:其一,充裕的铺陈对象。因为赋文学致力于对客观事物进行直接的详细描述,如果可供赋作值得进行展示的事物比较缺乏,再加上作者又不能随意虚构,所以也就无法为赋文学的创作提供无穷无尽、取之不竭的铺排对象,那么就使无法成功使用铺陈手法成为了一种必然。所以,刘熙载才会说:"赋起于情事杂沓,诗不能驭,故为赋以铺陈之"(《艺概·赋概》)。这就是"有所铺",即"赋迹"。其二,不一般的才学。文学史证明,赋文学的兴盛离不开赋家本身的才识学力,凡是那些写出成功赋作的人,几乎都是当时极负盛名的硕学鸿儒,如贾谊、曹植、杜甫、白居易、刘禹锡、邵雍等等。因此,刘熙载又说:"赋兼才学,才弱者往往能为诗,不能为赋"(《艺概·赋概》)。这就是"有能铺",即"赋心"。

对于第二个条件,明代的王世贞在《艺苑卮言》中有着更为细致、精当的论述:"作赋之法,已尽长卿数语,大抵须包蓄千古之才,牢笼宇宙之态。其变幻之极,如沧溟开晦;绚烂之至,如霞锦照灼;然后徐而约之,使指有所在。若汗漫纵横,无首无尾,了不知结束之妙;又或瑰伟宏富,而神气不流动,如大海乍涸,万宝杂厕,皆是瑕璧,有损连城。然此易耳。惟寒俭率易,十室之邑,借理自文,乃为害也。赋家不患无意,患在无蓄;不患无蓄,患在无以运之。"所谓"无蓄",是说赋作家知识"寒俭"、不渊博,没有能够"包蓄千古之才,牢笼宇宙之态"的学识。所谓"无以运之",是指赋作家缺乏驾驭整篇作品内容的能力,使创作出来的赋作品没有"神气"。而"神气"是使整篇作品浑然一体、前后内容紧密衔接的内在必备条件,是作家创作能力高低的具体体现。也就是说,如果作家的才华比较一般,缺乏驾驭作品内容的能力,很可能会使创作出来的作品"神气不流动"。所以说,对于赋作家而言,要想成功地运用铺陈手法,必须要避免以下两个方面的问题:第一,不要"无蓄",也就是说,无论是书本上的知识,还是现实生活中的知识,一定要比较熟悉和了解,不一定要学富五车,但一定要学识渊博;第二,不要"无以运之",不要使赋作品无"神气",要想避免这个问题的出现,作者自身一定要具备杰出的才华,不一定要才高八斗,但一定要才华非同一般。

而古都洛阳正好具备可以同时满足以上这两个条件的基础,所以才会使其与赋文学有着这样深的渊源关系。首先,洛阳有着5 000多年的悠久历史,是中华民族3 000多年的文化中心,是中华民族1 600多年的帝王之都,再加上其险要的地理位置和丰富的自然、人文资源,还有众多的名胜古迹和大量的奇丽景观……所有这一切,都为河洛大地留下了太多值得人们不断进行追忆和回味的东西,也为赋家们提供一个可以任意挥洒的广阔空间。其次,王邑大都,自古也是文人墨客的聚集之所。所以,由于先后有13个王朝在此定都,才使得洛阳历朝历代都有大量的文人志士在此留下了自己深深的足迹,也使得洛阳成为中国古代一个文人学者、名流志士荟萃之地。人们说"长安重游侠,洛阳富才雄"、"自古洛阳多才子"、"汉魏文章半洛阳",都是非常正确的。在这里,历代文坛泰斗、科学巨匠、元圣先哲、鸿生巨儒,灿若星汉,光耀千秋。伊尹、苏秦、贾谊、张说、玄奘、杜甫、元结、元稹、祖咏、贾至、李贺、刘禹锡、程颢、程颐、陈与义、朱敦儒、王铎等都是洛阳人,生于河洛,长于河洛,对河洛的一切都是了如指掌;周公、孔子、张衡、班固、曹植、陆机、嵇康、左思、鲍照、狄仁杰、王维、李白、白居易、范仲淹、邵雍、司马光、李格非、文彦博、元好问、马祖常等人或长期居住于洛阳,或最后终老于洛阳,或几度涉足于洛阳,但都终生眷恋着这块神奇的土地,与洛阳结下了不解之缘。他们对洛阳的一草一木、一山一水都是那么的熟悉和亲切,再加上他们个个通才达识、才华横溢,所以,以铺陈手法的使用为基本特点的赋文学创作,自然就是驾轻就熟,写出来的赋作品不仅毫无生涩之感,而且神气贯通、一泻千里,为河洛大地留下了大量瑰丽华美、堪称千古绝唱的名品佳赋。

洛阳与赋文学的渊源如此之深,自然也就不足为奇了。

（作者单位为洛阳师范学院中文系）

隋唐洛阳支氏家族研究

——以石刻史料为中心

毛阳光　　余扶危

　　了解支姓家族,首先要了解月氏民族。月氏,又称"月支",是古代中国与中亚的游牧民族。月氏原居今兰州以西直到敦煌的河西走廊一带,《史记》卷一二三《大宛列传》说,"始月氏居敦煌、祁连间",月氏在先秦时期盛极一时。西汉初年,由于匈奴的崛起,多次击败月氏,并杀月氏王。于是,月氏被迫向西迁移,他们迁居到当时大夏境内的阿姆河以北地区,公元前 2 世纪,他们进一步征服了大夏,最终建立了统一的国家,这就是著名的贵霜王国,汉地文献称之为大月氏①。当时,还有一些月氏人没有西迁,"其余小众不能去者,保南山羌,号小月氏"②。《后汉书》卷八七《西羌传》则记载:"其羸弱者南入山阻,依诸羌居止,遂与共婚姻。"一部分过着游牧生活的小月氏与当地的羌人共同生活并逐步被同化。这其中还有一些进入了这一地区的城镇逐渐与汉族杂居③。他们广泛地分布在湟中、安定、祁连山等河西的广大地区。

　　两汉、魏晋以来,还有一些月氏人由于被征服或归附、经商等原因迁居到汉地生活,他们及其后裔以支为姓。关于支姓,唐代林宝《元和姓纂》卷二《支氏》就记载"其先月支胡人也"。南宋邓名世《古今姓氏书辨证》卷三也这样记载,"其先月支胡人,后为胡氏"。而这一时期的文献中还不时能够看到他们的踪

---

① 王治来:《中亚通史·古代卷》第 134 页,新疆人民出版社,2004 年。
② 司马迁:《史记》卷 123《大宛列传》。
③ 范晔:《后汉书》卷 87《西羌传》。

迹。因此,许多学者如桑原骘藏、姚薇元、林梅村、荣新江都作出了认真而细致的工作。如桑原骘藏指出:"除僧人之特例——如弟子继承师僧之姓外,所有支姓,皆限于月支人。"①姚薇元则在其大著《北朝胡姓考》中将这一时期史料中的月支胡悉数搜检②。荣新江在总结前人研究成果的基础上,利用出土文书和碑志资料,论述了月氏与卢水胡、羯胡、焉耆、龟兹等族的区别,分析了两晋以后小月氏后裔在关中、敦煌、吐鲁番、罗布泊的分布及被融合的情况③。林梅村《贵霜大月氏人留寓中国考》详细论述了公元 2 世纪贵霜内乱之后,大月氏人迁居东方,在龟兹、于阗、鄯善、敦煌以及关中与洛阳的行踪④。但是,由于传统文献中对此类内容的忽视,除了正史以及僧传中只言片语的记载之外,我们对汉唐间迁居到内地的月氏人及其后裔的分布和汉化情况缺乏深入的了解。而幸运的是,从上个世纪以来,汉唐时代的一些有关月氏人及其后裔的石刻史料如碑刻、墓志及造像题记相继被发现和刊布,这使我们能够从中找到更多当时迁居到汉地的月氏人的一些蛛丝马迹,我们还发现隋唐时期许多月氏人居住在洛阳。深入探讨洛阳月氏家族诸多方面的情况,可进一步看出中古时期洛阳在中外文化交流中的重要地位。

一

早在东汉时期,洛阳已经有月氏人居住了。东汉后期正值中亚贵霜王国的内乱时期,先后有婆湿色伽与迦腻色伽,胡毗色伽与迦腻色伽二世的争霸,战乱不绝,于是一些大月氏人也迁居到了洛阳。如顺帝时梁商曾向顺帝献美人支通期,其家就是内迁的月氏人⑤。另僧祐《出三藏记集》卷一三《支谦传》就记载:"支谦字恭明,大月支人也,祖父法度以汉灵帝世率国人数百归化,拜率善中郎将。"在上个世纪的洛阳还发现了大月氏人制作的井阑题记⑥。可见这一时期有一定数量的月氏人居住在洛阳。到了东汉末年,由于战乱的原因,一些洛阳月氏

① 桑原骘藏:《隋唐时代西域人华化考》,第 106~107 页,中华书局,1936 年。
② 姚薇元:《北朝胡姓考》,第 376~379 页,科学出版社 1958 年。
③ 荣新江:《小月氏考》,《中亚学刊》第 3 辑,第 47~62 页,中华书局,1990 年。
④ 林梅村:《敦煌吐鲁番学研究论集》第 715~755 页,汉语大词典出版社,1990 年。
⑤ 范晔:《后汉书》卷 34《梁冀传》。
⑥ 林梅村:《洛阳所出佉卢文井阑题记》,《中国历史博物馆馆刊》1989 年 13~14 期合刊,第 240~249 页。

人还迁居江南。如支谦,东汉末年就"与乡人数十共奔于吴"①。

东汉末年一直到东晋十六国时期,由于各游牧民族的封建化进程以及自然气候变迁的原因,大量少数民族进入汉地生活。这一时期,虽然文献中并没有关于洛阳月氏人情况的记载。但此时关中、山西地区都有月氏人活动,因此洛阳也应该有月氏人活动。

北魏统一黄河流域以后,实力逐渐增强,统治范围扩大,太武帝太延五年(439),北魏攻取了北凉,掌握了河西走廊,北魏和西域的交流日益密切,并最终控制了西域。此时,一些大月氏商人还不远万里来到当时的都城平城经商,如《魏书》卷一〇二《大月氏传》中记载:"世祖时,其国人商贩京师,自云能铸石为五色琉璃,于是采矿山中,于京师铸之。"这里的大月氏商人应是贵霜末年寄多罗王朝来到北魏贸易的商人。可见,在太武帝时的平城,还有大月氏商人进行贸易,甚至开矿烧制琉璃,人数想来不少。孝文帝迁都洛阳以后,洛阳又成为当时政治、经济、文化、交通的中心,也是重要的国际城市,丝绸之路的东起点。因此,大量的胡人由于入质、朝贡、经商等原因居住在这里,《洛阳伽蓝记》卷三就记载了当时西域胡族来华的盛况:"西夷来附者处崦嵫馆,赐宅慕义里。自葱岭已西,至于大秦,百国千城,莫不欢附。商胡贩客,日奔塞下。所谓尽天地之区已。乐中国土风,因而宅者,不可胜数。是以附化之民,万有余家。"这里面当然包括月氏人,如在龙门石窟开凿于孝文帝时期的古阳洞中就有"支法生"题记②。而在偃师南蔡庄宋湾村发现立于北魏正光四年(523)的《翟兴祖等造像碑》中也有"支僧安"题名③。而根据千唐志斋博物馆新搜集的《支英墓志》的记载,"其先陇西人,高祖因官洛阳,遂家焉,今为洛阳人也"。支英的祖父在北周任职,则其高祖应该是北魏后期定居洛阳的④。

通过以上论述我们得知:自从两汉以来,月氏人就随着民族交流与融合的不

---

① 《出三藏记集》卷一三《支谦传》。
② 刘景龙、李玉昆:《龙门石窟碑刻题记汇录》下卷,第476页,中国大百科全书出版社1998年版。
③ 周剑曙、郭宏涛编:《偃师碑志精选》,第154页,湖北美术出版社2004年版。李献奇《北魏正光四年翟兴祖等人造像碑》一文中也注意到了支僧安题记,并指出其为月支胡人,但认为是月支僧人。(《中原文物》1985年2期)支僧安并非僧人而只是佛教信徒,僧安是人名。建立的河北定兴县的北齐《标义乡义慈惠石柱》的严氏宗族题记中就有严僧安等佛教信徒。(罗哲文《义慈惠石柱》,《文物》,1977年12期)
④ 《全唐文补遗·千唐志斋新藏专辑》,第52页,三秦出版社2006年版。

断加强而迁居到内地,而由于此时的洛阳作为帝国政治、经济、文化的中心而吸引了一定数量的月氏人来到这里。这种情况一直持续到隋唐时期。隋唐时代是中国古代的鼎盛时期,中外文化交流异常频繁,大量的胡人尤其是中亚地区的粟特人由于经商、仕宦、传教等原因来到汉地,而与中亚有着深厚渊源关系,许多月氏人也随着东进的浪潮来到汉地。洛阳交通便利、经济发达,在隋炀帝和武则天时期又是国家的中心,因此洛阳也成为许多月氏人居住的地区。

二

根据石刻文献的记载,唐代洛阳的支氏家族有支彦家族、支英家族、支怀家族、支郎子家族、支万彻家族、支光家族。

1. 支彦家族

《支彦墓志》上个世纪上半叶出土于洛阳,具体地点不详,最早见于罗振玉《芒洛冢墓遗文五编》卷二①。其孙支敬伦的墓志在 1930 年出土于洛阳,地点是洛阳城北 13 里后李村瀍水东,墓志现藏洛阳新安千唐志斋②。

关于这支家族的种族背景,《支彦墓志》称其是周大夫仙的后人,战国时期为躲避战乱而迁居到北方,这显系后人编造,旨在表明支姓是华夏正宗。这种情况在当时胡人墓志中屡见不鲜。继而墓志称支彦十世祖是十六国后赵时曾任青州道大行台的支陆,这从时间来看也合理。但《支彦墓志》称其是酒泉人,众所周知,南北朝到隋唐时期,酒泉一直是河西走廊上的重要城镇。酒泉所在的河西地区本身就是西汉初年月氏西迁后小月氏部落居留的地方,有酋涂王部、右苴王、义从胡等部。这其中一部分过着游牧生活的小月氏人与羌族融合之外,还有一些进入了这一地区的城镇过着定居生活,而支彦可能就是秦末汉初月氏西迁后留在河西地区的小月氏后裔。他们之所以要认后赵支陆为十世祖,是由于后赵时期石勒、石虎政权有许多月支胡人活跃在汉地,如与石勒一起起事的支雄、支屈六③,石虎部将有支重④。这支新入汉地的月支家族要借此表明自己汉化已

① 《隋唐五代墓志汇编·洛阳卷》第 3 册 15 页,天津古籍出版社 1991 年版;《唐代墓志汇编》永徽020,第 143 页,上海古籍出版社 1992 年版。
② 郭玉堂:《洛阳出土石刻时地记》第 130 页,大象出版社 2005 年版。图版见《隋唐五代墓志汇编·洛阳卷》第 4 册 207 页;录文见《唐代墓志汇编》麟德058,第 433 页。
③ 《晋书》卷一〇四《石勒载记上》。
④ 《晋书》卷八《孝宗穆帝纪》。

久,增加其他汉人对自己的认同。如果支彦的祖上是后赵支陆的话,这支家族应该早在公元 4 世纪后赵时期已经进入中原地区了,但支彦却自称是酒泉人,则支彦的父辈或祖辈应该是在北朝时期从河西酒泉迁移到洛阳来的,所以他们还称自己是酒泉人,酒泉应该是这支月氏家族最初的著籍地。

而在婚姻方面,支彦的妻子翟氏自称是下邽人氏,这应该是源于西汉时期的下邽人翟公。然墓志又称"汉丞相翟公之后也",则西汉翟姓丞相只有成帝时的翟方进,但他是汝南上蔡人。可见翟氏的祖先与籍贯并不可靠,而是攀附汉族历史上一些翟姓名人来标榜自己的门第。根据许多学者研究,中古时期的翟氏有一部分是来自中亚粟特地区的移民,如《翟突娑墓志》中的翟突娑,就是一位信仰祆教的胡人[1]。他们与来自中亚的胡族通婚,这在出土墓志资料中屡见不鲜,如康公妻翟氏,翟公妻康氏,与之婚配的都是中亚的粟特人[2]。这些翟姓胡人入华之后都伪托汉地翟姓郡望。从这里我们不难看出,这个家族在来到汉地的一段时间内,还保持着胡族之间的通婚,表明这个家族入华的时间并不很长。因此,从《支彦墓志》中透露的种种信息来看,支彦家族显而易见是北魏隋唐时期一支由河西迁移到河洛地区的月支胡人后裔。

根据墓志记载,志主支敬伦是支彦之孙。进入汉地后,支彦的祖父支训曾任北齐乐安王府记室,乐安王当是北齐后期乐安王高劢[3]。高欢建立的北齐政权是一个胡化色彩相当浓厚的政权,这里聚集了许多胡人,支训在此仕宦也不足为怪。支彦之父支义,周隋时期没有仕宦,因此墓志称其"匿迹丘园,隐麟桑梓"。而到了支彦时,先担任豫州保城县丞。保城县在炀帝大业初年废,并入汝阳县[4],则支彦任县丞当在文帝时期。武德二年(619),王世充废皇泰主自立,在洛阳建立郑政权后,授支彦镇南府车骑将军。支彦担任军事职务,这不禁让人联想到支彦与王世充共同的月支胡背景,同时也反映出进入汉地的西域胡人原本都

---

① 向达:《唐代长安与西域文明》,第 90 ~ 91 页,三联书店 1987 年版;荣新江《隋及唐初并州的萨宝府与粟特聚落》,《文物》2001 年第 4 期。

② 《大唐故酋长康国大首领因使入朝检校折冲都尉康公故夫人汝南上蔡翟氏墓志铭并序》,《唐代墓志汇编》,第 1634 页;《故翟公妻义丰县太君康氏之铭》,《唐代墓志汇编续集》第 340 页,证圣 004。

③ 《北齐书》卷一三《清河王岳附子劢传》。

④ 《隋书》卷三〇《地理志中》。

擅长弓马,有尚武之风。然而,开明政权不久就被唐平灭,支彦隐迹田园,过着平静的生活,因此墓志称其"纵情丘壑,得意林泉"。其子支岷,仕宦情况不详,但据《支敬伦墓志》载,支岷"鸣琴新蔡",支岷应在新蔡县生活居住过,保城与新蔡在隋时属汝南郡,唐属豫州。可见这一家族在隋末唐初时居住在这里。到了支敬伦时,这支家族又在洛阳居住,住址在城内漕渠之北,徽安门街之东的时邕里。根据这支月支胡家族的经历来看,在豫州保城、新蔡,汴州陈留、东都洛阳都曾经生活过。最终祖孙二人都将身后的葬地选择在了洛阳的邙山。笔者猜测支彦家族的先辈应该最先来到洛阳并埋葬在这里,因此尽管支彦在外地做官,但晚年在洛阳生活并葬在邙山,支敬伦则居住在洛阳最终葬在这里。

2. 支英家族

《支英墓志》现藏千唐志斋。墓志称"其先陇西人,高祖因官洛阳,遂家焉,今为洛阳人也"。则这支家族原先居住在河西走廊地区,在北魏后期其高祖由河西走廊进入汉地入仕,之后这支家族定居在洛阳。其祖支爽担任周西河郡守、龙骧将军,父支红曾任隋东郡灵昌县令,支英一生没有入仕,所以墓志称其"频有辟荐,推△不居"。支英贞观二十二年卒于洛阳,年三十九。其妻淄川董氏,有子树生、树仁①。

3. 支万彻家族

《支万彻墓志》2000 年出土于洛阳白马寺镇小潘村,洛阳师范学院收藏。墓志记载支万彻"其先南阳,厥后迁居,今为河南洛阳人也"②。支万彻祖父支道,隋朝曾任左卫中郎将,由于出身胡人,支道曾经担任外交工作出使西域,因此墓志赞扬他"承官守正,名闻于虏庭;苏武怀忠,志存于汉节"。可见墓志中支万彻的祖籍并不可靠,其家族很有可能是在北周或隋朝时归附的胡人,所以承担了外交事务。之后其子支威跟随李渊在太原起兵,最后被授予朝散大夫的文散官和岐山县令。而由于父辈的功勋,支万彻从担任宫廷宿卫开始,先后担任试京苑副监、中尚内供奉使,最后担任了夔州都督府长史。支万彻妻曹氏,墓志称其郡望为谯郡,这是汉地曹氏的传统郡望,但考虑到支万彻的胡族背景,笔者怀疑曹氏

---

① 《唐故支府君墓志铭》,《全唐文补遗·千唐志斋新藏专辑》,第 52 页。
② 赵振华:《唐支万彻墓志跋》,《洛阳新出土墓志释录》,第 70～71 页,北京图书馆出版社 2004 年版。

并非汉地曹氏,而是中亚曹国的粟特人。因为中古时期进入汉地的中亚粟特人中就有来自曹国的,他们以国号作为自己的姓氏。支万彻子支自冰,任宁王府参军。

4. 支怀家族

《支怀墓志》载"洛州河南人也",其祖支寿、父支贤都是布衣,墓志称他们"雅嗣门风,操履贞洁,不居俗网,身处林泉"。而支怀也没有任何功名,故墓志称其"不慕功荣,意贪贤仕。闲居养志,不汲汲于荣华,乐道忘忧,岂戚戚于贫贱"[①]。

5. 支郎子家族

据《大唐故处士支君志铭并序》记载,支郎子是洛阳河南县人。祖上及其本人都没有担任过官职,其妻是渤海封氏[②]。

6. 支光家族

上个世纪,在洛阳城北的邙山上曾经陆续出土了一个唐代支姓家族的九方墓志,即《支光墓志》、《支成墓志》、《支叔向墓志》、《支询墓志》、《支子璋墓志》、《支子珪墓志》、《支炼师墓志》、《支诉妻郑氏墓志》、《支讷墓志》[③]。2004 年底,这支家族中的另一重要成员,在新旧《唐书》中有记载的唐后期大同军使支谟的墓志在洛阳也出土了[④]。这样,支光家族共六代 20 多人埋葬在邙山平乐乡。

关于这支家族的渊源,《支光墓志》称其为"后赵司空始安郡公曰雄七世孙也"。支雄是十六国时期后赵石勒的部将。《晋书》卷一〇四《石勒传记》记载石勒起事时,"遂招集王阳、夔安、支雄、冀保、吴豫、刘膺、逯明等八骑为群盗。后郭敖、刘征、刘宝、张暐仆、呼延莫、郭黑略、张越、孔豚、赵鹿、支屈六等又赴之,号为十八骑"。支雄的民族背景据《元和姓纂》卷二支姓条引已经失传的《石赵司空支雄传》的记载,"其先月支人也"。然而,支雄活动时间为公元 302~338 年间,支光生卒年份为 712~772 年。若是如此,该家族一世将达到 60 年,这显然不可能,支光以支雄为七世祖应是伪冒。另据《支谟墓志》载:"若其

---

① 《大唐故支君墓志铭》,《唐代墓志汇编》显庆 103,第 294 页。
② 《大唐故处士支君志铭并序》,《唐代墓志汇编》乾封 012,第 449 页。
③ 《唐代墓志汇编》大中 109,110,111,112,113,114,咸通 020,乾符 009,033。
④ 董延寿、赵振华:《唐代支谟及其家族墓志研究》,《洛阳大学学报》2006 年第 1 期,第 1~10 页。

因生赐姓之原,随地立望之本,列诸先志,可得而言。东晋沃洲,缁中麟凤;后赵光禄,将家孙吴。"《支子珪墓志》云:"支氏之族,自道林以来,抱德全真。"则墓志除了将支雄认作七世祖外,还将另一位支姓僧人支遁纳入自己家族门庭。殊不知,支遁原本并不是月氏人,根据《高僧传》记载:支遁,字道林,晋代陈留郡人,本姓关。曾隐居浙江嵊县剡山之"沃洲小岭立寺行道"①。将支雄和支遁作为自己的先人显然出自伪托。

　　根据《支叔向墓志》、《支光墓志》的记载:这支支氏家族原先是琅邪人,原来居住在云阳,到了西晋永嘉之乱的时候南迁到江南地区,并在这里繁衍生息。之后,家族成员支成由于在德宗建中年间参与平定朱泚与李怀光的兵变而得到任用。其后次子支竦担任鸿胪卿,支竦曾居住在洛阳。据《支成墓志》记载:"初,鸿胪公致政之岁,居于东周,仰嵩邙之奇峻,濯伊洛之清深,顾谓令嗣曰:'我乐于斯,死当葬我,因是亦奉迁祖祢于吾兆之前,庶隆阜崇岗,可以永固。'"在此之前,这支家族流寓江南,支光、支成葬于苏州嘉兴,支询、支子璋、支子珪殡于扬州江都,支叔向葬于鄂州江夏。支竦之后这支家族在仕途上逐渐通达,多人担任高官,如支详曾任武宁军节度使,支谟担任大同军防御使。许多也居住在洛阳,如支讷居住在行修里,支子璋居住在永泰里。于是支竦子孙遵循支竦遗嘱,确定以邙山为家族茔地,将此前葬于异乡的支氏祖先迁葬于洛阳。据《支叔向墓志》记载:"弟讷等八人,以大中十年(868)五月十八日,乘先卿归旋,启举高祖暨公及子齐六代廿五丧,同卜宅于河南府河南县平乐乡北邙原,从祔葬礼也。"

　　实际上洛阳居住的支氏家族并非以上几家,从墓志和文献资料中我们还能发现一些。如隋末割据洛阳的王世充也是西域月支人后裔。《隋书·王充传》载其"本西域人也",其祖支颓耨辱就是在北朝后期"徙居新丰"的月支胡人,支颓耨辱早卒,其子支收"随母嫁霸城王氏,因冒姓焉"。从王世充祖父的名字来看,由西域迁居的时间并不长,王世充甚至还"卷发豺声",保留着卷发等胡人的体貌特征。另外,还有许多洛阳百姓的妻子也是支姓女子,如张师子妻支氏,康智妻支氏,乘著妻支氏②。这些女性或许与上面谈到的支姓家族有关联,抑或是

①　《高僧传》卷四,《义解一·晋剡沃洲山支遁传》,中华书局,1992年,第160页。
②　《唐故处士张君墓志铭》,永淳001,685页。《大周故康府君墓志铭并序》,《汇编》长寿031,855页。《唐故朝散郎守珍王府录事参军飞骑尉乘府君墓志铭并序》,《汇编》元和142,2049页。

另外的支姓家族,我们现在已经无从查考了。

三

上面我们探讨了唐代月氏人迁居洛阳的情况。那么洛阳的月氏人的生活状态又如何呢?

斯大林曾认为:"民族是人们在历史上形成的一个有共同语言、共同地域、共同经济生活以及表现在共同文化上的共同心理素质的稳定的共同体。"①可以说,迁居洛阳的月氏人面对的是一个全新的社会文化环境,在这样一种大环境的濡染下,语言、地域、生活等诸多其民族赖以存在的因素都发生了变化,这最终导致了心理素质的变化。他们在这里逐渐接受和学习汉文化,尊奉儒家伦理道德标准和行为规范,并逐步和汉族融合。

迁居汉地的月氏人和传统的汉族家族一样,家族观念越来越强。在墓志中标榜自己的家族与门第。除了前面分析的支彦家族外,其他月氏胡人在陈述自己的来源时,或是南阳、洛阳,或是瑯琊,都是来自汉地。有学者指出:孝文帝改革后,"内迁少数民族族群归属感和民族意识趋于淡化,以姓氏为象征的家族归属感和家族自我认同意识日渐浓烈。最为主要的表现是,胡人与汉人一样,已有强烈的郡望意识。"②实际上,洛阳月支人最初的来源地都是中亚或者河西地区月支人的故地,只不过他们进入汉地的时间有先后的差异。另一些家族则将家族的先辈与历史上较早进入汉地的支姓名人联系在一起,如他们中的许多将后赵时期的将领支雄、支陆或者东晋时期的名僧支道林联系在一起,这是因为支姓名人在历史上实在太少,这些支姓家族只能将为数寥寥的几位支姓名人当做自己的先人,即使是僧人也在所不惜。

在民族的价值取向上,这些月氏人后裔逐渐崇尚儒家文化,追求忠孝节义等儒家价值标准。根据墓志材料分析,洛阳的月支人地位并不高,许多都是靠军功起家,如支彦曾担任王世充镇南府车骑将军,即军府的长官。归唐后,"挥雄旗而扫百蛮,奋干将而清六合"。前面提到的支万彻的祖父支道,曾担任隋左卫中郎将,"承官守正,名闻于虏廷;苏武怀忠,志存于汉节。"曾经负责隋朝与西域交

---

① 斯大林:《马克思主义与民族问题》,《斯大林选集》上卷第64页,人民出版社,1979年。
② 柏贵喜:《四—六世纪内迁胡人家族制度研究》,第296页,民族出版社,2003年。

往的外交事务。支万彻也曾担任过宿卫。这反映出月氏人本身出身游牧民族，有尚武的天性，因此许多担任武职。包括王世充，也是喜好兵法，开皇中，还曾担任左翊卫，之后以军功拜兵部员外郎①。总体上，除个别人外，大多数月氏人仅仅担任中下级的官吏，还有一些甚至没有一官半职。这主要是因为隋唐之际，无论是大月氏或是小月氏政权都已经不存在了，因此，这一时期入华的月氏人都是跟随着其他胡人进入汉地的。由于没有显赫的民族背景，所以大多数月氏人后裔都过着平常人的生活。因此，在科举文化盛行的唐代，他们和汉族的普通士子一样，不得不依靠参加科举考试的方式来金榜题名，获取入仕的机会。

在这样一种大背景下，促使了洛阳月支人倾心汉族文化，如支彦与支敬伦的汉文化修养相当高。《支彦墓志》称其"雅好琴书，尤工射御，为人物之领袖，作友朋之指南。渔猎百家，优柔六艺"。墓主人不仅学业精进，鉴识广博，而且还具有深厚的艺术修养。支敬伦与祖父不相伯仲，"志度凝澹，神姿警俊，风仪共秋明兢远，音徽与春蔼齐温。孝挺淳染，仁标泛爱，雅好篇籍，精玩典坟"。祖孙二人俨然是饱读诗书，宗奉礼教的儒雅君子。支敬伦还参加了科举考试，"蒙宾贡于王庭"。在唐前期，"宾贡"即"乡贡"，指不在州县学馆学习的士子，自己向州县报名，由地方州县举送入京参加科举考试。由此可见，支敬伦的文化水平也得到了地方州县的认可。考试后，由于成绩优异，位列上第，支敬伦被授予文林郎。不仅支彦和支敬伦有深厚的儒学功底，其他的月氏人后裔也是如此，支成，"洞晓《归藏》《连山》书，明通《左氏传》"；支谟，儒学功底深厚，"年十八举明经，一试而捷，前后三场考核，无一义不通，无一字非样"，甚至被考官作为鼓励其他士子的榜样。月氏人后裔不仅标榜学问的高深，才艺的出众，同时，也讲求个人的道德素养，如支成"以仁信为己任，贞正为永图。雄雄然以义勇服贪猛，恂恂然以德礼接善良"。他还自称："我重世迈种，德服前修，行炳乎乡党，义睦乎宗亲，援给危寠，而无所徼望。"一些月氏人没有担任过官职，墓志就称颂他们淡泊名利，超凡脱俗。而从汉地月氏人的名字来看，训、敏、义、彦、敬伦、树仁，都具有浓厚的儒家色彩。

汉地生活使这支胡人家族女性成员也发生了变化，如《康志墓志》记载其妻

---

① 《隋书》卷八五《王世充传》。

支氏,"三从允穆,四德幽闲,行合女仪,礼该嫔则"。《支彦墓志》记载其妻翟氏,"少履贞顺,幼嫔君子,兰仪无歇,玉度长存,蓬首荆钗,近慕梁鸿之妇;蒿簪藜杖,遐追子仲之妻"。尽管可能有溢美之词,却体现出月支胡人对传统汉族妇女评价标准的认同。

　　当然,由于文献记载的缺乏与琐碎,我们仅仅是将墓志资料中所见洛阳唐代支姓家族的情况进行了简单的分析。他们当然不能完全代表唐代洛阳所有的月氏人,但他们却是反映中古时期洛阳多元民族和多元文化大环境的一个缩影。

　　　　　　　（作者单位为洛阳师范学院河洛文化国际研究中心）

论二程洛学继承创新的理论特征

杨翰卿

程颢、程颐,世称二程。他们所创立的学说体系,被称为洛学。二程洛学作为宋代新儒学的典型代表和重要学派,其突出的理论特征就是继承创新。继承即接续某种思想体系、学说的基本理论内容或核心精神,同时吸收、借鉴、改造和融摄其他思想资料,从而使学术获得发展。创新是在这种继承基础上的开拓和创造。北宋二程所创立的洛学儒学,可以判定为就是在这种积极理论思维框架之下所取得的重要思想成果。

一、二程继承创新的思想精神

1. 二程的宗儒思想

程颐说:"古之学者一,今之学者三,异端不与焉。一曰文章之学,二曰训诂之学,三曰儒者之学。欲趋道,舍儒者之学不可。"[1]训诂之学,程颐指的应是汉代的经学。文章之学,以唐代最为盛。这两者分别是汉、唐文化的代表。儒者之学,当是以二程为代表的宋代学者的自指。所谓古之学者一,指的也就是"儒者之学",即广义的儒学。汉唐训诂注疏之学和文章诗赋之学,再加上"不与焉"的异端,程颐又并称"学者之三弊"。他说:"今之学者有三弊:一溺于文章,二牵于训诂,三惑于异端。苟无此三者,则将何归?必趋于道矣。"[2]"趋于道",也就是要重振儒学独尊于天下的局面。二程所以坚定地树立这样的"趋于道"、"志于道"的思想信念,除了当时政治、经济的主要历史背景所决定外,从当时的思想文化层面来说,是由于汉之经学,唐之诗赋,各臻其妙,盛极一时,但在宋人看来均离开了孔、孟所创立的儒家学说之精义，而这正是魏晋以迄宋初佛学大炽，儒门淡薄的根本原因。程颐为其亡兄程颢所撰《明道先生墓表》中说得很明确："周公没，圣人之道不行；孟轲死，圣人之学不传。道不行，百世无善治；学不传，千载无真儒。无善治，士犹得以明夫善治之道，以淑诸人，以传诸后；无真儒，天下贸贸焉莫知所之，人欲肆而天理灭矣。先生生千四百年之后，得不传之学于遗经，志将以斯道觉斯民。"[3] 趋道、志道、明道、传道，也就是指的孔、孟所创立的传统儒学之道。二程以此为己任，表明了他们的儒学价值观立场。他们视传统儒学为圣学，圣学是天下善治的指导思想和理论基础，舍圣学而天下无善治；治世是孔、孟儒学的外王实践，乱世则是孔、孟圣学不传的结果。

2. 二程的思想解放精神

二程宗儒但并不拘泥于儒家的经书文字，而是一反汉唐诸儒"疏不破注"、"惟古注是从"的治学方法和思想禁锢，提倡以己意解经，发挥义理，认为只要道理通，符合义理，解说阐释儒家经典甚至文义解错也无害。这是一种思想解放的精神。汉唐诸儒训诂义疏的治经方法长期以来束缚着人们的思想，不利于新思想的产生，一定程度上阻碍了中国思想文化及社会的正常发展。二程在新形势下，提倡以己意解经，以义理说经，促进了学风的转变和新思想的产生，不仅对中国的经学，而且对整个中国文化的发展产生了重大影响。

程颐强调，"解义理，若一向靠书册，何由得居之安，资之深？不惟自失，兼以误人"[4]。程颐认为义理不仅仅存在于儒家经典的书册之中，还存在于书册之外。就是说，只仅仅依傍于儒家经典，并不能充分阐明义理。因为书册为前人所作，而义理则包括了现实社会新的实践内容，要阐明儒典所蕴涵的新的义理，必须结合时代的发展，追索发挥，有所创获。二程这种不受儒家经典书册约束，大胆创新，思想解放的精神，成为当时学风丕变的重要标志。

二程这种思想解放的精神，是与有宋以来的怀疑精神密切相联系的。以讲明义理而有别于汉唐注疏之学的宋学的开创（洛学当然是宋学的重要学派），应该说始自宋学初期的疑古思潮。朱熹曾经总结说："理义大本复明于世，固自周、程，然先此诸儒亦多有助。旧来儒者不越注疏而已，至永叔、原父、孙明复诸公，始自出议论，如李泰伯文字亦自好，此是运数将开，理义渐欲复明于世故也。"[5] 欧阳修、刘敞、孙复是北宋中叶宋学开创时期具有怀疑精神的典型代表。

受到这种怀疑精神的影响,二程曾明确提出"学者要先会疑"[6]。不仅可以怀疑传注,而且可以直指经文。二程这样的怀疑精神既是其思想解放的先导,也是其思想解放的显现。

3. 二程的学术创新精神

怀疑精神、思想解放,是北宋中期的一种学术氛围,这样的学术氛围必然孕育和释放出思想创造、理论创新之风。当时的一大批学人儒士进行学术研究,无不以贵有自得、有所发明为取向。朱熹在谈到《诗经》研究的时候曾说:"唐初诸儒作为疏义,因为踵陋,百千万言,而不能有以出乎二氏(指毛、郑)之区域。至于本朝,刘侍读(敞)、欧阳公(修)、王丞相(安石)、苏(轼)、黄(庭坚)与河南程氏、横渠张氏,始于己意,有所发明。"[7]说明出于己意而有所发明,乃是当时学者们普遍采用的治学原则。

二程的学术创新精神表现为其称之为的"自得"、"独见"和"日新"。《河南程氏粹言》卷一录二先生语说:"义有至精,理有至奥,能自得之,可谓善学矣。"又说:"思索经义,不能于简册之外脱然有独见,资之何由深?居之何由安?非特误己,亦且误人也。"可见在二程看来,"自得"或者说"独见",即自己的独特创造是学术研究有所发明的首要条件。由"自得"和"独见",再深入一步就是求新。程颐论学说:"君子之学必日新,日新者日进也,不日新者必日退也,未有不进而不退者。"[8]不进则退,不退就必须进,这就是二程继承儒家传统又坚持贵在自得和独有创新精神的坚定信念。

4. 二程的超越发展精神

二程在北宋中期肩负时代赋予的理论重建的重任,面对先前儒学式微、发展停滞,而佛老盛行的局面,以弘扬和创新圣人之道为己任,在批佛老的同时,注意借鉴吸取道家的道本论哲学和道法自然的思想,以儒为本,融合儒、道;又吸取佛教的理本论和理事说等,从而创立了自己新的学说体系。他们所创立的洛学所以是新儒学,就是因为它是继魏晋玄学和隋唐佛学之后出现的一种新的哲学形态。富于思辨的玄学和佛学,不仅是对孔孟儒学的巨大挑战,也为宋代新儒学的产生提供了理论启发和诱导因素。儒、佛、道的对立和融合,既启发了二程在建立自己的学说体系时自觉地援佛、道思想以入儒的方法和思路,又为他们建构新的理论体系提供了丰富的思想资料,从而使他们在坚持孔孟儒学伦理本位和道德中心的基本原则下，批判、改造、吸收佛、道的思维内容和思辨方法，建立起一个更加精密、更具有思辨性的理论体系。二程儒学与孔孟儒学是继承和超越的关系。继承即对孔孟儒学政治伦理思想的继承，主要包括仁、义、礼、智、信之五常和君臣、父子、夫妇之三纲。超越主要是对孔孟伦理学说的哲学本体化。

孔子儒学的核心是"仁"，"仁"是最高的伦理道德原则。孟子讲"仁"，强调仁的内心基础，认为仁是人的"不忍人之心"的发展，即"恻隐之心，仁之端也"[9]。不忍人之心就是同情之心，这是仁的内在根据。孟子还讲"亲亲，仁也；敬长，义也。无他，达之天下也。""亲亲而仁民，仁民而爱物。"[10]在孟子看来，仁既有道德原则的意义，又有政治原则的意义。程颢、程颐继承了孔孟仁学的这些内容，同时把伦理道德之"仁"，提升为哲学本体的"理"，实现了孔孟伦理儒学到宋代哲理儒学的转化。程颢说："学者须先识仁。仁者，浑然与物同体。义、礼、智、信皆仁也。"又说："仁者，以天地万物为一体，莫非己也。"[11]把仁看成是超越了小我而以天地万物为一体的大我，使仁具有了宇宙本体的意义，超越了孟子"万物皆备于我"、庄子"万物与我为一"以及佛教真如佛性等的思想，并且二程从"理"的高度释"仁"，认为"仁，理也"，并从各个方面对"理"做出了规定，把宇宙本体论与儒家伦理学统一于天理，创立了天理论的哲学体系。

二、二程洛学继承创新的理论内容

1. 继承发展儒家的伦理思想

孔孟伦理思想以"仁"为核心，以忠恕孝悌为根本，以立己立人、达己达人，亲亲爱人、仁民爱物为原则，孔子提出"恭、宽、信、敏、惠"等达仁的方法，孟子提出人性善的人性论基础，从而构成为完整系统的伦理道德学说，对中国文化产生了深远而巨大的历史影响。由上述可知，二程在内容上继承孔孟的伦理思想，同时进行了超越的创新性发展。也就是将孔孟的政治伦理学说进行哲学的论证和升华，把孔孟的政治伦理型儒学创新发展为哲理型的理学儒学。

二程以"理"为宇宙本体，从"理"本论的高度来解释孔子之"仁"。如程颢说："天地之大德曰生，天地絪缊，万物化醇，生之谓性，万物之生意最可观，此元者善之长也，斯所谓仁也。"[12]程颢以生论仁，把仁看成宇宙的生命本体，因而也是为人之根本。程颢认为，孟子说的"仁也者人也，合而言之道也"，《中庸》说的所谓"率性之谓道",都是"仁者,人此者也"[13]。因此,二程说的仁者以天地万物为一体,仁者浑然与物同体、一人之心即天地之心、一物之理即万物之理等等,都强调了仁为诸德之本。从本体论上说,仁就是理;从宇宙生成论上说,生生之理为天道,其实现于人者则为人道,人道即天道。这样,在程颢这里,就把仁与理、人道与天道统一了起来,从而使仁升华到了具有哲学本体意义的理的地位,继承并发展了孔孟儒家的伦理道德思想。

二程所认为的仁是理,其目的是说善。他们说:"仁即道也,百善之首也。苟能学道,则仁在其中矣。"[14]又说:"天只是以生为道,继此生理者,即是善也。"[15]仁是仁、义、礼、智四德之首,犹如四时之春,万物皆由此时而发生,故在人之仁,则为百善之长。在二程看来,这样的仁便体现了生生之理,它是形而上的理,既具有法则意义,又具有派生万物的本体意义。于是,仁成为超越形体而达到的精神境界。这种精神境界,程颐认为是以"公"为标准的,"仁之道,要之只消道一公字。公只是仁之理,……只为公,则物我兼照,故仁,所以能恕,所以能爱,恕则仁之施,爱则仁之用也。"[16]这样就使仁成为社会伦理关系的"礼"的内在化和主体化。

2. 继承发展儒家的道统论

中唐时期的韩愈,以儒反佛,仿照佛教祖统,建立儒家道统,提出千古圣贤以"道"相授,"尧以是传之舜,舜以是传之禹,禹以是传之汤,汤以是传之文、武、周公,文、武、周公传之孔子,孔子传之孟轲。轲之死,不得其传焉。"(韩愈《原道》)韩愈推崇孟子及《孟子》书,表彰《大学》、《中庸》等儒家经典,提倡以仁义为中心的儒家伦理道德和以诚敬为主的修养方法,开了宋代理学和儒家道统说的先河。

应该说,二程是从韩愈这里得到启发和借鉴,进一步确立了宋代新儒家的道统论。程颐在《明道先生墓表》中说:"周公没,圣人之道不行;孟轲死,圣人之学不传。……先生生千四百年之后,得不传之学于遗经,志将以斯道觉斯民。""先生出,倡圣学以示人,辨异端,辟邪说,开历史之沉迷,圣人之道得先生(指程颢)而后明,为功大矣。"[17]具体说,二程确立的道统论,是从尧、舜、禹、汤、文、武、周公、孔、孟,甚至包括伯夷、柳下惠、伊尹等儒家圣贤一脉相传,形成传道的统绪,这个统绪至孟子而中绝,而由二程兄弟超越汉唐,直接圣人之道于孟子,并通过心传,将儒家圣人之道接续下来。二程还将这个一脉相传的圣人之道,用他们所创立的天理论哲学加以阐述。程颐说:"天有是理,圣人循而行之,所谓道也。"[18]强调天理作为宇宙秩序,即使圣人也须循而行之,在这个意义上,天理即道,道亦即理。"又问天道如何? 曰:只是理,理便是天道也。"[19]在这里,二程以天理来论道,提高了儒学道统思想的哲学思辨性,超越发展了韩愈单纯的伦理型道统论思想。至南宋,朱熹又继承二程,充分肯定二程在道统中的重要地位,并以继承二程道统为己任。这样,经二程所确立的新儒学的道统论,就由朱熹进一步得到了阐发和弘扬。

3. 吸收改造佛教思想

一面攘斥佛老,一面又钻进佛学腹地,吸收其精髓,将其改铸成儒家面目的思想,融合于所创立的新的儒学理论体系之中,是宋代儒学的突出特征之一。胡适说:"理学挂着儒家的招牌,其实是禅家、道家、道教、儒教的混合产品。"[20]明代儒生黄绾说:"宋儒之学,其入门皆由于禅。濂溪、明道、横渠、象山则由于上乘;伊川、晦庵则由于下乘。"[21]二程自己也认为,"释氏之学,又不可道他不知,亦尽极乎高深,然要之卒归乎自私自利之规模。"[22]承认佛学之"极乎高深",于是"尽用其学";"卒归乎自私自利之规模",表明攻斥佛学之深切。辟佛而又融佛,融佛而不移辟佛。可见,二程借鉴、扬弃佛学,是其创新发展儒学的一个极其重要的门径。

具体说,吸收融合了佛教禅宗、华严宗的本体论思想。禅宗六祖惠能主张心是本体,认为"成佛"之路应该是人们坚定的主观信仰,是相信自己的内心,这样才能明心见性。所谓"明心见性",就是明自家的本心,见自家的本性。心就是性,性就是心。心虽是宇宙本体,但却在自家心中,它不离个体的心而存在。于自性中,万法皆见。受惠能这种思想的影响,程颢认为,万物皆只是一个天理,人在天地之间,与万物同流。"要修持佗这天理,则在德,须有不言而信者。言难为形状。养之则须直不愧屋漏与慎独,这是个持养底气象也。"[23]不难看出,程颢的"天理"也是呈现在万事万物之中,天地万物同一本体,"天理"是自然的、无形的精神实体。在惠能的佛教理论中,提出识心见性,自成佛道。道在自悟,不假外求。这是修行佛性、认识心体的主要方法,即强调认识本体要"自悟"而不"外求"。程颢也认为,"只心便是天,尽之便知性,知性便知天,当处便认取,更不可外求。"[24]即"心"能包括世界上的万事万物,只要在心上反省内求,就可以认识一切事物。程颢的心与天理,与禅宗惠能的心与性,在本体论上,没有差别;两人关于识心见性、不假外求的思想,也无二致。

佛教华严宗教义以"理""事"为主要论题。"理"即是性,"事"即是"相"、"诸法"。从哲学意义来说,"理"就是本体,"事"就是现象。"事"与"理"的关系是:"事无别体,要因真理而得成立。"[25]就是说,作为现象的"事"是受本体的"理"支配的。二程之学,以"理""气"作为重要论题之一,把"理""事"、"理""气"作为思辨哲学的重要范畴,在论题、范畴和思维方法上不能说不是受到了华严宗理事说的启示。程颐还把华严宗的"事理三观"归结概括为"不过曰万理归于一理也",并进而加以改造,用于建立理本体论。程颐说:"万物皆是一理,至如一物一事,虽小,皆有是理。"[26]"天下物皆可以理照,有物必有则,一物须有一理。"[27]这与华严宗的"事""理"说基本一致。

改造融摄了佛家的心性论学说。在中国心性学说史上,隋唐时期的佛教宗派第一次把"心"提到本体的高度,形成"心体"说。"心体"就是性,就是成佛的内在根据。天台宗智𫖮提出的"自性清净心",指无杂念、无欲望的本体之心,即心体、性体。华严宗法藏提出的"心无自性",把缘起之心同本体之心作了区别。本体之心是"自性清净园明之体"。禅宗惠能提出"明心见性",以心为性,体用合而为一,知觉之心就是本觉之心,从而使佛教心性学说达到了一个高峰。宋代洛学代表二程兄弟论心性,是在继承先秦孟子性善论的基础上,改造吸收了佛教的心性学说,建立起来的新儒学的心性论。二程以理为性。程颢提出:"道即性也,若道外寻性,性外寻道,便不是。"[28]程颐提出:"性即是理也,所谓理,性是也。天下之理,原其所自,未有不善。"[29]道即性,性即理,于是道、性、理一也。二程强调的是尽心知性,心性合一。所以,从宋代儒学发展来看,是二程首先把佛教的心体用论加以吸收改造,建立了洛学新儒学的心性合一说。于是,被二程发展了的儒家伦理道德观念,便从政治伦理学的范畴上升到了哲学本体论的高度,实现了传统儒家学说哲理化的历史任务。

4. 融摄改造道家哲学的道本论和宇宙生成论思想

道家哲学的最高范畴是"道"。道是宇宙的本体,万物的总根源。他的本性是自然的,其功用是产生天地万物。道家哲学本处于山林之远,但经过魏晋隋唐的发展,以及与儒、佛等思想流派的斗争融合,在政治和意识形态的意义上,曾经一度也有过居于庙堂之高。尤其是道家哲学在曲折发展中所显示出的理论生命力,不仅为魏晋知识分子所称道,也为宋儒所认肯。这正是二程对佛教在批判中"尽用其学"的同时,亦然于道家在否斥中也有吸收改造的缘故。

其一,吸收改造道家的道本论思想。对于道家关于道的自本自根、自然无为,内在而不可分、外在无所对待的思想,二程儒学作了充分地吸收融合。二程说:"生生之谓易,是天之所以为道也。天只是以生为道,继此生理者,即是善也。""一阴一阳之谓道,自然之道也。""道一本也。""天理云者,这一个道理,更有甚穷已?不为尧存,不为桀亡。人得之者,故大行不加,穷居不损。这上头来,更怎生说得存亡加减?是它元无少欠,百理具备。"[30]老、庄的道本,二程变成为"理本"、"道本";道家的"道一",二程变成为"理一";道家的"道自然",二程变成了"理无存亡加减"和"一阴一阳的自然之道",如此等等。而且在二程儒学中,"道"与"理"一,都是从本体上来看待的。

其二,借鉴融摄道家的宇宙生成论思想。老子说:"道生一,一生二,二生三,三生万物。"[31]自然混朴、无为无形的本根之道,是生成万事万物的根源,天下万物由它而生,天下万物无不有道。在二程这里,由"道"而为"理","天下只是一个理。""万物皆只是一个理。"[32]理是本,理是一,理是形而上者。这个形而上者的一本之理,派生气,"阴阳,气也。"[33]通过"气化"而显现为万事万物,所以是"体用一源,显微无间。"二程认为,"万物之始,皆气化。""天道始万物,物资始于天也。"[34]不难看出,二程吸收融合道家道法自然的宇宙生成论思想,创立了"理"、"道"本然自然而显现外化为天地万物的宇宙生成气化说,进一步丰富完善了其儒学天理论的内容。

三、二程洛学继承创新的学术价值

上述可知,二程以孔孟儒学为旗帜,援佛入儒,援道入儒,从而创立了富有思辨特色的哲理化新儒学,将传统儒学发展推进到了一个新阶段,使传统儒学拥有了哲学性质的新形态。这一巨大的理论创获有着极其深刻的继承创新意义和学术价值。

洛学儒学甚至说宋代新儒学不是凭空产生的,它上承孔孟,但又非孔孟儒学的因袭;它吸收改造、借鉴融合佛、道思想,而又不入于佛、道。这一突出特征表明,洛学儒学作为一种具有创新发展意义的新的学说体系,基本的前提和基础是继承孔孟儒学的根本思想和精神,但从宽泛的意义来说,已不限于儒学这同一学术思潮和学派,借鉴融合其他学派和学说的真知灼见、积极合理的思想内容,从而对他们所创立的洛学儒学加以丰富、完善、提升,使之具有创造性的发展,以更加精致的哲理化形态超越佛、道,这是一种具有开拓意义的极其重要的学术经验,它体现着对于异质文化乃至异域文化的立场、态度和关系,意味着自身学术道路的拓展和创新,赋予了继承借鉴前人或他人的思想资料以比较宽阔的理论空间。二程的儒家哲学和文化的学术立场是非常坚定的,发展创新传统孔孟儒学和提升儒学的哲理化程度的学术态度是十分积极的,对于异质文化和哲学的关系不是只排斥、斗争和攘抑,还加以吸收、改造和融合。就像西方曾吸收借鉴了中国的科学发明而发展了科学,中国近代以来受到西学的影响而更新了中国文化的形态一样,一种哲学和文化,欲求创新和发展,在继承借鉴方面必需有分析地广泛加以综合。方法上的综合各家各派之长,也就是内容上对各种不同的思想资料加以继承、吸收、改造和融合。从欧洲哲学史上看,17 世纪莱布尼茨、沃尔弗很看重中国,但到了 18 世纪,康德开始鄙视中国了。可是,正像欧洲有人指出的那样,康德哲学与程朱哲学非常接近,都讲理性。尼采就曾说过康德是"哥尼斯堡的中国人",意思是说康德哲学很像中国哲学。近代西方哲学中的"理性"与中国程朱学派的"理"有相似之处,程朱的"理"翻译成西文就是 reason,就是"理性",程朱的"性"与西方的理性也很接近[35]。可见,不同的哲学和文化的相互影响和渗透,应该说是哲学和文化创新发展的规律性所在。

在创新的哲学意义上,当然可以在一种学说和思想体系或学派内部进行挖掘、深化和发展,如宋代的新儒学把汉唐的章句训诂之学改变为义理之学,再由义理之学发展为性理之学。同时,更重要的是,通过吸收、改造、融摄其他学派或异质文化的思想资料,将其纳入到自身的母体哲学和文化之中,构成为自身哲学和文化的有机组成部分,这应该说是哲学和文化创新的又一种重要途径。二程所创立的洛学儒学是兼具了这样两种创新意义的,是这两种创新的有机融合,因此才形成了洛学儒学这一新的具有思辨性和哲理化的学术形态,它的最突出的方法论特征就是在广泛意义上的继承和创新。

参考资料：

[1]《二程集》中华书局 1981 年,第 187 页。

[2]《二程集》中华书局 1981 年,第 187 页。

[3]《二程集》中华书局 1981 年,第 640 页。

[4]《二程集》中华书局 1981 年,第 165 页。

[5]《朱子语类》卷八〇。

[6]《二程集》中华书局 1981 年,第 580 页。

[7] 转引自《吕氏家塾读诗记》。

[8]《二程集》中华书局 1981 年,第 325 页。

[9]《孟子·公孙丑上》。

[10]《孟子·尽心上》。

[11]《二程集》中华书局 1981 年,第 15 ~ 16 页。

[12]《二程集》中华书局 1981 年,第 120 页。

[13]《二程集》中华书局 1981 年,第 120 页。

[14]《二程集》中华书局 1981 年,第 283 页。

[15]《二程集》中华书局 1981 年,第 29 页。

[16]《二程集》中华书局 1981 年,第 153 页。

[17]《二程集》中华书局 1981 年,第 640 页。

[18]《二程集》中华书局 1981 年,第 158 页。

[19]《二程集》中华书局 1981 年,第 290 页。

[20] 胡适:《几个反理学思想家》,转引自陈直锷著《北宋文化史述论》,中国社会科学出版社 1992 年,第 326 页。

[21]（明）黄绾:《明道篇》一。

[22]《二程集》中华书局 1981 年,第 152 页。

[23]《二程集》中华书局 1981 年,第 30 页。

[24]《河南程氏遗书》,卷一,《二程集》中华书局 1981 年,第 15 页。

[25]（唐）澄观:《华严法界玄镜》卷上。

[26]《二程集》中华书局 1981 年,第 157 页。

[27]《二程集》中华书局 1981 年,第 193 页。

[28]《二程集》中华书局1981年,第1页。

[29]《二程集》中华书局1981年,第292页。

[30]《二程集》中华书局1981年,第29、135、117、31页。

[31]《老子》,第42章。

[32]《二程集》中华书局1981年,第196、30页。

[33]《二程集》中华书局1981年,第162页。

[34]《二程集》中华书局1981年,第79、697页。

[35]张岱年:《中国文化与马克思主义·序》,张允熠著:《中国文化与马克思主义》。

（作者为西南民族大学政治学院教授）

二程的生态伦理思想及其现代价值

郭立珍

二程思想内涵丰富,生态伦理思想虽不是他们思想的主流,但对生态问题的关注在其著作中时见出现。

一、二程生态伦理思想产生的基础

1. 天人合一思想

中国古代哲人以朴素的形式,表达了人与自然和谐相处的思想,即"天人合一",就是肯定了人是自然的产物,这种思想在中国诸学说中均有体现,尤以道家和儒家学说中为多。

道家的天人合一思想集中体现在"道法自然"的命题中。老子说:"人法地,地法天,天法道,道法自然",试图说明天地人三者之间运行法则是相通的。庄子认为人与万物皆产生于天地,说:"天地与我并生,而万物与我同一"。

儒家的天人之学从周孔建立,中经汉唐,至宋代形成了完备的文化形态。孔子对天人关系语焉不详,孟子提出了"尽心、知性、知天"的命题,荀子在天人关系上虽然提出了"制天命而用之"的思想,但他并不排斥人与自然和谐共处,提出以"义"调节人与物关系的原则:"夫义者,内节于人而外节于万物者也。"董仲舒发展了先秦以来的"天人合一"思想,肯定人与天密不可分的关系,说:"何谓本?曰:天、地、人,万物之本也。天生之,地养之,人成之。天生之以孝悌,地养之以衣食,人成之以礼乐,三者相为手足,合以成体,不可一无也。"

儒家的天人合一思想发展到宋代达到高峰,张载开其端,他说:"天人异用,不足以言诚;天人异知,不足以尽明。所谓诚明者,性与天道不见乎小大之别也。"程颢程颐兄弟明确提出天人合一的命题,认为天和人不可分,说"天人本无二,不必言合"。二程兄弟还分别对天人合一问题作了具体的阐述。程颢说:"人与天地一物也";"仁者,以天地万物为一体,莫非己也";"天人一也,更不分别";"民受天地之中以生"。程颐论天人合一思想更为详尽,说:"安有知人道而不知天道者乎? 道一也,岂人道自是一道,天道自是一道? ……天地人只一道也,才通其一,则余皆通。""天地人只一道也。"

总之,二程兄弟认为天人是统一的,人是天地的一部分,人不能脱离天地而独存,这是他们生态伦理思想的哲学基础。

2."顺天"、"应时"思想

"人与天地一",人当然不能离开天地而独存。程颐说:"众必相比,而后能遂其生,天地之间,未有不相比而能遂者也","凡生天地之间者,未有不相亲比而能自存者也。虽刚强之至,未有能独立者也"。万物莫不依附于他物,人也不例外。在这一思想的指导下,二程认为人的活动要顺从自然规律,即要"顺天"、"顺时"、"顺理",只有这样才能"获天佑"。"万物皆有理,顺之则易,逆之则难,各顺其理,何劳于己力哉?""圣人利益天下之道,应时顺理,与天地合,与时偕行也。"

二程主张的"顺天"、"应时",并不意味着人被动地受制于天地,而是强调人的主观能动性。二程的"天人合一"说肯定了人有"能知"、"能参"、"能治"的主体能动性,同时又强调人必须尊重、遵循自然规律。程颐在解释《周易大传》时说:"大人与天地日月鬼神合者,合乎道也。天地者道也,鬼神者造化之迹也。圣人先于天而天同之,后于天而能顺天者,合于道而已。"

3.宋初生态问题及其保护生态采取的措施

自然资源及其环境条件对人类的生存和发展有很大的制约作用,承载人的数量是有限度的,一旦超过自然的条件约束,人类的行为将会对自然环境造成极大的破坏。黄河中下游地区就是一个典型的例子。先秦时期,黄河中上游地区,还是"气候温和,植被茂密,整个黄土高原森林覆盖率超过50%"。封建社会的鼎盛时期——隋唐时期的大发展是以破坏黄河流域的生态环境为代价的,这个代价使中国古代文明中心从此移出了黄河流域。隋末唐初,为了恢复和发展生产,政府采取鼓励生育的人口政策,致使人口急剧膨胀,到公元 755 年人口达到了 5 300 万,比隋末唐初增加了一倍。在当时的技术条件下,如此庞大的人口生存活动对环境造成极大的破坏,唐朝京师长安人口超过百万,烧柴问题就对周围的森林构成严重威胁。疏松的黄土,在失去植被保护后,极易被冲刷,泥沙又淤积河道造成黄河决口改道。据统计,仅在唐代,黄河下游决口达 21 次之多。尤其到了唐代中期以后,河患日趋严重,酿成了一次又一次的巨变,以至于在北宋时形成了二股河。至北宋初年,黄土高原已不见"绿色的海洋",已经到处是童山濯濯,沟壑纵横,北宋科学家沈括(1031 ~ 1095 年)据亲身见闻在《梦溪笔谈》中写道:"今齐、晋间松林尽矣,渐至太行、京西、江南,松山大半皆童矣。"

隋唐时期黄河流域生态环境日益恶化,最终导致文明中心不得不转移,后继的统治者不得不为改善生存环境而做出一定的努力。

公元 951 年后周建国后,采取鼓励植树造林的活动。周太祖广顺三年(953 年)诏令罢营田务,"凡系官桑土、园林……,并见佃人充永业"。诏下之后,民知"既得为己业,比户欣然,于是葺屋植树,敢致功力"。此后,周显德三年(956 年)又颁布了植树令,大力发展林业。这项法令在宋太祖开国后又进一步推开,《宋史·食货志上》卷 173 载:"建隆以来,……申明周显德三年之令,课民植树,定民籍五等,第一等种杂树百株,每等减二十为差,梨枣半之。"又诏:"地方长吏谕民,有能广植桑枣,垦辟荒田者,止输旧租。"除此外,宋代在保护植被资源、尤其是森林资源方面还采取了一系列措施,如设置管理、保护机构,进行林木资源保护的宣传、教育,鼓励植树造林,十分注重营建、保护园林、苑囿,还设立了隶属工部的保护山泽、林木的最高机构——虞部。史载:宋代工部"掌天下城郭……山泽、苑囿、河渠之政",其所属"虞部郎中、员外郎,掌山泽、苑囿、场治之事,辨其地产而为之厉禁"。

为了保护林木资源,宋朝还注重进行相关的法制建设。如建隆初,太祖即诏令规定:"桑枣之利,衣食所资,用济公私,岂宜剪伐? 如闻百姓斫伐桑枣为樵薪者,其令州县禁止之。""民伐桑枣为薪者罪之:剥桑三工以上,为首者死,从者流三千里;不满三工者减死配役,从者徒三年。"此类法律、诏令可谓不绝于宋代文献。

但宋王朝对自然山林没有严格的管理政策,并没有真正能阻止生态环境继续被破坏,各地山区森林遭到越来越严重的摧残。自宋真宗朝(998～1022 年)起"生齿益繁",各地毁林造田之风日盛。北宋土地面积只有唐时的 1/3,而人口却大大超过唐代,据《元丰九域志》载,元丰年间,全国共有 1 657 万户,8 200 万人口,是唐代人口的 1.63 倍。历代皇帝都带头大兴土木,贵戚权宦则纷纷效尤,以致"尽取山泽之利而不能足也",上至皇室,下至臣僚,皆"私贩秦、陇大木,……联巨筏至京师治第"。仁宗时曾有人进言:"山木已尽,人力已竭",请罢土木之工,但采伐山林之风从来没有停止过,许多山清水秀的峰峦变成了秃山,如建于河北路的定州塔,真宗咸平四年动工,仁宗至和二年修成,历时 55 年,所用材木,采自太行山支脉嘉山,当地民谚说:"砍尽嘉山木,修成定州塔。"清康熙《正定府志》记载:"嘉山多乔木,松柏荫翁,后因定州造浮屠,采伐一空。"这种"罄山采木,竭泽求渔"的砍伐使林木葱笼的嘉山变成了一座童山。加之是毁林冶铁、战争的破坏,以及军民樵采烧炭造成山林日削月减。森林、植被有涵养水源、保持水土、防风固沙、调节气候的功效,而林木日渐耗竭,致使生态恶化,山洪频发,河床淤塞,水旱灾频仍。

北宋初期,许多今天我国境内多已不存或稀少的野生动物在当时还较多,但有些动物的数量如大象等也在不断减少,因此,宋初统治者在保护濒危野生动物方面做出了不少努力。北宋皇帝多次诏令更革传统习惯,禁止向朝廷上贡驯象及其它珍贵动物。如《宋史》卷 8《真宗本纪》记载宋真宗大中祥符五年(1012),真宗特地诏令"罢献珍禽异兽",并强调"仍令诸州依前诏,勿以珍禽异兽为献"。为了保护野生动物,宋初还制定了相应的法规,如规定:州县地方长吏,须在州县乡里之重要场所或交通要道处粉刷墙壁,于其上贴写诏书,告示百姓,不得违时捕猎禽兽、非法猎杀野生动物。如太祖建隆二年(961 年)诏曰:"王者稽古临民,顺时布政。属阳春在候,品汇咸亨。鸟兽虫鱼,仰各安于物性;置罘罗网,宜不出于国门。庶无胎卵之伤,用助阴间之气。其禁民无得采捕虫鱼,弹射飞鸟。仍永为定式,每岁有司具申明之。"太宗太平兴国三年(978 年)四月三日,诏曰:方春阳和之时,鸟兽孳育,民或捕取以食,甚伤生理,而逆时令,自今宜禁民;二月至九月,无得捕猎,及持竿携弹,提巢摘卵,州县长吏,严饬里胥,伺察擒捕,重致其罪。仍令州县,于要害处粉壁,揭诏书示之。

二、二程的生态伦理思想

1."推其仁心"于物

中国古人认为人虽然是自然界的一部分,但并不同于一般的自然物,人是万物之灵。《尚书·泰誓》说:"惟天地万物之母,惟人万物之灵。"荀子说:"水火有气而无生,草木有生而无知,禽兽有知而无义;人有气、有生、有知亦且有义,故最为天下贵也。"人类既贵为万物之灵,因而在天地万物生生不已的运化过程中负有特殊的使命,即可以赞助天地,化育万物,最典型的就是儒家的"仁民而爱物"思想。

"仁民而爱物"这种观念起源很早,早在夏商之际,人们就把仁爱动物视为君王的道德和政治行为。如《史记·殷本纪》记述了"成汤祝纲"的故事:"汤出,见野张网四面,祝曰'自天下四方(禽兽)皆入吾网。'"汤想,这不是要一网打尽吗? 于是让人撤去三面,并祝曰:"欲左,左。欲右,右。不用命,乃入吾网。"诸侯闻之,都认为"汤德至矣,及禽兽"。孔子则否定和反对破坏自然环境的行为,把虐待其他生物的行为视之为"恶",视"竭泽而渔"、"覆巢毁卵"的行为为"不义"、"不孝"之举,曰:"子钓而不纲,弋不射宿。"之后,孟子明确提出了"仁民而爱物"的命题,即:"君子之于物也,爱之而弗仁;于民也,仁之而弗亲,亲亲而仁民,仁民而爱物。""仁民而爱物"的思想被先秦及其以后的思想家继承和发展,如董仲舒说:"质于爱民以下,至于鸟兽昆虫莫不爱,不爱,奚足谓仁!"

北宋是儒学的大发展时期,"仁民而爱物"的思想也得到进一步发展,二程兄弟进一步提出"推其仁心于物"的思想。程颐在注解"王用三驱"时说:"'王用三驱,失前禽'。先王以四时之畋,不可废也,故推其仁心,为三驱之礼,乃礼所谓天子不合围也。天子之畋,围合其三面,前开一路,使之可去,不忍尽物,好生之仁也。只去其不用命者,不出而反入者也。禽兽前去皆免矣,故曰失前禽也。"在这里,程颐明确提出有德之君不仅"仁民",还要"推其仁心"于物,要"爱物",不忍"尽物"。二程兄弟还视"仁爱万物"为"孝",说:"孝弟于其家,而后仁爱及于物,所谓亲亲而仁于民也,故为仁以孝弟为本。"二程兄弟不仅强调爱护生物,而且提出要尊重一切生命的价值。程颐说:"生生谓之易,是天之所以为道也。天只是以生为道。继此生理者,即是善。"程颐认为生物的生存蕃衍是天赋权利,维护这一机理就是善的表现,这与现代环保主义思想是一致的。

二程兄弟不仅在理论上要求"推其仁心"于物,尊重各种生命的生存权利,而且在行动上也是"仁爱万物"理论的践行者,并且身体力行。伊川先生,22岁时家人买小鱼喂猫,"见其煦沫也,不忍,因择其可生者,得百余,养其中,大者如指,细者如箸。支颐而观之者竟日。始舍之,洋洋然,鱼之得其所也;终观之,戚戚焉,吾之感于中也"。还说:"吾读古圣人书,观古圣人之政禁,数罟不得入洿池,鱼尾不盈尺不中杀,市不得鬻,人不得食。圣人之仁,养物而不伤也如是。物获如是,则吾人之乐其生,遂其性,宜何如哉? 思是鱼之于是时,宁有是困耶? 推是鱼,孰不可见耶?"可以清楚地看出程颐把"仁爱"之心推及鱼类,以人类之心度鱼类之心,认为"人既乐生",鱼当然也不愿"困耶"。右范太史日记(范祖禹字淳夫)也记载程颐爱护生物之举:"先生离京,曾面言,令光庭说与淳夫,为资善堂见畜小鱼,恐近冬难畜。托淳夫取来,投入河中。"明道先生曾"见人持竿道旁,以黏飞鸟,取其竿折之,教之勿为。及罢官,舣舟郊外。有数人工语:自主薄折黏竿,乡民子弟不敢畜禽鸟"。他们仁爱动物的示范作用对后代产生了积极的影响。

二程兄弟的"推其仁心"于物,尊重生物生存权利的思想,与时下流行的非人类中心主义生态伦理思想有一致的地方,这在当时是难能可贵的,仍值得我们今天借鉴。

2.呼吁加强对自然资源的管理

土地、森林等资源是人类赖以生存的物质基础,数量是有限度的,滥用是对生存环境的破坏,其后患无穷。心忧天下的二程兄弟,已注意到肆意破坏自然资源后果的严重性。程颢曾任"监西京洛河竹木务"一职,对当时破坏自然资源的行为提出了尖锐的批评:"圣人奉天理物之道,在乎六府;六府之任,治于五官;山虞泽衡,各有常禁,故万物阜丰,而财用不乏。今五官不修,六府不治,用之无节,取之无时。岂惟物失其性,材木所资,天下皆已童赭,斧斤焚荡,尚且侵寻不禁,而川泽渔猎之繁,暴珍天物,亦已耗竭,则将若之何! 此乃穷弊之极矣。"因此,他大声疾呼要及早建立"虞衡之职",为人类长久计必须保护自然资源,说:"惟修虞衡之职,使将养之,则有变通长久之势,此亦非有古今之异者也。"二程这些言论不仅在当时是真知灼见,具有重大的经济和伦理价值,而且时至今天仍是难能可贵的。

伊川先生也以齐国的牛山为例,指出对自然资源进行掠夺式开发的严重后果说:"牛山之林,人见濯濯也,以为未尝有材焉,此岂山之性? 是山之性未尝无材,只为斧斤牛羊害之耳。"牛山位于齐国都城临淄之南,山上曾有茂盛的林木,但临淄人为图眼前之利,滥加砍伐,放牧牛羊把刚刚长出的幼枝嫩芽啃光,使郁郁葱葱的牛山变成光秃秃的一片。伊川借此教训说明,是人为因素造成牛山成为秃山。

3. 发挥人的主观能动性顺应动植物的生长规律

自古以来,我国人民就懂得要获得"足食"、"足用"就要顺应自然规律,总结出了丰富而又宝贵的经验,指导生产实践活动,典型的就是古代的"时禁"思想及其实践。所谓"时",指的是动植物的生长发育成熟繁殖的季节。"时禁",即只允许在一定的时期内捕猎和采伐。二程兄弟是儒学的集大成者,深受上述思想影响,他们认为人类对自然界负有崇高的义务和使命,应"赞天地之化育"、"与天地参",就是要求遵循"万物之性",使"万物各有成性存之",还说:"天道生万物,各正其性命而不妄;王者体天之道,养育人民,以至昆虫草木,使各得其宜,乃对时育物之道也。""待物生,以时雨润之,使之自化。"

程颐强调遵时序,顺应自然规律的重要性。他们已意识到虽然自然界的生物是可再生的,但再生是有周期需要时间的,因此程颐提出应给万物休养生息的时间,说:"息,止也。止便生,不止则不生。""息训为生者,盖息则生矣。一事息,则一事生,中无间断。硕果不食,则便为复也。"程颐在解释《周易·需卦》时说:"蒙者蒙也,物之稚也。物之稚不可不养也,故受之以需,需者饮食之道也。""夫物之幼稚,必待养而成。"他认为万物都有幼稚之时,在这段时间内,不仅应该严格禁止对其采用,而且要保护得当,才使万物成其大,以保证其生存和繁衍的权利。"养",程颐认为"养也",并强调"养"的重要性,说:"夫物既畜聚,则必有以养之,无养则不能存息。"使万物"生"、"养"就必须顺应其生长规律,即尊重时序,说:"圣人极言颐之道,而赞其大。天地之道,则养育万物;养育万物之道,正而已矣。圣人裁成天地之道,辅相天地之宜,以养天下,至于鸟兽草木,皆有养之政,其道配天地,故夫子推颐之道,赞天地与圣人之功曰:'以之使大哉!'或云'义',或云'用',或止云'时',以其大者也。万物之生与养,时为大,故云时。"

三、现代启示

由于时代的局限,二程生态思想难免存在缺陷和不足,但研究二程生态思想仍可以为建设和谐社会提供几点有价值的启示:

1. 尊重生物的生存权利

二程兄弟是儒学大师,"仁"自然是思想的核心之一,他们认为人们"仁"的对象不仅仅是人,还要求把仁爱之心推及万物,即"推其仁心"于物,也就是要尊重一切生物的生存权利。当前,中国经济得到迅猛发展,人民的生活水平得到很大的改善,但中国在取得巨大的物质成果的背后也隐含着同样巨大的负效应。受经济利益驱动、愚昧无知等因素的影响,中国许多地方无节制地开发自然,不惜以浪费资源、牺牲环境和破坏生态平衡为代价来换取经济利益,大量物种在迅速消失,生态环境在急剧恶化。如何制止这种可怕的行为继续蔓延,修复和改善人类赖以生存的生态环境,已经成为摆在人们面前的刻不容缓的艰巨任务。中国要成功营建和谐社会,就必须保护自然,仁爱万物,即必须保护自然生态环境,善待宇宙万物。只有"爱物",才能实现可持续发展。

2. 对自然资源的开发和利用要适时适度

能源、原材料、水、土地等自然资源是人类赖以生存和发展的基础,是经济社会可持续发展的重要物质保障。我国人均资源占有量很低,耕地、淡水、森林、石油、天然气和煤炭等资源的人均占有量远低于世界平均水平,铁、铜、铝等重要矿产的国内保障程度甚低。资源供给不足、对自然资源的过度开发从而导致生态环境日益恶化,对经济发展的制约作用已日益凸显,更为严重的是对于严重不足的资源在消费上存在着惊人的浪费。如何保证在人与自然和谐相处的前提下,保证资源的有效供给,用有限的资源保证我们及我们的子孙的可持续发展,成为摆在人类面前的重大难题。如何制止中国经济发展所必需的能源、资源的不足和人们在利用时的"竭泽而渔"的可怕的行为继续蔓延,已经成为中国国人必须解决的问题。为此,国务院办公厅在 2004 年颁发了[2004]30 号文件,即关于开展资源节约活动的通知。可喜的是随着节约运动在全国迅猛展开,节约观念已逐渐开始深入人心,并取得一定的进展。

3.利用和开发自然资源时要尊重自然规律

二程的"顺天"中的"天"多指自然之"天",顺天就是要认识自然规律、遵循自然规律、按照自然辩证法办事,以使人类免受自然界的惩罚。"自然是我师",逆性而为,人类就要受到大自然的惩罚,这一点,恩格斯讲得非常透彻:"我们不要过分陶醉于我们对大自然的胜利。对于每一次这样的胜利,自然界都报复了我们。每一胜利,在第一步都确实取得了我们预期的结果,但是在第二步和第三步都有完全不同的、出乎意料的影响,常常把第一个结果又取消了。"

参考资料:

[1]朱谦之撰:《老子校释》,中华书局,1984。

[2]王严峻,吉云译注:《庄子》,山西古籍出版社,2003。

[3]高长山:《荀子译注》,黑龙江人民出版社,2003。

[4]阎丽译注:《春秋繁露》,黑龙江人民出版社,2003。

[5]《中国哲学史资料选辑》,《宋元明之部上》,中华书局,1980。

[6](宋)程颢,程颐:《二程集》中华书局,1981。

[7]雷毅著:《生态伦理学》,陕西人民教育出版社,2000。

[8]段昌祥:《人类活动对环境的影响与古代中国文明中心的迁移》,《思想战线》,1996(4)。

[9]史念海:《河山集》(第2辑),三联出版社,1982。

[10](北宋)沈括:《梦溪笔谈》。

[11](宋)薛居正等撰:《旧五代史》(第五册),中华书局,1976。

[12](元)脱脱等撰:《宋史》(第一册),中华书局,1977。

[13]《宋会要辑稿》,(台北)新文丰出版股份有限公司1976年版(影印本)。

[14]韩茂利:《宋代农业地理》,山西古籍出版社,1993。

[15]李焘:《续资治通鉴长编》卷三,中华书局点校本,1979。

[16](康熙朝)《正定府志》。

[17]周秉均注译:《尚书》,岳麓书社,2001。

[18](汉)司马迁撰,梁绍辉标点:《史记》,甘肃民族出版社,1997。

[19]杨伯峻译注:《论语译注》,中华书局,1980。

[20]《四书白话集注》(上册),长春古籍书店,1982年影印版。

(作者单位为洛阳师范学院历史文化学院)

二程的社会改革论管见

（韩国）孙兴彻

一、绪言

在21世纪,FTA(自由贸易协定)的时代,个人和国家,想要在无限的竞争中生存下来,自己开发和能主导社会改革的指导力成了为急切的需要。在这种情况下,吸收北宋时代二程的改革论,在今天具有充分的意义。

二程很早就参与了王安石的变法,后来却批判王安石的变法缺少道德情意,并在接受、批判新法党和旧法党的改革论中确立了新的改革理论。

特别需要一提的是,程颐促进社会改革思想中形成的以方法论为中心的性理学体系,成了以后600多年间东亚西亚文化思想的根源,社会改革中的洛学更重视指导者的能力和道德性。这是因为,无论改革的条件有多么的好,主导者所导致的腐败以及独断或是忽视民意都能成为改革失败的原因。所以,改革指导者的身心修养和自然的变化原理一样成了必须的条件。

本文将对程颐哲学的社会改革基本思想进行分析,意在说明程颐的改革论在现在仍是有充分意义的有用理论,并证明洛学在人类普遍关注的人生问题中有着充分的哲学价值,不管是现在还是未来,依然是重要的哲学思维方式,并包含着具体的、实践的、积极的哲学理论.

二、二程的社会改革论

北宋为了避免唐末五代的混乱,实行了强烈的中央集权制度,并通过科举选举官僚和人才。正是因为如此,各种有益的思想和文化得到了发展,同时一些改革的政策得到了提倡。

然而,北宋和周边国家不停的战争和失败,导致北宋政府遇到了严重的财政危机,还有行政军事以及社会制度多方面引起的混乱和麻烦。

正是因为这个原因,仁宗庆历3年(1043)进行了以范仲淹(989~1052)为中心的改革,即"庆历新政"。庆历新政的思想背景是继承韩愈(768~824)和李翱(774~846?)等古文复兴运动的思想。范仲淹和欧阳修(1007~1072)、胡瑗(993~1059)、孙复(992~1057)等逆党展开的正学运动通过对正统的经学理念和价值的再次确立,成为儒学复活的新的契机.

然而,范仲淹的改革政治并没有成功,神宗任用王安石(1021~1086),实行增大国家财政收入的政策,王安石于1058年向神宗上书《万言书》强烈的要求皇上改革,并主张确立官僚制。他于1069年(熙宁二年)成为参知政事主管国情家事,启用善于理财的江南新进官僚,实行"新法"。王安石的变法在经济方面取得了一定的成果,但和以司马光(1019—1086)为代表的旧法党的党争,却使国家发展的促进力逐渐减弱。

洛学就是在当时的社会改革过程中形成的。程颐(1033—1107)、程颢为了促进社会改革,确立并形成了以方法论为中心的性理学体系。

之前,程颢(1032~1082)在熙宁新政时期担任三司条例司属官时,曾参与王安石变法。当时,程颢主张通过社会改革来实现制度改革,他的论指如下:

> 圣人在制定法的时候,全部是以人情为根本,追求事物的理治,即使是尧舜和三王(三)王:夏的禹王,殷的汤王,周的文王或武王)全是适时的改革,根据事情的不同而适当的改变制度。①

法,是为了人的行为和国家的制度的效率性,以及实现社会的正义而制定的。所以,法是在充分考虑到人情和事物的理治时才制定的,圣王尧舜禹汤还有文王之法也都是随时机而对旧法和制度进行改革的结果。

二程还认为,改革是人间社会中理所当然的课题,所以圣王才会把改革定位

---

① 《二程集》452页,中华书局1981年版的。

主题,并进行改革,那么,改革的主体仁圣王是用哪些方法来进行改革的呢?

　　所谓的更张,只是适合理治的条件,这样举动的根据是先王和道统义理。没有比这更重要的了。从古至今,如果都能按照圣人的话治理国家,善王的统治必将实现,那样的话,会有人担心和忧愁吗?

　　二程认为,改革要看到过去历史上的例子,特别是实行改革是要重视义理。这里,重视义理是二程改革论和批判王安石改革路线的基调,即,王安石的改革不重视义理。特别是批判王安石"只知道图谋利益"。程颐把义理和经济的利益区分如下:

　　　　凡是顺应社会发展的,没有害,便是利。君子并不是不注重利益,孟子曾说:为什么只是说利益不说其他? 大概是只把利益放在心上,才会导致害。讲仁,就不会置自己的家族于不顾,讲正直的人也不会把君的事放在后边的。不去抛弃家庭,不忘记君王事,便是利。讲仁义不一定就不讲利。

　　程颐引用孟子的话说,君主、政府还有百姓互相为了经济的利益竞争的话,国家就会变得危险。然而,最正当的,没有害的利益便是仁义。现代人的幸福指数并不是和经济上的富必然一致的。即,钱是幸福的必要条件,但不是充分条件。

　　这里程颐对王安石的荆公新学进行了迂回的批判。具体的说就是,程颐认为王安石的新法是"国家和百姓互相为了经济上的利益而竞争,不重视仁义的新法"。正是如此,才导致国家面临重大的危机。

　　程颐强调要重视各阶层的身心修养,为了尊重德,要利用和发扬先王之道。程颐批判王安石"熙宁新政"变法中的青苗法是唯"与利之道,与民争利"。并指出,这就是危害先王之道的,新法是"利欲熏心"的结果,是失道。这是导致失败的根本原因。

　　二程对于王安石的改革思想的批判可以整理如下:

	王安石	二程
改革的道：先王之道	经世致用	正心、诚意
学文的中心内容	公利的学文	性命（道德·伦理）之学
变革的方法	权时之变	道德恢复
中心政策	弊法改革、理财	格君心之非、道德的、教化
国家的重要目的	富国强兵	尊德乐道
中心学派	荆公新学	洛学

但是，程颢不仅仅只对王安石的新法党的改革政策进行批判，他还对新法党和旧法党的功过和是非进行了评论。他说"新政的改革是党争中最大的罪过，是天下生灵涂炭，必须说每个党都要个负一半的责任。"当时新法党和旧法党的党争导致天下生灵涂炭，程颢认为，导致这样的结果，新党和旧党要各负一半的责任。

就像前面提到的，二程也分明的意识到了改革趋势的必然性，所以参加了王安石的变法。然而，二程对于王安石的变法过于追求经济上的利益，而忽视仁义的的方式进行批判。程颢还曾经在旧法党掌握实权的元祐（1086）更化时期，警告旧法党的领袖司马光，不要独断的处理事情，也不要再搞党争，在碰到困难的时候要相互的进行讨论以后再处理。

程颐忠告诉司马光"青苗法并不是不能实行的。原来役法的弊处仍然很大，但是还要考虑到损益。"可是，司马光一律的废除了新法。结果导致"果然纷纷，不能寻求安定"。程颐认为，即使实行的新法再有问题，在没有任何准备的情况下就废止的话必会造成更大的混乱。另外就是警告了旧法党不要过分的区分新旧法党。

三、二程的社会改革论

以性理学为基础，程颐在总结了新法党和旧法党的改革论的缺点之后，提出了更现实、更理想的改革方案。

程颐反省了熙宁新政和元祐更化时期所滋生的党争，并使自己的改革论得到发展，以此为基础，完成了洛学体系。

首先，根据《伊川易传》"革卦"，程颐的改革论归纳如下：

1. 改革的义务性。程颐认为,改革和自然变化一样是必然的。

程颢认为,促进变革的道,是天地的变域,是时运的开始,也是时运的结束。天地阴阳交替变化,生成 4 个季节。结果是,各自都能得到适合自己的,万物 4 季节而生长。时运结束的时候,一定会有新的变革生成。……天道的改变导致世上的变迁,这便需要变革。

儒学中,用来说明自然和人的关系是"天人合一"思想。自然世界的阴阳调和划分了 4 个季节,随之万物发芽,生长,结果,珍藏。即,自然界的所有事物都是在不停的变化中。正是因为这样,维持人间社会规律的法律也应该变化。这就是人间社会要变革的原因。另一方面,程颐通过对这种变化的义务性对人性变化的可能性进行了说明。修养的目标是成为圣人,为了成为圣人,每天都要根据自己的变化进行修养。即,改掉因习对自己来说就是变革。好好的观察时代的变化,社会制度的改革也就会像自然的秩序一样,符合道的规范。

2. 程颐认为要"革之有道",引导改革应该有中心思想。

程颢认为,革而能照察事理,和顺人心,可致大亨,而得真正。如是,变革得其至当,故悔亡也。天下之事,革之不得其道,则反致弊害,故革有悔之道,惟革之至当,则新旧之悔则亡也。

历史上,曾经试图过很多改革,但是改革的胜败却是不一样。程颐认为,改革的指导理念首要的是事理得和当,和人心得和答。这里,"革之有道"指的是应该有主导改革的中心思想。改革的中心思想是指向和睦和调和。分裂和磨擦的思想,即使看起来只具有一时的正当名分,但是结果却会导致国家和社会的分裂,以及社会构成员之间的反目。所以,程颐认为,在促进变革的同时,还要慎重的留意指导理念是不是有不足的地方。

程颐的这种思想,不管是在主导熙宁新政的王安石的荆公新学还是主导元祐更化的司马光改革理论,都没能正确的树立起来,同时,他们也都缺乏调和统一的指导力。

3. 实行改革,应该具备必要的条件。即,为了具体的实现改革,需要具备上面所提到的指导思想以外的促进改革的条件。

程颢指出:变革,事之大也,必有其时,有其位,有其才,审虑而慎动,而后可以无悔。

程颐认为,促进改革需要有时、位、才等条件。这里,"时"指得是应该选好改革开始的适当的时机。没有任何准备的,只凭几句话的话,就会成为反对改革的势力和抵抗事理的借口。地位指的是促进改革的适当的机构。改革想要有组织的、有效果的进行的话,就要有确保促进改革进行的机构。最重要的是主导改革的人才。主导改革的人才的能力和道德性决定着改革的成败。错过了促进改革的时期就会有很多的弊端。主导改革势力的利益团体如果不是处于公正位置,那么一般百姓不但不会支持改革,还会反对改革。还有,如果主导改革的人才不足,或是缺乏道德性的话,改革只会导致社会不良现象的产生。

4. 促进改革的人要遵守的原则。主要是三条:一是"革之道"。要以上下之信为本。改革没有各阶层大多数的支持者,改革很难成功。因此,得到百姓的信任是最重要的。也正是因为这个原因,革改才应该首先得到百姓的信任。二是"公论要好好的管理"。"唯当慎重之至,不自任其刚明,审稽公论,至于三思而后革之,则无过矣。"程颐说。改革凭借指导者一人的意志是作不成的。主导改革的人才的想法和百姓一样的时候,改革才能开始。万一改革并不符合百姓的情况,而是按照理想的情况去进行改革的话,不但不能得到现实的公论,还会引起反感,是情况变得更加的混乱。三是改革的指导者一定要有毅力和信心,尊重自己。程颐认为,为了确保改革的成果,以及取得充分效果,就要敢于坚持正确,否定错误,不断重新开始。他又说,故致革之终而又征则凶也。当贞固以自守,革至于极而不守以贞,则所革随复变矣。

程颐认为,主导改革的指导者如果不具备统合和调和的指导力的话,他应该知道肯定会失败的。

程颐曾经几次上书反对新法,但是仁宗并没有接受。反而是剥夺了他中央政府的御史衙门的官职,任命为西京路同提点邢狱,后又专任为签书镇宁军节度判官事。

仔细看来,北宋的166年间,出现了众多的天才思想家和经济学家,但是,他们所进行的改革最终都失败了。以程颐的改革论为中心的北宋改革失败的原因在通常的观点上看,可以总结如下:

第一,改革的最高统治者在对改革当中所出现的异见并没有合理的及时地进行调和。这是改革的主导者的度量和眼光以及决断力的问题。国家的领导者全力支持很好,但如果连严重的偏向性也予以维护,这样,国家的统合就没有办法实现。

第二,改革过程中出现的摩擦不仅没有及时消除,又进而转化为党争,党争具有极大的消耗性的攻击性。内部的分裂是国家衰退的最大的原因,这也是历史给我们的启示。

第三,改革主体势力的道德性问题。把攻击政敌作为秘密的武器,或是引起消耗性的论争,或是固执地坚持没有什么价值的理念;没有良好的道德观念,推卸责任,自己的错误推到别人的身上,助长社会分裂,特别是为了政治野心而利用愚昧的百姓;只知曲学阿世、站在党争的立场上一味否定对方。在程颐看来,这些人都是历史的罪人。

以二程为代表的性理学的道德哲学,在这种时代背景下,担负者敲醒为政者和知识人的使命。

四、二程改革论的现代意义

洛学是在当时的社会改革过程中所形成的,是程颐为了促进社会改革和更张,确立并形成的以方法论为中心的性理学体系。

特别是在洛学的宇宙本体论中,定立了本原的概念,这个便是理的概念。这个理是通过天理的概念所确立的。另一方面,决定了洛学的道德心性和修养的学文方向。就像前面所提出的,洛学对社会改革的方向和方法进行了说明,重视改革主导者的道德修养。因为不管改革的条件有多好,主导人物的的腐败或是独断以及忽略民意都是成为失败的原因。所以改革指导者的心性修养和自然变化的原理一样,是必要不充分条件。

程颐认为改革的成功必需要重视改革的当为性、改革的指导思想和时、位、才这三个改革的必要条件。改革的当为性在于说明不进行改革为什么不行,只有当权者单方面的想法和理念是不能使改革成功的。进行改革的指导思想必须是调和的统一的,还必须以客观的普遍的思想为根据。这是因为,一旦社会全体的和睦被打破,会助长对立和摩擦。改革的必要条件之一是改革一定要选择正确时机。要预测改革的必要时机,提前准备,才能使得改革的效果达到最大化。程颐认为,这个时机的选择应该是圣王高尚道德和远大目光的体现,必须由指导者来决定。在非民主主义的封建社会,最高的统治者、君王的作用则更加重要。

主导改革势力的能力、和睦性、道德性是决定改革成败的关键。程颐对王安石和司马光等人的改革论在多方面进行了批判和忠告。其中,最为重要的是改革势力的道德性问题。现在,很多国家都把大家的未来寄予改革的成功。但是,如果主导改革的指导者及其势力没有面向未来的远大目光、或是过于偏向某一理念、或是缺乏道德性时,不仅会导致改革的失败,国家的未来的前途也将是十分的黑暗的。过去的菲律宾和阿根廷就是个很好的例子。

洛学的改革论在现代社会的改革中,为改革的进行提供了"和谐精神"和"道德性提高"的扶手。洛学关于修己治人的学问、理解人间和自然的原理等,正是每个人都应该加强自身修养的原理,如果按照这个原理在具体的现实中进行实践,那么,人人都可以成为君子或是圣人。

改革是人的行为。然而,主导改革的人如果不能自我修养的话,改革的结果是不会成功的。在这里,洛学的改革论提醒我们——与效率性和经济利益相比,无疑,综合道德性的恢复最为重要。

参考资料:

]徐远和:《洛学源流》,齐鲁书社,1987。

马振铎:《政治改革家王安石之哲学思想》,湖北人民出版社,1984。

《四库全书总目》,《范文正公集》。

《四库全书总目》,《临川文集》。

《四库全书总目》,卷26,《春秋集解》12卷。

司马光:《资治通鉴》。

张载:《张载集》,中华书局,1978。

程颢、程颐:《二程全书》,九州大学中国哲学研究所编,中文出版社,1979。

(作者为韩国延世大学哲学系教授)

宋明理学和朝鲜性理学的人心道心论

——以栗谷 李珥为中心

（韩国）李基镛

一、序论

众所周知，朝鲜性理学中最具有代表性的特征就是四端七情论。把理气和心性情意的问题相联系，作为一个新的体系的论议。具体来说，四端七情就是一方面善恶是如何发出的，另一个方面是怎样惩戒恶，不让其扩散，并且进一步使其转换为善的问题，以心为中心来解决。对于这个问题，细分的话，可以看为重视心的构造的四端七情，和重视机能的人心道心。退溪和栗谷共同涉及了这个问题，但是由于两个人的侧重点不同，他们的观点分别称为四端七情和人心道心。前者用心的构造的存在论来论述四端七情，后者用心得功能的实践论来说明人心道心。

这样看来，朝鲜的四端七情论的起源可以追溯到《尚书》的人心道心和《礼记》的人欲天理。《尚书》的人心道心是作为舜给禹的平天下的要诀传以安民明道的心法与程子和朱子所解释的《礼记》中人欲天理的问题相结合，并与性理学的争点相烘托。这篇论文除了对中国性理学展开的人心道心的问题进行分类掌握以外，还将对其在朝鲜的性理学中是怎样展开的进行概括分析。

二、《尚书》的人心道心和《礼记》的人欲天理

《尚书》、《大禹谟》中人心道心是尧对舜所传授的“允执厥中”的要决在舜传给禹时扩展开来得出的概念。

帝曰：“来，禹，泽水儆予，成允成功，惟汝贤。克勤于邦，克俭于家贤。汝惟不矜，天下莫与汝争能，汝惟不伐，天下莫与汝争功，懋乃德，嘉乃丕绩，天之暦数，在汝躬，汝陟元后。人心惟危，道心惟微，惟精惟一，允执厥中，无稽之言不听，弗询之谟勿庸。”

《尚书》中所出现的“人心惟危，道心惟危，惟精惟一，允执厥中”十六字心法所使用的人心道心得话，其实就是舜称赞禹的治水问题以及国家和家庭的模范等功德，并在让位于禹时所说的在哪些问题上应该注意的警世良言。孔颖达（574—648）在《尚书正义》中说，这些话可以理解为舜对禹传以人心道心的目的是为了治理社会，明道安民。

另外《尚书》的人心道心论作为宋代论议的争点时，与之形成的概念就是《礼记》的天理人欲。

人生而静，天之性也，感于物而动，性之欲也，物至知知，然后好恶形焉。好恶无节于内，知诱于外，不能反穷，天理灭矣. 夫物之感人无穷，而人之好恶无节，则是物之而人化物也。人化物也者，灭天理而穷人欲者也。于是有悖逆诈伪之心，有淫逸作乱之事。是故强者胁弱，重者暴寡，知者诈愚，勇者苦怯，疾病不养，老幼孤独不得其所，此大乱之道也。①

以《礼记》为根源的天理人欲是从“人生而静，天之性也，感于物而动，性之欲也。”中的“天之性”和“性之欲”派生出的概念。② 人生而静，天之性也，感于物而动，性之欲也。在这里，有对天之性，性之欲的问题进行争论的余地。换言之，就是天之性指的是天理，性之欲即是人欲，也就是说和人们所说的人之好恶是对立的，因为是天之性和性之欲的伦理关系存在期中。这种解释上的论断是比宋代人欲天理和人心道心相结合更具体化的论议。

---

① 《礼记》、《乐记》
② 在《中国哲学史》中，有很多学者辩论过理欲问题，其可以看做是道德和物质的问题。

三、程朱理学的人欲天理和人心道心

宋代程子认为人心和道心分别为人欲和天理,并提出灭人欲存天理。程子虽然把人心和道心相联系,但其重点还是放在了人欲天理的问题上。朱子也基本上同意程子的观点,但视角不同,用人心和道心的问题概括了人欲和天理的问题,且否定存理灭欲,赞同以理节欲。

程子把人心道心和人欲天理相关联并进行解说的过程中,把人心和知相关联进行了说明。程子虽没有对知在人欲天理中的作用进行说明,但是朱子却在他的人心道心论中以知觉为中心的说明提供了重要的线索。以程子和朱子为源头,人心道心论成为理学的一个争论的焦点。

本文对性理学中所出现的人心道心论作如下分类。

第一,人心道心相对说。程子的见解和朱子以后的大部分学者都归属与此。此见解是站在性理学人心道心论的一般立场上,以人欲天理来解释人心道心的一般的看法。

区分宋代人欲天理是由张载的《正蒙》开始的。①然而,实际上,把人心道心和人欲天理结合为一个问题可以说是二程②③,即程颢(1032~1085)、程颐(1033~1107)的人欲天理相联系的人心道心论。

程子把《尚书》中的十六字心法中的人心和道心与《礼记》中的人欲天理的问题相结合并进行解说。惟危和惟微以及人心的危殆来说明人欲,以道心的微不足道来解释天理。然而,他的意图并不是单纯地把人心道心从人欲天理中区分出来。程子在这里以私欲的概念代替人欲,这和他的立足点不同。也就是说,他把人欲和私欲是区分来使用的。还有就是并不是单纯把人心道心的状态用人欲天理来规定,不仅用私欲和天理来说明人心道心的危殆和微不足道,还认为灭私欲则天理明,并谈到了修养的实践论的问题。然而程子的人心道心的界限就是把它和人欲天理相连接进行解说,是他没有办法再进行论议。即,他基本上没有涉及人心和道心,所以,他的人心道心论也不能说完全确立。然而,不管人心

---

① 《正蒙》、《诚明》,上达反天理,下达徇人欲者与。
② 《二程全书》,人心惟危人欲,道心惟微天理也。
③ 《二程全书》,人心私欲也,道心正理也。

道心论如何发展,这个论辩一直都在进行。

第二,罗整庵(1465—1547)主张道心人心体用说,用道心人心来理解天理人欲,并用道心来节制人心,被看成道心未发,人心以发的状态。他和其他的宋明理学者的人心道心论不同,提出了自己的独特见解。他一边认为道心是性,人心是情,又认为道心是寂然不动之体,微不足道,人心是感而遂通之用,威殆。根据他关于人心道心的定义,对人心道心的区分可以认为是动静及体用的区分。整庵完全否定把人心道心作为人欲天理的对立面的见解。这正是认证人欲是人的基本要求,特别是七情中最为基本的,认为人心是对心的再作用,没有对人心进行否定的或是容易生恶的方式进行价值评价。因为七情是和欲求相关联派生出的,善恶的问题也取决于欲求的中节欲否。

第三,朱熹(1130—1200)通过人心道心论,表现了人心道心的待对关系,主宰和听命的关系的人心道心对待说。用或生货源说来说明知觉的发出正是人心道心对待说。如果说《尚书》中的人心道心论是以尧舜禹的道统为前提的话,分明就是为了安民明道的政治指导理念的心法。朱子根据这个问题,和人的心,特别是知觉有密切的关系相连接来解释安民明道的具体方法。即,树立了治心的问题体系。在他的《中庸章句》序(1189 年,60 岁)①中,解释了尧舜禹传授的安民明道的治人的十六字心法是儒家的道德哲学形成的专门的心论。成了以后朝鲜性理学人心道心论问题的关键。

　　(盖尝论之),心之虚灵知觉一而已矣,而以为有人心道心之异者,则以为或生于形气之私,或原于性命之正,而所以为知觉者不同。是以或危殆而不安,或微妙而难见。然人莫不有是形。故虽上智不能无人心,亦莫不有是性,故虽下愚不能无道心,二者杂于方寸之间,而不知所以治之,则危者愈危,微者惟微,而天理之公,卒无而胜夫人欲之私矣。

朱子拭除程子以人欲天理来解释人心道心,以心的虚灵知觉为根据,形气之私生称为人心,以天地的正道为根源称为道心。据此,人心道心的区别在于不

_____

① 《中庸章句》序

同的知觉,知觉不同的原因是在于形气之私生,或源于性命之正。形气如果说是每个人所构成的如耳目口鼻等形体的话,①那么性命就是每个人的禀赋,使内在的天理。形气私生产生的人心是个别特殊的,因阻碍天理的正道而变的危殆。反面,根源于性命的道心,虽是普遍的真理,但因在形气生出的自私,普遍的真理不能出现而微不足道。

把它与新的虚灵知觉相联系,人心就是形气里生出的感知性的心,道心就是根源于生命的,道义性的心,其感知的方式是不同的。朱子不是否定地看待人心,而是认为人心和道心是任何人都具备的基本的心的形态,结果,人心道心论的本旨就是在于治心。这在他把人心道心的论议和知觉的问题相结合的同时提出其理想的"人心听命于道心"中可以很容易的知道。这正是和用人欲天理来解释人心道心的立场不同的地方。

这也和前面说的两种方式的相对说还是体用说相区别的。人心道心是已发上的心,其存在形态不是对立的,而是层次不同的主从的共存,也可以认为是对待关系的知觉的问题。在这里,留下了人心是否听命于主宰性的道心和可能性的问题,这个问题,在朝鲜性理学,特别是谷的人心道心论在某种程度上给予了解。

如果说形气是像人的耳目口鼻一样的形体,形质的话,性命是每个人的禀赋 或者内在的天理,形气之私的生成是个别的人心,指的是特殊的天理之正所以危险。相反性命之正道心是普遍的真理指在形气之私中,想体现他的普遍的正是很难的。与心的虚灵知觉联系,人心是生于形气感觉的心,道心是根源性命的义理或从道义的心看出知觉方式的不同。

朱子从这样的思路没有否定的看待人心,人心与道心是所有人都有的心。结果人心道心论的本质是在于治心。这是他的人心道心的论议与知觉的问题理想的联系在一起提出"人心听命于道心"的问题上很容易理解,就是这个以人欲天理理解人心道心不同的立场。

这区别以前所说的相对说或 体用说。人心道心是与发上心存在的样态不

---

① 但是,形气可以分为和心一样使用,即构成耳目四肢等实质的身气和心的再作用的心气。如果,只把形气当做构成人体的实质的意思,这与把五脏里的心脏当做心一样来理解一样了。

是对立的 是区别主从的共存则待对关系知觉问题,在这里留下人心主宰道心的听命与否与可能的问题, 这个问题在朝鲜性理学特别是栗谷的人心道心论中有所说明。

四、朝鲜性理学的四端七情与人心道心

朝鲜性理学中人心道心论的类型在上面所述的性理学中全部有所体现。以上分类的类型直接适用于朝鲜性理学上,人心道心相对说是退溪李滉(1501～1570)、牛溪成浑(1535～1598)等栗谷以前大部分朝鲜性理学者们的人心道心论;道心人心体用说是继承苏斋卢守慎(1515～1590)人心道心论;人心道心待对说是栗谷李珥(1536—1584)的反映了人心道心论的问题。

朝鲜性理学的人心道心论是宋明理学类型。虽在外形上没有大的区别,但它的内在问题却变化深刻。首先实现人的内心与对机械论深层的讨论。这体现在性理学处分与朝鲜性理学的特点之一的四端七情论。性理学中没有提到的四端七情的问题,而在朝鲜性理学中具体而严密的涉及到,是因为朝鲜性理学中重点是对人心的阐述。这反映了朱子与相差三四世纪后对人心解释说明各有侧重,四端七情与人心道论的问题就是在这样的基础上被提出的。

朝鲜性理学的问题意识的原型可以从阳村权近(1352～1409)的入学图说中找出。阳村在《入学图说》(1390)里把理气、性心、情意、四端七情、道心人心等图解化以后,分为两边。它抱这个道式中的人心与道心看成相对的可能性。虽然把人心道心看成相对的倾向在宋明理学诗一般的现象。但是《入学图说》中特别是"天人心性合一之图"与"天人心性分析之图"中,人心道心是作为图的两边说明。不仅仅相对地看待人心道心,会引起主张心性二歧或者情意理气与理气互发的问题

另一方面在 朝鲜性理学中 人心道心论是明显的争点,是从苏斋卢慎的《人心道心辨》(1561)开始。苏斋是从人心道心把握人欲天理的。在这里提到的人欲天理, 特别是对于人欲的理解,要注意与程子的区别。

他的道心与人心是用体用来区分的,"体"则道心是没有形体的微微的,"用"则人心是中断非中断的危险解释。及道心虽是未发性,人心是用已发情仿心来说的 。善恶的问题已发论在人心, 人心 以善或恶来判断价值是错的。

一斋李恒（1499—1576）是依照苏斋、罗整庵的困知记的道心人心体用说为契机，提出了对人心道心论辩。这论辩表面上理解的罗整庵是视差的问题，但它的另一面则奠基了退溪的互发说的所谓止扬共同意识问题。

五、退溪的"四端七情论"到栗谷"人心道心论"

《入学图说》是阳村的笔头，继承和发展了秋峦的"天命图说"与退溪的《天命新图》"四端七情论"。四七论辩把四端与七情配属和解释于理气中，虽然这是阳村的《入学图》和秋峦《天命图》的具体而直接的原因，朱子所说的"四端是理之发，七情是气之发"和许东阳的"道心发于理，对人心发于气"的问题理解混合的表现，这是论宋明理学中人间的性情受到辨别理气的影响。退溪子思的未发已发和孟子的仁义礼智的问题相连接，理气成为了他解释人间新性情的根据。

宋明理学中提到的是心的存在方式。这只是说明兴发为情，也就是根据这个，四端七情才能被认为是情。然而，就凭借这一个并不能说明四端和七情是同一个情，怎样的不同和现实的意义也并没有说清楚。

退溪认为正是用四端七情来说明理气的互发，并解释了个问题。即，心构造的存在论的解释和发出的适当性的要求的说明都是为了用四端七情来解释理气互发。①这样的延长线上，四端七情的问题扩大到了道心人心的问题。即，退溪关于人心道心的立场是和人欲天理相对立的相对说。

宋明理学中人心道心的问题。这个问题，通过程子和朱子，由人欲天理的实践问题转换成了人心道心的知觉问题，并用或生或源来说明相似的两态。朱子关于四端七情只是进行了笼统的概括，并没有过多的涉及问题本身。但退溪在这个问题上，从情的层次到四端和七情用理气的互发来说明。这是从心的构造和机能的中心到善恶是非的议论，即，心的道德的知觉能力的讨论是一种哲学式的人间学的一种性质。然而，严密的说起来，四端七情和人心道心是不同层次的问题，善恶的问题是人心道心内部的一个问题。这也是栗谷从退溪的四端七情

---

① 退溪的这种说明方式终极目的把善的根据或可能性是人类本来具有的东西想用理论来说明。换句话说，他的理论说人类本来是性善的，积极地解释发现善的本性，而实现善。反面，否定地看这个的话，人间的善和恶存在本来的道德决定论扩散的危险。也会成为因为人类为行善或行恶而出生，人类就没有为了行善或为了行恶的必要的道德的无责任。

论中选出问题的动机。

栗谷的哲学是人心的问题,从说明它的构造的四端七情的论议的层面上发展而来,还有道德的知觉问题为中心的关于意的问题的讨论,这便是人心道心论。他不认为是在道德实践问题的四端七情上面有局限,而是人心道心的问题。他用情意来解释情的问题,一方面用意和至来区分意,又用念、虑、思来细分,深层的分析,比退溪的理论更加深化。

四端七情论是以心构造的说明为重点,栗谷的人心道心论则是以心的构造说明为前提,心的机能,特别是实践上的知识和实践的意志的知觉问题的说明为重点。朝鲜性理学者,对人心构造的问题说明可以看作是与对善恶的当为性的价值判断的问题相关连,人心道心论,是情意,特别是意所关联的问题。他把一个问题更加升华,并提出了关于理的知觉和实践的问题。还以此为依剧,提出了人心听命与道心的实践机械论。

六、栗谷的人心道心论和他的意义

栗谷的人心道心论,可分为人心道心相对终始说与人心道心待对说。相对终始说是从栗谷与牛溪的论辩中出现的,对心的两态的解释。但是,通过这个主张想要证明的是人心听命于道心,即,这是一个人心要听从道心或让人心听从道心的命令的问题。为了让这个问题成立,人心与道心有着相对的关系,即各自主宰与听命的关系为前提的待对关系。栗谷这一见解很好地表现了他的"人心道心图说"。

简单的说,人心道心看上去像是相对终始,但是为了成为理想的状态,人心要听命于道心。栗谷说人心要道心化或人心化,可是现实中为了主宰于节制感性的人心必须存在对理的知觉为媒体组成的道心。所以道心与人心只能是待对的存在。

对于人心与道心的主宰问题,具体的说是中于过不即的问题,听命的方式并不局限于道德修养的问题,而是转变为对于本然之理的知觉的问题。它不但包括了客观的事物而且还包括了知觉的主体人心道德知觉的对象。这里的人心是和道心相比较的状态,即强调要达到人心即道心。他认为通过诚意和明了意识是可能的。至于理、知觉的问题,知和行体现了没有过不及的中正的道的状态,这才是和气质相连接的地方。这里他所说的气质,不是指容貌,体力身体等相关的方面,而已知和行的问题。还有气质的变化和矫正,可以通过心气的正通得到虚灵知觉。矫气质的问题可以看成是估计理的形式,而知觉和实践理的这个主题正好是反映了人心的实际状况。

那么,人心和道心也就并不是始终都是对立的。人心可以听命,人心应该成为和它不一个层次的道德的心。这可以归结成为,理想的道心、主宰道心的当是以性命题为前提来实现的方法。重申一下就是,在知觉的这个层次上,认识道性命的本然理就能中节人欲。对于理的明证,明了新的认识的问题,可以用知和行的过不及的中正的道来体现,这就是知觉问题的实践修养论的具体的依据。

这样的主张是把现实的人心和理想的道心合一的指向。为了这样的合一,修为即通过强调意的精察和矫气质才能达到修己治人。

就像上面提到的,退溪的四端七情论,牛溪和栗谷的理气论辩,重新回到了人心道心和理气的主题。一定要在四端七情论的延长线上来说栗谷和牛溪的理气论辩的话,前者是对心的存在论的说明,后者是对心的实践论的说明。两者的区别在于,如果说前题已经扩展到情和意的问题。同时,也可以说是以仁为中心所展开的道德修养论者是总括的来说善恶的心是怎样形成的问题的话,后者则是从实践上的知觉机能问题来说明怎样才能使我们向善。

考察栗谷的人心道心论就会发现,他以人欲天理为中心的修养论的实践问题,是以人心道心为中心对事务的看法为前提。这样看来,栗谷的人心道心论中情的论议是以智为中心的道德意识为根据的修养论的哲学体系得到发展,特别是情的范围扩大到意,一方面意的问题细分来说明,并还原到知觉的层面来实践机械的说明不只是程、朱,比退溪还要进步。以人类知性史的发展为统一的前提时,栗谷的人心道心论是对人心的更深一步的解释,并对实践论论议的意识论提供了舞台。这是把价值的问题转化成知觉的问题,修养论的实践问题实际上是以意为中心,可谓知觉论的论议。

（作者为韩国延世大学校哲学系教授）

河洛文化在河内的发展

卢广森

作为河洛文化重要组成部分的河内地区,不仅是河洛文化传播的主要场所,而且也有优秀的传播者。本文以此论述,以资引起人们对这一地区河洛文化的兴趣和重视。

一、河洛文化传播的主要场所

河洛文化在河内地区传播的主要场所,可以概括为"一个中心和两河流域"。

"一个中心",就是以辉县的苏门山为中心。苏门山又叫百门山,是太行山支脉中一个风景秀丽、环境优美的场所,素有"河朔之丽境,中土之奇观"之美名。元代大儒许衡的学生白栋所写的《思亲亭记》一文有生动的描述:"共城西北五里,有山曰苏门,山之下有泉曰百泉。万脉珠涌,辉净澄彻,流不而浊,即诗所谓泉水也。近可以溉秔稻,转碾硙于本境,远可以漕粮饷,济商旅于海门。其旁则修竹茂密,翠如琅玕,其中莲芰芬芳。烂若云锦。岸花秀发,四时画图。林鸟和鸣,竟日佳唱。遗山所谓烟景独觉苏门多者,即此地也。"①这里讲的共城,即辉县的古称。从这段描述中,可以看出苏门山有三个特点:一是山水俱佳的好地方;二是鱼米之乡,利用百泉水灌溉种稻,人们有饭吃,有衣穿;三是交通便利,依百泉水可运粮饷济商旅。海门有多种说法,一指江苏东南的海门镇,一说是浙

---

① 《鲁斋遗书》卷14,第19页。

江的台州地区,不论指哪里,即从百泉乘船可以到我国的东南部,可见交通方便了。

百泉历来是"名贤的嘉遁之所",自古以来有不少名士在这里遁世隐居。苏门山有孙登的箫台。据说此台是晋朝孙登在这里与隐士阮籍等人研究《易经》、吹箫的地方。北宋时数家邵雍在这里居住过,留下有安乐窝的遗址。后迁到洛阳,仍以安乐窝名其居住地。元朝的大儒姚枢曾携家眷迁到苏门山居住,收徒讲学,传播程朱理学。许衡听说后,到这里拜姚枢为师。明儒崔铣于明正德十五年(1520 年)和明嘉靖十八年(1539)两次到此。第一次重修了百泉书院。在《百泉书院重修记》中说:"百泉出苏门之麓,古之辟地者多居之,孙登以简,邵子以达,许氏以立,姚氏窦氏以让。吴公合而祀之。"①第二次写了《百泉题名》,文中说在这里小憩、吃鱼后便沿着曲折的山路下山了。

在百泉讲学的还有明末清初的学者孙奇逢,"卜居百原山,康节之遗址也。其乡人皆从而化之","北方之学者,大概出于其门"②。这里讲的百原,也叫石源,即百泉。他在这里居住 25 年,培养了不少学生。其居处名夏峰,不少著作即在此处完成。其《中州人物考》和《理学宗传》对二程及其弟子们的思想作了论述,并认为曹端(月川)是明儒的开创者,而后有何瑭和崔铣等人。

总之,从晋到清初这一千多年的时间内,辉县苏门山下的百泉,一直是河洛文化传播的一个中心,也是中国古代文化传播的一个重要场所,历时之久是历史上罕见的。

"两河流域",一是沁河流域,一是洹河流域。

在沁河流域传播河洛文化的是元儒许衡和明儒何瑭。许衡(1209 ~ 1281),字仲平,号鲁斋,怀州河内(河南沁阳)人。为宋嘉熙二年(1238)进士第,曾任尚书左丞、集贤院大学士兼国子祭酒。主要著作有《鲁斋遗书》。何瑭(1474 ~ 1544),字粹夫,号柏斋。原籍河南武陟何家营,后迁沁阳。何瑭为明弘治十五年(1502)进士,曾任翰林院编修,工部、户部、礼部侍郎等职,有《儒学管见》、《阴阳管见》和《柏斋集》等书。

---

① 《洹词》卷 3,第 30 页。
② 《明儒学案》卷 57,第 1371 页。

　　洹河流域的安阳曾是商朝都城,是中国八大古都中最早的一个。在这里发现了中国最早的文字——甲骨文,这是当时世界上最系统的文字。殷墟 2006 年被联合国教科文组织命名为世界文化遗产。安阳之南汤阴的羑里是周文王被囚时演《易》的地方。

　　洹河流域还诞生了历史名人——晁说之和崔铣。

　　晁说之(1058~1129)字以道,号景迁生。澶州清丰(河南清丰)人。宋神宗元丰八年(1082)为进士,曾先后在无极、郿县、成州、明州等地为地方官吏,后任徽猷阁侍制兼侍读。一生致力于五经、特别是《易经》的研究。有《儒言》、《晁氏客语》和《景迁生集》。明儒崔铣(1477~1541)字子钟,号后渠,河南安阳人。明弘治十八年(1505 年)为进士,曾任翰林院庶吉士、编修等职。他与好友何瑭一起反对宦官刘瑾,被贬后在洹水河畔建后渠书屋,收徒讲学。复官后任经筵讲官,礼部侍郎,死后赠礼部尚书。主要著作有《洹词》、《读易余言》、《大学全文》和《政议十翼》等书。

　　由此可知,河内地区也同河洛文化的其他地区一样,有着灿烂的历史。

二、河洛文化在河内地区的传播相同点

　　河内地区,无论是晁说之、许衡、何瑭或者崔铣,其在传播儒学及程朱理学过程中形成了一些很有特色的共同之点。

　　1. 以孔子为师。晁说之说:"臣闻春秋尊一王之法,以正天下之本,与礼至尊无二上。其旨实同,盖国之于君,家之于父,学者之于孔子,皆当一而不可二者也。"①这里十分明确地表示,按照"天无二日,国无二主"的思想要求,在传播儒家学派思想时,只能以孔夫子一人为师。崔铣也说:"圣人谓天道,岂可一日无阳、世岂可一日无君子。"②这是符合"礼至尊无二上"的精神的。

　　以孔子为师,因为孔子是圣人。许衡说:"先贤言语皆格言,然亦有一时一事,有为而言者,故或不可为后世法,或行之便生弊。唯圣人言语万世无弊,虽有

---

①《景迁生集》卷3,第44页。
②《读易余言》卷1,第35页。

为而言,皆可通行而无弊。"①"可以为万世法者,当学孔子,虽学不至,亦无弊也。"②这就是说,只有孔子的言语是真理,是普遍有效的,按照孔子的教导行事,也就不会生弊端。

以孔子为师,就是以儒家著作为师。儒家著作很多,主要是《六经》,也叫六艺。晁说之说:"圣人之意具载于经,天地万物之理管于是矣,后世有圣人而尚不能加毫发于轻重,况他人乎?"③"昔之学者,辛苦昼夜,诵读思索,加之以师友,博约一意与其绳墨之中,而不敢外以曲折也。"④这就告诉人们,圣人的意思,都记载于《六经》之中,只要认真学习《六经》,就会学到圣人们的本意。北宋以后,儒家提倡四书,即《论语》、《孟子》、《大学》和《中庸》。何瑭说:"五经、四书之所载,皆儒者之道也。于此而学之,则儒者之学也。"⑤崔铣说:"今一切删削,专宗孔氏,若涉康庄之夷焉。"⑥

以孔子为师,就是要依儒家是非为标准来衡量是非。许衡说:"诸子百家之言,合于六经论孟者为是,不合于六经论孟者为非。以此夷考古之人而去取之,鲜有失矣。"⑦崔铣说:"故非圣人之志可勿存,非彝典之实可勿履,非孔氏之传可勿问,非洙泗之教可勿施。"⑧这就是说,一切都要以六经论孟中所说为标准,一切都要以孔子的言论为标准。

2. 恪守儒家道德。自从孔子提出"为政以德"的思想之后,历来的儒家都强调道德的重要性,宋儒更是把道德当做根本大事来抓,他们把《大学》中的"自天子以至于庶人,壹是皆以修身为本"的话当做圣言,认为上从天子、三公六卿、诸侯大夫,下至一般的庶民百姓,都要以修身为本,都要从道德这个根本大事上做起。

儒家道德的核心内容是三纲五常。宋儒晁说之认为三纲五常是学问中的大节目,从三纲五常可以达到治国平天下的目的。他在《中庸解》一文中说,君臣、

---

① 《鲁斋遗书》卷 1,第 5 页。
② 《鲁斋遗书》卷 2,第 4 页。
③ 《景迂生集》卷 13,第 23 页。
④ 《景迂生集》卷 14,第 14 页。
⑤ 《明儒学集》卷 49,第 1163 页。
⑥ 《读易余言》卷 2,第 43 页。
⑦ 《鲁斋遗书》卷 1,第 14 页。
⑧ 《洹词》卷 6,第 2 页。

父子、夫妇、昆弟和朋友,这五者是天下达道,而智、仁、勇是天下达德。"好学近乎知,力行近乎仁,知耻近乎勇。知斯三者,则知所以修身也,知所以修身,则知所以治人,知所以治人,则知所以治天下国家矣者。"①元儒许衡说:"自古及今,天下国家,惟有个三纲五常,君知君道,臣知臣道,则君臣各得其所矣;父知父道,子知子道,则父子各得其所矣;夫知夫道,妇知妇道,则夫妇各得其所矣。三者既正,则他事既可为之,此或未正,则其变故有不可测知者,又奚暇他为也。"②三纲五常是大节目,大事情,而衣服、饮食起居、洒扫应对则是小事情。只有大节目和小事情都做好了,才能有完整的道德观念。明儒崔铣说:"君尊臣卑,夫尊妇卑,父尊子卑。国总于君,家严于父,女制于男。三纲一正,万事理矣。"③崔铣特别强调孝,认为:"万务之要,统于孝。""大祀者,孝也。"④以孝为主,就会有忠君思想,强调孝正是为了忠。

3. 民本思想。以民为本,是儒家的传统思想。从孔子的"爱人",孟子的"君轻民重",到宋儒各家,他们都强调了以民为本的思想。宋儒晁说之说:"常以为政事,莫先于务农。"⑤在古代,农民是国家的主体,手工业者和商人数目较少,所以重视农民。明儒崔铣说:"民者,国之永基也。国非民孰与主?"⑥又说:"盖君居民上,如山盘地上。山以地为基,君以民为本。厚其地则山保其高,厚其民则君安其宅。"⑦把一般庶民百姓提到国家基础的地位,如果离开了广大庶民的作用,国家将失去存在的基础了。许衡劝元朝的统治者要像汉文帝、汉景帝那样爱护庶民。他说:"君子在位,能体下民之心,如饱暖安乐,民心所好,便因其所好而好之,使他各得其所;如饥寒劳苦,人心所恶,便因其所恶而恶之,使他各适其情。以一己之心安众人之心,比如父母爱养他儿子一般。"⑧崔铣说:"夫民以戴君,亦以叛君。得之如菑田以饱腹,失之如反裘而负薪于乎? 难之哉?"⑨这就是

① 《景迁生集》卷12,第10页。
② 《鲁斋遗书》卷1,第12页。
③ 《读易余言》卷1,第4页。
④ 《读易余言》卷2,第18页。
⑤ 《景迁生集》卷19,第36页。
⑥ 《洹词》卷12,第23页。
⑦ 《读易余言》卷3,第12～13页。
⑧ 《鲁斋遗书》卷4,第34页。
⑨ 《读易余言》卷3,第13页。

说,失去民心就危险了。

4. 学以致用。学以致用是儒家的传统之一。孔子说:"诵诗三百,授之以政不达,使之四方,不能专对,虽多,亦奚以为?"①尔后的儒家弟子多遵循孔子的这一教导,强调学以致用。晁说之在《儒言》一书中说:"诵诗三百,而不能事父事君,亦非兴诗也。"②他曾批评王安石的《字说》一书,"夫不明乎用字之意,而谨乎训字之名,学者之大患也。"③晁说之对汉儒有批评,认为汉儒对儒家典籍的注释太繁琐。仅"尧典"二字注文达三千字,稽古文字达两三万字之多。"近世师儒,以谓昔之言无不善,今日之说,无不可通。不复闻阙疑者,非所以尊经而慎思也。"④许衡认为孔子教人只两个字,即知和行。崔铣在明嘉靖三年(1524 年)曾上疏劝皇帝要"勤圣学,辨忠奸,以应天变"。皇帝认为这是污蔑自己不会用人。于是崔铣被贬官。何瑭把用人、理财、刑法、礼让等,与朝廷的吏、户、礼、兵、刑、工等六部的职能联系起来,他说:"学与政非二道也,学以政为大,天下之政总于六部,以《大学》之传考之,平天下之用人,吏兵之政也;理财,户工之政也;治国兴仁让之善,则礼之政也,禁贪戾之恶,则刑之政也。吏兵之用人,能同天下之好恶,而不徇一己之偏;户工之理财,能节用爱人,而不为聚敛之计,礼刑能兴善而禁恶,则谓之贤公卿有司可也。"⑤

5. 儒佛融合论。佛教文化自东汉末年传入后,到北宋时,已与中国的儒、道教等文化,互相吸收,佛家从道家文化中吸收了"虚无"、"静修"和玄妙等思想,丰富了佛教文化。而儒家文化从佛家经典中吸收了体用、静心等观念。晁说之在《儒言》一文中说:"经言体而不及用,其言用而不及乎体。是今之人所急者,古之人所缓也。究其所自乃本乎释氏体用事理之学。今儒迷于释氏而不自知,岂一端哉?"⑥晁说之还认为王弼注《周易》,何晏注《论语》都是从佛家的"无相无非为空"的观点学来的。崔铣认为二程大弟子游定夫、杨简、张九成的注经运用了禅学。许衡认为"天理善道,岂有差误,岂有误人之处。只是信之不笃,积

---

①　《论语·述而》。

②　《景迂生集》卷 13,第 10 页。

③　《景迂生集》卷 13,第 27 页。

④　《景迂生集》卷 13,第 18 页。

⑤　《明儒学案》卷 49,第 1164 页。

⑥　《景迂生集》卷 13,第 17 页。

之不实",才有错误①。把天理与佛家的"如意宝珠"等同。

三、河洛文化在河内地区传播的不同点

自孔子创立儒家学说以来,内部也出现了不同的学派。正如许衡所说:"今者能文之士,道尧舜、周孔、曾孟之言,如出其口,由之以责其实,则宵壤矣。"②晁说之、许衡、何瑭、崔铣在这一问题上,都有各自的见解。

1. 认孔子为师,不能孔孟并提。宋代理学的创始人程颢、程颐兄弟二人,常以孔孟相提并论。并把《论语》、《孟子》两书和六经并列起来,当做是入圣之门,衡量是非之标准。正如许衡所说:"学以孔孟为学,中外如出一喙。"③尔后弟子们也继承了这种观点。晁说之反对把孔孟相提并论。他在《儒言》中说:"孔孟之称谁倡之者,汉儒犹未有也。既不知尊孔子,是亦孟子之志欤? 其学卒杂于异端,而以为孔子之俪者亦不一人也,岂特孟子而可哉?"④在《辩论》一文中又说:"门内妾妻妇且知尊无二上矣,予不知世所谓孔孟云者,孰自而得耶;其尊孔欤? 尊孟子欤? 盖天下万世之尊师者,孔子一人而止耳? 容孰偶之也耶。"⑤晁说之所言不能孔孟并提之理由有三:一是"礼至尊无二上",儒家只能万世以孔子一人为师,这是连一般庶人都知的道理。二是把孟子提到与孔子同等地位是不对的,孔子弟子中颜回、曾子、子贡等人,资格都比孟子老,为什么不提"孔颜"、"孔曾",而要提"孔孟"呢? 这样既削弱了孔子的地位,也不是对孟子的尊重。三是孔孟并论,不符合"罢黜百家,独尊儒术"的精神。晁说之在《奏审覆皇太子所读〈孝经〉、〈论语〉、〈尔雅〉札子》中说:"是以明王罢黜百家,表章六经,大儒推明孔氏,抑黜百家。今国家五十年来于孔子之道二而不一也。"⑥既然要独尊儒术,就应当以孔子一人为师,而不应该孔孟并提。因此,他建议皇太子要读《孝经》、《论语》和《尔雅》,把《孟子》一书去掉。

2. 同尊六经,谁主沉浮? 六经是儒家学派的代表作,所有的儒家学派的人,

① 《鲁斋遗书》卷2,第22页。
② 《鲁斋遗书》卷1,第15页。
③ 《鲁斋遗书》卷13,第9页。
④ 《景迂生集》卷13,第20页。
⑤ 《景迂生集》卷14,第7页。
⑥ 《景迂生集》卷3,第44页。

都必须学习六经,尊重六经。这已成了儒家学派不成文的规矩。晁说之说:"盖知六经之义,广大无不备,而曲成无所待也。"①又说:"圣人之意具载于经,天地万物之理管于是矣。"②这就要求儒家学派的人,都要学习六经,以六经为必读之书。

但是,在六经之中以谁为主呢?晁说之认为应以《春秋经》为主。他说:"儒者必本诸六艺,而六艺之志在《春秋》。苟舍《春秋》以论六艺,以亦已末矣。纷然杂于释老申韩,而不知其弊者,实不学《春秋》之过也。"③"《春秋》,孔子笔削以惧万世乱臣贼子者也。有国者不知春秋,前有谗而不明,后有贼而不知。为人臣者而不知其义,则不知人伦之大教也。"④这就是说,《春秋经》最重要,舍《春秋》则会陷入释老申韩异端之中了。

许衡完全继承了程朱理学的观点,认为六经不够,另外加《论语》、《孟子》两书。他认为应当以《论语》、《孟子》为主。他说:"诸子百家之言,合于六经论孟者为是,不合于六经论孟者为非。"⑤又说:"凡为学之道,必须一言一句,自求己事如六经论孟中,我所不能当勉而行之,或我所行不合于六经论孟中,便须改之。"⑥这就是说,要以《论语》、《孟子》为主,以孔孟之是非为标准,来衡量其他事物的是非。许衡认为:"唯圣人之言语,万世无弊。"⑦而晁说之早就批评过这种观点。他说:"近世师儒,以谓昔之言不善,今日之说无不可通。不复闻阙疑者,非所以尊经而慎思也。"⑧晁说之反对盲目地崇拜古人,认为盲目照搬照抄是不善于思考的表现。

3. 共守儒家道德,忠孝能否两全?作为儒家学者及其后学,都必须遵守儒家的道德,如君臣之义,父子之亲,夫妇之别,兄弟之情,朋友之信等道德要求。历来儒家都把事父与事君分开,认为忠孝不能两全。宋儒晁说之在这方面有独道的见解。他认为事父与事君是一回事,忠孝可以两全。他说:近世学者说,

---

① 《景迂生集》卷13,第11页。
② 《景迂生集》卷13,第23页。
③ 《景迂生集》卷13,第1页。
④ 《景迂生集》卷1,第38页。
⑤ 《鲁斋遗书》卷1,第14页。
⑥ 《鲁斋遗书》卷1,第5页。
⑦ 《鲁斋遗书》卷1,第5页。
⑧ 《景迂生集》卷13,第18页。

"仁不遗亲,义不后君,又曰仁之于父子,义之于君臣,盖为一家户牖之言也,质诸孔子则戾也。吾孔子曰,事亲孝故忠可移于君,又曰以孝事君则忠,又曰资于事父以事君,而敬同焉云尔,则无分乎仁义也"。"愚以是知君父无二体,忠孝非两端?仁义不可于君臣父子两分矣。"①这就是说,把仁限于父子之间,义限于君臣之间,这是门户之见,与孔子的教导相背离了。应当把事父的孝移于事君的忠,像事父一样事君,像忠君一样对父孝,所以得出君父一体,忠孝非两端的结论。按照修身、齐家、治家、平天下的逻辑推理,由事父孝到事君忠的逻辑可以成立,所以,晁说之这种说法是符合儒家道德思想的。

4. 三代无弊、三代有弊。三代指夏、商、周三代。儒家历来都是言必称三代,孔子连梦都是见周公,向来不说缺点。晁说之不仅揭露夏、商、周三代各有弊病,而且认为儒家学派也有弊病。他说:"三代之政各有所弊,而其所谓弊者,可指一言,而救之之术易为功矣。齐鲁之治也各有弊,而纷然多故,善其后者难也。先儒之学,传数百年之久,而其弊如何?今之师说,十数年之间后弊复如何?学者宜亦知所从矣。"②他认为儒家学派也是有弊病的。晁说之敢于承认三代和儒家学派也有弊病,应当说这是实事求是的表现,值得肯定。

5. 晁许理学,何崔心学。晁说之、许衡、何瑭和崔铣,虽然同为儒家学派,但从哲学观点看,这四人可以分为两派,晁许是理学派,而何瑭、崔铣则属于心学派。

晁说之理学观点不十分明确,但有理学倾向,许衡则时时事事都要以程朱理学为师,理学观点十分明确。许衡承认理先气后,他说:"天即理也,有则一时有,本无先后。有是理而后有是物,比如木生,知诚有是理而后成木之一物。"③他不仅承认理为先,而且把理放在绝对地位,他说:"惟天理善道,岂有差误,岂有误人者哉?"④晁说之提出"窒欲"的观点。他说:"曾子三思,窒欲之逆也,好胜者灭理,肆欲者乱常。"⑤在认识论上,都承认格物致知的作用。晁说之说:"致知在格物,则所谓本也,始也;治天下国家,则所谓末也,终也。治天下国家必本

① 《景迂生集》卷14,第10～11页。
② 《景迂生集》卷13,第18页。
③ 《鲁斋遗书》卷1,第3页。
④ 《鲁斋遗书》卷2,第22页。
⑤ 《晁氏客语》,第34页。

诸身,其身不正而能治天下国家者则无之。格,犹穷也,物犹理也,曰穷其理而已也。"①许衡说:"二程以格物致知为学,朱子亦然。此所以度越诸子。""圣人教人只是两个字,从学而时习之为始,便只是说知与行两个字,不惑、知命、耳顺是个知字。"②从此可知,他们在认识论上的共同点是赞同格物致知说。

何瑭和崔铣在哲学上是心学派。崔铣明确指出"心学"这一概念。他说:"德者得也,学者觉也,义者宜也,不善者过也。合而言之,皆心学也,心具天性能体而有之。"③又说:"心者,具万理而出命者也","物之理即吾心之理也"④。何瑭是王阳明心学的徒弟,他说:"理出于心,心存则万理备,吾道一兴,圣人之极致也,奚事外求?"⑤由此可知,何瑭和崔铣是明显的心学派。

6. 批佛赞佛,各言其理。自佛教传入中原大地之后,绝大多数的儒者对佛教文化采取批判态度,认为佛家的出家出世之说,不符合儒家的伦理道德。但也有儒家学者对佛家文化公开赞扬的。晁说之和许衡对佛教文化持赞扬态度,而何瑭和崔铣则批评佛家文化。

总之,无论是河洛文化在河内地区传播的范围或传播之内容,都可以肯定河洛文化在河内地区的兴起和传播是客观事实,无论在传播之中出现的同点或异点,批佛或赞佛,都说明河洛文化的兴起和传播是全面的而不是局部的,都是对中华传统文化的丰富和发展。河内地区再也不会成为被人们遗忘的角落,它将像一颗璀璨的明星一样永远照耀在河朔大地上。

(作者为河南省社会科学院研究员)

---

① 《晁氏客语》,第34页。
② 《鲁斋遗书》卷1,第6页。
③ 《洹词》卷4,第27~28页。
④ 《明儒学案》卷48,第1157页。
⑤ 《明儒学案》卷49,第1162页。

宋朝相州韩氏家族与河洛文化

李　松　姚　蓉

　　河洛地区是中华文明的摇篮,河洛文化一直作为中华文化的主体影响着整个中华民族。千百年来,河洛地区才俊辈出,在谱写中原地区灿烂篇章的同时丰富着中华民族的历史文化。宋代相州的韩氏家族就是其中一个杰出的代表。以"两朝顾命定策元勋"韩琦为代表的韩氏家族,以其光辉的业绩,严格务实的家教,满门的士子才俊,体现出河洛文化深厚的底蕴。

一、能文善武的韩氏家族与河洛文化

　　相州即今天河南安阳,早在殷商时期,即已经成为中国政治文化中心,有不少名门望族在这里生活过。韩氏家族是一个古老的家族,"自李唐以来,世以宦学知名"①,其中以韩琦最为知名。韩琦,字稚圭,在北宋为相十载,辅立英宗、神宗两帝,作为领导者参加过御夏战争、庆历新政,被封为魏国公。韩氏家史自韩琦往上,可追溯到其八代祖,唐时任沂州司户参军的韩胐。但一直到韩构迁往相州后,从其子韩国华、孙韩琦开始,家世才开始大盛,成为五代事赵宋十二朝,一门三人入相府的中原望族。

　　能诗善文一直都是河洛地区的文化传统,从先秦《诗经》的吟唱开始,诗文创作的传统已深深扎根在这片神奇的土地。相州韩氏家族也一直都很注重诗出传家的传统,子弟也大都有较好的文学修养。如韩琦五代祖韩义宾,虽有志于隐

---

① 　[宋]韩琦撰,李之亮、徐正英笺注:《安阳集编年笺注》,巴蜀书社2000年10月,第1406页。

而不仕,但却因"博学高节"被王绍鼎"屡加礼辟",征为幕僚。其子韩定辞也因"好学能文,无所不览"被刘仁恭聘为幕僚,刘仁恭命幕吏马彧以诗赠之,定辞即席和诗一首:"崇霞台上神仙客,学辨痴龙艺最多。盛德好将银笔数述,丽辞堪与雪儿歌"①,令满座皆惊。韩琦祖父韩构也"长于书奏,得唐李义山之体",并有诗歌传世。从韩国华开始,家势逐渐隆盛,好学能文的家风也巍然兴盛。国华共有六子,皆好学善文,精通诗赋,并有志于科举。长子德清尉韩球,"少有志气,泛览经史,务究大义,不为章句之学"。在诗歌方面也有较高的造诣,"好拟孟郊作五字句,诗意思清远,人多称咏"②。三子韩琚更是一位聪明颖悟,善学能文名士,幼年时就以文才深得父亲喜爱,韩国华也经常命之代抄公文,由此深得作文之法。中进士之前曾任饶州鄱阳尉,当地郡守江嗣宗召其登郡,出"鸿雁来宾"题命其作赋,韩琚援笔立就,辞致清丽,深得唐贤遗韵,大得江公赞赏,江左士人亦多书其赋于屏障间,一时传为美谈。后曾任广西、两浙转运使,司封员外郎,官职虽越做越大,公务也越来越忙,但在闲暇时,仍以文章自高,终生不废笔墨,有《荆玉集》十五卷流传于当世。国华第五子韩璩,才智聪颖,个性率直洒脱,在天圣五年擢进士第。"每读书,必泯绝外虑,虽左右嚣然,如不闻,以是经史百家之言,一览即能诵记。"③

韩国华六子中韩琦最小,也最为显贵。当政十年,辅赞三朝的韩魏公不仅在政治上颇有建树,在文学上也屡屡为人们所称道。天圣五年,即以二十岁弱冠作为榜眼登进士第,后在其仕宦生涯中一直笔耕不辍,诗文有较高的成就。《四库全书总目》赞其诗句"不事雕镂,自然高雅","直抒胸臆,自然得风雅之遗"④。在当时有很多诗歌广为传颂。如汪少虞《宋朝事实类苑》载其重阳节宴宾客时所作"不朽老圃淡秋容,且看黄花晚节香"一联,和"危石盖深盐虎陷,老枝擎重玉龙寒"一诗,被认为心忧天下,用意深远,"公为诗用意深,非详咏之,莫见其指"。司马光在其诗中曾记载韩琦在罢相时,新进权贵多凌辱之,韩琦作"风定晓枝蝴蝶闹,雨匀春圃橘槔闲"之句,对得志小人进行委婉讽刺。有《安阳集》五

---

① 〔宋〕韩琦撰,李之亮、徐正英笺注:《安阳集编年笺注》,巴蜀书社 2000 年 10 月,第 1401 页。
② 〔宋〕韩琦撰,李之亮、徐正英笺注:《安阳集编年笺注》,巴蜀书社 2000 年 10 月,第 1415 页。
③ 〔宋〕韩琦撰,李之亮、徐正英笺注:《安阳集编年笺注》,巴蜀书社 2000 年 10 月,第 1426 页。
④ 〔清〕永瑢等撰:《四库全书总目》下册,中华书局 1965 年 6 月,第 1311 页。

十卷,但是仍有遗落未收之文见于时人集中。如吴师道《吴礼部诗话》载韩琦《早夏》诗三首,陆游《渭南集》中有其《汉忠献帖跋》,均为《安阳集》所无。

不仅仅韩氏男子好学,女子中亦有风雅好学的传统,韩琦之母胡氏即是一位通书札,能诵佛经十数经的知书达理之人。《宋史·烈女传》记载,韩琦的后裔中,有一位少年明慧,知读书的少女,在开庆元年,元兵进攻岳阳时被俘,投江自尽,三日后得尸江中,衣服内有遗诗一首:"我质本瑚琏,宗庙供蘋蘩。一朝婴祸难,失身戎马间。宁当血刃死,不作衽席完。汉上有王猛,江南无谢安。长号赴洪流,激烈摧心肝"①,历代为世人所传颂。

好学善文是其优良家风的根基,而懂武识略则更显示了其家族与普通文学世家的不同。南宋以前,河洛地区一直是中国经济、政治、文化中心,"逐鹿中原"也是历代帝王的向往。从吴越战争中的范蠡,到军事理论家韩非;从秦末农民起义领袖陈胜,到魏晋名将司马懿;从淝水之战的指挥者谢安、谢玄,到隋末瓦岗军的发起人翟让,军事韬略一直在河洛文化的血液中流淌。韩氏家族从韩琦五世祖韩义宾,在任王绍鼎祖孙三代幕僚时,就显示出卓越的军事才能。韩义宾在王景崇幕府中任节度掌书记时,黄巢进犯剑南,僖宗亲临督战,王景崇命王处存率军,与临道合兵进讨,大败黄巢,而这一切都是韩义宾的谋略。韩国华也曾多次出使高丽、契丹等与赵宋战争频仍的国度,并能圆满完成出使任务。韩琦三兄韩琚在任广南西路转运使时,适逢南方叛乱,宜州太守王世宁被杀,朝廷增兵进讨,委任韩琚策划征讨,韩琚建议出奇兵直攻其巢穴,将之招抚,然后在当地招募士卒,待形势初定之后遣散当地戍卒。朝廷听从其建议,果然平定当地叛乱。后来朝廷在平定广西诸郡时,也有颇多中肯实际的建议被采纳,为西南边境的安定立下大功,也因此迁司封员外郎,回朝面赐金紫。

韩琦以进士第二名入仕,在军事方面也有卓越的才能,在西北边陲的御夏战争中,更是名震中外。韩琦在当时和同在西北御边的范仲淹齐名,人称"韩范",在西北军中,有这样一句话广为流传:"军中有一韩,西贼闻之心骨寒;军中有一范,西贼闻之惊破胆。"②仁宗宝元元年,西夏国主元昊叛宋称帝,国号"大夏",要

---

① 　[元]托托等撰:《宋史》,中华书局 1977 年 11 月,第 13492 页。
② 　[宋]王瑞来撰,徐自明校补:《宋宰辅编年录校补》,中华书局 1986 年 12 月,第 363 页。

挟仁宗皇帝"册封西郊之地,册为南面之君",宋夏之交决裂。元昊发兵围延州,宋兵在三川口大败,西北边境军事告急。韩琦刚刚从四川回朝,便因为"论西师形势甚悉"①,被任命为陕西安抚使。后被任为陕西经略安抚副使,到任后,马上采取一系列有效的措施。一是荐贤任能,如冒死推荐当时因为"荐引朋党"而被贬的范仲淹同为副使。其次,努力减轻边防人民的负担,加强对士兵的训练,积极备战。同时广开屯田,"以一屯边,以助士兵之势;以一徙次边,或屯关辅,息馈饷之劳;以一归京师,以严禁卫之势"②。不仅增强了边境的防御能力,还减轻了边防的物资所需。另一方面,建德顺军以保护萧关、鸣沙一带不受侵略,将北宋的防线推到横山以北,使宋军在战争中能够占取主动。正是韩琦、范仲淹在边境采取的一系列措施,有效地遏止了西夏的侵略,使西夏不敢轻举妄动,最终因为国力空虚在庆历五年和北宋议和。韩琦也因此深得陕西人民的爱戴,汪少虞在《宋朝事实类苑》中说"公旧有德于关中,秦人爱之",后来子华任宣抚使出使,"秦之父老有远来观于道旁"③,后来发现不是韩琦,乃相引而去。韩琦不仅在宋军和朝廷中有极高的声誉,就是在与宋并峙的辽国、金国,也很受尊重。

在韩琦后代中,虽大都以文学为重,但河洛文化重文善武的精神仍有所体现。建炎二年初,金军攻潍州,韩琦孙辈韩浩任知州,"率众死战,城陷,力战死"④。忠彦长孙韩肖胄也因熟于军事而出使金国;韩琦侄嘉彦之孙韩侂胄虽然名声不好,但既然能被委以边防重任,也说明有一定的军事才能。

由此可见,善学能文,懂武知略,一方面受到河洛地区优良传统的影响,另一方面也与家族自身的家风和教育不可分开。韩琦就曾经说过:"文武一道也,恶有二焉!昔夫子亦尝学焉,而后识其大者,故曰'我战则克'。"如果"为儒不知兵,为将而不知书,一旦用之,则茫然不知其所以用之之道,而败辱随之"⑤。

二、忠君爱民的韩氏家族与河洛文化

从殷商的"比干剖心",到战国的商鞅为变法而被车裂;从"汉初三杰"的陈

---

① ［元］托托等撰:《宋史》,中华书局 1977 年 11 月,第 1022 页。
② ［宋］李焘撰:《续资治通鉴长编》,中华书局 2004 年 9 月,第 3599 页。
③ ［宋］汪少虞撰:《宋朝事实类苑》,上海古籍出版社 1981 年 7 月,第 79 页。
④ ［元］托托等撰:《宋史》,中华书局 1977 年 11 月,第 13208 页。
⑤ ［宋］韩琦撰,李之亮、徐正英笺注:《安阳集编年笺注》,巴蜀书社 2000 年 10 月,第 691 页。

平，到敢于直言的姚崇，忠君爱国的传统在河洛地区源远流长。显赫于北宋的韩氏家族，当然也离不开河洛文化中这一传统的滋养。据《宋史》记载，韩国华"性纯直，有时誉"①，韩琦在《安阳集编年笺注》中也说其父"以方正才敏为神宗所知"②。被追谥为"两朝顾命定策元勋"的韩琦更是以刚正直谏名重一时。在其入仕之初的景佑三年，就以右司谏的身份劝皇帝"明得失，正朝廷纲纪，亲近忠直，放远邪佞"，并屡次上疏奏宰相王随、陈尧佐，参知政事韩亿、石中立，指斥其过，最终致使四人在一日之内被罢免。宰相王曾，对韩琦论事切直、有本末，大加赞赏，"比年台谏官多畏避，为自安计，不则激发近名，如君，固不负所职"③。在谏官三年的任内，上疏凡七八十阙，奏事数百。后来在辅立英宗、神宗时，其知无不言、言无不尽的忠直品格更是得到全面展现。嘉佑三年，公时任枢密使，封仪国公。仁宗皇帝连失三子，年事已高却仍未立嗣，包拯、范镇等大臣都劝言立嗣固本，韩琦接连两次面谏仁宗，为陈利害，但由于要立宗室之子，仁宗皇帝仍存顾虑，犹豫不能决。直谏不行，韩琦就再次怀《汉书霍光传》面圣，说："成帝无嗣，立弟之子，彼中才之主，犹能如是，况陛下乎？"④最终打动仁宗，册立英宗。在英宗册立神宗的过程中，韩琦也起着关键的作用。英宗病危时，虽然有意册立神宗，但是却没有正名，韩琦一方面让神宗不离英宗病榻，悉尽孝心，另一方面劝英宗尽早下诏，以正社稷，最终使神宗在英宗病逝前被正式册立为太子。另外在调和英宗与太后之间的矛盾中，韩琦更是功不可没。英宗为宗室之子，太后对其一直有所忌惮。英宗得暴病，对待宦官较为刻薄，太后垂帘听政，宦官便在之间挑拨离间，因此太后怨英宗不孝，英宗也抱怨太后待自己少恩。这样的皇室家庭内部的权力争夺，稍有不慎便可能引来杀身之祸，但是韩琦却仍以国家大局为重，从中进行调和。一方面以英宗生病失常为由，劝太后以慈母之心包容之；另一方面以舜所以被称为大孝的原因劝解英宗，说："父母慈爱而子孝，此事不足道；惟父母不慈，而子不失孝，乃为可称焉。"⑤并在英宗病愈后劝太后还政，最终化解了一场酝酿中的宫廷争斗。韩琦的忠直性格也深得皇帝的赞赏，在庆历新政失

---

① ［元］托托等撰：《宋史》，中华书局 1977 年 11 月，第 9444 页。
② ［宋］韩琦撰，李之亮、徐正英笺注：《安阳集编年笺注》，巴蜀书社 2000 年 10 月，第 1408 页。
③ ［宋］杜大珪：《新刊名臣碑传琬琰之集》卷四十八，影印本，北京图书馆出版社 2003 年。
④ ［元］托托等撰：《宋史》，中华书局 1977 年 11 月，第 10225 页。
⑤ ［元］托托等撰：《宋史》，中华书局 1977 年 11 月，第 10226 页。

败后,执行新政的杜衍、范仲淹、富弼同时被罢免,贬职出朝。作为新政参与者的韩琦却独留京都,任枢密副使,时有人乘机说他的坏话,而仁宗却说"韩琦性直"①,不同意罢免。

韩氏后代中,虽然无人能在政绩上有韩琦那样卓越的贡献,但"位卑未敢忘忧国",河洛文化中忠君的传统却一直在流传。忠彦才能不及其父,但也能对朝廷大事直言己见。韩浩更是在北宋末守城之战中为国捐躯。绍兴三年,宋金议和,忠彦孙肖胄出使金国,并在出使前说:"今臣等行,或半年不返命,必复有谋,宜速进兵,不可因臣等在彼而缓之也",将生死抛之在外。其母亲对其为国尽忠的行动也十分支持,在临行前激励他,"汝家世受国恩,当受命即行,勿以我老为念"②。

除了能为国尽忠之外,勤政爱民也是韩氏家族的优良家风。从韩国华开始,韩家世代为宦,不管官职大小,任职于何地,都能够得到人民的拥戴。如韩国华,"凡莅官,大抵以爱利为本"。在其病逝之日,"泉人闻之罢市,奔赴恸泣于灵所,竞为佛事以报"③。韩琦三兄韩琚,在棣州的两年任期之内,不仅尽心完成公务,还在回朝时以数十卷奏章呈给皇帝。韩琚曾通判虔州,当地民风轻猾刻薄,好斗讼,稍不留意,便可能被蒙蔽。韩琚在任时,"大小之狱,必精心推治,尽得其情"④。当地人最终都被其公正所打动。

忠献公韩琦在几十年的仕宦生涯中更是为官一任,造福一方。在皇祐三年,定州水灾,粮食匮乏,"流徙失业者咸四出,不翅千里,僵殍满道"。韩琦多方调度,赈济灾民,救活灾民数百万;另一方面招募壮者,让其从事农耕工商,稳定民心。韩琦三年任期满,当地数千人敲锣打鼓来到公府,希望不以三年之任代换之,皇帝也因为中山地理位置的重要而让韩琦留任。当地人欢欣鼓舞,希望能够为韩琦建立生祠。皇祐五年(1053),当韩琦离开定州去并州时,"定人争欲遮留公,使不得出",韩琦无奈,只好脱身绕道而走,定人得知后,奔相拥送,致使"道

---

① [元]托托等撰:《宋史》,中华书局1977年11月,第10222页。
② [元]托托等撰:《宋史》,中华书局1977年11月,第11691页。
③ [宋]韩琦撰,李之亮、徐正英笺注:《安阳集编年笺注》,巴蜀书社2000年10月,第1408页。
④ [宋]韩琦撰,李之亮、徐正英笺注:《安阳集编年笺注》,巴蜀书社2000年10月,第1419~1420页。

路士庶,哭声动原野"①。"魏人德琦,乃相与立祠,塑琦像而立之。"②后来韩琦去世,定州人"追思不已,相与立祠以诚其志"。宝元年间他任益、利路安抚使时,也曾赈灾民一百九十万,蜀地人民感慨曰"使者之来,更生我也"③,此外在相州、秦地,均优惠政,深得人民的爱戴。后汉使每至秦地,当地人便问:"韩公安否? 今在何处?"④即使在域外和西南边陲,韩琦也拥有极高的声誉,每遇汉使者至契丹,必问韩公安否;后忠彦出使辽国,因为貌与其父相似,辽主即命画工为之画像。苏颂在知颖州时,一个前来皈依的少数民族首领说:"身虽夷人,然见义则服,平生诚服者,惟公与韩公尔。"⑤

无论在当时还是后世,韩琦都得到众人的好评,即使在其执政期间极力反对的王安石对其也有很高的评价,在韩琦死后,王安石挽之"两朝身与国安危,典策哀荣此一时"⑥。后世的王夫之也说韩琦"直以伊、周自任,而无所让"⑦。

韩氏家族正直忠君、勤政爱民的家风扎根于河洛地区的优良传统,在文化中心南移,中原地区世家大族纷纷没落的两宋之际,再次谱写河洛文化的新篇章,展现河洛文化的深厚意蕴和无以伦比的魅力。

三、重教行孝的韩氏家族与河洛文化

河洛文化对教育一直都比较重视,从先秦时期老庄的聚众讲学,到汉代经学的蔚为大观;从中国四大书院中嵩阳书院、睢阳书院(应天府书院)的开创到程氏兄弟洛学的繁荣,教育的繁荣与兴盛一直都是河洛文化深邃迷人的根基。相州韩氏家族无论是在无意仕宦的家道未全盛时期,还是在两世为相的显贵时期,都十分注重家庭教育。韩氏家族在宋以前,或仕或隐,在韩国华、韩琦之前,虽没有高爵显位,但是诗书传家的家风却始终没有丢弃,代代能诗善文。从韩国华开始,家族开始兴盛,对子孙的教育也更加严格。国华为官正直,深得皇帝赞赏,曾

① [宋]汪少虞撰:《宋朝事实类苑》,上海古籍出版社1981年7月,第81页。
② [宋]王瑞来撰,徐自明校补:《宋宰辅编年录校补》,中华书局1986年12月,第363页。
③ [宋]曾巩撰:《东都事略》卷六十九,影印本,台湾:文海出版社1980年1月。
④ [宋]汪少虞撰:《宋朝事实类苑》,上海古籍出版社1981年7月,第79页。
⑤ [元]托托等撰:《宋史》,中华书局1977年11月,第10860页。
⑥ [宋]王安石撰:《王荆公诗注》,中华书局1959年11月,第701页。
⑦ [清]王夫之撰:《宋论》,中华书局1959年4月,第95页。

多次有机会让后代荫补为官,但是都被他拒绝。他教训儿子说:"尔曹有官在身,便谓荣官可不劳而得,废学矣!俟其艺业有所取,奏之何晚?"①直待其去世,仍有三个儿子为白丁。但后来其六个儿子,二子韩瑄、三子韩琉均有意于科举,惜都在 27 岁英年早逝;长子韩球也有才名,在 34 岁时早其数月去世;其余三子均中进士,幼子韩琦更是在 20 岁弱冠荣登进士第二名。

"百善孝为先",从汉蔡顺的拾葚供亲,到晋吴猛的恣蚊饱血;从杨香扼虎救亲,到黔娄尝粪忧心,孝义故事在河洛地区代代流传。韩氏家族显然也是这条孝义河流中的一朵浪花。韩国华在显达之后,不仅事亲至孝,且能够周急不间疏,奉养年老而寡的姑姊数人,并且"事之甚恭,为其男女婚嫁",以至"家无余财"②。国华去世,其二子韩瑄,侍奉母亲十分孝顺,为郡里所称道。韩瑄在 21 岁去世后,抚育幼弟、侄子的重任就落在了韩琚的身上,韩琚也努力为弟侄们创造一个好的环境,对他们几位宽厚仁慈,不忍有一句严厉的批评,这也让弟侄们"感其义,竟自树立"。韩琦在仕宦之初也多有对宗室的抚养,重修祖上坟茔,保存祖辈事迹更是其孝义的体现。另外,韩琦还把这种孝义的家风用在仕宦的生涯中,《宋朝事实类苑》载,韩琦在军中时,有士兵私逃,几天后背负母亲来到军中,被执往见韩琦。按法本当死,韩琦在得知其是因为母亲生病而冒死回见后,便宽恕了他,这件事也让"军中感悦,有垂涕者"③。韩琦后来在调和英宗与太后之间矛盾中,其忠孝的品格也得以展现。

综上所述,宋代相州的韩氏家族,有着重教好学,孝义传家的朴实家风,在一代代的传承中能文章,善武略,并以正直忠君、勤政爱民的执政品格得到百姓和君王的爱戴和好评,成为文化中心南移之际名震中外的显赫家族。既是有着深厚底蕴的河洛文化的体现,又为河洛文化增添了亮丽的风采。

（作者单位为上海大学文学院）

---

① ［宋］韩琦撰,李之亮 、徐正英笺注:《安阳集编年笺注》,巴蜀书社 2000 年 10 月,第 1407 页。
② ［宋］韩琦撰,李之亮 、徐正英笺注:《安阳集编年笺注》,巴蜀书社 2000 年 10 月,第 1407 页。
③ ［宋］汪少虞撰:《宋朝事实类苑》,上海古籍出版社 1981 年 7 月,第 169 页。

从《皇极经世书》看夏、商、周的断代

卫绍生

北宋理学家、易学象数派的代表人物邵雍是一个具有浓厚传奇色彩的人物。他依据《周易》和世传《河图》、《洛书》，撰写了一部旷世奇书《皇极经世书》，创造出一套推演和解释自然变化、历史演进、社会治乱、人事兴衰的理念和方法。提出了许多值得重视的见解，其中对夏、商、周三代历史进程的推演，最为值得关注。

中国是一个有着五千年历史的文明古国。但中国的历史从什么时候开始，从什么时候纪年，却没有一个明确的说法。"夏商周断代工程"最为主要的成果，是推断夏朝起止年代为公元前 2070 年至公元前 1 600，商朝为公元前 1600 年至公元前 1046 年，周朝为公元前 1046 年至公元前 771 年（周幽王宫湼十一年）。按照这一结论，中国历史有纪年可考者也就是四千年多一点，与通常所说的五千年文明史相去甚远。当然，这一结论是否可靠，学术界还有不同看法。这里，仅依《皇极经世书》中的有关内容，对中国有纪年可考的历史作一考察，并据以对夏、商、周三代的断代问题提出一管之见。

一、《皇极经世书》编年起于唐尧的依据

邵雍《皇极经世书》按干支纪年的方式，记录自唐尧甲辰至后周世宗显德六年（959）的中国历史，编年起于唐尧。其依据是什么？依笔者浅见，依据主要有二。

依据之一，是唐尧之前，已经出现了历纪和纪年法。我国古代有三种纪年法，即岁星纪年法、太岁纪年法和干支纪年法。其中干支纪年法应该是出现最早

的一种纪年法,因为它早在殷墟甲骨文中已经出现了。一种文字流行并被广泛使用,往往要经过数百年甚至上千年。所以,殷墟甲骨文中的象形文字,应该早在三代之前就已经出现了。黄帝的史官仓颉造字,虽然至今仍被视为传说,但这个传说应是可信的。有了文字,纪年法就具备了产生的基础。

检索有关三代之前的历史文献可以发现,历纪和纪年产生甚早,且有伏羲说、黄帝说、炎帝说、颛顼说和唐尧说等诸多说法,其中真正有影响者是黄帝说、颛顼说和唐尧说。

1. 黄帝说

此说最早见载于战国时期赵国史官撰写的《世本》:"容成作历,大挠作甲子。"唐孔颖达以为,容成和大挠皆是黄帝之臣,指出:"盖自黄帝以来始用甲子纪日,每六十日而甲子一周。"①《史记·历书》有"黄帝考定星历,建立五行,起消息,正闰馀"的记载。《晋书·律历志》亦持此说:"轩辕纪三纲而阐书契,乃使羲和占日,常仪占月,臾区占星气,伶伦造律吕,大挠造甲子,隶首作算数,容成综斯六术,考定气象,建五行,察发敛,起消息,正闰馀,述而著焉,谓之《调历》。"唐司马桢为《史记》作《索隐》亦持此说②。有意思的是,司马迁在《五帝本纪》中叙述黄帝故事时,却没有提到黄帝定星历和命大挠作甲子之事。

西晋出现的两种著作值得注意,一是皇甫谧的《帝王世纪》,二是《竹书纪年》。这两种史书既没有采信《世本》"大挠作甲子"说,也没有采信司马迁的"黄帝考定星历"说。东晋王嘉叙黄帝事迹,却采用了司马迁的说法,说黄帝"考定历纪,始造书契"③。《后汉书·律历志》亦采黄帝说:"记称大挠作甲子,隶首作数。"刘昭注云:"《吕氏春秋》曰:黄帝师大挠。《博物志》曰:容成氏造历,黄帝臣也。《月令章句》:大挠探五行之情,占斗纲所建,于是始作甲乙以名日,谓之干;作子丑以名日,谓之枝。枝干相配,以成六旬。"④

黄帝大臣大挠作甲子,仅见于《世本》。《后汉书》和《晋书》对《世本》之说又有所发明。唐孔颖达和司马贞皆博学之士,他们几乎不约而同地采信"大挠

---

① 孔颖达:《尚书正义》卷三《舜典》。
② 参见《史记·历书》司马贞《索隐》。
③ 《拾遗记》卷二。
④ 《后汉书·律历志》刘昭注。

作甲子"说,其文献依据,除《世本》外,《后汉书·律历志》刘昭注所引《月令章句》当是另一重要依据。《月令章句》出自蔡邕之手。蔡邕是东汉末年的大文豪,对古代文献十分熟悉。《月令章句》中"大挠作甲子"之语不仅不是无根之谈,而且可佐证《世本》之说。

2. 颛顼说

颛顼作历是一种很古老的说法,颛顼历也是最为古老的历书。但颛顼作历的记载,见诸文献,已是汉代的事了。其说出自汉初大儒伏生的《洪范五行传》"历始于颛顼"之语。司马迁和班固皆取其说,司马迁以为,黄帝定历纪,颛顼受之,"乃命南正重司天以属神,命火正黎司地以属民"①。《汉书·律历志》祖其说,称"历数之起上矣。传述颛顼命南正重司天,火正黎司地"。

三国魏文帝时,董巴上书请求修订历法,以颛顼为"历宗":"昔伏羲始造八卦,作三画,以象二十四气。黄帝因之,初作《调历》。历代十一,更年五千,凡有七历。颛顼以今之孟春正月为元,其时正月朔旦,立春,五星会于天,历营室也,冰冻始泮,蛰虫始发,鸡始三号,天曰作时,地曰作昌,人曰作乐,鸟兽万物莫不应和,故颛顼圣人为历宗也。汤作《殷历》,弗复以正月朔旦立春为节也,更以十一月朔旦冬至为元首。下至周、鲁及汉,皆从其节,据正四时。夏为得天,以承尧舜,从颛顼故也。《礼记》大戴曰'虞夏之历,建正于孟春',此之谓也。"②颛顼作历既以孟春正月朔为元旦,则其历必有纪年之法,唯以何种方式纪年不得而知。

《竹书纪年》有颛顼作历的记载,但很简略,仅"十三年初作历象"数语③。不过,清人徐文靖所作的笺对人们了解这一问题很有帮助:"《传》曰历始于颛顼上元太始,阏蒙摄提格之岁,毕陬之月,朔日己巳,立春,日月俱在营室五度是也。"太岁在甲为阏蒙,在寅为摄提格;月在甲为毕,正月为陬(对应地支为寅)④。据此可知,颛顼历始于甲寅之岁、甲寅之月、朔日己巳、立春日,并且已经使用干支纪年。

① 《史记·历书》。
② 《晋书·律历志中》。
③ 《竹书纪年》卷一。
④ 参见《尔雅·释天》。

3. 唐尧说

据《尚书·尧典》记载,尧即位之后,"乃命羲和钦若昊天,历象日月星辰,敬授人时"。羲和作历象,"期三百有六旬有六日,以闰月定四时成岁,允厘百工,庶绩咸熙"①,确定一年为 366 天。《史记·五帝本纪》叙唐尧之事,采《尚书·尧典》之说,称尧"乃命羲和,敬顺昊天,数法日月星辰,敬授民时",其语不涉干支纪年事。不过,唐张守节《正义》却透露出一些消息:"历数之法,日之甲乙,月之大小,昏明递中之星,日月所会之辰,定其天数,以为一岁之历。"②由此可知,羲氏、和氏作历,已经使用干支,则其历以干支纪年自然是情理之中的事。

黄帝、颛顼和唐尧,司马迁都归入《五帝本纪》,后人一般认为属于中国历史的传说时代。这一时期,虽然已有文字出现,但中国的文字属于象形字,在简易书写工具(主要是纸张和笔)出现之前,书写是一件十分困难的事情。殷墟甲骨文已经向人们昭示了这一点。三代之前的历史基本上属于口述史,其流传也是靠口口相传来实现的。所以,对《五帝本纪》记述的中国远古历史不能轻易否定。同时,由于三代之前已经出现了文字和历法,许多文献都明确记述了这一点,所以,应该承认,远在三代之前,中国就已经出现了干支纪年法。上述三种说法,都可以支持这种推论。

依据之二,是邵雍述三代之前的历史皆有权威的文献依据。北宋之前,记述三代之前的历史著作,除《尧典》、《舜典》和《史记·五帝本纪》之外,其余多为子书或逸书,主要有战国时期赵国史官所撰《世本》,三国吴徐整所撰《三五历记》,西晋皇甫谧《帝王世纪》和汲冢书《竹书纪年》。先秦诸子和《尚书》、《左传》、《史记》、《汉书》等的注释,也间或涉及三代之前的中国历史。这些都是邵雍对中国历史进行编年的文献依据。

《皇极经世书》编年始于唐尧,依据的主要文献就是《尧典》、《舜典》,另辅以《世本》和《五帝本纪》、《帝王世纪》等。如"以运经世一"之"经世之未二千一百五十六"甲辰述唐尧事云:

---

① 《尚书·尧典》。
② 《史记·五帝本纪》张守节《正义》。

　　唐帝尧肇位于平阳,号陶唐氏。命羲和钦若昊天,历象日月星辰,敬授人时,期三百六旬有六日,以闰月定四时,成岁曰载,建寅月为始。允厘百工,庶绩咸熙。

　　这段话基本上是从《尧典》搬过来的,但又增加了四个方面的内容:唐尧肇位于平阳,号陶唐氏,成岁曰载,以寅月为岁首。这些内容不是凭空添加上去的,而是皆有文献依据。其一、其二出自皇甫谧《帝王世纪》:"帝尧陶唐氏……年十五而佐帝挚,受封于唐;年二十而登帝位。以火承木,都平阳。"《史记》张守节《正义》亦云:"徐广云:'号陶唐。'《帝王纪》云:'尧都平阳,于《诗》为唐国。'"①其三出自《尔雅·释天》:"夏曰岁,商曰祀,周曰年,唐虞曰载。"蔡邕《独断》亦云:"唐虞曰载。载,岁也,言一岁莫不覆载,故曰载也。夏曰岁,一曰稔;商曰祀,周曰年。"其四出自"三正"之说。《史记·历书》载:"(尧)年耆禅舜,申戒文祖云:'天之历数在尔躬。'舜亦以命禹。由是观之,王者所重也。夏正以正月,殷正以十二月,周正以十一月。盖三王之正若循环,穷则反本。"夏之建正,循五帝之制,故以正月为岁首。正月为寅月,故称以寅月为岁始。

　　另外如尧征舜、试舜、禅位于舜等史实,皆有充足的文献依据。限于篇幅,不再一一加以考订。

二、《皇极经世书》编年始于唐尧甲辰的依据

　　《皇极经世书》编年始于唐尧甲辰,其最直接的依据,是西晋皇甫谧《帝王世纪》:"尧以甲申岁生,甲辰即帝位,甲午征舜,甲寅舜代行天子事。辛巳崩,年百一十八,在位九十八年。"②皇甫谧对尧的生年、即位之年、征舜之年及卒年,都以干支纪年的方式作了标示。皇甫谧依据的是什么呢? 让我们先看一看《尚书·尧典》和有关传注再回答这个问题。

　　据《尚书·尧典》记载,尧在位70年:"帝(尧)曰:'咨! 四岳。朕在位七十载,汝能庸命,巽朕位!'"孔安国《传》云:"尧年十六,以唐侯升为天子,在位七十

　　① 《史记·五帝本纪》张守节《正义》。
　　② 《史记·五帝本纪》裴骃《集解》引。

年,则时年八十六,老将求代。"孔《传》补充了尧即位之时和欲逊位时的年龄。尧16岁即位为天子,在位70年,则此时已是86岁高龄,故而想找一个合适的人,以便禅位于他。孔《传》只是补充了有关的史事,同样没有说明材料来源。但正如孔颖达《尚书正义》所说:"遍检今之书传,无尧即位之年。孔氏博考群书作为此传,言尧年十六以唐侯升为天子,必当有所案据,未知出何书。计十六为天子,其岁称元年,在位七十载,应年八十五。孔云八十六者,《史记》诸书皆言尧帝喾之子、帝挚之弟,喾崩挚立,挚崩乃传位于尧,然则尧以弟代兄,盖逾年改元,据其改元年则七十载,数其立年故八十六。"应当承认,孔《传》言尧16岁即位"必当有所案据",只是由于许多文献早以湮没,以至于孔颖达等人也无法考知孔氏所据文献究竟为何了。

尧在位70年后,经过三年考察,正式禅位于舜。舜为帝时,尧又活了28年。这就是《舜典》所载:"帝曰:'格汝舜,询事考言,乃言底可绩,三载。汝陟帝位。'舜让于德,弗嗣。正月上日,受终于文祖。……二十有八载,帝乃殂落。"

尧的生平轮廓比较清楚:16岁即位,在位70年时欲禅位,三载后于正月上日(元日)正式传位于舜。又活了28年,卒时117岁。这与孔《传》所说基本吻合:"尧以十六即位,明年乃为元年,七十载求禅,求禅之时八十六也;试舜三年,自正月上日至崩二十八载,总计其数凡寿一百一十七岁。"①

唐徐坚《初学记》"帝尧陶唐氏"引《帝王世纪》,对尧生平事迹的记载,可证《尚书》、孔《传》及《尚书正义》的有关记载:

> 尧,伊祁姓也。母曰庆都,孕十四月而生尧于丹陵,名曰放勋。鸟庭荷胜,眉有八采,丰下锐上。或从母姓伊祁氏。年十五而佐帝挚,受封于唐;年二十而登帝位。以火承木,都平阳。景星耀于天,甘露降于地,朱草生于郊,凤凰止于庭。厨中自生肉脯,其薄如形;摇鼓则生风,使食物寒而不臭。又有草夹阶生,随月而生死,名曰蓂荚。始尧在位五十年登舜。二十年始老,使摄政。二十八年而崩。即位九十八年,寿一百一十八岁。②

---

① 孔颖达:《尚书正义》卷三《舜典第二》。
② 徐坚:《初学记》卷九"帝王部"。

　　《太平御览》所引《帝王世纪》述"帝尧陶唐氏"事迹，与《初学记》略异，但对尧生平主要阶段的记述基本一致：尧 15 岁辅佐帝挚，受封于唐，20 岁登帝位。在位 50 年，以舜为辅政大臣。又过了 20 年，尧感到自己老了，命舜摄政。28 年后辞世，卒年 118 岁。

　　《初学记》和《太平御览》所引《帝王世纪》述唐尧事，与《尚书》、孔《传》及《尚书正义》的相关内容基本相符，但亦有三点不同。

　　一是尧即帝位之年。前者记尧 20 岁即位，后者记尧 16 岁即位，次年为元年，与前者的时间相差了 3 年。但根据后者的记载，尧试舜三年。如果加上这三年，则后者与前者所说的时间基本相同。

　　二是尧在位的年数。前者说尧在位 50 年提拔舜为辅政大臣，又过了 20 年，尧感到自己老了，命舜摄政。两者相加，亦为 70 年，与孔《传》及《尚书正义》所记相符。唯最后 28 年，前者以为是尧在位，舜摄政，故而把这 28 年亦看做是尧在位的年数，所以说尧即位 98 年；孔《传》和《尚书正义》则以为尧在位 70 年正式禅位于舜，故而后 28 年当为舜在位。二者的分歧在于尧禅位后的 28 年是舜摄政还是舜在位。从先秦诸多文献都有尧禅位于舜的记载来看，《舜典》所载尧试舜三年后即正式禅位于舜，是完全可信的。既然已经正式禅位，则此后的 28 年，不能认为是尧在位而舜摄政，而应是舜在位。所以，尧在位 98 年之说与事实不符。尧在位的准确时间仍然应该是《尧典》所说的 70 年。

　　三是尧的年龄，一说 118 岁，一说 117 岁。何以相差一岁？其一是对尧称元年的不同理解。尧是即位之年称元年，还是即位的次年才称元年。关于这个问题，前引《尚书正义》已有辩正，其所言"尧以弟代兄，盖逾年改元"应属可信。其二是对尧试舜三年后正式禅位于舜的不同理解。孔《传》说尧活了 117 岁，是按尧试舜三年期满即正式禅位于舜来理解的。《舜典》说得也很明确，尧试舜三年后，于正月上日正式禅位于舜，如此算来，尧应该是在试舜三年之后的次年正月上日禅位于舜的，这一年也是舜正式即位的一年，尧禅位之后又活了 28 年，应该是从这一年算起。所以，尧应该是 16 岁即位，17 岁称元年，在位 70 年，为 86 岁。试舜三年，为 89 岁。90 岁禅位于舜，之后又活了 28 年。如此，则尧应是 117 岁。《帝王世纪》把尧禅位于舜和舜即位这件本当同年发生的事当做两年，尧的年龄也就变成 118 岁了。

　　明白了上述史实,就可以看出《帝王世纪》对尧生年、即位之年、在位年数、禅位之年等干支的推定与事实有较大出入。其一,尧甲申岁生,至甲辰即帝位,刚好20年,符合20岁即位之说,但与孔《传》尧16岁即帝位之说不合;其二,甲午征舜,尧在位51年,甲寅舜代行天子事,尧在位71年,二者比孔《传》所言多出一年。实际情况则如《尚书正义》所言:"尧以十六即位,明年乃为元年。七十载求禅,求禅之时八十六也。试舜三年,自正月上日至崩二十八载,总计其数,凡寿一百一十七岁。案《尧典》求禅之年即得舜而试之,求禅试舜共在一年也。更得二年,即为历试三年,故下传云'历试二年'。与摄位二十八年,合得为'三十在位'。故王肃云:'征用三载,其一在征用之年,其余二载,与摄位二十八年,凡三十岁也。'故孔传云:'历试二年。'明其一年在征用之限。"①所以,尧征舜之年应前推一年,即甲辰后数70年为癸丑;试舜三年,即自癸丑后数三年为丙辰。自丙辰后数28年为癸未,所以尧去世之年应为癸未。

　　邵雍《皇极经世书》编年自尧始,对尧即位之年、在位之年、试舜之年和禅位之年等干支的推定,虽以《尧典》和《舜典》有关尧的记载为主,但同时又参考了孔《传》、《帝王世纪》和《尚书正义》等文献,择其善而从之。在即位之年上,取《帝王世纪》的说法,以尧即位之年为甲辰,因为这是尧即位之年最早的文献记载。而对尧在位之年、试舜之年和禅位之年等干支的推定,则主要依据《尧典》、《舜典》、《五帝本纪》、孔《传》及《尚书正义》等文献。应该说,这是一种既合乎实际又比较慎重的选择。尧在位之年、试舜之年和禅位之年,《尧典》等权威文献已有明确记载,而孔《传》又是《尚书》所有传注中最为权威的。所以,只要是《尧典》、《舜典》和孔《传》中有记载的,都应遵从。这是一种尊重历史的态度,也是一种科学的态度。

　　《皇极经世书》取《帝王世纪》尧"甲辰即帝位"说,但尧即位之时的年龄却不取《帝王世纪》20岁即位说,而是依孔《传》为16岁。这也就是说,邵雍以尧16岁即位之年为甲辰,然后再推算尧一生重要时段的干支:尧在位70年而舜登庸,其年为癸丑。三年后,禅位于舜,其年为丙辰;28年后去世,其年为癸未。这些年份的干支,皆是据《尧典》、《舜典》和孔《传》等权威文献的有关记载推定

---

　　①　孔颖达:《尚书正义》卷三。

的,因而应是可信的。

稍后于《帝王世纪》而出现的《竹书纪年》述尧行实,则称"元年丙子帝即位"。此说与《帝王世纪》所记不同,故而与《皇极经世书》所记亦不同。清徐文靖以《竹书纪年》考之,以为"尧元年不得为甲辰":

> （司马光）又作《稽古录》,始自上古,然共和已上之年,已不能推矣。独邵康节却推至尧元年,《皇极经世书》中可见。今考《皇极经世书》,尧元年甲辰,又历甲辰至乙卯,在位七十二年。以《竹书纪年》校之,尧元年丙子,则九年甲申,十九年甲午,二十九年甲辰。尧元年不得为甲辰也。①

皇甫谧卒于晋武帝太康三年(282),而《竹书纪年》是西晋太康初年从汲冢出土的古代文献,故《帝王世纪》成书当在《竹书纪年》出土之前,从文献角度来看,它比《竹书纪年》更为可信,更何况学界对《竹书纪年》的真伪还存有很大争议呢? 所以,作为一个治学严肃的学者,邵雍自然不会采信《竹书纪年》的说法。徐文靖以《竹书纪年》来否定邵雍《皇极经世书》,理由并不充分,因而也是站不住脚的。

三、《皇极经世书》对夏、商、周断代的推定

邵雍《皇极经世书》述中国古代历史,编年起于唐尧,纪年始于唐尧甲辰,都有充足的文献依据。唐尧是见诸文献记载最早有编年的,邵雍详考各种文献资料,仔细甄别,去粗存精,去伪存真,进而作出自己的判断,对唐尧一生的主要时段作了编年,与《尧典》、《舜典》、《五帝本纪》、孔《传》及《尚书正义》等文献的记载基本吻合。邵雍撰写《皇极经世书》时所能见到的古代文献,比今天我们所能见到的要多得多。他对上起于唐尧甲辰、下迄于后周世宗显德六年(959)的中国历史进行编年,既十分慎重,又都有充足的文献依据。

基于对《皇极经世书》的这样一种认识,笔者以为,邵雍对夏、商、周三代的断代,也是应予重视和值得借鉴的。下面,就《皇极经世书》对夏、商、周的断代

---

① 徐文靖:《竹书纪年统笺》卷之二。

问题作一分析。

《皇极经世书》在"以会经运"和"以运经世"中,对中国历史的发展演进历程有详细的推演,每一朝代都有明确的起止年代,每一帝都有即位之年和传国之数。以"以运经世"论之,其纪年始于"经世之未二千一百五十六"甲辰唐尧即位之年,终于"经世之子二千二百六十六"己未周世宗显德六年(959),历110世。唐尧甲辰为2156世第二个10年(此前10年为甲午),后周世宗显德六年己未为2266世少4年。以110世即3 300年减去959年,再减去14年,可知唐尧甲辰是公元前2327年,而这一年正是唐尧即位之年。

确定了唐尧甲辰是公元前2327年,那么,只要把尧和舜在位的时间推算出来,夏朝建立的时间也就明确了。

已如前述,尧16岁即位,在位70年,3年后禅位于舜,又经28年辞世,总计在位73年。以2 327减去73,即是舜即位之年,则舜即位之年是公元前2254,这一年是"经世之酉二千一百五十八"丙辰。

《舜典》载:"舜三十征庸,三十在位,五十载陟方乃死。"孔《传》亦云:"舜即位五十年,升道南方巡守,死于苍梧之野而葬焉。三十征庸,三十在位,服丧三年,其一在三十之数。为天子五十年,凡寿百一十二岁。"[①]据此可知,舜32岁时继尧之位,尧去世时舜60岁。为尧服丧3年(跨年计算为3年,实际为2年),正式即天子位,又过了50年,南巡苍梧,死于道。这与孔颖达《尚书正义》所言基本吻合。

现在,只要弄清楚舜是何时禅位于禹的,夏朝建立的年代就很容易推算出来了。这个问题《大禹谟》中有交代:"(舜)曰:'格汝禹。朕宅帝位三十有三载,耄期倦于勤。汝惟不息,总朕师。'"禹虽固辞,但舜禅位之意已决,遂于正月朔旦禅位于禹。舜这里所说的"朕宅帝位三十有三载",是从他正式即天子位算起的。舜62岁正式即天子位,在位33年,已是95岁高龄,所以说是"耄期"。以舜在位的33年加上此前代尧摄政的28年,舜在位总计61年。如此一来,舜禅位于禹的时间就很清楚了,那就是以2 254减去61年,为公元前2193年,这一年是"经世之亥二千一百六十"丁巳。

据《史记·三代世表》,夏朝"从禹至桀17世"。这是一个约数,是说夏朝从

---

① 引自《尚书正义》卷三。

禹至桀前后跨 17 世,而并非说夏朝存在 17 世。禹即位之年是"经世之亥二千一百六十"丁巳,成汤放夏桀于南巢之年是"经世之卯二千一百七十六"乙未,前后跨 17 世,而实际是前后两世总计只有 9 年。所以,从禹至桀实际上仅 459 年(即15 世又 9 年)。夏朝之建如果从禹算起,应是公元前 2193 年。但夏朝之建通常是从夏启废禅让行世袭之时开始的,所以还要减去禹在位的 27 年,夏朝之建应为"经世之子二千一百六十一"癸未,这一年即公元前 2166 年。如此一来,夏朝存在的时间也就清楚了,即用 459 减去禹在位的 27 年,刚好是 432 年,这个数字与《帝王世纪》的说法是一致的①。

　　以夏朝建立之年减去夏朝存在的时间,即用 2166 减去 432,则商朝之建应在公元前 1734 年,这一年是"经世之卯二千一百七十六"乙未,成汤放夏桀于南巢,建立商朝。

　　《三代世表》有"从汤至纣二十九世,从黄帝至纣四十六世"之说。此说有误。《三代世表》前已有"从黄帝至桀二十世"的记载,而终桀之世也就是始汤之世,所以,《三代世表》说"从汤至纣二十九世,从黄帝至纣四十六世"必有一误。若"从汤至纣二十九世"成立,则从黄帝至纣不是 46 世,而是 49 世;若"从黄帝至纣四十六世"成立,则从汤至纣不是 29 世,而是 26 世。事实上,从汤至纣不论是 26 世还是 29 世,都是值得怀疑的。

　　商朝存在年数,司马迁之前已有不同说法,《左传》有"鼎迁于商,载祀六百"之说②,孟子说"由汤至文王,五百有余岁"③。司马迁之后,史家也是各持其说。《竹书纪年》以为"汤灭夏,以至于受,二十九王,用岁四百九十六年"④。《史记》裴骃《集解》也记载了商朝存在年数上的分歧:"谯周曰:'殷凡三(作者按:"三"当为"二"之误)十一世,六百余年。'《汲冢纪年》曰:'汤灭夏,以至于受,二十九王,用岁四百九十六年也。'"⑤谯周之说与《左传》接近,《竹书纪年》之说则与孟子之说相近。

　　以《皇极经世书》推之,成汤灭夏之年为"经世之卯二千一百七十六"乙未,武王伐纣建立周朝之年在"经世之子二千一百九十七"己卯,前后历 22 世 635

---

①　参见《竹书纪年统笺》卷四。
②　《左传·宣公三年》。
③　《孟子·尽心下》。
④　《竹书纪年》卷六。
⑤　《史记·殷本纪》裴骃《集解》。

年,与《左传》和谯周之说基本相符。邵雍取《左传》和谯周之说,是很有见地的。《三代世表》所载自相矛盾,《竹书纪年》之说虽出于《孟子》,但与实际情况出入太大。所以,邵雍选择了《左传》和谯周之说,并结合有关文献详加考订,把商朝存在的年数具体化。根据《皇极经世书》的推算,周朝之建为"经世之子二千一百九十七"己卯,这一年是公元前 1099 年,与现在通行的各种历史年表所载西周始建于公元前 11 世纪的推算是吻合的。

综上所述,《皇极经世书》对夏、商、周三代的断代问题就十分明确了:夏朝始建于"经世之子二千一百六十一"癸未,即公元前 2166 年,存在 432 年;商朝始建于"经世之卯二千一百七十六"乙未,即公元前 1734 年,存在 635 年;周朝始建于"经世之子二千一百九十七"己卯,即公元前 1099 年。

如前所述,邵雍推算中国历朝历代的历史,决不是靠所谓的卦象来推演,而是建立在他对所掌握的历史文献进行考订与甄别的基础之上的。既然如此,邵雍《皇极经世书》对夏、商、周三代年代断限的推算,即使不是完全可信的,也足以自成一说。如果我们把《皇极经世书》推定的夏、商、周三代始建之年,和"夏商周断代工程"推断的夏、商、周三代的建立年代作一比较,就会发现,邵雍的推算把中国有编年可寻的历史提早了将近一百年。

这一百年,对于我们探寻夏、商、周三代的历史踪迹,也许是至关重要的。这或许可以视为《皇极经世书》的另一重要价值所在。

（作者为河南省社会科学院文学研究所研究员）

金代洛西诗人群体简论

扈耕田

金代河洛地区出现了一个极其重要的诗人群体——洛西诗人群体。这一群体因主要活动于洛阳以西的宜阳三乡及洛宁的部分地区,故亦可称之为三乡诗人群体。从时间而言,洛西诗人群体的创作贯穿了整个金代。从人员组成而言,既包括朱之才、辛愿等本土诗人,亦包括元好问、河汾诸老等流寓诗人。无论从创作还是理论来看,他们对于金代文坛及后代文学均产生了重要的影响。

一、朱子才与金初诗坛宗苏之风

金初之文人,多来自于辽宋,故有所谓"借才异代"之说。宜阳朱之才为金代文学的开山作家之一,也是"影响百年的名家"。朱之才(生卒年不详),字师美,号庆霖居士,洛西三乡(今宜阳县三乡镇)人。北宋崇宁二年(1103 年)进士。入金,仕齐谏官,坐直言黜泗水令。寻乞闲退,寓居嵩阳。著有《霖堂集》,已佚。《中州集》卷二录有其诗作 17 首。他与蔡松年同为仕金的宋代官员的代表。其作品大多是归隐、遣兴的内容。元好问所称赏的"鲁甸飞鸿影,齐山入马蹄"、"门静堪罗雀,书成不换鹅"、"雨过好花红带润,日长嘉树绿荫移"等诗句皆属此类。

金初诗人学苏(轼)之风盛行,有"苏学盛于北"(翁方纲《石洲诗话》卷五)之谓。但他们大多带有明显的感情取向,也就是说,其时对于大多数诗人来说"苏学主要是其感情的外包装,是浅层面上的借用。"而朱之才《后薄薄酒》二首则"体现出较深层面的苏学"。苏轼原有《薄薄酒》诗二首(《苏轼诗集》卷十四),多知足安分之语,其"薄薄酒,胜茶汤,粗粗布,胜无裳,丑妻恶妾胜空房","不如眼前一醉,是非忧乐两相忘"等诗句,流露出明显的达观虚无思想。朱之才生逢鼎革易代、"豺虎杂凤麟"(《谢孙寺丞惠梅花》)的动乱时代,由宋入伪齐担任谏官,因直言获罪,被贬泗水令,其生平之坎坷与苏轼颇为相似。故其续作《后薄薄酒》二首放弃了次韵的外在形式,能深入一层,续东坡诗意,反复申述"劝君饮薄衣粗娶丑妇,此乐人间最长久"、"我能遣妇缝粗对妇饮薄,傍人大笑吾不恶"。这"是东坡诗意的具体化,是特定时代下的感情认同",是从更深的、精神层面上对苏轼的继承,因而在金代诗坛苏学的传播过程中有着重要影响。朱之才昆弟数人,皆有文名,其子朱澜名声尤著。朱澜(1128~?),字巨观,学问博洽,能世其家。大定二十八年(1188年)登进士第,时年已六十,然意气不少衰。历诸王文学,应奉翰林文字,终于待制。工诗,颇为党怀英、赵秉文所推重,尝入教宫掖,为擅长诗词的金章宗所赏。其诗作多佚。从金章宗《翰林待制朱澜侍夜饮》一诗中流露的情绪来看,朱澜诗作中亦当有浓厚的知足安乐情况,可视为对其父宗苏之风的继承。

二、辛愿宗唐与金代中后期诗坛风尚的新变

金初文学深受苏、黄之风的影响,由此产生了崇尚尖新、斗巧尚险的弊端。有鉴于此,金代中后期宜阳辛愿开始对苏、黄之风进行理性反思与实践探索,主张度越宋诗取法唐人。辛愿(?~1231)字敬之,居于宜阳县境内女几山下,自号女几野人,又号溪南诗老,元好问称之为"平生三大知己"之一。世务农,年二十五,始知读书,嗜书苦学,六经百家,无不贯通,杜诗韩文,未尝一日去手,尤精于《春秋》三传和佛经。高廷玉任河南府治中,延为上客,后廷玉得罪,愿亦被讯掠,几不得免。出狱后,生活困窘。辛愿天性野趣,一生潦倒又不畏强权,孤傲清高。常麻衣草鞋,列坐于公卿宴会,剧谈豪饮,旁若无人。平生诗作达数千首,然佚失殆尽,今仅存20首,收入《中州集》卷十中。

元好问《杨叔能小亨集序》云:"贞祐南渡后,诗学大行,初亦未知适从。溪南辛敬之,淄川杨叔能以唐为指归。"卷三十六可见辛愿对唐诗的倡导之功。值得注意的是,辛愿宗唐,主要是取法杜甫。元好问称之曰:"百钱卜肆成都市,万古诗坛子美家。"卷十,寄辛老子后人亦以为他"得少陵句法"。卷二其实,辛愿

学杜不仅是学其诗法,更主要的是学其忧国忧民之现实主义精神。因此他的诗多为忧患诗,"其枯槁憔悴、流离顿踣,往往见之于诗"卷十,《辛愿传》,充满了杜甫诗歌的忧时伤乱之情。《乱后》堪称其代表作。诗云:"兵去人归日,花开雪霁天。川原荒宿草,墟落动新烟。困鼠鸣虚壁,饥乌啄废田。似闻人语乱,县吏已催钱。"该诗"诗骨苍古"(陶玉禾《金诗选》评语),为金代伤乱诗的代表之作,为历代选家所激赏。

此前金代诗歌的内容多写寄友怀人、思家忆亲、登赏送别、花木风物、题幽和韵、拟古分韵等蕴含士大夫生活情趣的题材,较少直接表现国计民生和社会热点问题的内容。辛愿与随后流寓至三乡的元好问及其好友李汾、麻革、赵元等人都创作了大量的的纪乱诗,可以说,正是从他们的创作开始,金代的诗歌,才改变了上述格局,"使金末诗歌的社会内容充实起来",亦"使得金源诗坛大放光彩,直与杜甫相比,故有了杜甫'诗史'之意味"。不仅如此,同是尊唐,辛愿提倡的宗杜之风,迥异于同处于末代的南宋江湖诗人宗晚唐之好尚。胡传志先生指出:"同是末代,同是学唐,南宋江湖、四灵之人出于对晚唐时代与心态的认同,效仿晚唐诗人,末代气息较为浓厚,金代……诸人并不侧重晚唐,而以师法杜甫为主,乱世迹象多于末代气息。正是在此意义上,金末作家能振起末代文学,在衰微的政局下造就'诗学为盛'(《元好问全集》卷三十七《陶然集诗序》)这种极其罕见的不平衡现象,促成了金代文学的一大特征:时代终点就是文学成就的顶点。金末文学也因此最终能'在宋末江湖诸派之上'(《四库提要》卷一八八《中州集提要》),在很多其他朝代末代文学之上。"这可以说是对辛愿等人倡导学杜而带来的诗坛风尚转变及其意义,极为精当之概括。不仅如此,辛愿等人倡导唐代诗风,"发元代文坛'宗唐复古'先声",对元代诗坛亦影响深远,而有着重要的诗学史意义。

三、许古的隐逸诗及俚俗之风对散曲的影响

金代末年,随着社会的急剧变化,一些诗人选择了隐居的道路。隐逸遂成为一代风尚。洛西诗人群体中辛愿的部分诗作已经表现出避世的情怀,他的"院静宽留月,窗虚细度云"、"莺衔晚色啼深树,燕掠春阴入短墙"、"波摇朗月浮金镜,岭隔华星断玉绳"等佳句,被刘祁赞之为"真处士诗"卷二。而许古表现得则

更为突出,是当时隐逸诗人的代表之一。

许古(1157～1130)字道真,河间人。以久居于宜阳,故亦称之为宜阳人。明昌五年词赋进士。贞祐初,自左拾遗拜监察御史。寻迁尚书左司员外郎,兼起居注,转右司谏。四年,以右司谏兼侍御史。以直言敢谏,贬凤翔幕。正大初,召为补阙,俄迁左司谏。未几致仕。致仕后,居伊阳,郡守为起伊川亭。性嗜酒,每乘舟出村落间,留饮或十数日不归。及溯流而上,老稚奔走,争为挽舟,数十里不绝。许古为当时著名的隐逸诗人。《中州集》卷五所录他的诗歌共四首,当中皆流露出强烈的归隐意趣。赵秉文称之"华山拂袖,最是为世上之闲;神武挂冠,尤不负山中之相"卷五,其隐逸之气为时人称羡若此。

许古尤以词闻名。其代表作为《行香子》:"秋入鸣皋,爽气飘萧。挂衣冠、初脱尘劳。窗间岩岫,看尽昏朝。夜山低,晴山近,晓山高。细数闲来,几处村醪。醉模糊、信手挥毫。等闲陶写,问甚风骚。乐因循,能潦倒,也逍遥。"该篇表现辞官归隐后陶醉于自然佳趣,悠然闲适,超然物外的隐逸疏狂心态,历来为词论家所推崇。不过许古词中有着强烈的的俚俗之气,这一点也颇为正统文人诟病,他的诗书不为士大夫所重,原因大概也在此。如况周颐评其《眼儿媚》"持杯笑道,鹅黄似酒,酒似鹅黄"数句云:"此等句看似有风趣,其实绝空浅,即俗所谓打油腔。"卷三其实,比较一下《眼儿媚》与《行香子》两词中的风格情调,不难看出,俚俗正是许古的审美追求。他的打油腔不仅继承了柳永以俗语入词的传统,而且注入了更多的诙谐与机趣,在金代北曲影响下散曲这一新诗体开始形成的特殊时期,正可视为词向散曲转化时期的一种过渡形态,有着特殊的文学史意义。

四、元好问及其他流寓诗人与金末豪放诗风

金代最伟大的诗人元好问于金宣宗贞祐四年(1216年),因蒙古人南侵,故乡沦陷,流亡至三乡女几山一带。在此度过了两年多闲居生活。当时河汾诸老及其他重要诗人亦集于此,他们与辛愿等洛西本土诗人交游唱和,成为洛西诗人群体创作的高峰。关于这一时期居于三乡一带的诗人,元好问有如下记载:

木庵英上人(性英)……贞祐初南渡河,居洛西之子盖,时人固以诗僧

目之矣。三乡有辛敬之、赵宜之、刘景玄，予亦在焉。三君子皆诗人，上人与相往还，故诗道益进。卷三十七，木庵诗集序。

（张仲经）客居永宁（在三乡西侧），永宁有赵宜之、辛敬之、刘景玄，其人皆天下之选，而仲经师友之，故蚤以诗文见称。卷三十七，木庵诗集序

另外，元好问又有《女几山（今宜阳县三乡对岸花果山）避兵送李长源（汾）归关中》诗，《中州集》卷七有刘昂霄《中秋日同辛敬之、魏邦彦、马伯善、麻信之、元裕之燕集三乡光武庙诸君有诗昂霄亦继作》。元人程文海《洛西书院碑》云"国初贾尚书损之、辛征君愿、元员外好问、杨转运奂、陈参议赓兄弟、姚少傅枢诸儒皆讲学其间。"

综合以上记载，再加上当时任宜阳（时治所在三乡福昌）主簿的段成己，讲学洛宁洛西书院的杜仁杰等，经常往来三乡的雷渊、李纯甫等著名诗人，可以说在金末元初，三乡诗人群体已经成为当时最为重要的一个诗人群体。这一诗人群体中陈赓、陈庚、麻革、段成己四人皆为著名的河汾诸老八诗人中的人物，元好问则是洛西诗人群体的中心人物。

三乡时期是元好问一生极其重要的一个时期。这是他"真正进入诗坛"的开始。尤其值得关注的是，作为金代文坛领袖，元好问在三乡完成了著名的文学理论著作《锦机》、《论诗绝句》三十首。而后者弘扬了杜甫《戏为六绝句》所开创的以诗论诗的风气，不但被金元两代谈艺者奉为大宗，而且在整个文学批评史上也有重大意义。三乡时期也因而成为"元好问诗论的良好起点，体现了他的诗学倾向和理论水平"，并进一步影响到整个金代诗坛之风貌。

金代自章宗以来，文坛弥漫着浮艳侈靡之风。在《论诗绝句》三十首中，元好问继承辛愿等人学唐宗杜之风，提倡清新自然而反对模拟雕琢，尤其是大力弘扬豪放刚健之风。他一方面批评批评秦观之诗为"女郎诗"（《论诗绝句》三十首其二十四），另一方面又称扬具有"中州万古英雄气"（《论诗绝句》三十首其七）之诗人诗作。如："曹刘坐啸虎生风，四海无人角两雄。可惜并州刘越石，不教横槊建安中。"（《论诗绝句》三十首其二）"纵横诗笔见高情，何物能浇块垒平。老阮不狂谁会得，出门一笑大江横。"（《论诗绝句》三十首其五）可见他对慷慨多气又富有雄霸狂放之气的赞扬和推崇。

　　元好问提倡的豪放诗风在其本人及流寓于洛西的麻革、李汾等诗人群体的创作中最早也最集中地得到了体现,而李汾表现尤其显著。李汾(1192~1232)字长源,太原平晋人。元好问三知己之一。旷达不羁,豪迈跌宕,以奇节自许。工诗,雄健有法。其诗多是感愤之作,"虽辞旨危苦,而耿耿自信者故在,郁郁不平者不能掩,清壮磊落,有幽并豪侠歌谣慷慨之气"。卷十如《陕州》:"黄河城下水澄澄,送别秋风似洞庭。李白形骸虽放浪,并州豪杰未凋零。"该诗虽然流离困顿,但仍豪放刚强,毫无衰弱之态,诚可谓充溢英风豪气之作。

　　金室南渡,国势衰微,已是亡国景象。"文变染乎世情,兴衰系乎时序",一般情况下,这时理应是创作的低谷期。但金末"豪杰式作家使金末文学避免了亡国之音低迷的哀吟伤叹,避免了'女郎诗'或'东南妩媚,雌了男儿'的小气和萎靡,显得苍劲悲凉",从而使"金末文学避免了末代文学习见的狭小枯窘"。"贞祐南渡,河朔板荡,豪杰竞起"以元好问为首的洛西诗人群体对豪放诗风的提倡及弘扬,对金代末世而豪放诗风盛行这一文学史上极为奇特的景象的出现,具有重要的影响。

　　贯穿于整个金代的洛西诗人群体,尽管其人员组成极其复杂,尚未能形成一个个性鲜明的文学流派,但是它对于金代乃至后世文学的影响却是极其重大的。然而除胡传志先生在《金代文学研究》中对这一诗人群体一语略及之外,尚未见有其他的研究。本文权为抛砖,以引起学术界对这一诗人群体的重视。

参考资料:

　　[1]王庆生:《金代文学编年史》,《编写札记》,《江苏大学学报》,2006(05)。

　　[2]牛贵琥:《金初耆旧作家与庾信之比较》,《山西大学学报》,2005(06)。

　　[3]胡传志:《金代文学研究》,安徽大学出版社,2000年版。

　　[4]元好问:《遗山先生文集》,《影印文渊阁四库全书》,台湾商务印书馆,1986年版。

　　[5]刘祁:《潜归志》,《影印文渊阁四库全书》,台湾商务印书馆,1986年版。

　　[6]元好问:《中州集》,《影印文渊阁四库全书》,台湾商务印书馆,1986年版。

　　[7]金声:《全辽金诗·前言》,新闻出版交流,1998,(5)。

　　[8]沈文雪:《12世纪初至13世纪中期中国文学分流发展阶段性特征论略》,《长春师范学院学报》,2004,(8)。

[9]胡传志:《金代文学特征论》,《文学评论》,2001(1)。

[10]晏选军:《苏、黄之风与金代文学》,《学术研究》,2003(6)。

[11]况周颐:《惠风词话》,《惜阴堂丛书本》。

[12]程文海:《雪楼集》,《影印文渊阁四库全书》,台湾商务印书馆,1986年版。

[13]胡传志:《元好问诗论的阶段性特征》,《晋阳学刊》,1999,(6)。

（作者为洛阳大学文化与传播学院副教授）

论《周易》与对偶文学的形成与发展

（香港）何祥荣

关于《周易》的美学价值，及其对文学发展的影响，过去已有不少讨论。笔者以为，在这命题上，过往较着重《周易》的"阴阳"论对文学风格的影响及"言、意、象"的文艺理论的形成。然而，《周易》对文学的影响不仅在艺术风格上，也在艺术形式上。中国古代文学中的"对偶"修辞手法，即蕴含"阴"、"阳"的对称意义。清代有骈文家追溯骈文的艺术渊源，即追溯至《周易》。故"对偶文学"的形成与发展，实与《周易》有莫大的关连。

"对偶文学"是过去文学史较少出现的专有名称。"对偶"一词，在中国学术史上一直属于修辞学的范畴。王力先生解释对偶，即从修辞学的角度着眼："对偶是一种修辞手段，它的作用是形成整齐的美。"[①]勿庸置疑，对偶是中国文学的一重要修辞手法，也是最能体现汉字单音、方块、多义的语言特征，呈现对称、均衡与和谐之美。古代不少文体，以对偶作为主要的表达与修辞方式，形成一种声偶兼备的文体。千百年来，"对偶文学"的发展可说是历久不衰，影响巨大。对偶的精神也深深影响中国的艺术发展，成为中华文明中一个重要的艺术元素。因此，"对偶文学"的研究，实有开拓文学研究领域，发扬中华文明的重大意义。

一、对偶文学的体类

王力先生解释"对偶"之含义甚为明晰：对偶就是把同类的概念或对立的概

---

① 王力：《王力文集》，山东教育出版社，1989 年 11 月第 1 版，第 15 卷，页 318。

念并列起来,对偶可以句中自对,也可以两句相对。一般讲对偶,指的是两句相对,上句叫出句,下句叫对句。①

"对偶文学"是泛指各种以对偶为主要修辞方式的文体。在中国古代文学领域中,即有不少以对偶为主要艺术形式的文体,包括:骈文、律诗、律赋、对联及八股文等。骈文与骈赋以"骈"字命名,其以对偶为主要艺术形式的性质昭然若揭。说文:"骈,驾二马也。"换言之,骈文是泛指以骈体写作形式而撰写的文章。因此,古代各种文体是以骈体为主要写作方式的文章均可称之为"骈文"。莫道才《骈文通论》即把骈文划分为六大类:骈赋、骈序(包括集序、诗序、宴序、赠序、游序)、骈书、公牍骈文(包括制敕诏策、表章奏疏、启、檄与露布)、碑志祭诔骈文及铭箴赞骈文。②

律诗中的"律"即格律。依照王力先生之解释:律诗的格律最主要有两点:(一)尽量使句中的平仄相间,并使上句的平仄和下句的平仄相对;(二)尽量多用对仗,除首两句和末句两句外,总以对仗为原则。③

可见,律诗之律,包括字音与字义的对仗。对仗亦即对偶,是字义上的对称,如仪仗之两两相对。当代启功先生认同此说,以为所谓"律",是指形式排偶与声调和谐的法则,也就是指整齐化和音乐化的规格,所以这种律又被称为"格律"。④

律赋是指唐代以后所盛行的限韵而以对句为主要结构形式的赋,其对偶性质也勿用置疑。李调元《赋话》云:"希逸此赋,袁太尉所见而阁笔者,属对工整,应是律赋先声"。⑤ 又云:"陈张正见《石赋》:'如鱼跃湘乡之水,雁浮平固之湖。堕山鹊之金印,碎骊龙之宝珠。'通章无句不对,实开律赋之先。"⑥

可见,李调元解释律赋的基本条件即为对句的运用,对句也就是构成律赋的基本要素。以陈代张正见的《石赋》由于通篇运用对句,可说是律赋的先声。

八股文之股即含有对偶之含义。顾炎武在《日知录》中谓:"经义之文,流俗

---

① 王力:《王力文集》,山东教育出版社,1989年11月第1版,第15卷,页318。
② 莫道才:《骈文通论》,广西教育出版社,1994年初版,第161页。
③ 王力:《汉语诗律学》,香港中华书局,1994年重版,第18页。
④ 启功:《诗文声律论稿》,香港中华书局,2002年1月初版,第1页。
⑤ 李调元:《赋话》卷一,世界书局版,第2页。
⑥ 李调元:《赋话》卷一,世界书局版,第2页。

谓之八股,盖始于成化以后。股者,对偶之名也。"①

八股文的格式,包含破题、承题、起讲、提比、虚比、中比、后比、大结等,其中之提比、虚比、中比、后比均用对偶句式,构成文章的最主要部分。

对联则是对与联的合称,是指以对句为基本特征的有独立意义的文学形式,由上联和下联组成。② 对联脱胎于骈文及律诗,其艺术魅力绝不亚于骈文及律诗。不论抒襟述怀、摹景状物的题材,均可以对联的艺术形式表现之。

翻开大部分中国文学史可以发现,律赋、八股文及对联往往被摒弃于文学史书的领域之外。因此,这三种体裁能否算入对偶文学的范围,是一个需要考虑的问题。导致这一现象出现的原因,大抵因为律赋与八股文均为科举应试文体,士子为求应试,未必有真情实感,欠缺艺术的真实性质,以至历来评价不高。明徐师曾《文体明辨》对律赋的评价是不高的:"至于律赋,其变愈下……但以音律对偶精切为工,而情与辞皆弗置论。"但马积高《赋史》却指出晚唐五代的律赋,出现不少抒写生活的言情之作,在题材上有别于应试的以冠冕堂皇为主题的律赋。另有一种专写爱情的律赋,亦为前此所无。而这些作品,"文辞大都细腻而生动。如《息夫人不言赋》:'触类无言,似峡口为云之女;含情不吐,如山头化石之人。'《重见李夫人赋》云:'盈盈不笑,如羞久别之容;眷眷无言,莫问平生之事。'都是传神之笔。"③又如清人李调元在《赋话》中对律赋作出颇多的艺术评价,有褒有贬。其赞赏律赋的评论更多于贬斥之语。例如,李氏纯从文学欣赏的角度去评论晚唐律赋,以为可与南朝的颜谢比美。其言曰:"晚唐律赋较前代为巧密,王辅文,黄文江,一时之瑜亮也。文江夔夔独造,不肯一定犹人。辅文则锦心绣口,丰韵嫣然,更有渐近自然之妙。汤惠休云,颜光录如缕金错采;谢康乐如初日芙蓉。借以品藻二人,确不可易。"④《赋话》的价值也在于对被轻视的赋篇,尝试发掘其可资鉴赏的艺术价值,避免一些珍贵的文学遗产,长久被埋没而得不到公正的评价。

八股文在过去虽如律赋一样几乎被全盘否定。然近年已有学者重新探究其

① 顾炎武:《日知录集释》,黄汝成集释,中州古籍出版社,1990 年 12 月初版,第 389 页。
② 顾平旦等主编:《中国对联大辞典》,中国友谊出版公司,1992 年 2 版,第 4 页。
③ 马积高:《赋史》,上海古籍出版社 1998 年 9 月 2 版,第 374 页。
④ 李调元:《赋话》卷一,世界书局版,第 13 页。

艺术价值。袁行霈教授主编的《中国文学史》对明代八股文的论述亦甚为客观公正,并指出明代唐宋派的古文家同时亦为八股文名家。"他们时或将古文作法融入八股文之中,从而给八股文创作带来某些新的特点。"①揭示了八股文实有一定的文学性质,也有一些可观的作品。明代后期,更有"包络载籍,刻雕文情,凡胸中所欲言者,皆借题发挥之"(方苞《钦定四书文凡例》)的新变,使八股文突破了替圣人说教的框架,发挥文学言情说理的实用功能,从而提高八股文自身的艺术价值。再者,八股文在过去虽然遭受极多批判,但八股文文体本身并没有任何错误,问题只在于主题思想的限制。八股文在明朝确立以后,规定思想内容不出四书范围,代圣人立言,这就使文章内容流于空泛,以致逐渐僵化。但就八股文的语言形式而言,在句式运用上糅合了律诗、骈文以至唐宋古文的句法,以至形成句型多变的艺术形式;在声律上依照律诗与骈文的音律,形成一种声偶兼到的语言特质。若能配合恰当的题材与真挚的情感,必然是一种声情并茂,艺术内涵极为丰富的文体。例如清人俞樾晚年写作多篇八股文,作为孙儿的启蒙模板《曲园课孙草》,其中一篇题为《少者怀之》,写得情真意切,把一位耄耋老人对往事的追怀,对晚辈的关爱,表现得淋漓尽致。②启功先生亦以为八股是一种文章形式的名称,它本身并无善恶之可言。③可见,八股文仍有不少值得探索的地方,并非所有作品均毫无生趣,了无价值。否则,一些具有文学欣赏与研究价值的作品,将遗失于文学研究之领域中,湮没无闻。

二、对偶文体相互影响的特性

　　若把对偶文学作为一个综合体看待,更能清楚窥见各类型对偶文体的相互依存、相互影响的局面。对偶文学可谓发轫于先秦,包括五经在内的先秦散文当中已出现不少对偶句子,但多为率尔成对,并未有意识的以对偶作为文章的主要修辞方式。可是,先秦散文的对句究已成为后来对偶文学的先驱,堪为师法的对像。因此,先秦可说是对偶文学的发轫期。

　　楚辞、汉赋的出现,使对偶文学的发展迈出重大的一步。朱光潜先生即以为

①　袁行霈教授主编:《中国文学史》,高等教育出版社,1999 年 8 月初版,第 75 页。
②　张中行:《闲话八股》,辽宁教育出版社, 1998 年 9 月初版,第 80 页。
③　启功:《说八股》,中华书局,2000 年 6 月初版,第 1 页。

诗与散文的骈化源于赋,即汉代的散体大赋。其《诗论》以为不论意义的排偶或声音的对仗,都是赋先于诗。赋对律诗、骈赋和骈文的形成,有着直接而宏大的影响。汉魏以后,诗赋及散文不断转变其艺术表现之技巧与形式,其走向有两大方向,即骈化与律化。南北朝骈文的盛行以及唐代律诗的形成即可说明这点。经过两晋与南北朝的深入发展,对偶文学可谓到达全盛时期。

中唐以后虽然盛行古文,意图取代骈文的地位,但综观唐代对偶文学的发展并未因此受到窒碍,反倒更能承接魏晋南北朝的良好发展趋势,进一步衍生新的对偶文体,较之前代更为成熟。例如律诗的确立以及律赋作为科举考试的文体即可见一斑。律赋包含了骈赋的所有基本特征,却在用韵方面有更为严格的要求。律赋脱胎于骈赋。从古赋到骈赋,实乃经过汉魏至南北朝的文人共同努力,不断求变的演进结果。李调元《赋话》云:"杨马之赋,语皆单行,班张则间有俪句……下逮魏晋,不失厥初。鲍照江淹,权舆已肇。永明天监之际,吴均,沉约诸人,音节谐和,属对密切,而古意渐远。庾子山沿其习,开隋唐之先躅,古变为律,子山实开其先。"[①]

李调元在此勾画出简约的赋史。自东汉班固、张衡开始,赋体不断骈化,至齐梁更为变本加厉,最后演变成律赋。可见,骈赋与律赋实有密不可分的脉络。

再者,骈赋与律赋两者的相异之处不仅在于用韵的限制。前人较多着眼于此点,如铃木虎雄《赋史大要》云:"其(俳赋)更与律赋相区异者,以于押韵为设制限,而采用于官吏登用试也。"[②]然究其实,骈赋与律赋的明显区别还在于句法的运用。骈赋虽也运用双句对与长偶对,但在一篇之中使用的次数并不算多。即使是南北朝后期庾信的赋作之中,也是以使用单句对偶为主。以《小园赋》为例,全篇四十八对对句中,只有八对为双句对,而长偶对更是一句也没有。其使用比率只有 16.67 %。到了唐代的律赋则不然。双句对以及长偶对的运用较骈赋大量增加,尤以中唐赋为甚。例如白居易《性习相近远赋》共运用二十九句对句,其中十四句为双句对,比率达 48.27 %。此外,白居易的《动静交相养赋》共运用十一句对偶句,双句与长偶对合共六对,比率已达 66.67 %。其中之长偶

---

①　李调元:《赋话》卷一,世界书局版,第 1 页。
②　铃木虎雄:《赋史大要》正中书局,1976 年第 2 版,第 164 页。

对更有五对,比率达 55.56 %。像这样高的比率在骈赋之中是罕见的。这也说明律赋到了中唐已不满足于单句的运用。为求突破这单调的格局,转而师法六朝骈文的双句与长偶句运用的艺术经验,进一步形成律赋自身的特点,可与骈赋有更鲜明的区别。更重要的是,这种律赋的艺术特色,一直延续至清代。清代号为律赋中兴的时代,其艺术形式仍仿效中晚唐的律赋特征骈文对律赋的影响于此亦可见一斑。

　　律赋及骈文到了明朝虽然步入衰落期,却衍生出另一种新的对偶文体——八股文。八股文导源于律赋与宋代的制义。可说是在唐宋对偶文学的基础上衍生出来的一种新文体。清代仍然沿用八股文,又在科举考试中增加博学鸿词科,使律赋得到重生机会。配合律诗的大量创作,使写作对偶文学的风气又再炽热起来,从而亦促成骈文在清代的复兴。①八股文与律赋的关系至为密切,前人早见其端倪。如李调元《赋话》卷二即已指出白居易《动静交养赋》:“超超玄着,多见道之言,不当徒以慧业文人相目。且通篇局阵整齐,两两相比,此调自乐天创为之。后来制义之分法,实滥觞于此种。”②道出白居易开创议论骈文中两两相比的格局。所谓两两相比,依其《动静交养赋》观之,应为三句以上的长偶句运用。例如:“且躁者本于静也。斯则躁为民。静为君。以民养居。教化之根。则动养静之道斯存;且有者生于无也。斯则无为母。有为子。以母养子。生成之理。则静养动之理明矣。”

　　此即赋中最长之长偶对。上联与下联各含六句对句组成,而且属对工整。后来八股文即多用长偶对以铺陈议论。

　　清代的八股文与律赋或互为影响,主要表现在行文的结构与安排上。如清代律赋与八股文均有破题,破题后有承题。律赋的原题相当于八股文的起讲;赋胸相当于八股文的提比;上腹相当于中比中之出比;中腹相当于中比中之对比;下腹相当于后比中之出比;赋腰相当于后比中之对比;赋尾相当于大结。可见,从破题以至引入正题,以至铺叙议论的层次结构均有极为相似的地方。③

　　综观历代对偶文学的发展概况则知各类对偶文体相互回环影响,甚至形成

①　见尹占华:《律赋论稿》,巴蜀书社,2001 年 5 月初版,第 392 页。

②　李调元:《赋话》卷一,世界书局版,第 15 页。

③　见詹杭伦:《清代八股文赋论争平议》,《中国古典文学研究》第 3 期,第 95～116 页。

衍生新文体的因果关系,均是极为密切的。如下图:

```
                    散文、楚辞、汉赋
        ┌─────────────┴─────────────┐
  律 诗          骈 文           (骈 赋)
        └──────┬──────────┬──────┘
            对 联       律 赋
                └────┬────┘
                  八股文
```

三、《周易》的阴阳论与对偶文学

对偶文学是中华文明的重要内容,也是在世界文明中独有的文学体裁。对偶文学凭借汉字的独特性质,构造出独特的文体。王力先生曾说:"汉语的特点特别适宜于对偶。因为汉语单音词较多,即使是复音词,其中的词素也有相当的独立性,容易造成对偶。"①张仁青先生更以为对偶文学最能突出中国文学的优美特征,甚至推许为"世界上最优美之文学"。其《中国唯美文学之对偶艺术》自序云:"中国文字厥有两端:为孤立、为单音。惟其为孤立,故宜于讲对偶,在形式上构成整齐美。惟其为单音,故宜于务声律,在韵语中则显有音节美。二美并具,众制纷论,若诗也,若词也,若曲也,若赋也,若骈文也,若联语也,洋洋巨构,不一而足,遂蔚为中国文学之特有景观,而成为世界上最优美之文学,抑亦最具姿彩之文学,远非并世各邦所能望其项背者。"②其辞纵或有过誉之处,然亦道出中国文字的特性与对偶文学独具姿彩的特色。对偶文学也体现了中国艺术的独特精神:对称美的表现。

对称美可说是导源于《周易》的阴阳论。清代骈文家亦有以阴阳而论文章之道,并以此论证骈文实为文章之渊源,符合万物以奇偶相成的本体论。如李兆洛《骈体文钞》自序云:"天地之道,阴阳而已,奇偶也,方圆也,皆是也。阴阳相并俱生,故奇偶不能相离,方圆必相为用。"③

从《易经·系辞上》的阴阳论可见,先民对宇宙起源的解释,以为"易有太极,是生两仪。两仪生四象,四象生八卦。"太极,阴阳两仪可说是万事万物化

---

① 王力:《诗词格律》,《王力文集》,山东教育出版社,1989 年 11 月初版,第 318 页。
② 张仁青、李月启编:《中国唯美文学之对偶艺术》,明文书局,1991 年 7 月初版,第 1 页。
③ 李兆洛编:《骈体文钞》,上海古籍出版社,2001 年 5 月第 1 版,第 15 页。

生的本源。阴阳的观念早已存在于先民的意识中,在不知不觉间,渐次形成表现对称美的艺术精神。先民既以为一阴一阳合成为道,这种先入为主的观念,容易造成独阴或独阳皆为缺憾,予人有缺欠与失落之感。唯有阴阳相对,才予人有平衡、和谐与完美之审美感受。

对偶文学中的对句运用就是把事物的两极统一在联语之中,从而达至均衡与和谐。上联用了正面之义,下联应以反面之义与之相对。因此,刘勰在《文心雕龙·丽辞》中强调"反对为优、正对为劣",所谓反对就是"理殊趣合";正对是"事异义同"。最理想的对句就是要避免意义的类同,反之,如"钟仪幽而楚奏,庄舄显而越吟"便是刘勰认为理想的对句,皆因"幽"与"显"正是事物的两个极端。这种修辞的规律,实际上就是《周易》所言的阴阳变化的规律,阴阳设位后,文字的变化行乎其中,使字义、字音均有着相互对立而又统一的美学效果,从而产生对称、均衡、和谐的审美效应。

四、结 论

对偶是中国古典文学常见的修辞手法,从先秦两汉以至明清两代这种手法的运用均历久不衰。对偶文学是各种以对偶为主要修辞手法的文体的综合名称。追溯对偶文学形成与发展的渊源,不难找到,《周易》从理论以至行文的句式,均为对偶文学的先河。《周易》在理论上揭示了阴、阳相对而又统一的自然规律,伸延至文学的领域,便成了绵延数千年,光辉灿烂的对偶文学。另一方面,《周易》也在行文上,展示了多变的对句形式,使后人在其基础上加以更多变化,形成更富对称美的对偶文体。综言之,《周易》实与对偶文学形成与发展有极为密切的关系,是对偶文学不可或缺的渊源。

（作者单位为香港树仁大学中文系）

试论道家政治伦理的内含价值

崔景明

儒家讲礼治、法家讲法制,道家主张"无为而治"。以"无为而治"为核心,道家提出了自己系统而深刻的政治伦理理论,其中包含与民休息的为政方略、众人平等的价值意识等主张,道家以无为为人类活动的最高准则,并以无为为人类本性和最高品质。老子伦理精神总的特点是"无为而无不为"。他教诲人们的是以退为进的人生智慧。老子以思辨的形式在最抽象的意义上论述伦理与政治,故他在政治伦理精神方面表现得更深刻、更具哲理性。

一、无为而治的基本内核

我国早在先秦时代就已经形成了系统的"无为"论。不仅道家竭力提倡"无为",就连大儒家荀况、董仲舒也主张君道无为。他们并没有把"无为"看做"有为"势不两存的对立物,而是看做"有为"的重大条件与补充。固然在道家的"无为"理论中,又回到原荒时代的"无为",但就其主体而论,"无为"是与"为"与"治"的手段、方法紧密相联的。

"无为"而为,"不德"而"德","无性"而"性",这是老子道德观的真谛,"无为"而"为"是说道作为宇宙的本体,就是因为它无为,所以能化育万物,成为人伦的准则。

1. 无为而治的含义

道家提出"无为"的内容十分广泛,从治国安邦到治家修身无不包含在这个"无为"之中。"无为而治",其基本内涵一是任其自然,二是不恣意妄为。因任自然,是指统治者治理国家应当遵循自然的原则,让人民自我化育、自我发展、自我实现,政府的职责在于帮助人民和谐安稳,使人民自然、平安、富足。老子认为统治者超越自然的"有为",必然会引发其对个人私欲、权势的无限贪欲,同时必夺取庶民百姓的脂膏,威胁人民的自由安宁和生存。因此老子提出"无为"并不是什么都不做,主要是要求统治者不要恣意妄为,对人民生活多加强制,而应该因任自然。"无为"作为一种政治纲领和政治方式,要求统治者让人民自由自在地发展自己,进而完善自己,不去干预他们的正常生活以致增加他们负担。《道德经》中有 57 处论及"无为"。然而应当指出,在老子那里,"无为"只是手段,"无不为"才是目的。正如魏玉昆所指出:"道家'无'造就了一个'无知'、'无欲'和'无身'的思想意识,也就是具备了遵从客观的思想方法、依循天道公理的坚定信念和不忘乎所以的人生态度。"①

2. 无私心,为之"无为"

老子一方面说"无为",另一方面又说"治大国"、"取天下"、"为天下"……这不就是最大的"有"?且不论文子是不是老子之弟子,他对"无为"的解释,应该说是完全符合老子的:

> 何谓无为者?非谓其引之不来,推之不去,藐尔不应,感而不动,坚滞而不流,卷握而不散。谓其私老不入公道,嗜欲不枉正术,循理而举事,因资而立功,推自然之势,曲故不得容。事成而身不伐,功立而名不有。

如果可以浓缩一下,"无为"即在"为"中无私志,无私欲。用今天的话说,"无为"即"不为私为之为"。《淮南子·诠言训》把文子的这一段不甚明晰的话,说得清清楚楚了:"何谓无为?智者不以位为事;勇者不以位为暴;仁者不以位为患,可谓无为矣。"在因循自然,顺势循理,从民之愿的作为中,不掺入私欲,不图名,不谋官,不居功,不自大,不以己私害公道枉正术,这就叫"无为"。这种"无为",主要指人臣学子,自然也适用于国君。

---

① 魏玉昆:《老子道德经通译》,中国社会科学出版社,1995 年版。

3.无为而治思想的历史影响

道家崇尚"无为",倡导"无为之治",并非完全否定人的主观能动性,而是反对从主观意志出发,反对以自身利益的名义而实施的社会性干预活动。故此,老子以天下公心的心境,提出了一系列原则性的政治主张:

(1)以自然为本(《老子》第六十章)。期盼人类能够与大自然和谐相处,进而达到真正的天人合一。

(2)"无为之治"四原则和四标准(《老子》第五十七章)。四原则:领袖顺其自然,心平气和,按规律办事和行天道公理。四标准:人民自由发展,规矩本分,生活富足和风气淳朴。

(3)走自然而然的发展之路(《老子》第六十五章)。

(4)安邦治国三大法宝(《老子》第六十九章)。一慈,二俭,三保守。慈使人增强生活的勇气,俭朴让人感动物质的富足,保守才能把人类事业做长做远。

(5)农业是命脉(《老子》第五十九章)。农业必须常抓不懈。这与当前中央提出的建立新型农村,提高农民素质及乡风建设是吻合的。

(6)辅以司法制度(《老子》第七十六章)。

(7)不能压迫人民(《老子》第七十四章)。否则必遭反抗。

(8)克服两极分化(《老子》第七十九章)。这是天道公理的规则。

综上所言,虽不是老子全部的政治主张,但可见一斑。老庄道家无为而治的价值内涵,在中国历史上产生了极为深远的影响。虽说儒墨法三家的政治主张各有区别,但基本取向都是"有为政治"。道家无为而治的价值取向深得历史上一些政治家的认同与青睐,最突出的莫过于汉初和唐初统治者奉行无为而治,分别开创了"文景盛世"和"贞观盛世"的政治局面。中国历史上每次大的社会变革和朝廷政变之后,一些力图长治久安,重扶社稷的政治家总是自觉或不自觉地运用道家无为而治的理论武器,一是减轻对人民的压迫,与民休养生息,二是督促各级官吏去私为公,稳定社会秩序,恢复往日生产,实现由乱而治的社会转化。近代思想家魏源视道家"无为而治"为救助世人、治理社会的精良学说,在《老子本义》第三章中说:"老子,救世之书也,故首二章统言宗旨。此遂以太古之治矫末世之弊。"第三十二章说:"太古降为三代,三代降为后世,其谁止之? ……亦镇之以无名之朴而已。无名之朴者,以静镇动,以质止文,以淳化巧,使其欲心虽将作焉而不得,将释然自反而无欲矣。无欲则静、静则正,而返于无名之朴矣。"道家思想能产生救世之用,其理论价值是不言而喻的。对于无限制的君主制来说,"无为"论是一种进步,也不失为封建国家长治久安之策。因此,《管子》把"无为"视为理想之治与"道纪","无为者帝,为而无以为者王,为而不贵者霸"。"必知不言无为之事,然后知道之纪"(见《心术上》)。故道家无为而治的价值取向在中国政治历史转折中具有不可估量的积极作用。

二、与民休息的施政策略

1. 有善待百姓之心

老庄道家继承历史上"敬德保民"的传统,提出了"圣人常无心,以百姓心为心"的思想,力倡按照人民的意志和愿望来治理国家,平安天下。老子说:"圣人常无心,以百姓心为心。善者,吾善之,不善者,吾亦善之。德善;信者,吾信之;不信者,吾亦信之。德信;圣人在天下,歙歙为天下浑其心。"(《老子》四十九章)圣人治理天下贵在使人民各顺其性,各完其生,因此百姓心之所便,因而从之,百姓为善,因而善之。百姓虽有不善者,圣人化之使善也。"百姓之善者,能本善,循乎自然也,圣人以道而善之,则其善心自固矣。百姓之不善者,未明本善,私欲蔽之也,圣人亦以道而善之,则将化而复归于善也,此所谓德善也。盖百姓与圣人得之初者,未尝不善也。……圣人之心与百姓之心,其初均同乎虚静,纯粹至善,未有恶也。惟圣人清静无欲,自全其初,则百姓亦清静无欲,各全其初,故圣人之在天下,收敛其心,无为无欲,顷刻不敢放纵,则百姓自化。"①老子主张善待百姓、尊重百姓的意思和思想,不能以统治者的意见限制民众,认为政治就是尊重民意,庄子也认为,万物虽贱,却又不能不顺其自然,百姓虽卑,却又不能不随从。治政良策应实行无为而治,其本质是将政治看做众人之事,以百姓的良智来治理国家。老庄的这种思想包含有一些民主主义和民权主义因素,应批判继承并为今天的社会服务。

老庄道家不仅提出治国家以民为本,而且主张在实践上减轻人民负担,使人民安居乐业。要实现与民休息,必须采取省刑罚、轻赋税、去礼文、宽政务等措施

---

① 参阅王垶:《老子新篇译解》,辽宁古籍出版社,1995 年版。

加以保证。老子反对苛繁的刑罚和法律,认为"法令滋彰,道贼多有"(《老子》五十七章)。老子的施政策略,实质是一种改革政治体制弊端以为百姓更好服务的政治伦理思想,对建设有中国特色社会主义有一定借鉴意义。

2. 治大国如烹小鲜

老庄道家阐发了"治大国若烹小鲜"(《老子》六十章)的思想,并以此作为推行与民休息的治国方略的基本准则。河上公:"烹小鱼,不去肠,不去鳞,不敢挠,恐其糜也。""治大国若烹小鱼"是指治理大国如烹小鱼一样,翻动太多就会使鱼糜烂,进而导致其味不美。因为只有掌握火势并细心谨慎,顺其自然才有可能烹出色鲜味美的小鱼来。治理国家也是一样的道理,只有不扰民或不折腾人民,才有可能从人民那里获得好处。道家主张治大国者必当不扰民,扰之则民怨。必须采取与民休养生息的政策,让人民自由自在地生产生活,千万不能恣意妄为,弄得民怨鼎沸。民怨鼎沸之日也就是统治者亡国丧邦之时。老子把统治者分成几类,他说:"太上,下不知有之;其次,亲而誉之;其次,畏之;其次,侮之。信不足焉,有不信焉。"(《老子》十七章)最上等的统治者用无为的方式处事,推行不言的教化,使人民都能各顺其性,各安其生,所以人民仅仅知道有一个国君罢了,没有感觉到他做了些什么。次一等的国君,用德教感化人民,用仁义治理人民,所以人人都亲近他、赞誉他。再次一等的国君,用政教治理人民,用刑法威吓人民,所以人民都畏惧他。最末一等的国君,用权术愚弄人民,用诡计欺骗人民,所以人民都反抗他。这种国君本身就不够诚信,人民当然不相信他。老子还主张:"圣人欲上民,必以信下之,欲先民,必以身后之。是以圣人处上而民不重,处前而民不害,是以天下乐推而不厌"。(《老子》六十六章)圣人想要居于万民之上,必定要对人民言语卑下,处处冲和;想要居万民之前,必须对人民态度谦恭,事事退后。所以圣人虽居于上位,而人民并不感到有什么负担;虽站在前头,而人民并不感到有什么损害。所以天下的人民都乐于推戴他而不厌弃。"是以圣人后其身而身先,外其身而身存。非以其无私邪? 故能成其私。"(《老子》七章)正是由于他常常为别人着想,所以能够成就他自己的理想生活。道家的这一观点深刻地证实了治政者与人民的精神情感互动的关系,从而也涉及政治伦理乃至社会伦理的核心问题,即个人与群体关系的权利义务互动性和情感双向对应性问题。马克思认为,自私的人最先灭亡。历史证明那些"为共同目标因而自己变得高尚的人是伟大人物",经验赞美那些"为大多数带来幸福的人是最幸福的人"①。臧克家在纪念鲁迅先生所写的诗歌《有的人》中说:有的人活着,别人就不能够活;有的人活着,是为了使别人更好地活。道家"后其身而身先,外其身而身存"的思想无疑是中国道德伦理文化中的瑰宝和精华,在新的历史时期应批判继承和发扬。

3."治大国若烹小鲜"的深远影响

道家的政治伦理思想和领导艺术管理技巧在国外政界和管理界亦有深刻的影响。据1988年5月8日中国《光明日报》及其他报纸报道,美国总统罗纳德·里根发表的1987年国情咨文引用老子"治大国若烹小鲜"的名言,使它当即成为美国人津津乐道的哲语,引发了美国人对老子的浓厚兴趣,八家出版公司争出《道德经》一书,最后被哈泼公司用13万美元的高价,从译者岱芬·米歇尔那儿抢买了其英文译本的出版权,创下了美国出版事业中每字给酬最高的记录。当代美国政治学家哈林·克里夫兰在其所著的《未来的行政首脑》一书中推崇道家的政治伦理和领导艺术,不仅在扉页上写着老子"功成事遂,百姓皆谓我自然"的话,而且十分欣赏老子"治大国若烹小鲜"的格言,并说:"当现代政治家抱怨政府的庞大机构时,他们难以找到比这位中国圣哲(老子)所提出的更好的公式,他(老子)说,管理一个大国活像煎小鱼,翻动太勤反而将小鱼弄得破碎不堪",克里夫兰直接把老子的思想同机构臃肿、行政管理联系起来,强调好的领导者说话不多,对下属的干预极少,他"为而不恃,功成而不居",旨在促成一种群体的事业,而自己却甘居人下②。在日本,许多企业家也注重汲取老子的智慧,主张从老子学说中去学习经营之道。新日本制铁公司总经理武田丰崇尚道家"治大国若烹小鲜"的名言,力倡统治者和管理者尊重民意,以人为本。日本丰田汽车公司的经理石田退三喜读《老子》一书,特别欣赏老子以人为本的思想,认为管理的要义就在于尊重员工的价值,让员工成为企业的主人,在于发现人才和造就人才。

---

① 《马克思恩格斯全集》(第40卷),人民出版社。
② 王泽应:《自然与道德——道家伦理道德精粹》,湖南大学出版社,1999年版。

三、无为而治思想对政治文明建设的影响

"推天理而明人事"是道家思维方式的特征。老子将"道无为而无不为"的道论渐渐落实到政治层面,提出了君道"无为"的政治学说。换句话说,老子的君道无为说是其形上学"道论"的自然延伸和演绎。

1. 君道无为,臣道有为

人生而有欲,饮食男女,物质与精神的需要,无不要用"有为"去谋取,怎样能够"无为"? 连《庄子·徐无鬼》也说:知士、辩士、察士、"招进之士"、"中民之士"、"筋力之士"、"勇敢之士"、"礼教之士",农夫,商贾,百工,庶人……统统不能"无为"也,并且其有为,"终身不反",一辈子不可能收手,这是无法改变的①。所以道家首先明确将"无为"界定在君道上。《管子·心术上》说:国君殊形异势,他的地位太独特了。应该行"不言"、"无为"之道。《明法解》说:"君臣共道,乱之本也。"就连《庄子·天道》也说:君臣不能同德同道,此乃"不易之道":"上无为也,下亦无为也,是上与下同德,上下同德则不臣。下有为也,上亦者为也,是上与下同道,上与下同道则不主。上必无为而用天下,下必有为为天下用,此不易之道也。"②

君与臣如何"异道"?《管子·君臣上》:"道也者,上之所以导民也,是故道德出于君,制令传于相,事业程于官。""有道之君正其德,以民而不言智能聪明。智能聪明下职也;所以用智能聪明者,上之道也。"《淮南子·要略》:"臣以自任为能,君以用人为能;臣以能言为能,君以听言为能;臣以能行为能,君以能赏罚为能。所能不同。"

2. "无为"是君人者的道德修养方法

老子政治思想核心内容是"为无为,则无不治"(《老子》三章)。在老子看来,为实现天下大治,为君之道要"无为"。

"无为"从社会政治思想上来分析,是一种道德说教,并且主要是对国君的说教,同时还是一切君人者的方法。用句时尚话说是领导艺术。其主要内容是:

———————————

① 陆钦:《庄子通译》,吉林人民出版社,1999 年版。
② 陆钦:《庄子通译》,吉林人民出版社,1999 年版。

（1）则天法地、效法自然。天地大自然是无为的，又是无所不为的。因此君人者应该以天地大自然为宗准、为榜样。《老子》五十一章：“道生之、畜之、长之、亭之、毒之、盖之、覆之。生而弗有，为而弗恃，长而弗宰”（帛书老子文字）。高亨认为这是老子的最高政治思想。天地大自然不仅是无为无不为的，还是均平与不均平、仁慈与暴戾的。更重要的是它是无私的、公正的。所以一切君人者必须学习它的公正无私、无偏无倚，无己无欲无待。其次，遵从客观规律、因时而动。再次，“泽及万物不为仁”，功劳与暴戾都出于自然与无私，出于不得已。最后，“光耀天下，复反无名”。

（2）虚心谦下，宁静因循。只有这样才能做到“无为”，才能获得真知，变得耳聪目明。

（3）国君的道德修养是首要的、最重要的。老子的“我无为而民自化，我好静而民自正，我无事而民自富，我无欲而民自朴”（《老子》五十七章），“我”即国君，他的无私为（“无为”）、沉静，不以私事私欲扰民（“无事”与“无欲”），这样人民自然就会化、正、富、朴的。后来道家再不讳言他们设计的道德，首先是为了国君的。所以道家倡导君人者，修身养性，正心诚意，则天法地，静心寡欲，见素抱朴。因臣下之为，用臣下之力，既可延年益寿，又可神通六合，德耀天下，何乐不为。劳心伤神，身荷重负，亲躬万机，祸害丛生，何苦耳。老子主张“去甚，去奢，去泰”（《老子》二十九章），即去除那些极端的奢侈的、过度的施政举措和治政行为。可以说“三去”是老子所主张的治国无为的主要内容，“三去”落实在实际政务活动中则是薄税敛、轻刑罚、尚节俭。老子认为，“民之饥，以其上食税之多，是以饥”（《老子》七十五章），老子说：“其政闷闷，其民淳淳；其政察察，其民缺缺”（《老子》五十八章）。治国者无为无事，一国的政治看似混浊不清，其实人民因生活安定，其德反而纯厚。治国者有为有事，一国的政治看似条理分明，其实人民因不堪束缚，其德反而浇薄。宽大宏厚（闷闷）的政风使社会风气敦实、人民德性质朴，从而导致一种平和宁静的政治秩序，因此无为治政举措导向的是一种无不为的理想效果。如此看来，老子治国无为的价值取向并非完全消极，“他的理想却有积极拯救世乱的一方，仅是实行的方法和态度上与各家不同”。

庄子继承并发展了老子治国无为的思想，提倡为政的本质在于顺应自然、发展众人的个性和确保人民的自由。庄子说：“彼至正者，不失其性命之情。故合者不为骈,而技者不跂;长者不为有余,短者不为不足。是故凫胫虽短,续之则忧,鹤胫虽长,断之则悲。故性长非所断,性短非所续,无所去忧也。"(《骈拇》)①在庄子看来,本性该怎么样的就让它怎样,不该怎样的一定不要勉强使它怎样。为政当纯任自然,顺人性之本然,而不以礼教法度去破坏世界本来的和谐和自然秩序。庄子认为,人世间的许多痛楚,都是由统治者有为造成的。不管是像尧舜禹那样出自美好的动机和愿望,还是像桀纣等暴君那样怀着卑劣的动机治理天下,都是对人类的自然淳朴状态的破坏,为了确保人类的自然禀赋不受破坏,统治者应崇尚无为,以清静无为治国,方能安定秩序,不失民心。老子反对物欲,讲求精神生活;反对人为,讲求体法自然。我们一谈到他的思想,就好像荒漠中遇到了甘泉一样,心灵上获得了滋润,精神上也有无穷的怡悦。我们相信,世上每一个人,都能重视精神生活,只有精神生活和物质生活的丰富和充实,才能消除国家与国家的争夺杀伐,才能化解人类毁灭的危机。而老子思想就可以达到这个效果,这是老子思想在社会中的最大功用,也是它在现代社会中的价值所在。

(作者为合肥工业大学人文经济学院副教授)

---

① 陆钦:《庄子通译》,吉林人民出版社,1999年版。

浅析道家"上德若谷"之宽容精神

刘　清

　　道家思想文化绵延数千年,蕴藏着巨大的精神财富。一般认为,儒家文化以北方华夏文化为根基,讲究人文主义、重礼法;道家文化以南方荆楚文化为代表,讲究自然主义,法自然。两者自成体系,各有千秋且又互补。在当今,随着现代文明弊病的暴露和蔓延,道家思想的独特价值日益为人们所重视和认识。其中道家老庄等人倡导的"上德若谷"之精神具有海纳百川、有容乃大的宽容包容的胸怀,并成为中国人的一种传统美德为后人所传颂和奉行。

一、"上德若谷"所讲的内涵是宽广包容的胸襟

　　与"上德若谷"直接相联系的是"豁达大度"。中国传统伦理道德中有要求为人处世应当宽宏大量,能够容人、原谅人及包涵人的方面。老子的"上德若谷"讲的是真正有道德的人应当"敦兮其若朴,旷兮其若谷"。在老子的一生中,他"为人处事胸襟宽广,豁达大度,如同幽深的山谷一样,能够包容人世间的一切"[①]。同样庄子也十分推崇江河百川的海洋般的胸怀。《庄子·秋水》中讲"天下之水,莫大于海,万川归之,不知何时止而不盈,尾闾泄之,不知何时之而不虚。"[②]道家学者都很欣赏宽大为怀,宽容为尚,不以一孔之见而自执,不以一时之利害得失、荣辱是非而耿耿于怀,凡事应超拔达观,善待万物与群类。"宰

---

① 王泽应著:《自然与道德》,湖南大学出版社,1999年版,第293页。
② 张震点校:《老子》、《庄子》、《列子》,岳麓书社(长沙)1989年版,第66页、第13页、第21页。

相肚里能撑船"就是道家"上德若谷"思想的形象说明。在芸芸众生中,好人与坏人并存;在人生道路上,损友益友同在,这本是十分自然的现象。道家认为物有各性,物有各宜,故而应该宽容不苛,接纳各种人才,兼收不同的思想主张,因物而用,做到宽以待人,严于律己。这种大度豁达的气势也为统治者在政治实践中所认识到,如曹操的唯才是举之做法。宋太宗十分称赞老子的宽容治民的思想,他认为君主不必过于苛察,求全责备,应让臣民有一个发挥才干的宽松局面。在日常社会生活中,人们也往往讲"金无足赤,人无完人"。

与宽容精神并行的是兼收并蓄的气度。在中国历史上排外自守并非中华民族所固有的风格,中国文化精神中有一种较强烈的包容性。《庄子》中讲"百家众技,皆有所长,时有所用",即吸取百家之长为我所用。在相当长的一段历史时期,中国人颇有兼收并蓄的气度,这种恢宏气度十分突出地体现在与周边民族的交往交流过程之中和对待外来文化中。如战国时期赵武灵王的"胡服骑射"。在汉、唐等朝代,中华民族也不断吸取了周边少数民族文化以及更远的波斯文化、印度文化、阿拉伯文化等等,借以完善和丰富自身文化。据史料记载,唐都长安的人们偏好西域衣食,胡乐、胡舞流行于长安、洛阳,太宗皇帝所选定的乐曲中有来自朝鲜半岛、龟兹天竺等地的曲子,这种文化上的恢宏气度正是道家精神的体现,而道家这一恢弘博大的气度来自于他们对"道"的那种相反相成、无所不包而又无所不在的特性的理解。

二、"报怨以德"是"上德若谷"的另一个重要体现

儒家讲"君子坦荡荡,小人常戚戚"。在恩怨问题上孔子讲"何以报德?以直报怨,以德报德"①。而道家认为这还不够,他们则主张"报怨以德"。即"善者吾善之,不善者吾亦善之"。② 老子要求人法地,是因为大地本身博大宏阔,善于包容涵育,所以人法地就应当以大地为榜样,厚德载物。而且地法天,天法道,道法自然。要以常心对待周围的人和事。然而老子还认为"以德报怨"是在一定范围内的一种调解仇怨的有效办法,圣人应该包容万物,甚至包容仇怨,但仅

---

① 杨伯峻:《论语译注》,中华书局,1980 年版,第 156 页。
② 张震点校:《老子》、《庄子》、《列子》,岳麓书社,1989 年版。

仅只是包容终究不能从根本上消除人与人之间的恩怨,"和大怨,必有余怨,安可以为善"①。要从根本上消除人与人之间的恩怨、情仇,就必须采取"天道无亲,常与善人"的态度。在老子看来道本身就是博大宽厚的,它大到无边无际,而且无私公正,只给予人而不向人索取,仇怨自然也就不会产生,这种办法看起来好像是吃亏了,其实最终是不吃亏的。即"既以为人已愈有,既以与人已愈多"。如果只是一味向人索取而不能与人,那么仇怨必须会产生,至于曾经给予了人,则老是念念不忘的,也容易产生反感以至仇怨。在道家看来,世俗的世界中,众人总是由于各种社会利益关系而产生许多欲望,而这些欲望也会产生种种恩怨及争夺,导致社会矛盾的激化,通常解决的办法是有恩报恩,有仇报仇,但恩怨情仇也就一直地延续着,那么较好的办法是以德报怨,其做法是无弃人,无弃物,任何人不管善良与否,都有自己的用处,物也一样,关键在于引导、宽大和包容以崇尚自然。庄子则在老子的思想基础上讲得更透彻,即摆脱追求富贵显达的世俗欲望,泯灭求功名之心,淡化权力之欲,不就利,不违害,对人间仇怨进行化解,这也是中国人所常讲的"度过劫波兄弟在,相逢一笑泯恩仇"。

三、"上德若谷"中的宽容不苛精神在今天的意义

老庄道家"上德若谷"观的内容十分丰富,然而其中宽厚、宽容、宽广则是最主要的。在现实社会生活中,气象万千,国家之间、民族之间、人与人之间都存在着差别,也有着各种不同的要求,况且在政治要求、经济利益、文化差异等因素的影响下,人与人之间、阶层与阶层之间、不同阶层内部都有可能发生这样或那样的矛盾冲突,如政治冲突、经济冲突、道德冲突、文化冲突、价值冲突、观念冲突等等。日常人际交往中的冲突矛盾,世俗的人往往讲以德报德,以怨报怨,这种处理方式看似非常恩怨分明,其实并不能从根本上解决问题,更为甚者还往往搞恩将仇报,以致"怨怨相报何时了"。同样国与国之间也时常有矛盾与冲突。在国际事务上,若强行按照一个模式去向外推行,强制同化别的民族与文化等做法,只能引起更多更大的矛盾和冲突,如闹腾多年的巴以问题、科索沃问题,还有几年都无法平稳的阿富汗问题,伊拉克问题弄得全球无安宁之日,而道家"取虚"

---

① 张震点校:《老子》、《庄子》、《列子》,岳麓书社,1989 年版。

的态度是一种宽宏不苛对待别人对待外来文化兼收并蓄的气度。

从世界范围讲,道家"上德若谷"观是有一定正面影响的。中华民族在一个相当长的时期不断吸取其他民族文化的长处,从而带来了中国古代文化的繁荣和发达,但明清以后,由于种种原因产生有天朝大国盲目自大虚骄的心理,并导致了闭关锁国政策的产生,造成落后挨打的局面。中华民族性格中宽大为怀这一最有生命力的因素则受到粗暴的压抑,甚至儒家中排斥异端的正统观不仅占据意识形态领域的重要空间,而且在近代历史环境下还发展成为盲目排外的狭隘民族主义,这确实为中华民族的一大不幸。在改革开放的今天,道家所倡导的宽容不苛、兼收并蓄的传统值得炎黄子孙复兴,一方面在国际交往上本着和平、友好的态度建立国与国之间的关系;另一方面虚心向别国学习先进经验,实行拿来主义、为我所用、洋为中用,以提高我们自立于世界民族之林的能力;第三个方面也是在国际交往中应当做到的,即平等友善地对待一切爱好和平与中国友好的国家与地区,不分大国小国、贫国富国、弱国强国一律平等相待互惠互利,这实际上对我们中国是有帮助的,想当年中华人民共和国恢复联大合法席位的情景,用毛泽东的话来讲是非洲黑人兄弟抬着我们进去的。中国人的宽容、善良本性同样也反映在对日本战犯及日本孤儿的问题上,使得不少日本战犯在后来喊出了肺腑之言"日中不再战"。

同样在日常社会生活中,人际关系也应具有宽容、以德报怨,无责于人的精神。人际关系是社会存在的一个重要方面,也是人的本质的一个反映。有不少人认为宽容不苛、兼收并蓄的胸怀对于人的现代化是十分重要的,尤其是在人民内部,不管是品质高尚的人,还是思想意识有毛病的人,都应该像老子所讲的那样,以善待之,以信待之,以诚待之。因此,帮助、教育绝大多数人,尊重他人,更好地发挥每个人的聪明才智,便可以为社会作出更大的贡献。毛泽东在许多场合都讲过要团结不要分裂,对待党内的同志要团结、批评、团结。刘少奇在《论共产党员修养》中也主张在人民内部实行"以德报怨"的做法,指出:"对于自己的同志和兄弟能够以德报怨,帮助同志改过毫无报复之心的与人为善。"①马克思曾经说人是社会关系的总和,这是对人的本质的一个权威概括。构建和谐社

---

① 葛荣晋著:《儒道智慧与当代社会》,中国三峡出版社,1996 年版。

会中的一个重要部分,就是人际关系的和谐。"家和万事兴"、"国家享太平"。有"人和"这一理想局面,则是建设现代化、达到民族兴旺、国家繁荣的重要条件之一。在今天的文明社会中,由于种种原因,人们心灵浮躁扭曲,放纵自己,苛求他人与社会,道德下滑,人际关系时有紧张,这些正在考验着现当代人的和谐生活,而道家所倡导的"上德若谷"、"海纳百川"、"以德报怨"等观念能够对现代文明弊病进行反思、反省,起到一些救弊补偏的作用。

当然,对待传统的道家思想,我们也要有一种理性的态度,道家的人生哲学中也有不少消极的因素,如出世般的豁达,一味地以德报怨,往往也会造成无原则无是非的情形,陷于相对主义。因此我们要注意批判地吸收与继承,即取精华弃糟粕,发扬其不计利害得失、容人之过、宽宏大度的胸襟,以"上德若谷"之心态面对种种困难,为构建社会主义和谐社会而努力奋斗。

（作者为湖北师范大学副教授）

老子墓在洛宁考论

李德龙

老子李耳的葬地在何处？这是中国历史上的一个千古之谜。

笔者经过多年考察，以为老子墓（又名宗师墓）就在中国历史文化名城九朝古都洛阳西南 80 公里的洛宁县城郊乡古镇余庄村北的寿安山。此处海拔 345.5 米，墓地相对高度 10 余米、底边长宽各 20 余米、占地约 400 余平方米。该墓 1987 年被公布为县级重点文物保护单位。

一、老子葬洛之证据

司马迁在《史记·老子传》中说"老子，隐君子也"，"其学以自隐无名为务"。老子是地地道道的"隐君子"，是名副其实的神秘人物。大凡隐君子、神秘人物的问题，只有到那隐秘神奇、神秘文化的书籍中去找答案。老子葬地信息的传承者，为了确保老子"隐君子"的声誉和墓地安全，在有关传承书籍中，精心设计并使用了大量隐语、谐音和神秘的语言文字，从而使不了解当地和周边情况者难以理解和认定。因此，要对老子葬地得出客观正确的结论，就必须摒弃那种凡史官文化书籍记载全相信，凡神秘文化书籍记载全否定的偏见。

二、众籍有载，义确言隐

1. 老子思想的继承者庄周（庄子）在其著作《庄子·养生主》中不仅空前绝后地向世人披露了老子之死及其被吊唁时的感人场面："老聃死，秦失吊之，三号而出。弟子曰：'非夫子之友邪？'曰：'然'。'然则吊焉若此，可乎？'曰：'然。

始也吾以为至人也,而今非也。向吾入而吊焉,有老者哭之,如哭其子;少者哭之,如哭其母。彼其所以会之,必有不蕲言而言,不蕲哭而哭者。是遁天倍情,志其所受,古者谓之遁天之刑。适来,夫子时也;适去,夫子顺也。安时而处顺,衰乐不能入也,古者谓是帝之悬解。"在《庄子·大宗师》等篇中,又"人的死就是寿命的自然安息即寿安"的哲理:"死生,命也,其有夜旦之常,天也。……夫大块载我以形,劳我以生,佚我以老,息我以死。故善吾生者,乃所以善吾死也。……且夫得者,时也,失者,顺也。"在《庄子·天道》和《庄子·大宗师》篇把"道"称为"大宗师"而一遍又一遍地呼唤:"庄子曰:'吾师乎!吾师乎!齑万物而不为戾,泽及万世而不为仁,长于上古而不为寿,覆载天地、刻雕众形而不为巧,此之谓天乐"。庄子还在《大宗师》中借许由之口说:"吾师乎!吾师乎!齑万物而不为义,泽及万世而不为仁,长于上古而不为老,覆载天地刻雕众形而不为巧。此所游已"!由此可见,道家称"道"为宗师;再者,根据宋育文著《东方智慧》中载:"后汉王阜的《老子圣母碑》曾说:'老子者,道也'已把老子说成是道 的化身。"这样,道家的创始人老子自然也就成了宗师的化身,那么老子墓取名祖师墓或宗师墓也就是自然而然的了。所以,我们完全可以说《庄子》中所披露和阐述的老子死、人死即寿安、道称大宗师,这是对老子死葬寿安山、墓名宗师墓(或祖师墓)的隐指和暗示,这是对老子葬地和墓名的千年不朽、万古不磨的注脚。

2. 古石板书中载:"天地之气合,犹来之生,光阴之悠长,五组之混……五现层开生于老子,儒教老生,改潜息功室,老子开造山运,初现河流流动。"

"老生暖降寒,赤末年间,号硬葬,后续竹迹推于建东元年(以上包括自造的字在内的 19 字的意思为:从汉朝未年墓葬中出土的竹简推演于道教年号建东元年)之也,安土之寿安山,九星八光之地,四龙文字之开先。"

3. 竹书《老子葬其造》中载:"老子葬寿鞍山,其周所四龙围绕,五更有动景,波音造声彻天。窆定于中原南天门对照北之山下。于传古:一闻全权谨则郡长之处,宇淤世相尔;一书系洛之书,源远流长;一之名朝,五千古都,九朝落下,永载人间,灵心之祏之铭,垂体不变,速轨同年。"

4. 唐邑伟乃《博世澜言》中载:"老子葬于佣宁守车安山,当有三道佛地交会,清葬四龙扶位之穴,……龙吸乾喉,坐温沸泉。"

5. 北宋林灵素《水镜相术论》前言中载:"老君者李耳,卒葬于永宁之寿安山,生极重养性,著《道德经》。"

6. 清何玉停《水镜相法·后志》载:"谷翁(鬼谷子)传是老子造山运动之首弟,生在青鸭背,与孔(老子)葬于中原寿鞍山,后久起落于开封,终解八斗,留有南龙沟、北龙沟前后四沟之故所,留赘满述,准再于俑硬,不详传载"。

7.《古梅不知》中载:"老不畏老素披寒戴,诚则石而不则石出水,绿使引虎不居洪如啸,奉鉴皆有呼尔不居实耐,谢无井无老子尊祖师古,皇称人之尊奉诏供俸,万物皆寿鞍山实居水而不石。"

之外,明万历十六年《永宁志》和20世纪60年代《河南省文物记载》等书中均有记载。

综合以上记载所透露的老子葬地的大量信息,可归纳概括为如下内容:即老子葬地的自然和人文环境概况是:老子葬于中原永宁寿安山,这里是道、儒、释三教和三道佛地交会之地。寿安山实为居于水边的土山而不是石山,其四周有东、西、南、北四条龙沟所围绕,老子清葬于此,呈四龙扶位之穴。这个穴位的具体位置在倒八立斗状的中原南天门对照洛河川北之山下,其墓冢并没有标名老子墓,而是借尊祖师古之名标名为祖师墓。祖师墓犹如一只大鹏鸟踞于高高的鳌头之上,力冲云天。老子并不在昭孝寺和大觉寺中,而是在云迹观老君洞中享祀人间香火。寿安山这道龙脉自乾向西北方而来,其前后有沸腾一样的涌泉。老子葬此充满玄机,称为龙吸乾喉,坐温沸泉。寿安山所在地是地方全权机构相凤郡的郡治故地,也是源远流长的洛书出现的地方,又是具有五千年历史的九朝古都洛阳的京畿之地,这里是永载人间、人心向往和永远铭记的地方。老子生前非常重视修身养性,著有《道德经》。老子葬在这里将永垂不朽,并加速世界大同岁月的到来。那水镜相术的创始人、老子的大弟子、出生在清溪山的鬼谷子也与其大师父老子一同葬于中原寿安山。寿安山的准确地点就在永宁县,史书和社会上设有详细传载。老子葬于寿安山这早已是板上钉钉的事情,然而由于它不能成为时人追求金钱欲望的垫脚石而至今不广为人知,事情就是这样!

位于中原洛宁寿安山的县级重点文物保护单位祖师墓(又名宗师墓),无论是其周边的自然造势、人文环境,还是其自身名称和形貌的含义,还是其邻近自然和人文的种种历史遗存,都与隐言专纪老子墓地的有关文献记载之所指,与司马迁《史记·老子传》中关于老子行实特点之记述,与《庄子》中对老子之死的情景和死生哲理之描述,并对"宗师"的屡屡呼唤之慨叹,都契合得无懈可击。因此,是否可以说"老子葬洛证据确凿当无疑"呢?

那么泱泱中华,幅员广大,风水宝地,无可胜计,老子为什么会独钟中原寿安山而葬呢? 笔者认为主要是因为以洛阳为中心的古代中原河洛地区,在包括老子在内的华夏民族心目中所独具的祖根、国心、文源、胜景等令人神往的无穷魅力所致。

三、他说虽有,难与河洛同日语

关于老子李耳的卒葬地,除了以上所说的葬于永宁之寿安山以外,还有数种说法,不过,宣传比较张扬,并较为引人注目者,只有"死于扶风"(今陕西省秦岭以北地区),"葬于槐里"(陕西省周至县东南)一说。现在,我们来看一看"葬于槐里"之说的情况吧。此说曾为部分专家、学者的著作所采用,甚至已被老子李耳的故乡《鹿邑县志》(中州古籍出版社 1992 年 8 月第 1 版)所采用,似乎已成定论。据说,此说的主要依据是郦道元所著《水经注》。那么就让我们来看一看后魏郦道元在公元 6 世纪初所著《水经注》上是如何记载的吧。上海人民出版社 1984 年 5 月出版的《水经注校》第 595～596 页《卷第十九·渭水下》载:"渭水又东过槐里县南,……就水注之。水出南山就谷,北迳大陵西,世谓之老子陵。昔李耳为周柱史,以世衰入戎于此,有冢,事非经证,然庄周著书云:老聃死,秦失[吊之]三号[而出],是非不死之言,人禀五行之精气,阴阳有终变,亦无不化之理,以是推之,或复如传,古人许以传疑,故两存耳。"上文"昔李耳为周柱史,以世衰入戎于此,有冢,事非经证",用最通俗的话来讲,就是说老子死葬槐里的事,并没有经过证实。此说既说大陵山下有占地 20 平方米、椭圆形的老子墓冢和清代乾隆时的老子墓碑,又说陵顶有一"吾老洞",老子羽化洞中,洞内有一石函,藏老子头骨。那么人们不禁要问,老子墓中难道不埋老子头骨? 而石函中又为何不藏老子身骨? 何以使老子身首异处,不得全尸? 此说岂可自圆? 再者,昔日的扶风和槐里距西汉的国都长安都不远,如果老子真的死葬于此,并确有"老子墓"、"老子陵"如此鲜明而响亮的名字,那近在咫尺作《史记·老子传》的司马迁怎么会未见未闻地说:"莫知其所终"呢? 之后的郦道元又怎么会说"事非经证"呢? 此外,"老子墓"、"老子陵"的命名可谓明白无比,显赫之极,这与"其学以自隐无名为务"的"隐君子"的"隐"和"无名"是何等的格格不入！显然其不为时人而为后人所命名,从而也使其真实可信性荡然无存。然而,老子足迹非一处,名人往往多墓冢,此冢充其量是个疑冢或衣冠冢,或纯粹是后人为缅怀先圣而使其然。总之,老子葬地他说虽有,但事非经证,它们难与葬于中原寿安山的河洛之说同日而语,它们的存在,并不影响老子葬中原寿安山之说的确立和认定。

一言以蔽之,河南、洛阳是令人神往的中华民族的圣地、圣城。老子葬中原寿安山的发现与认定,寿安山无疑也应作为一座圣山,得到应有的保护和利用。

（作者为河南省洛宁县洛书研究会常务理事）

墨家的兼爱论与其天观念

——它受了殷的天观念之影响

（日本）冈本光生

一、日本近 50 年来的墨家研究的情况

最近 50 年来，日本的墨家研究，基本接受了渡边卓（Watanabe Takasi）的见解①。

> 初期墨家著述的兼爱上篇（孔孟之间）站在支持弱者的立场上，主张强者和弱者之间的双务伦理，并且兼爱上篇不言及"天"。可是后期墨家（战国时代末期）把"天"作为最终的上位者，并且根据"天"的权威，强迫民众对上位者"尚同"的事（天志论，尚同论），而且把"兼爱"作为"天"的意志。

根据渡边的见解，在后期墨家之中，原初的墨家思想转化而成了完全相反的专制主义思想。

换言之，"天"的观念是墨家思想之中本来没有的观念，随着对专制主义的转换，墨家为了表明自己思想的正当性而采用"天"的观念。后期墨家之中的"天"的观念，对于墨家思想，不是必然性观念，而是外在性、偶然性观念。

山边进（Yamabe Susumu）继承了渡边的理解。并且详细地分析了《尚同》三

---

① 渡边卓：《墨家集团和其思想》，《史学杂志》1961 年。

篇,而关于墨家的"天"观念,他的见解如下①。

　　在于尚同三篇之中的"天"观念是从属于统治理论的展开的观念。换言之,墨家的"天"是,当墨家对社会主张自己的想法的时候,为了对自己想法给予正当性,妥协了当代思潮的观念,一种权宜的,从对外关系必要的观念。

　　总之,墨家思想研究者基本上接受以上的渡边卓的见解而展开着更详细的分析②。

　　渡边卓把墨家思想作为相反两面性倾向并存的思想:(1)兼爱:人民解放、弱者支持、双务伦理的倾向;(2)尚同:专制主义的两面性倾向并存的思想,是在从前期墨家到后期墨家的转换中并存的。

　　渡边的文献批判和对墨家思想的了解,有紧密的关系,换言之,以上他的看法是一种循环论法。因此,我没有简单地承认他的看法。渡边的理解还没统一地整合地把握墨家思想。所以,在以下的论考之中,我们将再一次检讨墨家《兼爱上篇》的内容,考察其基本性想法和"天"观念之关联。

二、《兼爱上篇》中的人的观念
《墨子·兼爱上篇》(原初墨家的思想)说:

　　臣子之不孝君父,所谓乱也。子自爱不爱父,故亏父而自利。弟自爱不爱兄,故亏兄而自利。臣自爱不爱君,故亏君而自利。此所谓乱也。虽父之不慈子,兄之不慈弟,君之不慈臣,此亦天下之所谓乱也。父自爱也不爱子,故亏子而自利。兄自爱也不爱弟,故亏弟而自利。君自爱也不爱臣,故亏臣而自利。

---

① 山边进:《对于墨家的天》,《东方学》,1992 年。
② 关于日本研究墨家的情况,参阅孙中原:《墨学与现代文化》第 11 章《墨学与现代文化交流》第 1 节《日本的墨学研究》。《墨子大系》第 76 卷,北京图书馆出版社。在于日本的研讨研究史的报告,山边进《我国近代以后的墨学研究和其批判》,《二松学舍大学论集》,1999 年。柴田升:《墨家集团论序说——墨家思想之再构成》,《名古屋大学东洋史研究报告》1999 年。

　　墨家把社会出现"乱"的原因说成是"自爱亏对方而自利"的子、弟、臣和父、兄、君之出现，利己的出现。

　　于是，第一应注意的是：子、弟、臣的社会地位。由于他们表面上比父、兄、君低，所以，渡边以他们作为"弱者"，可是他们绝不是真正的"弱者"，而是"自爱亏别人而自利"的主体，就是"乱"的主体，能动性主体，追求自己利的主体。孟子说：凶年饥岁，君之民，老弱转乎沟壑，壮者散而之四方者几千人矣。（《梁惠王下》）换言之，孟子把人民作为"乱"的客体，以为人民才是乱的受害者，真的"弱者"。可是，墨家却认为子、弟、臣不是"乱"的客体，而是"自爱自利"的，跟父、兄、君保持对等关系的主体①。

　　第二，子、弟、臣，父、兄、君以"自爱自利"作为自己的行为原则、行为动机，"亏对方"不是行为原则、行为动机、行为目的，而是在"自爱自利"行动之中出乎意料之外的事态。

　　在原初状态、自然状态之中，社会是"乱"。这个时候，秩序怎样树立，人类生存怎样确保呢？

　　第一的可能性是：人和别人的关系断绝了，在孤立中生存。由于这样便免于别人的暴力、危害。换言之，这不是形成社会的方向，而是否定社会的方向。

　　可是，墨家的想法不是这样的。墨家的想法是树立社会的方向。而树立社会的方法是"爱人者，若爱其身"。由于"爱人者，若爱其身"，好的社会秩序便可以形成而树立。

　　如果在"自爱自利"的人构成的集团内，出现了专心一意"爱人者，若爱其身"者，换言之，出现"爱他利他"者，那个时候，就会有专心一意的利他行为。所以，"自爱自利"的存在肯定了像对自己利益那样对待人的利益，"亏他"就是"亏自己"。所以利己的人没有"亏他"的必要。由于以"自爱自利"作为行动原则，"自爱自利"的存在完全不否定自己的本质而可以和利他性的人保持友好关系。

　　在这样的前提之下，"自爱自利"的存在绝不"亏"别人。当考虑存在着利他

---

① 张永义就"兼相爱交相利"的两端关系说，施受双方不再是森严等级的两端，而是两个相互对等的社会个体。（张永义：《墨子与中国文化》贵州人民出版社，2001 年版。）

性的可能性的时候,也考虑与别人保持友好关系,也许这时自己的利益增加的可能性比"亏"别人的时候会更高。

于是,有一个问题发生了。就是,谁是最初"爱人者,若爱其身"的人,《兼爱上篇》说,圣人必知乱之所起,焉能治之。以是观之,墨家大概把圣人作为最初"利他的人",可是还没明言。

谁是最初利他者,墨家的解答暧昧,可是,为了树立秩序,至少一个利他的存在是必要的。而当存在着利他的时候,"自爱自利"的存在不仅没有否定自己行动的原则,还维护了别人利益的存在——真利他或仅是表面上利他且不论——为了自己的利益,能够与别人保持友好关系。

三、墨家的"天"和"上帝鬼神"

墨家以为"自爱自利"是可以存在的,即为自己和为他人是不矛盾的,是可以以此构建一种新的社会秩序的,但同时也强调需要有一种外部的强制力。如果没有外部的强制力,就不能防止 Free-Rider 的发生。一些专家早已指出,墨家并不主张"人性"[1],关于外部的强制力,墨家各篇均有论述。

《天志上篇》说:顺天意者,兼相爱交相利,必得赏。反天意者,别相恶交相贼,必得罚。

《天志中篇》说:爱人爱利,顺天之意,得天之赏者有之。憎人贼人,反天之意者,得天之罚者亦有矣。

《天志下篇》说:天以为从其所爱而爱之,从其所利而利之。于是加其赏焉。……天以为不从其所爱而恶之,不从其所利而贼之。于是加其罚焉。

这里,"天"是执掌赏罚的,而且是人祈求的对象。但是,在墨家思想中,"天"和"上帝鬼神"是有区别的。"天"没有跟人直接的关系,"上帝鬼神"是有欲求的存在,而跟人有直接的关系。人祭奠上帝鬼神,通过上帝鬼神与"天"保持关系。而人在祭奠上帝鬼神的时候,要用兽类、谷物和酒。

《天志上篇》说:故昔三代圣王禹汤文武……莫不犓牛羊犬彘,洁为粢盛酒醴,以祭上帝鬼神,而求祈福于天。

---

① 森三树三郎:《从上古到汉代的性命说之展开》《墨子》第七章,创文社 1971 年版。

《天志中篇》说：外有以洁为粢盛酒醴，祭祀天鬼。

《天志下篇》说：犓豢其牛羊犬彘，洁为粢盛酒醴，以敬祭祀上帝山川鬼神。

《尚贤中篇》说：上有以洁粢盛酒醴，以祭祀天鬼。

《尚同中篇》说：洁粢盛酒醴，以祭天鬼。

《贵义篇》说：大人为粢盛酒醴，以祭上帝鬼神。

从以上可知，"上帝鬼神"希望得到牛羊犬彘和粢盛酒醴，而受人的祭祀。"天"，跟"上帝鬼神"有区别，"天"是精神性祈祷的对象，是不受具体性、物质性供品的①。

于是，我们注意到了以下的两个事实。

第一，墨家祭祀上帝鬼神的方法和殷文化的关系问题。有些学者说：殷代的青铜器，酒器比较多，周代食器多。大量的酒器、大量的酒和大量的动物牺牲，这是殷代祭祀的特色②。

这说明，墨家向"上帝鬼神"供奉牛羊犬彘和粢盛酒醴的祭祀样式暗示着墨家思想的背后有殷文化的传统。

第二，在墨家宗教观念中有两种宗教并存，其一是有具体性、物质性、物欲性的存在。其二，人通过"上帝鬼神"间接地与"天"发生联系。这说明在殷代的宗教观念之中，早有两种存在。一是祖灵、山川之灵，享受供品的存在，二是不享受供品的高层次、抽象性的至上神"上帝"的存在③。

在殷代的宗教观念之中，作为至上神的"上帝"不享受祭祀，可是墨家的"上帝"跟"鬼神"一起享受祭祀，所以我们可以说墨家的宗教观念跟殷代的宗教观念并不是承续关系。在墨家的宗教观念之中，也有比"上帝鬼神"还高次元的"天"的观念。以是观之，我们可以推测墨家的"天"观念大概是殷代的宗教观念的"上帝"的痕迹。换言之，在殷代的宗教观念之中，有至上神地位的"上帝"，在墨家的宗教观念之中，"上帝"跟"鬼神"混同了，地位下降，变成了具体存在而受祭祀的对象了。但是，超越具体性存在而向高次性、抽象性、原理性、理法性存在

---

① 在于法仪篇中说：人无幼长贵贱，皆天之臣，此以莫不犓牛羊犬诸，洁为粢盛酒醴，以敬事天，这大概是例外的话。

② 竹内康浩：《中国史・第三章西周》，山川出版社 2003 年版。

③ 池田末利：《商末上帝祭祀问题——批判享祀说和不享祀的原因》，《东洋学报》，1992 年。

的精神,墨家继承了。墨家把"天"作为那样的存在继承了。因此,"天"通过"上帝鬼神"跟人间接地发生了关系。在这点上,我们可以看到墨家思想背后的殷文化传统。

（作者为日本琦玉工业大学教授）

略论一些名言和习语

（台湾）詹同章

甲、引言

文化乃内在思维的轨迹与外在行为的模式之综合。许多个别的人,相互之间,思想与行为相激相荡,内在思维的轨迹与外在行为的模式,逐渐趋于相同,这就是这一群人的文化。

各地区的人群形成各自的文化,如中国文化、日本文化、印度文化、中东文化、欧美文化、非洲文化等。这些文化,起先是由它们内部各族群文化的相激相荡而形成;这些各国家各地区的文化,再向外发展,与其他各国家各地区的文化,再相激相荡,久而久之,定会形成世界文化、地球文化。

言为心声,诚于中,形于外。各地区的名言和习语,就是该地区文化的吉光片羽。各种文化往往优劣互见,其名言习语也往往善恶有别。以客观的立场,评论一些名言与习语的好坏,对世界文化的形成当有裨益。我们希望世界文化在和平共存中继续演进,反对互相排斥而冲突而毁灭!

乙、名言

一、名言而善

1. 己所不欲,勿施于人。

孔子说:"吾道一以贯之!"曾子说:"夫子之道,忠恕而已矣!"尽己之为忠,推己之为恕。推己就是"己所不欲,勿施于人"!试想:我不想被别人打骂,就不要去打骂别人;这样,人际关系一定融洽和乐,没有纷争。推而广之,而家庭,而团体,而国家,而世界,无不皆然!这则名言太好了,所以法国旧宪法曾列为条文。

1988年世界诺贝尔奖得主在巴黎会议的宣言称:"人类如需在21世纪继续生存,则必须回头吸取2 500年前孔子的智慧。21世纪,必以儒家思想为世界文化的中心。"大家如此推崇儒家,可能就是这则名言所使然!

2. 吾日三省吾身。

曾子说:"吾日三省吾身:为人谋而不忠乎?与朋友交而不信乎?传不习乎?"曾子常常反省,所以虽然年纪最幼而且被夫子说是"参也鲁",却能淬炼德业,得孔子之真传而被尊为"宗圣",反省之重要由此可知。

人类之异于禽兽者,主要就是反省的能力。常常反省,常常改过,所以继续进步,日益文明,卒成万物之灵!禽兽没有反省的能力,狗改不了吃屎,永远是禽兽!

聪明的人不但有反省的能力,更有认错的诚意与悔改的决心。有些人反省的结果,知道自己言行错了,但却说谎造假文过饰非,倒行逆施,死不认错!或者口头认错内心不服,伺机反弹继续犯错,甚至犯更大的错造更大的孽!这就是没有认错的诚意。其表面认错,只是受到压力不敢违抗,暂时龟缩的伪装而已!虽有认错的诚意,不能痛下决心力革前非,仍旧不行。个人如此,国家民族亦然!譬如二次世界大战后的德国,对自己的侵略暴行,知错悔改,对受害者公开道歉并极力赔偿;所以日尔曼的民族精神可以提升,受到各国的欢迎!日本则不然,怙恶不悛,文过饰非;对侵华暴行迄未公开道歉;更篡改历史教科书,诳称侵略中国为进出中国,8月15日的无条件投降日称为终战日,诬指南京大屠杀为中国所捏造!死不认错,决不悔改;必将继续犯错,继续闯祸;害人害己,不能自已!

3. 吾爱吾师,吾更爱真理!

这是亚里士多德的名言。这和王阳明的名言是可以互相贯通的。王说:"术之于心而是也,虽其言出于庸人,不敢以为非也;求之于心而非也,虽其言出于孔子,不敢以为是也!"我们在各级学校求学受教,对所有教过我们的老师都应心存敬爱感激师恩,但不可墨守成规,囿于门户;必须勇猛精进,突破樊篱,才能日新又新,止于至善!由于这两位哲人的影响,所以笔者在1999年蒋公要增修临时条款破坏宪法对总统任期之限制时,就投书《自由中国》半月刊反对老校长蒋公。其后又写成"论独立思想与独立人格"一文投稿《自立晚报》,指桑骂槐,冷讽热嘲！这样一来,虽然没有像雷震一样被关入监狱,却被扣上"思想有问题"的大帽子,备受压抑！但坚持真理,永不退缩！

4. 任何权力都趋于腐化,绝对的权力导致绝对的腐化！

这是英国史学家艾克顿(Dalberg Acton,1834～1902)的名言。由于他锐利的观察,精辟的词句,提醒了世人不可信赖权力,要以权制权,遏制滥权腐化；就设置立法、行政、司法三权分立的制度。孙中山先生看到三权分立制仍有缺点,乃主张五权宪法,即在立法、行政、司法三权之外,另加考试和监察两权。名为总统制,实为行政院有权的内阁制。自从李登辉六次"修宪"后,把"立法院"对总统任命行政院长之同意权取消,又把"监察委员"由地方议会议员互选改为由总统提名；这样一来,现行宪法成为总统有权无责的超级总统制,台湾的乱源就是这样开始的！

5. 民主、自由、人权,不可无限上纲！

邓小平说:"民主是世界潮流,挡都挡不住！"不错,民主、自由、人权是世界潮流,锐不可当！但是,不可无限上纲,认定是普世价值！此三者只是方法途径,不是方向目标。倘若是虚伪的民主、脱序的自由,泛滥的人权,更不可取！那么有没有普世价值呢?

古今中外,任何主义制度,无不都是追求绝大多数人的幸福！因此,平衡、和谐、幸福,应是普世的价值。

二、名言而恶

1. 子为父隐,父为子隐,直在其中矣！

"叶公语孔子曰:吾党有直躬者,其父攘羊而子证之！孔子曰,吾党之直者异于是,父为子隐,子为父隐,直在其中矣！"

孔子是很伟大的圣人,但圣人也难毫无错误。就《论语》所记载的这一段话来说,这就是护短,就是自私；中国人官官相卫、家丑不可外扬的观念,应是孔子这一段话的影响！那么对于最亲密的人之罪过如何处理呢? 那就是回避或沉默,或拒绝回答。

2. 对他们伟大领袖无情,是一个强大民族的特征！

这是一位希腊史学家普鲁达克(Plutarch)的名言！40 多年前看到这则名言

时,我拍案激赏,赞叹不已! 尔后阅历愈多,体验愈深,觉得此话欠妥。既是伟大领袖,时过境迁,就可弃之如敝屣,毫不顾惜,未免太不近人情了! 这则名言中"无情"二字应改为"公平"才对。《中庸》说:"故好而知其恶,恶而知其美者,天下鲜矣!"这当然是主张"好而知其恶,恶而知其美"。这正是现代媒体平衡报导之意。评论人物要正反并陈,不可只是一面之词;譬如痛斥秦始皇焚书坑儒之残暴,也要称赞他书同文之伟大贡献,若非书同文统一文字,中国很可能就是像欧洲现在的几个国家分立,不是统一的大国。批评毛泽东"文化大革命",也要赞成他推行普通话的贡献。现大陆各地,不分族群,穷乡僻壤都能以普通话交谈,这对国家民族的凝聚力之帮助,该是多么大啊!

3. 台湾人不是中国人!

曾任台湾地区领导人 12 年的李登辉和现任已 7 年多的陈水扁,都公然说他们是台湾人不是中国人。中国台湾省的人不是中国人,这句话在台湾很出名了,但是对不对呢? 假如这句话可以成立,我们可以推论:福建省的人不是中国人,河北省的人不是中国人……结果,中国没有人。也可以另行推论:台北人不是台湾人,高雄人不是台湾人……结果,台湾没有人。这是多么的荒谬啊!

也许李、陈可自我辩护,台湾人不是中国人是说不是中华人民共和国的人,大陆是中国的一部分,台湾也是中国的一部分。若要硬拗,说台湾是国家,台湾人是台湾国。请问台湾国是何时成立的? 世界有哪些国家承认台湾国? "台独"分子! 请不要再自欺欺人胡言乱语了!

丙、习语

一、有益的习语

1. 善有善报,恶有恶报;若是不报,时辰未到!

这是很普通的习语,往往被认为是迷信。其实,因果报应,分毫不爽! 种瓜得瓜,种豆得豆;种瓜不会得豆,种豆不会得瓜! 这是必然的,不是偶然的! 譬如牧羊儿骗人的故事,第一次骗人说:"狼来了!"大家都来营救;第二次又骗人说:"狼来了!"大家又来营救;第三次狼真的来了,他大声喊叫:"狼来了!"都没人相信而不理会他,结果他被狼吃了! 他第一次骗人的"恶"没有得到报应,第二次骗人的"恶"也没有报应,都是时辰未到;到了第三次,就连同前两次所累积的

"恶",得到报应了！所有欺骗诡诈贪赃枉法的权奸政客,时辰到了,都必定是牧羊儿的下场！

2. 舍得,舍得,能舍才能得！

这则习语似乎很简单,但若深知其意,能牺牲才能收获,因而身体力行,必能大有造就。譬如孙中山放弃收入丰厚、安定的医师职业,从事冒险犯难的革命工作,感动了海内外各界人士,于是华侨捐款,留学生宣传,帮会兄弟拼命,百折不挠,愈挫愈奋,终能推翻专制建立共和,完成伟大事业！孙先生若不牺牲于前怎能收获于后呢？若不先舍怎能后得呢？一般人大多不明此理,或视财如命,庸碌一生；或抱残守缺,永为冬烘！夏虫不可语冰！燕雀安知鸿鹄之志也！

3. 亲兄弟,明算账！

这话很早就听说过,觉得有点俗气,不太留意。年纪愈大阅历愈深,觉得愈有道理。多少富贵大家和平常人家,多因没有注意这两句话而造成悲剧。不只是亲兄弟要明算账,更应扩大到父母夫妻。笔者曾将这两句话演绎成一首歌曲：

"亲兄弟,明算账,父母夫妻也一样！夫妻反目亲成仇,都是由于糊涂账！"

这句习语和"先小人后君子","先小气后厚道","丑话说在前面",意思都是相通的。任何公私关系,倘能注意明算账、勤算账,即可避免多少纠纷或悲剧！这简单的话、通俗的话,对社会的帮助之大,是无法估计的！

二、有害的习语

1. 人不自私,天诛地灭！

自私是人类本能,不学而知,不教而能。适度的自私,算是自利。人人都有追求自由幸福的天赋人权,谁都不能剥夺。但若过分自私,损人利己,就必须制裁！否则,任令人人过分自私,都去损人利己,一定互相争斗残杀成为禽兽世界,不待天诛地灭就自我毁灭了！所以这句习语应改为："人太自私,天诛地灭！"苏格拉底说："人皆自私,我知我自私,所以不会太自私！"为了避免天诛地灭,必须向苏格拉底学习:不要太自私！

2. 道高一尺,魔高一丈！

这两句话不知出于何书？起自何时？却口耳相传成为习语,视为当然！笔者早在30多年前就认为这话不对,是自我退缩助长邪恶的错误心态！应改为："魔高十丈,道在其上！"并公开演讲,写成文章,加以宣传。

"道高一尺魔高一丈"与"君子道消小人道长"同义,是消极的慨叹! "魔高十丈道在其上"与"小人道消君子道长"同义,是积极的自信! 我们要乐观奋斗,高呼:"抓不住奸臣不煞戏!"

无意间在报端看到余英时院士也对"道高一尺魔高一丈"的习语不满,改之为"魔高一丈道高十丈"。其后余院士在耕莘文教院演讲,前往旁听。自由发言时曾提出"魔高十丈道在其上"与"魔高一丈道高十丈"两种说法请其比较,答称:"差不多!"我坚持二者不同。因为你说"魔高一丈道高十丈",对方也可说"道高十丈魔高百丈",这样推磨式的争论:永无已时! 若说"魔高十丈道在其上",就不能再争,就此打住了!

3. 骗骗小孩子么,何必认真?

这是大人常说的口头语,很要不得! 请看曾子杀彘的故事。《孔子家语》说:曾子夫人要去买菜,儿子纠缠无法动身,就说:"乖乖在家,回来就杀一条小猪给你吃!"孩子很听话,曾夫人回来后根本不提杀猪的事,曾子立刻杀猪,夫人说:"骗骗小孩子么,何必认真?"曾子说:"小孩子怎能欺骗呢?"还是把猪杀了。

曾夫人的话是给世人最坏的示范! 中国官场习于作伪,在上位者常以愚民政策骗人,都是骗骗小孩子的心态在作祟!

4. 说妈妈的话!

任何人一生下来,大概都是跟着妈妈学说话,因此,说妈妈的话,是自然而然的,不必强求,一定如此。渐渐长大后,就说家乡话,这就是方言。及至到了通都大邑:家乡话派不上用场,就用互相可以沟通的普通话。回到家乡在小圈子里要说家乡话,说妈妈的话,越土越好。到外面公众场合就要说普通话,让大家都能听得懂,否则鸡同鸭讲,毫无意义,而且产生隔阂,互相猜疑!

尽量说普通话(或称标准语言、国语)是对别人的尊重和对自身的要求。人民以标准语言交谈的比率,是衡量国家现代化的指标。最近大陆发表统计数字,全中国能以普通话沟通的人超过了百分之五十,都市较好,有百分之六十六,乡村较差,有百分之四十几。

中国的领袖人物都说普通话不提倡方言,譬如孙中山不提倡广东话,蒋介石不提倡浙江话,毛泽东不提倡湖南话。在台湾是例外,李登辉和陈水扁都提倡闽南话,贬抑普通话。为什么? 因为他们处心积虑,就是要制造隔阂,制造对立;蛊惑民众,保护自己;表面上是为"台独"铺路,实际上是掩饰自己和家人的贪腐,逃避刑法追诉,以免锒铛入狱罢了!

丁、结语

英国谚语说:"成功始于脑中!"多数人正确进步的思想,就会形成正确进步的文化;文化影响思想,思想影响文化;二者互动,相辅相成。

前英国香港总督葛理翰说:"十九世纪是英国人的世纪,二十世纪是美国人的世纪,二十一世纪是中国人的世纪!"现在二十一世纪已经开始,中国人加油啊!

前以色列总理梅厄夫人说:"犹太人到世界各地都不会被同化,唯有在中国是例外!"为什么? 与人为善,仁者无敌!

中国人要善自珍重,汰劣留良,勇猛精进! 且看说中国话,写中国字,思维言行中国化,渐渐地、自然地,就世界大同天下一家了! 遍布各地的中国人,爱好和平的炎黄子孙:加油! 加油! 加油!

(作者通信地址是:台北市罗斯福路五段一七○巷四十一号十楼之五)

敬祖、思乡、爱族爱国

——张道藩与盘县《张氏宗谱》

陈　奇　　余志英

张道藩，贵州盘县人，1897 年，即清光绪二十二年生，1968 年卒于台湾。青年时代留学英、法，专攻美术。1923 年加入国民党，历任青岛大学教务长、浙江教育厅厅长、国民党中央组织部副部长、宣传部部长、海外部长、国民政府交通、内政、社会、教育等部次长(《盘县张氏宗谱》第 55 页，1998 年印本。)，位至国民党中常委、"立法院长"。

1962 年，张道藩召集在台湾的张氏族人，主持纂修了盘县《张氏宗谱》。其时，他 65 岁，距辞去"立法院长"职 1 年，距 1968 年病逝 6 年。家谱的纂修，寄托了退居台湾的张道藩晚年不尽的尊祖敬宗、思乡怀旧、爱族爱国之情。

一

贵州盘县张氏，系清初由江南省，1645 年(清顺治二年)改明朝南隶省设置，治所江宁(今南京)。1667 年(康熙六年)分设为江苏、安徽两省。迁入。始祖张春宇，居江南省江宁府聚宝门外珠市巷。明末清初，王朝鼎革，社会动乱，张春宇鉴于"家计奇窘"，乃率同族兄弟国斌、国玺、国祥，"服贾黔之普安厅"，即今盘县。继"因市事肖(萧)条，遂各贸易地方"，国斌、国玺、国祥另走他方谋生，后裔散居贵州各府、州、县及云南、四川、湖南、湖北各省。"国斌等公分出后，惟知再传有瑾、瑄、元、义、瑜、珣六公，其子姓流寓地方虽时得传说……苦于清查无从。"张春宇留居普安厅北城外崇山营。自张春宇传至清道光年间的张崇高，历国、玉、文、维、成、士、崇，计 7 世，"丁口已近百人"(张崇高:《序》，《盘县张氏宗谱》,1998 年印本。);再历孝、友两世,至光绪年间的张友闳,计 9 世;再历家、道两世,计 11 世。张道藩生于 1897 年,即清光绪二十二年,当属入黔盘县张氏第十一世。

关于张氏家谱的纂修,张春宇入黔时,"恐未携有谱牒,仅获观抄谱一本,其派亦未注及"。至第七世、贡生张崇高时,鉴于"同支丁口已近百人,以后瓜绵椒衍,正未有艾,不以谱系相维,则昭穆之伦将致紊",乃聚族人,于 1840 年,即道光二十年修成入黔张氏第一部家谱。谱书将第五世张成纲以下"诸子孙之名字、事迹,搜罗补注,都成一帙,付之剞劂"。并拟订"士崇孝友、家道克昌、正心明德、永绍书香"16 字,"借作世序之源"。(张崇高:《序》,《盘县张氏宗谱》,1998 年印本。)此谱修成时,正值"兵燹频仍",人皆"以离乱为忧",张崇高"又以岁贡蒙兴郡府宪邀佐戎幕去",以至"各房子姓未及分刷,其版即毁。故移居他处者,生齿命名仍未按所拟十六字以派之"。第八世张继曾(孝字辈)"欲续其本,奈外则逆氛四起,内则家累百端,后虽由乡举入仕途,则又尽心于国计民生,于家谱之修未遑顾及"。第九世、贡生张友闳,"见族中丁口列益多人,计自崇高公后又得五世,日新月盛,倍增繁衍。修谱之举若再迟延,则群昭群穆必失其伦"。乃商之族弟,以张崇高刻本为基础,"增补校仇(雠)"(张友闳:《跋》,《盘县张氏宗谱》,1998 年印本。),于 1881 年,即光绪二十年成书刊刻。民国年间,第十世张家凤(1872～1943),即张道藩的父亲,欲续修宗谱,惜未修成。

20 年代末,张道藩从欧洲留学归国,任职南京国民政府,曾着手搜集先世族谱和有关资料,纂修新谱。不久抗战爆发,公务繁忙;退居台湾以后,又为"立法院"重任所苦,修谱心愿,一拖再拖。1961 年,张道藩辞去"立法院长"职,次年,修谱之事始得如愿。此时,距 1881 年张氏宗谱第二次修订已是 80 多年。张道藩手上有旧谱。此次修谱,除对光绪二十年(1881 年)谱本以后 80 多年间新增丁口作了登录外,还对原谱先祖事略作了必要的补充或说明。第一世张春宇,墓在南里板桥六亩冲。张道藩注:"裔孙道藩于民国三十五年夏返籍葬母,曾重修石墓,并另立碑,以后吾族子孙当易于寻觅也。"(《盘县张氏宗谱》第 11 页,1998 年印本。)第六世张士伟,"曾任本城千总"。张道藩注:"千总为带领民兵千人之武官。"(《盘县张氏宗谱》第 11 页,1998 年印本。)第九世张友夑,武庠。张道藩注:"平生诚朴,清末改经商,生平无是嗜好,不饮茶。……以勤俭二字勉子孙。"

（《盘县张氏宗谱》第23页，1998年印本。）第九世张友桐，与日本蒲原氏有一女名友子。张道藩注："曾于抗战时期来中国与友桐公相聚，抗战结束后仍返东京"。1957年到台湾与族人相聚一月。（《盘县张氏宗谱》第26页，1998年印本。）张道藩去台10余年，两岸关系隔绝，大陆族人世系、事迹不明，难以录入谱书，但去台族人宗系、事迹得以保存，为日后张氏宗谱修纂提供了宝贵资料。大陆改革开放以后，两岸关系解冻。1996年初，贵州省政府拟修"张道藩先生故居"，引发盘县张氏族人"木本水源之思，兴起整理谱系念头"。昔日旧谱未有保存，经多方联系，得获张道藩所修谱本，由张道儒牵头，于1998年完成张氏宗谱续修。（张道儒：《一九九八年续修后记》，《盘县张氏宗谱》第88页，1998年印本。）此谱合综两岸资料，张氏宗谱得以大致完备。

二

褒扬先贤，彰显名人，是家谱通常的内容。对于名人，不仅列其名号、生卒年月、婚配子女情况，而且介绍事略，大型家谱还专列名人传记。名人是家族的光荣，大名人、名人辈出更是家族的辉煌。彰显名人，固然是为了炫耀，但也有着深层次的意义。名人是什么？名人是楷模，是榜样；是激励，是鞭策；是追求的轨迹，成功的借鉴。同是祖先的子孙，同样流淌着祖先的血液，传存着祖先的血脉，别人能成功，我为什么不能成功？宗族的名人，家族的名人，特别是同辈的名人，同时代的名人，更具亲切感，更具垂范效应。同样见证过哇哇坠地的那一声啼哭，同样见证过儿时的幼稚、顽皮，同样见证过血肉之躯、七情六欲，别人能成功，我为什么不能成功？天资、悟性，勤奋、机遇，数者兼备，自然成就了辉煌，成就了事业；愚钝但勤奋，固不失为中人；愚钝而惰怠，剩下的当然只有悲哀。名人的出现，往往会产生巨大的名人效应，带动、催生家族的兴旺。这种名人效应，在张氏家族中同样得到了印证。

据《盘县张氏宗谱》记载，入黔普安张春宇一支，第一至第五世，即清初至乾隆年间，亦即17世纪中叶至18世纪晚期100多年间，未出现在社会上有影响的人物。至第六世，始有了一位武官张士伟（1754～？，乾隆十九年～？），"曾任本城千总"。（《盘县张氏宗谱》第11页，1998年印本。）千总统兵千人，相当于后世的团职。清代武官地位不高，品级却高，千总为正六品，高于七品知县。

成功的楷模，加上也许是经济条件的多少改善，至侄子、第七世张崇高

(1793~1859,乾隆五十八年~咸丰九年),勤奋攻读,科举中式,成为生员(秀才),并在两三年一次的考选中贡入国子监为生员(岁贡),后"蒙兴郡府宪邀佐戎幕"。(张友闵:《跋》,《盘县张氏宗谱》,1998 年印本。)

至第八世孝字辈,出了 1 个举人,1 个贡生,3 个生员,合计 5 个有功名者;1 位知县,1 位学官训导。张继曾(1834~1870,道光十四年~同治九年),乡试中举,历任四川新津、连筠、屏山、涪州等县知县,丙子(1870 年)科四川乡试同考官(《盘县张氏宗谱》第 17 页,1998 年印本。);张继周(1842~1867 年,道光二十一年~同治六年),生员,在岁科两试中名列一等前列,成为廪生(食廪生员)(《盘县张氏宗谱》第 18 页,1998 年印本。);张继志(1839~1892 年,道光十九年~光绪十八年),生员,在皇室庆典加贡考选中贡入国子监为生员(恩贡),署清平县训导(《盘县张氏宗谱》第 18 页,1998 年印本。);张继魁(1836~?,道光十六年~?),武庠(武生员)(《盘县张氏宗谱》第 18 页,1998 年印本。);张继勋(1843~?,道光二十三年~?),武庠(《盘县张氏宗谱》第 19 页,1998 年印本。)。

至第九世,出了 5 个贡生,1 个副榜,4 个生员,合计 10 个有功名者;知事、知县、县长各一人,县丞 1 人,吏目一人,教谕、训导各一人,国府秘书一人,把总、参谋副官各一人,合计入仕者 10 人。张友卜(1838~1875 年,道光十八年~光绪元年),生员,乡试副榜(备取举人),历官玉屏、荔波、独山县训导(《盘县张氏宗谱》第 23 页,1998 年印本。);张友夒(1840~1911 年,道光二十年~宣统三年),武庠(《盘县张氏宗谱》第 23 页,1998 年印本。);张友闵(1840~1913 年,道光二十年~民国 2 年),岁贡,历官安顺府训导、江西龙泉县县丞(《盘县张氏宗谱》第 24 页,1998 年印本。);张友孟(1846~1907 年,道光二十六年~光绪三十三年),岁贡,署余庆县教谕(《盘县张氏宗谱》第 24 页,1998 年印本。);张友程,生员,在 12 年一次的考选中贡入国子监为生员(拔贡)(《盘县张氏宗谱》第 25 页,1998 年印本。);张佩绅(1854~1928 年,咸丰四年~民国 17 年),廪生,侯选巡检、民国锦屏县知事(《盘县张氏宗谱》第 25 页,1998 年印本。);张友枢(1858~1930 年,咸丰八年~民国 19 年),副生(附录生员)(《盘县张氏宗谱》第 25 页。);张友棠(1862~1925 年,同治元年~民国 14 年),拔贡,历官印江县教谕、云南泰和县知县(《盘县张氏宗谱》第 26 页,1998 年印本。);张友梅;(1862~1933 年,同治元年~民国 22 年),生员,乡试取为副榜,贡入国子监(副贡),云南宣威州吏目(《盘县张氏宗谱》第 27 页,1998 年印本。);张友端(1866～1928 年,同治五年～民国 17 年),副生(《盘县张氏宗谱》第 27 页,1998 年印本。);张友荣(1884～1938 年,光绪十年～民国 27 年),归察特别区烟酒公卖局总办、国府秘书(《盘县张氏宗谱》第 26 页,1998 年印本。);张友桐(1882～? 年,光绪八年～?)清末留学日本,北京国民政府参事、普定县长(《盘县张氏宗谱》第 26 页,1998 年印本。);张友椿(1873～1914 年,同治十二年～民国 3 年),六品军功把总(《盘县张氏宗谱》第 28 页,1998 年印本。);张友辉(1880～1920 年,光绪六年～民国 9 年),武备学堂毕业,参谋副官(《盘县张氏宗谱》第 28 页,1998 年印本。)。

至第十世,出了 1 个举人,两个留学生,两位县长,一位武职把总。张希白(1865?～1955 年,同治四年～1955 年),光绪庚子(1900)、辛丑(1901)并科举人,四川候补知县、民国国会议员、山东临朐、浙江青田县长、贵州文史馆馆员(《盘县张氏宗谱》第 36 页,1998 年印本。);张家骏(1880～1925 年,光绪六年～民国 14 年)清末武职七品把总,民国初年为中华革命党党员(《盘县张氏宗谱》第 38 页,1998 年印本。);张家琦(1888～1952 年,光绪十四年～1952 年),民国玉屏县长(《盘县张氏宗谱》第 38 页,1998 年印本。);张家瑞(1888～1914 年,光绪十四年～民国 3 年),留学日本,同盟会会员,民国初年任黔军总司令王文华秘书(《盘县张氏宗谱》第 40 页,1998 年印本。);张家璇(1906～1973 年,光绪三十二年～1973 年),日本东京政法大学毕业(《盘县张氏宗谱》第 40 页,1998 年印本。)。

至第十一世(道字辈),跻身政界、军界者有张宣泽(1910～2000 年,宣统二年～2000 年),新疆迪化政务委员会主任(或主席)、贵州省府委员兼贵州日报社社长(《盘县张氏宗谱》第 56 页,1998 年印本。);张道宗,黄埔军校二期学生,参加过北伐、抗战,历任德江、凤冈、贞丰县长、遵义警备司令(《盘县张氏宗谱》第 51 页,1998 年印本。)。出国留学者有张道泓,留美商学硕士(《盘县张氏宗谱》第 57 页,1998 年印本。);张道深,留美化学硕士(《盘县张氏宗谱》第 58 页,1998 年印本。);张道澄,留美工业工程硕士(《盘县张氏宗谱》第 58 页,1998 年印本。)。其中最具影响的人物,自然首推留学英、法、历任国民党中央组织部副部长、宣传部部长、海外部长、国民政府交通、内政、社会、教育等部次长、位至国民党中常委、"立法院长"的张道藩(《盘县张氏宗谱》第 55 页,1998 年印本。)。近代以来,随着国门的打开、中外交流的扩大,张氏子弟除继续跻身科场、政界、军界外,进而走出国门,留学取艺,九世张友桐、十世张家瑞、张家璈、十一世张道藩、张道泓、张道深、张道澄,历历可数。

三

家谱的社会功能之一是道德教化。家谱一般都载有"家训"、"族规"、"家法"之类的内容,其中固然有不少属于封建的意识,但诸如尊敬师长、孝敬父母、倡勤俭、戒奢靡,以及忧国忧民的爱国主义精神、自强不息的奋争精神、追求真理的奉献精神等,也是值得后人汲取、借鉴、继承、发扬的。优秀的伦理传统是中华民族数千年文明的结晶,它曾经对中华民族的凝聚、对中华民族的发展产生过巨大的作用,传统伦理可以赋予新的时代精神而焕发其生命的活力。

盘县《张氏宗谱》没有明载"家训"、"族规"、"家法"之类的文字,而是将道德教化的治家理念寓于世序文字之中。1840 年,即道光二十年,入黔张氏第七代传人张崇高始修家谱,手订"士崇孝友、家道克昌、正心明德、永绍书香"16 字作为世序。世序文字表达了他诗书传家、德教兴族的理念,寄托了他昌盛家族的心愿。16 字文是张崇高的信条、期望,也是包括张道藩在内的历代张氏宗谱修纂者的信条及期望。

第一,"家道克昌",家族兴旺,宗族发达。兴旺发达,可以说是每一个家族的共同心愿。兴旺发达,其一是人丁兴旺,其二是团结和睦,其三是丰衣足食,其四是子弟成才。人丁兴旺、丰衣足食是大众的、普通层次的企求,子弟成才是更高层次的企求,团结和睦是人丁兴旺、丰衣足食、子弟成才的保证。

第二,"正心明德",实行德教。道德教化是实现"家道克昌"的重要保证。《大学》云:"大学之道,在明明德,在亲民,在止于至善。"(《礼记正义》,《十三经注疏》下册第 1673 页,中华书局 1980 年版。)道德教化的原则,在于明良善的德行,革新民心,使民达于道德的完善。"欲治其国者,先齐其家;欲齐其家者,先修其身;欲修其身者,先正其心"。"心正而后身修,身修而后家齐,家齐而后国治,国治而后天下平"。(《礼记正义》,《十三经注疏》下册第 1673 页,中华书局 1980 年版。)使不正之心归于正为正心,正心是治理家庭、治理家族、进而治理国家、安定天下的德行基础。

家族也是一个小社会。家族的兴旺发达,仰赖家族的治理。家族治理主要依靠族规民约,依靠族众舆论的软性约束及道德的教化。褒扬先祖遗德,进行美德教化,传承良善族风,无一例外都是家谱编纂的重要内容与宗旨。

第三,"士崇孝友"。孝是古代伦理的根本。孝的内容,一为"谨身节用,以养父母";二为"立身行道,扬名于后世,以显父母"。(《孝经注疏》,《十三经注疏》下册)在家能尽孝,入世即能忠君友朋。这种准则,固然是封建时代的遗风,更多地带有专制独断、愚孝愚忠的成分。但是,去除其专制愚昧的成分,加以新时代的改造,忠、孝依然有着它合理的因素及继续存在的理由。父母是长辈,是老人,需要更多的关爱、照顾。孝敬父母,赡养老人,让老人安度晚年,是做人的基本准则。服务社会,尽忠本职,尽忠民族,尽忠国家,这也同样是任何一个社会、任何一个国度都需要的。"孝友",孝敬父母,和睦友朋。友朋,首先是敬兄友弟,和睦弟兄,进而推广至邻里、朋友,和睦邻里、和睦友朋。与人为善,宽厚包容,忠诚不欺,关爱他人,才会有家庭的融洽,家族的和睦,社会的和谐,国家的安宁,才会有家族的兴旺,国家民族的兴旺。

第四,"永绍书香"。兴学、读书、接受教育,是道德教化的重要手段。诗书传家更能使人长知识,长智慧,帮助人成才,提升人谋生的本领,提升人服务社会的能力。

四

张道藩主持纂修盘县《张氏宗谱》,寄托了他不尽的尊祖敬宗、思乡怀旧、爱族爱国之情。

国有史,方有志,家有谱,家谱与国史、方志三位一体,构成为中国传统史学的完整体系。三者都是史,但又有各自的侧重。国史以国为反映主体,研究一个大地域的历史;方志以地方为反映主体,研究局部地域的历史;家谱以一个家族为反映主体,研究一个更为小地域的历史。国史、方志主要反映主体的社会关系史,家谱主要反映人类的血缘关系史。

中国家谱的编纂历史悠久。周代的《世本》记录了黄帝迄春秋诸侯大夫的氏姓、世系、迁居、制作、名号,是家谱的开山之作。汉代家谱之作不绝于缕,并始有"谱牒"之名。魏晋南北朝时期,门阀势力极度膨胀,士家大族在政治上形成强大的势力,官员的提拔、婚姻的取舍,以门第高下为标准,记载家族世系的谱牒便显得格外重要,修谱之风盛行。唐宋以后,科举取士代替了门阀制度,官员选拔主要凭才能,不矜门胄,家谱由过去别选举、定婚姻、明贵贱的社会政治功能转变为尊祖、敬宗、收族的伦理道德教化功能。明、清时期,私家修谱蔚然成风。1949 年以后至"文革"时期,家谱被简单地认定为宣传封建宗法思想的糟粕,打入禁区,甚至被视为"四旧"而惨遭焚毁。20 世纪 70 年代末,家谱编纂、搜集、研究、使用重新受到关注、重视。1988 年,"中国谱牒学研究会"及"中国家谱资料中心"在山西成立,并于 1988、1991 年召开了两次全国性的谱牒学研讨会。1997 年,中华书局出版了《中国家谱综合目录》,收录 1949 年以前的家谱目录 14 700 余种;2000 年,上海古籍出版社出版《上海图书馆馆藏家谱提要》,录入家谱 11 700 余种;2000 年,由上海图书馆主编、全球 25 家机构协作的《中国家谱总目》启动,预计 2007 年底完成。而在海外,美国盐湖城"犹他家谱学会"从 1894 年起即成立了家谱学会图书馆,累计拍摄了中国家谱 17 000 余种,成为世界上收藏中国家谱微缩胶卷最多的单位。在台湾,由于两岸长期隔离,台湾同胞思乡心切,寻根情深,宗亲组织如林,续修家谱成风。1979 年,登记在册的宗亲会达 220 余个;有的宗亲会系联宗,如张、廖、简宗亲会人数达 200 余万,几占台湾人口的 10%。张道藩为"立法院长"时,立法委员张九如曾与他商议发起组织张氏宗亲会,他即托付张九如草拟了组织缘起,做了一些筹备工作。后来虑及树大招风,遭人借词攻讦,最终搁置。1987 年台湾区姓谱研究所发行的《台湾区族谱目录》,录入台湾地区家谱 10 600 余种,其中 80% 以上为近 50 年所编。大陆改革开放以后,台湾同胞纷纷回乡探亲,寻根问祖。宗谱编撰的情氛如此炽烈,追宗溯源的活动如此高涨,不能不说与台湾长期孤悬海外、人心思念大陆、渴望祖国统一有关。张道藩自然地也融入了这股宗谱编撰的热潮之中,盘县《张氏宗谱》就是这股宗谱编纂热潮的产物之一。

修家谱与撰正史、编方志一样,是中华民族优良的文化传统。中华民族历经数千年而不衰,与修史这种优良文化传统不无关系。参天之树,必有其根;怀山之水,必有其源。家谱记载着家族的起源、繁衍历史,提供了寻根问祖的信息,强化了同族子孙的血缘观念,强化了对同一种族的认同意识,生发出同出于一"根"的亲近感,从而相亲相爱,和睦友善,互相关心,互相帮扶,为家族的兴旺发达齐心协力。家谱的编纂与研究,有助于增强民族的凝聚力。

一个民族要生存、要发展,必须有强大的凝聚力。凝聚力有很多种,经济上的共同利害,政治上的共同利害,文化上的认同,都是凝聚力,而血缘的关系、血缘的纽带,也是一种凝聚力。子女的血管里流淌着父母的血液,家族的血管里流淌着祖先的血液,推而广之,大陆同胞、台港澳同胞、海外侨胞的血管里都流淌着炎黄子孙的血液。原始时代,人群以血缘关系为纽带,组成母系氏族社会、父系氏族社会,血缘关系在人们的社会关系中发挥着决定性的作用。奴隶制时代、封建时代,王位的继承、族长的继承以血缘关系为依据,血缘关系在社会政治生活中起着重要的作用。在近现代社会,血缘关系依然是人们社会关系中的重要因素。人类自身的再生产依然是由家庭来承担的,家庭依然是社会的细胞,依然是社会最基层的单位。家庭内部,父母不仅是子女血肉之躯的创造者,而且因为血缘上的关系,进而成为经济上的养育者,语言文化、思想、知识、技能的启蒙教育者;反之,子女也因为血缘的关系,承担了对父母的关爱、赡养种种义务。这些关系缘于血亲,而又超越血亲,在血亲之外,增加了种种社会关系。这种关系由直系血亲扩大到三代血亲、四代血亲,扩大到更为广泛的宗族血亲。家谱既是人生轨迹的独特记录,也是留恋、追寻的产物。

改革开放以后,中国人掀起了一股寻根热潮。家族开始修谱,寻根问祖;台港澳同胞奔赴大陆,寻根问祖;海外侨胞回国返乡,寻根问祖。寻根的人们,不约而同都寻到了河南,寻到了中原——中华民族最早的发源地。历史悠久的谱牒学,造就了中国人生生不息的寻根意识,造就了中华民族强大的凝聚力、同化力及认同感。历史悠久的谱牒学,造就了中国人生生不息的寻根意识,造就了中华民族强大的凝聚力、同化力及认同感。

寻根问祖的中国人,对得姓始祖或者说对系谱的终极追溯往往是直指黄帝,由此上溯到炎黄。家谱所具有的这种沟通个人及家族乃至整个中华文明的功能,载明了中国人同源同种、一脉相传的历史,这种历史成为中华民族具有强大向心力、凝聚力的重要因素之一。以张姓而论,最新统计资料显示,张姓是中国的第三大姓,有人口8 750万,占全国人口总数的6.83%。(《"王"成为中国第一大姓》,《贵阳晚报》2007年4月25日第13版。)在台湾,张姓同样是大姓,达150万,向有"无张不成乡"之谚。台湾张姓同台湾80%以上的各姓居民一样,绝大多数都是从大陆闽南迁徙而去的客家人。1949年国民党政权退居台湾,形成为大陆人口迁居台湾的一次高潮,贵州盘县张氏家族的少数成员,也成为这次迁徙的组成部分,成为台湾张氏宗族的构成部分。《盘县张氏宗谱》限于资料的缺失,对于先祖的追溯仅止清初江南省应天府。而有关张氏姓的研究则表明,所有张姓的始祖无一例外都追溯到挥,而挥与传说中的五帝之一的颛顼同为黄帝之孙。颛顼建都帝丘(今濮阳),挥辅佐颛顼,发明弓箭,被封为弓正,又称弓长,故得为张姓。濮阳属今河南,亦即历史上中华民族发祥的中原之地。同中华民族的绝大多数姓氏一样,张姓的终极始祖也是黄帝,同属炎黄子孙。

暮年的张道藩,意识到自己的来日不多了,意识到两岸的统一短期难以实现,他难以再见萦思梦想的大陆、他的家乡贵州、他的故乡普安、他的亲人、他熟悉的大山、他熟悉的黔西北方言,乃至酸菜汤、折二根。对亲人的思念是那样浓烈,对故土的眷怀是那样强烈,怀旧的思绪是那样难以挥去。宗谱的编纂就是这一切思念的结晶。我是谁?我从哪里来,我的根在哪里?在宗谱中,他记载了祖宗所自来,记载了张姓宗氏的传承脉络。他要告诉在台的族人,告诉族叔张家璈、堂弟张宣泽、张道澄、张道涵,侄儿张克任,告诉侨居美国的妹妹张舜琴、堂弟张道泓、张道深、女儿张克勤,告诉台湾的、海外的张氏家族的子孙后代,他们的根在中国,在大陆、在贵州、在盘县,他们的血管里流淌着张氏的血液、流淌着中华民族的血液。这种浓郁的尊宗敬祖之情、思乡恋土之意、爱中华、爱中国之心,成为张道藩坚持一个中国、反对"台独"的精神源泉之一,盘县《张氏宗谱》的纂修,是张道藩一个中国观的见证。

参考资料:

[1]《盘县张氏宗谱》,盘县 1998 年印本。

[2]张崇高:《盘县张氏宗谱》,《序》,盘县 1998 年印本。

[3]张友闵:《盘县张氏宗谱》,《跋》,盘县 1998 年印本。

[4]张道儒:《一九九八年续修后记》,《盘县张氏宗谱》,盘县 1998 年印本。

[5]转引自吴强华:《家谱》,重庆出版社,2006 年版。

[6]《礼记正义》,《十三经注疏》,下册,中华书局,1980 年版。

[7]《礼记正义》,《十三经注疏》,下册,中华书局,1980 年版。

[8]《"王"成为中国第一大姓》,《贵阳晚报》,2007 - 04 - 25。

(作者为贵州师范大学历史系教授)

地域文化研究的历史回顾与价值探讨

雍际春

近年来,地域文化研究高潮迭起,方兴未艾,大有成为"显学"之势,显示出旺盛的生命力,具有广阔的发展前景。这说明地域文化及其研究对继承和弘扬优秀传统文化,发展社会主义先进文化,推动地方经济社会与文化建设,都具有重要意义和独特价值。

一、对地域文化研究的历史回顾

所谓地域文化,就是一定地域内历史形成并被人们所感知和认同的各种文化现象。研究地域文化,旨在探讨其在历史形成过程中的整合演变轨迹及其形态特征,并揭示其空间组合关系和地域特色。从而为区域文化发展和推进社会文明,继承传统文化和建设社会主义先进文化提供服务。

晁福林先生指出,我国地域文化的产生约起自旧石器时代中晚期,至新石器时代初即初露端倪,如燕山、阴山一带,黄河流域,长江流域三大地区的文化开始形成自己的特点。再经夏、商两代的发展,到西周的封邦建国,地域文化渐趋成熟。李德勤在《中国地域文化的形成与发展》中说:"只有当某一区域达到成就上的一致性,出现在此地域上的文化丛和文化结构时,真正的区域文化才算形成。"周代各封国以政治和经济的运作使区域文化由"自然"状态向有目的的主动创造发展,并确立了自己在该文化区域的中心地位。进入春秋战国时期,随着宗法制的崩溃,地域文化格局形成。正如冯天瑜《中华文化史》所指出的那样,"地理差别,从经济上制约了文化的区域构成;邦国林立,从政治上强化了文化的区域分野;大师并起,从学术上突出了文化的区域特色;而上古时代丰富多彩的民风遗俗的流播传扬,又形成了风格各异的区域文化氛围"。其时,以列国分野为主体的各地域文化,为光辉灿烂、绵延博广的中国传统文化的形成做出了重要贡献。

至秦汉大一统王朝一系列文化统一措施的实施,致使各地域文化由异彩并呈而发生剧变,有的地域文化的某些方面上升为主体文化,而另一些地域文化的某些内容则趋于消失或被其他文化所吸纳。但是,各地域长久积淀的风俗习惯、价值观念等深层文化却在物质与制度文化消失之后仍顽强地附丽于其赖以产生的地域之上而传之久远,并在此后地域文化的融通整合中仍然发挥着重要的作用。秦汉以降,伴随着政权更迭、统一与分裂的交替,民族间的战争与交流融合,各地域文化既成为中华文化大系统中的子系统,又在文化趋同与趋异的激荡中得到继承、发展、交融、创新和壮大,并为中华文化不断注入养料与活力。中华文化古今一脉绵延至今,为并世罕有,异彩纷呈、充满特色与魅力的地域文化可谓功不可没。

不同的民族在不同的生活环境中,逐渐形成各具风格的生产方式和生活方式,孕育了各种文化类型;同一民族又因生活环境的变迁和文化自身的运动规律,在不同历史阶段其文化呈现出形态各异的特征,所谓"文变染乎世情,兴废系于时序。"(《文心雕龙·时序》)正是对文化民族性或地域性与时代性最好的概括。我国先民对地域文化的认识和论述,最早正是从地域差异和民族性上加以分析把握的。《礼记·王制》篇曰:"凡居民材,必因天地寒暖燥湿,广谷大川异制,民生其间者异俗,刚柔轻重,迟速异齐,五味异和,器械异制,衣服异宜,修其教不易其俗,齐其政不易其宜。"并将"天下"区分为"中国"与"戎夷",认为"中国戎狄五方之民,皆有性也,不可推移。东方曰夷,被发文身,有不火食者矣。南方曰蛮,雕题交趾,有不火食者矣。西方曰戎,被发衣皮,有不粒食者矣。北方曰狄,衣羽毛穴居,有不粒食者矣。中国、夷、蛮、戎、狄,皆有安居、和味、宜服、利用、备器。五方之民,言语不通,嗜欲不同。"《左传·襄公十六年》载戎子驹支语曰:"我诸戎饮食衣服不与华同,贽币不通,言语不达。"《吕氏春秋·为欲》也说:"蛮夷反舌殊俗异习之国,其衣服冠带、宫室居处、舟车器械、声色滋味皆异,其为欲使一也,三王不能革,不能革而功成者,顺其天也。"这反映了古人从文化生态的差异来认识和区分不同民族之间的文化差异。

　　古人很早也认识到不同地区民俗传统的差异,《礼记·王制》篇中还有:"王使太师陈诗以观民风"的记载,是人们通过民谣诗歌体察民情的反映。《诗经·国风》诸篇,大致按列国地域将当时的全国划分为十五个地区汇集诗歌,生动地表现出各个文化区域的风土人情和文化风貌,这是将文化按地域类分的先声。《史记·货殖列传》曾将中国划分为四大经济区,进而按列国地域分全国为17个地域,并分别论列各地物产、民俗与文化的特点。班固《汉书·地理志》篇末收有朱赣按"域分"(即按不同历史区域划分民风民俗)专论20余个区域的风俗地理的文字,这些区域大致就是秦汉时期的地域文化。这些实例表明,从地域文化角度认识和论述中国文化及其区域特征,至迟从先秦以来已很盛行。先秦至秦汉时期人们对于中国地域文化的划分和习称,两千多年来一直被人们广泛认同或沿袭,这一趋向时至今日仍然清晰可辨。

　　近代以来,对于地域文化进行研究的学者,首推梁启超。早在1903年,梁启超受西方"地理环境决定论"思想的影响和启发,在其主编的《新民丛报》上,接连发表了《地理与文明》、《中国地理大势论》、《地理与文明之关系》等文章,就生产方式、民族精神、社会风俗、学术思想、宗教信仰、战争性质、文学艺术的差异等问题,率先阐述了中国地理与历史文化的关系。他在《近代学风之地理的分布》一文中认为:"气候山川之特征,影响于住民之性质。性质累代之蓄积发挥,衍为遗传。此特征又影响于对外交通及其他一切物质生活,物质生活还直接影响于习惯及思想。故同在一国,同在一时而文化之度相去悬绝。或其度不甚相远,而其质及其类不相蒙,则环境之分限使然也。环境对于当时此地之支配力,其伟大乃不可思议。"此语虽然有夸大地理环境作用之嫌,但对文化与地域的关系不乏洞察力。接着,章太炎、刘师培等人也撰文加入讨论。同时,西方的人文地理学著作也接连介绍到我国,如李希霍芬的《中国》、亨透顿的《气候与文明》、雷克吕的《人与地》等,都引起很大反响。在此基础上,我国人文地理随20年代高等地理教学的发展而兴起;加之五四新文化运动引发的中西文化大论战,吸引了不少学者重新审视和评析中国传统文化,也直接推动了对中国历史文化地理的重视和讨论。以1923年丁文江发表的《中国历史人物与地理的关系》、顾颉刚《论闽中文化》及线啸筠《清代学者之地理分布》等文章为标志,出现了探讨中国历史文化地理相关问题的高潮,而且涉及的领域也比较广泛。如探讨中国文化起源与源地的文章,主要有李长傅《中国文化起源与世界文化移动之研究》,林惠祥《中国文化之起源及发达》,王聚贤《中国文化发源于东南发达于西北》,贾丰臻《中国文化的起源与发达》等为代表。研究文化区域及特征的有贺昌群《江南文化与两浙文人》,陈寅恪《天师道与滨海地域的关系》,史念海《秦汉时代关西人民的尚武精神》等。中国文化与地理环境的关系方面,有张印堂《在中国古代文化之发展及其地理背景》,杜畏之《古代中国人之地理环境》,孟世杰《中国文化扩展之地理背景》,胡翼成《中国文化之地理背景》,阎焕文《中国文化之地理解释》等文章。特别是顾颉刚先生《黄河流域与中国古代文明》一文,从黄土的性质,我国古代气候及植被的演化,还有交通等方面论证了黄河流域是中华文化摇篮的原因。在文化交流与传播方面,主要有郑寿麟《中西文化之关系》,张星烺《中西交通史料汇编》,向达《中西交通史》,方豪《中外文化交通史论丛》等著作;何炳松《中国文化西传考》,陈铨《东方文化对西方文化的影响》等文章,这些论著从不同侧面论述了宗教、音乐、文化交流与传播等问题。上述刊布于三四十年代的论著,虽然大部分并非专门探讨历史文化地理问题,但也从不同角度涉足并探讨了中国历史文化地理的相关问题,对中国历史文化地理学科的产生具有积极的促进作用。

二、改革开放以来地域文化研究的新进展

　　新中国成立后,我国历史文化地理和地域文化研究,由于忽视人文地理学和批判"文化史观"片面化的影响而长期处于停滞状态。直至改革开放以来,伴随传统文化热而摧生了历史文化地理学与地域文化研究的迅猛崛起,特别是随着我国经济的全面振兴,区域社会经济竞争的加剧,各地竞相开展地域历史文化研究,使这方面成果异彩纷呈,主要表现在一是大型地域文化丛书相继问世,早自1991 年,辽宁教育出版社推"中国地域文化丛书",积十年之功,该套丛书列出三秦、齐鲁、中州、荆楚、燕赵、台湾、吴越、两淮、徽州、三晋、巴蜀、江西、八闽、滇云、关东、草原、琼州、陇右、西域、岭南、青藏、黔贵 24 个文化区域,分册连续出版,社会影响巨大。1997 年,山东美术出版社推出了蒋宝德、李鑫生主编的又一套大型地域文化学术专著《中国地域文化》(上下册)。该书既有对中国传统文化发

展的概括论述,又分齐鲁、楚、三晋、秦、中原、关东、蒙古草原、吴越、燕赵、藏、巴蜀、新疆绿洲、岭南、云贵、台湾、客家、潮汕等 17 个地域,分卷专题探讨并合编出版。再如大型丛书《中国文化通志》亦有《地域文化》分卷。类似上述涉及全国性的大型地域文化丛书的出版,对于宣传普及和深化对地域文化的研究,发挥了十分巨大的作用。至于各省、各地区甚至各市县编写出版的区域性历史文化丛书,乡土旅游丛书以及风物名胜介绍类图书,大多都有对各地地域文化的介绍和论述,数量及种类可谓洋洋大观,显示出地域文化普及与宣传已经深入人心且大受欢迎。

二是学术研究迎头赶上,从 20 世纪 80 年代开始,地域文化及历史文化地理研究发展很快,严耕望《我国学术地理与人才分布》一文和 1983 年三联书店出版的香港学者陈正祥教授编著的我国第一部历史文化地理专著《中国文化地理》及《中国历史与文化地理图册》,为 90 年代文化地理研究奠定了基础。从 1986 年谭其骧在《复旦学报》第 2 期发表《中国文化的时代差异与地区差异》及《历史人文地理研究发凡与举例》等文章,身体力行并大力倡导包括历史文化地理在内的历史人文地理研究以来,国内先后有周振鹤、游汝杰《方言与中国文化》、赵世瑜、周尚意《中国文化地理概论》和王恩涌《中国文化地理》出版,对历史文化地理学科建设产生了积极影响。接着,卢云博士所著国内第一部断代历史文化地理专著《汉晋文化地理》(1991),1993 年张步天所著系统论述中国历史文化地理的《中国历史文化地理》专著相继出版。雍际春《论历史文化地理学的研究对象、科学内容及其任务》(1994)一文,首次较为系统地对历史文化地理学科基本理论进行了论述和构建;周振鹤《秦汉风俗地理区划浅议》(1996)、毛曦《历史文化地理的理论与方法》(2002)也对历史文化地理学理论进行了卓有成效的探讨,丰富了学科理论和方法。由此,历史文化地理与地域文化研究已进入丰收期。此后,曾大兴《中国历代文学家之地理分布》(1995),高曾伟《中国民俗地理》(1996),程民生《宋代地域文化》(1997)、周振鹤主编《中国历史文化区域研究》(1997)、王子今《秦汉区域文化研究》(1987)、胡兆量《中国文化地理概论》(2001)、毛曦《中国新石器时代文化地理》(2002)等专著相继出版。其中,《中国历史文化区域研究》一书,从语言、宗教、风俗文化区和文化重心区、区域文化地理、人物地理诸方面对历史文化地理和地域文化进行了深入探讨,在理论和实践两方面创获颇多,代表了在历史文化地理和地域文化研究方面取得的最前沿成果。

三是区域历史文化地理和地域文化研究成果丰硕。在区域文化地理研究方面,有司徒尚纪《广东文化地理》(1995)、张伟然《湖南历史文化地理研究》(1995)、《湖北历史文化地理研究》(2000),蓝勇《西南历史文化地理》(1997),张晓虹《文化区域的分异与整合——陕西历史文化地理研究》(2004)等,都是区域历史文化地理方面具有开创性、代表性的力作。在地域文化方面研究专著和学术论文数量颇多,其中,对齐鲁文化、三秦文化、巴蜀文化、中州文化(包括河洛文化)、三晋文化、徽学等相对论著更多,研究也较为深入。以邹文山等所著《齐文化与先秦地域文化》为代表的一大批地域文化研究著作的出版,标志着地域文化研究已成燎原之势,显示出地域文化研究不仅充满活力,而且具有更为广阔的发展空间。

四是地域文化研究走向深入和细致。进入本世纪,地域文化研究的势头更为强劲,一方面文化作为综合国力的重要方面,其作用和价值被越来越多的人们所认识。因而,各地各级政府对地域文化的研究与开发都非常重视,并给予积极引导和大力支持,使更多的人们开始关注和探讨本地文化,这直接推动了研究的持续和深入。各地地域文化研究的学会和各地高校的地域文化研究机构纷纷成立,与地域文化为主题的学术会议和著作文集接连推出,显示出地域文化研究一派兴旺景象。另一方面,地域文化在宣传当地,展示其形象,揭示其魅力,促进旅游开发和招商引资等方面,具有独特的优势和不可替代的价值。而这一优势与价值,只有经过深入挖掘、科学研究和系统整理才能发挥其应有作用。所以,伴随地域文化研究基础性工作的深入,目前地域文化研究又呈现出在空间上地域划分变小和研究内容上关注深层内涵与精神特质的趋向。例如就地域划分来说,齐鲁文化被分为齐文化和鲁文化,吴越文化分为吴文化与越文化,从燕赵文化分出赵文化,从中州文化分出河洛文化,从陇右文化分出陇右与河西文化等等。地域文化研究的核心与关键,就在于对区域文化地域特性的概括与揭示,对地域空间的细化和内容探讨的深层化,实质上是地域文化研究走向深入的具体反映。

三、地域文化研究的时代价值

中国民族的多元格局,地理环境的差异性,决定了地区之间、民族之间、不同的经济形式和生活模式之间的不平衡,作为这种不平衡性综合反映的文化,也就依然存在着地域特性,而且这种地域性还将长期存在。因此,在新的历史条件下,要继承优秀文化传统,弘扬和培育中华民族新精神,研究和开发地域文化都是至关重要的。

首先,研究地域文化是社会主义先进文化多样性和时代精神的具体展现。我们建设和发展的社会主义先进文化,既是丰富多彩的,也是昂扬向上的。它的丰富多彩,既体现在形式多样和内容丰富上,也体现在不同地域、不同群体的群众因地制宜、采取当地人们喜闻乐见的表现形式和消费行为上。因此,这种引导、鼓励、愉悦人们精神的先进文化,必然是一种一体结构中的多元绽放。而地域文化正是这种先进文化多元绽放和多样化发展的重要载体和具体展现,而且,也是先进文化不断发展、不断创新、不断交融、不断升华和弘扬培育新的民族精神的根基所在和力量源泉。

其次,研究地域文化是继承民族优秀文化的主要途径之一。文化的民族性和特殊性包含着人类文化的共同性,文化的共性寓于文化的个性之中。源远流长、博大精深、一体多元而又丰富多彩的中华文化,其显著特点之一就是自战国以来产生了特色鲜明、风格各异、兼容互补、渗透力和生命力极强、数量众多的地域文化。无论中华文化的发展与创新,趋同、趋异或是中华民族精神的形成与锤炼、升华或再造,都与地域文化的兴衰发展、增益转换息息相关。中华传统文化的优秀成分和中华民族精神的个性魅力,往往深植于各地域文化之中,各地域文化是中华传统文化和民族精神个性风格与内在价值的直接承担者。所以,研究和探讨中华地域文化的历史变迁和时代发展以及内涵特色,实际就是对中华传统文化和民族精神的直接揭示,也是继承传统文化和弘扬民族精神的主要途径之一。

再次,研究地域文化,是弘扬和培育民族精神的关键环节。弘扬是在继承基础之上的发展,培育也必然是在继承基础上的创新,惟有如此,民族精神才能在弘扬中培育和发展,在培育中不断弘扬和升华,才能永葆青春与活力,发挥民族之魂和文化之核的作用。研究地域文化是揭示传统文化与民族精神内在继承性和时代性规律与轨迹的中介与凭借,也是弘扬与培育民族精神的历史素材和现实养料。要继承和弘扬传统民族精神,进而培育再造展现和引领时代潮流的民族新精神,地域文化的研究既是切入点,也是出发点。

第四,研究地域文化,是因地制宜,全面建设小康社会和实现中华民族整体复兴的现实需要。我国地域辽阔、民族众多,各地之间地理环境和人文条件差异明显,因而,各地域间在政治、经济、文化和社会生活方面的发展存在着明显的不平衡性。而这种不平衡性又集中反映在综合展现一个地区人们群体素质、价值取向、行为模式与精神境界的文化面貌上。因此,我们要走向现代化、全面建设小康社会,实现中华民族的伟大复兴,就必须从实际出发,因地制宜,采取灵活多样、各有侧重、区分层次和分步实施、全面推进的文化发展战略,不断提高国民素质,以带动各地域间文化与政治、经济的协调发展。地域文化对于促进经济的协调发展和小康社会的全面实现具有双重意义。一方面立足各地域文化的实际现状和个性特色,扬长避短、大力扶持、重点引导和积极推进地域文化的发展,使其在多样化、多层次发展的基础上既百花齐放又不断融入主流文化当中,从而充分发挥文化的导向、激励和规范功能。另一方面,地域文化也是一种资源,在发展地域文化的同时,挖掘地域文化资源优势,兴办文化产业,打造文化品牌,则是振兴区域经济和促进区域社会发展的有效途径。充分发挥地域文化优势,既可带动和促进区域政治、经济和社会的进步与发展,又会不断塑造和培育新的民族精神。因此,地域文化的存在和延续,一定程度上是区域社会经济与文化发展不平衡的反映,而要缩小和消除发展的不平衡,研究、挖掘和开发地域文化至关重要、不可或缺。

第五,研究地域文化,是实施爱国主义教育的重要一环。爱国主义是中华传统文化和民族精神中一以贯之的优良传统。爱国主义不是一句空洞的口号,是国民精神情操与具体实践的有机统一。爱国主义必须从爱家乡、爱故土做起,而地域文化是实施爱国主义教育取之不尽的宝藏和财富。地域文化中那些名胜古迹、文化景观、遗址文物、英雄烈士、乡贤学士及其作品与精神产品,都是开展爱国主义教育的绝好素材。研究、挖掘、开发地域文化资源,无疑是深化爱国主义教育,增强民族自豪感、自信心和弘扬培育民族精神的重要一环。

第六,发展地域文化,是社会主义先进文化建设的重要议题。发展地域文化是建设社会主义先进文化的重要议题之一。社会主义先进文化既是对时代进步和主流思想的理论概括和理性展现,它引领着大众文化发展的主流方向和精神追求;同时,先进文化又需要包括地域文化在内的各种亚文化的支撑和滋养。所以发展地域文化对社会主义先进文化的具体实践落实和不断创新发展,都具有重要意义,而且,地域文化的发展与研究开发,也构成社会主义先进文化重要内容之一。

越是民族的就越具有世界性,研究、开发和发展地域文化,既是继承中华优秀文化传统和弘扬民族精神的重要途径,也是整体推进社会主义文化建设,全面实现小康社会的重要举措。地域文化的研究与开发越是深入,越有助于中华优秀文化传统的继承和社会主义先进文化的发展,也更有利于中华民族精神的弘扬和培育。只有这样,面向新世纪的中国文化才能更好地走向世界。

参考资料:

[1] 晁福林:《天玄地黄》,巴蜀书社 1989 年版。

[2]李德勤:《中国地域文化的形成与发展》,载《先秦史与巴蜀文化论集》,历史教学杂志社 1995 年版。

[3]邱文山等:《齐文化与先秦地域文化》,齐鲁书社 2003 年版。

[4]冯天瑜等:《中华文化史》,上海人民出版社 1990 年版。

[5]梁启超:《饮冰室合集·文集之十》。

[6]《二十世纪初孟德斯鸠地理环境决定论东渐述论》,刊《东西方文化研究》创刊号。

(作者为天水师范学院陇右文化研究中心主任、教授)

愿安阳洹水商都永恒光明

（台湾）高安泽

一

洹水史地考：甲骨文——《殷契粹编》一〇六·一，有"东洹"。《库方二氏所藏甲骨卜辞》一〇九，有"西洹"。《殷墟文字甲编》一〇六一，有"洹水"。《史记·殷本纪》正义："《括地志》'相州安阳，本盘庚都，即北蒙。'《竹书纪年》'北蒙曰殷墟，西南有洹水，南岸三里有安阳城'。"《史记·项羽本纪》："章邯使人见项羽欲约，项羽乃与期洹水南，殷墟上"郭沫若 1955 诗："洹水安阳名不虚，三千年前是帝都。"石璋如于《中国历史地理·史前篇》云："民国 20 至 26 年，沿洹河多次调查，以后周、高井台子、小吴村、同乐寨、永安寨、大正集、小方山等处，有多次曾发掘。"古今贤人都曾言洹水，只是后称洹河，又说安阳河。

《殷墟博物苑》创刊号，刘起釪《卜辞的河与〈禹贡〉大伾》篇：《宁》三·四〇"贞呼□目……□河抵□洹。"河水与洹水同一片进行。杨升南《殷墟甲骨文中的河》篇："河作地名讲，即今日之黄河。但也有作祭祀讲，如甲文中有高祖河。"日人石田千秋《殷墟与洹水的关系——殷墟圣地考》篇："殷墟附近的洹水，绕丘岭地曲折。"《殷墟文字乙编》五二六五"在首都，也有面临水边，且名为丘商的小丘，曾是都的圣地。"

《安阳县志》有《殷时邑东故大河考图》："大河由南至北，流内黄县西，在浮丘、大伾、紫金、凤凰山北，是一片大湖，大湖西边南是汤水，北近洹水，再北与漳水合流。大湖东端南岸，注明河亶甲君相筑此。"安泽疑此为今之卫河，也为古黄河。今黄河东移，顺济河北流。民初内黄常淹水，难民多逃安阳。安阳民俗：

"夜不打五更,传说敲打五更梆子,老黄河就要回家,怕遭水灾"。

《安阳县志·第十区图》:"渔泽镇在漳河南岸,有条支流向东南,如树枝般分叉。东支流豐乐镇,南支流洹上村,西南支经洪河屯南夏寒北流入洹水。"民初夏寒西北,官寺村南,麻水村东,有条旱河滩,河床大过洹河两倍。传说上流山崩,水道改移,甲骨文资料有商末洹水浅,是商灭亡之兆。此河俗名粉红江,可能是浊漳,上流山崩应在此时。近年有学者,研究考察渔泽,有殷商资料。渔泽有水陆码头,殷墟当时必更繁华。

今学者郑杰祥著《商地理概论》,《商末人方图》和《殷商卜辞地名图》:"有洹河、古黄河、今黄河、卫水等。"古黄河由郑州西和洛阳东北流,如今之卫水。今黄河由开封东北流,如古之济水。安泽认为古黄河接近殷墟,洹河两岸有土丘,既有水利之便,却无淹水之虞,盘庚选此定都,实为智慧之举。殷即商,甲骨文有丘商,以语音之便不如念商丘,商丘为商朝都城,今已耳熟能详,但以知识论,在今商丘未出土商遗物之前,应该说商都在安阳,而不是在商丘。

二

2006年7月13日,联合国教科文组织第30届世界遗产大会,通过中国殷墟,列入世界文化遗产名录,安阳人闻知,齐声欢呼。这是埋藏三千多年的洹水宝地,重新放出光明,让中国信史也往前推进五百余年。

回忆往昔,《尚书》虽有《盘庚篇》,《诗经》撰有《商颂》,《史记》也谈《殷墟》,但后贤却没重视,直到清光绪二十五年,乙亥,1809～1890年,河南省安阳县小屯村,洹河滨农田发现甲骨,误认为中药龙骨,经刘鹗在王懿荣家认出文字,开始购买研究。光绪二十九年,刘鄂听编《铁云藏龟》出版,次年孙诒让著《契文举例》,这才开始重视洹水殷墟。光绪三十一年,孙诒让又著《名原》。次年美查尔凡(RevFrankChalfant)著《中国原始文字考》。清宣统元年,己酉,1909～1910年,日人林泰辅作《清国河南汤阴县发现之龟甲骨》,次年罗振玉著《殷商贞卜文字考》,武龙章作《安阳洹上之特产及其发现物》,张凤著《河南甲骨之研究》,法国沙特(Edwardchavannes)著《中国古代之甲骨卜辞》等,以上为清末对商代遗物之著作。

民国元年,英国赫布金(L. C. Hopkins)著《中国古代之皇家遗物》、《骨上所刻之哀文与家谱》,次年罗振玉辑《殷墟书契前编》,德国勃可第(Anna. Bernkardi)著《中国古代之卜骨》，又德国穆勒（H. Mueller）著《中国古代卜骨论》。民国三年，罗振玉著《殷虚书契考释》和《铁云藏龟录之余》，王国维著《殷墟卜辞中所见地名考》。民国五年，罗振玉辑《殷虚书契后编》、《殷墟古器物图录》、《殷虚书契代问编》，次年王国维著《殷卜辞中所见先公先王考和续考及附注》、《戬寿堂所藏殷墟文字考》、《殷周制度论》，加拿大明义士（James. Mellon. Menzies）著《殷虚卜辞》，日人林泰辅编《龟甲兽骨文字》等书。民国 10 年，罗振玉、王国维、英赫布金、加明义士、日林泰辅等学者，均曾用心血研究过甲骨学。

民国 11 年至 25 年，商承祚辑《殷虚文字类编》，叶玉森著《说契》、《挈契技谭》、《铁云藏龟拾遗》，董作宾著《新获卜辞写本》、《商代龟卜之推测》，郭沫若著《殷墟之发掘》、《卜辞中之古代社会》、《卜辞通纂·考释·索引》，李济著《小屯地面下情形分析初步》、傅斯年编《国立中央研究院历史语言研究所发掘安阳殷墟之经过》、《安阳发掘报告第二期》，容庚著《殷契卜辞》、温丹铭著《殷卜辞婚嫁考》，丁迪豪著《商代母系制的诸形态》、《殷代奴隶制史》，孙海波辑《甲骨文编》，吴其昌著《殷虚书契解诂》，唐兰著《北京大学藏甲骨刻辞考译》，陈梦家著《古文字中之商周祭祀》，石璋如著《第七次殷墟发掘 E 区工作报告》，胡厚宣撰《殷商文化丛考》，英国叶慈（W. P. Yetts）著《商朝与安阳古物》，王子玉《甲骨文》载续安阳县志。以上资料，大部分为台湾中央研究院史语所典藏。

私人在洹水两岸挖掘和收藏，光绪二十五年至民国十七年计有九次：①光绪二十六年，曾有八百片售王懿荣。②光绪二十九年刘鹗《铁云藏龟》出版后，次年罗振玉、黄濬、徐枋、美方法敛、英考龄和金璋，所收购有新挖掘有字甲骨。③宣统元年小屯村张学宪挖山药时发现有字甲骨，出土一批。④民国 9 年大旱饥荒，民众迫于求生寻找甲骨卖钱，在村北洹河边发现有字甲骨。⑤民国 12 年张学宪药园内掘出大骨版二块。⑥民国 13 年村人筑墙取土，发现一坑甲骨，大部分为明义士买去。⑦民国 14 年村人在路旁发现有字甲骨，多售于上海商人。⑧民国 15 年张学宪被匪掳去，索巨款才放人。村人与张家协商，在其菜园内挖有字骨，售出所得平分，挖出大批售于明义士。⑨民国 17 年中央军北伐，在安阳展开拉锯战，农田废耕，小屯村人在各地找有字甲骨，多售于上海和开封商人。以上九次发掘，总数当有八万片以上，分由王懿荣、刘鹗、王襄、罗振玉、黄濬、徐枋、刘体智、美方法歙、英考龄和金璋、加明义士、日林泰辅等私人所得，后来有转让于国家。

甲骨文公家发掘,自民国17年(1928),至民国26年(1937)。计发掘十五次,主持人考古组主任李济,研究员董作宾、梁思永、郭宝钧,历史研究员徐中舒和号称十弟兄的年轻学员,有李景聃、石璋如、李光宇、尹达、尹焕章、祁延霈、胡厚宣、王湘、高去寻、潘愨等人。在小屯村中和村北、侯家庄南和西北冈,共发掘甲22718片,骨2196个,以上资料抗日战争时先运四川,后运台湾中央研究院。河南省博物馆甲骨等殷商遗物,存台湾省历史博物馆。1950年至1982年,在安阳回盘磨、小屯、后庄、后岗、大司空村、高楼庄等地发掘更多,其中1973年,卜骨卜甲有7150片,和4795片。1977年出土甲骨17120片。一直至今2007年,仍在继续发掘。

三

申请核准世界文化遗产列入名录甚艰辛,维护殷都古迹和洹水光辉更加困难,若依靠门票收入,和各级机构补助恐不能永久长远,必须要用经济学企业化,自力更生方为上策。汉司马迁《史记·货殖列传》:"夫神农以前,我不知已。至若诗书所述,虞夏以来,耳目欲极声色之好,口欲穷刍豢之味,……故善者因之,其次利导之。"又"昔唐人都河东,殷人都河内,周人都河南。……都是诸侯所居,其俗宜俭习事。"此说都市人要节俭,常习劳多做事以自养。《宋史·食货志上》:"农田、方田、赋税、布帛、和籴、漕运、屯田、常平义仓、课役、振恤。或出或入,动关民生,国以民事为。"《食货志下》:"会计、铜铁钱、会子、盐、茶、酒、坑冶、矾、商税、市易、均输、互市舶法。或损或益,有系国体,国不以利为利。"宋朝因为经济制度优越,所以有《清明上河图》之美和《东京梦华录》之富。今人赵凤培《经济学原理》:"资源之种类,分劳动、土地、资本、企业家。这四种本是财货生产的四大要素,企业家是一种特别的人力资源。只靠劳力、土地、资本生产,是不能进行的,必须企业家决策、创新,和承担风险。"宋在开封建都,是依汴水;商在安阳建都,是依洹水。宋都繁华,商都当繁荣更在先,今日安阳市,宜依照汴京模样重建殷墟商朝都城。

人生需求,食衣住行娱乐逐渐进行,新中国今日已进入乐的境界。娱乐以音乐、美术、舞蹈、唱歌、演戏、电影、骑射、体育等多种。《诗经·商颂》,有鞉鼓、管声、磬声。商遗物图中有铙和铜鼓。《商颂那》有万舞喜客。商青铜器有镞,石璋如发现甲文中一人一骑,当是骑射。妇好兵器图长把大斧,如演《妇好出征》戏剧,必胜过唐朝樊梨花、宋朝穆桂英。殷墟已入世界遗产史录,服务人员宜穿商时服装,各种活动也该以商代生活为主,如此方可永远为世界文化人敬仰,决不会被取消名录。

体育对人生更为重要,如没健康身体,什么快乐都不能享受。台北市在淡水河滩绿地,建有篮球、排球、羽毛球、棒球、足球等场地,有的场地多到二三十个,棒球场同一时间有四、五队在竞赛。台北县淡水镇土地不算太多,十八洞高尔夫球场有四个,最早的老淡水高尔夫球场有百年历史。如果洹水加划舟,两岸加车赛、骑射、操斧等运动场地,也不会比台北市差。倘能在洹水两岸各建九洞高尔夫球场,合计为十八洞球场,采取会员和收费方式,既能追上世界运动潮流,又可把收入用在维护殷商古迹,想也是可行之策略,希望试探去做,当可推动陈迹,迎来新颖。

四

事在人为,智勇者常成功。仁者固优良,但太优柔寡断,必失成就机会。《易辞下》:"天地之大德曰生,圣人之大宝曰位。"人在生前才可做大事,但也必须在位,所以在位者应勇于做事。古云:"取法乎众,可得乎上。"领导者应先找学者,集思广益,立即行动。用人的智慧,而不是要人的财产。让人名留后世,而不是智慧财留给子孙。安泽最敬佩李济先生,他不独向美国研究机构征求拨款,支持挖掘殷墟,而且告诉工作人员,所挖出的大小器物,都是国家的财产。如此办事精神,可说天下少有。现代热爱殷墟文化之人,如能效法前人,办事必很容易。

英国伦敦西敏寺,原为皇族祭典殿堂,后来名人争着进入占一席之地。近代入寺之人,只有邱吉尔一人。现代许多为殷墟费尽心血的学者,已耗去不少体力与财力,今虽有相片和说明,但不及塑像而显明,宜采宗庙型式,让这批贤人进入寺内,供后人敬仰。今之学者若带商朝遗物和商代研究成果入寺,应组织委员会审核通过,只出运输费用,不付金额购买,以维持优良品质,又节省公费支出。

殷墟商都管理人员,应多用志工免费服务,少聘正式职员以减少开支。英国剑桥有个学院,雇一单身老人,整理全学院草地,比其他学院还整齐清洁,此是一例应可效法。想到室外种草,近来多采冬青不枯草坪。但冬虽不枯,夏过茂盛,剪除太费工资,也宜改良以减少劳力,省钱可办别事。维护商都遗产不易,唯有开源节流,方可永恒放出光明,以吸引世界人称颂,而不是被批评后才来改进,所论当否敬请评论。

参考资料:

1.《彰德府志》1968 年版,台北学生书局。

2. (一)《安阳县志》,(二)《续安阳县志》,1982 年,台北安阳文献社编辑委员会。

3.《安阳文献》年刊,1985 年至 2006 年,台北安阳文献社。

4. 董作宾、胡厚宣合编:《甲骨年表正续合编》,民国 65 年,台北中央研究院历史语言研究所。

5. 罗振玉:《殷虚书契考释》,1975 年,台北艺文书局。

6.《殷墟博物苑》苑刊,创刊号,1989 年,中国社会科学院。

7.《校正甲骨文编》1974 年,台北艺文印书局。

8. 张秉权:《甲骨文与甲骨学》,1990 年,台湾国立编译馆。

9. (日本)岛邦男:《殷墟卜辞综类》,1970 年,台北大通书局。

10. 郑杰祥:《商代地理概论》,1994 年,中州古籍出版社。

11. 石璋如等著:《中国历史与地理》,1983 年,台湾中国文化大学出版社。

12.《甲骨文与殷商文化研究》,1992 年,中州古籍出版社。

13. 赵凤培:《经济学理》,1982 年四版三刷,自印,台北三民书局经销。

(作者为台湾中原文献社《安阳文献》主编)

河洛文化:连结海峡两岸的纽带

中国河洛文化研究会

河洛文化是中华文化的源头和核心

发源于青海省巴颜喀拉山的黄河奔腾而下,出潼关后与发源于陕西省华山之阳的洛水在河南巩义市交汇。

在黄河、洛水的许多传说中,最有影响的当是"河图洛书"。由其不仅产生了中国元典文化《周易》八卦和《尚书·洪范》,以至后来形成了"河洛"学。

司马迁《史记·货殖列传》说:"昔唐人都河东,殷人都河内,周人都河南。夫三河在天下之中。若鼎足,王者所更居也,建国各数百千岁。"《史记·封禅书》又说:"昔三代之居,皆在河洛之间。"由此可知,作为一个文化概念,"河洛"既有地域上的意义,又有人文上的内涵。在地域概念上,历史上的"河洛"不仅仅指洛水与黄河交汇形成的夹角地带,而是泛指以洛阳、嵩山为中心的"河南"、"河内"、"河东"等广大地区。这片广袤的沃土是中华先民最早的繁衍生息之地,更是中华文明诞生的源头之地。

1. 河洛地区孕育了华夏文明

中华民族号称是"炎黄子孙",河洛地区是炎、黄二帝诞生和活动的主要地区。《国语·晋语四》载:"昔少典娶于有蟜氏,生黄帝炎帝。"少典是有熊(今河南新郑)的国君,后传位于黄帝,故《通鉴外纪》卷一引西晋皇甫谧《帝王世纪》说:"新郑,古有熊国,黄帝之所都。受国于有熊,居轩辕之丘,故因以为名,又以为号。"黄帝时期河洛地区农牧业已相当发达,因而人口繁盛。据《世本》记载,黄帝的后裔颛顼、帝喾以及尧、舜等作为部族首领在河洛地区形成了 152 个邦国,其后代有875个姓氏,包括了后代遍及全国各地的800多个大姓的90%。

当辽阔洪荒的南苗、东夷、西戎、北胡还处在原始社会的时候,由于农牧生产的先进和手工业经济的发达,河洛地区的华夏人率先进入奴隶制社会,从而结束了社会的"部落"形态而形成了早期国家"酋邦",进而又建立了中国最早的国家——夏王朝。大量确凿的考古资料已经证明,登封的告成就是夏的首都。正如恩格斯指出的那样,"国家是文明社会的概括"。夏王朝的建立,创造了华夏国家最古老的原生形态,对社会的进步作出了不可磨灭的贡献。此后,在河洛地区出现了更为成熟的文字、城市、礼制和青铜器,标志着中华文明已经发展到了全新的阶段。

"禹都阳城"、"商都西亳"、"周都洛阳"之后,河洛地区文化更加发达。从史前传说时期到三代期间,河洛地区在政治、军事、经济、文化诸多领域中诞生了一大批精英,如黄帝、夏禹、伊尹、傅说、姜尚、周公、老子、庄子、墨子、商鞅、子产、申不害、韩非、吴起、鬼谷子、苏秦、邓析、公孙衍等,形成了儒、道、法、兵、墨、名、纵横等诸多河洛文化流派,并产生了众多的各具特色的典籍,如《诗》、《书》、《易》、《礼》、《乐》、《春秋》等。由于其重要,这些典籍被后人尊称为"修身、齐家、治国、平天下"和安身立命之"经"。河洛文化由此逐渐成为强势文化,在其辐射和影响下,"东夷"、"西戎"、"苗蛮"等文化也都很快华夏化。河洛文化东进而齐鲁文化兴,河洛文化南移而楚湘文化昌。

2. 河洛文化是中华民族的核心文化

河洛文化肇始于"河图洛书"。《周易·系辞上》载"河出图,洛出书,圣人则之"。"河图"、"洛书"凝结了古代先哲神秘的想象和超凡的智慧。至汉代,一些经学家用"河图洛书"敷衍解说《周易》和《尚书》,认为八卦和《周易》是伏羲和文王所演作,《洪范》九畴则是夏禹和箕子所为,二者皆出自天授,取法乎天,并进而形成了"阴阳五行"学说。"河图洛书"作为中国儒家经典之来源,蕴含着中国哲学最古老的原创思想和东方人高度的智慧,并由此生发出了许多中国古代哲学、医学、天文、历算以及兵、刑、道、法等重要内容。历史是永恒的,始建于晋穆帝永和四年(348)的龙马负图寺,今天仍矗立在孟津县黄河南岸的雷河村;"洛书出处"的石碑挺立在洛宁县长水乡。商承夏制,周承殷制。周代确立了以"敬天"、"明德"为基本内容的政治教化思想、以宗法为根本的国家政治制度、以礼乐为核心的社会规范等,形成了一套相当完整的国家运行机制,影响了中国以后数千年。孔子盛赞周代典章文化"巍巍乎大哉","郁郁乎文哉",实非虚言。

3. 河洛文化代表了中华文化

产生于夏商、成熟于周、发达于汉魏唐宋、传承于其后各代的"河洛文化",既包括以农耕经济为中心形成的物质文明,也包括由此产生的政治、经济、文化、习俗、心理等政治文明和精神文明。早期的河洛文化与当时其他地域文化如齐鲁、燕赵、秦晋、吴越、巴蜀、荆楚以及东夷、羌戎文化相比,其最突出的特点是它的正统性、源头性与传承不衰,同时它又是国都文化、政治文化,从而成为中华民族的核心文化。继夏商周断代工程之后,中华文明探源工程已逐步展开。在所确定的 8 个重点考察点中,除一个为山西襄汾陶寺遗址外,其余 7 个古遗址全在河南境内并均在河洛地域的核心区——洛阳和郑州两地。这再一次向世人说明,河洛文化对中华民族大一统的形成和中华文明发展作出了最卓越的贡献。

河洛文化最使世人惊叹不已的显著特点是其文明久远且连续不断。从裴李岗文化到仰韶文化、从河南龙山文化到二里头文化等大量的历史遗存中,从考古发现与典籍记载相互印证中,人们清晰地看到了中华文明 5 000 多年来在河洛地区的发展脉络与走向。在世界文明古国中,起始于公元前 2500 年的有关记载或传说可以说比比皆是,但不幸的是,除中华文明之外,都出现了中断或消失,只有发源于黄河中下游的河洛文化连绵有致,相衔如环。河洛文化强大的生命力、辐射力、同化力以及它的根源性、厚重性、融合性等,充分反映了中华文化的精宏和伟大,给人们提出了很多值得深思与研究不尽的课题。

河洛人文促生了客家民系与客家文化

人口的迁徙是中国古代社会发展与进步的一个重要因素。

1. 河洛人不断南播

从汉代末年开始,由于战争、动乱和灾荒等原因,中原汉人不断向南方播迁,较大规模的就有七八次之多。最有影响的有四次:西晋的"永嘉之乱",唐代的"安史之乱"和黄巢举义,北宋的"靖康之变"以及明末至清的郑成功、康熙朝收复台湾。

周时,我国西北方的少数民族就已崛起。平王为避犬戎,迁都洛邑。草原文化哺育出的强悍民族在西晋时首开入主河洛之先河。晋永嘉五年(311)匈奴人刘曜率兵攻入洛阳,俘怀帝。《晋书·慕容廆载记》:"自永嘉丧乱,百姓流亡,中原萧条,千里无烟,饥寒流陨,相继沟壑。"《晋书·王导传》:"洛京倾覆,中州仕女避乱江左者十六七。"据史家推算,此次中原人南下大约有80万到100万人。

唐代的安史之乱,使北方大片的良田和城镇化为焦土,当时逃到南方的人更多。李白在《永王东巡歌》中将其说成又一次永嘉之乱:"三川北虏乱如麻,四海南奔似永嘉。"

北人两次南渡,使福建人口激增。漳、汀、泉、福、建五州最为典型。据《元和郡县图志》(卷36)记载,唐元和年间(806~820),上述五地人口户数分别为1 343、2 618、35 571、19 455和15 410户。据《太平寰宇记》(卷100)所记,至宋太平兴国年间(976~984),分别增长至24 007、28 007、76 581、94 475和90 492户。从中可以看出,最高增长17.7倍,最少增长2.1倍,平均增长7.9倍。

2. 中原汉人南播后的河洛之思

中原板荡,狄夷交侵,晋人虽身在江东,但心在河洛,常怀故国之思。于是,在南方出现了两种有趣现象。

一是民间以北方故地之名命新驻地之名。例如到闽南的中原人把所在地的两条河分别起名为"晋江"和"洛阳江",称在洛阳江上所修建之桥名洛阳桥,以时时怀念河洛故乡。宋代书法家、闽南仙游人蔡襄写有《洛阳桥记》记述经过,明崇祯十三年重修,郡守孙朝让所写重修记称:"迄今遵海而居,横江而渡者,悠然有小河洛之思焉。"

二是官方侨置州郡。偏安于东南的东晋以及其后南朝的统治者,为使聚族而居的南迁北方士人稳定生活,保持原籍贯,就在其辖区内用北方地名设置侨州、郡、县。这样,一方面可以安置北方士族,使他们在有限的范围内保持其封建特权,忠于朝廷。一方面借以缓和南北士族经济与政治上的矛盾,借以巩固政权。东晋初,侨州、郡、县均沿用北方原地名,《晋书·地理志》载:"永嘉之际,豫州沦于石氏。元帝渡江,于春谷县侨立襄阳郡及繁昌县。成帝又侨立豫州于江淮之间,居芜湖。""后以弘农人流寓于寻阳者,侨立弘农郡。"

河洛之思实是文化之思,是对中原故国故园的乡音、乡貌、乡情之眷恋。东晋王朝的建立,一切典章制度无不是西晋的翻版,即如生产、生活、饮食、起居、婚丧、交往也一如旧制。但南方毕竟是南方,除了自然山川之异外,语言之差异更使人们的交流受到了极大的限制。如何"王化"、如何"固本",是摆在仍带有莫名自高情绪的王公、门阀、士人面前的一个十分现实的问题。侨置州郡只能使他们自我封闭,主动接触才是明智之举。大臣王导就力主北人学习吴语,南迁士族必须与江南士族联合相处。在其推动下,清醒后的东晋统治集团开始了兴学校,倡儒学,履仁爱,奖诚孝,号召有志之士立身敬业,勤于国事,戮力王室。在王导等人带领下,河洛文化之精蕴在东晋南朝得到了继承与弘扬。

3. 光州固始——闽人永远的故乡

在北人开发南方中,固始人起到了重要作用,其中陈元光、王审知影响最为巨大和久远。

陈元光开发漳州。唐高宗总章二年,福建南部被称作蛮獠的土著人因土地与徭赋问题发生动乱。朝廷任命光州固始人陈政为朝议大夫兼岭南行军总管前往镇抚。陈政"刚果敢为,而谋猷克慎"(《云霄县志》),于是率府兵3 600人,将吏123人,来到了八闽百粤交界之地。起初,土著人对唐官兵和北方人十分抵触。陈政之母魏氏是一位极富智慧且有胆略的伟大女性,又率中原58姓数千军校前往支援。在其母子安抚与感召之下,屯驻云霄的朝廷军队很快就与周边土著人打成了一片。官兵一方面给他们送去生产工具,一方面向他们传授先进的耕作技术,使当地的生产得到了发展。由是唐政府的威望在闽南得到了很大提高。陈政死后,唐王朝审时度势,任命其子陈元光为鹰扬将军代父领军。元光聪慧异常,足谋多智,励精图治,深孚众望,足迹所至,民咸从之。为使闽南有大的发展,陈元光上疏请求在闽南增设漳州建置。垂拱二年,唐政府准奏,并任命元光为首任刺史。之后,陈元光将北来将士与当地居民组织起来,屯耕结合,或辟荒为田,或斩荆植树,或耕渔相兼,使漳州经济有了很大发展。陈元光还实行了许多其他有利生产和社会发展的措施,如招徕流民,给予土地,使其安居;轻赋免征,兴修水利,藏粮于民;减徭去役,鼓励桑织,通商惠工;兴学劝学,发展教育,培养人才;剿抚并用,锄寇御患,强化治安等。在陈元光全力治理下,未及数年,云霄山下林果丰,九龙江畔稻蔬香,漳、泉一带不仅人丁繁衍,家家富庶,而且"方数千里无桴鼓之警"。

陈元光死后被当地人尊为"开漳圣王",各地建祠膜拜纪念。南宋时统治者加封其为"灵著顺应昭烈广济王"。在陈元光的家乡——河南固始县陈集村,现仍有保存完好的"陈将军祠"。

王审知建立闽国。唐光启元年,光州固始人王审知与其兄王潮一起奉母董氏随王绪军入漳州。王绪责王潮兄弟携母随军违犯军纪,命斩其母。诸将素惧王绪性猜忌,言行无常,即与王潮密谋擒杀王绪。后王潮任泉州刺史,景福二年攻入福州后又自称留后,据有泉汀五州之地,乾宁三年为威武军节度使。史载,当时随王潮入闽的固始姓氏,计有42姓,他们是谢、庄、林、黄、杨、王、方、许、郭、叶、高、廖、詹、孙、傅、韩、刘、李、郑、周、曾、吴、尤、施、余、颜、吕、龚、柯等。乾宁四年王潮死后,王审知继任威武军节度使。审知素有军事才能,他统兵转战闽、浙,很快统一了八闽,势倾东南。后梁开平三年被封为闽王。王审知在位29年,其间,重视农耕,鼓励垦殖,保境安民,薄赋轻徭,使闽中一带社会大治。审知死后,其次子王延钧仍被封为闽王。王氏兄弟、父子先后经营福建50多年,在闽地社会生活全面汉化中起到了重要作用。时和年丰,家给人足,从各方面给闽人带来了福祉。《旧五代史》于此称赞有加:"审知起自陇亩,以至富贵,每以节俭自处,选任良吏,省刑惜费,轻徭薄敛,与民休息,三十年间,一境晏然。"闽国建立后,在其强大的军事力量庇护下,闽地生产发展,生活稳定。闽人敬重王审知,立祠而祀。

随王从固始入闽者有数万之众,这在很多家谱都记载。人间重乡情,"月是故乡明",众多的闽台人心系固始,认同河洛,概源于此。审知家乡的人也感到十分自豪,固始县城东北分水亭乡王家寨村至今还存其故里。

4. 汉人南播促生了闽粤赣客家民系

大批中原汉人的南迁,在中国南方形成了一个特殊群体——客家民系。寓居于赣南、闽西、岭南的客家人从河洛地区带来了先进的农业、手工业技术和悠久而深厚的文化传统,如语言、习俗、宗亲、教育、伦理、礼仪等等,有的已历千载而至今沿袭如初。明末清初流向台湾的汉人大多是闽、粤沿海一带人,但移民中之大部分是由原河洛地区南迁的客家人。一项调查表明,闽南、台湾汉人中陈、林、黄、郑四大姓占总人口的一半以上,故有"陈林半天下,郑黄排满街"之谚语流行。而且在这些大姓的族谱上,都明白无误地标明其祖先为河洛人。客家人来自中原,不言而喻,也包括今河南周边个别地区,但主要是河南,因而国学大师章太炎在《客方言序》中非常肯定地说:"客家大抵来自河南。"

5. 客家文化的核心是河洛文化

河洛文化在闽、赣、粤等客家人聚集的地方生根和传播,由于客家民系的形成历时跨度较长,且居住辽阔,又与各地土著民族杂处,因而所形成的"客家文化"也吸收了很多地方特色。要之,所谓客家文化,就是以汉民族传统文化为主体,融合了古越族和畲族、瑶族等少数民族文化而形成的一种新文化,是从河洛文化母体中衍生出来的一种亚文化,其核心、精髓和根底,还是河洛文化,如尊崇先祖、讲究郡望、重教尚礼、坚忍不拔、刻苦勤奋等。客家人后来又到了东南亚、欧美等世界各地,但他们无时不心系中原。至今有许多台湾人和侨居异国的客家人还自称为"河洛郎",念念不忘"根在河洛",不少有志之士怀着赤子之心,回到故乡的热土寻根问祖,投资兴业。

文化是有时空特征的,这种特征主要是随物质环境的变化和时代的差异而生成的。客家文化除保留和弘扬了河洛文化的根性特质外,在融合各地优秀文化中,也不断地在演绎着、发展着、创造着。由于客家人四海创业,很注意与周边的人与环境和谐共处,因而团结友邻、共生共进的意识相当强烈;由于客家人经常置身于异质文化的氛围中,因而很善于以宽博的人文关怀之胸襟推己及人、求同存异,和而不同;由于客家人遍及世界各地和多处于我国东南沿海,因而尤具以大陆文化与海洋文化相结合的远大视野,能平和善处人类文明冲突等。客家文化和客家人这种新的特点和精神,有力地推动着中华文化和新一代客家人走向世界大舞台。

客家人开发并促进了台湾的繁荣

在我国历史上四次人口大迁移中,前三次主要是由黄河流域向南,明末清季至民初虽也有闽赣西向湘川桂及回归中原者,但更多的则是漳泉厦一带的闽南人东向台澎。

1. 客家人是台湾人的主体

在台湾,福建的移民是台湾人口的主体,而闽南移民又占福建移民总数的97%。从闽入台者主要是客家人,他们的先人从河洛地区南下,其后裔分支又从闽粤外迁,这在不少族谱家系中都有明确的记载。如台湾《青阳庄氏族谱》,记其入闽始祖为庄森公,"唐光启间,始祖森公,王潮之甥也,偕入闽,择居于永春桃源里美政乡,地名蓬莱"。《桃源庄氏族谱·庄氏追远序》云,今惠安县山腰庄氏,其始祖亦为庄森公,自光州固始入闽,居永春县桃源里蓬莱山,其后世分支分别迁至晋江、惠安、同安、莆田、安溪以至粤、台各地。台湾姓氏中人口最多的林氏也是启光年间随王审知入闽的。《侯官乡土志》记其开基祖"唐林穆,启光初由固始随王来闽"。《台湾通志》中有《台北县虎丘林氏族谱》称,"先世固始人,祖有林一郎者,仕客,于光启乙巳迁福建永春桃源大杉林保"。台湾《陈氏大宗谱·福清陈氏宗谱》称其开基祖来自固始,至三世祖迁至长乐之江田。台北县木栅乡《安平高氏族谱》称其入闽始祖为固始人高钢,唐末避黄巢之乱携眷居闽侯县凤岗。台北县汐止镇《蓬岛郭氏家谱》尊固始人郭嵩为入闽始祖。他如《台湾通志》所载《黄氏族谱》、《东石檗各氏族谱》、《闽杭黄氏族谱》、《虎丘义山黄氏世谱》以及《金敦黄氏族谱序》,都称其先祖来自光州固始。

台湾姓氏人口学者张绪贤据 1978 年当地户政事务所统计,绘制了《台湾区各县市分姓人口数统计表》,同时依人数多寡排出了台湾常见的 100 个姓氏之序。他在 1979 年出版的《台湾区姓氏堂号考》中说,这前 100 大姓的人数,占台湾总人口数的 96%。

1987 年 5 月,中国科学院研究人员杜若甫、袁义达首次公布了他们对中国人姓氏分布的研究成果,同时排出前 100 个人口大姓的顺序。时隔 20 年,2006 年 1 月,袁义达又公布了最新的研究成果和新的前 100 个人口大姓的排序。在两次排序中,前 10 名的姓氏没有变化。

台湾学者陆炳文对上述资料进行了比较研究。他指出,拿台湾地区的 100 大姓和全中国第一次排出的前 100 个大姓两相比对,有 77 个完全相同,尤其前 10 姓,有 8 个相同。与全中国第二次 100 大姓排序相比对,相同的有 74 个,前 10 姓中,仍是 8 个相同。"显而易见,不论任何地方,人口集中于大姓的态势均至为突出,这也说明,各该前 100 名大姓代表性很强,台湾如此,大陆亦如此。"陆先生在其 1982 年出版的《从中国姓氏源流谈台湾大陆一体关系》一书中指出:李、王、张、刘在中国北方较多,而陈、黄、林、吴在南方人口中所占比例较高,"这一特点,证明台湾同胞无不来自大陆,特别是原籍多在华南的闽、粤两地,祖籍则多远达中原一带"。

2. 开台圣王颜思齐

在较早移居台湾的闽南人中,颜思齐(1589～1625)是最值得一提的先贤。

颜思齐字振泉,福建海澄县青礁村(现属厦门海沧区)人。有专家指出,颜思齐之先祖很可能就是颜之推九世祖、永嘉南渡时的颜含。思齐青少年时代受到过较好的教育,他明书知礼,疾恶如仇。明万历四十年,因其家遭官宦欺辱,一怒之下,他杀掉了仇人之仆后,逃亡到了日本。在日本,他通过各种渠道经商,逐渐积蓄了巨大的财富。但他仍血气方刚,天启四年(1624)因参与武装反抗德川幕府,受到日本政府的搜捕围击。情急之下,他义无反顾地率众乘着十三艘船只出逃海上,历尽惊涛骇浪,于八月二十三日抵达台湾的笨港(今台湾北港)。

为了生存和发展,在笨港,颜思齐与众人一起不避寒暑,劈荆开土,广为垦殖,与此同时,选择有利地势,构筑寨寨,操练演武。他认为,只有人众才能势炽,只有势炽才能实雄。在刚刚站住脚跟之后,他即高瞻远瞩,谋虑深远,多次派人到漳州、泉州等地招募人众,前后组织3 000余人移居到台。颜思齐是大规模有组织地移民台湾进行开发的第一人。颜思齐很注意与土著人和睦相处,属下凡与之发生冲突,他都要亲自处理,予以适当安抚或保护。连横著《台湾通史》,在为台湾历史人物所立传中,列颜思齐为首,是非常允当的。

颜思齐开发台湾实是筚路蓝缕,艰苦卓绝,功高盖世,因而至今人们对他怀念不已。人们不仅称其为"第一位开拓台湾的先锋"、"开山祖颜思齐"、"开台第一人颜思齐",而且还尊其为"开台王"、"开台圣王"。为了纪念他,人们在台湾云林县北港镇修建了"颜思齐先生开拓台湾登陆纪念碑",在嘉义县新港乡妈祖宫前兴修建了"思齐阁"和"怀笨楼"等。

3. 郑、施时期台湾完成了与内地一致的社会构建

明天启四年(1624),荷兰殖民者入侵台湾。两年后,西班牙殖民者也以武力入侵。近四十年的殖民统治,大量的台湾财富被西方掠夺。经过充分的准备之后,永历十五年(1661),郑成功率领数万水军,自厦门港出发,途经澎湖,在台湾南部的禾寮港成功登陆。在武器装备不及殖民者的情况下,经过8个多月的艰苦战斗,迫使荷兰总督于康熙元年(1662)二月一日宣布投降。为巩固在台的胜利,郑成功一方面在各地建立行政机构,委派官员,一方面组织发展生产,安置将士及其眷属实行屯田。不久,郑成功病死,其子郑经嗣位,继续推行稳定台湾的政策。史载,明郑政权期间,从大陆到台的汉人(包括官、军及眷属)有八九万之众,加上原有汉族居民,汉人已有15万之多,基本上与原住民数量相当。由于

劳动力的增多,当时西部沿海平原大多得到开垦,可耕面积比荷占时期扩大了一倍,农民开始使用耕牛,并大面积地种植稻米和甘蔗。同时,村社开始有了社学,不少原住民的子女也受到了文化教育,中华文化在台湾得到了发展。

但由于郑氏政权不拥戴清廷,康熙二十二年(1683),清帝国派大将施琅率军入台攻灭了郑氏政权。施琅深知台湾战略地位的重要,他一方面推行清政府的治台方略,一方面强化军事训练,并积极建议在台湾驻守足够的兵力,以防御西方殖民者的卷土重来。施琅复台治台有功,被清廷封为靖海侯。之后,清政府加强了对台湾的管理,在台南设置了台湾府,光绪十一年(1885 年)又改为行省。清政府统一台湾二百多年间,东南沿海一带又有更多的人渡海移居,至日本侵占台湾(1895)前夕,台湾汉民族人口已经超过了 200 万。随着人口的增加和经济的发展,正统的中华文化在台湾得到了普及与发展,如当时除遍及各地的普通学校外,有属中等教育的书院 37 所,从大陆到台在各级学校任教授、教谕、训导的人员超过了 300 人。经闽粤而入台的河洛语言、礼俗、习俗也更加民众化。至此,台湾与内地在政治、文化与社会等方面的构建基本一致了起来。

闽台传统文化与河洛文化同根同系

明乎中原人南迁入闽粤赣而衍生客家民系、客家人又披荆斩棘开发台湾、澎湖诸岛这一关系,便可明了河洛文化与闽台文化之亲缘关系。

1. 人际上的血缘、族缘关系

据前些年统计,福建省人口有汉族人 2 958 万人,占全省总人口的 98.45%,其中祖籍在河南固始的就有 1 000 多万,加上客家人 500 多万和河南其他地区的入闽人口,河南籍后裔已占福建人口一半以上。在台湾,汉族人占 83% 左右,其中,80% 是闽南客家移民,约 1 200 多万,20% 是祖籍广东的客家人,他们都自称自己是"河洛郎"。

姓氏兴于原始社会与夏商。周朝实行分封制,有同姓(姬)国 20 多个,异姓国 40 多个,贵族子弟都被分封到中原及江、汉、淮、泗流域各地,形成了无数或以国名、或以邑名的姓氏,从而使中原地区成为姓氏之源。目前,全国排位在前 100 个大姓中,源于河南的有 73 个。如前所述,台湾除了陈、林、黄、蔡、郑等大姓外,其他一些姓氏,始祖也多来自河洛地区。闽、台地区民间非常重视修建祠堂,续修族谱且讲究郡望。由于根在河洛,在其所修宗谱中,郡望、堂号全以河洛原郡、县之名为宗,如颍川郡、荥阳郡、弘农郡、陈留郡、颍川堂、弘农堂等,这既是对河洛血脉衍派的追思,也是对入闽移台开基先人的历史认同。由于台湾除少数原住民之外,绝大多数是由大陆迁移而来,因而《台湾省通志·礼俗篇》指出:"'本省人'系行政上之一种名词,其实均为明清以来大陆闽粤移民,亦即河洛与客家之苗裔。可见绝大多数的台湾居民,其祖先是从河洛南迁闽粤,然后渡海来台,因此早年台湾人习惯自称'河洛人(郎)。'"因此,这种源自血脉、宗族的亲情之缘,紧紧地把祖国大陆与台湾连在了一起。

2. 闽、台方言同属河洛语系

历史上,河洛地区长期为我国的政治、文化中心。在我国八大古都中,四个位于中原,且郑州商城、偃师商城、安阳殷墟历史最为悠久。由于河洛地处天下之中,又长处于政治、文化中心的地位,中原话曾作为官方语言在全国通行,是正统的"普通话",从先秦至明清,诗词歌赋以中原音韵为准。元代语言学家周德清曾著《中原音韵》以规范词赋格律。清季以降,随着全国经济文化的繁荣和政治中心的转移,中原音韵渐次不被使用,以至许多古音韵完全消失。语言是民族或族系的基本特征。客家人十分珍视自己的语言,有"宁卖祖宗田,不卖祖宗言"的民谚流传。由于闽、台客家人多居山区,交通不便,与外交往甚少且聚族而居等原因,从而使得客家话中保存了许多古代汉语的词汇、语音和语法,如无齿唇音、无翘舌音,单音节词比较多,保留着很多入声字的读音等,因而被语言学家称为古代汉语和中原音韵的"活化石"。用今天客家语和流行的台湾话诵读《诗经》中的《国风》及一些唐宋诗词,不但顺口,而且押韵,非常和谐。究其原因,正是因为客家话保存了中原音韵之故。台湾学者黄敬安专门从《诗经》、《礼记》、《左传》等先秦典籍中找出了与闽、台方言音、义相同或相近例子,分类列为131个条目,著成《闽南方音证经举例》一书,有力地证明了先秦、两汉古音韵在客家语中的确凿存在。客家方言中至今还大量保留、使用中原方言的例子更多,如,称妻子为"老婆",称老太太为"老妈儿",称儿媳妇为"大姐",称太阳为"日头",称开水为"滚水",店铺称雇员为"伙计",称学徒为"小伙计"等。同时,在台湾日常语中,一些古汉语的词汇仍具活力,还在使用,如:"永日"、"才调"、"响也"、"颠顿"、"会当"、"会须"等,因而闽、台人很自豪地称他们所讲的话为"河洛话",是标准的古汉语。

3. 闽、台习俗源自河洛古风

民俗文化不仅是民族文化的重要组成部分,而且是一个民族或民系区别于其他民族、民系的基本标志。客家人久居东南,在与当地土著(古越后裔和畲、瑶族)相互影响中产生的客家文化虽因所居地理区位的不同而有所异,但其民间风俗及大众信仰之主流,所传承的仍是中原的古朴之风。如:在婚俗上,从议婚、订亲到迎娶,其程序和各种礼仪,闽、台与中原一样,既郑重其事,又有相同的繁文缛节;在丧俗上,闽、台与中原一样,厚葬的理念根深蒂固,重视落叶归根,主张入土为安,讲究各种祭祀敬拜仪式;在岁时节令方面,闽、台地区的节庆虽然很多,但与中原一样,最为人所重的是春节,不仅要家人团聚,最好是几代同堂欢聚;其次是中秋和清明,赏月吃月饼、扫墓祭祖是基本活动。此外就是元宵节、端午节、冬至和过小年。

4. 闽、台民间信仰诉求与河洛相同

由于河洛文化在闽、台的传播主要方式以移民扩散为主要渠道,因而闽、台民间信仰诉求的多鬼神论深深地刻印着河洛农耕文化的烙痕。农耕文化中对神的崇敬与畏惧,源于弱质农业受制于各种自然灾害,因而农耕者渴望神的呵护与保佑。他们认为,除老天爷主宰万物之外,生产、生活中有多少需要,就会有多少神灵,如水神、火神、山神、土地神、灶神、财神以及马王爷、牛王爷、药王爷、阎王爷、送子娘娘等,也便应运而生,成了人们生老病死、腾达穷困的决定者或守护神,被供奉在庙堂之中,享受香火的祭祀。《八闽通志·祠庙》所载,八闽大地有民间神祇119种。台湾仅天上圣母宫就有510座。河洛地区的泛鬼神论在这里由客家人传承了下来,从而形成了民间的"淫祀"现象。闽、台民间除敬奉上述各种神灵之外,由于海洋文化及商业的影响,还敬祀妈祖、关公、保生大帝等,也完全是从生产、生活的利害出发而为之,与传统的河洛民风一脉相承。

简言之,千百年来的历史已经雄辩地证明,灿烂的河洛文化、客家文化及闽台文化,同根同系,不仅始终是维系世界华人、华侨的强大精神文化纽带,也是实现民族团结、两岸统一的认同基础,大力弘扬河洛文化精神,对振兴中华、实现祖国的完全统一无疑具有非常重要的意义。

(执笔:杨海中)

(原载《光明日报》2006 年 12 月 21 日第 11 版、24 日第 7 版)